Für meine Eltern,
Les und Kathy Hopkins,
mit Dankbarkeit,
Respekt und Liebe

Inhalt

Was Ihnen entgeht, wenn Sie dieses Buch nicht besitzen

Wenn Sie das nächste Mal von jemandem etwas haben wollen, werden Sie es bekommen? Oder werden Sie es nicht bekommen, weil Sie die in diesem Buch beschriebenen Techniken nicht beherrschen?

»Aber ich verkaufe doch nichts.« Ist das Ihre Einstellung? Dann ist klar, warum Sie sich nicht öfter durchsetzen und warum Sie nicht mehr Leute von Ihrer Meinung überzeugen können. Dann ist klar, warum Ihr Rat nicht häufiger gesucht wird und warum Ihr Einfluß nicht größer ist.

In Wirklichkeit versuchen wir alle andauernd, Ideen, Überzeugungen und Ziele zu verkaufen. Seien wir ehrlich: Jeder von uns will sich mit seinem Standpunkt in der Familie, bei Freunden, Bekannten, Nachbarn und in der Allgemeinheit durchsetzen. Und wie ist es um Ihr Durchsetzungsvermögen bestellt? Sind Sie damit zufrieden? Oder möchten Sie vielleicht lernen, die subtile, befriedigende und einträgliche Kunst des Verkaufens besser zu beherrschen?

Vielleicht haben Sie etwas gegen das Wort verkaufen. Gut, wir können es anders nennen: überzeugen oder von etwas abbringen – oder besser noch, jemandem etwas einreden oder ausreden. Man muß die Menschen von Zeit zu Zeit motivieren, anleiten, ermutigen und ihnen Sicherheit geben. Schließlich wollen Sie Ihre Ziele erreichen und hoffen zu bekommen, was Sie sich vom Leben erträumen.

Worauf legen Sie besonderen Wert? Auf eine bestimmte Person, Ihre Familie, Ihre Religion? Auf ein politisches, soziales oder auf ein Umweltanliegen? Sie nehmen auf viele verschiedene Arten am Leben teil: Sie haben genügend Sorgen, Interessen, Probleme und

13

Chancen – so viele, daß Sie sich Ihre Zeit, Ihr Geld und Ihre Energie sorgfältig einteilen müssen, um alles bewältigen zu können. Haben Sie schon einmal darüber nachgedacht, wieviel Zeit Sie mit Fehlschlägen verschwenden? Wenn der Tag schon zu kurz ist, um alle Erfolge auszukosten, die wir erreichen können, warum sollten wir dann so viel Zeit mit vermeidbaren Mißerfolgen vergeuden? Es ist durchaus möglich, Fehlschläge zu vermeiden. Wenn wir Fehlschläge – persönliche, geschäftliche oder gesellschaftliche – vermeiden wollen, müssen wir zunächst einer Hauptfrage auf den Grund gehen: Warum tue ich etwas nicht, obwohl ich weiß, daß ich es tun sollte?

Aber es ist nicht das Versagen, das uns am meisten schmerzt. Es ist die Angst vor dem Versagen, die uns am meisten schadet. Die Fehlschläge, die wir erlebt haben, sind Vergangenheit; die Angst vor neuen Fehlschlägen jedoch kann unsere Zukunft zerstören. Deshalb beschäftigt sich dieses Buch eingehend mit Methoden, die uns helfen, unsere Angst vor dem Versagen zu besiegen, und mit Techniken, anhand deren wir unsere Angst vor Zurückweisung bannen können. Lesen Sie dieses Buch, um zu lernen, wie man weniger Zeit mit Fehlschlägen und Angst vergeudet. Lernen Sie dies, und Sie werden mehr Freude am Leben gewinnen.

Jede der in diesem Buch vorgestellten Techniken hat sich an der Verkaufsfront bewährt. Fast jede dieser Techniken wird auch Ihr Privatleben bereichern und mit neuer Freude erfüllen. Sie nützen bei der Arbeit, sie funktionieren im Spiel, sie helfen bei der Bewältigung des Lebens. Verwenden Sie diese Techniken, um mehr Gutes in Ihr Leben zu bringen und das Schlechte hinauszudrängen. Verwenden Sie sie, um die stürmischen Wogen im Familienleben zu glätten. Verwenden Sie sie, um die rostigen Scharniere Ihrer Freundschaften zu schmieren.

Alle erfolgreichen Menschen sind gut darin, sich zu verkaufen. Was bedeutet das? Es bedeutet, daß erfolgreiche Menschen deshalb erfolgreich sind, weil sie ihre Vorstellungen, Überzeugungen und Ziele besser verkaufen können als andere. Dieses Buch wurde geschrieben, um Ihnen zu zeigen, wie Sie sich erfolgreich verkaufen können.

Blättern Sie ein paar Seiten zurück, und sehen Sie sich das Inhaltsverzeichnis durch. Und dann entscheiden Sie: Können Sie der Zukunft ruhig entgegenblicken, ohne all die Hilfen in Anspruch zu nehmen, die Ihnen dieses Buch bietet?

Wenn Sie wollen, daß man Ihren Bedürfnissen mehr Aufmerksamkeit schenkt,

wenn Sie in Ihrem Privatleben mehr erreichen wollen,

wenn Sie mehr Freude im Umgang mit anderen haben wollen,

wenn Sie sich mehr Einfluß in Ihrem Umfeld wünschen,

wenn Sie sich in Ihrer Familie besser durchsetzen wollen,

wenn Sie wollen, daß mehr Menschen Ihre Ideale und Überzeugungen anerkennen,

wenn Sie mehr von Ihren Produkten und Dienstleistungen verkaufen möchten,

wenn Sie mehr Geld verdienen wollen,

dann nehmen Sie dieses Buch mit nach Hause.

J. Douglas Edwards

Sehen heißt glauben, aber fühlen heißt die Wahrheit sehen.
Thomas Fuller

Alles Herausragende ist gleichermaßen schwer zu erreichen.
Thornton Wilder

Um stark zu werden, werde ein Künstler der Sprache, denn die Stärke eines Mannes liegt in seinem Wort, und die Sprache eines Mannes ist mächtiger als alle Waffen.
Vor 5000 Jahren geschrieben von Ptahhotep

1 Worum es beim Verkaufen wirklich geht

Die bestbezahlte harte Arbeit

Vor langer Zeit lernte ich, daß man aus dem Verkaufen die *bestbezahlte harte Arbeit* machen kann – oder die *am schlechtesten bezahlte leichte Arbeit*. Und ich lernte noch etwas: Die Wahl lag ganz bei mir. Ich selbst konnte mir aussuchen, ob ich diese oder jene Arbeit wollte. Ich erkannte, daß es einzig und allein von mir abhing, was ich in meiner Karriere als Verkäufer erreichen würde. Es war nicht wichtig, was andere wollten. Es war auch nicht wichtig, wie andere mich belohnen oder nicht belohnen würden. Wichtig war nur, was ich für mich tat, was ich aus mir machte.

Sind wir uns einig? Ich hoffe es, denn die zentrale Botschaft dieses Buches lautet, daß es von den in Ihnen schlummernden Fähigkeiten, von Ihren Kenntnissen und Ihrem inneren Antrieb abhängt, ob Sie zu einem großen Verkäufer werden, und daß Sie diese Qualitäten erweitern können – wenn Sie bereit sind, Zeit, Mühe und Geld in sich zu investieren. Gibt es eine bessere Investition als die in die eigene Person? Den meisten von uns ist wohl bewußt, daß es keine bessere gibt, aber die wenigsten handeln auch konsequent nach dieser Erkenntnis.

Ihr größtes Kapital sind Sie selbst. Investieren Sie Ihre Zeit, Ihre Mühe und Ihr Geld, um sich selbst zu entwickeln, zu entfalten und zu ermutigen.

Sprechen wir über einige Vorteile des Verkaufens.

Der erste Vorteil und der Grund dafür, daß ich so gern verkaufe, besteht darin, daß wir in diesem Beruf *die eigene Persönlichkeit frei entfalten können*. Unser Beruf gehört zu den letzten Tätigkeiten, in denen ein Mensch ganz er selbst sein und tun und lassen kann, was er will. Diese Freiheit haben wir uns erkämpft, indem wir uns in einem Wettbewerb durchsetzten, in dem Durchsetzungskraft und Hartnäckigkeit gefordert sind. Keine Aktivität ist wichtiger für die Gesundheit einer Volkswirtschaft als das Verkaufen, und keine Aktivität ist stärker von der persönlichen Initiative abhängig.

Der zweite Vorteil des Verkaufens liegt darin, *daß es Ihnen frei steht, so erfolgreich zu werden, wie Sie selbst wollen*. Der einzige, der Ihrem Einkommen Grenzen setzen kann, sind Sie selbst. Beim Verkaufen existiert keine wie immer geartete Grenze der Verdienstmöglichkeiten.

Sie hegen möglicherweise Zweifel an dieser Feststellung. Sie denken vielleicht, daß Sie kein höheres Einkommen erreichen können als jenes, das der erfolgreichste Verkäufer Ihrer Firma erzielt. Aber bedeutet das grundsätzlich, daß es nicht möglich ist, mehr zu verdienen? Keineswegs. Es bedeutet lediglich, daß all die Verkäufer Ihres Unternehmens, die nicht an dieses Höchsteinkommen herankommen, nicht alle Strategien und Taktiken des Starverkäufers anwenden.

Der dritte Vorteil des Verkaufens liegt darin, *daß dieser Beruf täglich eine neue Herausforderung darstellt*. In den meisten Berufen werden Sie nicht ständig gefordert. Anders beim Verkaufen. Hier werden Sie jeden Tag mit neuen spannenden Aufgaben konfrontiert. Diese Aussicht sollte Sie verlocken, nicht verunsichern. Genießen Sie dieses erhebende Gefühl. In unserer überreglementierten und durchorganisierten Gesellschaft gibt es nur wenige lukrative Beschäftigungen, bei denen man nie weiß, was einen am nächsten Tag erwartet. Sie haben das Privileg, einer Arbeit nachzugehen, in der Unabhängigkeit und Herausforderungen keine seltenen Besucher, sondern ständige Begleiter sind. Beim Verkaufen weiß man nie, welche Chancen der neue Tag eröffnen wird, welche Triumphe errungen werden können – und von welchen Katastrophen wir möglicherweise heimgesucht werden. Für den Verkäufer bringt jeder neue Tag ein neues Abenteuer. In diesem Beruf können wir binnen achtundvierzig Stunden die Gipfel der Begeisterung erstürmen und in die Schluchten der Enttäuschung hinabstürzen – um am nächsten Tag wieder ganz oben zu stehen. Ist das nicht spannend?

Sagen Sie ja.

Begrüßen Sie jeden Morgen mit dem Gedanken, daß Sie sich auf eine spannende Herausforderung freuen. Verinnerlichen Sie das Vergnügen an dieser Spannung. Lernen Sie, die Herausforderung zu genießen. Gehen Sie dann auf die Pirsch, erkennen Sie die Herausforderung, und meistern Sie sie. Wenn Sie besser sein wollen als der Durchschnitt, gehen Sie das Wagnis ein. Zögern Sie nicht, wenn Sie ein ganz Großer werden wollen. Der kürzeste Weg zu einem hohen Einkommen führt geradewegs über die Herausforderungen, die Ihren Weg pflastern.

Der vierte Vorteil des Verkaufens liegt darin, *daß es einen hohen Ertrag bei geringer Kapitalinvestition ermöglicht.* Denn wieviel kostet der Zugang zu diesem Beruf, in dem es keine Einkommensgrenze gibt? Vergleichen Sie die Summe, die Ihrer Meinung nach für den Einstieg erforderlich ist, mit den Kosten einer jener Fast-Food-Lizenzen, die in letzter Zeit so erfolgreich waren. Der Eigentümer eines neuen Lokals muß 200 000 Dollar oder mehr investieren. Er schuftet ohne Ende und zahlt sich selbst ein kleines Gehalt. All das tut er in der Hoffnung, im zweiten Jahr auf eine Rendite von 40 000 Dollar zu kommen. Eine Verkäuferkarriere können Sie mit einem Bruchteil dieser Investition beginnen, und wenn Sie sich an die Vorschläge dieses Buches halten, erreichen Sie in viel kürzerer Zeit ein höheres Einkommen. Mich hat es stets fasziniert, wie man mit der kleinen Investition, die für den Einstieg in den Verkäuferberuf genügt, so erstaunliche Ergebnisse erreichen kann. Was für aufregende Aussichten!

Der fünfte Vorteil des Verkaufens liegt darin, *daß es Spaß macht.* Wissen Sie, wie vielen Leuten ihr Beruf keinen Spaß macht? Mein

Grundsatz ist, daß eine Arbeit, die keine Freude macht, nicht wert ist, getan zu werden. »Leben kann Freude sein«*, und es gibt keinen Grund, nicht ein bißchen Spaß zu haben, während man ein hübsches Einkommen für die Familie verdient.

Der sechste Vorteil des Verkaufens besteht darin, *daß es befriedigend ist.* Sie haben ein gutes Gefühl, wenn der Kunde mit Ihrem Produkt nach Hause geht. Es ist schön zu wissen, daß wir jemandem geholfen haben. Es ist schön, am Abend nach Hause gehen und sich sagen zu können: »Ich habe wieder eine Familie erfolgreich mit dem Produkt meiner Firma bekannt gemacht.« Wenn der Kaufauftrag von einer Führungskraft oder von einem Firmenbeauftragten unterzeichnet wird, haben Sie die befriedigende Gewißheit, daß Sie dem betreffenden Unternehmen geholfen haben, seine Ziele zu erreichen. Die Menschen, denen Sie Ihr Produkt verkaufen, haben um so mehr davon, je kompetenter Sie sind und je mehr Sie von Ihrem Produkt verstehen. Je besser Sie im Verkaufen sind, desto mehr profitieren die anderen – Ihre Kunden, Ihre Familie und die Wirtschaft Ihres Landes.

Niemand außer Ihnen selbst kann Ihrer Entfaltung Grenzen setzen. Wollen Sie mehr verdienen? Gut, lernen Sie mehr. Das bedeutet, daß Sie eine Zeitlang härter arbeiten müssen. Aber für die zusätzliche Arbeit werden Sie später mit einem höheren Einkommen belohnt.

Die meisten Menschen auf dieser Welt schöpfen in ihrem Beruf, in ihrer Arbeit, in ihrem Leben ihre Möglichkeiten nicht aus. Sie können kaum Einfluß auf das nehmen, was sie tun. Ihre tägliche Plackerei behindert ihre Entfaltung, anstatt sie zu fördern; das einzige, was sie an ihrer Arbeit schätzen, ist jenes Gefühl der Sicherheit, das die Vertrautheit der immer gleichen Tätigkeit in ihnen weckt. Sie lassen sich also von etwas gefangennehmen, was sie zwar kennen, aber nicht mögen, anstatt sich auf unbekanntes Terrain vorzuwagen und etwas auszuprobieren, das sie nicht kennen, das sie jedoch vielleicht lieben würden.

* Titel eines Motivationsbuches von Norman Vincent Peale, erschienen im Oesch Verlag, Zürich.

Der professionelle Verkäufer lehnt alle Beschränkungen seiner Entfaltung ab – außer jenen, die er sich selbst auferlegt. Er weiß, daß er sich stets neue Ziele stecken kann. Er weiß, daß er um so mehr erreicht, je größer seine Fähigkeiten werden. Und er hat keine Angst vor dem Unbekannten, das alle Veränderungen in sich bergen, denn die Bewältigung des Unbekannten ist seine tägliche Arbeit. Das ist der **siebente Vorteil** des professionellen Verkaufens: *Dieser Beruf fördert Ihre persönliche Entwicklung.*

Sie wollen mehr verdienen? Dann erweitern Sie Ihre Fähigkeiten. Studieren Sie die in diesem Buch beschriebenen Verkaufstechniken. Studieren Sie Ihr Produkt oder Ihre Dienstleistung. Studieren Sie Ihre Kunden und Ihr Verkaufsgebiet. Setzen Sie Ihre wachsenden Fähigkeiten bei jeder Gelegenheit ein. Tun Sie das, wovon Sie überzeugt sind. Halten Sie sich an dieses Programm, und es besteht kein Zweifel daran, daß Sie Ihr Einkommen beträchtlich erhöhen werden.

Das ist mein Lebenszweck – Ihnen zu helfen, mehr Geld zu verdienen. Bitte lassen Sie mich nicht im Stich – erweitern Sie Ihre Fähigkeiten, verdienen Sie mehr Geld, und holen Sie sich, was Ihnen im Leben zusteht. Das geht nur, indem Sie kompetent werden. Ich kenne eine Reihe von Verkäufern, die über hunderttausend Dollar im Jahr verdienen, und es fasziniert mich immer von neuem, wie unterschiedlich die Herkunft, wie vielfältig die Persönlichkeiten und wie breit gestreut die Interessen dieser Leute sind. Dennoch haben sie vor allem eine Qualität gemeinsam: Sie sind kompetent. Sie wissen genau, was sie tun. Dieses Buch verfolgt wie meine Seminare das Ziel, Ihnen zu helfen, kompetenter zu werden.

Beachten Sie bitte, daß ich lernen gesagt habe. Denn wir stoßen auf ein Hindernis, wenn es gilt, zu lernen, wie wir kompetenter werden.

Der Mythos des geborenen Verkaufswunders

Viele von uns nehmen es als gegeben hin, daß das Verkaufstalent etwas Angeborenes ist. Es ist sehr verlockend, an diesen Mythos zu glauben. Wenn wir uns an die Idee klammern, es gebe so etwas wie einen »geborenen Verkäufer«, müssen wir nicht die volle Verantwortung für unsere eigene Leistung tragen. Dieser Trugschluß ist eine destruktive Vorstellung, von der ich Sie an dieser Stelle endgültig befreien möchte.

Ich habe in meinen Seminaren viele starke Persönlichkeiten kennengelernt, die auf dem Weg nach oben sind, aber auch viele Verkäufer, die ihr Potential noch nicht angezapft haben. Und bedauerlicherweise werden es viele dieser Leute niemals sehr weit bringen, weil sie sich fest an den Mythos des geborenen Verkaufswunders klammern.

Manche Menschen sind davon überzeugt, selbst zu den geborenen Verkaufswundern zu zählen. Das zeugt von einem wunderbaren Selbstbewußtsein, welches allerdings oft in Selbstgefälligkeit ausartet. Wenn diese Menschen in ihrer Selbstzufriedenheit zu der irrigen Annahme gelangen, sie brauchten nicht wie Normalsterbliche zu lernen, um sich Kompetenz anzueignen, schöpfen sie ihr Potential bei weitem nicht aus.

Sehr viel mehr Menschen sind davon überzeugt, nicht zu den geborenen Verkaufswundern zu gehören. Sie meinen, es sei hoffnungslos, sich Kompetenz aneignen zu wollen – und schöpfen ihr Potential gerade deshalb nicht aus.

»Ich bin einfach kein geborener Verkäufer. Ich wurde nicht mit dem goldenen Händchen geboren wie dieser Joe Supersmart da. Wenn ich seine Intelligenz, sein Charisma und seine umwerfende Persönlichkeit hätte, könnte ich auch Bäume ausreißen. Aber ich habe sie nicht, und so werde ich es im Verkauf nie besonders weit bringen.«

Sagen Sie nicht voreilig, Sie seien von diesem Mythos unbelastet. Ich höre derartige Aussagen viel zu oft von meinen Seminarteilnehmern, als daß ich sie auf die leichte Schulter nehmen könnte. Tatsächlich bin ich davon überzeugt, daß die meisten Verkäufer, denen es nicht gelingt, ihr Potential auszuschöpfen, unter diesem Mythos leiden. Stellen wir uns dieser gefährlichen Vorstellung jetzt – und werfen wir sie dann ein für allemal über Bord.

Es hat noch nie einen großen Verkäufer gegeben, der groß geboren worden wäre. Stellen Sie sich eine Frau im Kreißsaal vor, die eben ein Kind zur Welt gebracht hat. Das Neugeborene sagt: »Macht es euch gemütlich, Leute, und wenn ihr irgendwelche Fragen habt, ich stehe euch jederzeit zur Verfügung.« Der kleine Bursche hat noch einen langen Weg vor sich, bis er auch nur beginnen kann zu gehen, zu sprechen und sich ohne Windeln zu bewegen. Er muß viel lernen, und wenn er ein großer Verkäufer werden will, muß er alles lernen.

Suchen Sie also nicht länger nach Ausflüchten. Krempeln Sie die Ärmel hoch, und machen Sie sich an die mühsame Arbeit, zu lernen, wie Sie in Ihrer Karriere als Verkäufer Kompetenz entwickeln können. Ob Sie sich nun für ein geborenes Verkaufsgenie halten oder nicht – den Preis des Lernens müssen Sie bezahlen.

Und hören Sie nie auf, zu lernen und Ihr Wissen zu überprüfen. Ein Profi arbeitet einmal im Jahr an den Grundlagen. Und genau dort werden Sie jetzt beginnen.

Die fünf Grundlagen, die Sie so groß machen werden, wie Sie wollen

Nur wenige von uns sind bereit, die folgende grundlegende Wahrheit anzuerkennen: Große Verkäufer beschäftigen sich, ebenso wie große Sportler, eingehend mit den Grundlagen. Manche von uns wiegen sich in der Hoffnung, sie könnten die Grundlagen umgehen, irgendwo gebe es eine Geheimformel, die man nur vor sich hinzumurmeln brauche, um das Geld in Strömen fließen zu lassen. Je früher Sie sich von dieser Illusion trennen, desto früher können Sie sich daran machen, jene lichten Höhen zu erklimmen, die sich dem erschließen, der die Grundlagen wirksam einsetzt.

Die erste Grundlage ist die *Kundensuche.* Wenn ich von der Mehrheit meiner Seminarteilnehmer auf Sie schließen darf, dann wirkt allein schon das Wort ein bißchen abschreckend auf Sie. So sollten Sie nicht denken. Wenn Ihnen die Kundensuche keinen Spaß macht, dann wahrscheinlich nur, weil Ihnen niemand gezeigt hat, wie man das professionell macht. Wir werden es Ihnen zeigen.

Die zweite Grundlage besteht darin, auf professionelle Art und Weise *Kontakte* herzustellen.

Die dritte Grundlage ist die *Qualifikation.* Viele Verkäufer reden die meiste Zeit über mit den falschen Leuten. Wenn das auch bei Ihnen der Fall ist, können Sie Ihr Produkt oder Ihre Dienstleistung noch so redegewandt vorstellen – Sie werden immer wenig verdienen. Wir zeigen Ihnen, wie Sie als professioneller Verkäufer sicherstellen können, daß Sie Ihre Zeit den richtigen Personen widmen, nämlich jenen, die ja sagen können, und nicht jenen, die nur ablehnende Entscheidungen treffen.

Die vierte Grundlage für die Entwicklung Ihrer Kompetenz besteht darin, daß Sie lernen, effektiv mit *Einwänden* umzugehen. Möglicherweise bekommen Sie nie welche zu hören. Dann können Sie diesen Teil überspringen. Aber wahrscheinlicher ist, daß Sie manchmal potentielle Kunden besuchen, die abwarten und die Sache überschlafen möchten; solche Kunden, die Ihr Produkt bereits besitzen, oder solche, die seit Jahren bei der Konkurrenz kaufen. Kommt Ihnen irgend etwas davon bekannt vor? Wenn ja, lesen Sie weiter. Das nächste Mal, wenn Sie diese Einwände hören, werden Sie in der Lage sein, freundlich zu lächeln. Sie lächeln, bohren weiter – und ziehen einen wunderschönen Abschluß an Land. Aber dieses Lächeln hat einen Preis: Sie müssen sich mit dem Konzept vertraut machen, es auf das von Ihnen angebotene Produkt übertragen und die Worte lernen, die es zum Funktionieren bringen.

Die fünfte und letzte Grundlage ist der *Abschluß.* Viele durchschnittliche bis gute Verkäufer suchen potentielle Kunden, stellen Kontakte her, stufen den Kunden ein und können so gut mit Einwänden umgehen, daß sie durchkommen, ohne gelernt zu haben, wie man professionell abschließt. Und genau das ist es, was sie davon abhält, wirklich groß zu werden. Ein guter Abschluß hat sowohl künstlerische als auch technische Komponenten, und diese Komponenten sind erlernbar.

Aber viele von uns wissen nicht mehr, wie man lernt. Wiederholen wir also rasch die Lernschritte, die nicht nur für den Inhalt dieses Buches gelten, sondern auch für alle anderen Lerninhalte.

Brotstudium: Wie man rasch das Fünffache verdient

Brotstudium – so nenne ich es, um zu betonen, daß es unverzichtbar ist, sich rasch und gründlich neues Wissen anzueignen. Schnell zu lernen ist der Schlüssel zu raschem persönlichem Wachstum und rasanten Verkaufserfolgen. Als Erwachsene verfallen wir leicht der Gewohnheit, uns mit neuen Erkenntnissen nur oberflächlich zu beschäftigen oder alle Bemühungen zu umgehen, neues Wissen zu erwerben und festzuhalten. Das ist schlecht. Die Fähigkeit, mehr zu verdienen, entspringt der höheren Leistung, und diese wird durch eine bessere Lernfähigkeit ermöglicht. Wer bessere Leistungen anstrebt, sollte damit beginnen, sich ein besseres Lernsystem anzueignen und es zu verwenden. Hier ist dieses System:

Eins. *Wirkung.* Sie haben sicherlich schon bemerkt, daß Sie sich um so mehr Einzelheiten über ein Thema merken, je mehr Sie dieses Thema interessiert. Wollen Sie etwas rascher und gründlicher erlernen, so nehmen Sie sich zuerst einige Augenblicke Zeit und stimmen Sie sich positiv ein. Machen Sie sich bewußt, wie sehr Ihnen dieses Wissen helfen wird; führen Sie sich die Vorteile vor Augen, die es Ihnen bringen wird. Machen Sie sich ein klares und lebhaftes Bild Ihrer Motivation, diese Dinge zu lernen. Nun rufen Sie sich jedesmal, wenn Sie zu lernen beginnen, für nur eine oder zwei Sekunden dieses lebhafte Bild der Vorteile ins Gedächtnis. Wenn Sie das tun, können Sie die Wirkung des Lernstoffs verstärken und ihn sich rascher aneignen.

Zwei. *Wiederholung* ist die Mutter des Lernens. Wiederholen Sie häufig den Lernstoff, und er wird zu einem Teil von Ihnen werden. Alle mir bekannten großen Verkäufer haben mit Verkaufsstatements begonnen, von denen sie wußten, daß sie funktionieren. Sie schnitten diese Aussagen auf ihre eigene Situation zu und paßten sie ihrem persönlichen Charakter an. Danach wiederholten und veränderten sie die Aussagen so lange, bis sie die Kontrolle über die Worte hatten. Sie brachten sie mit Überzeugung vor, und sie erreichten jene Ergebnisse, die sie sich vorgenommen hatten.

Einfach ausgedrückt: Sie setzten die Wiederholung wirkungsvoll ein. Was ist wirkungsvolle Wiederholung? Sie ist weit mehr als ein leiernder, heiserer Singsang. Wirkungsvolle Wiederholung ist intensiv und verlangt von Ihnen, daß Sie hellwach sind. Wirkungsvolle Wiederholung bedeutet, daß Sie den Lernstoff in seine Bestandteile zerlegen und ihn entsprechend Ihren eigenen Bedürfnissen wieder neu zusammenfügen. Wirkungsvolle Wiederholung bedeutet, daß Sie den Lernstoff niederschreiben, ihn lesen, ihn aufsagen und ihn sich anhören; daß Sie den Lernstoff dramatisieren und ihn in Ihrem Kopf zum Tanzen bringen.

Diese ersten beiden Schritte sind von grundlegender Bedeutung. Sie sind das Fundament und die Grundfläche. Sie sollten Ihre Bemühungen um besseres Lernen jedoch nicht einstellen – nein, nicht einmal bremsen –, wenn Sie diese beiden Schritte bewältigt haben. Denn: In einem Haus ohne Wände kann man nicht leben. Gehen Sie also unmittelbar zur nächsten Stufe des Lernens über.

Ich kehre oft in Städte zurück, in denen ich mein Verkaufsseminar bereits einmal abgehalten habe. Dabei bemerke ich oft, daß Dutzende von Verkaufsstars, die mein Programm vor Jahren absolviert haben, wieder unter den Zuhörern sitzen. Jene, die ihr Einkommen verdoppelt oder vervierfacht haben, erzählen mir, daß ihnen das deshalb gelang, weil sie sich entschlossen durch die nächste Phase hindurchgearbeitet hatten.

Drei. *Einsatz.* Das grundlegende Gesetz des Besitzes lautet: einsetzen oder verlieren. Dieses Gesetz bezieht sich auf alles Erlernte, vor allem jedoch auf Verkaufsfähigkeiten. Setzen Sie Ihre Verkaufsfähigkeiten ein, oder Sie werden sie verlieren.

Wissen und Fähigkeiten haben etwas Wunderbares gemeinsam:

Sie nützen sich durch den Einsatz nicht a˙). Ganz im Gegenteil! Wissen gewinnt durch konsequenten Einsatz Sinn und Tiefe, Fähigkeiten werden durch intensiven Einsatz gefestigt.

Der intensive Einsatz von Verkaufsfähigkeiten und Wissen ist der einzige Weg zu einem hohen Einkommen. Um diesen Weg zu gehen, müssen Sie Ihre Zeit effizient nutzen, damit Sie zur richtigen Zeit am richtigen Ort sind und den richtigen Leuten Ihre überzeugenden, perfekten Verkaufsaussagen vortragen können. Der richtige Zeitpunkt ist bei einigen Verkaufsaktivitäten wichtiger als bei anderen; aber mit den richtigen Leuten zu sprechen ist für alle Verkaufsbereiche wichtig. Die richtigen Leute zu erreichen erfordert ein gleichbleibend hohes Maß an Organisation.

Vielleicht haben Sie inzwischen erkannt, worauf wir hinauswollen: Lernen nur um des Lernens willen ist unfruchtbar. Es ist nichts weiter als ein zielloses Spiel. Damit Lernen sinnvoll ist, muß das Gelernte nicht nur anwendbar sein, sondern es muß auch tatsächlich angewendet werden. Das Gelernte nicht zu nutzen bedeutet den Dünger im Sack zu lassen.

Treten Sie vor die Führungskräfte, welche die Firmenflugzeuge, die Computer oder sonstigen Dinge, die Sie verkaufen wollen, begutachten. Besuchen Sie die Familien, denen Sie Ihre Geräte verkaufen wollen. Begeben Sie sich in die Wohnzimmer jener Leute, welche das Geld, das sie für die Versicherung ihrer Lieben ausgeben sollten, momentan noch verschwenden. Jetzt ist es an der Zeit, die wirkungsvollen Verkaufsaussagen, die Sie sich zum Nutzen Ihrer potentiellen Kunden zurechtgelegt haben, in der Realität einzusetzen. Sie haben sich in eine Verkaufsmaschine verwandelt. Nun schalten Sie diese Maschine ein. Produzieren Sie Ergebnisse.

Entdecken Sie die goldenen Stunden, in denen sich Ihr Angebot am besten verkauft, und organisieren Sie sich entsprechend.

Stellen Sie einen dichtgedrängten Zeitplan auf. Gehen Sie effizient mit Ihrer Zeit um, damit Sie die goldenen Stunden bestmöglich nutzen und Ihre Einnahmen maximieren können.

In dem Augenblick, in dem Sie auf Touren gekommen sind und beginnen, Ihr Material wirksam einzusetzen, werden Sie einen kurzen Blick auf Ihre glänzende neue Zukunft werfen. Leser, Champion der Zukunft – in diesem Augenblick wirst Du bereit sein, Dich über den Durchschnitt zu erheben und Dich zu den Meistern Deines Faches zu gesellen. Deine neu gewonnenen Fähigkeiten werden in Dir die Bereitschaft wecken, höher und weiter zu fliegen. Du wirst bereit sein, die vierte Stufe des Lernens zu erklimmen und wirklich groß zu werden.

Vier. *Verinnerlichung.* Diese Stufe erreichen Sie, sobald Sie die Standard-Lerninhalte auf Ihre persönlichen Bedürfnisse zugeschnitten, sich zu eigen gemacht und Sie Ihre neuen Fähigkeiten durch intensiven Einsatz gefestigt haben. Sie haben sie so effizient genutzt, daß Sie erste gute Resultate erzielen. Diese Ergebnisse setzen jene Energie frei, die Sie in die Sphäre der Superleistungen katapultiert. Unvermittelt hören diese neuen Konzepte auf, in Ihrem Kopf durcheinanderzuschwirren, und eine neue Wirklichkeit entsteht: Sie sind in Ihren Konzepten aufgegangen.

Mitunter kommt es vor, daß Verkaufschampions ihre Ehepartner zu meinen Seminaren mitbringen, damit sie mich kennenlernen. Es dauert nicht lang, dann sagt der Gatte oder die Gattin: »Mein Mann (meine Frau) hört sich genau wie Sie an.«

Aber das stimmt nicht. Die Leute hören nicht, wie ihre Ehegatten meine Art zu reden nachahmen. Vielmehr hören sie, wie der Kursteilnehmer sich selbst in der Sprache des Erfolgs ausdrückt, die uns beiden gemeinsam ist. Wir, der Kursteilnehmer und ich, verwenden beide dieselben Techniken. Nun formulieren wir ähnliche Erfolgserfahrungen, deren Wurzeln in dem gemeinsamen Wissen liegen, das wir beide verinnerlicht haben.

Verinnerlichung ist immer die vorletzte Stufe auf der Leiter des Lernens. Erst an dem Tag, an dem Sie von sich sagen können, wirklich alle Konzepte dieses Buches oder irgendwelche anderen Lerninhalte verinnerlicht zu haben, verleiht Ihnen das Gelernte die Chance, wirklich groß zu werden. Wenn Sie das lernen, um was es in diesem Buch vorrangig geht, werden Sie die Fähigkeit erlangen, zu einer echten Verkaufsgröße aufzusteigen. Das bedeutet aber nicht, daß Sie nicht ständig Gefahr laufen, wieder auf eine mittelmäßige Leistungsstufe herabzusinken.

Fünf. *Verstärkung.* Wenn Sie die Stufe eines Superprofis erreicht haben, werden Sie in Versuchung geraten, die Techniken und Methoden, die Sie dorthin gebracht haben, geringzuschätzen. Solange Sie um den Aufstieg kämpfen, fällt es Ihnen leicht zu sagen: »Nein, mir passiert das nicht. Auch wenn ich oben angekommen bin, werde ich niemals vergessen, wie ich dorthin gekommen bin.« Aber genau das werden Sie, und das ist auch gar nicht so schlecht. Schließlich wollen wir uns nicht mit vergangenen Schwierigkeiten beschäftigen – es sei denn, um über sie zu lachen. Trotzdem ist das größte Problem, vor dem ich als Verkaufstrainer stehe, jenes der absackenden Superprofis. Sie wollen einfach nicht glauben, daß die Erklärung für ihre Stagnation darin liegt, daß sie nicht mehr das tun, was sie einst zu Superprofis gemacht hat. Kann es einen anderen Grund dafür geben, daß ein Superprofi auf ein durchschnittliches Leistungsniveau zurückfällt? Sie können ins Treffen führen, daß die Umsätze von Max Champion nachlassen, weil er sich täglich drei Martinis zum Mittagessen gönnt oder weil er gerade in den goldenen Stunden seine dreistündigen Golfpartien absolvieren muß oder weil der Erfolg seinen Charakter verdorben hat. Aber als der gute Max damit beschäftigt war, sich über den Durchschnitt zu erheben, nahm er leichte Mittagessen zu sich, die ihm Kraft und Energie für einen guten Nachmittag gaben; er hütete seine goldenen Stunden sorgsam und nutzte sie effektiv, und er pflegte einen herzlichen Umgangston mit seinen Kunden. Und Sie können sicher sein: Als Max die ersten Stufen der Erfolgsleiter emporkletterte, brachte er die notwendige Zeit für die gewissenhafte Erfüllung der grundlegenden Pflichten der Verkaufsarbeit auf.

Als Sie ein Verkaufsgrünschnabel waren, lernten Sie Ihr Produkt kennen. Sie eigneten sich einige Verkaufstechniken an, Sie stürzten sich in den Kampf und setzten Ihr Wissen ein, und Sie begannen, Geld zu verdienen. Dann, plötzlich, wurden Sie leichtsinnig. Sie hörten auf zu tun, was Ihre Firma von Ihnen verlangte. Und dann begannen Sie abzusacken.

Viele von Ihnen, die diese Zeilen lesen, werden, nachdem sie dieses Buch aus der Hand gelegt haben, ihr Einkommen in sechs Monaten verdoppeln. Dann werden sie aufhören zu tun, was ich ihnen geraten habe. Sie werden aufhören, jene Dinge zu tun, die zur Verdoppelung ihres Einkommens führten.

Ich hoffe, *Sie* gehören nicht zu den Vergeßlichen. Tun Sie statt dessen das, was Profisportler tun. Es besteht eine große Ähnlichkeit zwischen einem professionellen Sportler und einem professionellen Verkäufer. Uns interessiert, daß ein Spitzensportler um so härter übt und trainiert, je professioneller und talentierter er ist. »Disziplin« heißt diese unscheinbare Nebensache! Was für Spitzensportler gilt, gilt genauso für Spitzenverkäufer. Es geht darum, daß Sie sich dazu bringen, das zu tun, von dem Sie wissen, daß Sie es tun sollten.

Machen Sie sich eine Notiz in Ihrer Wiedervorlagemappe, die Sie daran erinnert, sich dieses Buch in einem Jahr nochmals zu Gemüte zu führen. Wenn es soweit ist, werden Sie mit großer Wahrscheinlichkeit sagen: »Ich lese das nicht noch mal. Ich kenne es schon. Ich habe alles herausgequetscht, was es hergibt.«

Ich hoffe, daß Sie das nicht sagen werden. Ich hoffe, daß Sie Ihre Lerneffektivität nicht mindern werden. Ich hoffe, Sie werden Ihr Verdienstpotential nicht beschränken. Ich hoffe, Sie werden sich nicht dafür entscheiden, in den Sumpf der Mittelmäßigkeit zurückzufallen. Verstärken Sie das Gelernte. Tun Sie es zumindest einmal im Jahr. Erhalten Sie sich Ihre hart erarbeiteten Fähigkeiten. Verbessern Sie Ihr Wissen. Erweitern Sie es. Verstärken Sie es. Bleiben Sie groß.

Lassen Sie nicht zu, daß Ihre Größe abbröckelt. Pflegen Sie sie. Sie werden erkennen, daß dies für alle Lerninhalte gilt, die Ihnen wichtig sind: jedesmal, wenn Sie den Lernstoff intensiv durchgehen, werden Sie Dinge sehen, die Sie noch nie sahen, und Konzepte durchschauen, die Ihnen bis dahin verschlossen waren. Wann immer Sie wirksames Wissen wiederholen, verstärken Sie Ihre früheren Erkenntnisse durch neue, reichere Erfahrungen.

Ihr wichtigstes Werkzeug

Lassen Sie mich Ihnen eine Frage stellen. Sie wissen, daß der professionelle Golfspieler einen Golfschläger verwendet, der Tennisspieler einen Tennisschläger und der Tischler einen Hammer – aber welches Werkzeug verwenden wir professionellen Verkäufer?

Wir verwenden etwas, was uns schon manches Schnippchen geschlagen hat, stimmt's? Aber gibt es einen Profi-Golfspieler, der mit seinem Schläger noch nie einen Ball in den Bunker gesetzt hat? Gibt es einen Tennisspieler, der seinem Gegner noch nie mit seinem Schläger einen Punkt geschenkt hat? Gibt es irgendwo auf dieser Welt einen Tischler, der mit seinem Hammer noch nie seinen Daumen getroffen hat?

Gibt es irgendwo einen Verkäufer, der sein wichtigstes Werkzeug noch nie so eingesetzt hat, daß er einen Kunden verlor?

Ihr wichtigstes Werkzeug – jene Öffnung in Ihrem Gesicht, die sich Mund nennt – will mit Selbstsicherheit eingesetzt sein. Aber dieses Werkzeug kann versagen. Die Worte, die Sie äußern, können Ihnen nicht nur Verkaufschancen eröffnen, sondern sie auch zerstören. Daher sollten Sie Ihren Mund als scharfkantiges Werkzeug betrachten, das intelligent eingesetzt werden muß, wenn es Ihnen mehr nützen als schaden soll. Aber setzen Sie sich vernünftige Ziele. Sie können nicht erwarten, daß Sie gegenüber potentiellen oder tatsächlichen Kunden nie ein falsches Wort verwenden werden.

Ein falsches Wort im Verkaufsgespräch ist einem Fehlschlag in einem Tennismatch vergleichbar. In Wimbledon ermöglicht der Spieler, der am Ende das Turnier gewinnen wird, jedem seiner Gegner durch schlechte Schläge einige leichte Punkte. Aber sehr viel häufiger setzt er seinen Schläger ein, um selbst Asse zu schlagen.

Bei beiden Tätigkeiten kann man lernen, verbreitete Fehler zu vermeiden. Aber im Verkauf werden Sie ständig mit neuen und unvergleichlichen Situationen konfrontiert – das heißt, Sie werden laufend mit Gelegenheiten konfrontiert, neue und unvergleichliche Fehler zu machen, und zwar im allgemeinen, indem Sie das Falsche sagen.

Ich habe eine gute Nachricht für Sie: Wenn Sie genügend richtige Dinge lernen, die Sie Ihren Kunden sagen können, wenn Sie sich auf diese Dinge konzentrieren und wenn Sie sich einen warmherzigen Tonfall aneignen, wird nicht allzuviel Zeit bleiben, um Dinge zu sagen, die Sie später bereuen werden. Und die Möglichkeit, daß Sie entscheidendes Terrain einbüßen, wenn Ihnen eine unglückliche Bemerkung entschlüpft, ist gering. Arbeiten Sie auf jenes entspannte, freundliche und selbstbewußte Verhalten hin, das sich automatisch einstellt, wenn Sie wissen, daß Sie das Richtige sagen. Versinken Sie nicht in einer gespannten, pessimistischen und ängstlichen Einstellung, nur weil Sie sich ein paarmal in der Wahl Ihrer Worte oder Ihrer Themen vergriffen haben. Akzeptieren Sie einfach, daß Sie sich manchmal in der Wahl Ihrer Worte irren. Hegen Sie eine aufrichtige Achtung vor allen Menschen, machen Sie Witze über sich selbst und nicht über die anderen, und lernen Sie die richtigen Verkaufsstatements. Wenn Sie das tun, müssen Sie nicht fürchten, sich mit Ihren scharfen Sprechwerkzeugen ins eigene Fleisch zu schneiden.

Betonung des Positiven durch Wissen – das ist das Programm, mit dem wir unser wichtigstes Werkzeug zu einem zuverlässigen Instrument des Verkaufserfolgs entwickeln.

Ich arbeite täglich mit Leuten, die mehr verdienen wollen, aber keine entsprechende Ausbildung vorzuweisen haben. Ob ich wie gerade jetzt in einem ruhigen Zimmer an diesem Buch arbeite oder Seminare leite – das Ziel ist dasselbe: Ihnen und anderen diese Ausbildung zukommen zu lassen. Sobald das geschehen ist, sind Sie am Zug. Daß ich meinen Beitrag leisten kann, weiß ich, denn ich hatte das Glück und die Möglichkeit, in den USA und anderen Ländern Tausende von Menschen zu Spitzenverkäufern auszubilden. Sie hatten den Wunsch, mehr zu erreichen, aber ihre Ausbildung und ihre Einkünfte waren mangelhaft. So kamen sie in mein Seminar. Sie eigneten sich den Lernstoff an. Sie wandten ihn täglich an. Und plötzlich hatten sie nicht mehr nur den Wunsch und die Ausbildung, sondern auch ein viel höheres Einkommen.

Die schönsten Momente in meinem Beruf erlebe ich, wenn Leute, die von mir ausgebildet wurden, hinausgehen, den Erfolg haben, den sie sich wünschen, und dann zu mir kommen und mir davon erzählen.

Lassen Sie mich Ihnen über einige dieser Champions berichten.

Der erste ist ein Champion, dessen Geschichte Sie vielleicht verblüffen wird. Bis zu seinem achtzehnten Lebensjahr arbeitete Robert Burns auf der Ranch seines Vaters. Es war ein sicherer Job, aber Robert wollte mehr vom Leben, als man auf eine Mistgabel laden konnte. Also faßte er den Entschluß, Verkäufer zu werden. Er absolvierte unsere Ausbildung. Vor kurzem, als Robert seinen dreiundzwanzigsten Geburtstag feierte, lag sein Verkaufseinkommen jenseits der 500 000-Dollar-Grenze. Ist das nicht aufregend? Es ist aufregend zu wissen, daß Ihrem Einkommen nach oben hin keine Grenzen gesetzt sind, wenn Sie den Stoff lernen und dann hinausgehen und ihn anwenden. Die Leute wollen mir oft erzählen, sie seien zu jung für den Verkauf. Robert Burns war nicht zu jung.

Andere Leute meinen, sie seien zu alt. Lassen Sie mich Ihnen von Gertrude Nunn erzählen. Ich lernte sie vor sieben Jahren kennen, kurz nachdem ihr ehemaliger Arbeitgeber ihr mitgeteilt hatte, daß sie zu alt für ihren Job sei und in Pension geschickt werde. Sie tat, wie ihr geheißen, und verbrachte einen Monat mit Daumendrehen. Dann faßte sie den Entschluß, dorthin zu gehen, wo das Leben spielt. Gertrude hatte nie im Verkauf gearbeitet, aber durch einen glücklichen Zufall hörte sie von unserem Kurs und schrieb sich ein. Heute, sieben Jahre später, ist Gertrude Nunn fünfundsiebzig Jahre jung, verdient über hunderttausend Dollar im Jahr und genießt ihr Leben wie nie zuvor.

Jimmie Walker ist ein weiterer Champion. Er begann im Alter von siebzehn als professioneller Versicherungsverkäufer. Im vergangenen Jahr verkaufte Jimmie Großlebensversicherungen im Wert von fünfundzwanzig Millionen Dollar. Diese Leistung ist vergleichbar mit der eines Läufers, der eine Meile in drei Minuten zurücklegt. Wie viele Leute kennen Sie, die genug Geld verdient haben, um sich eine eigene Profi-Sportmannschaft leisten zu können? Jimmie Walker konnte es.

Was haben diese drei Menschen gemeinsam – außer der Tatsache, daß sie alle Absolventen meines Trainings sind? Sie haben alle die zwölf Merkmale eines Champions. Im nächsten Kapitel werden wir uns diese Kennzeichen eines Champions genau ansehen.

2 Die zwölf Quellen überwältigenden Verkaufserfolgs

Was Champions auszeichnet

Die zwölf Quellen des Verkaufserfolgs fließen ineinander. Sie können sich nicht in einem dieser Bereiche verbessern, ohne sich auch in den anderen weiterzuentwickeln. Sie können keinen dieser Bereiche ignorieren, ohne daß Ihr Gesamtpotential beeinträchtigt wird.

Eins. Man erkennt einen Champion, wenn er einen Raum betritt. Ob er konservativ oder modisch gekleidet ist oder sich irgendwo dazwischen bewegt – das Erscheinungsbild eines Champions ist untrüglicher Ausdruck einer starken Persönlichkeit. Schon ein Blick auf diesen Menschen verrät Ihnen, daß Sie sich im Bannkreis einer starken Kraft befinden. Der Champion strahlt unverwechselbare Individualität und unerschütterliches Selbstwertgefühl aus, das weit über gutes Aussehen hinausgeht. Was immer ihm von der Natur gegeben und von den Jahren nicht genommen wurde, hat er zu einem zwingenden, eindrücklichen *Auftreten* geformt.

Zwei. Die von uns ausgebildeten Champions sind ungeheuer stolz auf den Verkäuferberuf und auf sich als Menschen. Sie gründen diesen *Stolz* darauf, daß sie ihre Verantwortung wahrnehmen und ihr Potential nutzen. Dabei versteigen sie sich in ihrem Stolz nicht dazu, auf irgend jemanden herabzublicken, der weniger erfolgreich ist. Niemand, dem dieser aufrichtige Stolz fehlt, ist ein Champion.

Drei. Champions strahlen *Selbstvertrauen* aus. Wenn Sie ein Neuling im Verkauf sind, werden Sie vielleicht fragen: »Woher soll ich Selbstvertrauen nehmen, wo ich doch gar nicht weiß, was ich tue?«

Ich stimme Ihnen zu, daß Sie in jeder Situation, in der Sie nicht genau wissen, was Sie zu tun haben, vor allzu viel Selbstvertrauen auf der Hut sein sollten. Unbegründetes Selbstvertrauen wird Sie fast mit Gewißheit in die Tiefe reißen. Wenn das Ihr Problem ist, werden ein paar harte Fehlschläge Ihr Selbstvertrauen sehr bald auf ein Maß zurechtstutzen, das Ihrem Wissen entspricht. Das wird Ihnen nicht schaden; Sie werden höchstens Gelegenheit erhalten, Sinn für Humor zu entwickeln.

Ein chronisch unterentwickeltes Selbstbewußtsein ist eine große Gefahr. Während Ihre Fähigkeiten Tag für Tag wachsen, sollten Sie Ihr Selbstbewußtsein trainieren. Denken Sie daran, daß Ihre Kunden an Ihnen nur jenes eng eingegrenzte Fachwissen wahrnehmen, das Sie aus der gründlichen Kenntnis Ihres Produktes oder Ihrer Dienstleistung beziehen. Die Menschen, mit denen Sie in Kontakt kommen, sind beeindruckt von der Zuversicht, der Überzeugungskraft und dem Selbstvertrauen, mit denen Sie Ihr Angebot vorbringen. Wenn Sie dieses Training abgeschlossen haben, werden Sie alle notwendigen Werkzeuge in der Hand haben, um die Kunden zu »Ja«-Entscheidungen zu bewegen. Sie werden ein gutes Selbstwertgefühl haben, und Sie werden Selbstvertrauen ausstrahlen.

Vier. Gertrude Nunn verkörpert eine der Eigenschaften, die ich zu lehren versuche: Sie führt Menschen auf eine warmherzige und liebenswürdige Weise. Soll das heißen, daß sie es wegen ihrer *Warmherzigkeit* nie bis zum Abschluß bringt? Natürlich nicht. Spitzenverkäufer erreichen warmherzige Abschlüsse.

Das klingt vielleicht verwirrend – vor allem dann, wenn Verkaufen für Sie im wesentlichen bedeutet, unwilligen Leuten in hinterhältiger Weise das Geld aus der Tasche zu ziehen.

Sprechen wir über diese Vorstellung, denn sie steht nun einmal im Raum und hat für Millionen von Menschen einen durchaus realen Hintergrund. Geprägt wird sie vom Verhalten jener Minderheit von Verkäufern, die meinen, Verkaufen sei nichts als schiere Aggression. Irgendwann werden diese Geier von einer neuen Generation aufrichtiger Verkäufer verdrängt werden, die ihre potentiellen Kunden einstufen, sich über sie Gedanken machen und dafür sorgen, daß der Nutzen, den der Kunde aus dem Kauf zieht, den bezahlten Preis mehr als wettmacht. Die Entwicklung geht bereits in diese Richtung. Zunehmend wird die gierige Meute, der jedes Mittel recht ist, von gut ausgebildeten Verkäufern verdrängt, die unlautere Praktiken weder anwenden noch sich ihnen beugen. Zugegeben – diese Entwicklung ist mühsam und langwierig, und es wird noch viel Zeit ins Land gehen, bis sie abgeschlossen ist. Aber sie findet statt. Ich möchte, daß Sie sich an meiner Seite am Kampf um die Integrität des Verkäuferberufes beteiligen.

Wir alle kennen Leute, die sagen: »Früher war ich im Verkauf, aber mir fehlte die Ellbogenmentalität.« Ehemaligen Verkäufern, die so reden, ist nicht bewußt, daß ihr eigentliches Problem darin bestand, daß sie niemals gelernt haben, Kunden zu suchen, Kontakte herzustellen und ihre Kunden professionell einzustufen. So versuchten sie in ihrer Verzweiflung, Kunden zu einem Abschluß zu bringen, obwohl sie tief im Inneren wußten, daß sie diesen Kunden dieses bestimmte Produkt oder diese Dienstleistung nicht verkaufen sollten. Dann kamen sich diese Verkäufer wie Gauner vor. Da diese Menschen im Grunde ehrlich sind, mußten sie vor ihrer Schuld davonlaufen. Sie gaben das Verkaufen auf, anstatt sich einer Verkaufsschulung zu unterziehen.

Champions haben dieses Problem nicht, da sie von vornherein nie einen Abschluß mit Leuten anstreben, von denen sie wissen, daß das von ihnen angebotene Produkt bzw. die Dienstleistung nicht die richtige für sie ist. Ein Champion setzt seine Warmherzigkeit nicht ein, um seine Kunden zu manipulieren. Seine Techniken sind so gut, daß er seine Kunden sanft zu jenem Abschluß hinführt, der ihnen Vorteile bringt – mit aufrichtiger Anteilnahme und Warmherzigkeit.

Fünf. Die meisten Champions beziehen ihre Selbstsicherheit einzig und allein aus sich selbst. Sie wissen, daß wir in einer Welt der Gleichgültigkeit leben, in der die Menschen keinen großen Anteil am Leben anderer nehmen. Den Menschen ist jenseits der unmittelbaren Befriedigung ihrer Bedürfnisse sogar ihr eigenes Wohlergehen gleichgültig. Champions wissen, daß sie die vorherrschenden Verhaltensmuster nicht allein ändern können. So gehen sie durchs Leben, ohne sich von Problemen, die sie nicht lösen können, erdrücken zu lassen. Sie konzentrieren sich darauf, den ihnen nahestehenden Personen und ihren Kunden durch das Verkaufen zu helfen. Viele von ihnen sind auch in anderen Bereichen aktiv, aber sie achten immer darauf, ihre Energien in Aktivitäten zu stecken, in denen sie wirkungsvoll sein können. Bei allem, was sie tun, glauben sie an sich und handeln voller *Zuversicht.*

Sechs. Champions wollen reich werden. Sie haben richtig gelesen, reich. Ein Champion strebt ein Einkommen an, das ihm genügend Kapital für Investitionen liefert, die ihn unabhängig machen werden. Es ist nichts Schlechtes daran, reich zu werden, solange die Menschen, die Sie auf dem Weg dorthin betreuen, ebenfalls profitieren. Der wahre Champion richtet seine Wertvorstellungen und seinen Lebensstil auf das *Ziel* aus, *reich zu werden.*

Sieben. Eine Eigenschaft, die ich nicht messen kann, von der ich aber weiß, daß sie in jedem Champion steckt, ist der brennende Wunsch, etwas zu erreichen. Jeder Verkaufsmanager denkt sich: »Wenn wir nur den *Willen* der einzelnen Leute messen könnten, wäre es kein Problem mehr, die richtigen Verkäufer auszuwählen. Wir wüßten, wer trotz Problemen und Enttäuschungen weiterarbeiten und wer das Handtuch werfen wird. Wir müßten uns nicht länger mit Leuten herumschlagen, die alle Fähigkeiten und Voraussetzungen haben außer dem Wunsch, etwas zu erreichen, und die daher irgendwann ausscheiden.« Für die Verkaufsmanager wäre es schön, das zu wissen, aber man kann einfach nicht messen, wie stark der Wille einer Person ist. Sie können nur messen, wie stark Ihr eigener Wille ist. Wir zeigen Ihnen, wie. Stellen Sie sich selbst die folgenden Fragen:

Wie viele Niederlagen kann ich einstecken, bevor ich das Handtuch werfe?

Wie viele Probleme kann ich bewältigen, bevor ich aufgebe, nach Hause gehe und mich ins Bett lege?

Wenn Sie das Potential zu einem wahren Champion haben, werden Sie antworten, daß Sie, gleichgültig, mit wie vielen Rückschlägen und Problemen Sie auch konfrontiert werden mögen, nie aufgeben werden: denn alle Widrigkeiten können nichts ausrichten gegen Ihren Willen.

Acht. Über diesen Punkt haben wir bereits gesprochen, aber wir werden ihn noch einmal behandeln, da er das A und O des Erfolgs ist. Champions machen sich mit ihren Ängsten vertraut. Das ist oft nicht leicht, denn wir alle sind es ja gewohnt, unsere Ängste vor uns selbst zu verstecken. Aber der Champion läßt nicht locker. Er erforscht seine Ängste. Er bekämpft seine Ängste, und er überwindet sie. Ist dies einmal gelungen, strahlt er jenes Selbstvertrauen aus, das einzig die *Überwindung der Angst* verleihen kann.

Neun. Bei vielen Verkäufern läuft es nur dann, wenn alles um sie herum läuft. Der Grad ihrer *Begeisterung* wird von anderen Menschen und äußeren Ereignissen bestimmt. Sind Sie einer dieser Verkäufer? Wenn ja, dann möchte ich Sie bitten, ernsthaft darüber nachzudenken, warum Sie sich derart von den willkürlichen Wendungen des Schicksals beherrschen lassen. Warum betrachten Sie sich nur als Passagier auf der Reise des Lebens? Sie können das Steuerrad übernehmen und Kurs auf jedes Ziel nehmen, das Ihnen verlockend erscheint.

Warum sollten Sie sich nur dann gut fühlen, wenn alles glatt läuft? Das tun Leute, die sich damit abgefunden haben, »Durchschnitt« zu bleiben. Das tun »Verkäufer«, deren Vorstellung vom Verkaufen sich darauf beschränkt, zu warten, bis ein Kunde vorbeikommt und kaufen möchte. Einem Champion werden Sie nie anmerken, wie es ihm am Vormittag, gestern, vergangene Woche oder im letzten Monat ergangen ist. Wie kommt es, so werden Sie fragen, daß ein Champion seine Gefühle so gut verstecken kann? Nun, zunächst muß gesagt werden, daß ein Champion seine Gefühle eben nicht versteckt. Er hat Freude am Leben. Er hat Selbstvertrauen. Er weiß, daß Schwierigkeiten auftreten werden – wenn nicht in dieser Woche, dann vielleicht in der nächsten. Er weiß, daß er in einem Zeitraum von fünf Jahren bessere und schlechtere Zeiten erleben wird. Er lebt in der Gegenwart, aber er weiß, daß die Zukunft schon vor der Tür steht. Er weiß, daß die heutige Glücks- oder Pechsträhne morgen ins Gegenteil umschlagen kann. Was sich jedoch in keinem Fall und unter keinen Umständen ändern wird, das sind seine überdurchschnittlichen Leistungen. Er ist zufrieden. Er macht sich sein Schönwetter selbst. Er läßt sich von Kleinigkeiten nicht aus dem Gleichgewicht bringen. Wenn er es mit einem aufbrausenden Kunden zu tun hat, wird er mit der Situation fertig. Er löst das Problem. Dann vergißt er es. Was erledigt ist, ist erledigt.

Und ein Champion weiß, daß er, wie gut er auch sein mag, bei allen Erfolgen auch Fehlschläge wird hinnehmen müssen. Daher hat er es nicht nötig, seine wahren Gefühle wegen eines Fehlschlags zu verbergen, denn er bleibt doch immer von *Begeisterung* erfüllt.

Zehn. Die von uns ausgebildeten Spitzenverkäufer stellen eine emotionale Bindung zu den Leuten her, mit denen sie arbeiten. Champions interessieren sich aufrichtig für ihre Kunden, und die Kunden nehmen dies auch wahr. Das ist der Grund dafür, daß Champions so viele Empfehlungen erhalten. Ich bin davon überzeugt, daß kein Verkäufer jemals viel Geld auf einem normalen Markt verdient hat, wenn er nicht zahlreiche wohlverdiente Empfehlungen vorweisen konnte. Wir werden Ihnen zeigen, welche Techniken Sie anwenden können, um Empfehlungen zu erhalten. Die meisten Leute denken nicht von allein daran, Empfehlungen zu geben. Das Geheimnis hinter der Technik heißt *aufrichtiges Interesse und Anteilnahme.* Wenn der Kunde das Dollar-Zeichen in Ihren Augen schimmern sieht, sobald Sie die Chance eines Abschlusses wittern, wird er Ihnen gegenüber automatisch eine Verteidigungshaltung einnehmen. Anstatt ihm einen wirklich starken emotionalen Beweggrund dafür zu geben, eine Geschäftsbeziehung mit Ihnen einzugehen (weil er sieht, daß Ihnen sein Wohlergehen wirklich am Herzen liegt), haben Sie ihm im Gegenteil einen starken emotionalen Beweggrund gegeben, *nicht* mit Ihnen ins Geschäft kommen zu wollen.

Ich kenne einige Verkäufer, die Menschen hassen. Unter den Millionen Verkäufern da draußen sind einige tausend, die ihre Mitmenschen nicht ausstehen können. Und manche davon verdienen nicht einmal so schlecht. Aber ich kenne keinen unter ihnen, der nicht dauernd den Job wechselt, denn solche Leute machen sich schneller Feinde als Geld. Champions hingegen bleiben lange Zeit bei dem, was sie tun. Und sie verwenden einen Teil des vielen Geldes, das sie verdienen, um ihren Kundenstock aufzubauen. Der Grund dafür ist, daß sie nicht nur Experten im Verkaufen sind, sondern auch Experten der aufrichtigen Anteilnahme.

Elf. Nehmen Sie Zurückweisung persönlich? Vielleicht entschließt sich einer Ihrer Kunden, ein Konkurrenzangebot einzuholen, und verspricht Ihnen, Sie in der folgenden Woche anzurufen. Nicht genug damit, daß er Sie nicht anruft, ändert er auch noch seine Telefonnummer und seinen Firmennamen. Als Sie ihn in der folgenden Woche erreichen, hat er bereits bei der Konkurrenz gekauft. Oder Sie haben es mit jemandem zu tun, der Ihnen sagt: »Ich bin wirklich interessiert«, und wenn Sie eine Woche später zum vereinbarten Termin kommen, teilt er Ihnen ganz gelassen mit, daß er sich bereits einen Tag nach dem Gespräch mit Ihnen für ein anderes Produkt oder andere Marke entschieden hat. Ist Ihnen derartiges schon einmal passiert? Wenn nicht, haben Sie Geduld: Es wird sicher einmal vorkommen.

Das ist der Verkauf. Das ist das Geschäftsleben.

Sie können derartige Situationen nicht verhindern, aber Sie können lernen, sie spielend wegzustecken. *Champions nehmen Zurückweisungen nicht persönlich.*

Zwölf. Dieses abschließende Merkmal großer Verkäufer kennzeichnet auch ihre Firmen. Sie alle *glauben an kontinuierliche Weiterbildung.* Sie studieren neue Techniken. Sie eignen sich neue Fähigkeiten an. Das Management dieser Firmen ermutigt die Verkäufer, Seminare zu besuchen, sich Kassetten anzuhören, sich Videos anzusehen und Bücher zu lesen. Ein Champion muß nie dazu gedrängt werden, in seine Bildung zu investieren. Er weiß, daß er, wenn er seinen Kopf mit besseren Ideen und Informationen füttert, bessere Leistungen aus sich herausholen kann. Ein Champion weiß, daß man mit der Verbesserung seiner Umwelt am besten beim eigenen Kopf beginnt. Investieren Sie mehr Zeit, mehr Geld und mehr Mühe in Ihre Bildung und Weiterbildung, und Sie werden mit besseren Ergebnissen belohnt werden. Sie werden interessantere Reisen unternehmen, sich eine bessere und prestigeträchtigere Wohnung und mehr jener guten Dinge leisten können, die man für Geld kaufen kann. Damit erzähle ich Ihnen nichts Neues. Benjamin Franklin sagte: »Leert die Münzen in euren Geldbörsen in euren Geist, und euer Geist wird eure Geldbörsen mit Gold füllen.«

Warum Sie nicht versagen können

Vor einigen Monaten hatte ich bei einem meiner Seminare, bei dem etwa tausendfünfhundert Leute im Publikum saßen, ein amüsantes Erlebnis. Ein Herr in der ersten Reihe kam mir bekannt vor. Ich sagte zu mir selbst: »Ich wette, der hat das Seminar in den letzten fünf Jahren kein einziges Mal ausgelassen.«

Ich sprach ihn von der Bühne aus an, und er bestätigte meine Annahme. Also fragte ich ihn: »Haben Sie alle Ihre Leute mitgebracht?«

Er antwortete: »Tom, ich bin der beste Verkäufer meines Unternehmens. Man sollte also meinen, daß das, was ich sage, einiges Gewicht hat. Ich habe allen von diesem Seminar erzählt. Es sind jedoch nur wenige Leute von uns hier, und die sind allesamt ohnehin schon starke Verkäufer. Es ist jedes Jahr dasselbe: Die Leute, die es am nötigsten hätten, kommen nie.«

Ich sagte: »Das höre ich immer wieder. Aber nehmen wir einmal an, einer der schwachen Verkäufer, einer von denen, die diese Schulung am dringendsten benötigen, kommt heute abend nach Hause, wo ihn seine Frau mit den Worten empfängt: ›Unsere Toilette ist verstopft. Die Reparatur wird uns 50 Dollar kosten.‹ Was wird er tun? Glauben Sie mir, er wird sagen: ›Ich werde nicht ins Seminar gehen. Ich kann mir 50 Dollar für eine Reparatur nicht leisten.‹ Er wird zu Hause bleiben und die Toilette reparieren.«

Es ist erstaunlich, wofür die Leute ihr Geld ausgeben, bevor sie es in sich selbst investieren. Ich bin stolz, daß Sie Ihr Geld für dieses Buch ausgegeben haben, aber Sie müssen sehr viel mehr Zeit – und damit Geld – investieren, wenn Sie sich das darin enthaltene Wissen aneignen wollen.

Ich habe keine Möglichkeit, Ihnen diese Zeit zurückzugeben. Wir können die heute verbrauchte Zeit nie mehr hereinholen. Deshalb fühle ich eine starke Verpflichtung, meine Botschaft so intensiv und wirkungsvoll wie möglich zu gestalten. Das ist meine Verpflichtung, und sie ist alles andere als gering. Aber die Ihre ist ebenso groß. Sie müssen den Willen zum Erfolg mitbringen.

Da Sie diese Zeilen nun lesen, verfügen Sie entweder bereits über den notwendigen Erfolgswillen oder Sie haben sich vorgenommen, ihn zu entwickeln. Das ist der Grund, warum Sie nicht versagen können – Sie wollen den Erfolg so sehr, daß Sie Zeit, Geld und Mühe investieren, um einen produktiveren Menschen aus sich zu machen.

Aber ist es nicht so, daß wir in einer Welt voller Ablenkungen leben? Da gibt es immer etwas, das unsere Aufmerksamkeit in Anspruch nimmt: Montag Fußball, Dienstag Fernsehen, Mittwoch Kegeln, Donnerstag Kartenspielen, Freitag eine Party, Samstag Saturday Night Fever, Sonntag ein Familienfrühstück, Sport und ein letztes Aufflackern des Wochenendes. Wie sollen Sie die Zeit finden, um die Techniken dieses Buches zu studieren und die darin beschriebenen Kompetenzen und Fähigkeiten zu erwerben?

Der Wille zum Erfolg nimmt sich die nötige Zeit. Er sorgt dafür, daß wir unsere reservierten Karten für die Spiele, bei denen wir nur Zuschauer sind, zurückgeben. Statt dessen stellt er uns auf das Spielfeld, um an jenem Match teilzunehmen, welches das aufregendste von allen ist, wenn man es spielt, um zu gewinnen: das große Spiel des Lebens.

Vielleicht wollen Sie dieses Spiel spielen und sich anstrengen, aber Sie haben Angst, daß Ihr Erfolgswille noch nicht ausgeprägt genug ist. Das ist verständlich. Erfolgswille ist eine erlernte Reaktion – allerdings eine von großer und subtiler Komplexität.

Wie Sie glühenden Erfolgswillen entwickeln

Jetzt lernen Sie drei Methoden kennen, die dazu dienen, jenen glühenden Erfolgswillen zu entwickeln, der jeden Widerstand überwindet. Diese Methoden funktionieren – wenn Sie es wollen.

Eins: Das größte Hindernis für die Entwicklung von Erfolgswillen ist unsere Überzeugung, daß wir nie wirklich erfolgreich sein werden; daher gehen wir auf Nummer Sicher, lassen den Erfolgswillen auf Sparflamme köcheln und vermeiden so Frustration. John Kenneth Galbraith nennt diesen Prozeß »Einrichtung in der Armut« und weist darauf hin, daß viele Menschen stets jenes wirtschaftliche Niveau akzeptieren, das sie erreicht haben – es wird ihnen niemals aufgezwungen. Wenn Sie im stillen hoffen, daß der Wind Ihr Schiff von allein in den Hafen treiben wird, so ist dies eine ziemlich gefährliche Vorstellung. Viele von uns sind nicht bereit, der Tatsache ins Auge zu blicken, daß unser Schiff erst dann auslaufen wird, wenn wir an Bord gehen, die Segel hissen und das Steuerrad in die Hand nehmen. Die Kubaner, die bei ihrer Flucht vor Castro nichts als ihre nackte Haut hatten, sind heute wohlhabend, die Boat People und andere Asiaten, die buchstäblich über den Pazifik schwammen, machen ihren Weg. Wie sieht also Ihre Entschuldigung aus?

Tatsache ist, daß es keine Entschuldigung dafür gibt, in der Gesellschaft der Gegenwart keinen Erfolg zu haben. Es gibt keine Entschuldigung mehr, seit Peter Minuit den Indianern Manhattan abschwindelte. Sie entscheiden sich für ein Leben, das ärmlich ist im Vergleich zu jenem, das Sie mit einer zusätzlichen Anstrengung, zu der Sie fähig sind, haben könnten. Alles liegt an Ihnen, und Sie können die Verantwortung auf niemanden abwälzen.

Ich kenne ehemalige Einwanderer, die als Erntearbeiter begannen, sich emporarbeiteten und zu Reichtum gelangten. Glauben Sie, das wäre diesen Menschen gelungen, wenn sie nicht von vornherein davon überzeugt gewesen wären, daß größere Fähigkeiten in ihnen schlummerten als die, Obst zu pflücken? Wenn Ihre Erfolgswünsche an regnerischen Herbsttagen nicht mit Ihren Schönwetterambitionen mithalten können, dann ist es an der Zeit, daß Sie einmal mit sich ins Gericht gehen. Und wiederholen Sie diese Übung. Überzeugen Sie sich selbst, daß Sie erfolgreich sein können – und Sie werden erfolgreich sein.

Zwei: Konzentrieren Sie sich auf das, was Sie wirklich wollen. Schließen Sie »Verträge« mit sich selbst: Ich tue dies, dafür bekomme ich jenes. Versuchen Sie nicht, von sich Leistungen ohne Belohnungen zu verlangen.

Drei: Gehen Sie Schritt für Schritt vor. Wenn Sie nie mehr verdient haben als das Mindesteinkommen, sollten Sie im ersten Jahr nicht eine Million anpeilen. Streben Sie immer jenes Einkommen an, das viel Begeisterung und nur wenig Angst in Ihnen auslöst. Das Wichtigste ist, daß Sie an sich selbst glauben. Ich hoffe, daß Sie ebenso aufrichtig sind wie ich. Sie haben eine tiefe Verpflichtung gegenüber sich selbst und gegenüber den Ihnen nahestehenden Menschen. Diese Verpflichtung lautet, sich den Inhalt dieses Buches anzueignen. Nehmen Sie es sich vor, tun Sie es schnell, und machen Sie sich daran, Ihr ganzes Potential auszuschöpfen. Wenn Sie das nicht tun, werden Sie nicht jene Lebensqualität erreichen, die Sie erreichen können.

Der Unterschied zwischen Haben und Nichthaben heißt: S – P – R

Die Aufgabe, die ich mir in diesem Buch gestellt habe, besteht darin, Ihnen einen anregenden »S« zu geben und Ihnen soviel Begeisterung zu vermitteln, daß Sie die nötige »P« einlegen, um Ihre eigenen wirkungsvollen »Rs« entwickeln zu können.

Ich habe soeben über die Theorie von Stimulus, Pause und Reaktion gesprochen. Wenn Sie heute nacht Ihr Wohnzimmer betreten und dabei Ihrer Katze auf den Schwanz treten, weil Sie das Tier in der Dunkelheit nicht gesehen haben, dann geben Sie Ihrer Katze einen Stimulus. Ihre Katze wird eine unmittelbare Reaktion zeigen.

Sie wird weder eine Pause einlegen noch denken: »Na gut, heimzahlen kann ich es ihm später, aber zuerst sollte ich einmal aufschreien und machen, daß ich da rauskomme.« Die unmittelbare Reaktion des Tieres besteht in S – R, Stimulus und Reaktion.

Wir Menschen verfügen dank unseres Verstandes über weitaus mehr Möglichkeiten, auf Stimuli zu reagieren. Wir können, wenn wir einen Stimulus erhalten, innehalten und darüber nachdenken, was wohl die beste Reaktion wäre, und dann erst reagieren. Nehmen Sie sich ein Blatt Papier, und notieren Sie die Formel für die Reaktion des Menschen:

$$S - P - R$$

Diese Buchstaben stehen für Stimulus, Pause und Reaktion. Nun ziehen Sie, ausgehend vom »P«, einen geraden Pfeil nach unten und schreiben drei Worte auf Ihr Blatt, die für Sie wichtig werden und Ihnen zu wirkungsvollen Nachdenkpausen verhelfen können:

Übung
Drill
Wiederholung

Wie gut Sie in Ihren jeweiligen Tätigkeiten sein werden, hängt von der Übung, dem Drill und der Wiederholung ab, die Sie hinter sich bringen, bevor Sie zur Tat schreiten. In meiner Arbeit mit Verkäufern, die am Beginn ihrer Karriere stehen, gehört es zu den schwierigsten Dingen, sie davon zu überzeugen, daß es zu spät ist, wenn sie erst einmal ihrem Kunden gegenübersitzen und nicht wissen, was sie sagen oder tun sollen.

Verkäufer lieben die Improvisation. Das heißt, der durchschnittliche Verkäufer liebt sie. Ein Champion will Geld verdienen. Also improvisiert er nicht, sondern bereitet sich vor. Und zwar gründlich.

Einer der Gründe dafür, daß Verkaufsneulinge denken, sie könnten mit Improvisieren Geld gewinnen, liegt in der falschen Vorstellung, die sie vom Verkaufsgespräch haben. Sie glauben, daß Verkaufssituationen langatmige Angelegenheiten sind, bei denen genug Zeit vorhanden ist, um Witze zu erzählen, über Sport und Wetter zu plaudern und unerwartete Hindernisse mit Improvisationskunst zu überwinden. Diesen frischgebackenen Verkäufern ist nicht bewußt, daß selbst in solch einem lockeren Verkaufsgespräch sehr, sehr schnell der harte Teil des Geschäfts beginnt.

Und manche Kunden sind berühmt dafür, daß sie die banalen Plaudereien nach Möglichkeit in die Länge ziehen, in der Hoffnung, sich die eigentliche Verkaufspräsentation nicht anhören zu müssen. Viele Käufer verhalten sich so. Wenn Sie ein Produkt oder eine Dienstleistung verkaufen, die von diesem betreffenden Kunden regelmäßig gekauft wird – zum Beispiel Industriezubehör –, können Sie mit Sicherheit davon ausgehen, daß viele dieser Einkaufsbeauftragten einen Lieblingsverkäufer haben. Wenn Sie das Haus ohne einen unverwechselbaren, für den Kunden interessanten Plan betreten, um das Spiel für sich zu entscheiden, werden Sie von diesen Schlauköpfen jedesmal in den Sack gesteckt werden.

Stellen Sie sich vor, wie es mir ergehen würde, wenn ich mit einem Tennis-Profi auf den Platz ginge, nachdem ich behauptet hätte, ich würde ihn besiegen.

Ich würde einen butterweichen Aufschlag über das Netz schupfen, worauf der Ball zischend zurückkäme. Ich würde ihn sehr spät kommen sehen und denken: »O.K., schnell dorthin in die Ecke und eine Rückhand versuchen.« Bis ich dort wäre, wäre der Ball natürlich längst weg und der Punkt verloren.

In Anbetracht meiner dürftigen Vorbereitung war meine Reaktion schnell, aber bei weitem nicht schnell genug. Der Unterschied zwischen mir und dem Tennis-Profi läge natürlich darin, daß dieser auf jeden meiner Bälle bereits zehntausend Bälle geschlagen hat.

Nicht nur das, möglicherweise bringt der Tennis-Profi auch weit mehr natürliche Begabung für diesen Sport mit als Tom Hopkins. Das will ich nicht bestreiten, aber ich möchte bezweifeln, daß das irgendeine Rolle spielt, und zwar aus einem einfachen Grund. Drehen wir die Zeit bis zu dem Tag zurück, an dem dieser Tennis-Profi seinen ersten Ball schlug, und lassen wir seine Karriere gar nicht erst beginnen – sagen wir, er entschließt sich statt dessen, Schwimmer zu werden. Und ich beginne gleichzeitig, Tennis zu spielen. Unabhängig davon, wie geschickt oder ungeschickt ich mich in den Profi-Turnieren anstellen werde, ich werde trotzdem auf jeden Fall zehntausendmal mehr Bälle schlagen als der nunmehrige Schwimmer. So, nun stellen wir uns heute gemeinsam auf den Tennisplatz. Ich habe nun viele Jahre meines Lebens die ganze Zeit Tennis gespielt, er ist geschwommen. Er kennt kaum den Unterschied zwischen einem Tennisschläger und einem Banjo. Was würde geschehen? Ich würde wie ein Orkan über ihn hinwegfegen, unabhängig von meiner natürlichen Begabung. Worauf ich hinauswill, ist, daß gründliche Vorbereitung einschließlich Motivation und Aufbau von Selbstvertrauen in der überwältigenden Zahl der Fälle der entscheidende Faktor ist. Wer gründlich vorbereitet ist, braucht sich nicht vor Niederlagen zu fürchten – nicht im Sport, nicht im Verkauf, nirgendwo.

Was haben alle Arten exzellenter Vorbereitung gemeinsam? *Geschwindigkeit.*

Wer ausgezeichnet vorbereitet ist, kann schneller reagieren. Wenn Sie schneller reagieren, verbessert sich automatisch die Qualität Ihrer Reaktion. Der Grund dafür ist nicht nur, daß Ihre Reaktion sehr schnell kommt. Da Sie nicht unter Druck geraten, haben Sie stets Zeit, Ihre beste Reaktion auszuwählen und geschmeidig vorzutragen. Und während Sie das tun, haben Sie ausreichend Zeit, um bereits Ihren nächsten Schachzug vorzubereiten. Wenn Sie zu improvisieren versuchen, können Sie einfach nicht Schritt halten.

Richtig auf Einwände reagieren

Champions sammeln Einwände. Sie hören sie sich gern von anderen starken Verkäufern an, lesen sie in Büchern nach, denken sie sich selbst aus. Es macht ihnen Spaß, dauernd neue Einwände zu finden, außer in Gegenwart ihrer Kunden. Und Sie können sicher sein, daß die Champions in derselben Geschwindigkeit, wie sie neue Einwände finden, die beste Reaktion darauf entwickeln. Bevor sie den neuen Einwand tatsächlich in einer Verkaufssituation hören, sind sie schon bereit, ihre beste Antwort darauf abzufeuern. Das nenne ich Professionalität. Das ist die Denk- und Handlungsweise, die das große Geld bringt.

Nun werden Sie vielleicht denken: »Wenn das so einfach ist, wie kommt es dann, daß das nicht alle Verkäufer der Welt so machen?«

Die Antwort ist: Die *Theorie* ist einfach, aber ihre *Anwendung* ist schwierig. Sie stellt von Produkt zu Produkt und von Dienstleistung zu Dienstleistung andere Anforderungen. Deshalb muß unaufhörlich an der Anwendung der Theorie gefeilt werden. Es reicht nicht aus, sich mit ein paar Einwänden zu beschäftigen, die Antworten auswendig zu lernen und dann das Thema Einwand/Reaktion für immer zu den Akten zu legen. Ein Champion ist ständig auf der Suche nach neuen Einwänden und versucht, bessere Antworten auf die alten zu finden.

Könnten Ihre potentiellen Kunden irgendeines der nachstehenden Dinge über Ihr Produkt oder Ihre Dienstleistung sagen?

- »Vor drei Jahren haben wir es probiert (hatten wir eines), aber die Ergebnisse haben uns eigentlich enttäuscht.«
- »Wissen Sie, wir treffen nicht gern überstürzte Entscheidungen. Ihr Videorecorder ist wunderschön, er gefällt uns sehr gut. Aber wir wollen uns noch ein bißchen umsehen.«
- »Der Preis ist zu hoch.«

Nun können Sie sich diese häufigen Einwände vornehmen und zu sich selbst sagen: »Eines Tages werde ich eine Studie über die besten Antworten auf diese Einwände machen, aber inzwischen fahre ich ganz gut, wenn ich improvisiere. Wenn ich dem Kunden gegenübersitze, schnellt mein Adrenalinspiegel in die Höhe, und manchmal fallen mir wirklich tolle Dinge ein.«

So mag es sein. Deshalb brechen Sie wohl auch alle Verkaufsrekorde. Oh, Sie tun das nicht? Vielleicht liegt einer der Gründe darin, daß Sie Ihre Reaktionen auf Einwände improvisieren, anstatt sie zu üben, zu drillen und zu wiederholen. Noch niemand ist ein großer Verkäufer geworden, ohne zuerst gelernt zu haben, wie man wirksam mit Einwänden umgeht.

Wenn Sie sich in einen Profi verwandelt haben (was bedeutet, daß Sie nicht länger Freispielen nachjagen, sondern um das Preisgeld mitkämpfen), werden Sie auf jeden Einwand eine wirksame Antwort haben, ohne eine Pause einlegen oder nachdenken zu müssen. Sie werden wie die Katze sein, der man auf den Schwanz steht. Ihr Stimulus ist der Einwand; Ihre Reaktion ist unmittelbar und effektiv.

In dem Kapitel über Einwände werde ich Ihnen bewährte Reaktionen auf die wichtigsten Einwände vorstellen, Einwände, die Sie in einer Vielzahl von Verkaufssituationen immer wieder zu hören bekommen. Dann, nachdem Sie Ihre Reaktionen auf diese Standard-Einwände geübt, gedrillt und wiederholt haben, werden Sie mit der Methode vertraut sein. Sie werden in der Lage sein, schnell wirksame Antworten auf alle Einwände zu finden, die Sie zum jeweiligen Zeitpunkt in Ihrem Verkaufsgebiet zu hören bekommen, wenn Sie ein bestimmtes Angebot vorlegen.

Prägen Sie sich diese Standard-Antworten auf Einwände gründlich ein. Die meisten davon bekommen Sie im Laufe Ihrer Verkäuferkarriere jeden Tag zu hören. Erst wenn Sie sie eingehend studiert haben, werden Sie erkennen, daß alle erfolgreichen Verkaufsgespräche dem Muster des Diagramms auf Seite 63 folgen.

Natürlich handelt es sich bei diesem Diagramm um eine starke Vereinfachung. Die Begrüßungsphase kann zum Beispiel langatmigen Small talk zum gegenseitigen Kennenlernen und zur Herstellung einer Beziehung beinhalten. Wenn Sie nicht über einen Ladentisch verkaufen, werden Sie mehr Fragen stellen und auf viel mehr Einwände reagieren müssen, als Sie dem Diagramm entnehmen können. Aber das Konzept umfaßt die wichtigsten Elemente. Es stellt die Quintessenz des Verkaufs dar. Ein professioneller Verkäufer muß wissen, welche Fragen oder Einwände ein Kunde haben könnte, mit welchen Informationen und Antworten diese zu erwartenden Fragen und Einwände am besten entkräftet werden können und welche Form des Abschlusses den Kunden am ehesten

Der Verkaufsweg

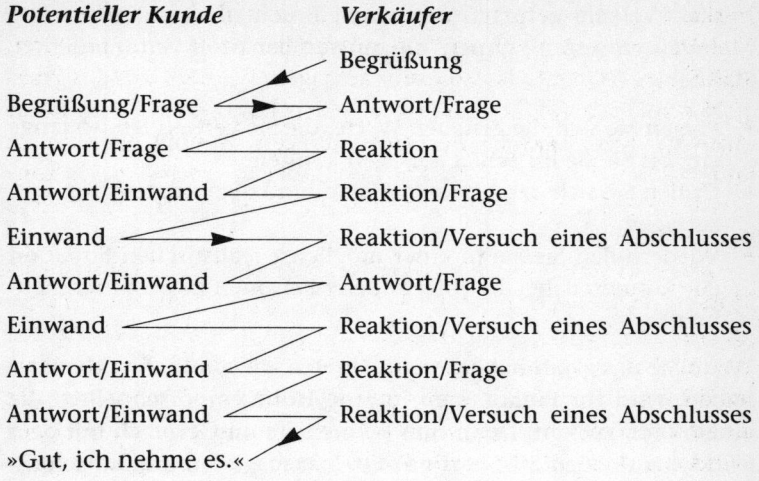

Potentieller Kunde	Verkäufer
	Begrüßung
Begrüßung/Frage	Antwort/Frage
Antwort/Frage	Reaktion
Antwort/Einwand	Reaktion/Frage
Einwand	Reaktion/Versuch eines Abschlusses
Antwort/Einwand	Antwort/Frage
Einwand	Reaktion/Versuch eines Abschlusses
Antwort/Einwand	Reaktion/Frage
Antwort/Einwand	Reaktion/Versuch eines Abschlusses
»Gut, ich nehme es.«	

dazu veranlassen wird, sich für das betreffende Produkt oder die Dienstleistung zu entscheiden. Im Grunde geschieht nichts weiter, als daß der Kunde »hü« sagt und Sie eine Zeitlang mit »hott« antworten. Dann verabschiedet er sich mit dem Videorecorder unter dem Arm, den Sie ihm soeben verkauft haben. Wie ist es dazu gekommen?

Weil Sie sich genau eingeprägt haben, was der Kunde voraussichtlich sagen und welches die beste Antwort darauf sein wird.

Das bringt uns wieder zurück zur Feststellung, wie wichtig Übung, Drill und Wiederholung sind. In diesem Buch finden Sie die Techniken, die Tausende von Verkäufern mit Erfolg angewendet haben. Sie finden Einwände und Antworten – und Abschlüsse. Aber wenn Sie dieses Buch nur als Lesestoff betrachten, wird es Ihnen kaum gelingen, die Fülle des darin enthaltenen Materials reibungslos in die Praxis umzusetzen, wenn Sie einem Kunden in seinem Büro gegenübersitzen und ständig das Telefon läutet. Oder wenn Sie mit einem Ehepaar sprechen, dessen Kinder sich laut streitend am Boden herumbalgen. Wenn Sie das Buch nur ober-flächlich durchlesen, werden Sie auch im entspanntesten und ru-higsten Verkaufsgespräch nur einen Bruchteil des angebotenen Materials einsetzen können. Sie müssen den Stoff verinnerlichen. Das heißt:

- Prägen Sie sich die genauen Worte, die Sie verwenden, so lange ein, bis Sie sie im Schlaf aufsagen können.
- Drillen Sie sich darauf, sie in klarem und überzeugtem Ton vor-zutragen.
- Wiederholen Sie sie in einer möglichst realistischen Situation (Sie können dabei die Hilfe anderer Personen in Anspruch neh-men).

Wenn Sie das getan haben, wenn Sie sich wie ein Profi vorbereitet haben, wird Ihr Einkommen in jene Höhe emporschnellen, die einem Profi zusteht. Denn nun können Sie im Gespräch mit dem Kunden auf jeden Stimulus unmittelbar reagieren und entschlos-sen auf Ihr Ziel (den Abschluß) zusteuern. Das wollen Sie doch, oder?

Dann tun Sie es. So einfach ist das! Bereiten Sie sich professio-nell vor, und Sie werden wie ein Profi verdienen. Aber fackeln Sie nicht lange. Fangen Sie mit dem Training an. Heute, jetzt!

Diese Worte klingen vertraut, nicht wahr? Sie werden andau-ernd verwendet, um Vorteile von Produkten und Dienstleistungen hervorzustreichen, welche die Leute ihren Zielen näherbringen. Sie haben mein Buch gekauft, aber werden Sie nun auch meine Kon-zepte kaufen? Werden Sie die erforderliche Zeit und Mühe inves-tieren, um sie zu verinnerlichen?

Es ist Ihr Leben, und es ist Ihre Entscheidung. Ich hoffe, Sie ent-scheiden sich richtig.

3 Stellen Sie die richtigen Fragen, und lassen Sie den Verkaufserfolg nicht mehr los

Den Kunden kleine »Jas« entlocken

Denken Sie nicht auch, daß Sie einem neuen potentiellen Käufer zuerst ein paar kleine »Jas« entlocken sollten, bevor Sie das große »Ja« anpeilen, mit dem er Ihr Produkt oder Ihre Dienstleistung kauft? Das klingt doch einleuchtend, nicht wahr? Natürlich tut es das.

Wäre es nicht schön, einige zuverlässige Techniken zu beherrschen, mit deren Hilfe Sie jedem potentiellen Kunden eine Flut von kleinen »Jas« entlocken können? Dies erreichen wir üblicherweise mit den *»Festnagler-Fragen«.* Und Sie haben all diese Festnagler reichlich satt?

Genau das ist der Grund dafür, daß Sie mit den Festnaglern sparsam umgehen sollten. Sie sind unglaublich wirkungsvoll, aber Sie gehen damit den Leuten an den Nerv, wenn Sie sie andauernd damit traktieren.

Festnagler gibt es in vier Ausführungen: als *Standard-, Umkehrungs-, satzinterne* und *angehängte Festnagler.* Wenn Sie die vier Typen geschickt mischen, können Sie diese extrem wirkungsvolle Technik intensiv einsetzen, ohne daß der Kunde es bemerkt. Ich werde die vier Varianten nun näher beschreiben und Ihnen einige Übungen vorstellen, die dafür sorgen werden, daß Ihnen diese Technik, die zu den wirkungsvollsten überhaupt gehört, in Fleisch und Blut übergeht.

Glauben Sie nicht, die Anwendung dieser Festnagler sei so einfach, daß sie nicht geübt werden müsse. Bedenken Sie vielmehr, daß es hier darum geht, sich Sprachgewohnheiten anzueignen, die Sie durch alle turbulenten und schwierigen Verkaufssituationen sicher zum Erfolg bringen. Die richtige Mischung der vier Kategorien von Festnaglern wird nicht von selbst den Weg in Ihre Verkaufsgespräche finden. Ein Champion setzt alle vier Festnagler geschickt und unauffällig ein, ohne dadurch seine Konzentration auf den Kunden einzubüßen. Eine derart ausgefeilte Fertigkeit verlangt Übung.

Der Standard-Festnagler

Dieser Festnagler steht am Ende des Satzes: »Sparsamer Benzinverbrauch ist heutzutage sehr wichtig, *nicht wahr?*«

Wenn Ihr Kunde Ihre Feststellung für zutreffend hält, wird er voraussichtlich mit einem Nicken beipflichten. Und wenn er mit Ihnen darin übereinstimmt, daß irgendein Aspekt Ihres Produkts oder Ihrer Dienstleistung seinen Bedürfnissen entspricht, rückt eine positive Kaufentscheidung in den Bereich des Möglichen.

Die folgenden Standard-Festnagler könnten Ihnen dienlich sein:

Nicht wahr?
Stimmt's?
Oder?
Meinen Sie nicht auch?
Ist es nicht so?
Würden Sie mir zustimmen?
Richtig?

Dies sind natürlich nicht die einzigen. Wenn Sie sie an das Ende Ihrer Sätze stellen, werden Sie Tausende von kleinen »Jas« ernten. Das Verkaufen ist die Kunst, die richtigen Fragen zu stellen, um dem potentiellen Kunden all die kleinen Zustimmungen zu entlocken, die das letzte große Ja – und damit die Kaufentscheidung – vorbereiten. Das Verkaufen ist im Grunde ein einfacher Vorgang, und der Abschluß ist nichts weiter als die Gesamtsumme all der kleinen Zustimmungen, die Sie Ihrem potentiellen Kunden entlockt haben.

Nun lade ich Sie ein, sich gemeinsam mit mir ein bißchen in die Materie zu vertiefen. Ein professioneller Tennisspieler muß mehrere Dinge zugleich tun. Er muß laufen, den Ball fixieren, ausholen und den Ball im richtigen Augenblick schlagen. Auch ein professioneller Verkäufer muß viele Dinge gleichzeitig tun. Während er sein Produkt vorführt oder seine Dienstleistung vorstellt, muß er darauf achten, welche Vorteile angesprochen werden und welche Einwände der Kunde vorbringt. Er muß sich merken, was bisher gesagt wurde, um für die kommenden Ereignisse gerüstet zu sein. Sein Gehirn arbeitet wie ein Computer.

Lesen Sie nun die untenstehenden Sätze, und schreiben Sie den dazu passenden Festnagler in den freigelassenen Raum, so schnell Sie können. Machen Sie diese Übung vor einem Spiegel, um sicherzugehen, daß Sie bei jedem Festnagler aufmunternd nicken. Sie wissen ja, daß Profis mehrere Dinge zugleich tun, nicht wahr?

»Viele fortschrittliche Unternehmen arbeiten heute mit Computern, _____ ?«

»Es ist von Vorteil, ein eigenes hausinternes Telefonsystem zu haben, _____ ?«

»Die Sicherheit der Familie ist etwas, was uns allen am Herzen liegt, _____ ?«

»Das macht Spaß, _____ ?«

»Man braucht ein wenig Übung, _____ ?«

»Jetzt kommen sie schon ganz automatisch, die Festnagler, _____ ?«

»Qualität ist wichtig, _____ ?«

»Irgendwann einmal möchten Sie in den Ruhestand treten und all die Annehmlichkeiten genießen, die das Leben für uns bereithält, _____ ?«

»Wir alle müssen lernen, mehrere Dinge gleichzeitig zu tun, _____ ?«

»Wenn man eine Weile geübt hat, kommen einem die Festnagler ganz automatisch über die Lippen, _____ ?«

»Der hat gewirkt, _____ ?«

»Im Lauf der Zeit könnten Sie Hunderte von Fragen formulieren, die den Kunden zu der Entscheidung hinführen, sich für die Vorteile Ihres Produktes oder Ihrer Dienstleistung zu entscheiden, _____ ?«

»Ein Champion sollte sogar im Schlaf fünfzehn Festnagler-Fragen für sein Produkt aufzählen können, _____ ?«

»Sie sind ein Champion, _____ ?«

»Sie hat wunderschöne Farben ausgewählt, _____ _____ ?«

»Das wird sich in Ihrem Investment-Portfolio gut machen, _____ ?«

»Sicherheit ist für uns alle etwas Wichtiges, _____ ?«

»Sie machen diese Übung gut, _____ ?«

Das sind die Standard-Festnagler. Bevor wir nun zu den anderen Arten übergehen, prägen Sie sich folgendes ein:

Warten Sie auf ein positives Zeichen des Kunden, bevor Sie einen Festnagler einsetzen.

Wenn Sie einen Festnagler verwenden, ohne auf ein positives Zeichen gewartet zu haben, gelingt es Ihnen vielleicht, den Kunden festzunageln – allerdings auf etwas Negatives, habe ich nicht recht? Nehmen wir an, ich wäre Vertreter für Bürokopierer und hätte einen Termin mit der Bürochefin der Firma Profita.

Ich bin fest entschlossen, Profita eines meiner SuperPow-Modelle zu verkaufen. Die SuperPow-Geräte machen nicht nur phantastische Kopien, sondern trennen und sortieren diese auch schnell. Ich will dieses Modell verkaufen, weil ich (a) dafür einen Bonus bekomme, (b) es mir im Wettbewerb mit den anderen Verkäufern Zusatzpunkte bringt oder (c) in diesem Teil meines Verkaufsgebietes bis jetzt noch kein einziges SuperPow-Modell steht und ich sicher bin, daß das Eis brechen wird, wenn erst einmal eins meiner Geräte bei Profita steht. Diese Argumente sind allesamt ausgezeichnet; allerdings sind es meine und nicht die des Kunden.

Nach einer langwierigen Anfahrt fahre ich auf den Parkplatz von Profita. Im Kofferraum meines Autos steht ein SuperPow, und den werde ich verkaufen. Ich bin perfekt auf den SuperPow eingestellt: Das Gerät ist auf einen leichten, rollbaren Transportwagen geschnallt, und ich habe eine wunderschöne Mappe mit dem Titel »Was SuperPow für Profita leisten kann« zusammengestellt. Die Sache wird hinhauen.

Gleich zu Beginn des Gesprächs sage ich: »Sie wollen einen Kopierer, der nicht einfach Kopien macht wie alle anderen, oder? Sie möchten einen, der beim Kopieren auch trennt und sortiert, stimmt's?«

Die Büroleiterin schüttelt den Kopf. »Nein, hier wird niemals etwas sortiert. Unsere Tochtergesellschaft gegenüber hat eine richtige Druckerei. Sie machen solche Dinge für uns. Wir hier brauchen nichts weiter als ein kompaktes, leicht zu wartendes Gerät, das Kopien von sehr guter Qualität macht.«

Sie sehen, wie ich mir hier selbst den Boden unter den Füßen weggezogen habe.

Ich habe nicht gefragt, sondern ich habe *festgestellt.* Ich habe mich, ohne auf ein positives Zeichen der potentiellen Kundin zu warten, auf einen Kurs festgelegt, der mich geradewegs ins Verderben geführt hat. Der Profi schließt ab, wenn er ein positives Zeichen des Kunden erhält, nicht dann, wenn er selbst es für richtig hält. Gleichgültig, wie wichtig es für mich ist, in diesem Teil meines Verkaufsgebiets einen SuperPow stehen zu haben, gleichgültig, wie sehr ich mich gegen die Verkäuferkonkurrenz durchsetzen möchte, gleichgültig, wie heftig ich mir diesen Bonus wünsche – Profita wird keinen SuperPow kaufen. In der Hälfte jener Zeit, die ich mit dem SuperPow verschwendet habe, hätte ich ihnen unser Kompaktmodell SuperBaby verkaufen können.

Das wäre mir auch gelungen, hätte ich mich vor dem Termin telefonisch nach den Wünschen und Bedürfnissen der Firma erkundigt. Wäre das nicht praktikabel oder möglich gewesen, hätte ich meine Präsentation so aufbauen können, daß ich jederzeit auf ein Modell hätte umschwenken können, das den Bedürfnissen der Firma gerecht geworden wäre.

Der Umkehrungsfestnagler

Wollen Sie das Gespräch vielfältiger gestalten und mehr Wärme hineinbringen, können Sie den Festnagler auch an den Beginn des Satzes stellen.

Verwenden Sie jetzt die Sätze der ersten Festnaglerübung, um die Umkehrungsvariante zu üben. Lesen Sie sie rasch durch, formulieren Sie sie dabei um, und sagen Sie sie laut in umgekehrter Form auf. Manchmal müssen ein oder zwei Worte geändert werden, damit der Satz nicht holprig wirkt. So wird das erste Beispiel »Viele fortschrittliche Unternehmen arbeiten heute mit Computern, nicht wahr?« zu »Ist es nicht so, daß heute viele fortschrittliche Unternehmen mit Computern arbeiten?«

Der satzinterne Festnagler

Die eleganteste Art, einen Festnagler an den Mann zu bringen, besteht darin, ihn mitten in einem komplexen Satz unterzubringen. Das klingt viel schwieriger, als es ist. Sehen wir uns ein Beispiel in drei verschiedenen Formen an:

Zuerst die Standard-Form. Der Festnagler wird am Ende angehängt: »Sobald man das richtige Gefühl dafür hat, kann man es gut steuern, *nicht wahr?*«

Dann in der Umkehrung. Der Festnagler steht am Anfang: »*Ist es nicht toll,* wie gut man es steuern kann, sobald man das richtige Gefühl dafür hat?«

Und schließlich die satzinterne Form, bei der unser Festnagler in der Mitte steht: »Wenn wir einmal das Gefühl dafür haben – *ist es nicht toll,* wie wunderbar man es dann steuern kann?«

Eine weitere Variante der satzinternen Form ist eine offensichtlichere Art des Festnaglers: »Man kann es wirklich gut steuern, nicht wahr, sobald wir einmal das Gefühl dafür haben.«

Wenn Sie einen einfachen Festnagler in einen satzinternen Festnagler umwandeln wollen, brauchen Sie nichts weiter zu tun, als am Ende oder am Anfang einen Satzteil einzufügen. Das ist eine einfache Technik. Sie können sie verwenden, um Ihre Festnagler zu verbergen. Üben Sie die satzinternen Festnagler mit den obenstehenden einfachen Festnaglern. Gehen Sie diese durch, formulieren Sie sie um zu einem komplexen Satz mit dem Festnagler in der Mitte. Diese Sätze haben oft einen Zeitbezug:

»Jetzt, wo wir dieses Problem ausgeräumt haben, freuen Sie sich da nicht darauf, daß ...?«
»Wenn Sie dieses neue Modell einmal bei sich zu Hause haben, können Sie sich nicht vorstellen, daß ...?«
»Bei der gegenwärtig starken Inflation, haben wir da nicht ...?«
»Wenn Sie ...«
»Nachdem wir ...«
»Da Sie planen, Ihr neues Auto viele Jahre lang zu benutzen, wäre es da nicht schön, wenn ...?«

Üben, drillen und wiederholen Sie fünfzehn selbst formulierte Festnaglerfragen. Und wenn Sie damit fertig sind, fünfzehn weitere. Achten Sie auf eine gute Mischung der drei Fragentypen. Sie werden bald bemerken, daß Ihnen die Festnagler mühelos von den Lippen gehen und positive Auswirkungen auf Ihren Umsatz, Ihre Stimmung und Ihr Bankkonto haben werden.

Der angehängte Festnagler

Unsere letzte Festnaglertechnik läßt sich in vielfältiger Weise verwenden. Die einfachste Form besteht darin, daß Sie Ihren Festnagler an eine Aussage Ihres potentiellen Kunden anhängen, die in irgendeiner Weise positiv für den Verkauf ist.

Kunde: »Qualität ist wichtig.«
Sie: »Ja, nicht wahr?«

Er hat es gesagt, also ist es wahr. Jedesmal, wenn der Kunde etwas für Ihr Verkaufsvorhaben Positives sagt und es Ihnen gelingt, ihn festzunageln, haben Sie eine vollständige Zustimmung. Ist es nicht so?

Diesen letzten Festnagler haben Sie erkannt, stimmt's? Das ist wunderbar, nicht wahr, weil es bedeutet, daß Ihre Festnaglerreflexe immer stärker ausgebildet werden.

Ist es nicht so, daß die Stimuli der Verkaufsgelegenheiten flüchtig und sehr verschiedenartig sind? Sollten wir uns deshalb nicht so viele schnelle verkaufsfördernde Reaktionen auf diese Stimuli zurechtlegen, wie wir können?

Natürlich sollten wir das. Das ist es, worum es in diesem Buch geht. Sie können die vier beschriebenen Festnaglertechniken nicht nur so lange üben, bis sie Ihnen in Fleisch und Blut übergegangen sind, sondern Sie können sie so weitgehend verinnerlichen, daß sie Ihnen in jeder Situation, in denen sie Ihnen beim Verkaufen nützlich sein könnten, automatisch von den Lippen gehen. Wenn Sie sich diesen Lehrstoff so gut aneignen, daß er Ihnen in Fleisch und Blut übergeht, dann müssen Sie geradezu mehr Geld verdienen. Habe ich recht?

Die Mischung der verschiedenen Festnaglertypen in den letzten vier Absätzen war gut, nicht wahr? Sie können sie allesamt als Sprungbrett für Anknüpfungsfragen benutzen, die Ihren potentiellen Kunden immer weiter hin zum großen Ja führen.

Anknüpfungsfragen

Bei der Anknüpfungsfrage geht es darum, das Interesse Ihres Kunden wachzuhalten und ihn näher an die große Entscheidung heranzuführen.

Wenn Sie darin geübt sind, Chancen für Anknüpfungsfragen zu erkennen, noch bevor sie der Kunde Ihnen bietet, wenn Sie sofort und in warmherziger Weise den richtigen Festnagler verwenden und wenn Sie, während Sie das tun, bereits eine Anknüpfungsfrage formulieren, können Sie mit Recht von sich sagen, daß Sie diese Technik bis zur Meisterschaft perfektioniert haben. Und das ist gar nicht schwer. Können Sie sich, da Sie Ihr Verdienstpotential mit Hilfe dieser Technik so stark und so leicht (und noch dazu kostenlos!) steigern können, mit irgend etwas Geringerem zufriedengeben als mit ihrer meisterlichen Beherrschung?

Es folgt ein Beispiel für Anknüpfungsfragen an angehängte Festnagler. Das erste Thema, das angesprochen wird, nachdem der potentielle Kunde Ihren Schauraum betreten hat, ist das der Farbe:

Kunde: »Ich mag Grün.«
Sie: »Grün ist die Farbe des Gefühls, nicht wahr? Wir bieten bei unseren neuen Modellen drei verschiedene Grüntöne an. Welche gefällt Ihnen – Regenwald, Irish Sea oder Acapulco?«
Kunde: »Regenwald. Dieser Farbton scheint mir der ruhigste zu sein.«
Sie: »Ja, nicht wahr?«

Hängen Sie eine weitere Anknüpfungsfrage an, die Ihren Kunden zum Kauf Ihres Produkts hinführt.

Die Anknüpfungsfrage ist besonders wichtig, wenn es darum geht, bei willensstarken Kunden zu punkten, die das Gespräch dominieren wollen. In einem solchen Fall sollten Sie alle für den geplanten Verkauf negativen Bemerkungen ignorieren, es sei denn, Sie wären gezwungen, irgendeine falsche Information zu korrigieren. Konzentrieren Sie sich darauf, den potentiellen Kunden dazu zu bringen, selbst positive Aussagen zu machen, an die Sie einen Festnagler anhängen können.

Kunde: »Ihre Modelle haben ein zu klobiges Aussehen.«
Sie: (Vorsicht! Stimmen Sie der negativen Aussage nicht zu.) »Sie kennen nur unsere Standard-Linie, Sir. Wenn Sie mit mir kommen, zeige ich Ihnen unseren neuen Turbo-Star. Ich würde gerne Ihre Meinung darüber hören.«
Kunde: »Das nenne ich elegant.«
Sie: »Nicht wahr? Sagen Sie mir: Haben Sie dasselbe Gefühl wie ich, wenn Sie ihn da drüben stehen sehen?«
Kunde: »Ja, er sieht aus, als ob er jeden Moment abheben würde.«
Sie: »Ja, nicht wahr? Und wie schätzen Sie sein Fahrverhalten ein?«
Kunde: »Weiß ich nicht, aber ich würde es gern herausfinden.«

Wie auch immer das Gespräch mit Ihrem Kunden ab diesem Zeitpunkt weitergeht – Sie haben sich auf jeden Fall durch den geschickten Einsatz von Festnaglern drei kleine Zustimmungen geholt und damit Punkte gesammelt. Auf diese Weise können Sie sehr rasch sehr weit kommen.

Chancen für angehängte Festnagler sind etwas Flüchtiges. Sie kommen und gehen schnell. Daher ist es wichtig zu lernen, sie sofort zu ergreifen, wenn sie sich anbieten. Zum Glück ist das einfach. Wenn Sie zur Arbeit oder zu einem Termin fahren, hören Sie sich im Radio die Nachrichten oder irgendeine andere Sendung an, in der ständig positive Aussagen gemacht werden, und üben Sie mit lauter Stimme Ihre angehängten Festnagler.

Nutzen Sie jedes Gespräch, um Anknüpfungsfragen zu üben. Ungezwungene Plaudereien eignen sich hervorragend für diesen Zweck. Und lassen Sie nicht die wunderbare Gelegenheit zur Schärfung Ihrer Techniken aus, die sich Ihnen jedesmal bietet, wenn Sie etwas für sich selbst kaufen.

Die nächste Technik habe ich jahrelang »Alternative Wahl« genannt. Der neue Name, den ich für sie gefunden habe, gefällt mir aber besser, weil er gleich zwei Dinge ausdrückt: Vorwärtsbewegung und Wahlmöglichkeit. Egal, wie sie heißt, diese Technik ist meine Lieblingstechnik, weil sie so wirkungsvoll und so einfach in der Anwendung ist.

Der Alternativvorstoß

Der Alternativvorstoß ist eine Frage, die zwei bejahende Antworten nahelegt. Beide Antworten bewegen den Kunden auf das von Ihnen gewünschte Ziel zu: die Kaufentscheidung.

Wenn Ihnen anstelle einer Alternativvorstoß-Frage eine Frage gestellt wird, die sich mit Ja oder Nein beantworten läßt, welche Antwort werden Sie dann im Normalfall geben?

»Nein.«

Da haben wir alle etwas gemeinsam. Wir alle denken, daß nein zu sagen einfacher und sicherer ist, als ja zu sagen. Das ist der Grund dafür, daß ein Profi die Methode des Alternativvorstoßes verwendet. Er vermeidet damit Fragen, die es dem Kunden ermöglichen, mit Nein zu antworten.

Sie können diese Methode sowohl in unbedeutenden Augenblicken als auch in der entscheidenden Abschlußsequenz anwenden. Ein Beispiel: Bei fast allen Arten des Verkaufs muß man mit dem Kunden einen Gesprächstermin ausmachen. Und da gilt: je mehr Termine, desto höher die Umsätze. Es ist also von entscheidender Bedeutung, daß Sie nicht ohne Not Termine verlieren und so gestoppt werden, bevor Sie überhaupt anfangen können. Das ist der Grund dafür, daß ein Profi nie fragt: »Könnte ich heute nachmittag vorbeikommen?«

Welche Antwort legt eine solche Frage dem Käufer in den Mund? »Nein, heute habe ich zu viel um die Ohren. Ich rufe Sie an, wenn ich mehr Zeit habe.« Jaja, das wird er tun. Ganz sicher.

Ein Profi gibt dem Kunden zwei Wahlmöglichkeiten: »Herr Müller, ich bin heute nachmittag in Ihrer Gegend. Was wäre Ihnen angenehmer: Soll ich etwa um zwei Uhr vorbeikommen, oder wäre es Ihnen lieber, wenn ich bis drei warte?«

Wenn er sagt: »Um drei wäre es besser«, dann haben Sie Ihren Termin. Sie haben ihn, weil Sie ihm die Wahl zwischen zwei Ja-Antworten gegeben haben. Hätten Sie ihm eine Möglichkeit geboten, nein zu sagen, hätte er sich nur zu gern auf diese Möglichkeit gestürzt.

Diese Alternativvorstöße sind wunderbar. »Mr. und Mrs. Johnson, wir müssen einen Liefertermin vereinbaren. Welcher Termin wäre Ihnen angenehmer – der erste oder der fünfzehnte des nächsten Monats?«

»Oh, wir brauchen den Wagen schon am Ersten.« Haben die Kunden das einmal gesagt, haben sie das Auto praktisch gekauft.

Wenn Sie für Ihr Produkt irgendeine Anzahlung verlangen müssen, fragen Sie den Kunden nicht, wieviel er Ihnen zu geben bereit ist. Stellen Sie die Frage in Form eines Alternativvorstoßes. Sie müssen die Fragen auf Ihr Produkt und auf Ihre Firmenpolitik abstimmen. Beim Verkauf eines drei Millionen Dollar teuren Flugzeugs hat der Verkäufer den Kunden, bevor er ihn hinausgehen und die Maschine fliegen läßt, natürlich vorqualifiziert, nicht wahr?

Nehmen wir an, Sie verkaufen Jets. Sie fragen: »Welche Anzahlung möchten Sie mir geben?«

Der Typ könnte ein Scheinchen aus der Tasche ziehen und sagen: »Tja, ich hab hier auf die Schnelle fünf Dollar. Her mit dem Flieger.«

Sie müssen Ihre Vorgehensweise auf Ihr Produkt abstimmen. Sie würden wahrscheinlich sagen: »Wie Sie wissen, ist das hier eine ziemlich große Sache. Möchten Sie mir fünf oder zehn Prozent Anzahlung geben?«

Worauf wird sich der Kunde stürzen?

Natürlich auf die fünf Prozent.

Hoffentlich ist das die Antwort, die Sie wollten. Wenn nicht, formulieren Sie die Frage anders. Ein Alternativvorstoß ist jede Art von Frage, die Ihrem Kunden zwei Alternativen einräumt, von denen aber keine eine Ablehnung ist. Beide Alternativen sorgen für die Fortsetzung des Verkaufsprozesses.

Nehmen wir an, Sie verkaufen eine der großartigsten Dienstleistungen, die man verkaufen kann: Versicherungen. Nach all der Publicity, mit der dieses Produkt im Lauf des Jahrhunderts überhäuft wurde, ist es erstaunlich, daß der Durchschnittsbürger immer noch nicht weiß, daß er Versicherungen braucht. Der Hauptgrund dafür, daß er es nicht weiß, ist der, daß er es noch nie mit einem professionellen Versicherungsverkäufer zu tun hatte.

Wenn ich Ihnen gegenübersitze (und wirklich alles getan habe, was Sie in diesem Buch lernen), wenn ich lächle und sage: »Mr. Johnson, wird Ihre Frau die Begünstigte sein, oder haben Sie eine Familienstiftung?«, dann ist das ein Alternativvorstoß. Wenn der Kunde antwortet: »Ich möchte, daß meine Frau die Begünstigte ist«, dann ist er bereits der Besitzer der Versicherung, die er braucht. Der Alternativvorstoß sorgt dafür, daß der Kunde dem Kauf Ihres Produkts oder Ihrer Dienstleistung um einen Schritt näher tritt, gleichgültig, für welche Option er sich entscheidet.

Einige Gedanken über das Abschließen

In den ersten sechs Monaten meiner Tätigkeit als Verkäufer passierten mir viele Dinge, die mich heute amüsieren. Damals fand ich sie allerdings nicht besonders komisch. In jener Zeit war ich den Tränen oft näher als dem Lachen. Tatsache war, daß ich im gesamten Halbjahr einen einzigen Abschluß getätigt hatte und daß mein durchschnittliches Monatseinkommen bei ganzen zweiundvierzig Dollar lag. Noch schlimmer war das Gefühl, es nicht besser verdient zu haben: Meine Kollegen, die alten Füchse, wußten, was sie taten, während ich es offensichtlich nicht wußte.

Ich schwebte in großer Gefahr, eine negative Einstellung zu entwickeln, depressiv zu werden und das Verkaufen aufzugeben. Ich stand vor der Wahl, die Grundlagen meines Berufes zu erlernen und sie auch anzuwenden, oder meine Träume aufzugeben, einen Job mit einem festen Gehalt anzunehmen und auf alle Vorteile des von mir gewählten Berufs zu verzichten. Ich mußte mich entscheiden. Ich wußte, daß mir der finanzielle Druck die Entscheidung abnehmen würde, wenn ich nicht bald etwas unternähme.

Eines Tages saß ich im Büro, starrte aus dem Fenster und zerbrach mir den Kopf über meine Probleme, als ich plötzlich sah, wie ein schnittiger neuer Sportwagen in unseren Parkplatz einbog und parkte. Dem Wagen entstieg ein makellos gekleideter junger Mann, der sich auf unseren Eingang zubewegte. Die Aura des Erfolgreichen umgab ihn, das weckte meine Aufmerksamkeit. Als wir uns in der Eingangshalle trafen, fragte ich ihn, was er beruflich mache.

Er antwortete, er sei Verkäufer. Dabei strahlte er ein Maß an Selbstvertrauen aus, wie ich es bei einem Vertreter dieses Berufes noch nie erlebt hatte.

»Und wie geht es Ihnen dabei?« fragte ich.

»Es geht mir gut. Ich werde dieses Jahr 25 000 Dollar verdienen.« Zu jener Zeit eine schöne Stange Geld.

»Wie machen Sie das?« fragte ich.

»Ich mache Abschlüsse«, antwortete er. »Wissen Sie, wie man abschließt?«

»Ich weiß, wie man mit seiner Karriere abschließt«, sagte ich und erzählte ihm, daß ich daran dachte, mich aus dem Verkäufer-beruf zurückzuziehen, da ich mich nicht dafür eignete.

Er hörte mir eine Weile zu und sagte dann: »Haben Sie je von J. Douglas Edwards gehört?«

»Nein.«

»Er ist der Meister im Abschluß.«

»Wunderbar – aber was hilft mir das?«

»Er bringt Ihnen bei, was Sie sagen und tun müssen. Wenn Sie dieses Wissen anwenden, werden Sie es im Verkauf weit bringen.«

»Genau das ist es, was ich brauche«, sagte ich. Zu diesem Zeit-punkt gab es in der Firma, in der ich arbeitete, ein Trainingspro-gramm, dessen Inhalt sich auf folgende Botschaft beschränkte: »Nicht lockerlassen.« Und das war's auch schon.

Der gutgekleidete junge Mann setzte sich dann mit mir zusam-men und brachte mich innerhalb der nächsten halben Stunde dazu, mich in das Trainingsprogramm von Edwards einzuschrei-ben. Es kostete 150 $, und das war damals entsetzlich viel Geld für mich. Aber zum Glück überzeugte er mich von den Vorteilen, die mich erwarteten, und ich schrieb mich in den Kurs ein.

Nachdem ich J. Douglas Edwards eine Stunde lang zugehört hatte, erkannte ich, wie wenig ich über das Verkaufen wußte. Es war ein interessantes Seminar, ähnlich jenen, die ich nun jeden Monat in Kanada oder den Vereinigten Staaten halte. Wir mußten die verschiedenen Abschlüsse Wort für Wort auswendig lernen, um zuletzt unser Zertifikat zu erhalten.

Wie viele von Ihnen sträubte auch ich mich eine Zeitlang da-gegen, die Abschlüsse auf diese Weise zu lernen. Dann begann etwas von dem, was Edwards sagte, zu mir durchzudringen, und ich dachte: »Warum sollte ich sie nicht Wort für Wort lernen? Es gibt hier so wenig Konkurrenz, ich könnte einer der besten Schüler wer-den.« Also begann ich, jeden einzelnen Abschluß auswendig zu lernen, als stünde mein Leben und nicht ein Abschlußzeugnis in einem Verkaufsseminar auf dem Spiel. Fünf Nächte lang schlief ich nie länger als zwei Stunden. Ich lernte die Abschlüsse tatsächlich Wort für Wort auswendig.

Als ich nach dem Seminar wieder zur Arbeit ging, veränderte

sich schlagartig alles. Ich wußte genau, was ich sagen mußte – und das war's! Meine Umsätze begannen zu explodieren, mein Einkommen schoß in die Höhe, und ich gewann an Selbstachtung. Die Dinge liefen gut, und eins ergab das andere. Alle Abschlüsse, die ich damals lernte, finden Sie in diesem Buch. Lernen Sie sie, und Sie werden die wunderbaren Erfahrungen machen, die ich damals machte. Aber um diese Abschlüsse verwenden zu können, müssen Sie sie perfekt beherrschen. Sie nur oberflächlich durchzulesen genügt nicht. Beginnen wir mit den untergeordneten Abschlußfragen.

Die Stachelschwein-Technik

Unter den Techniken des untergeordneten Abschlusses hat diese das größte Potential. Stellen Sie sich ein kleines Stachelschwein vor, das, bewehrt mit spitzen, scharfen Stacheln, im Dickicht herumschnüffelt. Wenn nun jemand käme, es in einen Sack steckte und auf Sie zuschleuderte, was würden Sie tun?

Sie würden es sofort zurückwerfen.

Die Stachelschwein-Technik besteht darin, die Frage eines potentiellen Kunden mit einer Gegenfrage zu beantworten, mit der Sie die Kontrolle über das Gespräch verteidigen und zur nächsten Phase Ihrer Verkaufssequenz überleiten können.

Sie könnten jetzt fragen: »Wird der Kunde nicht böse, wenn ich ihm keine spezifische Antwort auf seine Frage gebe?«

Hier ist meine Stachelschwein-Antwort: »Warum haben Sie so viel Angst davor, Ihren Kunden zu verärgern, wenn Sie sich doch darauf konzentrieren sollten, den Verkauf abzuschließen, damit der Kunde in den Genuß der Vorteile kommt, die Ihr Produkt bietet?«

In allen Bereichen des Verkaufens haben Sie es ständig mit Fragen zu tun, die Sie mit Ja oder Nein beantworten können – um dann leer auszugehen. Sie werden auch ständig aufgefordert, Informationen zu geben – um leer auszugehen. Sowohl bei Produkten als auch bei Dienstleistungen wird häufig die Frage »Wann können wir es bekommen?« gestellt. Diese Frage eignet sich hervorragend dazu, dem Kunden das Stachelschwein zurückzuwerfen.

Kunde: »Könnte ich den Wagen bis zum Ersten des Monats bekommen?«

Sie können antworten: »Selbstverständlich, das ist kein Problem« – und leer ausgehen. Wie reagiert ein Profi, wenn der potentielle Käufer eine solche Frage stellt?

Er lächelt und sagt: »Wäre Ihnen mit einem Liefertermin bis zum Monatsersten gedient?« Der Profi antwortet so, weil er weiß, daß der Kunde das Produkt mit Sicherheit kaufen wird, wenn er mit Ja antwortet.

Ob Sie es glauben oder nicht, manche Käufer sind gar nicht auf eine schnelle Lieferung aus. Vielleicht wollen sie die Geldausgabe hinauszögern oder auf einen längeren Zeitraum verteilen oder die Kosten für die Lagerung oder die Installation Ihres Produktes bis zum spätestmöglichen Termin hinausschieben. Wenn das der Fall ist, wird das Stachelschwein dem Kunden seine wahren Gefühle über den Liefertermin herauskitzeln.

Sehen wir uns noch zwei weitere Stachelschweine an:

Kunde: »Hat diese Versicherungspolice einen Rückkaufwert?«

Sie: »Ist Ihnen der Rückkaufwert Ihrer Police wichtig?«

Kunde: »Überhaupt nicht. Ich will keine Zusatzkosten für den Rückkaufwert.«

Glück gehabt! Sehen Sie, wie wichtig es ist, solche Dinge herauszufinden? Würden Sie diesem Kunden weiterhin versuchen, den Rückkaufwert zu verkaufen, wäre Ihr Schicksal wahrscheinlich bereits besiegelt. Dieser Kunde ist nicht bereit, für den Rückkaufwert zu bezahlen, weil er ihn nicht als Vorteil betrachtet. Argumentieren Sie mit der Laufzeit, und festigen Sie Ihre Beziehung zum Kunden. Sie können ihm auch später noch die Vorteile des Rückkaufwerts nahebringen und ihm eine bessere Police verkaufen. Aber der potentielle Kunde könnte auch sagen: »In meinen Augen ist der Rückkaufwert unerläßlich.« Dann wissen Sie, wie Sie den Rest Ihrer Präsentation gestalten müssen.

Kunde: »Können wir das hier auch in Rosa haben?«
Sie: »Hätten Sie es gern in Rosa?«

Der Champion weiß, wie warmherzig und verbindlich die Stachelschwein-Technik eingesetzt werden kann und wie wichtig es ist, freundliches Interesse an den Tag zu legen, wenn man mit einer Stachelschwein-Antwort reagiert. Der Wert der Stachelschwein-Technik schwindet, wenn sie zu häufig eingesetzt wird oder wenn man dem Kunden die Frage in einem unfreundlichen »Friß oder stirb«-Tonfall entgegenschleudert. Aber wenn Sie das Stachelschwein umsichtig einsetzen, kann es Ihnen eine Menge Geld einbringen. Die nächste Technik, mit der ich Sie bekannt machen möchte, ist so wirkungsvoll, daß viele Spitzenverkäufer ihre Präsentationen mit ihr beginnen.

Die Einbindungsfrage

Vielleicht verwenden Sie derartige Fragen bereits regelmäßig, ohne sich der Tatsache bewußt zu sein, daß es sich dabei um eine wichtige Technik handelt, die einen Namen und eine lange Erfolgsgeschichte hat. Wenn Sie ganz von selbst auf die Einbindungsfrage gekommen sind, ist das wunderbar. Nehmen Sie die Erfolge, die Sie bisher mit dieser Technik erzielt haben, als Ansporn, und setzen Sie diese Frage noch öfter ein als bisher. Bauen Sie Einbindungsfragen in alle Ihre Verkaufsgespräche ein, und Sie werden sehen, daß Ihnen mehr Abschlüsse gelingen als bisher. Was ist nun eine Einbindungsfrage?

> **Eine Einbindungsfrage ist jede Frage,**
> **die den Kunden dazu bringt, so zu denken,**
> **wie wenn er bereits Besitzer**
> **des Produktes wäre.**

Mit anderen Worten: Eine Einbindungsfrage ist eine Besitzfrage. Indem der Kunde auf Ihre Einbindungsfrage reagiert, gibt er zu erkennen, daß er ernsthaft an Ihrem Produkt oder an Ihrer Dienstleistung interessiert ist. Sehen wir uns das anhand des Unternehmers an, der erwägt, einen drei Millionen Dollar teuren Jet von Ihnen zu kaufen.

»Mr. Kirkham, wollen Sie das Flugzeug nur für Ihre eigenen Mitarbeiter verwenden, oder denken Sie daran, es an Außenstehende zu vermieten?«

Hier handelt es sich um einen Alternativvorstoß, der auf einer anderen Ebene gleichzeitig eine Einbindungsfrage ist. Mr. Kirkham kann seine Kosten beträchtlich reduzieren, indem er das Flugzeug vermietet, wenn es in seiner eigenen Firma gerade nicht gebraucht wird. Sie wollen, daß er sich dieser Tatsache vollkommen bewußt wird, bevor er eine Kaufentscheidung trifft, und Sie wollen auch, daß er in seinen Überlegungen davon ausgeht, daß er der Eigentümer ist.

Einbindungsfragen lassen sich für jedes Produkt und jede Dienstleistung ersinnen. Für Sie ist es sowohl eine Herausforderung als auch eine Verpflichtung, Einbindungsfragen für Ihr Produkt zu formulieren – eine Herausforderung deshalb, weil sich nicht alle Produkte in gleichem Maß für diese Technik eignen, und eine Verpflichtung, weil Sie nicht Ihre ganze Effektivität entfalten können, wenn Sie keine Einbindungsfragen stellen, die Ihren Kunden helfen, sich als Besitzer Ihres Produktes oder Ihrer Dienstleistung zu fühlen.

Ich kann unmöglich die richtige Einbindungsfrage für Ihr Produkt oder Ihre Dienstleistung formulieren. Zum Glück kann ich das nicht! Sie selber können das besser, weil Sie Ihr Produkt kennen, weil Sie sich selbst kennen und weil Sie Ihren Markt kennen. Als ich im Alter von neunzehn Jahren das Verkaufsseminar von J. Douglas Edwards besuchte, sagte er zu uns: »Wenn Sie ein Profi werden wollen, dann nehmen Sie mein Lehrmaterial und gestalten Sie auf seiner Grundlage Ihr eigenes Material, abgestimmt auf Ihr Produkt und Ihre Persönlichkeit. Denn so macht es der Profi, nicht wahr?« Drücken Sie also Ihren Verkaufstechniken den unverwechselbaren Stempel Ihrer Persönlichkeit auf. Seien Sie kreativ, gehen Sie mit dem, was Sie geschaffen haben, unter die Leute – und werden Sie reich.

Ich hoffe, Sie werden mir gestatten, Ihre kreativen Neigungen ein wenig zu fördern. Ich weiß, daß Sie kreativ sind. Wir alle sind mit dieser Gabe in reichem Maß gesegnet – aber manche von uns machen nur selten Gebrauch von ihr. *Kreativität beginnt mit Nachahmung.* Michelangelo erarbeitete sich seine Technik durch Imitation, das heißt, indem er die Methoden anderer studierte, bevor er seine eigenen Meisterwerke schuf. Shakespeare war viele Jahre lang Schauspieler, bevor er Stücke zu schreiben begann; er lernte Theaterstücke schreiben, indem er in ihnen spielte. Und Shakespeare hörte auch als Autor nicht auf zu imitieren. Die Handlungen vieler der großen Werke dieses Genies sind anderen Autoren entliehen, aber er drückte ihnen den unverwechselbaren Stempel seiner Persönlichkeit auf.

Wenn Sie nun mein Buch lesen und meine Festnagler, meine Einbindungsfragen, meine Versionen der klassischen Abschlüsse kennenlernen, sollten Sie nicht einfach nur dasitzen und sich sagen: »Ich kann diese Dinge nicht sagen. Ich könnte diese Worte nie benutzen. Das bin einfach nicht ich.«

Denn eigentlich haben Sie mit diesem Gedanken bereits den ersten Schritt in die richtige Richtung getan. Sie müssen nur noch losgehen. Sie denken, es gebe bessere Arten, um Dinge wirkungsvoll zu sagen und starke Argumente an den Mann zu bringen. Wenn meine Worte nicht die Ihren sind, verwenden Sie alle Gedanken und Sätze, die Ihnen nützlich erscheinen, vergessen Sie den Rest, und schreiben Sie Ihren eigenen Text. Entwickeln Sie Ihre eigenen Unterlagen. Aber zerbrechen Sie sich nicht den Kopf darüber, ob es Ihre oder meine Worte sind, die Sie verwenden, sondern konzentrieren Sie sich darauf, wirkungsvolle Techniken zu entwickeln, mit denen Sie sich neue Freunde schaffen und möglichst viele Kunden zu glücklichen Besitzern Ihres Angebots machen können.

Eine der größten Herausforderungen in der Ausbildung von Verkäufern – und vielleicht in jeglicher Bildungsarbeit – besteht darin, den Lernenden einen hilfreichen Rahmen von Techniken, Theorien, Methoden und Wissen anzubieten, der jedoch ihre Kreativität nicht lähmt. Häufig gelingt dies nicht, und der Grund dafür ist weniger bei den Auszubildenden als bei den Lehrern zu suchen. Wenn wir etwas zu lernen versuchen, wollen wir zwei Dinge, die nicht miteinander in Einklang zu bringen sind:

- Wir wollen, daß man uns den exakt richtigen Weg, den besten Weg, den einzigen Weg zu unserem Lernziel zeigt.
- Wir wollen nicht, daß man uns ein starres System aufzwingt, nur weil wir in dieser Situation Lernende sind.

Denken Sie darüber nach. Mit der Lektüre dieses Buches möchten Sie die Kunst erlernen, das zu verkaufen, was Sie zu verkaufen haben. Etwas wollen Sie aber mit Sicherheit nicht: kritiklos die Worte eines anderen nachbeten, und das womöglich in Verkaufssituationen, in die sie nicht passen.

Vielleicht wünschen Sie sich bisweilen, daß sich der ganze Lernstoff einfach in »sechzig einfache Schritte zum Erfolg« zusammenfassen ließe. Aber Sie wissen, daß das Verkaufen zu einer ebenso schlecht bezahlten Allerweltsarbeit würde wie Straßenfegen, wenn das wirklich möglich wäre. Niemand würde mehr das große Geld verdienen, wenn wir allein durch die Lektüre eines Buches zu einem Top-Verkäufer werden könnten, wenn wir ein Verkaufsstar werden könnten, ohne unsere unverwechselbare Persönlichkeit, unsere Talente, unsere Motivation und Begeisterung einzusetzen.

Sie wollen nicht wie ich sein, Sie wollen nicht wie ich sprechen, und Sie wollen nicht wie ich verkaufen. Sie wollen Sie selbst sein, Ihre eigenen Worte verwenden und auf Ihre eigene Art verkaufen. Der Erwerb neuen Wissens und neuer Fähigkeiten kann nur dann befriedigend sein und Ihnen Ihr ganzes Potential erschließen, wenn es Ihnen gelingt, diesen Techniken Ihren eigenen, unverwechselbaren Stempel aufzudrücken. Mit diesem Buch möchte ich erreichen, daß Sie zu sich selbst sagen: »Ich habe nun die Techniken und die Konzepte, die ich brauche, um ein Profi zu werden. Jetzt werde ich meine eigenen Worte für diese Techniken finden und sie verinnerlichen.«

Wenn es Ihnen ernst damit ist, mit Verkaufen viel Geld zu verdienen, müssen Sie das Rohmaterial auf diesen Seiten zu Ihrem eigenen Fertigprodukt – Ihren eigenen effektiven Verkaufsmethoden – verarbeiten.

Die alten Goldsucher sagten: »In diesen Hügeln ist Gold.« Also packten sie ihre Ausrüstung auf die Esel, stiegen in die Berge hinauf und gruben das Golderz mit Spitzhacke und Schaufel aus. Aber damit war ihre Arbeit noch nicht beendet. Sie mußten das Erz ins Tal bringen und es jemandem verkaufen, der das Gold herauslösen konnte.

Dieses Buch ist von Goldadern durchzogen. Wenn Sie mit funkelnden Umsätzen belohnt werden wollen, müssen sie das Gold erst zutage fördern und verarbeiten.

Der Prozeß ist ganz einfach. Lernen Sie meine Worte, verankern Sie sie in Ihren Gedanken, und gestalten Sie das Material dann zu Ihrem eigenen Erfolgssystem um. Wenn Sie sich den Inhalt dieser Seiten angeeignet haben, so ist der Grundstein für Ihre Entwicklung zum Champion gelegt. Damit stehen Sie dann vor der Herausforderung, noch viel weiter zu gehen. Diese untergeordneten Abschlüsse zu lernen bedeutet erst den Anfang in dem Bemühen, sie sich zu eigen zu machen.

Zweimal rechts abbiegen zum Verkaufserfolg

Viele Verkäufer, die es nicht zum Profi gebracht haben, halten den professionellen Verkauf für das genaue Gegenteil dessen, was er tatsächlich ist. Als Sie sich entschlossen, Verkäufer zu werden, dachten Sie sich vielleicht: »Von nun an ist es mein Job, zu reden und reden und reden.«

Sie fangen also an. »Hier ist es, Leute. Geht nicht auf, rostet nicht, ist reißfest. Wirft keine Blasen, ist bruchsicher und tropft nicht. Sie sollten es sofort kaufen.«

Der professionelle Verkäufer, der echte Champion, weiß, daß alle Menschen zwei Ohren und einen Mund haben, die gleichermaßen eingesetzt werden wollen. Das bedeutet, daß Sie, nachdem

Sie zehn Sekunden lang gesprochen haben, am besten Ihren Mund abschalten, Ihre Ohren einschalten und zwanzig Sekunden lang zuhören sollten. Das bedeutet, daß Sie Ihre potentiellen Kunden, anstatt sie mit Worten zu erdrücken, zum Reden ermutigen müssen. Vergleichen wir die beiden Methoden:

Der durchschnittliche Verkäufer sagt:

- »Diese Maschine ist die beste, die es gibt. Keine auf dem Markt kann ihr das Wasser reichen. Wir haben die besten Produkte, weil wir der Konkurrenz um Lichtjahre voraus sind. Sie kaufen sie am besten sofort.«
- »Diese Versicherung bringt Ihnen mehr als jede andere. Sie sollten sich beeilen und unterschreiben.«
- »Diese Artikel sind verbilligt. Wozu Zeit vergeuden und lange herumsuchen? Billiger werden Sie sie nicht finden.«

Wenn ein »Verkäufer« solche Methoden verwendet, was tut er dann?

Er macht Druck. Er debattiert. Er sagt den Leuten Dinge, die sie nicht hören wollen. Er versucht, ihnen offensichtlich eigennützige Argumente aufzuzwingen. Eigentlich sagt er nichts anderes als: »Ich bin hier, um Ihnen etwas zu verkaufen. Der einzige Grund dafür, daß ich das mache, ist, daß ich Geld verdienen will, und es ist mir völlig egal, ob Sie vom Kauf einen Nutzen haben oder nicht.«

Eine solche Taktik schreckt ab, ausgenommen jene seltenen Menschen, die sich gerne auf Debatten einlassen.

Der professionelle Verkäufer hingegen vermittelt niemandem den Eindruck, Druck auszuüben. Und tatsächlich übt er niemals Druck aus. Statt dessen führt er.

Indem er nicht die ganze Zeit spricht, indem er die meiste Zeit zuhört, indem er kunstvolle Fragen stellt, bindet der Verkaufschampion seine potentiellen Kunden schon mit dem ersten Kontakt an sein Produkt oder seine Dienstleistung. Während er all diese pointierten und aufmerksamen Fragen stellt, bleibt der wahre Profi gleichbleibend freundlich, interessiert und verständnisvoll und ermutigt seine Kunden so, sich zu öffnen und die gewünschte Information freimütig zu geben.

Haben Sie schon jemals etwas von einem professionellen Verkäufer gekauft? Vielleicht haben Sie diese Erfahrung noch nie gemacht, denn wahrhaft professionelle Verkäufer sind rar. Das ist ein weiterer Grund dafür, warum diese Champions so viel verdienen. Wenn Sie schon einmal etwas von einem echten Verkaufsprofi gekauft haben (bevor Sie selbst in den Verkauf gingen), haben Sie es vielleicht gar nicht bemerkt. Dieser Verkäufer war so unauffällig, so entspannt und so geschickt, daß Sie nur das Gefühl hatten, mit jemandem zu arbeiten, der gut informiert und freundlich war. Aber ein Champion? Dieser Gedanke ist Ihnen möglicherweise gar nicht gekommen.

Waren Sie nicht schon einmal überrascht davon, wie freimütig Sie mit einem bestimmten Verkäufer sprechen konnten, bevor Sie etwas von ihm kauften? Er war aufmerksam und interessiert; Sie fühlten sich wohl in seiner Gegenwart. Wenn Sie sich an diese Situationen erinnern, haben Sie vielleicht das Gefühl, daß Sie das Gespräch dominierten und daß der Verkäufer sich auf Sie einstellte. Oberflächlich betrachtet war das so – auf den ersten Blick. Auf einer anderen Ebene aber hatte der professionelle Verkäufer die ganze Zeit die Führung, und Sie folgten ihm.

Wie konnte das geschehen?

Ein Profi, der Ihnen eine Reihe von Produkten oder Dienstleistungen anzubieten hat, ermutigt Sie, den ersten Schritt zu tun. Sobald Sie die Richtung vorgegeben haben, wird er Ihnen geschickt vorangehen und auf einem der Wege, der Sie zu einem der möglichen Abschlüsse bringt, die Führung übernehmen. Nachdem kunstvolle Fragen zutage gefördert haben, welcher Weg der beste für Sie ist, leitet Sie der Profi geschickt und verbindlich auf diesem Weg. Das Halfter gleitet so sanft über Ihren Kopf, daß Sie nie auch nur auf die Idee kommen, zu scheuen. Im Gegenteil. Sie kaufen.

Schießen Sie aus zwei Rohren gleichzeitig

Erkundungsfragen und Führungsfragen

Ein professioneller Verkäufer verwendet zwei grundlegende Fragenkategorien: a) *Erkundungsfragen* und b) *Führungsfragen.*

Und natürlich schlagen diese hochqualifizierten Profis oft zwei Fliegen mit einer Klappe: Mit einer einzigen Frage führen sie ihren Kunden weiter und entlocken ihm gleichzeitig zusätzliche Informationen. Ein Profi schafft das, weil er sich der Tatsache bewußt ist, daß er mit seinen Fragen eine doppelte Zielsetzung verfolgen muß, wenn er sein Ziel erreichen will.

Erkundungsfragen scheinen so klar und einfach zu sein, daß wir oft nicht erkennen, welche Fallen sie für uns bereithalten.

»Darf ich Ihnen behilflich sein?«

»Nein, danke, ich sehe mich nur um.«

Viele Verkäufer im Einzelhandel stellen diese Frage fünfzigmal am Tag, und sie bekommen fünfzigmal dieselbe Antwort darauf. Trotzdem hören sie nie auf, die Frage zu stellen. Das ist auch der Grund dafür, daß sie nach jahrelanger Berufserfahrung noch immer Hosenknöpfe verkaufen. An dem Tag, an dem sie sich entschließen, diese »Nein«-Frage nicht mehr zu stellen, qualifizieren sie sich für eine höhere Position im Verkauf.

Sie: »Guten Morgen. Wenn Sie irgendwelche Fragen haben, wenden Sie sich bitte gleich an mich. Währenddessen sehen Sie sich ruhig nach Herzenslust um.«

Kunde: »Hm – ich wollte – haben Sie …?«

Nicht alle Erkundungsfragen enden in jeder Situation mit einem Fragezeichen. Die Frage ist in eine Aussage verpackt, und trotzdem entlockt sie dem Kunden in vielen Fällen eine umfassendere Antwort als eine nüchterne Frage. Wenn Sie im Außendienst arbeiten, kommen Sie wahrscheinlich nie in eine Situation, in der Sie zu sagen versucht sind: »Kann ich Ihnen helfen?«, aber auch hier müssen Sie ständig auf der Hut sein, keine »Nein«-Fragen zu stellen.

»Darf ich Ihnen ein Angebot für Ihren nächsten Monatsbedarf an XY machen?«

»Nein, danke, wir sind für die nächste Zeit ausreichend versorgt.«

Ist es nicht besser, anstelle einer »Nein«-Frage eine echte Erkundungsfrage zu stellen?

»Verwenden Sie XYa oder XYb?«

»Wünschen Sie ein Angebot auf monatlicher, vierteljährlicher oder auf jährlicher Basis?«

Die erste Regel für Erkundungsfragen lautet:

Stellen Sie niemals eine Nein-Frage.

Das ist eine wichtige Regel, also werde ich noch einmal nachhaken.

Eine Nein-Frage ist jede Frage, die sich mit einem Ja oder einem Nein beantworten läßt.

Wenn Sie Ihrem potentiellen Kunden diese Wahl einräumen, verringern Sie Ihre Chancen. Wenn ein Verkäufer seinen Kunden diese Wahlmöglichkeit gibt, entscheiden sie sich in 51 bis 99 Prozent aller Fälle für das Nein.

Wie man mit Führungsfragen das Kommando übernimmt

Denken wir einen Augenblick lang über die Wahrheit nach. Was ist das? Die Menschen diskutieren schon seit Tausenden von Jahren über diese Frage, ohne zu einer Einigung gekommen zu sein. Wir werden in diesem Buch nicht versuchen, eine philosophische Lösung für dieses Problem zu finden. Ich möchte an dieser Stelle lediglich folgendes festhalten: Im Alltag ist das wahr, was die Leute für wahr halten. Wenn Sie glauben, daß »Superoktan« das einzige

Benzin für Ihren heißgeliebten Sportwagen ist, werden Sie versuchen, es zu bekommen. Sie werden auch bereit sein, mehr dafür zu bezahlen. Die Wahrheit mag sein, daß es ein Dutzend anderer Marken gibt, die besser für Ihren Wagen sind – aber Sie werden, wenn Sie es irgendwie vermeiden können, nichts anderes tanken als Superoktan.

Einigen wir uns also darauf, daß die Wahrheit im täglichen Leben für uns das ist, was wir für die Wahrheit halten. Das meine ich nicht zynisch, sondern pragmatisch. Es mag sein, daß wir das beste Produkt für unseren Kunden haben. Nicht genug, daß es haltbarer und billiger ist als die Produkte der Konkurrenz, es verfügt auch über spezielle Extras. Wir wissen, daß der Kunde die speziellen Funktionen unseres Produktes braucht. Das ist die Wirklichkeit. Und was ist die Wahrheit? Die Wahrheit ist, daß er unser besseres Produkt nicht kaufen wird, solange er all das nicht glaubt.

Wie können wir erreichen, daß er glaubt, was wir als Wahrheit erkannt haben?

Wir können es ihm sagen. Wir können Fakten in ihn hineinstopfen, ob er will oder nicht. Wir können ihm zu verstehen geben, wie dumm er unserer Meinung nach ist, weil er nicht zugeben will, daß wir recht haben.

Wir können all das tun, ohne ihn letzten Endes zu überzeugen. Wie kommt das? Weil wir ihm unsere Meinung aufgedrängt haben. Der professionelle Verkäufer geht von einem anderen Konzept aus, einem Konzept, das einfach und wirkungsvoll ist. Hier ist es:

> **Wenn ich es sage, kann der Kunde daran zweifeln;
> wenn der Kunde es sagt, ist es wahr.**

Das ist das grundlegende Konzept des professionellen Verkaufens. Es ist auch die Grundlage für die erfolgreiche Anwendung von Führungsfragen. Ein Verkäufer, der sich an diesen Grundsatz hält, braucht nie zu befürchten, daß sein Kunde folgendes denkt:

»Du doppelzüngige Verkäuferschlange, ich weiß, warum du mir

das erzählst – damit ich dir dein Produkt abkaufe. Ich glaube dir kein Wort, weil ich deine Sorte Leute kenne. Du würdest mir alles erzählen, nur um mir etwas zu verkaufen.«

Haben Sie schon einmal bemerkt, wie sich die Leute immer mehr zurückziehen, wenn Sie sie mit Fakten vollstopfen und ihnen erzählen, wie phantastisch Ihr Produkt ist, und dabei dauernd auf die tollen Funktionen und Garantien pochen? Haben Sie gesehen, wie sich die Mienen verhärten, wie sie die Arme vor der Brust verschränken und ihre Blicke im Raum umherschweifen lassen?

Wenn das geschieht, dann sind Sie ein Sender, für den es keinen Empfänger gibt. Sie haben den Kunden schon verloren – er ist nur noch nicht physisch verschwunden.

Wenn der professionelle Verkäufer spricht, versucht er, den Kunden dazu zu bringen, jene Dinge zu sagen und jene Fragen zu stellen, die den Verkauf vorantreiben. Sehen wir uns das einmal an:

»Sie legen bei einem Produkt Wert auf Qualität, nicht wahr?«

Nun ist es natürlich richtig, daß das eine Entscheidungsfrage ist, aber es ist keine »Nein«-Frage, denn es ist unwahrscheinlich, daß der Kunde antwortet: »Nein, Qualität ist mir egal. Ich suche ein richtiges Stück Schrott.«

Oder: »Im Bedarfsfall würden Sie wollen, daß die Garantie uneingeschränkt gilt, nicht wahr?«

»Sicher.« Kaum jemand würde sagen: »Aber nein, wir verbrennen die Garantiescheine normalerweise ohnehin sofort. Wenn es nur hält, bis ich zu Hause bin, dann bin ich zufrieden.«

»Es ist wichtig, mit Leuten zusammenzuarbeiten, die etwas von ihrem Job verstehen, oder?«

Wie viele potentielle Kunden werden dagegen etwas einzuwenden haben? »Oh, nein, wie wollen keine Geschäfte mit richtigen Profis machen. Ich kaufe lieber bei jemandem, der nicht weiß, was er tut.«

»Es ist wichtig, mit Lieferanten zu arbeiten, die auf Zuverlässigkeit und Integrität achten, nicht wahr?«

»Was? Sie bieten Integrität? Raus hier!« Das würde der Kunde doch nicht sagen, oder?

Das ist der Grund dafür, daß ein professioneller Verkäufer den Leuten keine Vorträge hält. Statt dessen stellt er Fragen.

Aber Vorsicht! Es wäre keine gute Idee, das Buch nun einfach fallenzulassen und jedes atmende Wesen, das Sie für einen potentiellen Kunden halten, mit Fragen zu überschütten.

Halten Sie Ihre Begeisterung im Zaum, bis Sie dieses Kapitel zu Ende gelesen haben.

Die Faustregel lautet, daß es besser ist, zu fragen, als zu sprechen. Aber es gehört einiges dazu, Fragen wirkungsvoll einzusetzen.

Hier haben Sie das, was wirklich wirkungsvoll ist und die Kasse zum Klingeln bringt:

a) Stellen Sie jene Erkundungsfragen, welche die vom Kunden gewünschten Vorteile ans Licht bringen. Auf diese Weise stellen Sie fest, bei welchen spezifischen Produkten oder Dienstleistungen ein Abschluß möglich ist und welcher Abschluß sich anbietet.

b) Stellen Sie die Führungsfragen, die den Kunden dazu bringen, zu bestätigen, daß er das glaubt, was er nach Ihrem Willen über Ihr Angebot glauben soll. Wenn Sie es sagen, kann er Ihre Aussage in Zweifel ziehen; wenn er selbst es sagt, ist es die Wahrheit.

Noch etwas ist zu beachten, bevor Sie Ihrem Kunden Fragen stellen: Der Kunde muß die richtige Antwort auf jede Frage kennen, die Sie ihm stellen.

Wie fühlt sich jemand, der etwas gefragt wird, auf das er keine Antwort weiß? Wie würden Sie sich fühlen, wenn jemand zu einem Termin in Ihr Büro käme und sagte: »Wir haben drei Geräteserien: Unsere G-Serie mit Plotter- und Druckerfunktion, unsere E-Serie, in die sich auf Knopfdruck über zweihundert Funktionen und Betriebsabläufe einprogrammieren lassen, und unsere Super-Z-Serie mit Mikroblock-Difraktionsreduktion, auf der Sie Aufsteckmodule für Simultan-QKD-Input verwenden können. Für welche interessieren Sie sich?«

Glauben Sie, der Kunde wird sagen: »Hören Sie, ich habe eigentlich keine Ahnung. Geben Sie mir das, was Ihrer Meinung nach das Beste für mich ist. Da haben Sie mein Scheckbuch. Füllen Sie den Scheck aus, ich unterschreibe ihn.«

Die drei Prinzipien des wirkungsvollen Fragens und Antwortens

Erstes Prinzip: *Ich stelle immer eine Beziehung her, bevor ich die Kontrolle zu übernehmen versuche.*

Wie lange Sie dazu brauchen, wird sehr unterschiedlich sein, aber denken Sie daran: Sie begeben sich in eine ungünstige Ausgangsposition, wenn Sie sofort versuchen, dem Kunden das Halfter überzustreifen und ihn zu führen.

Zweites Prinzip: *Ich gebe dem Kunden keine Gelegenheit zum Nachdenken, da er mir sonst eine Antwort geben könnte, die ich nicht hören will.*

Was setzt das voraus? Vorbereitung. Übung, Drill und Wiederholung. So können Sie die Begeisterung steigern, indem Sie die Dinge in Bewegung halten. Sie müssen auch einstudieren und wiederholen, wie Sie falsche Antworten des Kunden abfangen und das Gespräch wieder in die richtige Richtung lenken. Manche dieser Antworten können Sie ignorieren; andere zwingen Ihnen eine Kursänderung auf. All das müssen Sie im voraus planen.

Drittes Prinzip: *Ich kann den Kunden erst dann zu einer Entscheidung hinführen, wenn ich sie für ihn getroffen habe.*

Kennen Ihre Kunden alle Ihre Produkte? Wenn Sie mehrere Produkte oder Dienstleistungen anbieten, wie viele davon wird der Kunde im Normalfall auswählen?

Nur eine(s).

Viele Verkäufer bieten Produktpaletten mit fünfzig bis fünfhundert Produkten an. Muster aller dieser Produkte würden ganze Lastwagen füllen. Auch Verkäufer, die schmalere Produktlinien vertreten, können nicht immer alle Produkte mit sich führen. Höchstwahrscheinlich können Sie das auch nicht. Sie müssen es auch nicht – selbst wenn Sie es könnten, sollten Sie es nicht wollen.

Ihre Aufgabe als professioneller Verkäufer ist es, Entscheidungen für die Kunden zu treffen. Wenn Sie selbst keine Entscheidungen treffen, warum sollte es dann der Kunde tun?

Er muß es nicht. Und so wird er für Sie immer bloß ein potentieller Kunde bleiben, während er für einen anderen Verkäufer, der imstande ist, Entscheidungen für ihn zu treffen, und das auch tut, ein wirklicher Kunde wird.

An dieser Stelle haben Sie vielleicht ein Problem. Ich habe Sie aufgefordert herauszufinden, auf welche Vorteile die Leute Wert legen, und ihnen dann ein Produkt zu verkaufen, das diese Vorteile bietet. Wo sollen Sie hier also eine Entscheidung treffen?

Lassen Sie mich Ihnen die Antwort auf diese Frage vor Augen führen. Nehmen wir an, morgen früh erwachen Sie mit hohem Fieber. Sie können sich kaum bewegen, und Sie wissen, daß es Sie wirklich erwischt hat. Sie quälen sich also aus dem Bett und wanken zum nächsten Arzt. Er lächelt Sie an und sagt: »Hallo! Nett, daß Sie vorbeischauen. Sie sehen schrecklich aus. Haben Sie irgendeine Idee, was mit Ihnen los sein könnte?«

»Keine Ahnung.«

»Nun, kein Problem. Auf dem Regal hinter Ihnen stehen Hunderte von Büchern. Setzen Sie sich, machen Sie es sich bequem, und blättern Sie sie in Ruhe durch. Ich bin jetzt zum Golf verabredet, und ich hoffe, daß Sie herausgefunden haben, was mit Ihnen los ist, wenn ich zurückkomme. Ich finde dann sicher umgehend eine Therapie für Ihre Beschwerden.« Er ist inkompetent; Sie mögen noch so krank sein, Sie werden sich aus seiner Praxis schleppen und einen anderen Arzt aufsuchen.

Was würden Sie tun, wenn Sie von Ihrem Architekten aufgefordert würden, eine Detailzeichnung Ihres neuen Hauses zu liefern? Was, wenn Ihr Rechtsanwalt von Ihnen verlangte, Ihren Schriftsatz selbst zu erstellen? Sie würden wohl kaum mit diesen Leuten arbeiten, denn es mangelt ihnen an Professionalität. Diese Leute sind nicht in der Lage, Ihre Probleme zu lösen; sie treffen keine Entscheidungen für Sie, und Sie entdecken keine Chancen und Möglichkeiten, die Ihnen nützlich sein könnten.

Ein Profi verfügt über das nötige Fachwissen, um Probleme zu lösen und seinen Kunden Chancen zu eröffnen. Ärzte heilen Krankheiten und geben ihren Patienten die Chance, gesund und aktiv zu sein. Architekten lösen Raumprobleme und ermöglichen es ihren Klienten, ihren Lebensstil zu verbessern; professionelle Verkäufer lösen Produkt- oder Dienstleistungsprobleme und geben ihren Kunden die Möglichkeit, Produktivität, Freude, Sicherheit, Einkommen und Status zu verbessern und in den Genuß einer Fülle weiterer Vorteile zu kommen.

In jedem Fall muß der Wissensschatz eines Profis so groß sein, daß ein einzelner Kunde ihn niemals ausschöpfen kann. Das bedeutet, daß der Profi auch ein Instrument benötigt, um zu erkunden, welcher Teil seines Wissens den Bedürfnissen des jeweiligen Kunden am ehesten entspricht. Ein Profi beschafft sich diese Information mittels einer systematischen, routinierten Gesprächsführung. Entscheidend für den Erfolg jedes Verkäufers ist seine Fähigkeit, die Probleme und Chancen, die jeder Kunde hat, herauszuarbeiten, zu verstehen und zu formulieren. Das gilt für Architekten genauso wie für Rechtsanwälte, Berater, Verkäufer und alle anderen Fachleute. Um die Probleme und möglichen Chancen des Kunden besser herauszuarbeiten und zu verstehen, haben einige Fachleute ein routiniertes, scheinbar unstrukturiertes Beratungsverfahren entwickelt, das täuschend ungezwungen wirkt. Warum verwenden sie dieses System? Weil es sich als das wirkungsvollste erwiesen hat. Sie können Ihren Kunden mehr wertvolle Informationen entlocken, wenn Sie entspannt mit ihnen plaudern, anstatt sie direkt zu »bearbeiten«. Andere Profis ziehen es vor, nach einer genau strukturierten und ganz offenkundigen Methode vorzugehen – und sind auch geschickt genug, diese Methode mit Erfolg zu praktizieren.

Ob die verwendete Methode nun subtil und indirekt ist oder ohne Umschweife direkt auf den Punkt kommt, ein Profi verliert nie die Kontrolle über das Beratungsgespräch. Er weiß, welche Informationen er von den einzelnen Kunden benötigt, und er weiß, wie er sie bekommen kann. Im Grunde macht es keinen Unterschied, ob es sich um einen Arzt, einen Rechtsanwalt, einen Verkäufer oder einen Managementberater handelt – wenn ein Profi kompetent ist, hat er mehr anzubieten, als der Kunde zu irgendeinem gegebenen Zeitpunkt nutzen kann. Er steuert das Gespräch, um sich und dem Kunden Zeit zu sparen, und er trifft Entscheidungen für den Kunden.

Stellen Sie sich einen Augenblick lang einen Verkäufer vor, der sich mit einem Kunden – den er entweder selbst gesucht hat oder der ihm empfohlen wurde – hinsetzt und dann zuläßt, daß dieser das Gespräch vom ersten bis zum letzten Wort steuert und dominiert. Wenn es ihm trotzdem gelingt, bis ins Vorführungs- oder Präsentationsstadium vorzudringen, ist das eher auf Glück oder auf die Kaufentschlossenheit des Käufers zurückzuführen als auf sein Geschick. Und wenn er sein Produkt dann vorstellt oder vorführt, läßt er es wieder zu, daß der Kunde die Kontrolle über das Geschehen übernimmt. Das Ergebnis ist, daß der betreffende Kunde kaum etwas über die Vorteile des Produktes oder der Dienstleistung erfährt. Wie schade.

Häufig machen solche Verkäufer ihr Produkt für ihre Probleme verantwortlich. »Wir sind einfach nicht wettbewerbsfähig«, sagen sie. Aber wenn es in derselben Firma irgendeinen anderen Verkäufer gibt, der jede Menge Leute für dasselbe Produkt begeistert und darüber hinaus viel Geld damit verdient – wie kann dann das Produkt an den schlechten Ergebnissen schuld sein? Wenn *ein* Verkäufer der Firma gute Ergebnisse schafft, dann hat jeder andere auch diese Möglichkeit. Sie werden sich sehr bald Ihrer Zukunft im Verkauf beraubt haben, wenn Sie in die Gewohnheit verfallen, Ihr Produkt oder Ihre Dienstleistung für Ihren Mangel an Professionalität verantwortlich zu machen.

Ein Buchhalter muß im Steuerrecht und in allgemeinen Geschäftsfragen beschlagen sein; ein Architekt muß mit den technischen und gestalterischen Aspekten seiner Arbeit vertraut sein; jeder Fachmann muß in seinem Fachgebiet sattelfest sein. Was müssen Sie also wissen?

Sie müssen ein solides Wissen über folgende Dinge haben: über Ihr Produkt oder Ihre Dienstleistung, über Ihre Verfahren bei der Suche nach potentiellen Kunden; über Ihre Verfahren zur Erkundung der Situation der Klienten und zur Erschließung ihrer Probleme und Chancen und über Ihre Techniken zur Ausräumung von Einwänden, zur Präsentation oder Demonstration Ihres Produkts oder Ihrer Dienstleistung und zur Erreichung von Abschlüssen.

Voraussetzung für all das ist eine genaue Kenntnis dessen, was Sie verkaufen. Sie können nicht effektiv nach neuen Kunden suchen, wenn Sie das von Ihnen angebotene Produkt oder Ihre Dienstleistung nicht kennen; Sie können nicht wirkungsvoll vorführen oder präsentieren, wenn Sie Ihr Angebot nicht kennen; und Sie können nicht erfolgreich abschließen, wenn Sie Ihr Angebot nicht kennen.

Nutzen Sie jede sich bietende Chance, um mehr über Ihr Angebot zu lernen. Tun Sie noch mehr als das. Schaffen Sie Möglichkeiten, um etwas über Anwendungen, Vorteile und Chancen zu lernen, die Ihr Produkt oder Ihre Dienstleistung bietet, und bringen Sie alles über die Grenzen und Probleme Ihres Angebots in Erfahrung. Alle Produkte und Dienstleistungen sind innerhalb bestimmter Grenzen nützlich und verlieren außerhalb dieser Grenzen ihren Wert; alle Produkte und Dienstleistungen haben ihre Probleme; wenn Sie versuchen, diese Probleme zu ignorieren, wird früher oder später Ihr Unwissen in Situationen offenkundig werden, die weder angenehm noch vorteilhaft für Sie sind.

Betrachten Sie es als Ihre vorrangige Aufgabe, großes Fachwissen über Ihr Angebot anzuhäufen. Zu diesem Fachwissen gehören ausreichende Kenntnisse über die Konkurrenz und eine ausgezeichnete Kenntnis der Voraussetzungen, die Ihre Käufer erfüllen müssen. Wie könnten Sie ohne ein solches Wissen die Verantwortung – sowohl für sich selbst als auch für den Kunden – übernehmen, zu entscheiden, ob ein bestimmter potentieller Käufer zu Ihrem Kunden werden könnte oder sollte? Sie können es nicht. Das Produktwissen ist die Voraussetzung für die Fähigkeit, so effektiv und professionell mit Kunden zu arbeiten, daß wir ein hohes Einkommen damit verdienen können.

Was tut der Arzt als erstes, wenn ein Kranker in seine Praxis kommt? Er stellt Fragen. Dann verwendet er seine Diagnoseinstrumente, um sich weitere Informationen zu verschaffen. Erst wenn er eine Reihe von Krankheiten ausgeschlossen und eine bestimmte ins Auge gefaßt hat, wird er eine Behandlung vorschlagen.

Sollten Sie nicht genauso vorgehen? Sie beginnen, indem Sie Ihrem potentiellen Kunden Fragen stellen. Dann sammeln Sie mit

Hilfe Ihrer Diagnoseinstrumente – mit einem Taschenrechner und einem Blatt Papier, einem Maßband oder einfach Ihrem Gehirn – weitere Informationen. Nun können Sie das exakte Produkt ins Visier nehmen, welches das Problem Ihres Kunden löst oder ihm eine neue Möglichkeit eröffnet.

Die Übertragungsleitung Ihrer Professionalität sind die Fragen, die Sie Ihrem Kunden stellen. Im nächsten Abschnitt werde ich Ihnen die Anschlüsse und Kabel zur Verfügung stellen, die Sie benötigen, um Ihr eigenes leistungsstarkes Leitungsnetz zu errichten.

Zwölf Grundelemente der Fragetechnik

Wenn Sie Ihrem potentiellen oder tatsächlichen Kunden Fragen stellen, sollten Sie folgende grundlegenden Dinge berücksichtigen:

Erstens: Sie stellen Fragen, um die Kontrolle über das Gespräch zu gewinnen und aufrechtzuerhalten.

Zweitens: Sie stellen Fragen, um festzustellen, wo die allgemeinen Interessen Ihres Kunden liegen, womit Sie ihm also dienlich sein können; Sie stellen weitere Fragen, um den engeren Bereich einzugrenzen, in dem Sie ihm am besten helfen können; Sie stellen weitere Fragen, um herauszufinden, welches spezielle Produkt oder welche besondere Dienstleistung sich für diesen bestimmten Kunden eignet.

Drittens: Sie stellen Fragen, um dem Kunden eine Fülle kleiner Jas zu entlocken, die zu einem Fluß anschwellen und schließlich in jenen Strom münden, der zur Annahme Ihres Angebots führt.

Viertens: Sie stellen Fragen, um die Emotionen des Kunden anzusprechen und sie in Richtung Kauf zu lenken. In einem späteren Kapitel werden wir uns näher damit befassen.

Fünftens: Sie stellen Fragen, um Einwände herauszuarbeiten. Es wird nur selten vorkommen, daß ein richtig qualifizierter und behandelter Kunde sämtliche vorhandenen Standard-Einwände gegen Ihr Angebot vorbringen wird. Dem einzelnen Kunden werden nur wenige Einwände einfallen, oder es werden ihm nur wenige wichtig sein. Durch das Herausarbeiten von Einwänden, die einem bestimmten Kunden wichtig sind, und durch den gekonnten Umgang mit solchen Einwänden stellt ein Champion sicher, daß der Kunde nicht laufend Einwände vorbringt, bis er alle erdenklichen Einwände ausgeschöpft hat. Einwände gibt es fast immer. Ein Champion ist sich dessen bewußt und versucht, sie herauszuarbeiten, statt sie ängstlich zu vermeiden.

Sechstens: Sie stellen Fragen, um Einwände zu beantworten. Die beste Methode, auf einen Einwand zu antworten, besteht zweifellos in einer Stachelschwein-Frage; indem der Kunde eine solche Frage beantwortet, bekräftigt er, daß der Einwand in Wirklichkeit unerheblich – oder sogar ein Kundennutzen ist.

Siebtens: Sie stellen Fragen, um festzustellen, auf welchen Kundennutzen Ihr Kunde Wert legt. Menschen kaufen keine Produkte und Dienstleistungen, sondern sie kaufen den Nutzen, den sie sich von diesen Produkten oder Dienstleistungen erwarten.

Achtens: Sie stellen Fragen, um eine Tatsache festzuhalten. Was Sie sagen, kann in Zweifel gezogen werden; was der Kunde sagt, ist die Wahrheit.

Neuntens: Sie stellen Fragen, um sicherzustellen, a) daß der Verkaufsprozeß voranschreitet und b) daß der richtige Zeitpunkt gekommen ist, zum nächsten Schritt Ihrer Verkaufssequenz überzugehen.

Zehntens: Sie stellen Fragen, um im Kunden den Besitzwunsch zu wecken und ihn zum Nachdenken über Ihr Angebot zu bewegen.

Elftens: Sie stellen Fragen, um Ihrem Kunden dabei zu helfen, eine vernünftige Begründung für die Entscheidung zu finden, die er gefühlsmäßig treffen möchte. Sie tun das, weil auch Sie möchten, daß er diese Entscheidung trifft. Wollen wir nicht alle, daß uns jemand sagt, daß wir dieses tolle neue Auto brauchen, daß wir ein größeres Haus verdienen, daß wir in diesem exquisiten 500-Dollar-Kleid oder Anzug großartig aussehen und Komplimente bekommen werden? Wenn wir dieses neue elektronische Wunderding, dieses funkelnagelneue Gerät, dieses schnittige Boot sehen, hoffen wir dann nicht, daß jemand vorbeikommen und uns erklären wird, wie dringend wir es brauchen? Wollen wir nicht alle, daß uns jemand hilft, den Beweis dafür zu erbringen, daß unsere Wünsche vernünftig sind? Wenn unsere Emotionen rufen: »Ich will es!«, beginnen wir dann nicht alle, verzweifelt nach Unterstützung zu suchen? Ja, stellen Sie Fragen, um Ihrem Kunden zu helfen, eine Entscheidung, die er treffen möchte, vernunftmäßig zu begründen – und machen Sie selbst klare und unmißverständliche Aussagen in diese Richtung.

Zwölftens: Sie stellen Fragen, um den Kunden zum Abschluß hinzuführen. Die Wirksamkeit aller in Kapitel 15 beschriebenen Abschlüsse hängt davon ab, wie geschickt Sie im Fragenstellen sind. Begehen Sie nicht den Fehler, sich allein auf das zu konzentrieren, was Sie dem Kunden über Ihr Angebot erzählen werden. Denken Sie immer daran, wie wichtig es ist, die richtigen Fragen zu stellen und Ihre Methoden den Antworten des Kunden anzupassen.

Nun wollen wir weiterblättern und herausfinden, wie wir geeignete Voraussetzungen für einen Verkauf schaffen.

4 Wie wir das richtige Verkaufsklima schaffen

Verkaufen Sie nur das, was der Kunde will

Ein Champion verkauft nur jene Nutzen und Funktionen, die sein potentieller Kunde kaufen will. Jahrelange Beobachtungen haben mich zu der Überzeugung geführt, daß man dann Erfolg hat, wenn man das verkauft, was der Kunde will, und nicht das, was man selbst will.

Es ist erstaunlich, wie viele Verkäufer nur über jene Eigenschaften ihres Produktes sprechen, die ihnen selbst gefallen, und nur diese erklären und zu verkaufen versuchen.

- »Was mir daran so gefällt, ist, daß man damit Spaghetti wickeln kann.« Dem Kunden ist es piepegal, was Ihnen gefällt.
- »Wissen Sie, ich verfolge bei meinem eigenen Investmentportfolio dieselbe Strategie!« Der Kunde versteht nicht, was das mit seiner eigenen Investitionsentscheidung zu tun haben soll, denn er muß sein Geld unter ganz anderen Umständen anlegen als Sie.
- »Halten Sie sich fest, wenn diese Rakete von einem Wagen losgeht! Die Reifen werden nur so rauchen« – und dabei ist der Kunde umweltbewußt, möchte Treibstoff sparen und wünscht sich ein billiges Auto.

Der Champion versucht nicht, einen Kundennutzen zu verkaufen, bevor er herausgefunden hat, auf welchen Nutzen der Kunde Wert legt. Der Durchschnittsverkäufer hingegen argumentiert von Anfang an mit bestimmten Kundennutzen. Dabei ist es unausweichlich, daß der Kunde dasitzt und denkt: »Nichts von dem, was er mir da erzählt, ist mir wichtig.« Wenn Sie nicht damit aufhören, wird der Kunde die Tür bald von außen schließen (wenn er zu Ihnen gekommen ist). Ansonsten werden Sie es tun. Ich möchte, daß wir uns über diesen Punkt vollkommen klar sind: Wer bezahlt Ihr Produkt oder Ihre Dienstleistung, wer bezahlt Ihre Provision – Sie oder der Kunde?

Also sollen wir dem Kunden das geben, was er will. Wie paßt dies nun zu meiner Forderung, daß Sie die Entscheidungen für den Kunden treffen müssen?

Es paßt ausgezeichnet. Die Leute wollen mehr, als sie sich leisten können. Geld ist eine der großen Einschränkungen, mit denen wir alle zurechtkommen müssen. Zeit ist eine andere. Die Leute wollen Autos mit einem größeren Innenraum und kleineren Außenmaßen. Sie wollen köstliche und kalorienarme Mahlzeiten, sie wollen Investitionen mit höheren Erträgen und geringeren Risiken. Der Kunde will alles, aber Sie wissen, daß er nicht alles bekommen kann. Daher müssen Sie sich für einen der vielen Wünsche des Kunden entscheiden und herausfinden, welcher spezifische Artikel diesem Bedürfnis am ehesten gerecht wird. Ihr Beratungsgespräch (bei dem es sich um ein längeres persönliches Gespräch im Büro oder um ein paar schnelle Fragen handeln kann, die Sie dem Kunden telefonisch stellen) hat den Zweck, das Problem des Kunden zu diagnostizieren und festzustellen, wo seine Interessen liegen. Das Ergebnis dieses Gesprächs bestimmt dann Ihr weiteres Vorgehen. Debattieren Sie also nicht mit dem Kunden über eine Menge von Möglichkeiten, die er Ihrer Erfahrung nach ohnehin nicht ernsthaft in Erwägung zieht. Es gehört auch zu Ihrer Aufgabe, seine und Ihre Zeit zu sparen. Wenn Sie mit einem gebrochenen Arm in eine Arztpraxis kommen, wollen Sie doch auch nicht, daß der Arzt ein Röntgenbild von Ihrem Bein macht.

Verhandeln Sie nur mit jenen Leuten, die als Kunden in Frage kommen

Viele Verkäufer verschwenden Unmengen an Zeit mit Leuten, die keine Kaufentscheidung fällen können. Normalerweise kann man nicht einfach in eine Firma hineinschneien und mit der zuständigen Person sprechen. Oft wird man Ihnen sagen, daß die Entscheidung, die Sie erwarten, nicht von einer Einzelperson getroffen wird, sondern von einem Vorstand, einem Kuratorium oder einem anderen Gremium. Dabei gibt man Ihnen meist zu verstehen, daß praktisch alle Entscheidungsträger abwesend oder unerreichbar sind.

Was Sie da hören, ist die Wahrheit – aber es ist nicht die ganze Wahrheit. Die Gruppe existiert tatsächlich. Sie tritt regelmäßig zu Sitzungen zusammen. Sie kann Entscheidungen fällen. Alle wichtigen Entscheidungen laufen über sie. Immer wenn Sie sich mit ihnen in Verbindung setzen wollen, sind ihre Mitglieder unerreichbar für Sie. Dem Gesetz oder dem Gesellschaftsstatut nach hat diese Gruppe die gesamte Macht in der betreffenden Organisation.

Trotzdem übt eine solche unerreichbare Gruppe nur in den seltensten Fällen irgendwelche Machtbefugnisse aus, die Sie betreffen. Das Gremium besitzt diese Befugnisse, aber es wendet sie nicht an, weil seine Aufgabenstellung zu komplex und seine Zeit zu knapp ist. So müssen sich die Direktoren, die Kuratoren und verschiedene Ausschüsse auf die Empfehlungen der namenlosen Gnomen in den Hinterzimmern verlassen; sie können diese Empfehlungen nur annehmen oder ablehnen. Natürlich sind die Gnomen nur insofern namenlos, als sie keine Jahresabschlüsse unterzeichnen und nicht auf Gedenktafeln erwähnt werden. Aber ihre Unterschriften bringen Kaufaufträge in Gang.

Im Verkauf gibt es kaum eine Situation, die so komplex und so diffizil ist wie die der unerreichbaren Ausschüsse. Und in keinem anderen Bereich wird Ihr Gespür für die kleinen Hinweise und die subtilen Nuancen der Macht besser belohnt werden.

Für die Beschaffung in einer Organisation sind mehrere Leute zuständig. Die Beschaffungsverfahren sind mit großem Zeit- und

Papieraufwand verbunden, und sie durchlaufen allesamt klar definierte und geregelte Kanäle, die dem Gesetz und den behördlichen Vorschriften oder den Vorgaben der Unternehmenseigentümer entsprechen. Das ist das Gesicht, das die Organisation der Außenwelt zeigt, und der ganze Papierkram ist fein säuberlich in Akten abgelegt, um zu beweisen, daß alles streng nach Vorschrift abläuft.

In Wirklichkeit spielen die Vorschriften jedoch keine große Rolle; die tatsächlichen Entscheidungen werden außerhalb der wohlgeordneten, übersichtlichen Verfahrenskanäle getroffen. Der Papierkram, der die getroffenen Entscheidungen rechtfertigen soll, entsteht erst im nachhinein.

Die Gnomen sind schlau. Sie spielen die Karte »Unerreichbares Gremium« sehr geschickt aus. Und sie haben weitere Methoden, um Projekte oder Personen loszuwerden, mit denen sie nichts am Hut haben.

Flexibilität ist in solchen Situationen das oberste Gebot. Starrheit gefährdet Ihren Erfolg! Behalten Sie die folgenden Grundsätze im Hinterkopf, wenn Sie es mit einem »unerreichbaren Ausschuß« zu tun haben. Oft werden Ihnen diese Grundsätze den richtigen Weg zeigen. Wenn Sie aber zu starr an ihnen festhalten, können sie Sie unter Umständen vom richtigen Weg abbringen und geradewegs in den Abgrund führen.

- Die Gnomen in den Hinterzimmern sind unsicher und hüten eifersüchtig die Macht, die sie von Gnaden des Ausschusses ausüben. Geben Sie dem Gnom das Gefühl, er sei wichtig. Geben Sie ihm nie Anlaß zu dem Verdacht, Sie seien möglicherweise nicht begeistert davon, mit ihm statt mit der offiziell entscheidungsbefugten Person arbeiten zu müssen.

- Sie sind davon überzeugt, daß Ihr Angebot für die betreffende Organisation wertvoll und wichtig ist. Diese Überzeugung ist eine Notwendigkeit; verschließen Sie aber Ihre Augen nicht vor der Tatsache, daß die meisten Mitglieder des unerreichbaren Ausschusses zu sehr in ihre eigenen Lieblingsprojekte vernarrt sind, um Ihren noch besondere Beachtung zu schenken. Die Bereitschaft, den Gnom zu umgehen und sich direkt an den Ausschuß zu wenden, sollten Sie nur dann signalisieren, wenn Sie bereit sind, seine unerbittliche Feindschaft in Kauf zu nehmen. Wenn es Ihnen nicht möglich ist, irgendwie an den unerreichbaren Ausschuß heranzukommen und ihm Ihr Angebot zu unterbreiten, müssen Sie logischerweise auf die Kooperationsbereitschaft des Gnomen zählen, um den Abschluß machen zu können. Tragen Sie dem Rechnung, und zwar ab dem ersten Augenblick, da Sie den Gedanken fassen, an diese Organisation zu verkaufen.

- Vergewissern Sie sich, daß Sie mit dem richtigen Gnom arbeiten, nicht mit irgendeinem Türsteher, dessen Hauptaufgabe es ist, jene Vertreter abzuwehren, die der zuständige Gnom nicht empfangen möchte.

- Es gibt zwei Arten von Gnomen: solche, die gern ihre Macht demonstrieren, indem sie Verpflichtungen eingehen, und solche, die sich niemals zu etwas bekennen. Versuchen Sie nie, einem widerwilligen Gnom eine feste Zusage abzutrotzen – es funktioniert nicht. Je heftiger Sie es versuchen, desto schlechter wird es Ihnen bekommen.

- Wenn es Ihnen nicht gelingt, dem Gnom Ihr Angebot innerhalb einer vernünftigen Zeitspanne zu verkaufen, Sie jedoch eine Zusammenarbeit mit dieser Organisation weiterhin für sinnvoll halten, können Sie es auf dem direkten Weg versuchen. Wenn es Ihnen nicht gelingt, über Freunde, politische Verbindungen oder durch direkte und hartnäckige Versuche irgendein Mitglied dieses unerreichbaren Ausschusses zu erreichen, kontaktieren Sie über den Kopf des Gnomen hinweg irgendeine Person, die mächtig genug ist, um Ihr Angebot an ihm vorbeizuleiten. Sie gehen dabei das Risiko ein, sich die Feindschaft des Gnomen zuzuziehen – aber was haben Sie zu verlieren? Seine Unterstützung haben Sie bereits verloren – oder nie gewinnen können. Nun bleibt Ihnen nichts übrig außer einem direkten Vorstoß.

In Kapitel 12 werde ich Sie mit Strategien bekannt machen, die Ihnen helfen, den richtigen Ansprechpartner zu finden. Bedenken Sie, daß es nicht nur in Organisationen schwer ist, die für eine Kaufentscheidung zuständige Person zu finden. Dasselbe Problem ist auch im Einzelhandel und bei Privatverkäufen an der Tagesordnung.

Nehmen wir an, daß es sich bei Ihren potentiellen Käufern um ein Ehepaar handelt. Mit einem der Partner verstehen Sie sich wunderbar – er ist ganz wild auf Ihr Produkt oder Ihre Dienstleistung –, aber leider ist der andere Partner für jenes Ja zuständig, das im Endeffekt entscheidet. Nur wissen Sie das nicht. Ihre Aufgabe ist es also, herauszufinden, welcher der beiden Partner die Macht hat, eine bestimmte Kaufentscheidung zu fällen. Von ihm müssen Sie dieses Ja bekommen, ohne den zweiten Partner damit zu einem Nein zu provozieren.

Im Einzelhandelsverkauf haben wir es vor allem mit drei Typen von Familien zu tun:

Alleinerziehende(r) Mutter/Vater,

Kernfamilie (Mutter, Vater, Kinder),

Großfamilie (Kernfamilie plus Verwandte).

Wenn Sie selbst nicht in einer Großfamilie leben oder keine solche Familie kennen, dann wissen Sie vielleicht nicht, daß dort der Einfluß der Verwandten sehr stark sein kann. Der stille Alte, der mit unbewegter Miene neben dem jungen Paar hockt, kann der eigentliche Entscheidungsträger sein.

Verkaufen Sie nicht mit Argumenten – wecken Sie Emotionen

Viele Verkäufer versuchen, ihre Produkte ausschließlich mit Vernunftgründen zu verkaufen. Streichen Sie sich den folgenden Merksatz mit dem Textmarker an:

> **Nur selten kaufen die Leute nach vernünftigen Überlegungen**

Manche von uns meinen, beim Kauf der meisten Dinge seien keinerlei Emotionen im Spiel. Wem läuft beispielsweise beim Kauf von Schweinebauch, Kakaobohnen oder Baumwollballen ein Schauer der Erregung über den Rücken? Nun, zum Beispiel den Spekulanten – sie hoffen, die Zukunft zu erraten; den Produzenten – sie machen sich Sorgen um Überschüsse und fallende Preise; oder den Kunden – sie fürchten Knappheit und steigende Preise. Selbst mit den alltäglichsten Produkten und Dienstleistungen werden Ruhm und Vermögen errungen – und verloren.

Und was ist mit den ganz normalen Artikeln im Supermarkt, die festgelegten Spezifikationen entsprechen?

Eine mangelnde Unterscheidbarkeit der konkurrierenden Angebote führt mit großer Wahrscheinlichkeit dazu, daß der Einfluß der emotionalen Faktoren wächst, anstatt zu sinken. Wenn der Einkäufer bestellt, kann er seinen Vorlieben freien Lauf lassen, alte Rechnungen begleichen oder einfach seinen Launen nachgeben, ohne daß er befürchten muß, sich Probleme zu schaffen. In solchen Situationen gewinnt die Tätigkeit des Verkäufers an Bedeutung und verlagert sich.

Erkennen Sie die Wandlung des Kunden, und fördern Sie sie

Worin besteht der emotionale Prozeß, an dessen Ende die Kaufentscheidung steht? Er beginnt mit einer neuen Entwicklung im Selbstbild des Käufers. Das bedeutet, daß sich der Käufer oder die Käuferin in einem anderen Licht zu sehen beginnt. Ist der betreffende Kauf unbedeutend, so ist wahrscheinlich auch die Veränderung klein; handelt es sich jedoch um einen im Vergleich zum Einkommen des Käufers großen Kauf, so ist die Veränderung im Selbstbild, die diesen Kauf angeregt oder möglich gemacht hat, möglicherweise ebenfalls groß. Eine solche Veränderung kann sehr schnell vor sich gehen. Sie kann innerhalb weniger Minuten stattfinden – oder sogar binnen Sekunden. Ein Champion hat einen sechsten Sinn für solche Veränderungen, die im Lauf des Verkaufsgesprächs eintreten. Er reagiert rasch und bestärkt den Kunden darin, daß er die wunderbare neue Sache, die ihm gefällt, bekommen kann, genießen wird, verdient, braucht, ihrer wert ist, Komplimente dafür erhalten oder gut darin aussehen wird. Wenn Sie diesen verhaltenen Eifer bei Ihrem Kunden bemerken – festigen Sie sein Selbstbild. Wenn Sie das tun, wird er Ihr Produkt nicht einfach nur mögen. Er wird es wollen und brauchen, und er wird erkennen, daß er ohne es nicht leben kann. Und dann wird er es kaufen.

Hier ist eine Mahnung zur Vorsicht angebracht, denn diese Verkaufstechnik ist die am häufigsten verwendete und am meisten mißbrauchte. Im orientalischen Bazar ist sie selbstverständlich, in Boutiquen wird sie überstrapaziert, und im Bekleidungs- und Accessoirehandel ist sie gang und gäbe.

»Sie sehen wirklich gut darin aus«, sagt der Verkäufer – zu fast allem, was Sie anprobieren. Manchmal sagt er es, ohne Sie auch nur anzusehen.

Es ist traurig, wenn eine gute Technik durch Unaufrichtigkeit und Achtlosigkeit zu etwas Abgeschmacktem wird. Doch richtig eingesetzt, ist diese Technik sehr wirkungsvoll. Sie erfordert Aufmerksamkeit, sie erfordert Disziplin – aber wenn man diese Voraussetzungen mitbringt, führt sie auch zum Ergebnis. Sie funktioniert so:

Erstens: Versuchen Sie aufrichtig, Ihr Bestes für den Kunden zu tun, und zeigen Sie dieses Bemühen, indem Sie Fragen stellen, die Ihnen über das Aufschluß geben, was der Kunde will. Setzen Sie sich über die Grenzen Ihres eigenen Geschmacks und Ihrer eigenen Vorlieben hinweg. Bedenken Sie, daß das, was gut für Sie ist, nicht automatisch auch gut für jeden anderen ist, und bemühen Sie sich aufrichtig, die Welt mit den Augen Ihres potentiellen Käufers zu sehen.

Zweitens: Führen Sie den Kunden mit Hilfe Ihres Fachwissens zu der besten Lösung im Rahmen Ihres Angebots.

Drittens: Warten Sie darauf, daß Ihnen Ihr Kunde ein positives Signal gibt. Wenn Sie ein solches Signal erhalten und zu wissen glauben, welches Ihrer Produkte ihn seinen Zielen näherbringen könnte, sollten Sie seine Vorstellung von diesem Kauf fördern. Vermeiden Sie die abgedroschenen Phrasen, die er schon tausendmal gehört hat, und verzichten Sie auf die Worte, die er schon seit Jahren nicht mehr glaubt. Sagen Sie aufrichtige und positive Dinge, die auf die Einzigartigkeit des jeweiligen Kunden Rücksicht nehmen. So machen Sie nicht nur diesen einen Abschluß, sondern gewinnen auch einen Kunden, der Sie weiterempfehlen und auch in Zukunft von Ihnen kaufen wird. Das Entscheidende ist, daß Sie diszipliniert sind und auf ein positives Signal des Kunden zu warten vermögen. Wenn Sie das nicht tun, laufen Sie Gefahr, dem Kunden ein Produkt aufzudrängen, das er nicht mag, und ehe Sie sich's versehen, haben Sie sich in ein Gespinst aus Unaufrichtigkeit verstrickt.

Ich denke beim Schreiben dieser Zeilen an den Einzelhandel, aber das Prinzip läßt sich auf jeden Verkauf übertragen, weil alle Verkaufstätigkeiten eines gemeinsam haben: Verkauft wird an Menschen. Maschinen kaufen kaum.

Wenn Sie sich an die Fakten halten, wenn Sie ausschließlich auf vernünftige Argumente setzen und es versäumen, die positiven Emotionen des Kunden zu wecken – was wird dann geschehen?

Allein die Tatsache, daß Sie ein Verkäufer sind, wird seine negativen Emotionen wecken und ihn dazu veranlassen, sich gegen Sie zu wehren. Ihr Kunde ist emotional entweder für Sie oder gegen Sie eingenommen – und Sie können sicher sein, daß Ihre Verkaufschancen fast auf Null sinken, wenn er gegen Sie ist.

In meinen Seminaren bitte ich die Teilnehmer, emotionale Gründe zu nennen, aus denen ein Kunde kauft. Zuerst bekomme ich meist folgende Argumente zu hören:

»Er kann es sich leisten.«
»Die Größe stimmt.«
»Die Preise werden bald erhöht.«
»Das Produkt entspricht seinen Bedürfnissen.«

Die meisten Zuhörer nennen eine Reihe vernünftiger Beweggründe für einen Kauf, bevor sie auch nur auf eine einzige Emotion kommen. Daher liegt die Vermutung nahe, daß die Verkäufer im allgemeinen zu sehr auf Fakten und zu wenig auf das Gefühl setzen.

Wären wir Menschen nicht das explosive Gefühlsbündel, das wir sind, so würden wir alle nur nach logischen Gesichtspunkten kaufen – und die Welt wäre ein trostloser Ort.

»Er kann es sich leisten.« Der Kunde wird gar nicht darüber nachdenken, was er sich leisten kann und was nicht, wenn es Ihnen gelingt, einen emotionalen Kaufwunsch in ihm zu wecken.

»Es hat die richtige Größe.« Welche Rolle spielt die Größe, wenn der Kunde das Produkt überhaupt nicht will?

»Die Preise werden bald steigen.« Ja, mag sein – aber das ist ein starker emotionaler Grund für den Käufer, auf seinem Geld sitzenzubleiben und nichts zu kaufen, was er nicht wirklich will.

»Das Produkt entspricht seinen Bedürfnissen.« Vielleicht entspricht es dem, was der Kunde Ihrer Meinung nach *braucht,* aber das ändert nichts an der Tatsache, daß er das kaufen wird, was er *will.*

Emotion – das ist es, worum es geht. Wenn es Ihnen nicht gelingt, positive Emotionen zu wecken, dann entwickelt der Kunde negative – womit Sie aus dem Geschäft sind. Und nochmals die Frage: Welches sind die positiven Kaufemotionen?

Bei einem meiner Seminare sagte eine aufgeweckte junge Frau, die es als Verkäuferin weit bringen wird: »Image!« Ich griff das Wort sofort auf.

»Wir alle müssen Kleider tragen, nicht wahr? Das ist der logische Beweggrund dafür, Geld für Kleidung auszugeben. Aber es gibt kaum Menschen, die sich mit dem billigsten Zeug zufriedengeben, dessen Funktionen sich darauf beschränken, sie warm, trocken und bedeckt zu halten. Wir wählen unsere Kleidung nach unserem Selbstbild aus. Unsere Kaufentscheidungen werden von Emotionen bestimmt.«

Eine andere junge Dame sagte: »Die Farbe.«

»Natürlich, die Farbe ist wichtig für unsere Kaufemotionen. Bei Kleidung und Inneneinrichtung ist es gang und gäbe, daß die Leute mehr Wert auf die Farbe als auf ein bestimmtes Produkt legen, und diese Einstellung überträgt sich bis zu einem bestimmten Grad auf den Kauf aller sichtbaren Dinge. Die Farbe sagt etwas über den Menschen aus, der sie trägt oder sie für sein Auto oder seine Einrichtung wählt. Wir alle verbinden Gefühle mit Farben, und wir kaufen die Farben, die wir mögen.«

Ich fragte weiter, und ein Mann sagte: »Besitzerstolz.«

»Natürlich«, antwortete ich. Der Mensch liebt es, Dinge zu besitzen. Besitzerstolz ist eigentlich nichts anderes als Stolz auf sich selbst. Diese Kaufemotion ist nicht nur mächtig, sondern sie läßt sich auch ziemlich leicht auslösen. Das ist die Emotion, auf die der Verkäufer pocht, wenn er sagt: »Ihren Freunden wird Ihre Ankunft nicht entgehen, wenn Sie in diesem Wagen vorfahren.« Eigentlich brauchen wir nichts weiter als ein Transportmittel – oberflächlich betrachtet. Aber wenn man tiefer schürft, stellt man fest, daß viele von uns den gesellschaftlichen Status suchen und brauchen, der mit dem Besitz eines bestimmten Autos verbunden ist. Und wenn wir irgendwie können, kaufen wir das, was wir wollen.

Wollen Sie eine anschauliche Vorstellung davon bekommen, welche Emotionen die verkaufswirksamsten sind, so setzen Sie sich an einem Samstag morgen mit Ihren Kindern vor den Fernseher und sehen Sie sich die Werbeeinschaltungen auf den Kinderkanälen an. Sie werden sehen, daß sie direkt auf die Emotionen der Kinder zielen. Üblicherweise sieht das so aus:

Der siebenjährige Stevie sitzt vor dem Fernsehgerät. Der Werbeblock beginnt. Auf dem Bildschirm erscheint Johnny Muskelmann, der den Jungen direkt anspricht: »Du möchtest doch sein wie Johnny Muskelmann, nicht wahr? Dann sag Mami, daß du Mampfis brauchst. Du brauchst Mampfis, um stark wie Johnny Muskelmann zu werden.« Und er spannt seinen Bizeps. Dasselbe Schema wiederholt sich laufend in dem Programm.

Und jetzt geht der kleine Stevie an der Seite seiner Mutter durch die Gänge des Supermarktes. Er sieht sich nach etwas Interessantem um. Plötzlich sieht er Mampfis. Stevie sagt nicht: »Laß uns durchlesen, welche Zutaten in Mampfis enthalten sind, bevor wir sie kaufen. Gut, Thiamin, Riboflavin, Niacin – genau die Dinge, von denen wir mehr zu uns nehmen sollten.«

Das ist es nicht, was der kleine Stevie sagt, nicht wahr? Er sieht Mampfis und sieht Johnny Muskelmann vor sich, wie er seine Muskeln anspannt. Also brüllt der kleine Stevie: »Mami, ich brauche

Mampfis!« Die Kekse wurden Stevie nicht mit logischen, sondern mit emotionalen Argumenten verkauft.

Vernunft im Verkauf ist wie eine Pistole ohne Auslöser. Sie können sie um den Finger kreisen lassen, soviel Sie wollen, aber Sie können sie nicht abfeuern. Die Emotionen sind eine Verkaufspistole mit Auslöser. Sie treffen genau ins Ziel. Jedesmal, wenn es Ihnen gelingt, eine positive Emotion auszulösen, ist Ihnen ein weiterer Schuß ins Schwarze gelungen, und Sie sind dem Ziel eines Abschlusses ein Stück näher gekommen. Die Liste der am weitesten verbreiteten, effektivsten und mächtigsten Kaufemotionen:

Farbe und Stil
Besitzerstolz
Eitelkeit
Sicherheit
Prestige und Status
Ehrgeiz
Berufliche Veränderung
Druck der Umgebung (Schritthalten mit den Nachbarn)
Selbstverbesserung
Gesundheit
Liebe zur Familie
Familie wird größer
Familie wird kleiner

Es gibt keine Verkaufstechnik, die Ihr Verdienstpotential so sehr steigert wie die Fähigkeit, die genannten Emotionen in Ihren Kunden anzusprechen, so daß sie die von Ihnen angestrebte Kaufentscheidung auslösen. Welche Worte Sie im Einzelfall verwenden, ist abhängig von Ihrem Angebot, von Ihrer Persönlichkeit, von Ihren Kunden und von den Marktbedingungen. Gehen Sie die obenstehende Liste der Kaufemotionen durch, und machen Sie sich eine Liste der Fragen, die Sie Ihren Kunden stellen, um die gewünschten Emotionen anzusprechen. Wenn Sie Luxusautos verkaufen, sollte Ihnen das nicht schwerfallen. Wenn es sich hingegen um Kunststoffrohre für Landschaftsgestalter handelt, werden Sie wahrscheinlich Probleme haben, mit irgendeiner anderen Emotion als mit dem Sicherheitsbedürfnis zu punkten.

Da haben Sie dieses brandneue Superflix, diesen herrlichen Blitzomaten vor sich. Der einzige Grund, ihn zu kaufen, besteht in dem plötzlich in Ihnen erwachenden Wunsch, ihn zu besitzen. Nun bewegt Ihre Emotion Sie dazu, eine Reihe von (dringenden) Gründen dafür zu finden, daß Sie ihn kaufen müssen. Aber sind diese Gründe eine Erklärung dafür, daß Sie ihn wollen? Mit Sicherheit nicht. Diese Gründe sollen beweisen, daß Sie ihn brauchen – zumindest zu Ihrer eigenen Zufriedenheit. Und es ist erstaunlich, wie schnell Ihnen dieser »Beweis« gelingt, wenn das neue Superding verlockend genug ist.

Nehmen Sie den folgenden Satz in Ihre Grundsatznotizen auf, und rufen Sie ihn sich immer wieder in Erinnerung:

> **Positive Emotionen wirken als Kaufauslöser; negative Emotionen machen den Verkauf zunichte.**

Halten Sie sich diesen Grundsatz immer vor Augen, während Sie an Ihrer Fähigkeit arbeiten, Emotionen bei Ihren Kunden auszulösen. Wer die »Emotionskarte« nicht kennt oder sie nicht geschickt einzusetzen vermag, macht sich eine Verkaufschance ebenso rasch zunichte, wie er sie durch ein kluges Spiel mit dieser Karte verbessern könnte. Und denken Sie daran, daß Ihr ganzes Auftreten, Ihre Handlungen und Ihr Benehmen, Ihre Worte und der Tonfall, in dem Sie sprechen, Ihr Erscheinungsbild und Ihre Kleidung bei Ihren Kunden Emotionen wecken – ob gewollt oder nicht. Ihre Mitmenschen reagieren emotional auf Sie. Ich meine es ernst, wenn ich sage, wie wichtig es ist, dafür zu sorgen, daß Ihre Umgebung nicht ängstlich, ärgerlich oder widerwillig auf Sie reagiert. Wenn man beobachtet, wie manche Verkäufer mit potentiellen Käufern umspringen, dann könnte man schwören, diese Verkäufer wüßten nicht, daß auch Kunden Gefühle haben. Ein Kunde wird ängstlich, wenn der Verkäufer zu frontal vorgeht; er wird ärgerlich, wenn der

Verkäufer ihn bevormundet, und er wendet sich widerwillig ab, wenn ein Verkäufer in irgendeiner Weise unprofessionell ist.

Lassen Sie mich Ihnen ein Beispiel geben: Stellen Sie sich vor, Sie betreten mit Ihrem Ehepartner einen Schauraum. Der diensthabende Verkäufer begrüßt Sie. »Hallo. Ich bin Pat Smart. Nett, daß Sie vorbeischauen, mein Herr. Und von so einer reizenden Dame begleitet. Sind Sie verheiratet? Hübsches Paar, muß ich schon sagen. Wie geht es Ihnen?«

Was würden Sie fühlen, wenn ein Fremder Ihnen so begegnete? Eine Spur von Angst, Ärger und Widerwillen, nicht wahr? »Vorsicht, dieses Trampeltier will uns niederwalzen. Was geht es ihn an, ob wir verheiratet sind? Und seine scheinheiligen Komplimente kann er sich an den Hut stecken.«

Hier führe ich Sie auf gefährliches Terrain. Einerseits müssen Sie sich unbedingt jede Sekunde dessen bewußt sein, wie leicht wir negative Emotionen wecken und wie gefährlich diese für Ihre Verkaufsbemühungen sind. Genauso wichtig ist es aber auch, daß Sie sich aus Angst vor Fehlern nicht verkrampfen. Denn Ihre Verkrampfung überträgt sich auf Ihre Kunden und beeinträchtigt die Chancen auf einen Abschluß. Die Lösung dieses Problems liegt in seinem richtigen Verständnis. Wenn Sie die Zusammenhänge kennen, können Sie stets die richtigen Schritte unternehmen, den Vorteil immer auf Ihrer Seite haben und positive Gefühle in einen Abschluß verwandeln, statt von selbst verschuldeten negativen Gefühlen außer Gefecht gesetzt zu werden.

Alles was Sie zu Ihrem potentiellen Kunden sagen, läßt in seinem Kopf Bilder entstehen. Wenn Sie also Worte verwenden, die Ihr Kunde versteht, und wenn der Kunde Ihnen zuhört – Dinge, auf die viele von uns nicht genug achten –, dann werden Ihre Worte in seiner Vorstellung zu Bildern. Da das Leben komplex und vielfältig ist, sind auch diese Bilder von enormer Komplexität und Vielfalt. Für uns sind diese Bilder aber nur insofern interessant, als sie sich auf den Abschluß auswirken, und das macht uns die Sache einfach: Jedes Bild, das unsere Worte in der Vorstellung eines Kunden erzeugen, erhöht oder senkt unsere Chance, diesem Kunden etwas zu verkaufen. So gesehen sind alle Bilder, die in der Vorstellung des Kunden entstehen, entweder positiv oder negativ für den Verkauf.

Sehen wir uns einmal die relative Stärke positiver und negativer Bilder an. Sind sie in etwa gleich stark? Mit anderen Worten: Können zehn positive Bilder zehn negative ausgleichen? Oder kann ein einziges positives Bild fünf oder zehn negative Bilder neutralisieren?

Das Gegenteil kommt der Wahrheit näher: Ein negatives Bild kann die Wirkung vieler positiver Bilder zunichte machen. Vielleicht meinen Sie, Sie seien viel schlauer als Ihr Kunde und könnten ihn mit so vielen negativen Bildern überschütten, wie Sie wollen. Sie glauben, sie seien dabei jederzeit imstande, den Verkauf zu retten, indem Sie schließlich ein positives Bild aus dem Ärmel ziehen. Wenn Sie wirklich so denken, dann sollten Sie sich einen ausgedörrten Wald vor Augen halten, der durch ein einziges achtlos weggeworfenes Streichholz jederzeit lichterloh zu brennen beginnt. Die Kraft des Negativen ist enorm. Ein Champion spielt nicht mit ihr. Eine achtlose Bemerkung genügt, um die Chancen auf einen Abschluß zunichte zu machen. Wie bereits gesagt, handelt es sich hier um gefährliches Terrain – aber Sie kommen nicht darum herum, sich jedesmal, wenn Sie mit einem potentiellen Käufer arbeiten, in dieses Terrain vorzuwagen. Wir reden hier keine Probleme herbei. Wir stellen uns nur der Realität.

Erkennen Sie das Problem. Wenn Sie mit Fremden arbeiten, können Sie nicht wissen, wo ihre empfindlichen Punkte liegen. Wenn Sie versuchen, diese Punkte zu erraten, werden Sie öfter danebenschießen als ins Schwarze zu treffen.

Bereiten Sie sich auf alle Eventualitäten vor. Begegnen Sie Ihrem potentiellen Kunden mit einem ungezwungenen Lächeln und einem freundlichen Umgangston. Machen Sie ihm keine Komplimente, und stellen Sie ihm keine persönlichen Fragen. Seien Sie nicht unterwürfig. Rufen Sie sich die Worte von Pat Smart ins Gedächtnis. Hat es Sie nicht schockiert, als ich sagte, daß solche Worte Angst, Ärger und Widerwillen auslösen?

Pat würde sagen, er habe doch nur versucht, freundlich zu sein. Nicht unbedingt ehrlich, sondern einfach nur freundlich. Aber was vermitteln seine Worte dem Paar, das gerade in seinen Schauraum hereinspaziert ist?

Verachtung, nicht Freundlichkeit. Seine Worte zeigen den beiden sehr deutlich, daß er sie für Idioten hält, die gierig nach ein paar geheuchelten Komplimenten und einem aufgesetzten Lächeln schnappen. Aber die beiden waren klug genug, um seine wahren Gefühle sofort zu erkennen. Die meisten Menschen sind so klug. Sie denken nicht unbedingt detailliert darüber nach, aber das müssen sie auch nicht: Die Logik spielt in solchen Situationen keine Rolle, und die Emotionen arbeiten schnell. Bevor Sie noch wissen, wie Ihnen geschieht, haben Ihnen solcherart behandelte Kunden bereits den Rücken gekehrt, und Sie bekommen keine Chance mehr, den Schaden wiedergutzumachen. Tatsächlich lassen sich derartige Risse kaum kitten, selbst dann nicht, wenn der Kunde nicht auf der Stelle geht.

Seien Sie also auf alle Eventualitäten gefaßt. Legen Sie also immer Professionalität an den Tag, wenn Sie neue Leute treffen. Halten Sie sich an diesen Rat, und Sie werden mehr Abschlüsse erzielen. Der Champion weiß, daß er die Ängste seiner Kunden entkräften muß, ohne dabei neue Ängste zu schüren. Er muß positive Gefühle wecken und negative Gefühle vermeiden. Der Champion weiß, daß er nur dann in die entscheidende letzte Phase vordringen kann, wenn es ihm gelingt, in der Vorstellung seiner Kunden positive Bilder zu erzeugen, die stärker sind als die negativen.

Eine Methode, dieses Ziel öfter zu erreichen, besteht darin, die Abschreckungsworte zu vermeiden. Vielen von uns ist nicht bewußt, wie viele Verkaufschancen durch Worte zerstört werden, die bei den potentiellen Kunden Ängste auslösen. Sehen wir uns im nächsten Abschnitt an, um welche Worte es sich dabei handelt. Sehen wir uns an, wie wir bei unseren Kunden beim Verkaufsgespräch statt Ängsten Vertrauen wecken.

Ersetzen Sie Abschreckungsworte durch Grünes-Licht-Ausdrücke

Hunderttausende Verkäufer wissen nicht, was Abschreckungsworte sind – oder, was noch schlimmer ist, sie kennen diese Worte, verwenden sie jedoch trotzdem weiter und ziehen sich damit selbst das Geld aus der Tasche. Definieren wir, worüber wir sprechen:

Ein *Abschreckungswort* ist jedes Wort, *das Ängste auslöst* oder den potentiellen Kunden daran erinnert, daß Sie versuchen, ihm etwas zu verkaufen.

Wenn ein potentieller Kunde ein Abschreckungswort hört, sagt er oft etwas wie: »O nein, danke, ich möchte mich nur umsehen. Ich habe es nicht eilig. Ich vertreibe mir nur die Zeit.«

Wenn der Verkaufsprozeß zu dem Zeitpunkt, an dem Ihnen ein Abschreckungswort entschlüpft, bereits weiter fortgeschritten ist, sagt der Kunde vielleicht etwas wie: »Wir werden uns mit Ihnen in Verbindung setzen. Wir werden noch eine Nacht darüber schlafen. Im Augenblick informieren wir uns nur. Wir werden Sie anrufen, wenn es soweit ist.«

Abschreckungsworte tun immer ihre Wirkung. Sie können Ihren Kunden in einen solchen Schrecken versetzen, daß er Sie und Ihr Angebot mit hoher Wahrscheinlichkeit zurückweist. Wenn Sie die Abschreckungsworte zu Ihren Freunden machen, brauchen Sie keine Feinde mehr – Sie haben ja sich selbst. Es folgt eine abschreckende Sammlung solcher Worte:

Kosten / Preis. Jedesmal, wenn Sie Ihrem potentiellen Kunden eine Preisangabe machen, z. B.:

»Der Preis beträgt 99 Dollar«,

»Es kostet 85 Dollar«,

weiß er, was kommt. Sie versuchen, Druck zu machen, ihn zu einer Entscheidung zu drängen, ihm etwas zu verkaufen. Aus diesem Grund spricht ein Profi von einer *Gesamtinvestition.*

Was tun Sie, wenn Sie investieren? Sie lassen Ihr Geld auf eine Weise arbeiten, die Ihnen Einnahmen oder andere Vorteile bringt.

Was tun Sie hingegen, wenn Sie einen Preis bezahlen oder Kosten auf sich nehmen? Sie geben Geld aus, stimmt's? Sie bezahlen für leere Versprechen und Luftschlösser, riskieren Ausgaben, sammeln Rechnungen und werfen Geld zum Fenster hinaus, das Sie nie wieder zu Gesicht bekommen werden.

Profis sprechen deshalb lieber von »Gesamtinvestition« als von »Kosten« oder »Preis«. Aber wie jedes andere Wort und jede andere Technik auch kann dieser Ausdruck überstrapaziert werden. Deshalb hier einige Alternativausdrücke, die Ihnen die Möglichkeit geben, diese beiden Worte für immer aus Ihrem Verkaufsvokabular zu verbannen:

Wert
der Wert liegt bei
erhältlich für
verfügbar für
angeboten für
angeboten zu

Um Verwirrung und unerwünschte Fragen zu vermeiden, sollten Sie diese Alternativen vorsichtig anwenden. Wenn Sie sagen: »Der Wert dieses Modells liegt bei 975 Dollar«, kann es sein, daß Ihr Kunde zu folgender Antwort inspiriert wird: »O.K., aber was muß ich dafür bezahlen?«

Wie Sie diese Antwort vermeiden, hängt von Ihrem speziellen Verkaufsverfahren ab. Wenn Sie Preise aus einer vorgedruckten Preisliste nennen und Ihr Kunde weiß, daß Ihre Firma eine Festpreispolitik verfolgt, die kein Feilschen zuläßt, können Sie einen Blick in die Liste werfen und eines der folgenden Dinge sagen:

»Der Wert dieses Modells liegt bei 975 Dollar.«
»Dieses Modell steht mit 975 Dollar in der Liste.«
»Dieses Modell gibt es für 975 Dollar.«
»Dieses Modell ist für 975 Dollar erhältlich.«
»Wir bieten dieses Modell für 975 Dollar an.«

Schreiben Sie sich genau auf, wie Sie diese Varianten gebrauchen wollen, und stellen Sie die Verkaufssituationen, die Ihrer Erfahrung nach entstehen, wenn es um den Preis geht, in Rollenspielen nach.

Wenn Ihnen das zu mühsam ist, dann sind Sie offensichtlich der Meinung, daß es zu mühsam ist, ein Profi zu werden. Wie schätzen Sie in diesem Fall Ihre Chancen ein, das Einkommen eines Profis zu erreichen?

Listenpreis, in der Liste mit einem Preis von. Diese beiden Ausdrücke sind tabu, außer in Situationen, in denen ein Einzelhandelslistenpreis einem niedrigeren Großhandelslistenpreis gegenübergestellt wird. Wenn Sie in unserer rabattgierigen Gesellschaft das Wort »Listenpreis« in den Mund nehmen, wird Ihr Gegenüber dies normalerweise als Signal dafür auffassen, einen Preisnachlaß zu verlangen. Wenn Sie klargemacht haben, daß es sich bei Ihren Preisen um Festpreise handelt, kann es sich sogar als noch destruktiver erweisen, von einem Listenpreis zu sprechen. In diesem Fall fordern Sie Ihren potentiellen Kunden jedesmal, wenn Sie dieses häßliche Wort sagen, dazu auf, sich noch bei der Konkurrenz umzusehen und zu versuchen, dort einen Preisnachlaß auszuhandeln.

Um das Wort »Listenpreis« zu umgehen, können Sie dieselben »Grünes-Licht«-Ausdrücke verwenden, mit denen Sie die Worte »Preis« und »Kosten« umschreiben.

Anzahlung. Wenn Sie auf der Suche nach einem Ausdruck sind, der jeden Kunden in Angst und Schrecken versetzt, dann liegen Sie mit dem Wort Anzahlung goldrichtig. Wenn Sie Ängste jedoch lieber entkräften als schüren wollen, sollten Sie sich wie ein Profi ausdrücken. Der richtige Ausdruck lautet *Anfangsinvestition.*

Monatliche Rate / Zahlung. Auch mit diesem Ausdruck erreichen Sie genau das, was Sie eigentlich vermeiden wollen: Sie wecken Angst bei Ihren Kunden. Die meisten Leute erstarren bei der Aussicht auf monatliche Raten zu Salzsäulen. Sie haben ohnehin bereits genug monatliche Zahlungen am Hals. Was fällt Ihnen spontan ein, wenn Sie diesen Ausdruck hören? Sie sehen im Geist den Papierstapel vor sich, der Monat für Monat Ihr Gehalt auffrißt. »Verdammt, ich kann schon nicht mehr atmen vor lauter Zahlungen. Ich wünschte, ich hätte damit nichts mehr zu tun. Ich hätte das verdammte Ding von vornherein nicht kaufen sollen.«

Der Ausdruck »monatliche Zahlung« entstammt dem Vokabular eines Buchhalters, und auch Mitarbeiter von Inkassobüros haben ihre Freude daran. Der professionelle Verkäufer verwendet den Ausdruck *monatliche Investition*.

Vertrag. Was fällt den meisten Menschen spontan zu dem Wort »Vertrag« ein? Klagen. Gerichtssäle. Richter, die über ihr Schicksal entscheiden. Rechtsanwälte, die ihnen Rechnungen schicken. Probleme, wohin das Auge reicht.

Der Champion vermeidet das Wort »Vertrag«. Er sagt: *Vereinbarung* oder *schriftliche Unterlagen*.

Kaufen. Bitte halten Sie sich vor Augen, daß kein Mensch kaufen will. Wir alle wollen nur besitzen. Manche Verkäufer pflastern ihre Präsentation mit Wendungen wie den folgenden:

> »Wenn Sie sich entschließen, bei uns zu kaufen, können wir Ihnen das Produkt schnell besorgen.«

> »Sie werden sehr zufrieden mit unserem Produkt sein, wenn Sie es kaufen.«

> »Wer bei mir kauft, kann einen ausgezeichneten Kundendienst erwarten.«

Welche Gefühle löst es beim Kunden aus, wenn er solche Worte hört? »Wenn ich kaufe, muß ich Geld ausgeben – und ich will kein Geld ausgeben. Ich möchte nichts weiter als das Ding besitzen. Was ich suche, sind mehr Vorteile und weniger Probleme.«

Der Profi weiß, daß die Menschen Dinge besitzen wollen. Also bringt er das Wort »Besitz« häufig ins Spiel. Kaufen ist die Last, Besitzen die Lust. Also streichen Sie das Wort »kaufen« aus Ihrem Vokabular, und ersetzen Sie es durch das Wort *besitzen*.

Wiederholen wir die oben angeführten Wendungen, damit wir die Belastung des Kaufs durch die Freude am Besitz ersetzen können:

»Wenn Sie das Produkt besitzen möchten, können wir es Ihnen sehr schnell besorgen.«

»Sie werden sehr zufrieden mit unserem Produkt sein, wenn Sie es besitzen.«

»Wenn Sie durch mich zum Besitzer eines unserer Modelle werden, können Sie einen ausgezeichneten Kundendienst erwarten.«

Der Wunsch zu besitzen ist tief in uns verankert. Er wirkt als zwingender Kaufantrieb, der zu wichtig ist, als daß wir seine Verwendung im Verlauf eines emotionell beladenen Verkaufsgesprächs vom Zufall abhängig machen dürften. Ein Profi plant und übt genau, wie er die Besitzvorstellung des Kunden als Kaufargument nutzen kann. Das bedeutet, daß sich der Champion hinsetzt und die Sätze aufschreibt, die ihm helfen, dieses Ziel reibungslos zu erreichen. Er wiederholt dabei nur den Grundbegriff des Besitzens, während er alle anderen Elemente variiert. Vermeiden Sie es, einen Singsang wie diesen zum besten zu geben:

»Wenn Sie unser Produkt besitzen, werden Sie sich über die Superfix-Funktion freuen. Wenn Sie unser Produkt besitzen, werden Sie von unserem Service begeistert sein. Wenn Sie unser Produkt besitzen, wird Sie seine Belastungsfähigkeit begeistern.«

Stellen Sie sich eine Gruppe von Sätzen zusammen, die Besitzvorstellungen auslösen. Mit ihnen steigern sie den Kaufantrieb kontinuierlich, ohne Ihren potentiellen Käufer ständig daran zu erinnern, daß Ihr Ziel darin besteht, ihm etwas zu verkaufen. Sätze aufzuschreiben, die Ihnen helfen, Ihre Technik ein bißchen zu verschleiern, dauert nicht lange. In ein paar Minuten können Sie diese Sätze so weit einstudieren, daß Sie sie im Schlaf aufsagen könnten. Aber selbst wenn Sie länger dafür brauchen: das Auswendiglernen dieser Sätze wird besser für Ihr Bankkonto sein als das Kaffeetrinken mit Ihren Kumpels. Neben den oben empfohlenen habe ich hier noch sieben weitere Formulierungen für Sie, mit denen Sie Besitzvorstellungen wecken können:

»Diese Superfix-Funktion wird von unserer Firma exklusiv angeboten. Sie ist in allen unseren Modellen enthalten. Wenn Sie sich also das Modell aussuchen, das Sie besitzen möchten, können Sie sicher sein, daß Sie auch das Superfix mit nach Hause nehmen.«

»Wir alle sind stolz darauf, daß unsere Firma in dem Ruf steht, ausgezeichneten Kundenservice zu bieten. Für uns ist das ebenso wichtig wie für die Besitzer unserer Produkte. Auch Sie werden begeistert sein von unserem Konzept des totalen Einsatzes für die Servicebedürfnisse der Besitzer unserer Produkte.«

»Da die Rentabilität unseres Unternehmens von einem einzigen Gerät abhängt, ist dessen Haltbarkeit von entscheidender Bedeutung, nicht wahr? Wenn Sie einen unserer Stabilomaten besitzen und sich auf ihn verlassen, wird seine Beständigkeit nur eines von vielen Merkmalen sein, von denen Sie begeistert sein werden.«

»Ich freue mich, Ihnen heute ein Produkt zeigen zu können, das Ihre Möglichkeiten beträchtlich vergrößern wird, sobald Sie es besitzen.« (Das Wort »Möglichkeiten« können Sie auch durch »Gewinne« oder irgendein anderes Verkaufsargument ergänzen.)

»Wenn Sie das Modell gefunden haben, das Sie besitzen möchten – und ich bin sicher, daß wir es auf Lager haben –, werden Sie von der geringen Höhe der Anfangsinvestition begeistert sein.« Sie können diese Sätze speziell auf Ihr Produkt oder Ihre Dienstleistung zuschneiden: »Wenn Sie das Modell gefunden haben, das Sie besitzen möchten, werden Sie von der Großzügigkeit unserer Garantie begeistert sein.« Wenn Sie eine Dienstleistung verkaufen, könnten Sie den Satz so abändern: »Wenn Sie sich darüber klargeworden sind, welche unserer Dienstleistungen Sie besitzen wollen, werden Sie begeistert sein, wieviel kostbare Managementzeit sie Ihnen für andere, wichtigere Pflichten freihalten wird.«

Jedes gewichtige Verkaufsargument, das Sie für Ihr Angebot ins Treffen führen können, läßt sich zu einer Besitzvorstellung umfunktionieren. Wenn es Ihnen nicht gelingt, einen Zusammenhang zwischen dem Kundennutzen und der Besitzerfreude herzustellen, dann ist dieses Argument entweder nicht wichtig genug, um erwähnt zu werden, oder es fehlt Ihnen an Begeisterung für Ihr Produkt oder Ihre Dienstleistung. In bestimmten Fällen werden Sie allerdings nicht umhin können, eine negative Verbindung herzustellen: »Wenn Sie unsere Alarmanlage besitzen, brauchen Sie keine Angst vor Dieben zu haben.«

Maximieren Sie Ihre Durchschlagskraft im Verkauf. Binden Sie Ihre stärksten Verkaufsargumente an die fundamentale und durch und durch menschliche Freude am Besitz. Natürlich können Sie Ihrem potentiellen Kunden nicht eine solche Formulierung nach der anderen an den Kopf schleudern, sondern müssen diese Sätze und Wendungen zur Anregung seiner Vorstellungskraft geschickt auf das ganze Verkaufsgespräch verteilen und sie unauffällig mit anderen Bestandteilen Ihrer Technik verweben. Ich möchte Sie hier nochmals darauf hinweisen, wie gefährlich es ist, irgendeine Technik überzustrapazieren, ganz gleich, wie nützlich sie auch sein mag. Der Kunde darf auf keinen Fall auf sie aufmerksam werden. Jedesmal, wenn das geschieht, wird er beginnen, sich gegen Ihre Verkaufsbemühungen zu sträuben, und sobald ihm dieser Kampf Spaß zu machen beginnt, haben Sie verloren.

Sie können diese Technik zur Weckung von Besitzvorstellungen verschleiern, indem Sie das stärkste Wort – besitzen – Ihren gewichtigsten Verkaufsargumenten vorbehalten. Bei weniger wichtigen Argumenten können Sie anstelle dieses Wortes eine der nachstehenden, *kursiv* gedruckten Formulierungen verwenden:

»Wenn Sie das Modell gefunden haben, *das Sie sich für Ihr Wohnzimmer wünschen* – und ich bin sicher, daß wir es in unserem riesigen Lager vorrätig haben –, werden Sie beeindruckt sein, in wie vielen Varianten es lieferbar ist.«

»Wenn es *Ihnen gehört,* werden Sie sich wundern, wie sehr es die Leute beeindruckt.«

»Sie werden entzückt sein von der Atmosphäre, die es in Ihr Heim bringt, wenn es *bei Ihnen an der Wand hängt.*«

»Sie werden begeistert sein, wieviel Zeit Ihnen dieses Modell spart, *wenn Sie es erst einmal in Ihrem Büro installiert haben.*«

»Wenn Sie *diese Dienstleistung für sich nutzen,* werden Sie sehr zufrieden sein mit der Leistungsverbesserung, die Sie damit in Ihrer Versandabteilung erreichen.«

»Wenn Sie sich für unsere Dienstleistung entscheiden, werden Sie sehen, daß Sie *den Wert Ihres Unternehmens entscheidend vergrößern werden.*«

»Wenn *dieses herrliche Modell in Ihrer Garage steht,* werden Sie ...«

»Sobald Sie *dieses Modell mit nach Hause genommen haben,* werden Sie ...«

»Wenn Sie *diese Dienstleistung erwerben,* gehören alle Ihre Sorgen mit Maschinenstillständen der Vergangenheit an.«

»Wenn Sie *unsere Dienstleistung für sich arbeiten lassen*, können Sie sich darauf verlassen, daß ...«

»Sobald es *Ihnen gehört,* werden Sie sehen, daß Ihre Überlastungsprobleme der Vergangenheit angehören ...«

»Wenn *unsere Mitarbeiter zu Ihrem Team gehören* – aber nicht auf Ihrer Gehaltsliste stehen –, werden Sie erstaunt sein, wie dankbar man Ihnen sein wird, daß Sie Ihrer Firma so viele Kosten erspart haben.«

Diese Verkaufsmethode für Dienstleistungen auf Gebührenbasis läßt sich leicht für verschiedene andere Produkte adaptieren. Setzen Sie statt des Personals einfach den Namen Ihrer kostensparenden Maschine ein.

Die letzte der oben beschriebenen Techniken spricht Gehaltsempfänger, die für eine nicht in ihrem Besitz stehende Firma arbeiten, mit zwei unterschiedlichen emotionalen Appellen an. Der zweite dieser Appelle ist der zugkräftigere, weil er die wichtigste Emotion eines Gehaltsempfängers anspricht. Diese Emotion drückt sich in einer Frage aus, die ihn in seiner Arbeitszeit ständig beschäftigt: »Wie kann ich mein Prestige, meine Sicherheit und meinen Einfluß stärken?« Der Name dieser Emotion lautet Ehrgeiz.

Dieselbe Frage kann auch lauten: »Was liegt für mich drin?« Ich spreche hier nicht von Bestechung. Nur wenige Einkäufer von Organisationen halten die Hand auf, und es gibt nichts Verheerenderes, als eine Bestechung anzubieten, wo sie unerwünscht ist. Ich habe kein Verständnis für Leute, die bereit sind, ihre Kunden mit dem Geldkoffer in der Hand zu besuchen, denn ich bin davon überzeugt, daß kein Job der Welt eine Bestechung rechtfertigt. Es gibt Dinge im Leben, die man niemals antasten sollte. Eines dieser Dinge ist die eigene Integrität.

Die meisten Führungskräfte, leitenden Angestellten und anderen Käufer sind zwar ehrlich, aber vom Ehrgeiz, von dieser Emotion des »Was liegt für mich drin?« getrieben. Sie können Ihr Angebot ebensogut an einen Ausschuß weiterleiten, es zur genaueren Begutachtung beiseite legen oder, sobald Sie die Tür hinter sich geschlossen haben, für immer in einer Schublade verschwinden lassen. Warum auch sollten sie ihre sofortige Zustimmung zum Kauf Ihres Produktes oder Ihrer Dienstleistung geben? Der Grund könnte sein, daß Ihr Angebot irgendwelche Vorteile für die Firma mit sich bringt, die sie an ihre Fahnen heften möchten. Gewöhnen Sie sich an, die Zustimmung zu Ihrem Angebot mit dem persönlichen Erfolg des potentiellen Käufers in Verbindung zu bringen, und Sie werden staunen, wie gut sich Ihre Firmenabschlüsse entwickeln werden. Sie brauchen dazu lediglich ein wenig Geschick, Fingerspitzengefühl und Mühe aufzuwenden.

So wichtig dies auch ist – vergessen Sie dabei die Wirkungskraft des anderen emotionalen Appells nicht, der in diesem Satz enthalten ist. Denken Sie unbedingt daran, daß die meisten Käufer stark auf einen gut formulierten Auslöser von Besitzvorstellungen reagieren, auch dann, wenn sie die Firma oder die Organisation, für die sie einkaufen, in Wirklichkeit nicht besitzen. Die Wurzeln dieser Reaktion sind im Stammesverhalten der Vorzeit zu suchen. Irgendwie hegt jeder Mensch, der für eine Organisation arbeitet, eine Art Zugehörigkeitsgefühl, eine gewisse Loyalität, ein Gefühl des »Wir gegen den Rest der Welt«. »Wir« sind alle, die in dieser Firma arbeiten, »der Rest der Welt« sind alle außerhalb der Firma. Jede Gruppe, die lange besteht – handle es sich dabei um eine Familie, Firma oder irgendeine andere Organisation –, wird von einer elementaren Kraft zusammengehalten. Mit steigender Position auf der Hierarchieleiter nimmt auch diese Kraft zu. Da alle Einkäufer einer Organisation einen bestimmten Status genießen, können Sie davon ausgehen, daß sie auf Auslöser von Besitzvorstellungen reagieren, weil sie eine ausgeprägte Loyalität gegenüber der Gruppe empfinden. Das gilt selbst dann, wenn sie sich bei Ihnen über ihren Job beschweren.

Verkauft / verkaufen. Es ist ziemlich unwahrscheinlich, daß jemand mit einem strahlenden Lächeln zu Ihnen sagt: »Sie müssen sich unbedingt ansehen, was mir ein Vertreter heute verkauft hat.« Hingegen werden Sie ziemlich oft zu hören bekommen: »Sie müssen sich unbedingt ansehen, was ich heute gekauft habe.« Vom emotionalen Standpunkt aus betrachtet, ist gekauft viel mehr als das bloße Partizip von kaufen – es ist die Gegenwartsform von besitzen. Zu kaufen heißt, Diät zu machen, besitzen heißt, schlank zu sein. Zu erklären, was man eben gekauft hat, ist ein etwas umständlicher, aber sicherer Weg, sich mit dem zu brüsten, was man besitzt, denn während das Angeben mit Besitz verpönt ist, wird die Begeisterung über eine Neuerwerbung gesellschaftlich akzeptiert. Und wer von uns prahlt nicht gern? Tatsächlich haben wir es hier mit einem wichtigen emotionalen Bedürfnis zu tun, das ein Käufer immer zu befriedigen versucht – auch wenn er das weit von sich weist oder sich dessen nicht bewußt ist. Wenn sich Ihr Produkt oder Ihre Dienstleistung für diese Verkaufstechnik eignet (was fast immer der Fall ist), machen Sie die nötigen Hausaufgaben, um auch diesen Pfeil – der wirklich ein vergoldeter Pfeil ist – jederzeit auf Ihre Kunden abschießen zu können.

Wenn jemand darüber spricht, was er »heute gekauft« hat, dann will er in Wirklichkeit sagen: »Du mußt unbedingt das neue Statussymbol sehen, das ich seit heute besitze.« Er hat etwas erreicht. Nun will er, daß jeder seine Klugheit, seinen hohen Lebensstil und seine Stärke bewundert, und er wird diesen Glanz und diese Herrlichkeit nicht freiwillig mit dem Verkäufer teilen, der ihn zum Abschluß bewegt hat. Warum ist das so? Weil er nicht zugeben will, daß etwas anderes als seine eigenen Wünsche und Entscheidungen seine Wahl beeinflußt haben könnte. Halten Sie sich das stets vor Augen, wenn Sie mit jemandem sprechen, der Ihren Kunden persönlich kennt. Vermeiden Sie es zu sagen: »Ich habe ihm dies und das verkauft.« Wenn Sie »verkauft« sagen, begeben Sie sich in die Position des Schlitzohrs, das den Ärmsten übertölpelt und ihm noch mit einem dicken roten Kreuz die Stelle markiert hat, an der er unterschreiben mußte, weil er sie ansonsten nicht gefunden hätte. Wer das tut, verletzt das Territorium des Käufers. Holen Sie sich Ihr Prestige bei Ihren Berufskollegen – und lassen Sie den Käufer in seiner Umgebung glänzen.

Manche Verkäufer sagen zu ihren potentiellen Kunden: »Es interessiert Sie vielleicht, wer sonst noch von unserer Dienstleistung profitiert. Nun, dazu kann ich sagen, daß ich sie letzte Woche an Familie Martunian ein paar Blocks weiter verkauft habe.«

Was wird der Kunde in einem solchen Fall denken? »Du hast sie vielleicht den Martunians angedreht, aber mir wirst du nichts andrehen, du Gauner.« Er wehrt sich gegen Sie, weil er nicht in die passive Rolle gedrängt werden will. Wenn etwas getan wird, will der Kunde derjenige sein, der es tut.

Das Wort »verkaufen« hat eine ähnliche Wirkung. Irgendwie erinnert es an einen aalglatten Typen mit makellos polierten Schuhen, der den Leuten das Geld aus der Tasche zieht. Ein Profi verkauft niemals etwas. Er bindet die Menschen zu ihrer Zufriedenheit ein. Der ungerührteste Buchhalter wird durch bessere Produkte in eine bessere Laune versetzt, und so bindet der Champion die Leute auch auf Unternehmensebene zu ihrer Zufriedenheit ein, anstatt ihnen etwas zu verkaufen.

Sie können die verschiedensten Leute dazu bewegen, sich an Ihr Produkt zu binden, aber wenn Sie ein- und derselben Person immer wieder dieselbe Formulierung an den Kopf werfen, werden Sie auf Widerstand stoßen. Es folgt eine Auswahl von Worten und Formulierungen, die Ihnen helfen werden, die Worte »verkaufen« und »verkauft« aus Ihrem Wortschatz zu verdrängen:

Über mich erworben (gekauft, bestellt, angeschafft).

Beim Erwerb geholfen.

Beraten.

Arbeitete mit mir an der Gestaltung.

Unterstützte (half) dem Käufer durch die Beseitigung von Schwierigkeiten, durch das Bereitstellen von Fachwissen oder von (entscheidenden, notwendigen, nützlichen) Informationen.

Hatte die Ehre (das Privileg, das Vergnügen, die anspruchsvolle Aufgabe), als Agent, Repräsentant oder Vermittler zu fungieren.

Eröffnete mir die Chance.

Arbeitete die Details aus.

Stimmen Sie das, was Sie tun, auf das ab, was Sie sagen, indem Sie es vermeiden, übertrieben zu wirken oder allzu flotte Sprüche zu klopfen. »Ich hatte das Privileg, bei dieser Akquisition beraten zu dürfen« klingt lächerlich, wenn Sie Billigmöbel im Diskontladen verkaufen, aber es ist angebracht, wenn Sie den ganzen Laden verkaufen. Wenn Sie sagen, Sie hätten bei einem millionenschweren Geschäft »bei der Ausarbeitung der Details geholfen«, hält man Sie vielleicht für eine kleine Büromaus.

Sehen wir uns nun einige der obigen Formulierungen in praktischen Beispielen an, um zu sehen, wie Sie sie in Ihrer tagtäglichen Verkaufspraxis zu Ihrem Vorteil einsetzen können:

»Es interessiert Sie wahrscheinlich, ob irgend jemand in Ihrer Nähe ebenfalls von unserer Dienstleistung profitiert. Kennen Sie die Martunians ein paar Blocks weiter? Ja? Fein. Sie sind glückliche Besitzer unseres ›Superfix‹ – ich weiß es, weil ich die Vereinbarungen mit ihnen ausgearbeitet habe. Vielleicht möchten Sie sie gleich anrufen und sich von ihnen bestätigen lassen, daß sie von unserem neuen Produkt begeistert sind.«

Zum neuen Werksleiter einer treuen Kundenfirma: »Mr. Klein, hier spricht Frank Macy von Sparflott. Ihre Firma hat vor zwei Jahren über mich einen Murrnix 2000 erworben. Ich rufe Sie an, um zu fragen, ob er Ihren Anforderungen immer noch vollauf entspricht.«

Zu einem neuen potentiellen Kunden, den Sie zum ersten Mal anrufen: »Ja, ich hatte letztes Jahr die Gelegenheit, Mr. Raiche eine gute Möglichkeit zu bieten.«

Vergleichen Sie diese Aussagen mit: »Ja, ich habe es ihm verkauft.« Dann üben Sie Formulierungen, die Ihnen das meiste Geld bringen, indem sie anstelle von Angst und Widerstand Vertrauen aufbauen.

Andrehen und Schnäppchen. Der Verkäuferberuf ist seit mehr als zwei Jahrzehnten mein Leben, und ich liebe ihn. Aber ich höre nicht gerne, daß jemandem etwas angedreht oder daß ihm ein Schnäppchen verkauft wird. Es gibt immer noch Vertreter unseres Berufs, die das schlimmste aller Klischees bestätigen, das uns je anhaftete: jenes des kaltlächelnden Bauernfängers, der denkt wie eine Hyäne, redet wie ein Marktschreier und durch die Lande zieht, um den Leuten ein Schnäppchen anzudrehen.

> »Heute muß ich noch jemandem etwas andrehen.«
> »Ich singe das Hohelied auf dieses tolle kleine Ding hier, mit dem ich Ihnen ein echtes Schnäppchen anbiete.«
> »Wenn Sie gehört haben, wie verrückt ich auf dieses Produkt bin, dann wissen Sie, daß ich Ihnen in der ganzen Stadt das beste Schnäppchen biete.«

Indem Sie sich so abschätzig ausdrücken, setzen Sie sich selbst herab. Was Sie sagen, drückt Ihr eigenes Selbstbild aus.

Lassen Sie sich nicht darauf ein, in Begriffen wie »andrehen« oder »Schnäppchen« zu denken oder zu sprechen. Versuchen Sie zu erreichen, daß sich Ihr potentieller Kunde Ihre Präsentation oder Ihre Demonstration ansieht. Bieten Sie ihm keine Schnäppchen an. Indem Sie das tun, lenken Sie seine Aufmerksamkeit auf den Preis, und Sie wecken in ihm die Hoffnung, daß Sie zu einem späteren Zeitpunkt mit dem Preis hinuntergehen, um zu einem Abschluß zu kommen. Laden Sie Ihren potentiellen Kunden ein,

sich die Präsentation anzusehen, die ich für Ihre Firma vorbereitet habe;
an der Vorführung teilzunehmen;

sich für die tolle Chance zu entscheiden, die wir für Sie ent-
deckt haben.

Wenn Sie nicht davon überzeugt sind, daß Worte innere Bilder erzeugen, Emotionen wecken und Reaktionen auslösen, dann sind
Sie fehl am Platz im Verkäuferberuf. Worte wie »Schnäppchen« und
»andrehen« gehören auf den Müll. Wenn Sie sie verwenden, erzeugen Sie damit nicht nur starke Bilder in der Vorstellung Ihrer
Zuhörer, sondern Sie verstärken auch alte Klischees oder schaffen
neue, und zwar genau dort, wo sie den größten Schaden anrichten
– in Ihrem eigenen Kopf.

Wenn die Worte »Schnäppchen« und »andrehen« fest in Ihrem
Denken eingebrannt sind, gebe ich Ihnen nun die große Chance,
zu entdecken, welche Kraft Bilder, Einstellungen und Emotionen in
der Vorstellung erzeugen. Ergreifen Sie diese Gelegenheit, und halten Sie sich an meinen Rat. Ich verspreche Ihnen, daß Ihre Verkaufszahlen in die Höhe schnellen werden. Aber bevor wir näher
darauf eingehen, sollten wir diesem Problem auf den Grund gehen.

Es gibt tief verankerte emotionale Gründe dafür, von »Schnäppchen« oder »andrehen« zu sprechen, statt eine positive Einstellung
zum eigenen Beruf zu entwickeln. Machen Sie sich diese Gründe
bewußt. Bewältigen Sie sie. Wenn Ihnen das gelingt, werden Sie die
Ketten sprengen, die Sie jetzt noch davon abhalten, ein wirklich
großer Verkäufer zu werden. Vielleicht müssen Sie zeigen, daß Sie ein
harter, mit allen Wassern gewaschener Typ sind. Vielleicht müssen
Sie Verachtung für Ihre Arbeit empfinden, um so Versagensängste
zu lindern. Das Festhalten an dieser Gewohnheit hat einen hohen
Preis: Sie schränken damit Ihr Verdienst- und Aufstiegspotential
ein. Denn zwischen dem Gefühl von Verachtung für Ihre Arbeit
und dem Verdienstausfall besteht ein direkter Zusammenhang:

• Ihr Gefühl für Ihre Arbeit ist bestimmend für Ihr Selbstwert-
  gefühl.
• Ihr Selbstwertgefühl ist bestimmend für die Effektivität Ihrer
  Arbeit.
• Die Effektivität Ihrer Arbeit entscheidet über die Höhe Ihres Ver-
  dienstes.

Hören Sie also auf, von »Schnäppchen« zu reden. Entwickeln Sie statt Verachtung Respekt für Ihre Arbeit und die Kunden. Entscheiden Sie sich für diese Veränderung, und Sie werden mehr Geld verdienen.

Sie werden erkennen, daß es schwer ist, Worte wie »Schnäppchen« und »andrehen« vollkommen aus Ihren Gedanken und aus Ihrem Wortschatz zu verbannen. Aber es führt kein Weg daran vorbei. Wenn Sie einfach nur aufhören, sie im Kundenkontakt zu verwenden, verändert sich Ihre zugrundeliegende Einstellung nicht. Wenn Ihr Ziel eine echte Veränderung ist, müssen Sie sie aus Ihren Gedanken, aus all Ihren Gesprächen, wie locker diese auch sein mögen, und vor allem aus Ihren Unterhaltungen mit Verkäuferkollegen streichen. Die letzte Forderung ist vielleicht die schwierigste, aber Ihre neue Einstellung wird Ihren Berufskollegen signalisieren, daß Sie auf dem Erfolgsweg sind und nicht zu den Verlierern gehören. Das bringt Sie auf die Seite der Sieger und weg von den Verlierern, und dieser Schritt ist immer von Vorteil. Machen Sie sich nichts vor: Wenn Sie das Bedürfnis hatten, in Müllworten zu denken, wird es nicht leicht für Sie sein, damit aufzuhören – es sei denn, Sie sind entschlossen, auf die Seite der Sieger zu wechseln. In diesem Fall wird Ihnen die Veränderung leichtfallen, Sie werden sie als angenehm empfinden und sofort ihre Wirkung spüren.

Nun mache ich Ihnen einen Vorschlag. Er ist ganz einfach. Die Lebenskraft des Verkaufens liegt in der Macht der Worte, positive Bilder in der Vorstellung zu erzeugen. Nutzen Sie diese Kraft. Nehmen Sie sich ein paar Augenblicke Zeit, um auf folgende Art und Weise drei positive Bilder in Ihrem Geist zu entwickeln: Entspannen Sie sich, schließen Sie Ihre Augen, und stellen Sie sich vor, daß Ihr Erscheinungsbild und Ihre Kleidung Ihrem beruflichen Ideal entsprechen. Dann stellen Sie sich vor, daß Sie 1. eine perfekte Präsentation geben; 2. eine gut aufgebaute Demonstration durchführen; 3. Menschen, die sich dafür interessieren, eine großartige Chance anbieten. Malen Sie sich diese drei Situationen in Ihrer Vorstellung aus, und geben Sie ihnen die Namen *Präsentation, Demonstration* und *Chance.*

Wann immer Sie nun Worte wie »Schnäppchen« hören oder denken (Sie werden sie natürlich nie mehr aussprechen), werfen Sie dieses Bild sofort und energisch aus Ihrer Vorstellung und ersetzen Sie es durch das entsprechende positive Bild:

- Nun werde ich diese einmalig wirkungsvolle Präsentation durchführen.
- Das bin ich, wie ich meine perfekt aufgebaute Demonstration abwickle.
- Was für eine tolle Chance ich für diese Menschen bereithalte.

Diese Methode läßt sich auf eine Vielzahl von negativen Denk- und Sprachmustern anwenden. Ziehen Sie das Gesetz des Handelns an sich. Treiben Sie das Schlechte mit dem Guten aus.

Das wird nicht von einem Tag auf den anderen gelingen. Geben Sie sich einen Monat Zeit. Wenn Sie eines der genannten Worte sagen oder auch nur denken, ohne das dadurch erzeugte negative Bild sofort durch ein positives zu ersetzen, begeben Sie sich wieder zurück an den Start. Tun Sie das so lange, bis es Ihnen gelungen ist, die negativen Bilder dreißig Tage lang aus Ihrer Sprache und Ihren Gedanken zu verbannen. Dann zählen Sie das Geld, das Sie durch den bewußten Gebrauch positiver Bilder verdient haben.

Unterschreiben. Unser letztes Abschreckungswort ist das schlimmste von allen, weil es Sie zu einem Zeitpunkt aus dem Rennen werfen kann, an dem Sie bereits so knapp vor dem Ziel stehen, daß Sie den Champagner schon spritzen und den Lorbeerkranz schon über Ihrem Haupt schweben sehen. Das Schlimmste für jene Verkäufer, denen dieses Wort immer wieder einen Strich durch die Rechnung macht, ist, daß sie keine Ahnung von seiner negativen Kraft haben.

Das Problem beginnt ohne Vorwarnung. Sie sind bereits in Ihren Zielhafen eingesegelt und machen sich bereit, den Anker zu werfen. Sie haben alles bedacht. Alles ist gut verlaufen. Sie haben den Vertrag fertig ausgefüllt. Nun sind Sie aufgeregt. Um Ihre Aufregung zu verheimlichen, drehen Sie den Vertrag um und schieben ihn Ihrem Kunden über den Tisch hinweg zu. »Nun haben wir's. Sie müssen nur noch beim Kreuz unterzeichnen, und unsere Maschinerie wird sich sofort für Sie in Bewegung setzen.«

Plötzlich erstarrt das Lächeln Ihres Kunden zu einer Maske. Er starrt den Vertrag einen Augenblick lang an. Dann räuspert er sich und murmelt: »Äh – nun – ja ... wissen Sie, mein Vater gab mir mit auf den Weg, immer erst das Kleingedruckte zu lesen, bevor ich irgend etwas unterzeichne.«

Das Problem ist, daß der Kunde die Wahrheit sagt. Genau das ist es, was ihm sein Vater, seine Großmutter, sein Anwalt und seine Frau wirklich sagten. Wenn Sie also sagen: »Bitte unterzeichnen Sie hier!«, lösen Sie einen automatischen Verteidigungsmechanismus aus, der ihm ins Ohr flüstert: »Wenn ich nicht aufpasse, dann bin ich der Gelackmeierte. Aber das wird nicht passieren, denn ich werde meine Unterschrift nicht unter einen vorgefertigten Firmenvertrag setzen, bevor ich ihn nicht auf Herz und Nieren geprüft habe.«

Und genau das wird er zu tun versuchen. Eine der ersten Bestimmungen erinnert ihn daran, daß er sich über eine Steuerfrage informieren muß, und dann sieht er etwas, worüber er mit seinem Anwalt sprechen möchte. Plötzlich ist die Chance dahin, daß er dem Vertrag noch während dieses Gesprächs zustimmt.

Sie bleiben natürlich an der Sache dran. Aber inzwischen geschehen Dinge, die außerhalb Ihrer Kontrolle liegen. Zuerst ist seine Anwältin gerade in Urlaub. An dem Tag, an dem sie zurückkommt, sind Sie an irgendeinem weit entfernten Ort auf der wichtigsten Fachmesse des Jahres. Bevor es Ihnen gelungen ist, seinen Beratern die Dinge auseinanderzusetzen und mit ihnen zu verhandeln, ergibt sich eine neue Entwicklung. Ihre Preise erhöhen sich drastisch, oder die Branche des Kunden wird von einer Innovation auf den Kopf gestellt, und mit einem Mal erscheint ihm die von Ihnen angebotene Chance nicht mehr so verlockend. Nun ist das emotionale Klima gestört. Verzögerungen und Änderungen haben der von Ihnen angebotenen Möglichkeit in den Augen des Käufers ihre ganze Frische und Spannung genommen, und er empfindet sie nicht länger als Chance. Das ist der Zeitpunkt, um sich von dem Abschluß zu verabschieden, den Sie mit Sicherheit in der Tasche gehabt hätten, wäre Ihnen vor einigen Wochen nicht der unglückselige Satz »Unterzeichnen Sie bitte hier!« entschlüpft.

Selbst wenn es sich bei Ihrem Kaufvertrag um ein einfaches Bestellformular handelt, bleibt das Wort »unterzeichnen« ein Angstwort. Ein Champion vermeidet es, auch nur anzudeuten, daß er von seinem Kunden erwartet, irgend etwas zu unterschreiben. Statt dessen bittet er ihn um sein(e):

O. K. zu den schriftlichen Unterlagen.
Zustimmung zum Formular.
Einwilligung in die Vereinbarung.
Bestätigung der Aktenkopien.

Es gibt etwas Kleines, aber Wichtiges zu beachten, wenn Sie Ihrem potentiellen Kunden den Kaufvertrag zuschieben, ihn liebenswürdig anlächeln und sagen: »Dürfte ich Sie nun bitten, Ihr O. K. zu den schriftlichen Unterlagen zu geben? Dann wird sich unsere Firmenmaschinerie sofort für Sie in Bewegung setzen.«

Sorgen Sie dafür, daß der Kunde seinen Namen und nicht »O. K.« unter den Vertrag schreibt.

Ich hoffe, daß Sie die notwendige Zeit investieren werden, um sich mit diesem Abschnitt vertraut zu machen. Denn wenn Sie sich daran gewöhnen, Ausdrücke zu verwenden, die positive emotionale Auswirkungen haben, werden Sie in jeder Verkaufssituation erfolgreicher sein.

Das Triadenkonzept: vervielfachen Sie Ihre Effektivität

Viele von uns arbeiten mit einer Verkaufsbotschaft. Da sie bei einem Teil der Kunden erfolgreich ist, übersehen wir oft, daß sie auf die meisten von ihnen keine Wirkung hat.

Nehmen wir an, daß Ihre Basispräsentation etwa fünf Minuten dauert. Natürlich können Sie sie abhängig von den jeweiligen Gegebenheiten geringfügig abwandeln, aber im Grunde verwenden Sie für alle Kunden in allen Situationen dieselbe Präsentation. Ihr Präsentationsstil läßt sich allgemein mit den Prädikaten schwungvoll, geschäftsmäßig und angenehm-freundlich beschreiben.

Wunderbar. Sie haben sich für einen Präsentationsstil entschieden, der bei dreißig bis sechzig Prozent der Kunden wirksam ist (wirksam in dem Sinn, daß Ihnen ein Abschluß gelingt, wenn alles übrige stimmt). Nun sehen wir uns die anderen vierzig bis siebzig Prozent an, die sich von einem schwungvollen, geschäftsmäßigen und angenehm-freundlichen Verkäufer mit makellos polierten Schuhen und verbindlichem Lächeln nicht angesprochen fühlen.

»Augenblick mal«, denken Sie jetzt vielleicht. »Schrulliges Volk kauft mein Produkt nicht. Ich habe nur mit Leuten zu tun, die wissen, was sie wollen.«

Das mag sein, aber einige dieser Leute sprechen schon seit zwanzig Jahren mehrmals täglich etliche Stunden mit schwungvollen, geschäftsmäßigen und angenehm-freundlichen Verkäufern, und nun haben sie es satt. Sie rollen jedesmal innerlich die Augen, wenn wieder einer dieser Standard-Verkäufer in ihr Büro tritt. Also senden sie Streßsignale aus – sie erzählen Witze oder traurige Geschichten – und hoffen, daß ihre Botschaft gehört und verstanden wird.

Das jedoch ist nur selten der Fall.

Der Durchschnittsverkäufer hat seine Empfangsantenne weit ausgefahren, wenn er sich zu irgendeinem Verkaufstermin begibt. Trotzdem nimmt er nicht viel wahr, weil er zu sehr mit sich selbst und dem, was er sagen wird, beschäftigt ist. Also hört er die Botschaft nicht, läßt unbeirrt seine Standardpräsentation vom Stapel und findet sich alsbald an der frischen Luft wieder – ohne Auftrag. Der Champion hat seine Antenne ebenfalls weit ausgefahren. Er empfängt die Botschaft laut und deutlich, weil er seine gesamte Aufmerksamkeit auf den Kunden konzentriert. Er hat drei Versionen dessen im Kopf, was er sagen will. So kann er, da er den Kopf frei hat, die Botschaft des potentiellen Kunden ungestört empfangen und die am besten auf dessen Bedürfnisse zugeschnittene Präsentation wählen. Beim Abschied hat er den Auftrag in der Tasche.

Seien Sie ein Champion. Machen Sie sich das Triadenkonzept zunutze. Entwickeln Sie für jeden Bestandteil Ihres Verkaufsverfahrens drei verschiedene Varianten. Vielleicht variieren Sie Ihre

Präsentation bereits jetzt geringfügig. Auf jeden Fall wird die Fähigkeit, Ihre Worte und Ihr Verhalten jedem einzelnen Kunden anzupassen, enorm steigen, wenn Sie sich bewußt drei verschiedene Varianten zurechtlegen.

Lassen Sie mich das genauer erklären. Ich meine nicht, daß Sie für jeden möglichen Einwand drei Antworten bereithaben sollen (obwohl das sicherlich nichts Schlechtes ist), sondern ich empfehle Ihnen, sich jede gute Antwort auf einen Einwand in drei verschiedenen Varianten zurechtzulegen und zu üben. Eine Formulierung kann a) *umgangssprachlich und locker, die zweite ausführlich und gehoben und die dritte in einer klaren, allgemeinverständlichen Sprache* gehalten sein.

Aber damit ist das Triadenkonzept noch nicht erschöpft. Jede dieser drei Antwortvarianten kann b) *schnell, mittelschnell oder langsam* gesprochen werden. Sie können c) *leise, in normaler Lautstärke oder laut sprechen.* Sie können d) *Respekt, Freundlichkeit oder Aggressivität* ausstrahlen. Für eine einzige Antwort auf einen Einwand gibt es gezählte einundachtzig Varianten ($3 \times 3 \times 3 \times 3 = 81$). Wenn Sie dieses Konzept auf jeden einzelnen Bestandteil Ihres Verkaufsverfahrens anwenden, werden Sie rasch ein so umfangreiches Repertoire an Antworten entwickeln, daß Sie mühelos die perfekte Reaktion auf jeden potentiellen Käufer finden (perfekt in dem Sinn, daß Sie den Abschluß machen, wenn ein Abschluß möglich ist).

Gehen Sie von Ihrer Grundpräsentation aus, und arbeiten Sie drei Varianten aus, zum Beispiel so:

1. Leger, entspannt und aufmerksam;
2. Schwungvoll, geschäftsmäßig und angenehm-freundlich;
3. Intensiv, offen und persönlich für die vielen Leute, die Nachschwätzer automatisch abwehren und nur mit jenen Menschen im persönlichen Kontakt zusammenarbeiten, von denen sie individuelles Verhalten erwarten.

Das waren einige Varianten für *emotionale Schwerpunkte.* Nun wollen wir einen Blick auf den *Inhalt* werfen. Auch hier bietet sich eine Triade an.

1. Technisch: Bei dieser Variante liegt der Schwerpunkt auf den technologischen Innovationen, die in Ihrem Produkt stecken. Informieren Sie sich über Steuerfragen und Kosteneffektivität, wenn diese relevant sind. Bewahren Sie beim Appell an die Emotionen einen sehr geschäftsmäßigem Ton.

2. Gleichmäßige Mischung: Ein moderat technischer Ansatz in klarer Hochsprache, der mit starken Appellen an die Emotionen arbeitet.

3. Intuitionsbetont: Ein offener Appell an die Emotionen in bodenständiger Umgangssprache, mit einigen wenigen technischen Informationen zum Darüberstreuen.

Die obige Triade bezieht sich auf das, *was* Sie sagen. Mit der Art, *wie* Sie es sagen, haben Sie eine weitere kraftvolle Möglichkeit in der Hand, Ihr Verkaufspotential zu steigern, weil Sie sich jeder Situation unmittelbar anpassen können. Auch hier können Sie sich auf drei Methoden stützen:

1. Leicht: Sie können entspannt auftreten, ohne achtlos zu wirken, und Sie können witzig sein, ohne Ihr Ziel aus den Augen zu verlieren. Ich kenne Verkäufer, die ihre Kunden lieber zum Lachen bringen, als ihnen etwas zu verkaufen. Wenn Sie lachen wollen, dann tun Sie das lieber auf dem Weg zur Bank, und setzen Sie Ihren Sinn für Humor als verkaufsförderndes Element und nicht zur eigenen Belustigung ein. Wenn Humor nicht Ihre Stärke ist, machen Sie sich keine Sorgen. Er kommt mit der Zeit. Eignen Sie sich in der Zwischenzeit eine entspannte Haltung an, die Sie bei Ihren weniger förmlichen Kunden, denen eine rein geschäftsmäßige Haltung widerstrebt, leicht zum Abschluß kommen läßt.

2. Mittel: Ein herzliches, aufmerksames und natürliches Auftreten verschafft Ihnen bei alten Kunden mit unberechenbarer Laune und bei neuen Kunden, die Sie noch nicht kennen, eine gute Ausgangsposition.

3. Schwer: Bereiten Sie sich darauf vor, in Situationen, in denen starker Druck herrscht, rasch und präzise zu formulieren. Hier ist das Wesentliche gefragt, formuliert in kurzen, prägnanten Sätzen. Keine Witze, keine blumigen Formulierungen, keine verwirrenden technischen Details. Üben Sie diese Variante eingehend, und Sie werden überrascht sein, wie oft Sie sie einsetzen können. Mit Begeisterung werden Sie feststellen, wieviel Geld sie Ihnen einbringt.

Das ist das Triadenkonzept. Es klingt kompliziert, ist es aber nicht. Sie müssen sich lediglich angewöhnen, in Triaden zu denken:

> Drei Wege führen zu jedem Schatz;
> drei Lösungen gibt es für jedes Problem;
> drei Chancen bekommt man bei jeder Gelegenheit.

Prägen Sie sich das ein, und Sie werden feststellen, daß Ihre Effektivität um ein Vielfaches zunimmt, daß Ihre Enttäuschungen seltener werden und Ihr Einkommen steigt.

Die Sinne, über die Kaufemotionen angesprochen werden

Wie viele Sinne hat der Mensch?

Sehen. Hören. Tasten. Schmecken. Riechen. Fühlen. Ein Champion versucht immer, möglichst viele dieser Sinne zugleich anzusprechen. Wenn Sie nun eine jener Personen sind, die einfach nur reden, reden, reden und reden – wie viele Sinne sprechen Sie dann an?

Nur einen einzigen, nämlich den Gehörsinn, und in geringem Maß vielleicht noch den Gesichtssinn. Nach einer Weile haben die potentiellen Kunden jedoch genug davon, Sie anzusehen. Deshalb hält sich der Champion an die folgende Richtlinie, und Sie sollten sie sich rot anstreichen:

> **Je mehr Sinne Sie ansprechen, desto besser stehen Ihre Chancen auf einen Abschluß.**

Überall in diesem Buch finden Sie Techniken, die Ihnen helfen werden, die Zahl der Sinne, die Sie bei der Präsentation des von Ihnen angebotenen Produkts oder Ihrer Dienstleistung bei Ihrem potentiellen Kunden ansprechen, zu erhöhen. Ich möchte Ihnen in diesem Zusammenhang von einem der Champions erzählen, die zu schulen ich das Vergnügen hatte. Dieser junge Mann stieg in seinem Bundesstaat rasch zur Nummer Eins unter den Immobilienmaklern auf.

Sie wissen vielleicht, wie der Immobilienverkauf in Amerika funktioniert. Auf der Straße und an strategisch wichtigen Stellen werden Schilder und Pfeile aufgestellt, um den potentiellen Käufern den Weg zu dem Haus zu weisen, das zu verkaufen ist. Dort ist natürlich ein Verkäufer anwesend, der ihnen hilft, zum glücklichen Besitzer dieses oder eines anderen Wohnobjekts in der Gegend zu werden.

Unser junger Mann hatte sich das Ziel gesteckt, seinen Umsatz weit über das branchenübliche Maß zu steigern. Also faßte er den Entschluß, sein gesamtes Verkaufsverfahren einer Überprüfung zu unterziehen und dabei keinen Stein auf dem anderen zu lassen. Er stellte sich die Frage: »Worin besteht der kleinste gemeinsame Nenner aller Verkäufe, die ich bisher durchgeführt habe?«

Zuerst dachte er, diese Gemeinsamkeit müsse darin bestehen, daß die Kunden ein Haus brauchten oder genügend Geld hatten, um eines zu kaufen. Aber er traf in den von ihm betreuten Häusern Dutzende von Leuten, auf die diese Beschreibung zutraf, Leute, die kamen, sahen und – anderswo kauften. Als er der Sache weiter auf den Grund ging, gelangte er zu der Erkenntnis, daß der kleinste gemeinsame Nenner – der Umstand, der die Kunden dazu bewog, nicht nur ein Haus zu suchen, sondern tatsächlich eines zu kaufen – in einem bestimmten Ereignis bestand.

Sie begeisterten sich für ein bestimmtes Haus. Zuerst stellten sie eine emotionale Bindung zu diesem Haus her, und dann kümmerten sie sich um die notwendigen Details (in ihren Köpfen und auf dem Papier), so daß sie es tatsächlich kaufen konnten.

Je länger er darüber nachdachte, desto stärker wuchs in ihm die Überzeugung, daß dieses Ereignis jedesmal eintrat, wenn ihm ein

Verkauf gelang. Er begann, auf die Anzeichen für das Entstehen dieser Gefühlsbindung zu achten, und bald lernte er, sie selbst bei Leuten festzustellen, die ihre Gefühle gekonnt verbargen.

Worin bestand der Brennstoff, der ihr Interesse so lange anfachte, bis ihre Kaufbegeisterung geweckt war?

In Information. Im weitesten Sinn des Wortes.

Und wie gelangte diese Information in ihre Köpfe?

Unser junger Mann brauchte nicht lange, um festzustellen, daß auch professionelle Psychologen nicht in der Lage sind, all die subtilen Vorgänge in unserer Innenwelt, all unsere Emotionen und unsere Gedanken bis ins kleinste Detail zu verstehen. Also faßte er den Entschluß, alle Sinne seiner potentiellen Kunden in die Verkaufsplanung für sein Produkt einzubeziehen. Er entschied sich für diese Methode, obwohl sie der herkömmlichen Vorgangsweise widersprach, obwohl sie genaue Überlegung, Planung und Mühe erforderte und obwohl sie weder von irgendwelchen Kollegen noch von Konkurrenzunternehmen praktiziert wurde.

Dieser junge Mann hatte erkannt, daß zwischen dem, was unsere Sinne suchen, und dem, was wir in unseren Köpfen entscheiden, eine schnurgerade, kurze Verbindung besteht. Er handelte nach dieser Einsicht. Er begann, diese schnurgerade, kurze Verbindung mit allen Botschaften zu pflastern, die sie nur tragen konnte.

Er wandte ganz einfache Methoden an, um dieses Ziel zu erreichen. Denn die einfachsten Methoden sind fast immer auch die besten. Haben Sie jemals im Sommer bei dreißig Grad ein zum Verkauf stehendes Haus betreten, in dem im offenen Kamin ein heimeliges Feuer brennt? Wahrscheinlich nicht. Es klingt auch nicht besonders einleuchtend.

Aber als die Leute in leichter Sommerkleidung das Haus betraten und ein fröhlich flackerndes Feuer im Kamin vorfanden, geschah folgendes: Über ihre Gesichter huschte ein kurzer Ausdruck des Erstaunens. Er schenkte ihnen ein freundliches Lächeln und sagte: »Möchten Sie wissen, warum ich bei dieser Temperatur ein Feuer im Kamin brennen lasse?«

Aller Wahrscheinlichkeit nach antworteten sie auf diese Frage, und das Eis war gebrochen.

Dann sagte er: »Lassen Sie es mich Ihnen erklären. Ich möchte mein Bestes tun, um allen, die hier hereinkommen, das Wohngefühl aller vier Jahreszeiten zu vermitteln. Meine Frau und ich genießen an kalten Winterabenden ein gemütliches Kaminfeuer – Sie nicht auch?«

Ein schönes Beispiel für Einbindung! Gewiß wird der Kunde sich an das Haus und an den Verkäufer erinnern.

Natürlich stahl sich der Verkäufer nicht eine Stunde vor Öffnung des Hauses mit einem Armvoll nassen Unterholzes und einem Benzinkanister in das Haus, um das Feuer zu entfachen. Aus Erfahrung wußte er, wie man ein kleines Feuer anzündet, das den ganzen Nachmittag brennt und einen heimeligen Holzgeruch verströmt, ohne daß man sich viel Mühe machen muß.

Aber das war nicht alles, was er tat, um die Sinne seiner potentiellen Kunden anzusprechen. Nachdem er ein paar Kassetten mit Stimmungsmusik ausgewählt hatte, besorgte er sich einen Kassettenrecorder, den er in die Häuser mitnehmen konnte. In der Küche verteilte er Vanillearoma, indem er ein paar Tropfen auf die heiße Herdplatte träufelte, denn er wußte, daß Vanilleduft Bilder von Wärme, Behaglichkeit und guter, bodenständiger Küche weckt. Er überlegte, wie man die einzelnen Räume am besten beleuchten konnte. In jedem Haus bemühte er sich, die Sinne der potentiellen Käufer auf eine andere Art anzusprechen.

Was erreichte er, indem er seinen Verkaufsgelegenheiten ein derart hohes Maß an persönlicher Einbindung verlieh?

Es gelang ihm, zu einem viel höheren Prozentsatz der Personen, die sein Haus betraten, einen unmittelbaren persönlichen Kontakt herzustellen. Der Grund dafür war, daß die Leute erkannten, daß er anders war – aufmerksam und engagiert. Er brauchte ihnen das nicht zu sagen, sie sahen es selbst. Seine besonderen Leistungen brachten ihm eine Flut von Empfehlungen ein, die ihn, was Prestige, Verdienstkraft und persönliche Zufriedenheit anbelangte, in seinem Staat an die Spitze der Immobilienbranche katapultierte.

Diesen Erfolg erreichte er, indem er alle Sinne seiner Kunden ansprach, um jene mächtige Emotion namens Angst auszuschalten, die Menschen oft vom Kaufen abhält. An ihrer Stelle weckte er eine

Fülle positiver Emotionen, die ihn eher als jeden anderen Verkäufer in die Lage versetzten, in seinen Kunden ein Gefühl der zufriedenen Einbindung zu wecken. Was er tat – und immer noch tut –, ist die Quintessenz dessen, was ein Champion tut: Er macht sich jedes konstruktive und warme Gefühl zunutze, um seine Kunden so lange emotional an der Leine zu führen, bis sie sagen: »Ich will es. Ich will es. Ich will es!«

5   Warum ...?

Wenn die Begeisterung erlahmt

»Warum packe ich es nicht an, obwohl ich weiß, daß ich es tun sollte?« Stellen Sie sich heute diese Frage ernsthaft, und beschäftigen Sie sich intensiv damit. Von Ihrer Antwort hängt Ihre Zukunft ab. Wenn Sie sich diese Frage nicht stellen, leben Sie nach einem erfolgsfeindlichen Gesetz, das Sie sich selbst auferlegt haben.

Hinter der Frage verbirgt sich ein wichtiges Problem: Wie kann ich mich selbst dazu bringen zu tun, was ich tun muß? Wir werden Ihnen gleich sagen, wie das geht. Bevor wir aber gemeinsam das »wie« erkunden, müssen wir uns über das »warum« klarwerden.

Wer im Verkauf tätig ist, stellt sich andauernd diese Frage. Vielleicht mit Ausnahme der absoluten Spitzenleute (die tatsächlich tun, was sie tun sollten) und der hoffnungslosen Fälle (die es sich abgewöhnt haben, irgend etwas zu hinterfragen). Sie gehören nicht der zweiten Gruppe an. Dafür gibt es viele wichtige Gründe, die mir nicht bekannt sind, und einen, den ich kenne: Sie lesen diese Zeilen. Das bedeutet, daß Sie für neue, möglicherweise unbequeme Ideen offen sind, und es bedeutet, daß Sie bereit sind, Ihr Verhalten zu ändern, wann immer Sie zu der Erkenntnis gelangen, daß eine Veränderung gut für Sie wäre.

Was hatten Sie im Überfluß, als Sie Ihre Laufbahn als Verkäufer begannen? *Begeisterung!*

Wissen Sie noch? Brennenden Ehrgeiz. Enthusiasmus. Die Einstellung: »Achtung, jetzt komme ich. Jetzt, wo ich diese tolle Chance im Verkauf habe, kann ich alles erreichen.«

Ja, damals waren Sie von Begeisterung und Ehrgeiz erfüllt. Damals gingen Sie noch mit Eifer und Enthusiasmus an die Arbeit. Es bereitete Ihnen keine Schwierigkeiten, morgens aufzustehen: Sie scharrten bereits in den Startlöchern. Sie besaßen alle notwendigen Voraussetzungen für den Erfolg, bis auf die eine: Wissen. Sie wußten ganz einfach nicht, was Sie taten. Aber das war nicht schlimm, denn Sie machten dieses Manko durch Ihre Begeisterung wett.

Und dann? Was geschah dann?

Einige Monate vergingen. Sie lernten Ihr Produkt und Ihr Verkaufsgebiet kennen, Sie lernten, neue Kunden zu finden, Sie lernten die Probleme kennen. Aber was geschah mit Ihrer Begeisterung, während Sie all diese Dinge lernten?

Sie ließ ein wenig nach, nicht wahr? Aber Ihr Produkt ist für neue Kunden immer noch so neu, wie es für Sie an Ihrem ersten Tag als Verkäufer war – nur für *Sie* ist es nun nicht mehr neu. Nicht nur lernten Sie die negativen Dinge kennen, die es in jeder Branche, in jedem Unternehmen und bei jedem Produkt gibt, sondern Sie ließen sich auch mit der Zeit von diesen negativen Dingen vereinnahmen, und nun ist alles, was Sie tun, von ihnen beeinflußt.

Mit wachsendem Wissen schwand die Begeisterung, und so pendelte sich Ihre Leistung etwa beim Durchschnitt ein – weit unterhalb Ihres Potentials. Denn täuschen Sie sich nicht – in Ihnen steckt jemand, der auf seine Chance wartet: ein Champion. Ein Großverdiener. Ein Sieger.

Mittlerweile wissen Sie also, was Sie tun sollten, aber Sie tun es nicht. Warum nicht? In den meisten großen Organisationen liegt das Hauptproblem für Verkäufer, die seit einigen Monaten in diesem Job arbeiten, nicht in einem Mangel an Produktkenntnis. Wahrscheinlich ist das auch nicht Ihr Hauptproblem. Ihr Hauptproblem liegt darin, sich selbst dazu zu motivieren, das zu tun, von dem Sie wissen, daß Sie es tun sollten. Warum nur ist dies so?

Weil das, was Sie tun sollten, nicht mit dem übereinstimmt, was Sie tun wollen. Wenn es anders wäre, würden Sie es tun.

Und schon sind wir beim Kern des Problems:

Warum *wollen* Sie es nicht tun, obwohl Sie wissen, daß Sie es tun *sollten*?

Der Grund ist, daß in Ihnen ein Konflikt schwelt. Einerseits werden Sie von Ihren Wünschen und Bedürfnissen vorangetrieben, andererseits von Ihrer Unsicherheit und Ihren Ängsten zurückgehalten.

An anderer Stelle werden wir diese Wünsche und Bedürfnisse ein wenig genauer unter die Lupe nehmen. Wir alle haben Wünsche und Bedürfnisse, die als Motivatoren wirken. Aber wir werden uns auch die Demotivatoren, die ebenfalls in uns allen wirken, genau ansehen. Wenn ein Demotivator in Ihnen die Oberhand gewinnt, spüren Sie Unsicherheit oder Angst. Das ist der Grund dafür, daß Demotivatoren so mächtig sind. Sie können bewirken, daß Ihr Mund trocken wird und Ihre Knie wackeln. Aber diese Demotivatoren können ihr Zerstörungswerk auch subtil und unauffällig betreiben und Sie lähmen. Keine Frage: Sie sind stark. Deshalb wollen wir sie uns bald – einen nach dem andern – vornehmen.

Fast jeder nach Erfolg strebende Mensch wird irgendwann in seiner Karriere von diesem Konflikt gelähmt, und die meisten von uns begleitet er unser ganzes Arbeitsleben hindurch. Vielleicht können wir diesen Kampf nie ein für allemal beenden. Aber es liegt an uns, ob wir ihn in der Regel verlieren oder gewinnen. Wir können nicht jedes Verkaufsgespräch erfolgreich abschließen, das steht außer Zweifel. Es gibt Einflüsse, die sich unserer Kontrolle entziehen und uns von Zeit zu Zeit einen Strich durch die Rechnung machen. Das ist durchaus in Ordnung. Nicht in Ordnung ist es jedoch, wenn wir im Kampf gegen unsere alten, ungeklärten Ängste und Hemmungen jedesmal den kürzeren ziehen.

Denken Sie einmal darüber nach. Überlegen Sie in aller Ruhe, ob es nicht vor allem dieser Konflikt ist, der Sie daran hindert, wirklich erfolgreich zu werden. Es ist nicht der Mangel an Fähigkeiten oder Produktwissen, der Ihnen im Weg steht, sondern einfach die Tatsache, daß Sie nicht tun, was Sie sollten, obwohl Sie wissen, daß Sie es tun sollten.

Der Sieg über diese Ängste und Hemmungen ist überraschend einfach, wenn wir erst einmal wissen, wie wir dagegen ankommen können. Zunächst einmal müssen Sie zugeben, daß es Ihnen nicht anders ergeht als allen anderen Leuten: Sie *haben* Ängste und Hemmungen und verspüren oft Beklemmung. Vielleicht sind diese nicht auf den ersten Blick erkennbar, sondern wirken im Unterbewußtsein. Bei vielen Menschen ist dies so. Aber alle Ihre Mitmenschen haben sie, und Sie haben sie auch. Wenn Sie sich das eingestanden haben, ist die erste Hürde genommen. Dann müssen Sie sich entscheiden, nicht zuzulassen, daß diese zu bewältigenden Ängste und Beklemmungen zwischen Ihnen und den Zielen stehen, die Sie sich für Ihr Leben gesetzt haben.

Sobald Sie diese Entscheidung getroffen haben, lesen Sie weiter. Gehen Sie dem auf den Grund, was Sie deprimiert. Studieren Sie diesen Feind, und finden Sie den Schwachpunkt, an dem Sie ansetzen müssen, um ihn zu besiegen. Finden Sie heraus, wie Sie Ihre Motivatoren am besten einsetzen können. Finden Sie heraus, wie Sie Ihre Demotivatoren außer Gefecht setzen können. Dann beginnen Sie zu tun, was Sie ganz einfach tun *müssen.* Es wird Ihnen ganz natürlich und mühelos von der Hand gehen, *weil Sie es wollen.*

Was Sie deprimiert

Kommt es vor, daß Sie deprimiert sind? Gibt es Zeiten, in denen Sie sich einfach nicht am Riemen reißen und dazu durchringen können, das zu tun, was Sie tun sollten? Tage, an denen Sie am liebsten am Büro vorbeifahren und sich irgendwo verstecken würden? Kennen Sie dieses Gefühl? Lassen Sie mich Ihnen erklären, woher es kommt.

Ich bin mir ziemlich sicher, daß Sie sich nicht für den Verkäuferberuf entschieden hätten, wenn Ihnen das Geldverdienen gleichgültig wäre. Und ich bin mir ebenso sicher, daß Sie der folgenden Aussage zustimmen:

Wenn ich deprimiert bin, verdiene ich schlechter, als wenn ich mit Begeisterung bei der Arbeit bin.

Wenn Sie dem zustimmen, werden Sie auch den folgenden Satz unterschreiben: Wenn ich die Zeit, in der ich deprimiert bin, einschränken, und jene, in der ich enthusiastisch bin, ausdehnen kann, werde ich mehr Geld verdienen.

Beachten Sie, daß ich nicht gesagt habe: *Steigern Sie Ihre Begeisterung, und Ihre Niedergeschlagenheit wird von selbst verschwinden.* Tausende von Verkaufs-Meetings jeden Monat beweisen, daß die Begeisterung, die auf der Bühne geschürt wird, wie weggeblasen ist, noch bevor die Verkäufer den Saal verlassen haben. Sie können die rostige Schicht konfliktbedingter Depression mit jeder Menge Begeisterung besprühen – sie wird sehr schnell wieder abblättern. Sehr wohl haften bleibt die Begeisterung jedoch an Aufmerksamkeit, Wissen und Zielstrebigkeit. Deshalb getraue ich mich ruhigen Gewissens zu behaupten: *Bekämpfen Sie Ihre Niedergeschlagenheit, und Ihre Begeisterung wird automatisch wachsen.* Vergleichen Sie die beiden kursiv gedruckten Aussagen in diesem Absatz miteinander. Der Unterschied zwischen diesen leicht zu verwechselnden Aufforderungen ist enorm: Die zweite funktioniert, die erste nicht. Wenn Sie sich an die erste Aufforderung halten, werden Sie die schalen Früchte des Versagens ernten; wenn Sie sich an die zweite halten, ernten Sie den ganzen Reichtum und die ganze Befriedigung des Erfolgs.

Natürlich sollten Sie Ihre Begeisterung mit allen verfügbaren Mitteln aufbauen. Aber bevor Sie sich diesem nützlichen Unterfangen verschreiben, sollten Sie für eine Unterlage sorgen, an der Ihre Begeisterung haftenbleiben kann. Als erstes müssen Sie den Mief der Depression aus Ihrem Kopf blasen. Dazu müssen Sie genau wissen, woher Ihre Niedergeschlagenheit rührt.

Sehen wir uns einmal genau an, wie ein Konflikt eine Frustration auslösen kann, die so lange wächst, bis sie sich zu einer Depression auswächst. Ich beschreibe diesen Prozeß mit dem Begriff »Depressionskette«, weil es sich hier um eine Kette von Ereignissen handelt. Wie bei jeder Kette müssen Sie auch bei dieser nur ein einziges Glied zerbrechen, und die gesamte Kette zerreißt. Der Prozeß, während dessen Sie die Depressionskette in Ihrem Inneren schmieden, ist eine Beschreibung der Schritte Ihres Abstiegs:

1. Sie sind sich Ihrer Wünsche und Bedürfnisse bewußt, motivieren sich selbst – und kommen voran. Stellen Sie sich vor, Sie starten den Motor eines Porsches.

2. Sie werden sich Ihrer Ängste und Ihrer Beklemmung bewußt, de-
motivieren sich selbst – und werden gestoppt. Ihr Sportwagen
steckt bis zu den Felgen im Schlamm; die Antriebsräder drehen
sich zwar, aber sie drehen durch.
3. Einige der Verkäufer in Ihrer Umgebung kommen weiter – Sie aber
bleiben stecken. Ihr Frustrationspegel steigt rasant. Sie sehen, was
Sie tun, Sie wissen, was Sie tun sollten, aber je mehr Sie es wollen,
desto schwieriger wird es, sich selbst zu überwinden. Sie geben
Vollgas, daß der Schlamm nur so hochspritzt. Aber Sie sinken
nur noch tiefer ein. Ihre Frustration steigt in den roten Bereich,
und Sie hämmern wütend mit Ihren Fäusten gegen das Lenkrad.
4. Da Ihnen die Abschlüsse danebengehen und es Ihnen nicht gelingt, weiterzukommen, um Ihre Wünsche und Bedürfnisse zu
befriedigen, verlieren Sie das Vertrauen in Ihr Produkt und in
Ihre Firma oder, noch viel schlimmer, in sich selbst. Wenn dieser Mechanismus abläuft, verwandelt sich Begeisterung in Dauer-
frustration, die stets an Ihnen nagt; schließlich mündet sie in
eine regelrechte Depression. Sie geben nicht länger Vollgas, um
Ihren Karren aus dem Dreck zu ziehen. Sie würgen den Motor ab
und steigen in den Schlamm, um zu Fuß weiterzugehen.
5. Nun sind Sie zu deprimiert, um noch eigenständig und entschlossen handeln zu können. Sie verharren in diesem Zustand
völliger Bewegungslosigkeit, bis Sie von irgendeiner äußeren
Kraft aus dem Morast gezogen werden – oder, wenn diese aus-
bleibt, saufen Sie ganz einfach ab.

Ein Porschefahrer, der mit diesem einfachen Problem konfrontiert
ist, steigt sofort aus und macht sich auf die Suche nach einer Möglichkeit, seinen Wagen aus dem Dreck zu ziehen. Wir aber fassen
nicht so leicht den Entschluß, uns nach Hilfe umzusehen, wenn
wir in eine Depression verfallen. Der Grund dafür ist, daß unser
Problem nicht so deutlich zutage tritt. Vielleicht haben wir nicht
einmal erkannt, daß wir ein verbreitetes Problem haben, ein Problem, das sich eigentlich leicht lösen ließe.

Wenn Sie beim Gedanken an Ihre Verkaufsleistung in eine
Depression verfallen, wenn Ihnen dies jemals zugestoßen ist

oder möglicherweise in der Zukunft zustoßen könnte, müssen Sie herausfinden, wo denn überhaupt die Quellen Ihrer Motivation liegen.

Die Motivatoren

Der erste Motivator eines großen Verkäufers ist Geld.
Warum ist Geld ein Motivator? Mit Geld können wir die Dinge kaufen, die wir wollen und brauchen. Geld ist gut.

Wiederholen Sie das laut.

> **Geld ist gut.**
> **Geld Ist Gut.**
> **GELD IST GUT.**

Geld ist so lange gut, wie das, was Sie verdienen, in direkter Beziehung zu dem steht, was Sie leisten. Geld ist gut, aber Geld allein wird Sie nicht glücklich machen. Geld gibt Ihnen lediglich die Chance, herauszufinden, was Sie glücklich macht. Und auf dieser Suche sind Sie mit Geld viel glücklicher als ohne Geld.

Der zweite Motivator ist Sicherheit. Die meisten Motivationsseminare fußen auf der Maslowschen Besitztheorie. Diese Theorie besagt, daß der durchschnittliche Mensch täglich versucht, seine physischen Bedürfnisse zu befriedigen, das heißt, daß er nach Sicherheit strebt. In einer primitiven Gesellschaft kann diese Sicherheit im Besitz einer Herde Ziegen bestehen; in unserer Gesellschaft wird Sicherheit als etwas verstanden, was man mit Geld kaufen kann. Ohne Geld kann man keine Kleidung kaufen. Glauben Sie nicht auch, daß Sie sich, wenn Sie nackt herumlaufen müßten, etwas unsicher fühlen würden? Wenn Ihre Kleidung nicht zu einem bestimmten Anlaß paßt, fühlen Sie sich ebenfalls unsicher. Für Geld können wir zahlreiche Güter erwerben, die uns ein gewisses Maß an Sicherheit geben. Geld ist also ein außergewöhnlich mächtiger Motivator, sowohl als direkter Erfolgsmaßstab als auch als Mittel, ein Gefühl der Sicherheit zu erlangen.

Der dritte Motivator ist Leistung. Im Grunde wollen wir alle etwas erreichen, aber fast niemand will das tun, was dazu notwendig ist. Ich bin davon überzeugt, daß man Menschen überall auf der Welt in zwei Gruppen einteilen kann: in *Leister* und *Nicht-Leister* oder Versager.

Die Leister machen etwa fünf Prozent der Bevölkerung aus, die Nicht-Leister die übrigen fünfundneunzig Prozent. Dies erklärt sich durch die Tatsache, daß der Versager keine Leistung erbringt und dies für eine Leistung hält. So fällt es ihm nur allzu leicht, mit der Tatsache zu leben, daß er nichts leistet oder erreicht, was von echtem Wert oder echter Bedeutung ist. Menschen, die nichts haben, erreichen im allgemeinen das, was sie ihrer Meinung nach verdienen: nichts.

Viele von uns wuchsen unter wunderbaren und aufrechten Menschen auf. Aber möglicherweise waren sie keine Leister.

Wenn das so war – bestens. Für sie.

Wir sind leistungsorientiert, aber möglicherweise haben wir von den Versagern in unseren eigenen Familien gelernt und die Merkmale von Menschen angenommen, die in ihrem Leben nichts erreicht haben. Wir brauchen nun nicht zu versuchen, irgendwelche uns nahestehenden Menschen, die Versager sind, zu retten – denn das ist unmöglich. Leistungswille ist nicht etwas, das uns von außen eingeimpft werden kann; er muß von innen kommen. Sie haben diesen Leistungswillen, sonst würden Sie dieses Buch nicht lesen. Vielleicht werden Ihnen nahestehende Menschen durch Ihr Beispiel angeregt. Ihr Erfolg eröffnet ihnen vielleicht den Zugang zu Wissen und neuen Möglichkeiten. Aber Sie können ihnen den Leistungswillen nicht aufzwingen. Sie können nichts Bleibendes erreichen, indem Sie einen Versager zu Wissen und Möglichkeiten drängen, wenn der Betreffende dieses Tor nicht selbst durchschreiten will.

Sind Sie bereit, die Haut des Versagers abzustreifen? Sind Sie bereit, sich jenen fünf Prozent der Bevölkerung anzuschließen, die sich das Recht auf jene Leckerbissen erworben haben, die unsere Gesellschaft für sie bereithält?

Mit Hilfe von Seminaren, Kassetten, Videos und nun mit diesem Buch gelingt es uns, Leute auszubilden, die es satt haben, zum Durchschnitt zu gehören, Menschen, die willens und bereit sind, in die Elite aufzusteigen, Menschen, die nach den Sternen greifen, Menschen, die bereit sind, den Preis dafür zu bezahlen. Ich hoffe, Sie sind zu der Einsicht gelangt, daß es an der Zeit ist, den Durchschnitt hinter sich zu lassen, an der Zeit, sich aus dem Sumpf der Mittelmäßigkeit herauszukämpfen, höchste Zeit, nach jener Größe zu streben, die alle Menschen als Möglichkeit in sich tragen.

Der vierte Motivator ist Anerkennung. Dies ist ein interessanter Motivator; meiner Meinung nach ist er für uns Verkäufer der wichtigste. Anerkennung ist den Leuten wichtiger als alles andere. Wir alle brauchen Anerkennung – sogar der Chef. Einfach alle. Als Sie klein waren, was bezweckten Sie damit, daß Sie im Hof ein Rad schlugen? Natürlich Anerkennung. »Mom, Dad, schaut, was ich kann!«

Wenn wir uns als Erwachsene um Anerkennung bemühen, wird die Sache schon etwas komplizierter. Das Auto, das wir fahren, die Kleidung, die wir tragen, die Restaurants, in denen wir essen, die Orte, an denen wir Urlaub machen, und eine Fülle anderer Dinge sind allesamt Instrumente, die wir verwenden, um uns Anerkennung zu holen.

Nun kann man argumentieren, daß es sich bei den meisten dieser Dinge um Notwendigkeiten handelt. Vielleicht. Man kann behaupten, diese Dinge um ihrer selbst willen zu genießen. Sicherlich. Aber wären wir ohne dieses Bedürfnis nach Anerkennung so versessen auf Stil und persönlichen Touch?

Wir alle suchen und brauchen Anerkennung. Das ist der Grund dafür, daß dieser Motivator eine solche Kraft entwickelt, wenn er entschlossen eingesetzt wird. Viele Verkaufschefs treiben ihre Verkäufer durch die Gewährung von Anerkennung zu größeren Leistungen an als mit jedem anderen Motivator. Aber nur allzu viele

Manager machen sich diesen Motivator kaum zunutze, weil sie ihn zu spät und zu zurückhaltend einsetzen. Nur mit echter Anerkennung kann man eine Verkaufsmannschaft motivieren. Sie muß unmittelbar erfolgen. Sie muß aufrichtig und gerecht sein, und ihre Qualität oder ihr Wert muß mit der vollbrachten Leistung übereinstimmen.

Der fünfte Motivator ist Akzeptanz durch andere. Dieser Motivator ist gefährlich. Wissen Sie, wie viele Menschen Tag für Tag versuchen, von ihren Mitmenschen akzeptiert zu werden? Für viele Menschen, darunter auch viele Verkäufer, ist Akzeptanz die stärkste Motivation – und ihre größte Schwäche. Aber wir wollen doch alle geliebt werden, oder nicht?

Besteht Ihre Umgebung aus Leistern oder Nicht-Leistern? Sind Sie von den fünf Prozent oder von den fünfundneunzig Prozent umgeben?

Welche Gruppe prägt das Klima in Ihrem Büro? Welche Gruppe ist draußen unterwegs, um Geschäfte an Land zu ziehen?

Die Wahrscheinlichkeit ist hoch, daß Sie jemand zur Seite nimmt und sagt: »Nun lassen Sie mich Ihnen erzählen, wie die Dinge hier wirklich stehen.« Sie meinen dann vielleicht, daß die Chancen, daß es sich bei diesem Jemand um einen Leister handelt, eins zu zwanzig stehen. In Wirklichkeit kann es aber sein, daß Sie die wirklichen Leister wochenlang nicht zu Gesicht bekommen. Denn diese sind mit jenen Dingen beschäftigt, die sie zu großen Verkäufern machen. Wenn Sie schließlich einem Verkäufer aus der Fünf-Prozent-Gruppe vorgestellt werden, wird er wahrscheinlich nicht viel mehr zu Ihnen sagen als etwa folgendes: »Schön, daß Sie bei uns sind. Das ist eine großartige Firma, und Sie werden hier sehr erfolgreich sein. Freut mich, Sie kennengelernt zu haben. Bis bald.«

Es wird Leute in Ihrer Firma geben, die Ihnen sagen, daß Ihnen dieses Schulungsprogramm nichts bringt. Sie werden das sagen, ohne sich die hier vorgestellten Konzepte und Techniken überhaupt angesehen zu haben. Einige von ihnen werden das sagen, nachdem sie dieses Buch rasch auf der Suche nach etwas durchgeblättert haben, was sie ins Lächerliche ziehen oder verdrehen können. Manche werden das sagen, ohne dieses Buch auch nur eines Blickes gewürdigt zu haben. Diese Leute sind Verlierer, und sie wollen, daß Sie auch ein Verlierer werden. Das letzte, was sie wollen, ist, daß Sie zu den Gewinnern gehören werden. Warum ihnen dies so wichtig ist, will ich Ihnen anhand des Beispiels von Jack Bummler erklären.

Jack arbeitet nun schon seit fast elf Jahren im Außendienst der Firma und hat seit zehn Jahren keine neue Verkaufstechnik mehr erlernt. Da Sie neu in der Firma sind, wollen alle – vom Präsidenten abwärts –, daß Sie erfolgreich werden. Alle bis auf Jack und seine Freunde. Jedesmal, wenn ein Neuer aus dem Nichts auftaucht und erfolgreich ist, muß sich Jack die unangenehme Frage stellen: »Dieser neue Lackaffe hat es geschafft. Warum schaffe ich es nicht?«

Bummler kennt die Antwort auf diese Frage ebenso gut wie jeder andere: Jack ist ein Versager, weil Jack sich weigert, effektiv zu arbeiten. Aber diese Antwort kann Jack nicht akzeptieren. Wenn er es täte, müßte er sich eingestehen, daß er seine Arbeitsgewohnheiten und Methoden grundlegend ändern muß. Diese Vorstellung ist so schmerzhaft und so beängstigend für ihn, daß er nicht daran denken will. Viel leichter fällt es ihm, den Erfolg des Neulings der Günstlingswirtschaft in der Firma, dem Glück des Dummen oder einem Mangel an ethischen Grundsätzen zuzuschreiben – allem, was geeignet ist, die Schuld von Jacks Schultern zu nehmen.

Aber so erfindungsreich Jack bei der Suche nach Entschuldigungen auch ist, soviel Zeit und Mühe er auch darauf verwendet, diese Entschuldigungen plausibel zu machen – tief in seinem Inneren kennt er die Wahrheit, und sie nagt ständig an ihm, um sich ihren Weg ins Freie zu bahnen.

Nachdem ihm dies bewußt geworden ist, überkommt Jack automatisch Angst, sobald ein Neuer seine Nase zur Tür hereinsteckt. Schwungvolle, hart arbeitende, lernbegierige Menschen haben die unangenehme Gewohnheit, rasch zum Erfolg zu kommen. Diese Erkenntnis drängt sich Jack bald auf. Sie zwingt ihn immer wieder zu jener quälenden Suche nach neuen akzeptablen Erklärungen für sein Versagen. Der Schmerz dringt bis in Jacks Unterbewußtsein vor und verlangt nach Linderung. Nun beginnt Jack nach einem traurigen und falschen Grundsatz vorzugehen: Die beste Methode, den Erfolg anderer zu ertragen, besteht darin, die Gegenwart solcher Menschen zu meiden. Also entwickelt Jack bald großes Geschick darin, den Ehrgeiz und die Ambition seiner Kollegen zu ersticken. In jede Schwäche, die er bei einem seiner Kollegen erkennt, legt er gnadenlos seinen Finger. Er steuert den Druck der Gemeinschaft so, daß er sich auf subtile Art gegen jeden richtet, der Zeichen von Ehrgeiz erkennen läßt. Wenn diese Taktik nicht zum Erfolg führt, werden Jack Bummler und seine Freunde dem hoffnungsvollen Neuling gegenüber plötzlich eisig und abweisend. Genau an diesem Punkt gerät der ehrgeizige Verkäufer, der das starke Bedürfnis verspürt, von seinen Kollegen akzeptiert zu werden, in ernste Gefahr. Denn der Preis für die Sympathie der Kollegen besteht darin, sich mit der Mittelmäßigkeit abzufinden. Nur der Starke kann diesem Druck standhalten, und nur der Starke kann diesen zusätzlichen Preis für den Erfolg bezahlen.

Der Verkäuferberuf ist einer der wenigen, in den man sich zurückziehen kann. Normalerweise ziehen wir uns in eine Einsiedelei zurück. Wenn Sie irgend jemandem begegnen, der am Nutzen dieses Buches zweifelt, so finden Sie heraus, was er verdient. Wenn es weniger ist als das, was Sie verdienen wollen, haben Sie es mit Jack Bummler zu tun.

Umgeben Sie sich mit Leuten, die jener Person ähneln, in die Sie sich verwandeln wollen. Ob Ihnen das bewußt ist oder nicht, Sie nehmen im Lauf der Zeit immer mehr von den Leuten an, die um Sie sind, und unterscheiden sich zunehmend von denen, die nicht in Ihrer Nähe sind. Unbewußt nehmen Sie kleine und große Leistungstechniken – oder Versagertechniken – von jenen Menschen an, mit denen Sie täglichen Kontakt haben. Unbewußt übernehmen Sie Meinungen und Ideen, und unbewußt absorbieren Sie die unwichtigen kleinen Details der großen Konzepte, die Sie zu größerer Leistung anspornen – oder versinken immer tiefer im Morast der Nichtleistung.

Hängen Sie nicht länger mit Leuten herum, deren finanzielle und emotionale Bestrebungen Ihren Maßstäben nicht gerecht werden. Sie müssen wachsen, während diese Menschen es nicht müssen und aus lauter Bequemlichkeit auch nicht wollen. Daher werden Versager Ihnen nicht helfen, Ihren Horizont zu erweitern, und sie werden Sie nicht inspirieren. Die Auswahl des richtigen Umgangs erfordert einige harte Entscheidungen. Aber wir müssen uns von Leuten entfernen, deren Lage noch verworrener ist als unsere eigene, oder wir werden weiterhin ihrem Einfluß, ihren Ratschlägen und ihrem Versagen ausgesetzt sein. Familiäre Verpflichtungen sind eine Sache; mit welchen Freunden Sie Umgang pflegen, eine andere. Mischen Sie sich unter Plus-Menschen. Es ist schwer genug, weiter hinaufzuklettern. Machen Sie es sich selbst nicht schwerer – oder zu schwer –, indem Sie versuchen, eine Schar von Verlierern mit sich zu schleppen.

Wollen Sie, daß jedermann Sie mag?

Bremsen Sie Ihren eigenen Erfolgswillen etwa, weil Sie bestimmte Leute, die ihre Abneigung gegen das Leistungsdenken haben durchblicken lassen, nicht verärgern möchten?

Warum tun Sie das? Sie können es sich nicht leisten, bei den Versagern beliebt zu sein.

Schreiben Sie sich die Namen der Menschen auf, mit denen Sie die meiste Zeit verbringen. Gehen Sie diese Liste sorgfältig durch, und denken Sie darüber nach, welche dieser Personen einen emotionalen Gewinn für Sie bedeuten. Sodann halten Sie die Namen aller Personen, die keinen positiven Einfluß auf Ihr Leben bedeuten, in einer zweiten Liste fest, und dann überlegen Sie, ob Sie andere Menschen finden können, die den Platz dieser Leute in Ihrem Leben einnehmen könnten. Wenn Sie sich entschließen können, einige Ihrer derzeitigen Bekannten, die negativen Einfluß auf Sie haben, durch begeisterungsfähige neue Freunde zu ersetzen, werden Sie bald überrascht feststellen, daß dieser Prozeß reibungslos vor sich geht, wenn Sie ihn schrittweise durchführen. Keine klaren Brüche. Keine offenen Diskussionen. Beginnen Sie einfach, sich den Minusleuten immer mehr zu entziehen, und nutzen Sie die eingesparte Zeit für Aktivitäten, die Sie in Kontakt mit neuen, positiven Menschen bringen. Einige dieser Menschen werden zu Ihren Freunden werden.

Der sechste Motivator ist die Selbstachtung. Ich hoffe, Sie können diesen Motivator für sich arbeiten lassen, denn ohne ihn werden Sie Ihr Potential nie vollkommen ausschöpfen können.

Selbstachtung ist etwas, nach dem wir uns alle sehnen. Selbstachtung ist das Rückgrat im Skelett unserer Persönlichkeit. Bei vielen von uns ist dieses Knochengerüst unterentwickelt und weich, weil wir unsere Selbstachtung von der Zustimmung anderer abhängig machen. Ein schwaches Knochengerüst macht uns das Leben schwer. Und wenn wir Selbstachtung mit der Akzeptanz durch andere Menschen verwechseln, machen wir uns das Leben ebenfalls schwer.

Vielleicht fällt es Ihnen schwer, an Selbstachtung zu denken, ohne dabei automatisch die Akzeptanz durch andere einzubeziehen. Viele von uns sind einfach nicht daran gewöhnt, sich selbst zu akzeptieren, und viele von uns hören nie auf, sich selbst abzulehnen und kleinzumachen: Die positive Bestätigung hängt von anderen ab, für die negative sorgen wir selbst. Dieses System erlaubt es Ihnen nicht, ein Gewinner zu werden.

Je intensiver wir uns bemühen, auf diese Art zum Erfolg zu kommen, desto verwundbarer machen wir uns. Die Menschen um uns spüren unsere Bedürftigkeit, nutzen unsere Schwächen zu ihrem eigenen Vorteil und bestimmen, ob wir erfolgreich sind oder nicht. Seien Sie auf der Hut, wenn Sie die Zustimmung anderer suchen. Wenn Sie von der Zustimmung einer Person abhängig werden, für die Ihr Erfolg eine Bedrohung darstellen könnte, leben Sie gefährlich.

Selbstachtung ist der Zustand, in dem wir uns befinden, wenn wir uns selbst gehören. Sie sind da. Niemand hat Sie geschickt, sondern Sie sind genau dort, wo Sie sein wollen. Selbstachtung erreichen Sie an dem Tag, an dem die Meinungen anderer nicht länger über Ihr Leben entscheiden. Sie erreichen sie an dem Tag, an dem Sie Ihre Stimme erheben, wenn Ihnen etwas nicht paßt. Sie erreichen Sie in dem Moment, da Sie kurzentschlossen ein Flugzeug nehmen und in Urlaub fliegen. Sie erreichen sie an dem Morgen, an dem Sie im Bett bleiben, weil Sie Lust dazu haben. Sie erreichen sie in dem Moment, in dem Sie allen Spielen eine Absage erteilen, an denen Sie nicht mehr teilnehmen wollen, alle Rollen abstreifen, in denen Sie sich nicht mehr wohl fühlen. Sie erreichen sie dann, wenn Sie sich entschließen, Ihr ganzes Potential zu nutzen und endlich die Herrschaft über Ihre eigene Person zu übernehmen. Klingt das nicht aufregend?

Nur wenige schaffen es bis dorthin.

Warum gelingt es so vielen von uns nicht, sich selbst zu akzeptieren?

Weil wir die Zahl der Menschen nicht beschränken, deren Zustimmung wir brauchen.

Weil wir von der Welt mehr Zustimmung fordern, als diese uns geben will – und weil wir uns in dem sinnlosen Unterfangen, diese Zustimmung zu erhalten, selbst schwächen.

Weil wir nicht erkennen, wie wichtig es ist, uns selbst uneingeschränkt zu akzeptieren. Manche von uns erkennen vage, woran es ihnen mangelt, und versuchen, sich zur Selbstachtung zu zwingen.

Aber da sind immer diese leisen Stimmen in unserem Hinterkopf, die uns sofort zurückstutzen, gleichgültig wie laut, aggressiv und stur wir uns auch gebärden.

Ja, Sie werden es wirklich schwer haben, Sie selbst zu werden, bis Sie gelernt haben, mit einem geringeren Maß an Zustimmung seitens anderer Menschen auszukommen. Solange Sie immer auf der Suche nach dieser Zustimmung sind, können Sie nicht Sie selbst werden.

Und Sie werden keine Selbstachtung – den Zustand, in dem Sie am meisten erreichen und glücklich werden können – gewinnen, solange es Ihnen nicht gelingt, ein gewisses Maß an Anerkennung zu erwerben und Ihr Selbstbild zu verbessern. Sie erhalten nur dann Anerkennung, wenn Sie ein bestimmtes Maß an Leistung vorzuweisen haben. Leistungen können Sie aber nur erbringen, wenn Sie ein Gefühl der Sicherheit verspüren. Und das Gefühl der Sicherheit wird Ihnen versagt bleiben, wenn Sie nicht beginnen, Geld zu verdienen.

Sie können Geld verdienen, Sicherheit haben, etwas leisten, von anderen anerkannt und akzeptiert werden – und doch keine Selbstachtung haben. Sie kennen wahrscheinlich erfolgreiche Menschen, die all das haben außer der Selbstachtung.

Wir alle haben von Künstlern gehört, die es zu großem Ruhm brachten und dann Selbstmord begingen. Sie hatten Geld; sie hatten Sicherheit; sie wurden von anderen anerkannt und akzeptiert. Und trotzdem konnten sie sich selbst nicht akzeptieren. Alle mochten sie. Alle bis auf eine Person – und diese Person waren sie selbst. Die aufrichtigste Form der Selbstkritik ist der Selbstmord.

Die nächste, nicht ganz so extreme Form ist die kontinuierliche Selbstverstümmelung, zu der sich so viele Menschen hinreißen lassen, wenn ihre Wünsche nach Befriedigung der sechs Motivatoren in keinem Verhältnis zu dem stehen, was sie erreichen können. Genauso reagieren jene, die glauben, diese Dinge stünden ihnen als Geschenk der Natur zu, wenn die Welt sich weigert, ihnen alles zu geben, was sie sich wünschen. Sie ziehen sich in destruktive Gewohnheiten und Einstellungen zurück und berauben ihr eigenes Leben aller Freude, Produktivität und allen Sinns. Vernichten Sie sich nicht selbst, noch bevor Sie zu kämpfen begonnen haben: verlangen Sie keine sofortigen Belohnungen, die erheblich größer sind als jene, die Sie unmittelbar erreichen können.

Das waren die sechs Motivatoren – machtvolle, tief in uns verankerte Emotionen, die uns alle antreiben. Wenn wir sie nicht zügeln, reißen sie uns in die Tiefe. Gelingt es uns aber, sie unter unsere Kontrolle zu bringen, liefern sie uns unbeschränkte Energie. Also beschäftigen Sie sich mit ihnen.

Diese Emotionen beeinflussen uns auf vielen Ebenen: bewußt, halbbewußt und in den unendlichen Tiefen unseres Unterbewußtseins. Wir können nie genug darüber lernen, wie sie in uns wirken und wie man ihre enormen Kräfte beherrschen kann.

Befassen Sie sich zunächst mit Ihrer Vergangenheit. Versetzen Sie sich in sie zurück. Ihre Vergangenheit bestimmt über das, was Sie im Hier und Jetzt sind. Ihre unmittelbare Zukunft wird bald Vergangenheit sein und Ihre weiter entfernt liegende Zukunft bestimmen. Ich möchte, daß Sie erkennen, daß es auf diesen Seiten um Ihr Leben geht. Unser aller Leben verläuft mit derselben Geschwindigkeit – irgendwie scheint es aber in den Slums langsamer zu vergehen als in Monte Carlo. Wo werden Sie in fünf Jahren stehen? Entwickeln Sie einen Plan, und machen Sie sich dann daran, diesen Plan umzusetzen, so daß Sie in fünf Jahren tatsächlich dort stehen, wo Sie sich hinwünschen. Und vergessen Sie nicht, Ihren Plan mindestens einmal im Jahr zu aktualisieren.

Die Demotivatoren

Nun werden wir darüber sprechen, warum Menschen nicht alles erreichen, wozu sie motiviert sind. Passen Sie jetzt auf, denn der erste Demotivator ist einer, der in vielen von uns wirkt. Viele Menschen haben Angst davor, ihre Sicherheit zu verlieren, und wagen es nicht, sie zugunsten der größeren Sicherheit aufzugeben, nach der sie streben.

Aber was ist Sicherheit eigentlich? Kann man sie wirklich je erreichen?

Ich bin davon überzeugt, daß es keine andere Sicherheit gibt als die, die wir in unserem Inneren spüren, und daß wir nur in dem Maß sicher sind, in dem wir diesen täglichen Kampf, der sich Leben nennt, bewältigen. Die höchste Sicherheit, die wir erreichen können, ist jene, die es uns erlaubt, mit der Unsicherheit umzugehen.

Das bedeutet, daß wir das aufgeben müssen, was wir haben, um zu bekommen, was wir wollen. Wer sich an das klammert, was er besitzt, wird kaum mehr erhalten. Das gilt für berufliche wie für persönliche Belange – für Besitz, Verpflichtungen, Chancen und Beziehungen.

Das bedeutet, daß wir Geld ausgeben müssen, um Geld zu verdienen. Diese Maxime gilt für alle Berufssparten. Sie können Vertreter einer großen Firma sein, aber Sie müssen Ihren Kundenkreis und Ihr Geschäft im wesentlichen selbst aufbauen. Und ein Profi, ein Champion, weiß, daß es dazu einer Investition bedarf – und zwar nicht nur einer zeitlichen, sondern auch einer finanziellen. In einem späteren Kapitel werden wir einige Methoden des Geldausgebens zum Zweck des Geldverdienens besprechen – zum Beispiel Mailings. Nur wenige Verkäufer, die am Beginn ihrer Karriere stehen, nutzen die Möglichkeiten der Post voll aus. Warum? Vor allem, weil sie nicht bereit sind, für das, was sie erreichen wollen, einen Teil dessen aufzugeben, was sie bereits besitzen. Sie wollen jene tollen Verkaufszahlen erreichen, die ihnen nicht nur ein hohes Einkommen, sondern auch Sicherheit, Anerkennung und Akzeptanz einbringen. Aber sie wollen dafür nicht von dem investieren, was sie bereits besitzen.

Ist das nicht eigenartig? Es ist, als wollten sie nicht glauben, daß diese Zukunft je Wirklichkeit werden wird. Daher räumen sie ihr in ihrem Leben auch keinen Platz ein. Wenn Ihre Zukunft besser sein soll als Ihre Gegenwart, dann müssen Sie Ihrer Zukunft Platz geben. Sie müssen sie aufbauen. Und Sie müssen in sie investieren. Sie müssen nicht unbedingt eine Mailingkampagne durchführen. Aber Sie müssen Geld in Ihre Glaubwürdigkeit investieren, die sich in Ihrer Kleidung und in Ihrem Erscheinungsbild ausdrückt. Sie müssen Geld und Zeit in den Aufbau Ihrer Verkaufskenntnisse und Ihrer Fähigkeiten investieren. Erfolg sieht man. Erfolg zieht weiteren Erfolg an. Wenn Sie sich all das bewußtmachen, werden Sie es zweifellos schaffen.

Der erste Demotivator ist die Angst, an Sicherheit zu verlieren, die Angst, das zu verlieren, was wir bereits besitzen.

Um diese Angst zu bekämpfen, sollten Sie sich vor Augen halten, daß alle Beziehungen, alle Fähigkeiten und jeglicher Besitz ein bestimmtes Maß an Aufmerksamkeit erfordern – ansonsten werden Sie sie verlieren. Machen Sie sich keine Illusionen: Wenn Sie sich weigern, irgend etwas von dem aufzugeben, das Sie derzeit besitzen – woher wollen Sie dann die Zeit, das Geld und die Energie für die neuen Leistungen nehmen? Wer glatt rasiert sein will, muß seinen Bart opfern.

Der zweite Demotivator ist die Angst vor Versagen. Die meisten Menschen leiden unter dieser Angst. Zu Beginn meiner Karriere ging es mir nicht anders.

Möchten Sie eine Methode kennenlernen, mit der es Ihnen garantiert jedesmal mißlingt, den Termin zu vereinbaren, die perfekte Präsentation zu liefern, den Abschluß unter Dach und Fach zu bringen? Diese Methode ist schnell erklärt.

Hier ist sie: Heben Sie niemals den Telefonhörer ab, machen Sie nie eine Vorführung, versuchen Sie nie, einen Abschluß zu machen.

Wenn wir es niemals versuchen, werden wir auch nie versagen. Wie viele Verkäufer verstecken sich jeden Tag vor Chancen, die zu nutzen ihnen vielleicht nicht gelingen würde?

Ich möchte Ihnen hierfür ein persönliches Beispiel geben. Meinen ersten Auftritt vor Publikum hatte ich in einem Theaterstück in der Volksschule. Ich war der Prinz, dessen Rolle darin bestand, auf der Bühne herumzustolzieren und mit einem Plastikschwert herumzufuchteln. Zum Schluß durfte ich die Prinzessin küssen. Das ist eine aufregende Sache für einen Volksschüler. Im Publikum saßen meine Eltern, meine Verwandten und alle meine Freunde. Ich war stolz, der Star zu sein. Als der große Abend gekommen war, stand ich hinter dem Vorhang, in meinen violetten Hosen und meinem Cape, mit silbernen Schnabelschuhen und einem glasperlengeschmückten Schwert. Ich war bereit.

Aber vor ein Publikum zu treten war etwas völlig Fremdes für mich.

Dann kam mein Stichwort.

Mir gefror das Blut in den Adern.

Ich erstarrte zu Stein.

Schließlich blieb mir nichts anderes übrig, als mich auf die Bühne zu schleppen. Sie können sich vorstellen, wie traumatisch diese Erfahrung für mich war. Von diesem Augenblick an hatte ich panische Angst davor, vor einem Publikum aufzutreten, und ich weigerte mich künftig einfach, vor Menschen zu treten.

Viele Jahre später wurde ich von einer großen Firma eingeladen, einen Vortrag zu halten. Sie hatten von meinen Verkaufsziffern gehört und mir einen Brief geschrieben: »Wir laden Sie ein, uns zu besuchen und unseren Verkäufern Ihre Methoden vorzustellen.«

Ich schrieb sofort zurück: »Ich passe. Ich spreche nicht vor Publikum.«

Dann sagte ein sehr guter Freund zu mir: »Tommy, tu das, was du am meisten fürchtest, und du bringst deine Angst unter Kontrolle.«

Denken Sie darüber nach. Denken Sie an etwas Berufliches, das Sie tun sollten, etwas, das Sie nicht tun, weil Sie Angst davor haben. Dann stellen Sie sich vor, wie Sie diese gefürchtete Sache mit Leichtigkeit und Kompetenz und Erfolg hinter sich bringen. Wenn Sie sich selbst davon überzeugen können, daß Sie diese Sache tatsächlich bald tun werden, werden Sie bemerken, wie Ihre Angst nachläßt.

Aber möglicherweise sind Sie nicht imstande, sich ernsthaft damit zu beschäftigen – denn Sie haben einfach zu große Furcht davor, das zu tun, wovor Sie sich fürchten. Manchmal müssen wir die Dinge in unserem Kopf eine Weile reifen lassen. Aber sorgen Sie dafür, daß diese Idee nicht verlorengeht. Schreiben Sie sich die folgenden Worte auf einen Zettel, und stecken Sie ihn in Ihre Brieftasche zu Ihrer Kreditkarte:

> **Tu das, was du am meisten fürchtest, und du wirst lernen, die Angst zu beherrschen.**

Lesen Sie sich diesen Satz durch, sooft Sie können. Eines Tages, wenn Sie bereit sind, zu handeln und Ihre Angst zu überwinden, wird dieser Satz plötzlich wirken. An diesem Tag werden Sie die traurige Wahrheit »Wenn du die Angst nicht beherrschst, beherrscht sie dich« hinter sich lassen. Sie werden sich sorgfältig vorbereiten, den Kampf gegen Ihre Angst aufnehmen und sie ein für allemal besiegen. Im Rückblick werden Sie es ganz leicht finden. Und Sie werden feststellen, daß es Ihnen jedesmal, nachdem Sie eine Ihrer Ängste besiegt haben, leichter fallen wird, es mit der nächsten Angst aufzunehmen. Aber seien Sie darauf vorbereitet, daß Sie nicht jedesmal gleich auf Anhieb siegen werden. Wichtig ist, daß Sie sich der Angst ein erstes Mal stellen. Von da an werden Sie nicht mehr aufzuhalten sein.

Aber dieses eine Mal müssen Sie hinter sich bringen. Als ich über die Möglichkeit nachdachte, meine Angst zu beherrschen, indem ich tat, was ich am meisten fürchtete, mußte ich mir eingestehen, daß ich es zuließ, daß eine Angst mein Leben beherrschte. Also rief ich die Firma an, die mich zu dem Vortrag eingeladen hatte. Ich sagte, ich würde kommen.

Das war etwa ein Monat vor dem Termin. Ich saß diese dreißig Tage in der Todeszelle ab, und ich wünschte mir jede Sekunde des Tages, ich hätte die Zusage nicht gegeben. Je näher der Termin rückte, desto größer wurde meine Panik. »Was soll ich denen erzählen?« zermarterte ich mir den Kopf. »Warum habe ich mir das angetan?«

Abends machte ich mir Notizen für meinen Vortrag und las sie laut vor. Dann zerriß ich das Ganze und begann von neuem. Schließlich gab mir jemand den Rat, alles auf 9 mal 15 cm große Karten zu schreiben. Das tat ich.

In der Nacht vor meinem ersten Vortrag tat ich kein Auge zu. Am nächsten Morgen betrat ich die Bühne eines riesigen Saals. Dreitausend Leute erwarteten mich. Ich stand hinter dem Vorhang und wurde angekündigt. Und was spielte sich in meinem Kopf ab? Die Katastrophe des Theaterstücks in der Volksschule. Ich trat vor den Vorhang ...

Übrigens, Sie sollten ein Podium verlangen, wenn Sie kein professioneller Redner sind. Sie können sich daran festhalten, und Ihr Publikum sieht nicht, wie Ihre Knie schlackern.

Nun, ich sah in meine Notizen und legte einfach los. Ich würdigte mein Publikum keines Blickes, sondern redete und redete und redete. Der Vortrag sollte fünfundvierzig Minuten lang dauern. In acht Minuten war ich fertig.

Dieses erste Mal war entsetzlich. Das zweite Mal war auch schrecklich. Das dritte Mal war lausig. Beim vierten Versuch wurde ein bißchen geklatscht. Beim fünften Mal blieb das Publikum sitzen. Wenn ich heute an einem Tag erwache, an dem ich vor einer der besten Berufsgruppen der Welt, vor Verkäufern, sprechen soll, bin ich von freudiger Erwartung erfüllt. Und das alles, weil ich meinen Versagensängsten ein erstes Mal entgegengetreten bin.

Wie viele Menschen kennen Sie, die etwas nicht versuchen, weil sie Angst haben zu versagen? Ist es nicht schade, daß so viele von uns sich mit der Mittelmäßigkeit zufriedengeben, anstatt momentane Rückschläge in Kauf zu nehmen, die der Erfolg verlangt? Wenn es in diesem Buch eine Maxime gibt, die Sie sich zu eigen machen sollten, dann ist es diese: »Ich bin zu stolz auf meine Zukunft, um mich ihrer selbst zu berauben.« Wenn Sie dieser Maxime treu bleiben, wird sich die Mühe, dieses Buch durchzuarbeiten, zehntausendfach bezahlt machen.

Der dritte Demotivator ist der Selbstzweifel. Dieser Demotivator ist für uns Verkäufer von besonderer Bedeutung. Als Sie sich für diese Tätigkeit entschieden, erzählten Sie wahrscheinlich Ihren Freunden und Verwandten von Ihrer Berufswahl. Und was bekamen Sie zu hören?

»Verkauf? Du denkst daran, in den Verkauf zu gehen? Als Beruf? Weißt du, was das bedeutet? Alles oder nichts. Hühnerbraten an einem Abend, Federn am nächsten. Bist du völlig verrückt geworden?«

Diese Einwände können Selbstzweifel in Ihren Gedanken säen; und noch bevor Sie Ihre Laufbahn begonnen haben, legt sich Angst über Ihre Begeisterung. Eine solche Angst kann uns zu größeren Leistungen anspornen – oder sie kann uns lähmen und dazu bewegen, nach einer angenehmen Ausflucht Ausschau zu halten. »Na ja, ich versuche es einfach einmal im Verkauf«, sagen Sie zu Ihren Freunden und Verwandten. »Ich probiere es einmal. Wenn es mir gefällt, wunderbar. Wenn nicht, halb so schlimm – dann suche ich mir etwas anderes.«

Auf diese Weise untergraben Sie Ihr Bekenntnis zu Ihrer neuen Tätigkeit. An anderer Stelle in diesem Buch finden Sie eine wirksame Methode, um andere zu überzeugen: »Wenn es der Kunde sagt, ist es wahr.« Diese Methode ist auch bei uns selbst wirksam. Sie arbeitet für oder gegen uns. Sie können nicht mit der Einstellung: »Ist ja egal, ich versuch's einmal« in den Verkauf gehen, ohne daß sich das nachteilig auf Ihren Entschluß auswirkt, die schwierigen Dinge in unserem Beruf zu bewältigen, um erfolgreich zu werden.

Sagen Sie den Leuten in Ihrer Umgebung, daß Sie entschlossen sind, eine Karriere im Verkauf zu beginnen. Ohne Wenn oder Aber.

Verschreiben Sie sich dem Ziel, im Verkauf erfolgreich zu sein. Prahlen Sie nicht mit all den Dingen, die Sie tun wollen, aber stellen Sie Ihr Licht auch nicht unter den Scheffel. Unterlassen Sie es, Ihren Mißerfolg vorauszusagen, um dann tatsächlich zu versagen und damit beweisen zu können, wie gut Ihre Prognosen sind.

Und peilen Sie als Ziel nicht den Durchschnitt an. Wenn Sie das tun, werden Sie auch genau dort landen. Zu Beginn Ihrer Karriere, wenn die Abschlüsse ausbleiben oder nur spärlich tröpfeln, mag Ihnen der Durchschnitt als sicherer und erfolgreicher Bereich erscheinen. So ist es aber nicht. Warum? Weil in den meisten Unternehmen zwei Drittel des Umsatzes von einem Drittel der Verkäufer erzielt werden. Natürlich schwanken die genauen Zahlen von Jahr zu Jahr und von Firma zu Firma – aber als allgemeine Richtschnur kann man dieses Verhältnis heranziehen. Das ist zwar wunderbar für das obere Drittel, aber die beiden unteren Drittel jeder Verkaufsmannschaft sind gezwungen, von einem Drittel der Verkaufsprovisionen dieser Firma zu leben.

Das heißt, die doppelte Anzahl von Leuten teilt sich die Hälfte des Geldes. Jedesmal, wenn ein Angehöriger des unteren Drittels einen Dollar verdient, verdient ein Mitglied des oberen Drittels vier Dollar. Wer nicht am richtigen Ende dieser Pyramide steht, erliegt leicht der Versuchung, die Firmenpolitik für diese enorme Differenz verantwortlich zu machen. Widerstehen Sie dieser Versuchung. Wenn Sie ihr nachgeben, werden Sie blind für drei Wahrheiten, die jeder erfolgreiche Verkäufer kennt:

1. Dem Management ist es mehr als unangenehm, daß ein so großer Teil des Umsatzes von so wenigen Verkäufern abhängt.
2. Das Management kann Sie nicht in die Spitzengruppe befördern; das können nur Sie selbst tun.
3. Wenn Sie nur Durchschnitt sind, verdienen Sie nur ein Viertel dessen, was die Mitglieder der Spitzengruppe in diesem Job offensichtlich verdienen können.

Sie hören an dem Tag auf, Durchschnitt zu sein, an dem Sie sich entschließen, ein Champion zu werden. Der Grund dafür ist, daß ein durchschnittlicher Mensch sich nicht vornimmt, zur Spitze aufzusteigen. Sie hören an dem Tag auf, Durchschnitt zu sein, an dem Sie sich mit Haut und Haaren dem Ziel verschreiben, jenes Maß an Erfolg zu erreichen, das Sie sich wünschen – denn der durchschnittliche Verkäufer peilt dieses Ziel nie an. Nachdem Sie diese Entscheidung getroffen und sich diesem Ziel verschrieben haben, werden Sie beginnen, auf Zurückweisung anders zu reagieren. Wenn Sie den Termin nicht bekommen, werden Sie sich nicht länger mit jener Frage den Kopf zermartern, die den durchschnittlichen Verkäufer quält: »Was habe ich nur *falsch* gemacht?«

Wenn Leute, die sich weigern, mit Ihnen zu sprechen, durch Ihren Schauraum oder Ihren Verkaufsbereich schlendern und wieder gehen, fragen Sie sich nicht länger: »Was habe ich *falsch* gemacht?«

Wenn Sie wortgewandt und schwungvoll Ihre Demonstration oder Präsentation geben, um dann vom Kunden warmherzig und liebevoll hinausgeworfen zu werden, fragen Sie sich nicht länger: *»Was habe ich falsch gemacht?«*

Stellen Sie sich diese Frage nicht, denn Sie verstärken damit nur Ihre Selbstzweifel. Werden sie genügend verstärkt, entwickeln sich Selbstzweifel zu negativen Überzeugungen.

Wenn Sie in den Würgegriff negativer Überzeugungen geraten, glauben Sie, daß alles, was Sie tun, falsch ist; da alle Ihre Handlungen falsch sind, werden sie fehlschlagen, und wenn Ihre Handlungen fehlschlagen, werden Sie versagen. Das ist eine negative Überzeugungskette. Jede Verkäuferposition eröffnet Möglichkeiten im Überfluß, sich diese Überzeugung zu eigen zu machen, wenn Sie diesem Virus keine Widerstandskraft entgegensetzen. Vor allem für Neulinge im Verkäuferberuf ist die negative Überzeugungskette eine Bedrohung. Wenn sie jede Gelegenheit ergreifen, um sich zu fragen, was sie falsch gemacht haben, werden sie diese Frage schon in ihren ersten beiden Monaten unzählige Male wiederholen.

Welche Frage stellt sich der Champion, wann immer er einen Fehlschlag erleidet?

»Was habe ich richtig gemacht?«

Der Champion fährt fort, das zu tun, was er richtig gemacht hat, erhält sich seine positive Einstellung, wird mit der Zurückweisung fertig, versucht es weiter und startet durch, um zu gewinnen. Die Siege häufen sich und ersticken schließlich jeden heimtückischen Selbstzweifel, der sich einzuschleichen versucht, unter einem Berg positiver Überzeugungen. Die meisten Menschen bewegen sich nicht von der Stelle, weil sie sich von ihren Selbstzweifeln, die sich in der Folge zu negativen Überzeugungen verdichten, lähmen lassen. Fragen Sie ab sofort nicht mehr: »Was habe ich falsch gemacht?«, sondern: *»Was habe ich richtig gemacht?«*

»Moment mal«, sagen Sie jetzt vielleicht. »Ich stehe am Fenster meines Schauraums, halte mein Gesicht in die Sonne und lasse es mir gutgehen. Da kommt dieser Nicht-Käufer herein, macht mir das Leben schwer und geht wieder. Bevor er gekommen ist, habe ich mich gut gefühlt. Jetzt fühle ich mich hundsmiserabel. Natürlich werde ich mich fragen: ›Was habe ich falsch gemacht?‹ Das leuchtet doch jedem Dummkopf ein.«

Richtig, jeder Dummkopf kann diese Frage stellen. Aber der Champion, der in der Spitzengruppe zu Hause ist, läßt nicht jeden herumstreunenden Störenfried auf seiner Selbstachtung und seiner positiven Einstellung herumtrampeln.

Der vierte Demotivator ist der Schmerz der Veränderung. Das ist der hartnäckigste und schwierigste Demotivator, den meine Seminargruppen zu bewältigen lernen müssen. Und er gehört zu den schädlichsten Demotivatoren. Ich hoffe, daß Sie sich besonders anstrengen werden, um ihn unter Kontrolle zu bringen.

Warum scheint Veränderung immer mit Schmerzen verbunden zu sein? Wir widersetzen uns der Veränderung, weil sie bedeutet, daß ein Teil unseres alten Selbst sterben muß und daß ein unbekanntes neues Selbst geboren wird. Wir betrauern den Verlust des Vertrauten, während wir uns durch die schmerzvolle Geburt des Unbekannten kämpfen. Das alles spielt sich auf einer ganz archaischen Ebene ab.

Einigen von uns widerstrebt die Veränderung, weil wir in der Vergangenheit, möglicherweise in unserer Kindheit, unter plötzlichen, schmerzvollen Ereignissen zu leiden hatten. Bei Erwachsenen spiegelt sich das in Aussagen wie »Ich mag keine Überraschungen« und in der Tendenz wider, uns vor Katastrophen zu schützen, indem wir die Veränderung bekämpfen.

Es gibt noch einen weiteren Grund dafür, daß wir uns gegen Veränderung wehren: Irgendwie scheinen wir zu glauben, daß Veränderung mit Altern zusammenhängt. »Wenn wir uns nicht verändern, bleiben wir jung.« So lautet eine weit verbreitete, berührend menschliche Hoffnung. Sie finden diese vergebliche Hoffnung bei jungen und bei alten Menschen, die sich nach der Mode von anno dazumal kleiden, an den Manieren und Überzeugungen von vorgestern festhalten, sich starrsinnig an Methoden klammern, die längst veraltet sind. Die Nostalgie hat durchaus einen Platz in unserem Leben. Sie kann etwas Tröstliches sein und uns unterhalten. Aber selbst Antiquitätenhändler müssen mit der Zeit gehen, um im Geschäft zu bleiben.

Einzelpersonen sind nicht die einzigen, die sich gegen Veränderungen wehren. Auch Firmen tun das – und ganze Nationen. Aber die Welt verändert sich, wie sehr wir uns auch dagegen sträuben mögen.

Wir alle kennen den abgenutzten Spruch »So ist es eben«, die sinnlose Feststellung »So haben wir es immer gemacht«, den völlig widersinnigen Spruch »Ich bleibe immer derselbe«. In der Zwischenzeit nagt die unvermeidliche Veränderung am Status quo, macht ihn unprofitabel und verwandelt die Person, die sich nicht verändert, in ein Auslaufmodell. Wir können gegen die Kräfte der Veränderung kämpfen und einige Hinhaltegefechte für uns entscheiden – aber den Krieg können wir nicht gewinnen. Entweder verändern wir uns, oder wir gehören zu den Verlierern.

Der Erfolgreiche vermeidet Kämpfe, die er nicht gewinnen kann. Anstatt gegen eine unbezwingbare Macht anzukämpfen, macht der Erfolgreiche sich diese Macht zunutze, um Siege zu erringen. Der Erfolgreiche liebt die Veränderung.

Kämpfen Sie also nicht gegen die Veränderung, sondern lassen Sie sie für sich arbeiten. Das ist leichter gesagt als getan, weil wir alle dazu neigen, die Veränderung mit starken Emotionen zu bekämpfen und zur Unterstützung der Veränderung die weniger starken intellektuellen Gründe einzusetzen. Nun will ich Ihnen zeigen, wie Sie dieses Muster durchbrechen können. So können Sie die Veränderung zu einer machtvollen und positiven Kraft auf Ihrem Weg nach oben machen:

1. Nehmen Sie das Problem direkt in Angriff, indem Sie sich Ihre Angst vor Veränderung bewußtmachen. »Sortieren« Sie Ihre Gefühle: auf der einen Seite der Wunsch nach einer Verbesserung und Intensivierung Ihrer Arbeitsmethoden, auf der anderen Seite die Angst davor, Vertrautes zu verlieren und sich an Fremdes und Neues gewöhnen zu müssen.

2. Behalten Sie das Beste aus Ihrem alten Leben bei, so daß Sie ein starkes emotionales Fundament haben, auf dem Sie die positive Veränderung aufbauen können.

3. Machen Sie es sich zur Gewohnheit, auch dann neue Dinge auszuprobieren, wenn Sie es nicht tun müssen.

4. Sagen Sie jeden Tag zu irgend jemandem, daß es Ihnen leichtfällt, sich an neue Ideen zu gewöhnen, daß Sie gern Neues ausprobieren, daß Sie immer lernen, sich zu verändern und zu wachsen. Sagen Sie das laufend, und Sie werden beginnen, es selbst zu glauben und danach zu handeln – die Veränderung wird in Ihrem Wesen Fuß fassen.

5. Zwar bringen alle Veränderungen Schmerz mit sich, aber Veränderungen, die uns von anderen aufgezwungen werden, sind sehr viel schmerzhafter als jene, die wir uns selbst auferlegen. Machen Sie sich selbst zur Speerspitze der Veränderung, und verbessern Sie Ihr Leben, anstatt sich zurückzulehnen und gottergeben zu warten, bis Sie das nächste Mal von der Axt der Veränderung getroffen werden.

Es geht mir hier nicht um die Veränderung an sich, sondern darum, daß Sie glücklich werden. Wenn Sie unglücklich sind, nehmen Sie den zeitweiligen Schmerz auf sich, der mit der Veränderung einhergeht. Wenn Sie dazu nicht bereit sind, dann bleiben Sie eben glücklich. Wenn Sie aber spüren, wie Ihnen Ihr Glück durch die Finger rinnt, werden Sie sich mit der Tatsache konfrontieren müssen, daß Ihnen der Schmerz einer Veränderung vielleicht einmal von anderen aufgezwungen wird. Diese Situation begegnet uns im Leben nur allzu oft. Der beste – und vielleicht einzige – Weg, sie zu bewältigen, besteht darin, daß Sie Ihre Zukunft selbst in die Hand nehmen und beginnen, die Dinge aus eigener Kraft zu ändern.

Die Umsetzung der hier vorgestellten Konzepte wird einige schmerzhafte Entscheidungen von Ihnen verlangen. Bereiten Sie sich darauf vor. Ich werde von Ihnen verlangen, Dinge zu tun, die Sie derzeit nicht tun. Ich werde Sie bitten, Dinge zu tun, die Sie in Ihrem Leben noch nie getan haben – wie etwa, den Kunden zum Kauf aufzufordern.

Wissen Sie, daß es eine Unmenge von Verkäufern gibt, die noch nie einen Kunden aufgefordert haben, zu kaufen? Sie haben es noch nie getan. Nicht ein einziges Mal. Suchen Sie einen solchen Verkäufer nicht beim nächsten Verkäufermeeting. Denken Sie zuerst darüber nach, ob er Ihnen nicht aus dem Spiegel entgegenblickt.

Wir alle haben bestimmte Vorstellungen und Werte. Wir sind wir selbst, und wir haben nicht vor, uns zu ändern. Lassen Sie mich Ihnen ein Beispiel geben. Sagen wir, daß es aus Gesundheitsgründen gut für Sie wäre, abzunehmen. Nehmen wir an, daß Sie zwanzig Kilo Übergewicht haben. Wenn Ihnen das nichts ausmacht, sollten Sie einfach so bleiben und gar nicht über eine Diät nachdenken. Wenn Ihr Übergewicht Sie jedoch unglücklich macht – wäre es dann nicht klüger, etwas dagegen zu tun?

An dem Tag, an dem Sie sich vornehmen, eine Diät zu beginnen, werden Sie einen gewissen Schmerz verspüren. Sie werden so lange Schmerz verspüren, bis es Ihnen gelungen ist, diese zwanzig Pfund abzunehmen. Wenn Sie dann die Straße entlangschweben und alle Bekannten Sie fragen, wie Sie das gemacht haben, werden Sie lächeln und sagen: »Es war kinderleicht.« Hören Sie an dieser Stelle sofort mit dem Lesen auf, und schreiben Sie folgenden Satz auf den nächstbesten Zettel:

> **Der Schmerz jeder Veränderung ist vergessen, sobald die Vorteile dieser Veränderung zutage treten.**

Das gilt für alle Veränderungen. Sobald Sie es geschafft haben, ist der Schmerz vergessen. Ein perfektes Beispiel dafür ist die junge Frau, die ihr erstes Kind zur Welt bringt. Während der Geburt hat sie sich vielleicht geschworen: *nie wieder.* Und dann bringt die Krankenschwester das süße Neugeborene, die Frucht der Liebe zu ihrem Mann. Die Mutter hält es und stillt es. Mit großer Wahrscheinlichkeit wird sie in zwei Jahren wieder in diesem Kreißsaal zu Gast sein. So ist es mit allen positiven Veränderungen.

Ich erinnere mich noch an die Zeit, als ich Tag und Nacht auf der Suche nach neuen Kunden war. Ich mochte die Kundensuche genauso wenig wie jeder andere Verkäufer – bis ich mich dazu aufraffte und das Geld hereinzufließen begann.

Der Schmerz der Veränderung ist vergessen, sobald Sie zu tun beginnen, wofür Sie sich entschieden haben. Und außerdem ist es ein erhebendes Gefühl, das eigene Leben positiv und entschlossen in die Hand zu nehmen. Aber merken Sie sich gut, was ich Ihnen jetzt sage. Achten Sie darauf, wie unser Konflikt entsteht: Wir alle wollen die Motivatoren, aber wir können die Demotivatoren nicht beseitigen.

»Ich möchte viel Geld verdienen, damit ich Sicherheit habe, ich brauche das Gefühl, etwas zu leisten, ich will Anerkennung gewinnen und von meiner Umgebung akzeptiert werden. Und wenn ich all das habe, weiß ich, daß ich mich selbst akzeptieren und mich gut fühlen kann. Aber ich werde die Sicherheit nicht aufgeben, die ich jetzt habe. Ich fühle mich zwar nicht gut – aber wirklich miserabel fühle ich mich auch nicht. Also werde ich diesen Kunden nicht zurückrufen ...«

– »Wenn diese Leute unsere Stereoanlage nicht in ihrem Wohnzimmer stehen haben wollen, haben sie Pech gehabt.«

– »Wenn er nicht erkennt, daß unsere Autos die besten sind, dann ist das sein Problem.«

– »Wenn er nicht kapiert, daß unsere hausinterne Telefonanlage praktisch ist und ihm Geld spart, dann kann man nichts machen. Er hat das Problem, nicht ich.«

»Nun, wenn ich ihn nicht nochmals anrufe, kann er mir auch kein Nein an den Kopf knallen.«

Es ist also leichter, die Finger vom Telefon zu lassen, als sich mit seiner Angst vor dem Versagen auseinanderzusetzen, mit der Angst, »ein Nein vor den Kopf geknallt zu bekommen«.

»Also rufe ich besser nicht an. Außerdem habe ich doch allen meinen Bekannten gesagt, daß ich diese Art von Arbeit eigentlich nicht machen sollte. Meine Mutter fragt mich dauernd, ob ich mir nie eine Pause gönne. Und mein Vater fragt immer: ›Warum arbeitest du so viel? Das verlangt doch niemand von dir.‹ Natürlich, aus ihm ist ja nie viel geworden, aber es geht ihm gut – irgendwie jedenfalls. Ach was, diesmal werde ich nicht ein zweites Mal anrufen.«

Beim nächsten Mal, wenn ein Kunde erneut angerufen werden sollte, ist es dasselbe Lied. Es endet immer mit dem Refrain: »Diesmal werde ich nicht ein zweites Mal anrufen.«

»Die Kunden, mit denen wir in unserer Firma zu tun haben, sind sowieso unmöglich – ein Haufen von Vollidioten, die sich irgendwie in gute Positionen schummeln wollen. Ich war zwölf Jahre lang am College und habe einen Doktortitel, aber dieser Hohlkopf, den ich jetzt zurückrufen soll, kapiert einfach nicht, daß ich der Schlaue mit dem Fachwissen bin und er der Trottel, der dort, wo sein Hirn sein sollte, einen Sack Stroh hat. Er führt sich auf, als hätte er den Silikon-Chip erfunden. Aber ohne seine Kaufbefugnis wäre er eine Null. Für solche Typen soll ich mich ändern? Nein, danke.«

Und wer ist der Verlierer?

Ich bin es. Weil ich unfähig bin, mich dem Schmerz auszusetzen, der mit jeder Veränderung einhergeht. Ich verliere nicht nur diesen einen Auftrag, sondern eine ganze Reihe ähnlicher Aufträge, indem ich es nicht schaffe, mein Selbstverteidigungsmuster zu durchbrechen. Jedesmal, wenn ich mich vor einem Rennen drücke, anstatt zu laufen und eine Niederlage zu riskieren, brenne ich dieses Muster tiefer in mein Denken ein. Wenn der Gegensatz zwischen den Motivatoren und den Demotivatoren in meinem Inneren zu einem Konflikt wird, entsteht das Übergangsstadium namens Frustration.

»Ich bin so frustriert. Ich möchte mehr Geld verdienen, aber von meiner Firma gehe ich um keinen Preis weg.«

»Ich bin schrecklich frustriert. Aber die Ablage gehe ich nicht noch einmal durch. Wenn die Kunden mich nicht anrufen, dann ist das ihr Pech.«

Auf das Stadium der Frustration folgt jenes der Beklemmung. Das ist ein anderes Wort für emotionalen Schmerz. Manche Menschen drücken ihre Beklemmung mit Worten aus wie: »Ich halte den Druck einfach nicht mehr aus.« Andere lassen den Schmerz einfach still in sich wüten.

Mit dem nächsten Stadium erreichen Sie die Gefahrenzone. Viele von uns betreten und verlassen die Gefahrenzone jeden Tag.

Zu welcher Zeit Ihres Lebens ging es Ihnen am besten? Als Sie im Mutterleib behütet waren.

Das nenne ich echte Sicherheit. Ein eigener Pool, Essen, soviel das Herz begehrt, und keine Steuern. Dann kommt plötzlich der Tag, an dem wir in die Welt hinausgestoßen werden. Womit wurden Sie begrüßt, als Sie das Licht der Welt erblickten? Mit einem ordentlichen Klaps – Ihrer ersten Zurückweisung.

Dann wurde die Nabelschnur durchtrennt.

Haben Sie eine Vorstellung davon, wie viele Leute herumlaufen und eine Steckdose suchen, um die Nabelschnur wieder anzuschließen? Denken Sie einmal darüber nach. Wenn Sie sich von den Beklemmungen und Ängsten, die durch das Aufgeben von Sicherheit entstehen, lähmen lassen; wenn Sie von der Angst, der Kunde könnte Sie zurückweisen, paralysiert werden; wenn Sie sich der Tatsache nicht stellen können, daß Sie Selbstzweifel hegen; wenn Sie sich weigern, sich zu verändern und Ihre Verkaufstechnik zu entwickeln – dann ist es kaum wahrscheinlich, daß Sie lange in der Zone des Wohlbefindens bleiben werden. Lassen Sie mich Ihnen ein Beispiel geben:

Ich bin Ihr Verkaufsmanager. Sie und der Rest der Verkaufsmannschaft werden heute an diesem ach so aufregenden Ereignis, dem wöchentlichen Verkäufermeeting, teilnehmen. Für mich sind Schmerz und Angst bis Stufe 700 kein Problem. Während ich unter der Dusche stehe, liegt mein S&A-Wert bei angenehmen 50. Ich lasse das warme Wasser über meine Schultern rieseln und denke: »Ich werde heute morgen ein Super-Meeting veranstalten. Ich

163

werde sie so richtig motivieren. Sie sind nicht besonders produktiv derzeit – keiner von ihnen verdient sehr gut –, aber sie sind im Grunde eine wirklich tolle Gruppe.«

Beim Frühstück komme ich auf die Idee, nachzusehen, wie es mit meiner neuen Superaktie steht, dem Flaggschiff meines Portfolios. Nach anfänglichem Zögern riskiere ich einen Blick in die Morgenzeitung und finde auf den ersten Blick meine Aktie, die uns nach den Versprechungen des Brokers einen sorgenfreien Lebensabend bescheren sollte. Sie ist soeben um fünfzig Prozent gefallen. Plötzlich steigt mein S&A-Wert auf 150. Meine Frau merkt, daß irgend etwas nicht stimmt, und blickt mir über die Schulter. Ihr Blick fällt auf die Aktienkurse. Sie gibt mir gestenreich zu verstehen, was sie von meinem Aktienwissen hält, und sie bedeutet mir, daß ich nichts im Hirn habe außer einer übelriechenden Masse. Mein S&A-Wert erreicht 300.

Als ich ins Auto springe, weiß ich, daß ich zu spät dran bin. Also trete ich aufs Gas. Ein Polizist winkt mich an den Straßenrand. Ich bin so geladen, daß ich gar nicht erst auf die Idee komme, einen Überrumpelungsabschluß bei ihm zu versuchen.

Das nächste Mal, wenn Sie von einem Polizisten angehalten werden, schenken Sie ihm ein strahlendes Lächeln, und sagen Sie, noch bevor er den Mund aufmacht: »Bitte verzeihen Sie mir, daß ich nur wegen einer Verwarnung Ihre kostbare Zeit in Anspruch genommen habe.«

Aber ich schaffe nicht einmal das. So kommt es, daß die Verkehrsstrafe meinen S&A-Wert auf 500 hochtreibt. Als ich schließlich mit zwanzigminütiger Verspätung in die Versammlung stürze, sitzen Sie da. Das Telefon läutet. Sie heben ab und sagen: »Tom, der Anruf ist für Sie.«

»Ich lege ihn in mein Büro. Ich bin gleich zurück.« Es ist der Regionalmanager, der anruft, um mich zu fragen, wie es so läuft, und um mich ein bißchen zu motivieren. Das hört sich etwa folgendermaßen an:

»Hopkins, sind Sie sich eigentlich darüber im klaren, daß die Leistungen Ihres Büros die niedrigsten in unserer ganzen Kette sind? Ihre Leute arbeiten nicht, Ihr Werbebudget liegt darnieder, und Sie wirken im großen und ganzen inkompetent. Wenn es Ihnen nicht bald gelingt, Ihren Leuten Beine zu machen, sollten Sie sich nach einem neuen Job umsehen.«

Ich hänge auf. Durch die Glaswand meines Büros sehe ich die Verkaufsmannschaft, die auf unser wöchentliches Meeting wartet. Als ich mein Büro verlasse, hat mein S&A-Pegel 750 erreicht, er befindet sich also schon in der Gefahrenzone. Durch meinen Körper pulst nun so viel Adrenalin, daß ich nur noch die uralte Alternative habe: wegzulaufen oder zu kämpfen. Da wir das im Geschäftsleben üblicherweise nicht mehr buchstäblich tun, bleiben mir die modernen Entsprechungen: Rückzug antreten oder Feindseligkeiten aufnehmen. Ich gehe nicht. Also nimmt das Meeting einen anderen Verlauf als den, den ich heute morgen unter der Dusche plante. Es beginnt etwa so:

»Guten Morgen. Wißt ihr eigentlich, Leute, daß eure Produktivität zum Himmel stinkt? Wir haben die schlechtesten Leistungen der gesamten Kette. Hört mir jetzt zu, hört mir gut zu: Ich habe mit dem Regionalmanagar gesprochen, und ich warne jeden einzelnen von euch: Wenn ich rausgeschmissen werde, dann nehme ich euch alle mit.«

Nun fühle ich mich plötzlich wunderbar. Ich habe meinen S&A-Wert auf 50 zurückgeschüttelt, indem ich meinen überschüssigen Schmerz und meine Angst durch Feindseligkeit abgeladen habe. Ich bin etwas losgeworden. Wem habe ich es aufgeladen? Ihnen und den anderen Mitgliedern des Verkaufsstabes. Ich habe Sie alle auf 750 gebracht und in die Gefahrenzone gestoßen.

Lernen Sie unbedingt, mit einer Situation wie dieser fertig zu werden. Machen Sie sich nichts vor. In jeder Art von Verkaufsjob wird jeden Tag eine Ladung Schmerz auf Sie abgeladen, und dazu kommt noch eine Ladung Angst. Jeden Tag.

Der Schlüssel zur Bewältigung dieser Situation liegt in der Erkenntnis, daß Sie nichts weiter zu tun brauchen, als den Schmerz und die Angst zu überwinden. Wenn Sie das tun, wird es Ihnen nicht schwerfallen, in der Zone des Wohlbefindens zu bleiben. Warum? Weil es in Wirklichkeit nur zwei Zonen gibt: die Gefahrenzone und die Zone des Wohlbefindens. Sie müssen in der einen oder in der anderen sein. Schmerz und Angst werden erst dann real, wenn Sie zulassen, daß sie Ihnen Kopfschmerzen bereiten. Wenn Sie das nicht zulassen, können sie Ihnen nichts anhaben. Halten Sie sich jeden Tag vor Augen, daß Sie schmerzhafte Erfahrungen machen werden. Diese Erfahrungen haben alle das Potential, Angst in Ihnen auszulösen, aber nur, wenn Sie sich darauf ausrichten, Schmerz und Angst zu fühlen, und jedem weiteren Versagensrisiko aus dem Weg gehen. Wenn Sie sich hingegen entscheiden, sich auf konstruktive Dinge, auf aktives Handeln und nicht auf passives Leiden auszurichten, um so Ihre Chancen zu verwirklichen, werden Sie in der Zone des Wohlbefindens bleiben.

Sie haben es mit Leuten zu tun, die wütend auf Sie sind. Sie haben es mit unzufriedenen Kunden zu tun. Jeder aktive Verkäufer kennt solche Situationen aus reicher Erfahrung. Sehen wir den Tatsachen ins Auge. Solange Sie im Verkauf tätig sind, wird es immer wieder vorkommen, daß jemand wütend auf Sie wird. Niemand, der auf dem Meer des Erfolgs segelt, kann es vermeiden, in solche Stürme zu geraten. Es ist etwas, das von außen kommt und sich oft Ihrer Kontrolle entzieht. Die Angst jedoch entsteht nur in Ihnen selbst, und das heißt klar, daß Sie sie beherrschen können, wenn Sie wollen.*

Sie haben Kunden, für die Sie Ihr letztes Hemd ausgezogen haben und die trotzdem noch nicht zufrieden sind. Das sagen sie Ihnen offen, vielleicht sogar grob ins Gesicht. Vielleicht gehen sie noch weiter und bombardieren Sie mit bösen Anrufen oder schreiben sogar einen Brief an Ihren Chef. Durch solche Dinge werden Sie in die Gefahrenzone gestoßen. Viele Verkäufer beginnen sich in solchen Situation zurückzuziehen oder werden feindselig.

Im nächsten Kapitel finden Sie eine Formel für eine Schritt-für-Schritt-Technik. Wenden Sie diese jedesmal an, wenn der Kunde

* Angst befällt uns oft im Verkäuferberuf. Einfache und praktikable Techniken, Ängste zu beherrschen und zu überwinden, finden Sie im Buch von Shirley Trickett: *Angstzustände und Panikattacken erfolgreich meistern* (Oesch Verlag, Zürich).

einen Termin absagt, mit einem Lieferdatum nicht einverstanden ist, Ihr Produkt als unnötig ablehnt – jedesmal, wenn jemand nein zu Ihnen sagt. Wenden Sie diese Formel jedesmal an, wenn Sie zurückgewiesen werden, und Sie werden beginnen, sich auf Zurückweisungen zu freuen, anstatt sich vor ihnen zu verstecken. Das klingt nicht besonders glaubwürdig, nicht wahr? Dann nehmen Sie sich das nächste Kapitel vor, und sehen Sie selbst.

6 Lernen Sie, das Nein des Kunden zu lieben

Verändern Sie Ihre Einstellung zum Wort »Nein«

Was war das erste Wort, das wir von unseren Eltern lernten?

Das Wort Nein, nicht wahr?

Und wie brachten unsere Eltern uns die Bedeutung dieses Wortes bei? Indem sie uns einen Klaps auf den Hintern gaben. Warum taten sie das? Taten sie es, weil sie uns nicht leiden konnten, oder taten sie es, weil sie uns liebten?

Natürlich taten sie es, weil sie uns liebten. Denn sie wußten, daß wir uns weh tun würden, wenn sie uns nicht lehrten, bestimmte Dinge zu vermeiden. So prägten sie uns auf die einzige Art, die sie kannten, die Bedeutung des Wortes Nein ein – indem sie uns Angst davor einflößten.

Und heute ist das Wort Nein das einzige, was zwischen Ihnen und all dem steht, was Sie von Ihrer Karriere als Verkäufer erwarten.

Die meisten von uns haben mit einem grundlegenden Problem zu kämpfen: Wir haben die falsche Einstellung zu dem fundamentalsten aller Worte. Diese Einstellung, die uns seit frühester Kindheit begleitet, hat ihre Nützlichkeit für unser Leben als Erwachsene längst verloren.

Begehen Sie nicht den Fehler, dieses Problem auf die leichte Schulter zu nehmen. Wenn Sie es lösen, tun Sie mehr für Ihren Verkaufserfolg, als wenn Sie ein Dutzend neuer Abschlüsse lernen. Der Grund dafür ist, daß Sie erst dann Gelegenheit haben werden, diese Abschlüsse in die Tat umzusetzen, wenn Sie sich ein anderes Verständnis des Wortes Nein angeeignet haben.

169

Wahrscheinlich haben Sie überhaupt noch nie über dieses Thema nachgedacht. Das haben nur wenige Leute. Tun Sie es jetzt, indem Sie diese Seiten aufmerksam lesen. Ich werde Ihnen beweisen, daß das Wort Nein nichts Schlechtes, sondern etwas Gutes ist. Ich werde Ihnen zeigen, daß die aus Ihrer Kindheit stammende angstbetonte Reaktion auf dieses Wort im Erwachsenenleben in eine Einbahnstraße führt. Ich werde Ihnen zeigen, wie Sie diese alte, negative Reaktion überwinden können. Ich werde Ihnen eine neue, positive Einstellung zeigen, eine Einstellung, die das Nein als Hinweispfeil auf der direkten Straße zum Erfolg betrachtet.

Denken Sie an Ihre Kindheit zurück. Gab es Zeiten, in denen Ihre Eltern in die »Gefahrenzone« gerieten?

Gewiß gab es diese Zeiten. Eine geringfügige Meinungsverschiedenheit zwischen ihnen wuchs sich zu einem mittelschweren Streit aus, der irgendwie in einen tobenden, brüllenden Kampf ausartete. Wie ich bereits gesagt habe, haben die Menschen nur zwei Möglichkeiten, wenn sie die Gefahrenzone erreichen: sich zurückzuziehen oder feindselig zu werden. Wenn sich diese Szenen zwischen Ihren Eltern am Morgen eines Arbeitstages abspielten, ging Ihr Vater wahrscheinlich zur Arbeit. Das heißt, er zog sich zurück.

Ihrer Mutter blieb keine Möglichkeit zur Flucht, also wurde sie feindselig. Sie hatte Ihnen schon oft gesagt, Sie dürften die Pfanne nicht anrühren. Als sie in die Küche kam, standen Sie auf den Zehenspitzen da, Sie kleiner Bengel, und versuchten, die Pfanne auf der Herdplatte zu erreichen. Und was passierte dann?

Ihre Mutter hätte sagen können: »Komm her, Liebling, und setz dich auf meinen Schoß. Ich hab dich lieb. Weil ich dich liebhabe, will ich nicht, daß du dir weh tust. Wenn du die Pfanne anfaßt, verbrennst du die Finger. Da ich dir das offensichtlich nicht klarmachen konnte, mein Liebling, muß ich deinem Hinterteil nun einen kleinen Schmerz zufügen, damit du mich besser verstehst. Ich habe nein gesagt.« Patsch.

Zeit und Geduld sind in unseren Zeiten seltene Güter. Also setzten unsere Eltern für gewöhnlich erst bei »Ich habe nein gesagt« ein und gaben uns den Klaps. So wurde uns eingehämmert, daß ein

Nein Zurückweisung bedeute – und Zurückweisung ist schmerzhaft. Ein Nein ist schlecht.

Das ist jedem von uns Hunderte Male zugestoßen. Ohne solche Regeln würden in unserer hochmechanisierten Welt nur wenige Menschen das Erwachsenenalter erreichen.

In der Volksschule lernten wir den Druck kennen, der von den Gleichaltrigen ausgeht. Wir wollten so sein wie die anderen. Wenn alle aufgerollte Ärmel trugen, rollten wir unsere auch auf. Wenn alle dünne Gürtel trugen, hätten wir uns mit einem breiten nicht aus dem Haus getraut. Wenn in der Gruppe eine bestimmte Schuhmarke oder ein bestimmter Kleidungsstil »in« war, mußten wir uns danach richten, wenn wir akzeptiert werden wollten. Erinnern Sie sich?

Meine Mutter, und ich habe eine wundervolle Mutter, hatte eine Schwäche für hübsche Dosen, in die Sie mein Butterbrot verschloß. Ich war vielleicht nicht nach der letzten Mode gekleidet, aber ich hatte von allen die schönste Pausendose. Da wir in dieser Zeit oft umzogen, begann ich die fünfte Klasse in einer neuen Schule. Als ich in der Pause stolz meine herrliche Pausendose auspackte, zeigten die anderen Kinder mit dem Finger auf mich und schrien: »Schaut euch den Dummkopf mit seiner Pausendose an. Ha, ha, ha.« Pausendosen waren out. Papiertüten waren in.

Natürlich wollte ich von meinen Mitschülern akzeptiert werden, aber ich wollte auch meine Mutter nicht vor den Kopf stoßen. Also verließ ich das Haus mit meiner wunderbaren Pausendose, versteckte sie auf dem Schulweg zwischen den Bäumen und packte das Pausenbrot in eine braune Papiertüte. Die Methode funktionierte. Zu Hause hatte ich keine Probleme, und meine Mitschüler akzeptierten mich. Auf diese Weise konnte ich es allen recht machen.

Das wollen wir alle, nicht wahr? Aber im Verkauf können wir es nicht immer allen recht machen. Und es gibt Zeiten, in denen Sie von Ihren Kunden als Abladeplatz für ihre Ängste benutzt werden. Kurz bevor Sie eintreten, hat jemand oder etwas Ihren Kunden in die Gefahrenzone gebracht. Weil Sie kommem, kann er nicht fliehen und muß bleiben. Also wird er Ihnen gegenüber feindselig und lädt seine Ängste auf Ihren Schultern ab. Das ist eine Seite des Verkäuferberufs, von der wir nicht sehr oft hören. Sie bietet uns Chancen, obwohl der durchschnittliche Verkäufer solche Situationen in der Regel keineswegs aus diesem Blickwinkel betrachtet. Im Gegenteil, er läßt sich durch solche Vorgänge geradewegs in seine eigene Gefahrenzone drängen. Sobald er dort ist, kann er sich nur noch zurückziehen. Er kann den Verkauf verlieren und/oder seinerseits feindselig werden. So oder so – die Motivation dieses Verkäufers ist für diesen Tag, vielleicht auch für länger, im Eimer. Viele fähige Leute haben dem Verkauf den Rücken gekehrt, weil sie wiederholte Rückschläge dieser Art nicht verkrafteten.

Wenn ein potentieller oder bestehender Kunde wegen einer Kleinigkeit explodiert oder Ihnen ohne ersichtlichen Grund das Leben schwermacht, wurde er offensichtlich durch etwas oder jemanden in seine Gefahrenzone getrieben. Nun braucht er einen Ersatz für den abwesenden Bösewicht.

Lehnen Sie die Rolle des Bösewichts ab, und schlüpfen Sie statt dessen in die Haut des Guten. Wenn Ihnen das gelingt, können Sie einen Sieg davontragen,.

Der durchschnittliche Verkäufer fürchtet um seine Würde, wenn er mit einem Kunden konfrontiert ist, der feindselig wird. Wenn nun der Verkäufer brüllen muß, bevor er sich zurückziehen kann, wird er brüllen. Wenn seine Würde einen stummen Rückzug zuläßt, wird er sich stumm zurückziehen. Den Kunden kann er in beiden Fällen abschreiben.

Der Champion betrachtet die Situation in einem völlig anderen Licht. Er erkennt sofort, daß sein Kunde von einem Schmerz gequält wird, er weiß, daß es nicht produktiv wäre, der Feindseligkeit des Kunden mit eigener Feindseligkeit zu begegnen, und er weiß, daß es hier nicht um seine eigene Würde geht. Als Mensch möchte er den Schmerz des Kunden lindern; als Geschäftsmann möchte er den Schmerz aus dem Weg räumen, um das Geschäft vorantreiben zu können.

Der Champion trägt den Sieg davon, indem er in einer solchen Situation in die Rolle des Guten schlüpft: er bleibt ruhig, hört aufmerksam zu und spricht das Problem bei der ersten sich bietenden Gelegenheit an.

»Lieber Herr X, ich habe das Gefühl, daß Sie etwas bedrückt. Ich weiß, wie das ist. Warum laden Sie nicht einen Teil der Last auf meine Schultern? Ich denke, daß das uns beiden die Sache leichter machen wird. Man muß sich die Dinge einfach von der Seele reden. Mit jemandem zu sprechen, der nicht direkt beteiligt ist, kann Wunder wirken. Man sieht einfach klarer. Möchten Sie mit mir über das sprechen, was Sie bedrückt?«

Sprechen Sie diese Worte langsam und deutlich. Der feindselige Kunde ist vermutlich wie vom Donner gerührt. Er bestreitet, daß er ein Problem hat, oder versucht, Ihr Angebot zu überhören. Wenn Sie aber echtes Einfühlungsvermögen zeigen, stehen die Chancen gut, daß er schließlich doch über das sprechen wird, was ihm auf der Seele liegt. Sobald er einmal auf Touren ist, wird er kaum mehr zu stoppen sein. Machen Sie sich deswegen keine Sorgen. Er wird Ihnen einen weiteren Termin geben, oder er wird etwas sagen wie: »Schluß mit meinen persönlichen Problemen. Was wollen Sie mir verkaufen?«

Sie sagen es ihm.

»Wie hoch liegen die Kosten?«

Sie sagen es ihm.

»Lassen wir das übliche Blabla. Sie kennen unsere Erfordernisse. Ist Ihre Maschine das Richtige für uns?«

Sie bejahen. Das stimmt natürlich, ansonsten wären Sie nicht dort.

»Gut, ich unterschreibe den Kaufauftrag. Kommen Sie damit vorbei, wenn Sie das nächste Mal in der Gegend sind, ich kann Ihnen ein paar Tips geben, wer sich noch für Ihr Produkt interessieren könnte.«

Ein Champion weiß, wann die wirkungsvollste Präsentation darin besteht, auf eine Präsentation zu verzichten.

Wie man die negativen Aspekte der Zurückweisung überwindet

Niemand, der im Verkauf arbeitet, wird bestreiten, daß es in unserer Berufssparte entscheidend für den Erfolg ist, die negativen Auswirkungen von Zurückweisungen zu überwinden. Was wir brauchen, ist ein System, das es uns ermöglicht, dies immer zu tun. Hier ist es. Ich nenne es die »Champion-Formel für die Zurückweisung der Zurückweisung«.

Wenn Sie sich auf diese Formel konzentrieren, werden Sie sich gut fühlen, wenn Sie mit einer Zurückweisung konfrontiert werden. Vielleicht nehmen Sie mir das nicht ab. Gut. Sie brauchen meine Formel nicht zu verwenden – wenn Sie tatsächlich oft zurückgewiesen werden, diese Zurückweisungen überwinden und Abschlüsse tätigen. Sollte das nicht der Fall sein, brauchen Sie die Formel. Kämpfen Sie nicht dagegen an, verwenden Sie sie. Und verwenden Sie sie ohne Einschränkungen. Sie wird Ihre Verkaufszahlen in lichte Höhen katapultieren.

Schritt eins: Der erste Schritt in der Verwendung dieser Formel besteht darin, den finanziellen Wert jeder Zurückweisung zu ermitteln, der Sie ausgesetzt sind. Ich kann diesen Wert nicht für Sie ausrechnen, weil es in diesem Buch um den Verkauf im allgemeinen geht und weil sich die Werte im Lauf der Zeit verändern. Aber um Ihnen zu zeigen, wie es geht, nehmen wir einfach an, daß Sie für jeden Abschluß, der Ihnen gelingt, 100 Dollar bekommen.

1 Abschluß = 100 Dollar

Schritt zwei: Ein Champion arbeitet mit Verhältniszahlen. Als professioneller Verkäufer kennen Sie das Verhältnis zwischen Ihren Kontakten und Ihren Verkaufszahlen, das heißt, Sie wissen, wie viele Leute Sie kontaktieren müssen, um zu einem Abschluß zu kommen. Dieses Verhältnis im Auge zu behalten ist mit geringem Aufwand verbunden und bringt Ihnen wertvolle Informationen. Wenn dieses Verhältnis zum Beispiel plötzlich absackt, dann haben

Sie einen Hinweis auf Probleme, bevor diese Probleme groß werden. Einstweilen wollen wir annehmen, daß Sie zehn Leute kontaktieren müssen, um einen Abschluß zu tätigen. Das bedeutet, daß Ihr Kontakt-Verkaufs-Verhältnis bei zehn zu eins liegt.

1 Abschluß = 100 Dollar
10 Kontakte = 1 Abschluß
Daher:
1 Kontakt = 10 Dollar

Sie werden nicht pro Abschluß bezahlt, sondern pro Kontakt.

Das ist keine verrückte, verdrehte, unvernünftige Betrachtungsweise, sondern die Realität. Sie müssen zehn Kontakte herstellen, um einen Abschluß zu erreichen. Keine Kontakte, keine Abschlüsse, keine Einnahmen. Der Verdienst beginnt nicht mit dem Abschluß, sondern mit dem Kontakt. Wenn das so ist, warum sollten Sie sich dann einreden, daß Sie 100 Dollar für einen Abschluß bekommen, aber nichts für einen Kontakt? Das ist nicht nur demotivierend, es entspricht auch nicht der Wahrheit. Aber betreiben Sie keine Haarspalterei. Der Unterschied zwischen einem Champion und einem durchschnittlichen Verkäufer liegt darin, wie sie derartige Dinge betrachten.

Verhalten Sie sich so, wie sich ein Champion verhalten würde: Motivieren Sie sich mit einer Siegereinstellung. Verwenden Sie dafür die oben beschriebene Formel. Vielleicht sind es bei Ihnen 12 Kontakte und 240 Dollar pro Abschluß. Wenn das der Fall ist, dann verdienen Sie mit jeder Zurückweisung 20 Dollar. Stellen Sie fest, wieviel Sie mit jeder Zurückweisung verdienen, und halten Sie sich das immer vor Augen. Vergegenwärtigen Sie es sich auch nach jeder Zurückweisung. Dafür werden Sie folgendermaßen belohnt: Sie machen mehr Kontaktanrufe, weil Ihnen eine Zurückweisung nicht mehr so viel ausmacht, und Sie machen bessere Kontaktanrufe, weil Sie entspannter sind. Dann, ein bißchen später, bemerken Sie, daß Ihnen die Kontaktanrufe sogar Spaß zu machen beginnen. Jetzt sind Sie so richtig in Fahrt. In der Zeit, in der Sie früher Löcher in die Wand starrten und sich Gründe dafür ausdachten, daß Sie nicht zum Telefon griffen, machen Sie jetzt mühelos fünf, zehn oder zwanzig Anrufe. Ihre Verkaufszahlen explodieren. Und die Sache macht Ihnen Spaß, weil es Spaß macht zu gewinnen.

Ist das keine verlockende Vorstellung?

Jedesmal, wenn Sie ein Nein hören, haben Sie einen bestimmten Betrag verdient: den Wert dieser einen Zurückweisung. Dann wird Ihnen klar, daß das Nein etwas Gutes ist, daß es jenes Wort ist, hinter dem sich das Geld versteckt.

Sie haben richtig gelesen. Nein ist ein gutes Wort. Es ist nicht länger ein fester Klaps auf das Hinterteil eines Babys, ein Klaps, der sich in einen harten Schlag auf die Schwachstellen des Erwachsenen verwandelt. Wenn Sie oft ein Nein zu hören bekommen, bedeutet das, daß Sie im Geschäftsleben aktiv sind, daß Sie Geld verdienen und daß Sie dabei sind, Ihre Ziele zu erreichen. Es wird eine Zeit kommen, in der Ihnen das Wort Nein wie süße Musik in den Ohren klingen wird.

Konzentrieren Sie sich auf den finanziellen Wert, den das Wort Nein für Sie hat, und Sie werden sich auf Zurückweisungen zu freuen beginnen. Wie ich bereits gesagt habe, unterscheiden sich Champions und Durchschnittsverkäufer vor allem darin, wie sie mit grundlegenden Dingen wie Zurückweisungen umgehen. Wenn Sie gelernt haben, in jeder Zurückweisung einen Verdienst von 10 Dollar zu sehen, und damit umgehen können, werden Sie Kunden begegnen, die Ihnen zwei- oder dreihundert Dollar einfach dafür geben, daß Sie gekommen sind. Haben Sie verstanden, was ich meine?

Beginnen Sie die Leiter des Erfolgs zu erklimmen, indem Sie Ihre Einstellung gegenüber der Zurückweisung ändern. Nun weiß ich natürlich, daß einige von uns durch ihre Erziehung schreckliche Angst vor Zurückweisung haben. Was können sie tun?

> **Tun Sie, was Sie am meisten fürchten, und Sie werden Ihre Angst beherrschen.**

Wenn Sie lernen, mit Zurückweisung umzugehen – wenn Sie sich das Recht einräumen, sie zu spüren, und wenn Sie es schaffen, sie einmal, zweimal, dreimal zu überwinden, werden Sie mit der Zeit zu erkennen beginnen, daß Zurückweisungen gar nicht so schlimm sind, wie Sie dachten. Lassen Sie sich nicht einschüchtern. Sie werden lernen, mit der Zurückweisung fertig zu werden. Dann werden Sie plötzlich erkennen, daß Sie sie ertragen, ohne dabei Schmerz zu empfinden, und eines Tages werden Sie sich fragen, warum Sie es je zuließen, daß die Angst vor Zurückweisung Sie daran hinderte, Ihre Ziele zu verfolgen.

Die fünf Einstellungen des Champions gegenüber der Zurückweisung

Aus ganz Nordamerika schreiben mir Teilnehmer meiner Verkaufsseminare Briefe über diese fünf Einstellungen. In diesen Briefen lese ich immer wieder:

»Tom, ich habe mir Ihren Rat zu Herzen genommen und mir die fünf Einstellungen zur Zurückweisung eingeprägt. Das hat mir geholfen, sowohl im Geschäfts- als auch im Privatleben ein höheres Maß an Schmerz, größere emotionale Belastungen, mehr Probleme und stärkeren Druck zu ertragen – und trotzdem voranzukommen.«

Auch Ihnen werden sie helfen, wenn Sie sich diese fünf Einstellungen zu eigen machen und nicht bloß kurz überfliegen und gleich zu etwas anderem übergehen. Damit sie Ihnen in Fleisch und Blut übergehen, müssen Sie die Worte in Ihr Gedächtnis eingravieren. So werden Sie die fünf Einstellungen abrufen können, wenn Sie sie brauchen. Diese fünf Einstellungen werden Ihre Reaktion auf Zurückweisungen völlig verändern, denn Sie werden in jeder Zurückweisung eine Chance sehen.

Schreiben Sie sich die fünf Einstellungen auf Karteikarten. Lernen Sie sie auswendig. *Die fünf Einstellungen gegenüber der Zurückweisung müssen Wort für Wort auswendig gelernt werden.* Um das Ganze wirkungsvoller und emotional ansprechender zu gestalten, biete ich Ihnen für jede Einstellung drei Alternativen zur Auswahl an. Wählen Sie die Version (A, B oder C), die Ihnen am ehesten entspricht. Dann merken Sie sich Ihre fünf neuen, maßgeschneiderten Einstellungen zu allen Resultaten, die nicht als Erfolg bezeichnet werden können. Ersetzen Sie ruhig Zurückweisung durch Mißerfolg, wann immer dieses Wort Ihr Gefühl besser beschreibt.

Erste Einstellung auf Zurückweisung:

A Ich betrachte einen Fehlschlag niemals als Fehlschlag, sondern lediglich als Lernerfahrung.

B Ich sehe in einem Mißerfolg niemals einen Fehlschlag, sondern eine Lernerfahrung.

C Ich betrachte einen Nichterfolg stets als Lernerfahrung.

Zweite Einstellung gegenüber Zurückweisung:

A Ich betrachte einen Fehlschlag niemals als Fehlschlag, sondern nur als negatives Feedback, das ich brauche, um eine Kursänderung vorzunehmen.

B Ich sehe in einem Nichterfolg niemals einen Fehlschlag, sondern eine Anleitung dazu, wie ich meine Ziele besser erreichen kann.

C Ich finde in jedem Mißerfolg Anregungen für eine Kurskorrektur.

Dritte Einstellung gegenüber Zurückweisung:

A Ich betrachte einen Fehlschlag niemals als Fehlschlag, sondern als Chance, meinen Sinn für Humor weiterzuentwickeln.

B Ich sehe in einem Nichterfolg niemals einen Fehlschlag, sondern die Chance, meinen Sinn für Humor zu entwickeln.

C Es fällt mir leicht, meinen Fehlschlägen eine heitere Seite abzugewinnen.

Vierte Einstellung gegenüber Zurückweisung:

A Ich betrachte einen Fehlschlag niemals als Fehlschlag, sondern nur als Chance, meine Techniken zu üben und meine Leistung zu perfektionieren.

B Ich sehe in einem Mißerfolg niemals einen Fehlschlag, sondern eine Chance, meine Techniken zu üben und meine Leistung zu perfektionieren.

C Icb bin dankbar für die Chance, die mir jeder Mißerfolg bietet, nämlich meine Techniken zu üben und meine Leistung zu perfektionieren.

Fünfte Einstellung gegenüber Zurückweisung:

A Ich betrachte einen Fehlschlag niemals als Fehlschlag, sondern nur als das Spiel, das ich spielen muß, um zu gewinnen.

B Ich betrachte einen Nichterfolg niemals als Fehlschlag, sondern ich sehe darin einen Teil des Spiels, das ich spielen muß, um zu gewinnen.

C Ich sehe einen Mißerfolg immer als einen notwendigen Teil des Spiels, das ich spiele, um zu gewinnen.

Sehen wir uns diese fünf Einstellungen zur Zurückweisung einmal näher an, damit wir unsere Fähigkeit, mit Fehlschlägen fertig zu werden, weiterentwickeln können.

1. Wenn Sie sich auf die Kundensuche machen und zurückgewiesen werden, wenn Sie eine Präsentation oder Demonstration durchführen, ohne daß Ihnen ein Abschluß gelingt, wenn Sie den Abschluß bereits gemacht haben und Ihr Auftrag dann aufgrund irgendeiner Kleinigkeit vom Kunden storniert wird – was können Sie daraus lernen?

Etwas sehr Wertvolles: eine praktische Verkaufslektion, die genau auf die Wirtschafts- und Wettbewerbsbedingungen in dem betreffenden Monat, auf Ihr Verkaufsgebiet und auf Ihr Produkt oder

Ihre Dienstleistung zugeschnitten ist (das heißt darauf, wann, wo und was Sie verkaufen). Weigern Sie sich nicht, diese Lektion zu lernen. Schließlich haben Sie bereits dafür bezahlt, indem Sie den Auftrag verloren.

Manchmal müssen Sie ein bißchen tiefer graben, um die Lektion zu begreifen, in anderen Fällen tritt ihr Sinn klar zutage. Aber Sie werden der Sache immer auf den Grund gehen müssen. Verwenden Sie Ihre Zeit und Ihre Energie in jedem Fall darauf, die Fakten zu analysieren und die Lektion zu lernen, die Sie mit einem versäumten Abschluß bezahlt haben. Verschwenden Sie Ihre Zeit nicht damit, die Hände zu ringen und zu jammern: »Was habe ich nur falsch gemacht? Warum habe ich nur diesen Abschluß verpatzt?«

Der Erfindung der Glühbirne ging ein enormes Maß an geistiger und physischer Anstrengung voran. Die größte Schwierigkeit bestand darin, ein Material zu finden, das lange Zeit glühen würde, anstatt zu verbrennen. Bevor Thomas Edison dieses Problem löste, führte er Tausende von Experimenten durch, die allesamt keine brauchbare Glühbirne hervorbrachten. Doch er gab nicht auf. Schließlich entwickelte Edison Materialien, die zunächst eine Stunde, dann einen Tag und schließlich eine Woche lang leuchteten. Diese Bemühungen brachten der Welt jene Erfindung, die mehr für die Verbesserung unseres Lebensniveaus getan hat als jede andere.

Die Leute fragten Edison: »Wie fühlten Sie sich, nachdem Sie den tausendsten Fehlschlag erlitten hatten?«

Das war seine Antwort: »Es waren nicht tausend Fehlschläge. Ich lernte tausend Methoden kennen, die nicht funktionierten.« Ist das nicht erstaunlich? Alles hängt nur davon ab, wie wir die Dinge betrachten. Ich habe erkannt, daß unsere großen Champions, jene, die für sich und ihre Familien sehr viel Geld verdienen, Menschen sind, die ihre Einstellung geändert und gelernt haben, jenem Druck und jenen Ängsten standzuhalten, von denen sich die meisten von uns lähmen lassen.

Sagen Sie sich ab jetzt immer, wenn Sie in irgendeiner Weise zurückgewiesen werden:

> **Ich betrachte einen Fehlschlag niemals als Fehlschlag,
> sondern als Lernerfahrung.**

2. Wenn Sie vom Kurs abgekommen sind, brauchen Sie negatives Feedback, um wieder auf Kurs zu kommen. Wir alle kennen Kunden, die sich in alles verlieben, was wir ihnen zeigen. »Oh, dieser hier ist toll. Dieser ist einfach phantastisch. Und schau mal, hier. Sensationell.«

Von solchen Kunden hören Sie nie Einwände oder negatives Feedback – und es ist nahezu unmöglich, sie zum Kauf zu bewegen. Man glaubt, daß sie das gesamte Inventar kaufen werden, bis man schließlich mit leeren Händen zur Tür hinausgeht.

Jeden Morgen treffen wir eine Entscheidung darüber, welche Einstellung gegenüber Zurückweisungen wir für diesen Tag annehmen wollen. Wir können eine Zurückweisung persönlich nehmen und uns unseren Tag zerstören lassen, oder wir können sie abschütteln und unbeirrt fortfahren. Sie und ich treffen diese Entscheidung jeden Tag von neuem.

In meinen Verkaufsseminaren verwende ich eine Analogie, die mir sehr treffend erscheint. Denken Sie an einen modernen Torpedo, der von einem U-Boot aus abgefeuert wird und sich sein Ziel selbst sucht.

Nehmen wir an, ich wäre dieser Torpedo. Das Ziel steht fest. Kaum unterwegs, komme ich vom Ziel ab. Das Zielsuchgerät schaltet sich zu und meldet mir: »Nichts da.« Ich vollführe eine etwas zu starke Wendung und komme erneut vom Kurs ab. Das Gerät meldet wieder: »Nichts da.« Angesichts dieser Zurückweisungen ändere ich wieder und wieder den Kurs, und dann ist es da: das Ziel. Ich habe mein Ziel erreicht. Krach, bumm. Eine riesige Explosion. Leb wohl, Ziel.

Was würde geschehen, wenn der Torpedo die Zurückweisung persönlich nähme? Was würde er tun?

Zurückfliegen.

Das sähe etwa so aus:

Ein Torpedo wird abgefeuert.

»Du bist vom Kurs abgekommen, Torpedo.«

»Macht nichts«, antwortet der Torpedo. »Ich schwimme nach Hause zurück.«

Jemand auf dem U-Boot brüllt: »Oh, verdammt. Hier kommt der, der es nicht geschafft hat.« Krach, bumm. Eine riesige Explosion. Leb wohl, U-Boot.

Bei unseren Untersuchungen des Verkäuferverhaltens haben wir verschiedene Verhaltensmuster festgestellt. Eines davon besteht darin, daß Vertreter in die Gefahrenzone geraten, weil sie nicht mit der Zurückweisung fertig werden, die Teil ihrer Arbeit ist. Und wo verbringen sie dann ihre Zeit?

Zu Hause.

Nur zu viele Verkäufer verstecken sich zu Hause. Oder sie gehen zu früh nach Hause. Oder sie machen eine Mittagspause von drei Stunden, um sich vor dem Schmerz der Zurückweisung zu verstecken.

Was könnte der Torpedo sonst noch tun, wenn er mit der Zurückweisung nicht umgehen kann?

Er könnte im Inneren des U-Bootes explodieren. Das tun Verkäufer mitunter. Sie halten es nicht mehr aus. Also explodieren sie in ihrem Büro oder im Schauraum. Krach, bumm. Leb wohl, Job.

Oder der Torpedo könnte sich einfach entschließen, im Kreis zu fliegen. Verkäufer aller Branchen tun das. »Ich glaube, ich werde mich heute nicht allzusehr anstrengen, sondern meine Nerven schonen. Ich werde also mit niemandem sprechen. Ach herrje, da kommt schon wieder dieser hochnäsige Bursche, der sich so brennend für unser Modell 360 interessiert. Puh, Glück gehabt, er sieht weg. Ich kann mich noch schnell auf der Toilette verstecken, bevor er mich erkennt.«

Warum sollten Verkäufer so etwas tun? Weil die Aussicht, noch eine Zurückweisung einstecken zu müssen, mehr ist, als sie verkraften können.

Wenn ein Champion es mit demselben Kunden zu tun bekommt, der den durchschnittlichen Verkäufer emotional vernichtet, wird er kreativ und denkt: »Nur zu, Mr. Arrogant, ich bin bereit. Wetz dein Messer. Das kann mich nicht erschüttern. Ich werde deinen negativen Stimulus nutzen, um einen positiven Weg zur Überwindung deiner Einwände zu finden. Ich werde das Geschäft abschließen.«

Finden Sie diese Reaktion nicht sinnvoller, als sich in einem Loch zu verkriechen? Warum sollten Sie sich von einer Zurückweisung entmutigen lassen? Warum negatives Feedback abblokken? Nehmen Sie es an, ändern Sie Ihren Kurs, und treffen Sie dieses Ziel – oder ein anderes. Es macht Spaß!

Es ist wirklich ein erhebendes Gefühl, sein Leben in die Hand genommen zu haben und sich nicht mehr kleinkriegen zu lassen. Wenn Ihnen das gelungen ist, werden Sie mühelos neun Zurückweisungen hintereinander einstecken und sagen:

Ich betrachte einen Fehlschlag niemals als Fehlschlag, sondern als negatives Feedback, das ich brauche, um eine Kurskorrektur vorzunehmen.

---

3. Es folgt meine Lieblingseinstellung gegenüber Zurückweisungen, und ich denke, daß ich mir diese öfter zunutze gemacht habe als jede andere.

Hatten Sie jemals eine traumatische Erfahrung mit einem Kunden, der Sie buchstäblich in den Boden stampfte? Danach fühlten Sie sich so schrecklich, daß es Ihnen einfach unmöglich war, ein zweites Mal anzurufen. Sie waren erledigt. Sie wollten nicht einmal mehr den Namen dieses Menschen hören.

Aber was tun Sie drei Wochen später?

Sie reißen Witze über Ihre Niederlage. Sie erzählen den Leuten: »Das hätten Sie sehen sollen. Wie ein Sprung in ein leeres Schwimmbecken. Ich fuhr zu diesem Kunden, und ...«

Drei Wochen später ist das alles sehr lustig. Der ganze Schmerz verschwindet, wenn Sie die Geschichte zum ersten Mal erzählen und über diese Katastrophe lachen. Bis Ihnen das gelingt, sind Sie selbst eine Katastrophe: Sie pflügen den Boden mit Ihrer Nase, Sie sind aus dem Gleichgewicht, Ihre Begeisterung ist verschwunden, Ihre Fähigkeit zur Verarbeitung Ihrer täglichen Zurückweisungsration ist nicht mehr sehr ausgeprägt. Die Wochen zwischen der Katastrophe und dem Lacherfolg sind vergeudete Zeit.

Das Leben muß nicht so sein. Beginnen Sie früher, darüber zu lachen. Das ist es. Lachen kann den Beklemmungsschmerz oft lindern. Jede Art von Humor ist hilfreich, aber wenn Sie sich über Ihre eigenen Ausrutscher, Fehler und Mißgeschicke lustig machen, wird Ihre Angst dahinschmelzen wie Eis in der Mittagssonne.

Alle großen Menschen, die ich kenne, haben einen wundervollen Sinn für Humor. Sie haben ihr Vergnügen daran, sich über die Wechselfälle des Lebens zu unterhalten, und sie entdecken sehr viel Komisches in ihnen. Lachen ist gut. Lachen Sie öfter. Aber lachen Sie nicht zu früh.

Wenn Sie den Anruf eines Kunden entgegennehmen, der soeben von Ihnen gekauft hat, und der Mann sagt: »Wir denken daran, vom Kauf zurückzutreten«, dann ist das nicht der richtige Zeitpunkt, um sich vor Lachen auszuschütten und noch ein paar Witze zu reißen. Zuerst müssen Sie alles Notwendige tun, um diesen Abschluß zu retten. Wenn er trotzdem den Bach hinuntergeht, können Sie immer noch lachen.

Wenn Sie neu im Verkauf sind und jedesmal lachen, wenn etwas schiefgeht, werden Sie sich blendend unterhalten. Solange das Lachen direkt mit der Arbeit zu tun hat und Sie zwischen ihren Pointen hart arbeiten, warum nicht? Sie achten auf die richtige Einstellung und lernen schnell. Es ist selbstzerstörerisch zu glauben, man arbeite nur, wenn es weh tut.

Ich habe Ihnen den Schlüssel in die Hand gegeben: Lachen Sie früher über Ihre Probleme. Am Anfang wird es Ihnen schwerfallen zu lachen, weil Sie lieber weinen möchten. Aber auch das ist eine Gewohnheit, die von der Einstellung abhängt, die Sie sich ausgesucht haben. Wenn Sie bereit sind, Ihr Leben selbst in die Hand zu nehmen, können Sie sich jene Gewohnheiten aneignen, nach denen Sie leben möchten. Wenn der Erfolg einen Bogen um Sie macht, suchen Sie immer die komische Seite, indem Sie sich sagen:

> **Ich betrachte einen Fehlschlag niemals als Fehlschlag,
> sondern als Chance, meinen Sinn für Humor
> weiterzuentwickeln.**

4. Sie präsentieren einem Kunden Ihr Produkt, und er kauft nicht. Und doch gibt er Ihnen etwas – nämlich eine Chance zu üben. Vielen von uns ist nicht bewußt, wie wichtig das ist. Verkäufer, deren Umsätze unterhalb ihrer Möglichkeiten liegen, neigen dazu, über das Üben die Nase zu rümpfen. Darin liegt einer der Gründe für ihre niedrigen Umsätze. Wäre ihre Leistung perfekt, wie könnten dann ihre Umsätze schlecht sein?

Eine perfekte Leistung ist viel mehr als ein auswendig gelerntes Verkaufsritual. Jede Präsentation ist höchstens mittelmäßig, solange es Ihnen nicht gelingt, die Anteilnahme des Kunden zu gewinnen. Das erfordert Übung und eine gründliche Kenntnis dessen, was Sie verkaufen. Jedesmal wenn Sie in Ihrem Schauraum, Ihrem Verkaufsbereich, in der Wohnung oder im Büro des Kunden oder an irgendeinem anderen Ort mit einem potentiellen Kunden arbeiten, der »nein« zu Ihnen sagt, haben Sie die Chance, die Tür hinter sich zu schließen und zu sagen:

> **Ich betrachte einen Fehlschlag niemals als Fehlschlag,
> sondern als Chance, meine Verkaufstechniken
> zu üben und meine Leistung zu perfektionieren.**

Schütteln Sie nach jeder Zurückweisung das Negative ab, konzentrieren Sie sich auf das Positive, und bewegen Sie sich vorwärts. Tun Sie das sofort, automatisch und konsequent. Das ist eine jener wertvollen und seltenen Gewohnheiten, die den Erfolg sichern. Und es ist eine Gewohnheit, die erlernbar ist. Machen Sie sie sich zu eigen.

5. Verkaufen ist ein Spiel, in dem es um Prozente geht, ein Spiel mit Zahlen. Im Lauf der Jahre bin ich zu der Erkenntnis gelangt, daß

das Spiel in allen Organisationen von einer Regel bestimmt wird: Jene, die mehr Mißerfolge riskieren, indem sie mit mehr Leuten arbeiten, verdienen mehr Geld; jene, die weniger Mißerfolge riskieren, verdienen weniger.

Wenn Sie viele Mißerfolge riskieren, werden Sie auch viele haben. Das ist unvermeidlich. Es ist Teil des Systems. Ein weiterer Bestandteil des Systems ist der Prozenteffekt: Ein bestimmter Prozentsatz an Versuchen verläuft erfolgreich. Da das so ist, müssen Sie lediglich die Tatsache akzeptieren, daß der Erfolg seinen Prozentsatz an Mißerfolgen einfordert. Wenn Ihre Anstrengungen also von Mißerfolgen gekrönt werden, sagen Sie zu sich selbst:

> **Ich betrachte einen Fehlschlag nie als Fehlschlag, sondern ich sehe in ihm nur das Spiel, das ich spielen muß, um zu gewinnen.**

Wenn Sie sich im Baseball auskennen, kennen Sie Ty Cobb. In seinem besten Jahr stahl er bei 144 Versuchen 94 Bases. Denken Sie einmal darüber nach. Zwei Drittel oder 66 Prozent seiner Versuche waren erfolgreich. Das sind die Prozentsätze, auf denen eine unsterbliche Legende beruht. Sechsundsechzig Prozent!

Lassen Sie uns von einem anderen Ballspieler sprechen. Max Carey hatte eine Erfolgsquote von über neunzig Prozent; in seinem besten Jahr stahl er bei 54 Versuchen 51 Bases. Was für ein Prozentsatz. Aber heute ist Carey vergessen. Was im Leben zählt, ist nicht, wie viele Fehlschläge man hinnehmen muß, sondern wie oft man es versucht. Hätte der gute alte Max sein Ego bezwungen und es öfter versucht, wäre er die Nummer eins geworden.

Das Glaubensbekenntnis des Champions

Wir von Tom Hopkins/Champions Unlimited vertreten eine grundlegende Philosophie. Von dieser Philosophie leben wir. Sie macht uns zu Champions; sie macht Champions aus den Verkäufern, die wir ausbilden dürfen.

Ich werde nicht danach beurteilt, wie oft ich Fehlschläge erleide, sondern danach, wie viele Erfolge ich erziele. Die Zahl meiner Erfolge steht in direktem Verhältnis zur Zahl jener Versuche, die fehlschlagen und mir weitere Versuche ermöglichen.

Beschränken Sie sich nicht darauf, dieses Glaubensbekenntnis zu lesen. Studieren Sie es. Verinnerlichen Sie es. Lassen Sie zu, daß es Ihre Einstellung allen Ergebnissen gegenüber verändert, die nicht als Erfolg bezeichnet werden können. Legen Sie dieses Buch nun bitte zur Seite, schreiben Sie sich das Glaubensbekenntnis auf ein griffbereites Blatt Papier, und stecken Sie es in Ihre Brieftasche. Arbeiten Sie mit dem Glaubensbekenntnis und den fünf Einstellungen gegenüber Zurückweisungen. Prägen Sie sich diese Dinge tief in Ihr Gehirn ein, und Ihre Leistungen und Ihr Einkommen werden in andere Dimensionen vorstoßen. Ich bin fest davon überzeugt, daß ein Champion deshalb ein Champion ist, weil er gelernt hat, seinen Erfolgswillen durch die Überwindung einer größeren Anzahl von Fehlschlägen zu stärken.

Lesen Sie die fünf Einstellungen gegenüber Zurückweisungen und Mißerfolgen jetzt noch einmal durch, und verwenden Sie sie jedesmal, wenn Sie ein Risiko eingehen oder einen Schritt machen, der keinen Erfolg nach sich zieht:

1.

Ich betrachte einen Fehlschlag niemals als Fehlschlag
(eine Zurückweisung nie als Zurückweisung),
sondern als Lernerfahrung.

2.

Ich betrachte einen Fehlschlag niemals als Fehlschlag,
sondern nur negatives Feedback, das ich brauche,
um eine Kursänderung vorzunehmen.

3.

Ich betrachte eine Zurückweisung niemals als
Zurückweisung (einen Fehlschlag niemals als Fehlschlag),
sondern als Chance, meinen Sinn für Humor
weiterzuentwickeln.

4.

Ich betrachte einen Fehlschlag niemals als Fehlschlag,
sondern nur als Chance, meine Techniken zu üben und
meine Leistungen zu perfektionieren.

5.

Ich betrachte einen Fehlschlag niemals als Fehlschlag,
sondern nur als Spiel, das ich spielen muß,
um zu gewinnen.

Arbeiten Sie mit Leistungskennzahlen

Zurückweisungen gehören zum Geschäft. Sie werden sich weniger von Zurückweisungen beeinflussen lassen, wenn Sie lernen, sie in ein Verhältnis zu den Leistungen zu setzen, die von Erfolg gekrönt sind. Überhaupt empfehle ich Ihnen sehr, Ihre Leistungen mit sogenannten Leistungskennzahlen zu erfassen. Alle erfolgreichen Unternehmen arbeiten mit Kennzahlen. Verkaufen ist eine unternehmerische Tätigkeit. Daher müssen Sie Kennzahlen verwenden, um erfolgreich zu sein. Sollten die Kennzahlen das Salz in der Wunde Ihres Minderwertigkeitskomplexes sein, den Sie als mathematische Null in der Schule erworben haben, dann entspannen Sie sich. Ob Sie den Terminus nun genau definieren können oder nicht, Sie arbeiten bereits mit Kennzahlen. Aber Sie können größeren Nutzen daraus ziehen, wenn Sie sie besser verstehen.

Eine Kennzahl ist nichts weiter als ein Bruch, der etwas im Vergleich zu etwas anderem mißt. Nehmen wir an, Sie haben zwei Sparkonten bei verschiedenen Banken. Auf einem dieser Konten bekommen Sie 6 Prozent Zinsen. Das bedeutet, daß die Zinsen, die Sie für Ihr Geld bekommen, im selben Verhältnis zu der Gesamtsumme des Geldes auf Ihrem Konto stehen wie 6 zu 100. Das nennt man eine Kennzahl. Sie läßt sich auf verschiedene Weise darstellen, ohne daß sich das Verhältnis zwischen den beiden Zahlen ändert.

$$6 : 100$$
$$6/100$$
$$\frac{6}{100}$$
$$6 \text{ Prozent}$$
$$6\%$$
$$0,06$$
$$0,060$$

Geschäftliche Kennzahlen werden oft in Prozent ausgedrückt, weil Prozentsätze leicht zu verstehen und miteinander zu vergleichen sind. Tun wir das einmal anhand Ihrer beiden Sparkonten:

Bank	Einlagesumme	Verdiente Zinsen
A	$ 8979,80	$ 448,99
B	$ 332,00	$ 19,92

Es gibt nur wenige Menschen, die anhand dieser Aufstellung auf einen Blick erkennen können, welche Bank die höheren Zinsen bezahlt. Aber wenn wir die Verhältniszahlen vergleichen, wird dies unmittelbar deutlich:

Bank	Zinssatz
A	5 Prozent
B	6 Prozent

Sie arbeiten mit solchen Kennzahlen, wenn Sie sich entschließen, den Sportwagen zu kaufen, der 11 Liter auf 100 Kilometer braucht, und nicht den Kombi, der, obwohl er nur halb so viel kostet, 13 Liter auf 100 Kilometer braucht. Natürlich ist Ihnen der Sportwagen lieber, und zum Glück werden Sie durch logische Erwägungen praktisch dazu gezwungen, ihn zu kaufen.

Kennzahlen, die Ihnen helfen, Ihr Verkaufsunternehmen zu managen, sind etwas sehr Wichtiges. Hier sind einige, die Sie im Auge behalten und zu verbessern versuchen sollten:

Kundensuchanrufe pro Stunde
Kundensuchanrufe im Verhältnis zu vereinbarten Terminen
Verhältnis Termine/Abschlüsse
Arbeitsstunden/Verdienst
Zahl der Kundensuchanrufe im letzten Monat/Einkommen in diesem Monat

Gehen wir diese grundlegenden Verhältnisse einzeln durch. Wenn Sie es sich angewöhnt haben, Ihre Verkaufstätigkeit auf diese Weise zu managen, werden Sie vielleicht andere Kennzahlen finden, die für Ihre spezielle Situation wichtiger sind als die genannten. Wenn das der Fall ist, wunderbar. Verwenden Sie sie. Worum es geht, ist folgendes: Ihre Aktivitäten lassen sich in Kennzahlen übersetzen, die Ihnen bei genauer Analyse sagen, wie Sie Ihre Zeit am produktivsten verbringen. Wenn Sie keinen Überblick haben, dann steuern Sie Ihr Schiff nicht.

Kundensuchanrufe pro Stunde. Wir sind unglaublich erfindungsreich, wenn es darum geht, uns um die Suche nach neuen Kunden zu drücken, obwohl wir uns mit diesem Vorsatz ans Telefon gesetzt oder uns Zeit dafür reserviert haben. Wenn wir wirklich erfolgreich sein wollen, müssen wir Disziplin halten. Das bedeutet, daß Sie sich angemessene Leistungsziele stecken und sich dazu bringen müssen, sie zu erreichen.

Kundensuchanrufe im Verhältnis zu den vereinbarten Terminen. Es gibt ein Verhältnis, das in groben Zügen für jede Art von Verkauf zutrifft. Dieses Verhältnis liegt bei etwa 10:1. Das heißt, daß es einem etwa bei jedem zehnten Kundensuchanruf gelingt, einen Termin zu vereinbaren. Fragen Sie nicht nach den Durchschnittswerten Ihres Büros. Die Verlierer suchen keine neuen Kunden, weil sie Verlierer sind, und die Gewinner suchen keine neuen Kunden mehr, weil sie zu sehr mit den Hinweisen beschäftigt sind, die sie von zufriedenen Kunden erhalten haben. Ermitteln Sie Ihren eigenen Erfolgsdurchschnitt. Gehen Sie davon aus, daß 10 gute Kundensuchanrufe Ihnen einen guten Termin verschaffen. Das ist Ihr Ausgangspunkt.

Termine/Abschlüsse. Auch hier gilt wieder der grobe Durchschnittswert von 10:1; dieses Verhältnis ist jedoch je nach Branche starken Schwankungen unterworfen. Verkäufer, die nur mit langjährigen, treuen Kunden zu tun haben, können vielleicht bei jedem Kundenbesuch einen Auftrag in die Tasche stecken; Verkäufer, die im Auftrag von Flugzeugherstellern Fluglinien kontaktieren, brauchen vielleicht Jahre, um einen Abschluß zu tätigen. Die meisten von uns arbeiten jedoch in keinem dieser Extrembereiche: weder nehmen sie nur Routinebestellungen entgegen, noch sind sie im Teamverkauf auf Gehaltsbasis eingesetzt. Sobald Sie Ihre eigene Kennzahl Termine/Abschlüsse festgesetzt haben, überprüfen Sie Ihre Zahl mit der Faustformel 10:1. Wenn Sie viele Termine vereinbaren, aber weniger Abschlüsse tätigen, haben Sie vielleicht schon verloren, bevor Sie den Raum betreten, weil Sie den Kunden nicht richtig qualifiziert haben. Sie können kein Geld verdienen, wenn Sie versuchen, an die falschen Leute zu verkaufen.

Arbeitsstunden/Verdienst. Sie sollten mindestens zweimal im Jahr überprüfen, wie viele Stunden Sie tatsächlich arbeiten, und diesen Wert Ihrem Verdienst gegenüberstellen. Sie werden genau hinsehen müssen, um sich über die Fakten klarzuwerden, aber Sie müssen es tun, weil das niemand außer Ihnen tun kann. Wenn es Ihnen ernst damit ist, mehr Geld zu verdienen, dann sehen Sie sich ganz nüchtern an, in welchem Zeitraum Sie produktiv sind und wieviel Zeit Sie vertrödeln. Davon, wie Sie Ihre Zeit verwenden, hängt es ab, wieviel Sie sich selbst bezahlen. Sehen Sie sich diese Kennzahl zweimal im Jahr genau an. Möglicherweise sollten Sie Veränderungen vornehmen.

Kundensuchanrufe im letzten Monat/Einkommen in diesem Monat. Hier geht es darum, den direkten Zusammenhang zwischen der Zahl der heute gemachten Kundensuchanrufe und Ihrem Einkommen von morgen herauszustreichen. Es ist wichtig, dafür die richtige Zeitspanne heranzuziehen. Stellen Sie fest, wie lange Sie bei einem durchschnittlichen Interessenten vom ersten Kontakt an bis zu dem Zeitpunkt brauchen, an dem das Geld in der Kasse klingelt. Diese Zeitspanne kann drei Monate oder länger dauern. Manche Verkäufer erleiden Schiffbruch, weil sie nicht in den Zeitspannen denken, die in ihrer Branche üblich sind.

Der Champion entwickelt einfache Methoden, um einen Überblick über seine persönlichen Leistungskennzahlen zu behalten. Er tut das aber nicht aus Neugier, sondern er hat handfeste Gründe dafür, sich diese Informationen zu verschaffen. Er will Chancen in einem frühen Stadium erkennen und Probleme beheben, bevor sie außer Kontrolle geraten.

Sehen wir uns an, wie das funktioniert. Nehmen wir an, Sie sind neu im Geschäft, haben sich jedoch eine gewisse Geschicklichkeit darin angeeignet, Kunden zu suchen, sie einzustufen, ihnen Ihr Produkt vorzuführen und Abschlüsse zu tätigen. Sie liegen bei einem stabilen Durchschnitt von einem Abschluß pro zehn betreuten potentiellen Kunden. Wir sprechen von jenen Kunden, die Sie kontaktiert haben, nicht von jenen, die von selbst zur Tür hereinschneien.

Wenn Sie jeden Tag einen Termin haben, treffen Sie im Monat durchschnittlich etwa dreißig Leute, das heißt, Sie tätigen im Monat etwa drei Abschlüsse. Was wird passieren, wenn Sie sich entschließen, täglich zwei potentielle Kunden zu treffen?

Die Zahl Ihrer Abschlüsse steigt auf sechs pro Monat, und Ihr Einkommen verdoppelt sich.

Nehmen wir an, Sie wollen Ihre Einnahmen nochmals steigern und treffen vier Personen täglich?

Nun schaffen Sie zwölf Abschlüsse pro Monat, und Ihr Einkommen verdoppelt sich erneut. Wenn Sie vorher mit drei Abschlüssen pro Monat 1000 Dollar verdienten, verdienen Sie nun mit zwölf Abschlüssen 4000 Dollar. Gibt Ihnen das nicht ein gutes Gefühl?

Wenn ich die Teilnehmer meiner Seminare mit diesen Zahlen konfrontiere, dann lese ich in den Gesichtern vieler:

»Ich kann nicht vier Anrufe am Tag machen.«

»In meiner Branche sind zwei Anrufe am Tag das Maximum.«

Wenn Sie so denken, muß ich Ihnen entschieden widersprechen. Der potentielle Champion muß von Anfang an gegen diese negativen Gedanken ankämpfen. Und das geht so: Setzen Sie sich hin, und arbeiten Sie einen Plan zur Verdoppelung Ihres Einkommens aus. Nun werfen Sie diesen Plan weg und arbeiten einen weiteren aus, in dem täglich ein zusätzlicher Besuch vorgesehen ist. Dann entwerfen Sie eine Zeitplanung, die es Ihnen gestattet, diesen zweiten Plan einzuhalten. Sie können es. Sie brauchen dafür lediglich Willen, Disziplin und Entschlußkraft.

Einem bestimmten Prozentsatz der Leute, die Sie treffen, verkaufen Sie etwas. Ihr Ziel sollte es sein, diesen Prozentsatz zu erhöhen. Aber seien wir realistisch. Ich will Ihnen ganz ehrlich sagen, daß ich Ihnen nicht zeigen kann, wie Sie alle Leute, die Sie treffen, zu einem Abschluß bewegen können. In der freien Wirtschaft ist es unmöglich, das zu erreichen. Es wird also ein Zeitpunkt kommen, da es eher frustrierend als realistisch sein wird, den Prozentsatz der Abschlüsse erhöhen zu wollen. Das ist der Zeitpunkt, an dem Sie Ihre Bemühungen darauf konzentrieren sollten, mehr potentielle Kunden zu finden, mit denen Sie diesen Prozentsatz einhalten.

Mein Ziel als Ausbilder und Autor ist es nicht, daß Sie in 99 Prozent der Fälle einen Abschluß erreichen. Das ist unmöglich. Ich möchte, daß Sie den Prozentsatz erhöhen und Ihr Einkommen steigern. Das schaffen Sie, indem Sie sich öfter ans Telefon klemmen.

Und warum nicht vorgehen nach der Devise: weniger und dafür bessere Anrufe?

Weil mehr gleichbedeutend mit besser ist. Wie lange würde die Karriere eines Profisportlers dauern, wenn er nur zwanzig Minuten am Tag trainieren würde?

Ich möchte, daß Sie sich noch einen weiteren Grundsatz einprägen und danach handeln: Ein Champion macht nach jeder Zurückweisung einen erfolgreichen Anruf.

Warum? Denken Sie darüber nach. Wenn Sie sich durch eine Zurückweisung stoppen lassen, was tragen Sie dann mit sich herum?

Die Zurückweisung.

Ein Champion ist entschlossen, die Einstellung eines Gewinners beizubehalten. Wenn er nach einem negativen Erlebnis zu telefonieren aufhört, leidet diese Einstellung für den Rest des Tages.

Während Sie lesen, was ich geschrieben habe, lese ich Ihre Gedanken. Sie denken: »Ich müßte vier oder mehr Leute anrufen, um eine positive Reaktion zu bekommen.«

Ja, genau. Und nun rufen Sie an! Genau das tut ein Champion. Das ist es, was die fünf Prozent, die Großen, die Super-Profis tun.

Es gibt noch eine Situation, in der Sie so lange anrufen müssen, bis Sie einen interessierten potentiellen Kunden an der Angel haben. Jedesmal, wenn Sie einem Ihrer Kunden etwas verkaufen, müssen Sie etwas tun. Nämlich was? Sie müssen diese Person ersetzen.

Nachdem er einen Abschluß getätigt hat, sagt der Champion zu sich selbst: »Ich muß zwei neue, vielversprechende Kunden finden, um die Lücke zu füllen, welche die Person hinterlassen hat, die ich soeben zu einem zufriedenen Besitzer unseres Produktes/unserer Dienstleistung gemacht habe.«

Die Kundensuche unterscheidet sich grundsätzlich in zwei Kategorien: Kundensuche mit oder ohne Hinweis von einem anderen Kunden. Lesen Sie dazu das nächste Kapitel.

7 Kundensuche mit Hinweis Kundensuche ohne Hinweis

Verkaufen heißt Menschen suchen

Viele Verkäufer können sich, gestrandeten Walen gleich, die meiste Zeit nicht von ihren Schreibtischen lösen. Wie viele Verkäufer stellen Fragen wie diese:

»Wen sollte ich heute besuchen?«

»Was sollte ich heute tun, um zu einem Abschluß zu gelangen?«

»Ich hoffe nur, daß bald irgendein Käufer vorbeikommt.«

»Ich wünschte, die Firma gäbe mir mehr Hinweise auf potentielle Kunden.«

»Unsere Werbung ist ein Witz. Wie soll ich Leute finden, wenn unsere Werbung so schlecht ist? Unsere Inserate locken keinen Hund hinter dem Ofen hervor.«

»Ich weiß nicht, was ich tun soll.«

Es ist traurig, aber der durchschnittliche Verkäufer ist nicht wirklich davon überzeugt, daß die Menschen der Schlüssel zu jedem Verkauf sind. Er sagt: »Es hängt nur davon ab, wen du kennst«, ohne sich bewußtzumachen, daß man die meisten Menschen kennenlernen kann, wenn man sich nur die Mühe macht, Kontakt zu ihnen aufzunehmen.

Hängen Sie sich also ans Telefon. Springen Sie ins Auto, und fahren Sie zu den Leuten, die Ihr Produkt oder Ihre Dienstleistung brauchen. Wenn Sie nicht wissen, wen genau Sie anrufen sollen, benutzen Sie Ihr Telefon oder machen Sie sich auf die Beine, um es bei den Leuten draußen in der Welt in Erfahrung zu bringen.

Vor kurzem veranstaltete ich ein dreitägiges Intensiv-Verkaufsseminar. Am Ende war ich physisch und psychisch erschöpft. Als die letzten Zuhörer den Saal verließen, trat ein etwa sechzig Jahre alter Herr auf mich zu und sagte, er sei schon seit fast vierzig Jahren im Verkauf. Ich hatte gesehen, wie er sich während des Seminars eifrig Notizen gemacht hatte, und ich war beeindruckt, daß jemand mit so großer Erfahrung in mein Seminar kam und begierig war, neue Dinge zu lernen.

»Ihr Seminar hat mir sehr gefallen, Mr. Hopkins. Sie hätten es allerdings ein bißchen kürzer halten können.«

»War es zu lang?«

»Überhaupt nicht. Ich habe eine Menge gelernt. Aber bei Ihrem nächsten Seminar können Sie den Teilnehmern in zwei Minuten ein Geheimnis verraten, das ihnen den Erfolg garantiert.«

Er breitete seine Arme weit aus. »Nachdem ich vierzig Jahre in das Verkaufsgeschäft investiert habe, kenne ich das Geheimnis des Verkaufserfolgs.«

»Augenblick«, sagte ich. »Sie kennen *das* Geheimnis? Wissen Sie, mein ganzes Leben ist der Aufgabe gewidmet, Verkäufern zu helfen. Bitte – verraten Sie mir dieses Geheimnis.«

Nachdem er mich kurz angesehen hatte, sagte er: »Tom, genau das ist es, was ich tun werde.«

Die Luft war erfüllt von Spannung – vielleicht sogar Ehrerbietung –, als dieser Großmeister des Verkaufs zur Tafel schritt, ein Stück Kreide nahm und das folgende Schaubild zeichnete:

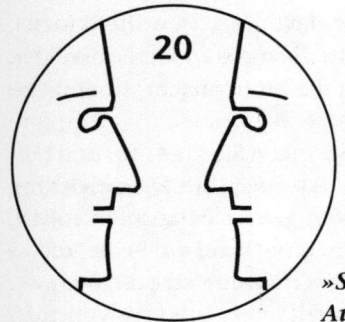

»Sitzen Sie jeden Tag zwanzig Leuten Auge in Auge gegenüber.«

»Da haben Sie es, Tom.«

Ich starrte die Ziffern an. Dann blickte ich mich um, in der Hoffnung, mit diesem Verrückten nicht allein zu sein. Wir waren aber allein. Ich setzte also ein freundliches Lächeln auf und sagte: »Das also ist das große Geheimnis, wie?«

»Genau. Sie sprechen doch jeden Monat mit Tausenden Personen, die gute Verkaufsergebnisse anstreben, nicht wahr?«

»Ja, aber ein hoher Prozentsatz von ihnen erzielt bereits gute bis ausgezeichnete Ergebnisse. Sie kommen in meine Seminare, weil sie noch besser werden wollen.«

»Richtig. Auch ich gehöre dieser Kategorie an, und Sie haben da ein ganzes Arsenal von ausgezeichneten Techniken, die uns sehr helfen können. Aber das Problem ist, daß Techniken völlig nutzlos sind, wenn sie nicht angewandt werden. Tom, wenn Sie diesen einen Punkt hinüberbringen, werden Sie Ihr Ziel erreichen und aus allen, die Ihnen zuhören, exzellente Verkäufer machen.«

»Ja, aber ...«

Er hob den Finger. »Tom, wenn Sie Ihre Zuhörer dazu motivieren können, mein Geheimnis anzuwenden, werden diese Leute alle Hindernisse überwinden, die zwischen ihnen und dem großen Geld stehen. Das Geheimnis lautet: *Sitzen Sie jeden Tag zwanzig Leuten Auge in Auge gegenüber.*«

Plötzlich war die Luft wieder geladen. Er schlug die Hände zusammen und fuhr fort: »Bringen Sie sie dazu, das zu tun, und der Erfolg ist ihnen sicher.«

Er hat recht. All die Jahre, die ich im Verkauf gearbeitet habe, haben mich davon überzeugt. Ich habe noch nie eine Erfolgsformel gehört, die diese an Wahrheit, Einfachheit und Zweckmäßigkeit übertroffen hätte. Der Schlüssel zu einem höheren Einkommen liegt darin, *sich mit mehr Leuten zu treffen.*

Es ist eigenartig, daß die meisten Verkäufer dies zwar nicht bestreiten, jedoch nicht danach handeln. Sie wissen, daß sie viele neue Leute treffen müssen, um Erfolg zu haben, und sie wollen erfolgreich sein – aber sie gehen einfach nicht hinaus und nehmen Kontakt zu den Leuten auf. Warum nicht?

Der Grund ist die altbekannte Angst vor Zurückweisung, von der wir im letzten Kapitel gesprochen haben. Ich bin mir sicher, daß Sie Ihre Einstellung inzwischen geändert haben. Sie wissen mittlerweile, daß Sie jedesmal, wenn Sie zurückgewiesen werden, Geld verdient haben.

Also seien Sie bereit, hinauszugehen und einige der guten Leute zu treffen, die Ihr Produkt oder Ihre Dienstleistung brauchen. Seien Sie bereit, das nächste Tor zu durchschreiten und sich auf die Kundensuche zu begeben.

> **Verkaufen heißt, Menschen zu suchen, denen man etwas verkaufen kann, und diesen Menschen dann auch wirklich etwas zu verkaufen.**

Es gibt zwei Methoden, nach Kunden zu suchen, mit und ohne Hinweis. Sehen wir uns zuerst die Lieblingsmethode des Champions an:

Kundensuche auf der Basis von Hinweisen zufriedener Kunden

Stellen Sie sich die folgende Frage: Bei welcher der folgenden Gruppen kommt man am leichtesten zu einem Abschluß?

Bei den Leuten, die einfach zur Tür hereinschneien?

Bei den Leuten, die aufgrund einer Anzeige vorbeikommen?

Bei den auf einem Fetzen Papier hingekritzelten Tips, die man Ihnen in der Firma mit den Worten »Hol ihn dir, Tiger« auf den Tisch legt?

Oder bei den Leuten, an die Sie jemand, der Sie kennt und mit Ihrem Produkt oder Ihrer Dienstleistung zufrieden ist, weiterverweist?

Der einfachste Abschlußfall ist der potentielle Kunde, auf den Sie von zufriedenen Kunden hingewiesen werden. Tatsächlich ist es so, daß Sie bei einem vorqualifizierten Kunden, auf den Sie durch einen Hinweis gekommen sind, doppelt so schnell zu einem Abschluß kommen wie bei einem nicht eingestuften potentiellen Kunden, zu dem Sie ein Tip in der Firma geführt hat. Das ist eine bedeutsame Erkenntnis. Streichen Sie sie rot an.

> **Ein Champion erreicht bei Kunden, an die er verwiesen wurde, doppelt so schnell einen Abschluß wie bei anderen potentiellen Kunden.**

Noch aufregender ist die Tatsache, daß ein Champion bei 40 bis 60 Prozent der qualifizierten, durch Hinweis gefundenen potentiellen Kunden zu einem Abschluß gelangt. Vergleichen Sie diesen Wert mit den Ergebnissen, die er bei seinen nicht eingestuften, nicht aufgrund von Hinweisen gefundenen potentiellen Kunden erreicht. Die Erfolgsquote des Champions liegt bei empfohlenen Kunden um das Vier- bis Sechsfache höher. Da das so ist, sollte es nicht verwundern, daß Verkaufschampions auch Champions darin sind, ihren Kunden Hinweise auf mögliche weitere Interessenten zu entlocken.

Die Tatsache, daß Sie dieses Buch lesen, ist ein deutliches Zeichen dafür, daß es zu Ihren unmittelbaren Zielen gehört, Ihr Einkommen zu verdoppeln, wenn nicht zu vervielfachen. Wenn Sie das schaffen wollen, werden Hinweise zufriedener Kunden von entscheidender Bedeutung für Ihre berufliche Zukunft sein, nicht wahr? Also machen wir uns an die Arbeit! Wie können wir uns einen Strom dieser netten Geldmacher verschaffen?* Haben Sie Ihren Kunden nach dem Abschluß schon einmal die folgende Frage gestellt: »Kennen Sie jemanden, der an meinem Produkt interessiert sein könnte?«?

Sie haben diese Frage schon einmal gestellt, da bin ich sicher. Wie viele Kunden haben sie bejaht?

* Eine weitere, ebenfalls erfolgversprechende Methode, Hinweise auf potentielle Kunden von Ihren Kunden zu erhalten, bietet Frank Bettger in seinem »Klassiker« *Lebe begeistert und gewinne* (Oesch Verlag, Zürich).

Nicht allzu viele, stimmt's? Die meisten von ihnen sagten wahrscheinlich: »Da fällt mir im Augenblick niemand ein.«

Damit sagen sie durchaus die Wahrheit. Aber wenn Sie an das alte Sprichwort »Gleich und gleich gesellt sich gern« glauben, dann wissen Sie, daß Ihre Kunden die Gesellschaft von Leuten suchen, die ihnen ähnlich sind. Das bedeutet, daß die meisten ihrer Freunde etwa dasselbe Einkommen haben wie sie und im großen und ganzen ihre Interessen teilen – deshalb sind sie ja Freunde. Die meisten Ihrer Käufer kennen Menschen, die an dem Produkt interessiert sein könnten, das sie soeben gekauft haben, nur »fällt ihnen gerade niemand ein«.

Aber warum fällt ihnen gerade niemand ein? Weil Sie ihnen zur Auswahl die ganze Welt angeboten haben. Kein Wunder, daß sie nicht sagen: »O ja, Fritz hat mir erzählt, er wolle …« Die meisten Menschen sind unmittelbar nach einem Kauf mit sich selbst beschäftigt, und ihre Begeisterung verstellt ihnen den Blick für das, was Fritz haben will.

Viele Unternehmen fordern ihre neu eingestellten Verkäufer auf: »Bitten Sie Ihre Kunden, Ihnen einen Hinweis auf potentielle Interessenten zu geben.«

Also tun Sie das. »Kennen Sie irgend jemanden, dem ich mein Produkt vorführen könnte?«

Wenn der fünfte Kunde nein gesagt hat, kommen Sie zu dem Schluß: »Das funktioniert nicht.« Also hören Sie sehr bald auf, nach Hinweisen zu fragen.

Ich werde Ihnen sagen, was ein Champion tut. Sein gesamtes System zur Kundensuche stützt sich auf eine Technik, die demjenigen, der sie beherrscht, dazu verhilft, nach jedem Verkauf mit vielversprechenden Hinweisadressen das Haus zu verlassen. Aber Sie müssen die einzelnen Schritte dieser Methode sorgfältig befolgen. Und eine weitere Voraussetzung: Sie müssen diese Technik auf eine beiläufige, unbedrohliche Art anwenden, sonst verkrampft sich der Kunde und ist nicht mehr fähig oder bereit, Ihnen zu helfen.

Hinweissystem mit Karten

Sie brauchen für dieses System nichts weiter als einige etwa 10 x 15 cm große Karten, wie sie in allen Büroartikelgeschäften verkauft werden. Auf diesen Karten bringen Sie alle Informationen unter, die Sie brauchen, um einen Kundenstock aufzubauen. Ich werde Ihnen zuerst die Schritte beschreiben, die Sie befolgen müssen, und Ihnen dann zeigen, wie man die Karten verwendet.

1. Rufen Sie dem Kunden bekannte Gesichter ins Bewußtsein.
2. Schreiben Sie den Namen des Kunden, an den Sie verwiesen werden, auf die Karte.
3. Stellen Sie Qualifizierungsfragen.
4. Fragen Sie nach der Adresse.
5. Wenn der Kunde die Adresse nicht kennt, schlagen Sie sie im Telefonbuch nach.
6. Bitten Sie den Kunden, anzurufen und den Termin zu vereinbaren.
7. Wenn der Kunde nervös wird oder sich weigert anzurufen, fragen Sie, ob Sie seinen Namen verwenden dürfen, wenn Sie den Kunden anrufen, an den er Sie verwiesen hat.

Das nun folgende Rollenspiel zeigt, wie das System funktioniert. John und Mary Harrison haben soeben vom guten alten Tom ein neues Auto gekauft. Sie sind völlig hingerissen von ihrer Neuerwerbung. Natürlich rechneten sie alles mit mir durch, und sie waren dabei schlau und zäh. Glauben Sie mir, ich mußte mein Produkt kennen und wissen, wie man einen Abschluß erzielt. Aber alles klappte gut. Die Harrisons bekamen die Farbe und die Ausstattung, die sie sich wünschten; ich sprach ihren Besitzerstolz an und lieferte ihnen die Argumente für ihren emotionalen Entscheid. Mit einem Wort: Sie sind glücklich.

Normalerweise bekommt man unmittelbar nach dem Abschluß am leichtesten einen Hinweis. In vielen Fällen ist dies auch der beste Zeitpunkt. Aber manche Champions verkaufen Produkte mit einer langen Konstruktions- oder Installationsfrist, und sie ziehen es vor, sich in diesem Zeitraum um Hinweise zu bemühen. Andere

Champions wählen andere Zeitpunkte. Da dieses Element entscheidend für Ihre Entwicklung zum Champion ist, müssen Sie unbedingt ein bestimmtes Ereignis in Ihre Verkaufssequenz einbauen, das es Ihnen ermöglicht, nach Hinweisen zu fragen. Vergessen Sie nie, daß jeder, der Ihr Produkt oder Ihre Dienstleistung erworben hat, jemanden kennt, der sich auch dafür interessieren könnte. Um auch mit dieser Person zu einem Abschluß zu kommen, müssen Sie nichts weiter tun, als sich den Hinweis zu verschaffen.

Lesen Sie dazu den folgenden Dialog:

Die Harrisons sitzen mir gegenüber am Tisch. Meine Karten und mein Kugelschreiber liegen vor mir, als ich den Verkauf ihres neuen Wagens zu einem runden Abschluß bringe.

Tom: »Nun, John und Mary, ich freue mich mit Ihnen über Ihr neues Auto. Ich kann Ihre Begeisterung förmlich spüren. John, darf ich Sie fragen, ob Sie irgendeinem Sport, einem Hobby oder einer Gruppenaktivität nachgehen? Tun Sie irgend etwas Derartiges?«

John: »Ich gehe gerne kegeln.«

Tom: »Sie kegeln! Toll. Sagen Sie mir, als Sie letzte Woche kegeln waren, gab es da irgend jemanden, der Interesse an einem Auto wie diesem äußerte oder der Ihrer Meinung nach ebenso begeistert von einem neuen Auto sein könnte wie Sie und Mary?«

John: »Tja, ich kenne einen Typen, der ein neues Auto braucht.«

Tom: »Ach so? Wirklich?«

John: »Er könnte interessiert sein, ja. George Zack.«

Tom: »George Zack. Hm. Mary, nun möchte ich gern kurz mit Ihnen sprechen.« (Ich schreibe mir George Zacks Namen nicht sofort auf, als John ihn mir nennt. Der Grund dafür ist, daß ich keine ›Was tun Sie da?‹-Ängste auslösen möchte. Ich merke mir George Zacks Namen ganz genau. Nun will ich mir einen Hinweis von Mary holen.) »Mary, sind Sie Mitglied bei irgendeiner Organisation, oder haben Sie irgendwelche Hobbies wie Bridge oder etwas Ähnliches?«

Mary: »Wie konnten Sie das wissen? Ich spiele tatsächlich Bridge.«

Tom: »Ach so, interessant. Erwähnte bei Ihrer letzten Kartenrunde irgend jemand in Ihrer Bridgerunde, daß ihm ein Auto wie dieses gefallen könnte?«

Mary: »Ich habe eine gute Freundin, Lorna Tellis, die ganz sicher ein neues Auto braucht.«

Tom: »Lorna Tellis, in Ordnung. Sagen Sie, John, warum meinen Sie, daß George Zack ein neues Auto gebrauchen könnte?«

John: »Na ja, es ist so ... Ich bin kürzlich mit ihm mitgefahren. Sein Auto ist in einem Zustand – uff. Es hat etwa 200 000 km auf dem Buckel.«

Tom: »Nicht schlecht. Aber ein Oldtimer ist es noch nicht, oder?«

John: »Nein, auf keinen Fall. Und es wird auch nie einer werden.«

Tom: »In Ordnung. Sie sind also Mitglied eines Kegelklubs, der sich einmal pro Woche trifft, nicht wahr? Sie kennen George also ziemlich gut.«

John: »Das würde ich schon sagen.«

Tom: (Die folgende Frage ist nicht bedrohlich und erleichtert es Ihnen, festzustellen, wie gut Mr. Harrison George Zack wirklich kennt. Die Antwort verrät Ihnen auch viel über Zack.) »Wie viele Kinder hat George?«

John: »Drei. Zwei Jungen und ein Mädchen. Sie sind noch ziemlich klein.«

Tom: »Dann hat er jetzt einen mittelgroßen Wagen, nicht wahr?«

John: »Ja, und den braucht er auch unbedingt. Vielleicht sollte es das nächste Mal ein noch größerer sein.«

Tom: »Wie alt ist das jüngste Kind der Zacks etwa?«

John: »Na, so ungefähr sieben, würde ich sagen.«

Tom: »Hm. Gut. Mary, warum glauben Sie, daß Lorna sich für ein neues Auto interessieren könnte?«

Mary: »Tja, ihr Mann ist so geizig. Er kauft ihr keines.« (Sie lachen beide.)

Tom: »Heutzutage ist es eine Seltenheit, daß eine Familie nur einen Wagen hat. Wissen Sie, daß die durchschnittliche amerikanische Familie zweieinhalb Autos besitzt? Ich möchte wissen, ob er sich dessen bewußt ist.«

Mary: »Offensichtlich nicht.«

Tom: »Ich glaube, Lorna hätte nichts dagegen, wenn er das wüßte, habe ich recht?«

Mary: »Da bin ich mir sicher.«

Tom: »Wissen Sie viel über die Familie? Wie viele Kinder haben die beiden?«

Mary: »Sie haben zwei, und ein drittes ist unterwegs.«

Tom: »Oh, eins ist unterwegs. Also brauchen sie auch ein etwas größeres Auto. Da er geizig ist – wir machen nur Spaß, denn das ist er natürlich nicht –, halten Sie es für möglich, daß ihm sparsamer Verbrauch wichtig ist?«

Mary: »Auf jeden Fall.«

Tom: »Ausgezeichnet. Ich glaube, ich weiß, was ihr gefallen würde und was ihm wichtig wäre. Wissen Sie, worum ich Sie gerne bitten würde, John? Kennen Sie zufällig die Adresse der Zacks?«

John: »Sie wohnen in der Mainsail Street. Ich weiß aber nicht genau, welche Nummer es ist.«

Tom: »M-A-I-N-S-A-I-L. Richtig so? Wunderbar. Und wo wohnt Lorna?«

Mary: »Sie wohnen in der Margrave Street in der Nähe von Roosevelt High.«

Tom: »In Ordnung. Wie wäre es mit einer Tasse Kaffee? Nehmen Sie Milch und Zucker?«

John: »Wir trinken ihn beide schwarz.«

Mary: »Stimmt.«

Tom: »Schwarz? Warum sehen wir nicht einfach hier nach?« (Er greift nach dem Telefonbuch.) »Ich möchte Sie um einen Gefallen bitten. Könnten Sie die genauen Adressen nachschlagen, während ich uns eine schöne Tasse Kaffee besorge? Wäre das zuviel verlangt?«

Mary: »Aber nein.«

Tom: »Hier ist eine Karte.« (Er überreicht sie Mary.) »Ich verwende für diese Informationen Karten, weil ich die immer parat habe. Da ist die zweite Karte.« (Übergibt sie John.) »Nun hole ich den Kaffee. Bin gleich wieder da.«

Tom: (Ein paar Minuten später.) »So, hier kommt der Kaffee. Ah, Sie haben die Adressen. Wunderbar. Wenn ich neue Besitzer, die sich über ihr Auto freuen, ihre Freunde anrufen lasse, damit sie ihnen vom Kauf erzählen, dann wollen die Freunde oft, daß ich ihnen ein ähnliches Auto zeige. Würde es Ihnen etwas ausmachen, sie anzurufen? Ich würde es sehr nett finden, wenn Sie das für mich tun würden.«

John: »Gut.«

Tom: »Wunderbar! Da drüben auf dem Schreibtisch steht ein Telefon. Warum rufen Sie George nicht rasch an, während Mary und ich ein bißchen plaudern? Dann kann Mary Lorna anrufen. Ich weiß das wirklich zu schätzen.«

An dieser Stelle will ich einen anderen Gang einlegen, denn die Dinge laufen nicht immer so glatt wie in diesem Dialog. Nehmen wir an, daß die Harrisons, anstatt bereitwillig zum Hörer zu greifen, konsternierte Blicke austauschen und abzublocken beginnen. Sie wollen nicht anrufen. Nehmen wir den Dialog an der Stelle auf, an der ich sie auffordere, ihre Freunde anzurufen.

Tom: »Es wäre wirklich nett, wenn Sie George rasch anrufen und Ihm sagen würden, daß ich vorbeikommen möchte.«

John: »Tja, hm – ich glaube nicht, daß ich ihn so gut kenne, daß ich das tun kann.«

Tom: »Ach so.«

John: »Es wäre mir ein bißchen unangenehm.«

Tom: »Das verstehe ich sehr gut.« (Bitte beachten Sie, daß ich mich sofort zurückziehe und nicht versuche, Druck auszuüben, wenn ich feststelle, daß sie nicht anrufen wollen. Daß ich diese kleine Zurückweisung so rasch akzeptiere, bewirkt, daß sie mir meine nächste Bitte wahrscheinlich nicht abschlagen werden. In einem realen Dialog gibt es zwischen dem ›Das verstehe ich sehr gut‹ und dem folgenden Satz keine Pause.) »Darf ich Sie um folgendes bitten? Würde es Ihnen etwas ausmachen, wenn ich mich auf Sie beziehe?«

John: »Das geht in Ordnung.«

Tom: »Das macht Ihnen nichts aus? Wunderbar. Ich werde ihn anrufen. Ich verspreche Ihnen sogar, daß ich das tun werde.
Und ich verspreche Ihnen, Mary, daß ich Lorna auch nicht
vergessen werde. Und ich werde ihr sagen, daß ich Ihnen
versprochen habe, Sie anzurufen. Darf ich das?«

Mary: »Aber sicher.«

Tom: »Nun, ich danke Ihnen beiden noch einmal sehr herzlich,
und ich wünsche Ihnen viel Freude mit Ihrem neuen Auto.«

Beachten Sie, daß Sie alle sieben Schritte (siehe oben) absolvieren müssen, wenn das Kartenempfehlungssystem erfolgreich sein
soll. Und es funktioniert nur, wenn Ihr Käufer mit Ihrem Produkt
oder Ihrer Dienstleistung zufrieden ist. Natürlich ist es am besten,
wenn er sich vor Begeisterung gar nicht mehr fassen kann, aber es
gibt Leute, die nicht zu überschwenglicher Begeisterung neigen.
Vielleicht sind sie einfach so zufrieden oder so verdammt froh,
glücklicher Besitzer Ihres Produktes geworden zu sein, daß sie
Ihnen den Gefallen tun werden, wenn Sie sie um einen Hinweis
bitten.

Welches Gefühl hatten Sie, als Sie den Dialog lasen? Hatten Sie
den Eindruck, daß die Harrisons dem Verkäufer helfen wollten? Ich
glaube, daß die meisten Menschen in einem vernünftigen Rahmen
gerne helfen, wenn man sie darum bittet. Wenn Sie sich verfahren
haben und anhalten, um nach dem Weg zu fragen, was tun die
Leute dann üblicherweise? Sie zeigen Ihnen den Weg oder versuchen es zumindest. Einige von ihnen fahren sogar voran, und viele
reden und gestikulieren noch, während Sie sich schon anschicken,
weiterzufahren. Millionen von Menschen tun das für Leute, die
ihnen vollkommen fremd sind.

Die Leute, die Sie in Verkaufssituationen kennenlernen, sind
sogar noch eher bereit, Ihnen zu helfen. Voraussetzung dafür ist,
daß diese Menschen Ihren Versprechungen glauben und Sie sym-
pathisch finden – und daß Sie es ihnen leichtmachen, zu helfen.

Wäre es Ihnen unangenehm, Ihre Kunden um das zu bitten,
worum ich John und Mary im obigen Dialog bat? Ich habe in Hunderten von Verkaufsgesprächen um Hinweise gebeten, und ich er-

innere mich, daß es mir am Anfang unangenehm war, dieses System auszuprobieren. Es ist ganz natürlich, daß man vor etwas Angst hat, was man noch nie ausprobiert hat; aber es ist nicht klug, sich durch diese Scheu davon abhalten zu lassen. Lesen Sie sich den Dialog laut vor, bis Sie sich das zugrundeliegende Muster eingeprägt haben und Ihre Bitte mit jenem Selbstvertrauen vortragen können, dem Menschen nicht widerstehen können.

Bereiten Sie sich gründlich vor, und die Erfolgsquote, die Sie mit diesem wirkungsvollen System erzielen, wird Ihren Umsatz und Ihr Einkommen in ungeahnte Höhen steigen lassen. Beachten Sie, daß ich Sie aufgefordert habe, sich das Muster, nicht die einzelnen Worte zu merken. Die Worte wie ein Papagei nachzusprechen bringt Ihnen nicht viel, denn jedes Gespräch verläuft anders und hängt von den verschiedenen Antworten Ihrer Kunden auf Ihre Aussagen und Bitten ab. Merken Sie sich das Muster des Dialogs. So können Sie sich flexibel auf das einstellen, was Ihr Kunde sagt, und die Information trotzdem bekommen. Es ist von entscheidender Bedeutung, daß Sie Ihre Ziele für das betreffende Verkaufsgespräch genau kennen und daß Sie wissen, welche Strategie geeignet ist, den größten Nutzen aus dem oben beschriebenen System zu ziehen und diese Ziele zu erreichen. Beachten Sie, daß ich jede Gelegenheit benutzte, um einen kleinen Scherz anzubringen oder mich kurz auf ein Nebengleis zu begeben, um Spannungen zu vermeiden. Beachten Sie, daß ich während des gesamten Gesprächs eine nicht bedrohliche Haltung einnahm und das Gespräch trotzdem kontrollierte und steuerte. Es gab Scherze und Nebenbemerkungen, aber wir kamen nie für lange Zeit von dem Weg ab, den ich gehen wollte.

Sorgen Sie dafür, daß Ihnen die Atmosphäre des Dialogs in Fleisch und Blut übergeht, und schreiben Sie dann ein auf Ihr Produkt oder Ihre Dienstleistung abgestimmtes Skriptum für ein Verkaufsgespräch, in dem Sie Ihren Kunden um Hinweise bitten. Überlegen Sie sich, was Sie als erstes sagen, stellen Sie sich die Antworten vor, die Ihr Kunde Ihnen geben könnte, und schreiben Sie auf, was Sie erwidern könnten, um das Gespräch so zu lenken, daß der Kunde am Ende die gewünschten Hinweise herausrückt.

Ich sage es nochmals: Bereiten Sie sich eingehend auf das Gespräch zur Sammlung von Hinweisen vor. Es sieht sehr einfach aus, aber wiegen Sie sich nicht in verfrühter Selbstgefälligkeit. Dazu haben Sie noch genug Zeit, wenn Sie die Technik beherrschen und mehr Hinweise auf Ihren Karten haben, als Sie bewältigen können.

Wenn Sie den Dialog studieren, achten Sie darauf, wie ich den Harrisons ein Dutzend Gesichter aus der Masse ihrer Bekannten ins Bewußtsein rief, indem ich freundlich die Interessengebiete auskundschaftete, mit denen sie Freunde und Hinweiskandidaten verbanden. Wie viele Mitglieder seines Kegelvereins mußte John durchgehen? Und mit wie vielen Leuten spielt Mary Bridge? Wenn man bedenkt, wie viele Freunde und Bekannte sie insgesamt haben, haben wir die Zahl der Gesichter in beiden Fällen auf einen vergleichsweise kleinen Personenkreis begrenzt. Und sprechen die Leute bei geselligen Zusammenkünften nicht oft über Autos? Aber das ist nur ein Beispiel. Vergessen Sie Autos, und denken Sie an Ihr eigenes Produkt oder Ihre Dienstleistung.

Nehmen wir an, Ihre Kunden sind Führungskräfte von Unternehmen. Vielleicht ißt der Manager, der soeben bei Ihnen ein neues Computersystem gekauft hat, mit anderen Managern zu Mittag. Und was wird er dann tun?

Er gibt ein bißchen an:

»Ich habe heute morgen den Kauf des neuen Computersystems genehmigt. Es reißt uns ein paar Hunderttausend aus der Tasche, aber was soll's. Es wird uns großen Nutzen bringen.«
»Für welches haben Sie sich entschieden?«
»Byteboaster 2001. Es hat ein paar phantastische Funktionen.«
»Wissen Sie, wir müssen uns im Computerbereich auch etwas Neues überlegen.«

Wir suchen uns unsere Freunde unter den Leuten, mit denen wir gesellschaftlichen Status, Geschmack und Bedürfnisse teilen. Wenn uns ein neu erworbenes Produkt oder eine Dienstleistung gefällt, neigen wir dazu, ein bißchen damit zu prahlen. Unsere Freunde werden neugierig sein, weil sie dieselben Interessen haben wie wir. Und niemand hat Zeit, in allen Bereichen ein Experte zu werden.

Also beziehen wir einen Großteil der Informationen, die einer Kaufentscheidung vorangehen, von den Leuten, die wir kennen.

Das Wissen über die Charakteristika der Käufer läßt sich bei der Suche nach Hinweisen leicht in einen großen Vorteil verwandeln:

- Wenn Ihre Tätigkeit Kundenbesuche nach dem Verkauf erfordert (zum Beispiel zwecks Lieferung oder Einschulung), fragen Sie den Käufer, welchen seiner Freunde er von seiner Neuerwerbung erzählt hat.

- Wenn Ihre Tätigkeit keine solchen Follow-up-Besuche erfordert, fragen Sie den Käufer, welchen seiner Freunde er von seinem Kauf erzählen wird (eigentlich: bei welchen er damit angeben wird – aber es versteht sich, daß Sie die Worte angeben oder prahlen gegenüber einem Käufer nie in den Mund nehmen dürfen).

In jedem Fall geht es darum, daß Ihnen der Käufer diejenigen unter seinen Freunden nennt, die am ehesten als Kandidaten für den Kauf dessen in Frage kommen, was er soeben von Ihnen erworben hat. Sobald die richtigen Gesichter vor seinem geistigen Auge erscheinen, wird es Ihnen leichtfallen, ihm die gewünschten Informationen und Hinweise zu entlocken.

Welche Ergebnisse können Sie vom Karten-Hinweissystem erwarten?

Die Antwort hängt vor allem davon ab, welches Kompetenzniveau Sie als Verkäufer anstreben – und inwieweit Sie bereit sind, dafür zu planen, zu üben und zu arbeiten. Ein einziger Erfolg mit dem Kartenhinweissystem, und Sie sind ein Gewinner, der weiß, daß ihm im Verkauf keine Grenzen gesetzt sind. Wenn es Ihnen gelingt, pro Verkauf durchschnittlich einen Hinweis zu erhalten, dann gehören Sie schon zur oberen Hälfte der Verkäufer. Wenn Sie pro Verkauf zwei Hinweise schaffen, gehören Sie zu den besten zehn Prozent. Vier Hinweise pro Verkauf, und Sie sind im erlauchten Kreis der fünf Prozent, die das wirklich große Geld machen. Alles, was darüber liegt – fünf Hinweise pro Abschluß oder mehr –, macht Sie zu einem der absoluten Superstars.

Wir sind uns darüber einig, daß der durch einen Hinweis gefundene Interessent der beste potentielle Kunde überhaupt ist. Durch Hinweis gefundene Interessenten sind Leute, die Sie bereits akzeptiert haben. Nun brauchen Sie nichts weiter zu tun, als sie zu zufriedenen Besitzern Ihres Produkts zu machen – von dem Sie wissen, daß sie es brauchen und es sich leisten können.

Aber vielleicht sitzen Sie da und denken: »Das mit den Hinweiskarten könnte ich nicht. Das kann ich mir überhaupt nicht vorstellen.«

Bevor Sie sich von diesem Gefühl übermannen lassen, sehen Sie einmal genau hin. Denken Sie darüber nach, ob Sie wirklich bereit sind, jedes Jahr zwischen 25000 und 100000 Dollar dafür zu bezahlen, daß sie dieser Art von Überempfindlichkeit nachgeben. Machen Sie sich nichts vor: Sie können an einer grundlegenden, erfolgreichen Verkaufstechnik wie der Hinweiskartenmethode nicht vorbeigehen, ohne dafür einen hohen Preis zu bezahlen. Ich sage das nicht, um Sie unter Druck zu setzen; aber ich kann es Ihnen auch nicht vorenthalten, denn ich will, daß es Ihnen gutgeht. Sie sollten wissen, daß Sie, wenn Sie sich in dem von Ihnen gewählten Beruf mit einem geringeren Kompetenzniveau zufriedengeben, mit enormen finanziellen Nachteilen rechnen müssen.

Aber es gibt Situationen, in denen die Anwendung des Hinweiskartensystems nicht realistisch ist, weil Ihre berufliche Reife und Ihre Erfahrung nicht an jene Ihrer Kunden heranreichen. Wenn das der Fall ist, sollten Sie sich vielleicht überlegen, in einer anderen Sparte zu verkaufen, in der Sie sich kompetent fühlen. Oder Sie können sich weiterbilden und zu Ihrer derzeitigen Produktlinie zurückkehren, nachdem Sie sich größeres Selbstvertrauen erworben haben. Herausforderungen, denen Sie sich stellen, fördern Ihre Karriere, während Herausforderungen, vor denen Sie sich drücken, Ihre Entwicklung hemmen.

Kundensuche ohne Hinweise

In diesem Fall spüren Sie den potentiellen Interessenten auf, ohne den Hinweis eines andern Kunden in der Tasche zu haben. Vergessen Sie nicht: Diese Kunden sind nicht qualifiziert. Das heißt, daß Sie nur in zehn Prozent aller Fälle mit einem Abschluß rechnen können. Daher will ich Ihnen nicht nur zeigen, wie Sie auch ohne Hinweise zufriedener Kunden potentielle Käufer aufspüren, sondern auch, wie sie diese vorqualifizieren können. Gehen wir sicher, daß wir uns in diesem Punkt verstehen. Bitte streichen Sie sich rot an, was wir unter der Vorqualifikation einer Person verstehen, die wir als »Tip« bezeichnen:

> **Ein Kunde ist vorqualifiziert (ist ein Tip),**
> **wenn Sie wissen, daß er die emotionalen und rationalen**
> **Erfordernisse mitbringt, die er braucht, um von Ihrem**
> **Produkt oder Ihrer Dienstleistung zu profitieren.**

Wir haben es schon gesagt: Der Kauf hängt von Gefühlen ab und wird mit Vernunftgründen gerechtfertigt. Die Emotion steht an erster Stelle, die Logik an zweiter. Der umgekehrte Fall tritt nie ein. Sie führen die Vorqualifizierung durch, indem Sie herausfinden, ob die für den Kauf notwendige Emotion bereits vorhanden ist oder ob sie erzeugt werden kann. Und Sie müssen auch herausbekommen, ob die logischen Voraussetzungen – zu denen unter anderem die Zahlungsfähigkeit gehört – vorhanden sind oder geschaffen werden können.

Diese Dinge herauszufinden ist, wie einen Vogel zu fangen: Wenn Sie laut herumtrampeln und im Gebüsch rascheln, wird der Vogel davongeflattert sein, noch bevor Sie sich ihm genähert haben. Aber wenn Sie sich behutsam anschleichen und dann vorsichtig Ihr Netz werfen, werden Sie viele Vögel fangen.

Hier sind einige wichtige Faktoren für die Vorqualifizierung bei zahlreichen Produkten und Dienstleistungen, über die Sie mit potentiellen Käufern sprechen sollten:

1. Beschäftigungsstatus
2. Ehestand (verheiratet, geschieden ...)
3. Zahl der Kinder
4. Produkt oder Dienstleistung, die der potentielle Käufer derzeit besitzt. Wenn Sie wissen, was er derzeit besitzt, dann bedeutet das in den meisten Fällen auch, daß Sie wissen, was er kaufen wird.

Für jeden Produkt- oder Dienstleistungstyp gibt es eigene vorrangige Qualifizierungsfaktoren. Sie wissen wahrscheinlich, daß diese Faktoren wichtig für die Auswahl jener Leute sind, bei denen eine gute Chance besteht, daß sie das von Ihnen Angebotene kaufen werden. Wenn Sie keine klare Vorstellung davon haben, welche Art von Leuten Ihr Angebot kauft, sollten Sie es zu Ihrer ersten Priorität machen, das herauszufinden. Raschen Aufschluß darüber erhalten Sie, wenn Sie sich die Unterlagen über die Verkaufsabschlüsse Ihrer Firma aufmerksam durchsehen.

Kundensuche ohne Hinweis – Technik Nummer eins: der Juckzyklus

Das ist keine Hautkrankheit, sondern eine tolle Technik für die Kundensuche. Sie brauchen dazu keine Hinweise. Ich empfehle diese Technik allen, gleichgültig ob sie mit Hinweisen arbeiten oder nicht, als wundervolle Methode, um sich vorqualifizierte Kundentips zu verschaffen.

In der amerikanischen Immobilienbranche beträgt die Umschlagzeit drei bis fünf Jahre, das heißt, daß die durchschnittliche Familie alle drei bis fünf Jahre umzieht. So können wir also sagen, daß es die Durchschnittsperson alle fünf Jahre juckt, sich ein neues Heim zu suchen. Wenn Sie Autos verkaufen, dann wissen Sie, daß das Jucken etwa alle dreißig Monate einsetzt. Büroausrüstungskunden wechseln ihre Maschinen etwa alle drei Jahre aus. Wenn diese Zeiträume verstrichen sind, juckt es die meisten Leute am stärksten. Kann es sein, daß es bei manchen schon früher soweit ist?

Natürlich. Deshalb bleibt ein Champion mit allen seinen früheren Kunden in Kontakt. Selbstverständlich tut er das. Diese Käufer gehören zu dem ausgewählten Kreis jener Menschen, die ihm in der Vergangenheit ihr Vertrauen geschenkt haben. Ein Champion weiß, daß eine ganz besondere Verbindung zwischen ihm und diesen Käufern besteht. Also achtet er darauf, zur Stelle zu sein, um diese Leute zu kratzen, wenn sie von einem plötzlichen Juckreiz befallen werden.

Wann sollten Sie damit beginnen, Ihre früheren Kunden mit Juckpulver zu bearbeiten, damit sie wieder kaufen?

Beginnen Sie sechzig Tage vor der heißen Phase im Juckzyklus damit, sich wieder mit Ihren alten Kunden zu beschäftigen.

Wenn es sich um ein Haus oder um etwas anderes mit einem Fünfjahreszyklus handelt, melden Sie sich vier Jahre und zehn Monate nach dem letzten Kauf wieder bei dem Kunden. Wenn es sich um ein Auto handelt, beginnen Sie nach zwei Jahren und vier Monaten damit, ihm Juckpulver in den Nacken zu pusten. Bei Büroausrüstung fangen Sie nach vierunddreißig Monaten an, ihn zu belagern. Als Alternative oder bei längeren Juckzyklen versuchen Sie, dem Kunden den Mund wäßrig zu machen, wenn fünfundneunzig Prozent des alten Zyklus verstrichen sind. So haben Sie zum Beispiel festgestellt, daß der durchschnittliche Juckzyklus sechs Jahre beträgt. Starten Sie Ihre Kampagne also nach fünf Jahren und acht oder neun Monaten. Je länger der Juckzyklus, desto größer die mögliche Bandbreite. Das bedeutet, daß ein längerer Juckzyklus eine größere Sicherheitsspanne erforderlich macht, um sicherzustellen, daß Sie da sind, bevor der Kunde sich anderswo umzusehen beginnt.

Und natürlich läßt ein Champion seine Kunden nie ziehen, indem er Jahre verstreichen läßt, ohne den Kontakt mit ihnen aufzufrischen. Besuche, Telefonanrufe, Post, gemeinsame Mittagessen sind einige der Methoden, die ein Champion verwendet, um die Beziehung zu seiner Kundschaft aufrechtzuerhalten. Wenn Sie den Kontakt nicht halten, haben Sie keine Kundschaft; Ihre ehemaligen Käufer sind verlorene Seelen auf der Suche nach einem neuen Zuhause.

Wenn ich Ihnen empfehle, fünfundneunzig Prozent des Juckzyklus verstreichen zu lassen, dann meine ich nur den Ausgangspunkt für eine neue Kampagne. Es gibt einen idealen Zeitpunkt, um frühere Käufer Ihres Angebots erneut zu kontaktieren, einen Zeitpunkt, an dem Sie die Chance haben, ihnen das Ersatzprodukt zu verkaufen. Der genaue Idealzeitpunkt, der von Ihrem Angebot, Ihrem Verkaufsgebiet und Ihrer Persönlichkeit abhängt, läßt sich nur durch Versuch und Irrtum feststellen.

Wenn das, was Sie verkaufen, monatelange Konstruktions- oder Herstellungszeiten erfordert, möchten Sie diesen Zeitraum wahrscheinlich einbeziehen. Wenn es sich bei Ihrem Angebot um problemlos verfügbare Konfektionsware handelt, ist es vielleicht besser, den Angriff ganz kurz vor dem Gipfel des Juckanfalls zu starten.

Beachten Sie, daß die Juckzyklen für Produkte und für Dienstleistungen nicht dieselben sind und daß die Juckzyklen für ein und dasselbe Produkt von Ort zu Ort variieren. Viele Faktoren haben einen Einfluß auf die Länge dieses Intervalls: jahreszeitliche Faktoren, die allgemeinen Wirtschaftsbedingungen, das Einkommen der Leute, mit denen Sie arbeiten, und letzten Endes auch ihre Persönlichkeiten. Aber es ist eigentlich ganz einfach, diese komplexen Einflußfaktoren in den Griff zu bekommen. Ich zeige Ihnen, wie das geht:

Erstens: Ermitteln Sie die Länge des durchschnittlichen Juckzyklus für Ihr Produkt bei den Kunden in Ihrem Verkaufsgebiet. Ich werde Ihnen gleich zeigen, wie Sie diesen Zyklus ausrechnen können. Gehen wir einstweilen davon aus, daß Sie ihn bereits kennen.

Zweitens: Berücksichtigen Sie den Kalender. Manche Verkäufe werden von Steuerterminen beeinflußt, zum Beispiel vom Stichtag für die Vorlage der Einkommensteuererklärung. Der Wechsel der Jahreszeiten hat einen geringfügigen bis großen Einfluß auf den Verkauf der meisten Produkte und Dienstleistungen. Und natürlich spielt Weihnachten eine große Rolle beim Verkauf von Luxusgütern und verzögert jede Entscheidung, die es nicht beschleunigt. Sie gehen diese Fragen einfach der Reihe nach durch und stimmen Ihr Vorgehen entsprechend ab. Das heißt, Sie entscheiden, ob Sie Ihren Zeitplan für die Kontaktaufnahme mit Ihren Kunden beschleunigen oder verlangsamen, um diesen Faktoren gerecht zu werden.

Nehmen wir an, wir haben es mit einem grundsätzlichen Juckzyklus von dreißig Monaten zu tun. Sie rechnen sich aus, daß Sie, wenn Sie eine bestimmte Gruppe achtundzwanzig Monate nach dem Erstkauf dezent mit Juckpulver zu traktieren beginnen, mitten in die Weihnachtszeit hineinplatzen. Da Ihr Produkt sich nicht als Weihnachtsgeschenk eignet, stehen Sie vor einer Entscheidung, die Sie übrigens schon einige Monate vorher treffen sollten. Entweder Sie kontaktieren Ihre vor einem Juckanfall stehenden Kunden bereits nach sechsundzwanzig Monaten (also im September oder Oktober), oder Sie warten bis Januar. Welche Lösung ist besser?

Die Antwort ist einfach. Wenn Sie bis Januar warten, wird ein Teil Ihrer ehemaligen Kunden sich bereits anderweitig versorgt haben. Bemühen Sie sich also, kratzbereit Gewehr bei Fuß zu stehen, wenn es so richtig zu jucken beginnt. Kontaktieren Sie die Kunden vor Weihnachten, und im Januar gleich noch einmal.

Drittens: Vergleichen Sie jedesmal, wenn Sie etwas verkaufen, den Juckzyklus des betreffenden Kunden mit seiner Persönlichkeit. Ungeduldige Typen (und Leute, die die Karriereleiter schnell emporklettern) verspüren den Juckreiz meist früher als andere. Langsamere Typen (und Leute, deren Karriere gleichmäßig verläuft) verspüren ihn etwas später. Und so können Sie dieses Wissen zu Ihrem Vorteil einsetzen:

Stellen Sie beim ersten Abschluß fest, ob es sich bei dem betreffenden Käufer um einen ungeduldigen, durchschnittlich geduldigen oder bedächtigen Menschen handelt. (Alle Zweifelsfälle werden der Durchschnittsgruppe zugeordnet.) Wenn Sie sich diese Denkweise aneignen, werden Sie erkennen, daß etwa zehn bis zwanzig Prozent Ihrer Käufer der Gruppe der »Raser« angehören. Merken Sie sich diese Kunden für eine relativ frühe Neukontaktierung vor. Ein ebenso großer Teil Ihrer Kunden wird der langsamen Gruppe angehören. Bei ihnen ist eine spätere Neukontaktierung angebracht. (Stufen Sie Ihre Kunden im Vergleich zueinander ein und nicht im Vergleich zu dem, was Sie für die Bevölkerung generell für normal halten.) Die verbleibenden sechzig bis achtzig Prozent Ihrer Käufer sind der durchschnittlichen Gruppe zuzurechnen, die Sie für eine Neukontaktierung etwa zwei Monate vor dem Höhepunkt des Juckzyklus vormerken sollten.

»Klingt toll«, denken Sie vielleicht, »aber wie soll ich den Juckzyklus meines Produktes herausfinden? Niemand in meiner Firma hat je darüber gesprochen.«

Wie Sie den Juckzyklus Ihres Produktes oder Ihrer Dienstleistung ermitteln

Dazu brauchen Sie einen ganzen Tag. Aber bei dieser Gelegenheit fallen Ihnen auch ein paar tolle qualifizierte Kundentips in den Schoß.

Nehmen wir an, ich hätte soeben bei dem Bootshersteller Champion Marine Sales als Verkäufer begonnen. Mein Produkt sind Boote. Da ich neu bin, möchte ich zuallererst einmal den Juckzyklus herausfinden, mit dem ich es im Bootshandel zu tun habe. Sie können den Juckzyklus Ihres Produktes oder Ihrer Dienstleistung auf dieselbe Methode ermitteln, die ich selbst verwende.

Beschaffen Sie sich zunächst die Kundenordner der Firma. Die meisten Firmen führen heute Aufzeichnungen über alle ihre Kunden. Finden Sie heraus, wo die Ordner sind, setzen Sie sich hin, und beginnen Sie, die Kunden anzurufen. Wie man das macht, zeige ich Ihnen anhand des nachstehenden Dialogs.

Wenn Sie nur einen Tag damit verbringen, so viele Kunden wie möglich anzurufen und so wie im folgenden Beispiel zu befragen, werden Sie nicht nur den Juckzyklus Ihres Produktes ermitteln, sondern Sie werden noch viel aufregendere Dinge entdecken, über die ich Ihnen gleich mehr erzählen werde. Also begleiten Sie mich beim Durchsehen der alten Kundenordner von Champion Marine.

Der erste Ordner sieht interessant aus. Ich erfahre aus ihm, daß ein Herr namens Max Polk vor achtzehn Monaten ein Speedy-Wasserskiboot gekauft hat. Ich rufe ihn sofort an.

Tom: »Guten Morgen, Mr. Polk. Mein Name ist Tom Hopkins von Champion Marine. Sie sind nun seit etwa achtzehn Monaten Besitzer eines unserer Speedy-Wasserskiboote. Ich wollte Sie einmal anrufen und mich vergewissern, ob Sie mit dem Boot zufrieden sind.«

Mr. Polk: »Mann, dieses Speedy-Ski ist das beste Boot, das wir in unserer Familie je hatten.«

Tom: (warm): »Es freut mich wirklich, das zu hören. Ich mache gerade eine kleine Marktstudie, um Prognosen für das kommende Jahr zu machen. Wären Sie so freundlich, mir dabei behilflich zu sein, indem Sie mir einige Fragen beantworten?«

Mr. Polk: »Aber gerne. Schießen Sie los.«

Tom: »Hatten Sie vor dem Speedy-Ski ein anderes Boot?«

Mr. Polk: »Ja, sicher. Ich hatte eine Fastwater-16.«

Tom: »Ach so? Seit wann sind Sie denn ein Anhänger dieses Sports?«

Mr. Polk: »Seit wir am See wohnen, Mr. Hopkins. Das sind jetzt etwa fünfzehn Jahre.«

Tom: »Wie viele Boote hatten Sie in den letzten fünfzehn Jahren, Mr. Polk?«

Mr. Polk: »Warten Sie … nun, fünf, glaube ich, einschließlich des Speedy-Ski.«

Tom: »Etwa fünf Boote. Ich wollte Sie auch fragen, ob Sie die neue Linie der Speedy-Boote schon kennen.«

Mr. Polk: »Was, es gibt schon eine neue Linie? Was ist faul an dem Modell, das ich habe? Es spielt alle Stücke, die man sich nur wünschen kann.«

Tom: »Das glaubten wir auch, bis wir die Speedy-Ski II sahen. Sie wurde von demselben Konstruktions- und Technikerteam entwickelt. Das sind Leute, die sich einfach nie auf ihren Lorbeeren ausruhen.«

Mr. Polk: »Sie meinen, das Styling wurde ein bißchen verändert.«

Tom: »Es stimmt, daß es nun eine größere Auswahl von Sty-
      lingoptionen gibt. Die wichtigen Veränderungen sind
      aber nicht so offensichtlich. Es wurden Verbesserungen
      am Rumpf durchgeführt, so daß Sie bei hohem Seegang
      leichter und schneller wenden können. Es gibt auch eine
      Reihe technischer Veränderungen, die nur jemand wie
      Sie, der die alte Speedy-Ski wirklich in- und auswendig
      kennt, richtig einzuschätzen versteht. Dazu kommen
      noch ein paar aufregende neue Ausstattungsoptionen,
      die wir früher nicht hatten. Würde es Ihnen etwas aus-
      machen, wenn ich Ihnen einen Prospekt schickte?«

Mr. Polk: »Ob mir das etwas ausmachen würde? Im Gegenteil. Ich
      möchte die neuen Modelle unbedingt sehen.«

Tom: »Gut. Lassen Sie mich sehen. Wohnen Sie noch immer
      am Slalom Way?«

Mr. Polk: »Richtig. Nummer 1218.«

Tom: »Das habe ich hier stehen, 1218. Der Slalom Way ist eine
      Querstraße der Flying Bridge Road, nicht wahr?«

Mr. Polk: »Genau.«

Tom: »Ich bin heute nachmittag in der Flying Bridge Road.
      Würde es Ihnen etwas ausmachen, wenn ich schnell
      guten Tag sagen käme und Ihnen die Broschüre vorbei-
      brächte? Ich bin jetzt in unserer Firma für Ihre Betreuung
      zuständig.«

Mr. Polk: »In Ordnung, aber Sie müssen sich beeilen. Ich will weg-
      fahren und muß packen. Aber ich möchte Ihren Prospekt
      mit den neuen Modellen gern sehen.«

Tom: »Wunderbar. Ich komme so um zwei vorbei, oder wäre
      Ihnen drei lieber?«

Mr. Polk: »Wie Sie wollen. Es muß nur vor vier sein.«

Tom: »Ich freue mich schon, Sie kennenzulernen, Mr. Polk.
      Und danke, daß Sie mir mit Ihrer Auskunft bei meiner
      Studie geholfen haben.«

Mr. Polk: »Gern, Mr. Hopkins. Ich freue mich auch schon, Sie
      kennenzulernen.«

Wie lange ist sein Juckzyklus?

Um ihn zu ermitteln, brauchen Sie nur den relevanten Zeitraum (in Mr. Polks Fall fünfzehn Jahre) durch die Zahl der Neuanschaffungen des fraglichen Produkts (fünf Boote) zu teilen. Das Ergebnis ist Mr. Polks Juckzyklus in Jahren für dieses Boot.

Was Sie wissen wollen, ist dasselbe, was der Champion wissen will: den durchschnittlichen Juckzyklus eines spezifischen Produktes, das von einer definierbaren Personengruppe gekauft wird. Ich werde Ihnen gleich erklären, was eine definierbare Personengruppe ist, aber sprechen wir zunächst über das, was Sie in den Durchschnittswert einbeziehen sollten, der den von Ihnen gesuchten Juckzyklus festlegt.

Nehmen wir an, die ersten drei Leute, die Sie befragen, sagen Ihnen, daß das Speedy-Ski ihr erstes Boot ist. Und sie wissen auch nicht, wann sie ein neues Boot kaufen werden – wenn es überhaupt dazu kommt. Wie sollen Sie bei solchen Angaben den durchschnittlichen Juckzyklus ermitteln?

Gar nicht. Lassen Sie sie aus. An dem Tag, den Sie sich für die Ermittlung des Juckzyklus reserviert haben, sollten Sie mit mindestens zwanzig Leuten sprechen. Jede dieser Personen gibt Ihnen andere Antworten. Gehen Sie wie ein Champion vor. Lassen Sie alle unbrauchbaren Antworten beiseite, und richten Sie Ihr ganzes Augenmerk auf den durchschnittlichen Juckzyklus des interessierten aktiven Benutzers Ihres Produktes oder Ihrer Dienstleistung.

Im Lauf dieses Tages werden Sie erfahren, was den Besitzern Ihres Angebots wichtig ist. Vielleicht stellen Sie auch fest, daß es mehr als einen durchschnittlichen Juckzyklus gibt. So lassen sich die Eigentümer von Speedy-Booten vielleicht in zwei leicht abzugrenzende Gruppen unterscheiden: in Leistungssportler (die an Boots- und Wasserskiwettbewerben teilnehmen) und Freizeitsportler. Die Leistungssportler tauschen ihre Boote möglicherweise alle zwei Jahre ein, die Freizeitsportler nur jedes fünfte Jahr. Nun, da Sie die Besitzer Ihres Produktes in zwei gut unterscheidbare Gruppen mit unterschiedlichen Juckzyklen unterteilt haben, wissen Sie, wo Sie Ihre Anstrengungen konzentrieren müssen.

Mr. Polk ist das perfekte Beispiel für die Funktionsweise des Juckzyklus. Langfristig betrachtet hat sich gezeigt, daß er es nicht länger als etwa drei Jahre aushält, bis es ihn wieder juckt, sein Scheckbuch für ein neueres und schnittigeres Boot zu zücken.

Haben Sie bemerkt, nach welchen Schritten ich vorging, um diese entscheidenden Informationen zu erhalten?

Als erstes sagte ich ihm, ich wisse, seit wann er das Produkt besitze, das der Grund für meinen Anruf war.

Als zweites sagte ich ihm, ich riefe an, um mich zu vergewissern, ob er mit meinem Produkt oder meiner Dienstleistung zufrieden sei.

Nach diesem Vorgeplänkel ging ich dazu über, zu qualifizieren, welches und wie viele dieser Produkte er vor dem jetzigen während eines bestimmten Zeitraums besessen hatte.

Nun wissen Sie, wie Sie den Juckzyklus Ihres Angebotes feststellen. Bevor Sie sich ans Werk machen, sollten wir einen Blick auf die nächste Technik werfen.

Kundensuche ohne Hinweis – Technik Nummer zwei: Adoption von Waisen

Adoption von Waisen? Bevor Sie sich in einem anderen Buch wähnen, lassen Sie mich Ihnen versichern, daß diese Technik eine echte Goldmine ist, wenn Sie fähig und willens sind, sie anzuwenden. Streichen Sie sich den folgenden Satz rot an:

> **Wenn ich auf eine Waise stoße,**
> **adoptiere ich sie sofort.**

Ich werde es Ihnen erklären. In jeder Verkaufsmannschaft gibt es eine bestimmte Fluktuation. Was hinterläßt ein Verkäufer, wenn er seiner Firma den Rücken kehrt?

Seine Kundschaft.

Nun wissen wir, daß viele Leute im Verkauf scheitern, weil sie nicht nachfassen. Follow-up ist ein Fremdwort für diese Leute. Stimmen Sie dieser Einschätzung zu? Aber die Verkäufer, die in Ihrer Firma das Handtuch warfen, machten trotz allem einen gewissen Umsatz, und der von ihnen zurückgelassene Kundenstock kann sich als wahre Goldmine für Sie erweisen. Wenn Ihre Firma ihren Verkäufern fest umrissene Verkaufsgebiete zuteilt, müssen Sie sich natürlich danach richten. Wenn nicht, werden Sie in den Aktenordnern viele Leute wie Mr. Polk finden, die jemanden brauchen, der sie betreut.

Hier ist ein Tip, der Sie geradewegs zur ergiebigsten Ader in dieser Mine führen wird. Die Aktenordner Ihrer Firma sind möglicherweise nach den Familiennamen der Kunden, nach den Städten, in denen sie wohnen, nach den Produkten, die sie kauften, oder nach irgendeinem anderen System geordnet, das nichts über ihren Juckzyklus aussagt. Irgendwo gibt es aber Aufzeichnungen, aus denen hervorgeht, wann diese Kunden kauften. Stellen Sie den spezifischen Juckzyklus Ihres Produktes oder Ihrer Dienstleistung fest, und suchen Sie dann die Aufzeichnungen darüber, wer was kaufte – und wann er es tat. Führen Sie die Sekretärin, die für die Ablage zuständig ist, zum Essen aus, freunden Sie sich mit dem Chefbuchhalter an, oder schleichen Sie sich heimlich an den Schrank mit den brisanten Aufzeichnungen. Tun Sie, was Sie tun müssen, aber verschaffen Sie sich diese Informationen. Sobald Sie sie in der Hand haben, befinden Sie sich auf dem direkten Weg zum großen Geld. Machen Sie Gebrauch von Ihrem Recht auf dieses Treibgut. Sie mußten nicht vierzig Monate lang schuften, während diese Waisen auf den Höhepunkt ihres Juckzyklus zusteuerten. Diese Kunden taten das ganz von allein, bevor Sie in die Firma eintraten. Holen Sie sich die Waisen.

Ich erhalte Briefe aus dem ganzen Land, in denen Dinge stehen wie: »Lieber Tom, nachdem ich begann, die Aktenordner der Verkäufer durchzusehen, die die Firma verlassen hatten, begann mein Einkommen so richtig zu explodieren. Ich rief diese verlassenen Kunden an, stellte die Verbindung wieder her, bekam auf diese Weise vorqualifizierte Kundentips und konnte den meisten von ihnen etwas verkaufen.«

Warum sind diese Kundentips vorqualifiziert? Weil Sie das Produkt oder die Dienstleistung vertreten, deren zufriedene Besitzer die Kunden bereits sind, und weil die Ordner, die Sie in Händen halten, vor lauter Details überquellen. Sie haben nun die Möglichkeit, jedes kleine Problem, das diese Kunden haben könnten, aus dem Weg zu räumen. Sie sind in der Lage, ihnen Wartungs- und Erhaltungsratschläge zu geben. Damit haben Sie die besten Gründe, mit diesen Kunden wieder Kontakt aufzunehmen.

Es ist allerdings von entscheidender Bedeutung, wie Sie diese erneute Kontaktaufnahme gestalten: Wenn Sie an Handelskunden oder an Unternehmen verkaufen oder andere Geschäfte machen, in denen es um hohe Beträge oder umfangreiche Transaktionen geht, dann haben Sie es mit sehr beschäftigten Leuten zu tun. Sie sprechen jeden Tag mit Führungskräften, Freiberuflern oder selbständigen Unternehmern, die sich ihre Zeit genau einteilen müssen. Die Leute, die auf der Parkbank sitzen und die Welt an sich vorüberziehen lassen, sind selten jene, welche die Entscheidung über den Kauf einer hausinternen Druckanlage, über die Installation eines neuen Computersystems oder über die Neuanschaffung der Firmenflugzeuge fällen, nicht wahr?

Ist es richtig, daß jemand, der Ihr Angebot kauft, eine Menge Post bekommt? Was tut eine Führungskraft – ein vielbeschäftigter Direktor, Techniker oder Investor, ein gehetzter Geschäftsmann – mit einem Brief von jemandem, der sich als neuer Vertreter einer Firma vorstellen will, von der diese Führungskraft in der Vergangenheit gekauft hat?

Er wirft den Brief in Ordner 14. In etwa 99,9 Prozent der Fälle ist ein solches Schreiben in dem Augenblick vergessen, in dem der Adressat erkennt, worum es sich handelt. Es gibt nichts Einfacheres, als einen Brief loszuwerden. Die Leute, an die Sie verkaufen, müssen jeden Tag eine ganze Menge Papier loswerden, wenn sie nicht darin versinken möchten.

Und was sagt diese vielbeschäftigte Person, wenn der neue Vertreter sie während ihrer hektischen Arbeitsstunden anruft?

»Dankefürdenanrufaufwiedersehen.« Klick.

Das passiert in achtzig Prozent der Fälle, wenn ein neuer Vertreter nichts anderes im Sinn hat, als dem alten Kunden der Firma mitzuteilen, daß es ihn gibt. Warum? Weil es das zweitleichteste ist, einen Anruf abzuwimmeln.

Was aber ist schwer loszuwerden?

Ein Körper.

Deshalb sollten Sie Ihren ganzen Körper einsetzen, wenn Sie Kunden von Vorgängern oder ehemaligen Kollegen kontaktieren. Im Gegensatz zu allen anderen Gruppen potentieller Kunden, mit denen Sie es wahrscheinlich zu tun haben werden, haben diese vielbeschäftigten Personen bereits bewiesen, daß sie Ihr Angebot wollen, brauchen, davon profitieren und es sich leisten können. Und wenn Sie sich diejenigen aussuchen, die das richtige Stadium im Juckzyklus erreicht haben, dann können Sie davon ausgehen, daß die meisten von ihnen bereits nach einem neuen Modell Ausschau halten. Setzen Sie also Ihren Körper ein. Ja, richtig, Ihren Körper. Besuchen Sie diese bedauernswerten Waisen persönlich.

Vereinbaren Sie, falls notwendig, einen Termin mit der Sekretärin. Sorgen Sie aber dafür, daß Sie auf die unvermeidliche Frage dieser liebenswerten Dame: »Darf ich wissen, worum es sich handelt?« eine gute Antwort bereit haben. Denn wenn Sie sagen: »Ich möchte mich nur vorstellen kommen«, werden Sie keinen Termin erhalten, und die Sekretärin wird auch dafür sorgen, daß ihr vielbeschäftigter Chef keine Marktstudienfragen beantworten muß.

Das ist der Grund dafür, daß sich der Champion gleich persönlich in die Höhle des Löwen begibt. Einen überraschend hohen Prozentsatz von Leuten treffen wir leichter, indem wir, anstatt uns an das Routineverfahren einer Terminvereinbarung zu halten, einfach dort aufkreuzen, wo wir sie finden. Aber zuerst müssen Sie sorgfältig die Ordner durchgehen.

Nehmen wir an, daß Ihre Firma diesbezüglich einigermaßen typisch ist. Sie haben festgestellt, daß die Dauer des Juckzyklus drei Jahre beträgt. In den Ordnern finden Sie eine große Zahl von Waisen; Sie können sie leicht nach Zeitpunkten sortieren, an denen sie Ihr Produkt oder Ihre Dienstleistung zuletzt kauften. Die Ordner bersten vor Aufzeichnungen über Käufer, die seit bis zu zehn Jahren nicht mehr kontaktiert wurden. Vergessen Sie sie. Sie sind längst keine Waisen mehr. Wenn für Ihr Angebot tatsächlich ein Drei-Jahres-Juckzyklus gilt, haben diese Leute längst Verbindung zu einer anderen Firma aufgenommen, um ihr Bedürfnis nach Aktualisierung Ihres Produktes oder Ihrer Dienstleistung zu befriedigen.

Beginnen Sie mit denen, die vor genau drei Jahren zum letzten Mal gekauft haben, und arbeiten Sie sich dann zu den Leuten vor, bei denen der Juckreiz eben erst einzusetzen beginnt, also jenen, die vor zwei Jahren und zehn Monaten gekauft haben. Dann erst sollten Sie mit den Kunden beginnen, die vor mehr als drei Jahren letztmals gekauft haben. Beginnen Sie mit jenen, die vor siebenunddreißig Monaten zum letzten Mal gekauft haben, und arbeiten Sie sich so weit zurück, bis der Gewinn die Anstrengung nicht mehr lohnt. Bei den meisten Produkten dauert das nicht lang, wenn Sie die Dauer des Juckzyklus genau ermittelt haben.

Wenn Sie die Kontaktaufnahme mit jenen Waisen beschleunigen wollen, die Ihr Produkt oder Ihre Dienstleistung vor zwei Jahren und zehn Monaten kauften und nun von einem starken Juckreiz befallen sind, können Sie ein paar diskrete Anrufe tätigen, um herauszufinden, ob die Adressen noch stimmen. Einige der Waisen werden nicht mehr an Ort und Stelle sein. Im persönlichen Verkauf sind Sie in diesem Fall meist in einer Sackgasse angelangt. Im geschäftlichen oder industriellen Verkauf bedeutet es lediglich, daß nun Frau Neuhaus für jene Entscheidungen zuständig ist, die bisher Frau Althaus zu treffen pflegte. Wenn der Kopierer, den Frau Althaus von Ihrer Firma kaufte, Mätzchen zu machen beginnt, wird es Frau Neuhaus zu derselben Zeit in den Fingern zu kribbeln beginnen wie Frau Althaus, wäre sie nicht pensioniert worden.

Vielleicht denken Sie jetzt: »Was ist, wenn es sie nicht juckt?«

Der Champion ist überzeugt davon, daß es seine Verpflichtung ist, vielbeschäftigte Leute auf das heftige Juckleiden hinzuweisen, auf das sie noch nicht aufmerksam geworden sind. Der Champion beginnt, sie zu besuchen, sie anzurufen und alles mögliche zu unternehmen, um ihr Interesse zu wecken und ihnen zu der Erkenntnis zu verhelfen, daß sich ihr Juckreiz am besten durch eine Neubestellung oder den Austausch des vorhandenen Produktes oder der Dienstleistung lindern ließe.

Als echter Champion müssen Sie zwingende Gründe dafür kennen und zutiefst von ihnen überzeugt sein:

- Ersetzen Sie diese alten Schweißmaschinen durch die phantastischen neuen Modelle, die zwanzig Prozent schneller arbeiten und die Arbeitskosten um X Dollar senken ...
- Tauschen Sie Ihren alten Wohnwagen gegen einen neuen ein, der weniger Treibstoff verbraucht und mehr Komfort bietet ...
- Ersetzen Sie das veraltete System, auch wenn es vor drei Jahren eine Sensation war. Es kann dem mittlerweile verfügbaren neuen System einfach nicht das Wasser reichen ...

Finden Sie Gründe, die das Produkt oder die Dienstleistung, die Sie heute anbieten, entscheidend besser machen als das beste Angebot, das vor drei Jahren erhältlich war. Machen Sie sich die Mühe, und Sie werden die richtigen Argumente finden. Vor drei Jahren kaufte der Kunde das Beste – aber heute ist das Neueste das Beste. Sie wollen, daß der Kunde das Beste hat, nicht wahr? Dann tun Sie Ihre Arbeit. Zeigen Sie diesen Leuten – die ihr Vertrauen in Ihre Firma bereits unter Beweis gestellt haben, indem sie drei Jahre lang eines Ihrer Produkte oder eine Ihrer Dienstleistungen besessen haben –, daß Ihr neuestes, auf dem letzten Stand der Technik befindliches Produkt von größerem Nutzen für sie sein wird als das Vorgängermodell. Das können Sie doch, oder nicht?

Natürlich können Sie es, denn Sie sind ein Profi. Das nächste Mal, wenn Sie Ihr Büro betreten, machen Sie sich schnurstracks auf die Suche nach den Akten, und beginnen Sie, nach Leuten zu suchen, die Ihr Angebot von ehemaligen Verkäufern der Firma kauften. Adoptieren Sie diese Leute. Machen Sie sie zu Ihren Kunden. Wecken Sie ihren Wunsch, bei Ihnen zu kaufen. Und dann binden Sie sie zu ihrer Zufriedenheit an eine neue Version Ihres Angebots.

Kundensuche ohne Hinweis –
Technik Nummer drei: technischer Fortschritt

Natürlich setzen Sie die Verlockungen des technischen Fortschritts ein, wenn Sie mit den Kunden sprechen, die sich in der heißen Phase des Juckzyklus befinden. Aber in diesem Zusammenhang meinen wir mit »technischem Fortschritt« etwas ganz anderes, nämlich eine bestimmte Technik der Kundensuche.

Wissen Sie, daß fast jedes Produkt in den Augen seiner Hersteller in dem Augenblick veraltet ist, in dem es zur Produktion freigegeben wird?

Ihr Blick richtet sich schon wieder in die Zukunft. Sie fragen sich: »Was können wir besser machen?« Sie wissen, daß es jemand anders tun wird, wenn sie es nicht tun. Und natürlich sind all diese Ingenieure, Konstrukteure und Erfinder nicht so einfach bereit, einzupacken und sich sang- und klanglos von der Bildfläche zu verabschieden. Sie möchten dranbleiben und weitererfinden, neues konstruieren und die Überraschungen von morgen entwickeln.

Viele neue Produkte veralten rasch, nur wenige bleiben lange aktuell. Selten werden Produkte so lange verwendet, bis sie nicht mehr brauchbar sind. Meist ist es so, daß sich die ursprünglichen Besitzer, die nur an das Beste gewöhnt sind, von dem betreffenden Produkt trennen, wenn seine Wartungsintervalle kürzer werden oder wenn etwas Besseres auf den Markt kommt. Die Leute, die sich das Beste leisten konnten, als das Vorgängermodell Ihres Produktes auf den Markt kam, können sich auch jetzt das Beste leisten. Tatsächlich können sie sich oft nichts anderes als das Beste leisten. Das kann bedeuten, daß ein Arbeiter ein altes, klappriges Auto fährt, um sich die neueste Motocross-Maschine leisten zu können, weil Motocross-Rennen sein Hobby sind. Er kann sich aus demselben Grund nur die beste Maschine leisten wie die große Fluglinie nur den besten Jet: Beide stehen sie im Wettbewerb.

In diesem Land – eigentlich in der ganzen freien Welt – wollen wir alle das Beste, Größte, Neueste, Tollste, Schnellste. Ich brauche es! Haben wir nicht alle dieses Gefühl?

Ich bin da nicht anders als Sie. Ich bin ein Football-Fan. Als ich vor einigen Jahren durch ein Einkaufszentrum spazierte, um mich ein bißchen umzusehen, sah ich etwas, das mir das Blut in den Adern gefrieren ließ. Da war es! Ein riesiger Bildschirm mit Football-Spielern in Lebensgröße. Ich sagte zu mir: »Das ist so realistisch, daß ich bei einem Foul fast selbst die Schramme abbekomme.« Bedenken Sie, das war zwei Wochen vor dem Superbowl-Finale, dem größten Ereignis im amerikanischen Sportleben.

Ich führte mein Selbstgespräch weiter. Warum? Weil ich das Ding haben wollte und weil mir meine Vernunft sagte, daß ich es nicht brauchte. Ich bin nicht viel zu Hause, und es gab keinen vernünftigen Grund, warum ich einen größeren Bildschirm brauchte als den, den ich hatte. Aber ich wollte ihn. Ich wollte ihn. Ich hatte eine Vision: Alle meine Freunde beim Superbowl-Finale in meinem Wohnzimmer versammelt, alle völlig fasziniert von diesem riesigen Bildschirm.

Also sagte ich mir: »Ich brauche ihn.« Und dann ging ich in das Geschäft und kaufte ihn. In meinem Kopf geisterte zu diesem Zeitpunkt die vage Vorstellung herum, daß ich diesen Großbildschirm-Fernseher aus vernünftigen Erwägungen gekauft hatte. Erst später erkannte ich, daß ich zu einem wehrlosen Opfer meiner Emotionen geworden war. Sie hatten mir einen »vernünftigen« Grund ins Ohr geflüstert, warum ich mir diese Freude machen sollte; und ich bin der erste, der zugibt, daß meine Kaufgründe alles andere als logisch und vernünftig waren. Aber wissen Sie was? Es tut mir gar nicht leid, denn ich hatte viel Freude an diesem teuren Gerät.

Das war ein teures Fernsehgerät. Der Verkäufer bekam eine saftige Prämie, da bin ich sicher. Worauf ich aber hinauswill, ist: Warum ließ es das Elektrogeschäft, in dem ich sonst kaufe, zu, daß ich in einem anderen Laden über das Super-TV stolperte? Warum kam der Verkäufer, der mir mein altes TV-Gerät verkauft hatte (und dieser Verkäufer kannte meine finanziellen Möglichkeiten) nicht auf die Idee, mich zu meiner Zufriedenheit an den Riesenbildschirm zu binden? Er hatte es nicht einmal versucht – weder vor meinem »Glückskauf« noch danach. Soviel ich weiß, nutzte niemand in dem gesamten Verkaufsgebiet diesen wunderbaren technischen Fortschritt. Niemand hängte sich ans Telefon, um alle finanzkräftigen Leute in der Gegend anzurufen, die vielleicht entzückt gewesen wären, von einer phantastischen Entwicklung zu profitieren. Die Verkäufer beschränkten sich darauf, sich zurückzulehnen und zu warten, bis Leute, die sich diese Innovation leisten konnten, von selbst in den Laden hineinspazierten. Während sie warteten, verkauften sie nichts. Und mit Warten verloren sie auch die Chance, das Gerät all jenen zu verkaufen, die in der Zwischenzeit in einen anderen Laden hineinspazierten.

Jemand hätte mich anrufen und mir sagen müssen: »Ich weiß, wo Sie in zwei Wochen sein werden – Sie werden gebannt vor dem Fernsehgerät hocken und sich das Football-Finale ansehen, nicht wahr?«

»Richtig, aber …«

»Was halten Sie davon, sich das Spiel auf einem Bildschirm anzusehen, der so groß ist, daß die Spieler in Lebensgröße erscheinen – und das mitten in Ihrem Wohnzimmer?«

Ich hätte gesagt: »Kommen Sie gleich vorbei, und erzählen Sie mir mehr darüber.«

Wenn Sie ein neues Produkt haben – oder ein altes Produkt in neuem Design oder mit neuen Funktionen, dann rufen Sie alle an, die Ihr Produkt bereits besitzen. Dabei sollten Sie natürlich die Kirche im Dorf lassen. Wenn Sie früher Packungen zu zwölf Stück verkauften und jetzt Schachteln zu einem Dutzend anbieten, brauchen Sie nicht gleich alle anzurufen und ihnen von einer phantastischen neuen Entwicklung vorzuschwärmen.

Und seien Sie ein bißchen geschickt. Wenn Sie mit den Leuten arbeiten, nehmen Sie sich ein paar Minuten Zeit und erkunden Sie Ihre Interessen und Wertvorstellungen. Notieren Sie sich diese Informationen auf Ihren 10 x 15 cm großen Karten. Wenn dann nächstes Jahr die aufregende neue Entwicklung herauskommt – eine Entwicklung, von der Sie nie zu träumen gewagt hätten –, können Sie Ihre Karten durchgehen, die Leute anrufen und sagen: »Ich weiß, wo Sie in drei Wochen sein werden – warten Sie, bis ich Ihnen von der aufregenden Entwicklung erzählt habe, wegen der ich Sie anrufe.«

Natürlich werden Sie zuerst jene Kunden anrufen, denen Sie

bereits etwas verkauft haben. Setzen Sie sich einmal ruhig hin, und überlegen Sie, wie Sie Leuten, mit denen Sie noch nie gesprochen haben, diese phantastische Entwicklung näherbringen könnten. Wäre ich ein TV-Verkäufer gewesen, als dieser tolle neue Bildschirm auf den Markt kam, so hätte ich alle Ärzte, Rechtsanwälte und Zahnärzte in meiner Gegend und alle anderen Leute angerufen, von denen ich dachte, daß sie ihn sich leisten könnten.

Aber wenn Sie mit der Kundensuche warten, bis die Neuentwicklung in jedem Fernsehgeschäft und in jedem Kaufhaus steht, ist es zu spät. Wenn Sie für eine Firma verkaufen, die dauernd neue Entwicklungen auf den Markt bringt, beginnen Sie auf der Stelle, eine Liste von Leuten zusammenzustellen, die Sie anrufen können, wenn Sie ein besonders wichtiges Durchbruchprodukt pushen wollen.

Technischer Fortschritt. Was für eine aufregende und profitable Methode, neue Geschäfte an Land zu ziehen.

Kundensuche ohne Hinweis – Technik Nummer vier: Ihre Lokalzeitungen

Ein Champion bleibt nicht an den Schlagzeilen über Katastrophen, Zerstörung und Verzweiflung hängen, die auf den Titelseiten prangen. Ein Champion liest die Lokalzeitungen aus geschäftlichen Gründen. Und er liest sie mit dem Kugelschreiber in der Hand, weil in jeder Zeitung Dutzende von Botschaften zu finden sind, die den Adrenalinspiegel von Champions aller Bereiche steigen lassen. Der Tenor dieser Botschaften lautet: »Ich brauche Hilfe.« So direkt steht das natürlich nie dort.

Lassen Sie mich Ihnen ein Beispiel geben. In Zeitungen findet man haufenweise Notizen über Leute, die soeben befördert wurden, denn auf diese Weise sichern sich die Zeitungen ihre eigene Klientel. Sie können damit rechnen, solche Notizen regelmäßig vorzufinden. Gehen Sie die Artikel durch, und schicken Sie den frisch Beförderten einen Glückwunsch. Glauben Sie, daß sie sich darüber freuen werden?

Sie werden sich nicht nur darüber freuen, sondern sie werden wahrscheinlich ein offenes Ohr haben, wenn Sie am übernächsten Tag zum Hörer greifen und sich erkundigen, wie Sie ihnen behilflich sein könnten.

Eine Geschichte, die ich von J. Douglas Edwards hörte, zeigt, wie ein Verkäufer diesen Ansatz bei einer Vielzahl von Produkten und Dienstleistungen zu Geld machen kann. Doug ist mit einem Baseballspieler befreundet, für den ein Klub eine der höchsten Ablösesummen auf den Tisch legte, die je im Sport bezahlt wurden. Die Zeitungen der Stadt, in die er zog, brachten halbseitige Artikel, in denen seine Ankunft angekündigt wurde und in denen zu lesen war, daß er in dieser Stadt einen Zweitwohnsitz für seine Familie einrichten wolle.

Was brauchte dieser gutbezahlte Sportler also in seiner neuen Stadt?

- Ein Heim. Wenn Sie in der Immobilienbranche tätig sind, haben Sie hier ein Beispiel, wie Sie in der besten Gegend ein Haus losschlagen können.

- Möbel und Ausstattung für dieses Haus. Wenn Sie Inneneinrichtungen verkaufen, Möbel, Teppiche oder irgendwelche anderen Ausstattungsgegenstände, dann ist dies ein heißer Tip für Sie.

- Und was ist mit dem Grundstück? Ein Tennisplatz, ein Swimmingpool, der Innenhof, die Gartengestaltung ... Dieser Mann braucht für sein neues Heim alle möglichen Produkte und Dienstleistungen.

Was braucht er sonst noch? Geld will ausgegeben werden, und dieser Mann hat jede Menge frei verfügbares Geld. Wahrscheinlich wird er weder an seinem neuen Wohnort noch in seiner alten Stadt, wo er sein Haus behält, auf einen fahrbaren Untersatz verzichten wollen. Er braucht also ein neues Auto. Und da Sportler sich selbst gerne im Fernsehen bewundern, wird er auch einen Fernseher und einen Videorecorder brauchen. Natürlich will er nicht, daß ihm auch nur das kleinste Detail entgeht. Er ist also ein Top-Kandidat für einen großen Projektionsbildschirm.

Nun, da wir ihm zu einem neuen Heim und Auto verholfen haben – welche Dienstleistungen wird er brauchen? Nicht nur die Inneneinrichtung und die Grundstücksgestaltung, von der wir schon gesprochen haben, sondern auch Versicherungen für Haus, Wagen und andere Besitztümer sowie Versicherungen für die Haftungsrisiken, denen er in der neuen Stadt ausgesetzt sein wird. Außerdem hat er ein paar Sprossen auf der Einkommensleiter übersprungen. Also spielt er nun in einer neuen Liga der Steuer- und Investitionsmöglichkeiten und könnte daher neue Steuer- und Investitionsberater brauchen. Seine Frau wird Kundenkarten für die feinsten Geschäfte sowie eine Reihe anderer Produkte und Dienstleistungen brauchen, die ihrer neuen Lebensphase gerecht werden.

Sie wissen: Wir Champions können ihm helfen, sein ganzes überschüssiges Geld auszugeben. Und dabei werden wir darauf achten, daß seine Familie und er den größtmöglichen Nutzen aus den neuen Investitionen ziehen, nicht wahr?

Und jetzt kommt der Clou. Der Sportler zog einige Wochen nachdem die Zeitungen die Ankündigung gebracht hatten, in die neue Stadt. Doug fragte ihn später, ob ihn Scharen von Verkäufern umschwärmt hätten, um ihm ihre Dienste anzubieten. Er antwortete, daß ihn seines Wissens kein einziger Verkäufer auf die Zeitungsartikel hin kontaktiert habe. Als seine Frau und er in die Stadt kamen, begannen sie, ihren Bedürfnissen nachzugehen wie Tausende andere Leute auch; indem sie Bekannte um Tips baten, indem sie im Vorübergehen zufällig Dinge sahen und indem sie im Branchenverzeichnis nachschlugen.

Wo waren wir alle, als sie in die Stadt kamen?

Wir saßen in unseren Läden und Büros und warteten darauf, daß Kunden – irgendwelche Kunden – hereinkämen.

Oft sind es die kleinen Lokalzeitungen, in denen sich die reichste Beute für den aufmerksamen Verkäufer versteckt. Der Champion hält sich nicht mit schlechten Nachrichten wie den neuesten Katastrophen in Kabul, Karachi und Kinshasa auf, wenn er diese Zeitungen durchblättert. Der Champion sucht nach Nachrichten, die für sein Verkaufs- oder Handelsgebiet relevant sind. Wer wurde versetzt, wer wurde befördert, wer erhielt eine Auszeichnung, wer entwickelt ein neues Projekt? Das ist es, was der Champion wissen will.

Gehen Sie die kleinen Lokalblätter durch, die Ihnen in den Briefkasten gesteckt werden und die Sie normalerweise wegwerfen, ohne sie auch nur eines Blickes zu würdigen. Manche dieser Zeitungen bersten geradezu von hochinteressanten lokalen Informationen. Und sehen Sie auch die Fachzeitschriften durch, die es für Ihre Branche oder für die Branche gibt, der Sie etwas verkaufen wollen. Auch diese sind reiche Quellen für heiße Tips. Wenn Sie Yachten verkaufen, dann ist es ohnehin klar, daß Sie die Zeitung der Bootsklubs aus der Umgebung lesen – was aber, wenn Sie Versicherungen, Luxusmöbel, Kunstgegenstände oder teure Autos verkaufen? Die Leute, die sich Yachten kaufen können, kaufen ihre Kleidung nicht bei der Heilsarmee, und der Zahnarzt, der sämtliche Yachtrennen der Umgebung gewinnt, ist auch in anderen Lebensbereichen ein finanzstarker Konsument. Die Chancen, daß er Ihr Produkt oder Ihre Dienstleistung braucht, stehen gut – und er wird sich über eine kleine Glückwunschkarte zu seinem letzten Erfolg sicher freuen.

Aber was ist mit den Leuten, die zweiter oder dritter werden oder erstmals an dem Rennen teilnehmen? Auch sie sind hochkarätige potentielle Kunden, und vielleicht wissen sie es besonders zu schätzen, daß jemand ihre Teilnahme bemerkt.

In Ihrer Umgebung werden wahrscheinlich Tag für Tag mehr heiße Tips gedruckt, als Sie bewältigen können. Die beste Quelle für diese Tips sind jene Publikationen, die zu lesen Ihnen früher nicht im Traum eingefallen wäre. Wenn Sie in irgendeiner Form des persönlichen Verkaufs tätig sind, erweitern Sie Ihren Horizont. Suchen Sie sich neue gedruckte Quellen für heiße Tips.

Kundensuche ohne Hinweis –
Technik Nummer fünf: Claims abstecken

Nachdem Sie die Geschichte über Dougs Sportsfreund gelesen haben, denken Sie vielleicht: »Wenn ich warte, bis ein potentieller Kunde in einen Klub eintritt, wird es schwieriger werden, rechtzeitig dort zu sein, um das Geschäft zu machen. Ich kümmere mich lieber schon jetzt um einige Klubs – bevor die Prominenten kommen. Wenn sie dann da sind, bin ich ein Insider und kann sie sofort ansprechen.«

Genau darum geht es bei der Technik des Claimabsteckens. Sie sorgen dafür, daß Sie bekannt werden, arbeiten sich ein, stellen Kontakte zu sorgfältig ausgewählten Organisationen her, in denen Sie sich wohl fühlen und – nach Einkommen und Interessen – vorqualifizierte Kunden kennenlernen, die an Ihrem Angebot interessiert sein könnten. Dies ist eine der besten Techniken, die ich kenne. Jeder dieser abgesteckten Claims wird sich als wahre Goldmine von Kontakten und heißen vorqualifizierten Tips erweisen. Der Zahl der Organisationen, in denen Sie Ihre Claims abstecken können, sind buchstäblich keine Grenzen gesetzt. Aber agieren Sie nicht wie die Goldsucher früherer Zeiten, die mit einem Esel und einem Schlapphut bewaffnet durch die Canyons zogen. Stecken Sie nicht mehr Claims ab, als Sie problemlos bewältigen können. Sonst verlieren Sie sie alle.

Denken Sie daran, daß es bei dieser Technik manchmal ein bißchen dauern kann, bis man das Gold aus dem Boden holen kann. Beginnen Sie also sofort mit der Arbeit. Investieren Sie jede Woche ein paar Stunden in die Entwicklung dieser Technik. Investieren Sie genug Zeit, um Ihre Präsenz und Ihren Einfluß in den von Ihnen gewählten Klubs und Organisationen zu stärken, aber lassen Sie sich von diesem mittelfristigen Projekt nicht davon abhalten, jene Kunden, die bereits jetzt kaufbereit sind, entschlossen zu bearbeiten.

Wie viele Organisationen sollte man als Claims abstecken? Und wie bearbeitet man sie?

Suchen Sie möglichst viele Organisationen heraus, bevor Sie

diese Frage beantworten. Halten Sie so lange die Augen offen, bis Sie eine Organisation finden, die Ihnen sowohl Ermutigung als auch Chancen bietet. Das eine ohne das andere ist wertlos. Wenn Sie eine solche Gruppe gefunden haben, werden Sie von selbst erkennen, mit welcher Methode Sie am besten fahren. Seien Sie so aktiv wie möglich. Wenn es sich um einen Sport- oder Gesellschaftsklub handelt, treten Sie bei und übernehmen Sie eine Funktion. Es gibt keine bessere Methode, um auf sich aufmerksam zu machen. Wenn es sich um eine Organisation handelt, der Sie nicht beitreten können oder wollen, laden Sie interessante Mitglieder zum Mittagessen ein, verschicken Sie Dankschreiben, erweisen Sie Aufmerksamkeiten, erledigen Sie Besorgungen und machen Sie sich nützlich. Wenn Sie zu dieser Gruppe passen, dann werden Sie bald wissen, welchen Ton Sie dort anschlagen müssen. Wenn nicht, suchen Sie sich eine andere Organisation. Vielleicht bietet Ihnen ein Klub mehr Kontakte, als Sie bewältigen können, oder Sie verteilen Ihre Bemühungen auf mehrere. Wenn Sie sich entschließen, Ihre Claims in Firmen abzustecken – indem Sie beispielsweise die Bekanntschaft des Personalchefs suchen –, werden Sie erkennen, daß Sie leicht mit zwanzig oder dreißig Firmen gleichzeitig arbeiten können. Beim Abstecken von Claims gibt es nur eine Regel: Tun Sie das, was Ihnen am meisten einbringt.

Welche Art von Organisation eignet sich am besten für das Abstecken von Claims?

Das hängt von Ihrem Angebot, Ihren Präferenzen und Ihrer Persönlichkeit ab. Die Bandbreite der Organisationen, die Sie auf diese Weise »anbohren« können, ist praktisch unbeschränkt: Unternehmen, Wirtschaftsverbände, kirchliche Organisationen, Gesellschaftsklubs, Amateur- und Profi-Sportvereine, Interessenverbände, wohltätige Vereinigungen, politische Parteien, Hobbyvereine und kulturelle Einrichtungen. Um festzustellen, welche die beste Gruppe für Sie ist, vergleichen Sie den Aufwand an Zeit, Geld und Energie, der erforderlich ist, um sich in einer in Frage kommenden Organisation zu etablieren, mit dem Ertrag an Kontakten und Hinweisen, den Sie erwarten können. Ihre Analyse wird die richtige Antwort ergeben.

Kundensuche ohne Hinweis –
Technik Nummer sechs: Austauschmeetings

Die größte Platzverschwendung in vielen amerikanischen Städten war früher das Autokino. Obwohl von Tausenden von Häusern umgeben, waren diese betonierten Flächen während des Tages tot und verlassen. Dann hatte ein kreativer Mensch eine Idee, und der Flohmarkt war geboren.

Die Wurzeln dieser Idee liegen im dunkeln. Vielleicht hat es solche Märkte gegeben, noch bevor es Städte gab, in denen sie abgehalten werden konnten. Die Menschen finden es aufregend, unter freiem Himmel in einem farbenfrohen und vielfältigen Gewimmel handgefertigte Waren zu kaufen oder zu verkaufen und um ein kleines Schnäppchen zu feilschen.

Wissen Sie, daß Sie leicht eine Quelle für heiße Kundentips erschließen können, indem Sie selbst einen Flohmarkt veranstalten? Sie machen es im kleinen Rahmen; das kostet Sie lediglich ein wenig Mühe.

Die Idee besteht darin, sich regelmäßig zu treffen, um mit sorgfältig ausgewählten Verkäufern aus nicht miteinander konkurrierenden Bereichen heiße Tips für die Kundensuche auszutauschen. Vier bis sechs Personen sind die ideale Teilnehmerzahl für solche Treffen. Mehr sind schwer unter einen Hut zu bringen.

So bringen Sie diesen phantastischen Springbrunnen neuer Geschäfte zum Sprudeln:

Laden Sie vier, fünf oder sechs starke Verkäufer aus günstigen Bereichen zur Teilnahme an Ihrem Austauschmeeting ein, und treffen Sie sich mit ihnen. Das ist alles.

»Nicht so schnell«, denken Sie vielleicht. »Was meint er mit ›günstigen Bereichen‹? Woher soll ich starke Verkäufer nehmen? Und wie funktioniert ein solches Austauschmeeting in der Praxis?«

Günstige Bereiche

Die besten Bereiche, in denen Sie nach Teilnehmern für Ihre Austauschmeetings Ausschau halten können, sind jene Bereiche, deren Kunden sich mit den Ihren überschneiden. Solange es sich um keine konkurrierenden Bereiche handelt, können die Mitglieder Ihres Austauschmeetings in Bereichen verkaufen, die eng mit dem Ihren zusammenhängen. Sie können aber auch in völlig anderen Branchen tätig sein. Wichtig ist, daß die allgemeinen Interessen, Bedürfnisse und Fähigkeiten Ihrer Kunden übereinstimmen. Wenn Sie Haushaltsgeräte im Einzelhandel verkaufen, werden Sie nicht viel von jemandem profitieren, der Textverarbeitungsgeräte an große Büros verkauft, und umgekehrt. Aber Sie können jede Menge Tips mit Verkäufern für Bodenbeläge, Möbel und Immobilien austauschen.

Die Auswahl starker Verkäufer für Ihr Austauschmeeting

Es folgt eine Technik für die Auswahl von Leuten, die Ihnen wirklich angenehm sind und von denen Sie profitieren können. Nehmen wir an, daß es sich bei meinen Kunden zum großen Teil um Führungskräfte handelt; diese fahren meist Luxuswagen, die allerdings nicht mein Produkt sind. Also werde ich für mein Austauschmeeting einen Teilnehmer suchen, der ein Champion im Leasingverkauf von Luxusautos ist. Warum? Weil ich ihm helfen kann – und wenn ich ihm helfen kann, dann kann ich sicher sein, daß er auch mir helfen wird.

Gut – nun kenne ich einen der Bereiche, den ich vertreten haben möchte. Aber wie kontaktiere ich einen Champion?

Rufen Sie die Verkaufsleiter von Leasingfirmen an, bis Sie ins Schwarze treffen. Die Chancen stehen gut, daß dies schon beim ersten Anruf gelingt. Sagen Sie dem Verkaufschef, was Sie vorhaben, und fragen Sie ihn, welchen Verkäufer seiner Firma er Ihnen als Teilnehmer für Ihr Austauschmeeting empfehlen würde. Er wird Sie an jemanden verweisen, von dem er weiß, daß er die Tips weiterverfolgen wird, die er in Ihrem Meeting bekommt. Das bedeutet, daß Sie mit einem Champion in Kontakt gebracht werden.

Wenn Sie für Ihr Austauschmeeting Spitzenempfehlungen wollen, dann müssen Sie sich zur Spitze begeben. Wenn Sie einen Verkaufsleiter angerufen haben, der diesen Titel zu Recht trägt, wird er begeistert von der Idee sein, ein Austauschmeeting zu organisieren, und da er Wert darauf legen wird, daß seine Firma davon profitiert, wird er Ihnen einen starken Verkäufer empfehlen.

Wie das Austauschmeeting funktioniert

1. Treffen Sie sich jede Woche. Wenn Sie das nicht tun, wird das Meeting nicht zur Gewohnheit.

2. Treffen Sie sich immer am selben Ort und zur selben Zeit. Ansonsten bringt der Zeitaufwand für das Drumherum die ganze Sache um.

3. Treffen Sie sich morgens, bevor Sie zu arbeiten beginnen. Wenn Sie einen anderen Zeitpunkt wählen, werden Sie sich nie regelmäßig treffen können. Verzichten Sie auf die Teilnahme von Personen, die nicht so früh aus den Federn wollen. Ihr Austauschmeeting ist für Leute gedacht, die nichts anderes als ihren Job im Kopf haben.

4. Der beste Ort für Austauschmeetings ist ein zentral gelegenes Café. Treffen Sie sich dort zum Frühstück. Sie brauchen nicht alle einzuladen. Jeder zahlt für sich selbst.

5. Vertrödeln Sie keine Zeit. Sie sind nicht hier, um die Zeit totzuschlagen. Wenn die Austauschmeetings nicht kurz, schwungvoll und nützlich sind, verlaufen sie im Sand.

6. Jeder Teilnehmer verpflichtet sich, zu jedem Austauschmeeting zwei heiße Tips mitzubringen. Aber manchmal hat man keine zwei Tips; vereinbaren Sie, daß trotzdem alle anwesend sind. Es ist besser, mit einem Tip zu kommen als überhaupt nicht. Die betreffende Person sollte sich dann verpflichtet fühlen, zum nächsten Meeting drei Tips mitzubringen.

7. Beim Meeting werden die Tips ausgetauscht. Versuchen Sie, als Gruppe sicherzustellen, daß die Person, die einen bestimmten Tip als erste bearbeiten kann, ihn auch zuerst bekommt.

8. Alle müssen sich verpflichten, jeden Tip, den sie bekommen, prompt und gründlich zu bearbeiten. Die Austauschmeetings sind nicht von Dauer, wenn die Teilnehmer keinen echten Nutzen aus ihnen ziehen.

9. Ein Austauschmeeting geht sehr schnell kaputt, wenn es sich in Gebende und Nehmende unterteilt. Wenn Sie sehen, daß sich eine solche Entwicklung andeutet, sprechen Sie mit den »Nehmern« unter vier Augen. Bringen Sie sie dazu, ihr Verhalten zu ändern, oder verzichten Sie auf ihre Teilnahme.

10. Kein Austauschmeeting kann überleben, wenn es den Teilnehmern dazu dient, ihren Überdruß abzuladen. Tolerieren Sie keinen Pessimismus und keine Schwarzmalerei. Machen Sie klar, daß das Austauschmeeting der Ausgangspunkt für einen Tag effektiven Verkaufens und Geldverdienens ist und daß niemand willkommen ist, der seine Begeisterung zu Hause gelassen hat.

Ich habe als Verkäufer an Austauschmeetings teilgenommen, und ich weiß, daß ich bei einem anderen Austauschmeeting als heißer Tip gehandelt wurde. Natürlich erfuhr ich das erst viel später. Also weiß ich von beiden Seiten, daß diese Meetings funktionieren.

Sie denken vielleicht, daß sich Austauschmeetings nur für Produkte eignen. Da liegen Sie falsch. Lassen Sie mich Ihnen erklären, wie sie bei Dienstleistungen funktionieren. Ich habe einen Anwalt, einen Investitionsberater und einen Finanzberater. Ich weiß, daß sie Teilnehmer ein- und desselben Austauschmeetings sind. Warum ich das weiß? Nicht lange nachdem ich mit einem von ihnen zu arbeiten begonnen hatte, hatte ich auch mit den beiden anderen eine Geschäftsverbindung. Und alle drei banden mich zu meiner Zufriedenheit an ihre Dienstleistungen.

Ein Austauschmeeting ist etwas Aufregendes. Es macht Spaß. Und es kurbelt das Geschäft an. Nun, nachdem Ihr erstes Austauschmeeting am Montag morgen ins Leben gerufen wurde und

Ihnen Geld bringt – wer weiß: Vielleicht wollen Sie am Donnerstag morgen ein weiteres Austauschmeeting einführen?

Kundensuche ohne Hinweis – Technik Nummer sieben: Betreuen Sie Ihre Kundendienstabteilung

Wenn Sie irgendein mechanisches oder elektronisches Produkt verkaufen, gibt es in Ihrer Firma aller Wahrscheinlichkeit nach eine Kundendienstabteilung. Das bedeutet, daß die Eigentümer Ihres Produkts in der Kundendienstabteilung anrufen, wenn ihr altes Modell zu rauchen beginnt und seinen Geist aufzugeben droht. Was geschieht, wenn die Wartungskosten einer Maschine steigen? Ihre Produktivität sinkt – und es beginnt den Besitzer zu jucken, sich eine neue anzuschaffen.

Fragen Sie in der Kundendienstabteilung nach, wer sein Gerät zum Service gebracht hat. Ein Serviceanruf bietet Ihnen die perfekte Gelegenheit, diesen Leuten einen Besuch abzustatten und sie zu ihrer Zufriedenheit an ein neues Modell zu binden, das ihren Anforderungen besser gerecht wird und keine Stillstandszeiten hat.

Für den aufmerksamen Verkäufer kann das eine enorme Geschäftsquelle sein. Ein Beispiel erfuhr ich vor gar nicht langer Zeit am eigenen Leib: Ich nehme ein tragbares Kassettengerät auf meine Reisen mit, weil ich Musik liebe. Da ich so viel auf Reisen bin, nutzen sich die Dinge, die ich mitnehme, stark ab. Als ein kleiner, aber wichtiger Teil von meinem Gerät abbrach, wußte ich, daß ich auf Musik verzichten mußte, bis es repariert war. Also brachte ich es zurück in den Laden, wo ich es gekauft hatte.

Nachdem ich erklärt hatte, was ich wollte, sagte der Verkäufer: »Dieses Gerät ist stark abgenutzt. Vielleicht sollten Sie sich ein neues kaufen.«

»Niemand bekommt es zu sehen«, sagte ich. »Mir ist es egal, wie es aussieht, solange es funktioniert.«

Der Verkäufer zuckte mit den Schultern und füllte den Reparaturschein aus. Ich verließ das Geschäft.

Zwei Tage später bekam ich einen Anruf von einem anderen Verkäufer desselben Ladens. Er sagte: »Ich kenne Sie, Mr. Hopkins. Sie sind der Mann, der herumfliegt und Verkäufer ausbildet.«

»Ja, der bin ich.«

»Möchten Sie warten, bis Sie wieder in der Stadt sind, oder wollen Sie auf Ihre nächste Reise einen neuen Kassettenrecorder mitnehmen? Einen, der im Vergleich zu Ihrem jetzigen wirklich phantastisch klingt?«

»Ich hätte wahnsinnig gern einen neuen, aber ich weiß nicht, was ich mit dem alten tun soll.«

Er sagte: »Ich habe eine Idee. Ihr Büro liegt doch gleich um die Ecke von unserem Geschäft, nicht wahr?«

»Richtig.«

»Wenn Sie sich fünf Minuten freimachen können, dann komme ich vorbei und zeige Ihnen etwas, was Sie begeistern wird.«

Raten Sie, was ich am nächsten Tag mit auf die Reise nahm. Richtig: ein neues Kassettengerät. Nicht nur, weil es besser aussah, sondern hauptsächlich deshalb, weil der Sound um vieles besser war. Ich wollte es eigentlich nicht – aber plötzlich mußte ich es haben. Der Verkäufer argumentierte nicht logisch, sondern er sprach meine Gefühle an, indem er mir das Gerät zeigte und mir den Klang vorführte. Bevor ich wußte, wie mir geschah, hatte ich ein neues Kassettengerät in meinem Reisegepäck.

Aber was ist mit dem ersten Verkäufer, jenem, der mir den Reparaturschein für mein altes Gerät ausfüllte? Er hatte mich fest im Visier – aber er drückte nicht ab. Ich stand da in seinem Laden, keine drei Meter von den neuen Geräten entfernt, von denen mir der kompetente Verkäufer, der in meinem Büro vorbeikam, zwei Tage später eines verkaufte.

Dasselbe System funktioniert auch bei Ihnen, wenn Sie es sich zur Gewohnheit machen, die Service- und Reparaturscheine durchzusehen. Wenn es in Ihrer Firma eine Kundendienstabteilung gibt, kümmern Sie sich jeden Tag um sie – und sie wird sich um Ihr Bankkonto kümmern.

Fünf Arten des Schwebens – bis Sie fliegen lernen

Das sind meine Techniken für die Kundensuche ohne Hinweis – sieben wirkungsvolle Methoden, die Sie rasch in die höchsten Sphären des Verkaufs katapultieren werden. Aber was ist, wenn Sie zu wenig Selbstvertrauen haben, um irgendeine dieser Techniken anzuwenden? Was, wenn Sie sich damit zufriedengeben, sich auf Ihr faules Wesen hinauszureden? Beachten Sie, daß ich nicht sagte, »daß Sie faul sind«. Denn niemand ist unveränderbar faul in dem Sinn, in dem jemand taub ist. Faulheit ist eine Stimmung oder eine Haltung. Sie ist wie ein Mantel, den Sie ausziehen können, wann immer Sie es wünschen. Wenn Sie den Leuten gern vorspielen, daß Sie eine Behinderung namens Faulheit haben, dann spielen Sie, Sie Dummkopf. Je länger Sie Ihr Gesicht im Kopfkissen vergraben, desto leichter machen Sie es uns anderen, die jeden Tag mit Eifer an die Arbeit gehen. Übrigens – wenn ich irgend etwas sage, das Sie beleidigt, dabei jedoch zutrifft – tut mir leid. Ich sage nur, wie es ist.

Nehmen wir an, daß Sie aus irgendeinem Grund nicht bereit oder willens sind, sich in diesem Augenblick mit Elan auf die Suche nach neuen Kunden zu machen. Wenn Sie sich in einer Situation befinden, in der keine Geschäfte zu machen sind, haben Sie ausgespielt. Sie müssen entweder Ihre Einstellung oder Ihren Job wechseln, weil Sie mit dem, was Sie tun, keinen Heller verdienen.

Aber vielleicht arbeiten Sie in einer Situation oder einem Verkaufsgebiet, in denen Ihre Geschäfte blendend laufen, ohne daß Sie nach neuen Kunden suchen müssen. Tips, die von der Firma kommen, Wiederholungsgeschäfte mit bestehenden Kunden und anderes mehr. Die Anwendung der folgenden Methoden gestattet Ihnen, dieses Geschäft zu halten und sogar aufzubauen, während Sie Selbstvertrauen entwickeln und Ihr Produkt oder Ihre Dienstleistung kennenlernen. Arbeiten Sie hart daran, die in diesem Buch beschriebenen Techniken einzustudieren und zu Hause zu üben. Es wird der Tag kommen – und Sie werden staunen, wie schnell er kommen wird –, an dem Sie es sich nicht mehr verkneifen können, all diese Techniken einzusetzen. Von diesem Zeitpunkt an werden Sie auf dem Weg zum hohen Einkommen plötzlich abzuheben beginnen. Bereiten Sie sich gründlich vor, seien Sie zuversichtlich, und der Erfolg wird Ihnen nicht zu nehmen sein.

So halten Sie die Dinge zusammen, bis Sie bereit sind, auf der Reise zum großen Geld durchzustarten.

1. **Schicken Sie jedem Kunden eine Dankeschön-Karte.** Über diese Technik werden wir in Kapitel 16 (System 8) näher sprechen.

2. **Bearbeiten Sie Probleme sofort.** Wenn jemand ein Problem mit einem Ihrer Produkte oder einer Ihrer Dienstleistungen hat, kümmern Sie sich sofort darum.

3. **Rufen Sie die Leute sofort zurück.** Eines der größten Probleme, mit denen Verkäufer kämpfen, besteht darin, daß sie sich weigern, Nachrichten zur Kenntnis zu nehmen und zurückzurufen. Rufen Sie immer sofort zurück. Das ist die einzige Möglichkeit, um einen Kundenstock aufzubauen.

4. **Halten Sie Ihre Versprechungen.** Viele Verkäufer versprechen alles, um einen Verkauf zu machen. »Ja, sicher, ich werde mich um diese Anpassung kümmern.« »Ich werde darauf achten, daß diese Funktion dabei ist.« »Sie können auf mich zählen.« Und dann vergessen sie alles, was sie versprochen haben. Auf diese Art werden Sie nie eine Empfehlung bekommen.

5. **Halten Sie den Kontakt aufrecht.** Rufen Sie Ihre Kunden regelmäßig an, oder besuchen Sie sie. Briefe und Mailings können persönlichen Kontakt nicht zur Gänze ersetzen, weil Sie kein Feedback von den Unzufriedenen oder von jenen bekommen, die von einem Konkurrenten umworben werden. Rufen Sie sie an. Stellen Sie ihre Juckzyklen fest.

Die meisten meiner Top-Champions versenden mindestens einmal in drei Monaten ein Mailing. Viele Top-Verkäufer der Autobranche versorgen ihre bestehenden und potentiellen Kunden vier- bis achtmal jährlich mit einer neuen Firmenbroschüre. Fast jedes große Unternehmen produziert regelmäßig Werbematerial, das von den Verkäufern an die Kunden verschickt werden kann.

Jede Verkaufsmannschaft läßt sich in leistungsschwache, durchschnittliche und starke Verkäufer unterteilen. Wenn Sie nachforschen, was mit diesem Material geschieht, werden Sie erkennen, daß nur die Top-Leute die Mailings tatsächlich an ihre Kunden versenden. Allen anderen geht die Luft aus, bevor sie die Mailings zur Post gebracht haben. Das alles ist diesen trägen Leuten einfach viel zu kompliziert.

Einer der von uns ausgebildeten Top-Versicherungsverkäufer – und wir haben Tausende ausgebildet – verschickt jeden Monat einen Newsletter an seine Kunden. Er schreibt ihn selbst. Der Newsletter zielt direkt auf seine Klientel und ist rein geschäftlicher Natur. Es gibt darin keine Cartoons. Statt dessen bietet er seinen Kunden in jeder Ausgabe einen Überblick über einige versicherungstechnische Fragen und präsentiert viele neue Steuerideen und Vorteile, die er in eigenen Nachforschungen ausfindig macht. Er ist ein Profi, also achtet er darauf, daß er mehr über seine Dienstleistung weiß als seine Kunden. Und er erzählt ihnen von den neuesten Entwicklungen bei Rentenversicherungen. Wenn Sie in diesem Bereich arbeiten, wissen Sie, wie wichtig Rentenversicherungspläne im Versicherungsverkauf sind. Dieser Mann erhält von seinen alten Kunden einen ständigen Strom an Hinweisen, während sein Newsletter dafür sorgt, daß sein Name jenen Kunden im Gedächtnis bleibt, die derzeit keine Änderung ihrer Versicherungs- und Rentenarrangements in Erwägung ziehen. Aber eines Tages werden sie es tun – wenn sie sich in der richtigen Phase des Juckzyklus befinden.

Dieser Verkäufer untermauert seinen monatlichen Newsletter, indem er seine Kunden alle sechs Monate anruft und sie jedes Jahr besucht. Das ist sein Programm, bis er wittert, daß Veränderung in der Luft liegt. Dann wird er aktiv. Seine Kunden sind treu, und ihre Zahl wächst ständig. Er bleibt mit ihnen in Verbindung. Ohne Newsletter müßte er die Zahl seiner Anrufe und Besuche bei inaktiven Kunden erhöhen. Das würde ihn enorm viel Zeit kosten, und Zeit ist, wie wir wissen, Geld.

Es gibt nur drei Methoden, um mit seinen Kunden in Verbindung zu bleiben: ihnen etwas zu schicken, sie anzurufen oder sie zu besuchen. Der beste Mix dieser Methoden hängt von Ihrer persönlichen Situation ab, aber es gibt kaum eine Verkaufssituation, die von einer Kombination aller drei Ansätze nicht profitieren würde.

Vielleicht stellt Ihnen Ihre Firma ein- oder mehrmals pro Jahr aufwendige neue Vierfarbbroschüren zur Verfügung. Möglicherweise bekommen Sie von Zulieferfirmen gedruckte Newsletters oder Magazine, auf die Sie Ihren Namen stempeln können, um sie dann zu verschicken. Viele dieser Firmen übernehmen sogar das Mailing für Sie. Aber diese vorbereiteten Mailings sind oft zu oberflächlich, zu schematisch, zu unpersönlich und zu allgemein, um sich als alleinige Information zu eignen. Was Sie brauchen, ist ein ständiges Mailingprogramm, das sich auf Ihre Kunden und die Chancen und Probleme konzentriert, die für Ihren Verkaufsbereich typisch sind. Überbrücken Sie die Kluft zwischen Ihren speziellen Problemen und denen Ihrer Firma mit einem selbst verfaßten Newsletter. Oder schreiben Sie alle drei Monate allen Kunden, die sich auf dem Höhepunkt ihres Juckzyklus befinden, einen persönlichen Brief, der alle Informationen über eine technische Neuerung beinhaltet, und lassen sie ihn von einem automatischen Schreibmaschinendienst personalisieren.

Dies muß keine weitere Technik sein, die Ihnen Bauchweh bereitet, auch wenn Sie weder die Zeit noch die Kenntnisse haben, um Ihre eigenen Mailings zu gestalten. Lösen Sie das Problem, anstatt es zu ignorieren. Organisieren Sie in Ihrem Büro – oder in nicht konkurrierenden Firmen – eine Gruppe von Verkäufern, die sich die Kosten und Nutzen eines gemeinsamen Newsletter teilen, eines Newsletter, der auf Ihr geographisches Verkaufsgebiet und auf das allgemeine Niveau Ihrer unterschiedlichen Kundengruppen zugeschnitten ist. Die Kosten werden nur einen Bruchteil jener Einnahmen betragen, die Ihnen entgehen, wenn Sie die Möglichkeiten der Post nicht effektiv nutzen.

Mit diesen Techniken lassen sich mit kleinem Aufwand große Erfolge erzielen. Aber sie dürfen den persönlichen Kontakt nicht ersetzen. Verwenden Sie die Post, um den Kontakt zu halten und dafür zu sorgen, daß Sie nicht in Vergessenheit geraten; arbeiten Sie mit Anrufen und Besuchen, um sich das entscheidende Feedback zu verschaffen, um rechtzeitig an Ort und Stelle zu sein, wenn es Ihre Kunden so richtig zu jucken beginnt.

Dasselbe Verfahren gilt für eine Vielzahl von Produkten und Dienstleistungen. Der Aufwand an Zeit und Geld muß natürlich durch die Vorteile aufgewogen werden, die Sie vom Abschluß des betreffenden Geschäfts erwarten dürfen.

Ich hoffe, Sie spüren, wie wichtig mir die Kundensuche ist. Sie ist der Lebenssaft des Verkaufens. Sie haben Leute in Ihrer Verkaufsmannschaft, die es noch auf keinen einzigen Hinweis gebracht haben. Sie haben Leute in Ihrem Team, die nie den Telefonhörer in die Hand nehmen, um Kunden zu suchen. Sie haben Leute, die das Büro nicht verlassen. Sie gehen einfach nicht hinaus, es sei denn, jemand befiehlt es ihnen. Sie hoffen, daß die Firma das irgendwie alles für sie erledigen wird.

»Ich brauche mehr Tips. Ich brauche. Ich brauche.«

Wenn Sie aus dem Holz sind, aus dem der Champion geschnitzt ist, werden Sie Ihre Geschäfte selber besorgen und nicht darauf warten, daß andere dies für Sie tun. Sie werden ihre Geschäfte auf zufriedenen Kunden, auf Juckreizgeplagten und auf Serviceanrufen aufbauen, auf dem Kartenempfehlungssystem, auf der Waisensuche, auf technischen Neuerungen und mit Hilfe der lokalen Zeitungen. Sie werden Claims abstecken, Empfehlungen austauschen und vor allem Ihre Verpflichtungen gegenüber Ihren Kunden so gut erfüllen, daß Sie Ihre Empfehlungen und den Erfolg, den diese mit sich bringen, wirklich verdienen.

Verlassen Sie sich auf sich selbst, anstatt sich auf die Firma zu verlassen. Das ist die einzige Methode, um sich Ihre eigene Stellung zu sichern. Meinen Sie nicht auch?

8 Wie wir am Telefon zu Reichtum und Glück kommen

Telefonieren!

Es ist erstaunlich, wie wenige Verkäufer wirklich begriffen haben, welch wichtige Rolle das Telefon in unserem Beruf spielt. Nachdem sie einmal gelernt haben, die Tasten zu drücken – was man normalerweise im Alter von etwa drei Jahren schafft –, schalten sie ihr Hirn aus und lassen ihr Mundwerk automatisch laufen, sobald sie dieses einzigartige Gerät in die Hand nehmen.

Sie müssen dieses Kapitel wirklich sehr aufmerksam lesen, denn es ist mir nicht möglich, jede einzelne Telefontechnik, die ich kenne, genau auf Ihr Produkt oder Ihre Dienstleistung abzustimmen. Sie müssen sich diese Techniken selbst zurechtbiegen, zuschneiden und zurechthämmern, um sie Ihren Erfordernissen anzupassen. Ich kann nicht mehr tun, als Ihnen die grundlegenden Konzepte vorzustellen und Anregungen zu geben, wie Sie sich mit Hilfe dieses wirkungsvollen Gesprächsmediums, das von unseren Schreibtischen nicht mehr wegzudenken ist, professioneller und wirkungsvoller darstellen können. Das Telefon ist Ihr zweitwichtigstes Verkaufswerkzeug. Das wichtigste ist Ihr Mund. Und dennoch befassen sich, aus Gründen, die sich meiner Kenntnis entziehen, nur sehr wenige Verkäufer eingehend mit der Technik des Telefonierens. Nur die besonders ambitionierten unter ihnen – die potentiellen Champions – machen sich diese Mühe. Der Durchschnittsverkäufer, der sich unbedingt bessere Telefontechniken aneignen sollte, findet es nicht der Mühe wert, sich mit diesem grundlegenden Thema zu befassen.

Allerdings genügt es nicht, sich eine profunde Kenntnis der Technik anzueignen. Um das Telefon wirklich wirkungsvoll einzusetzen, muß man auch seine Grenzen genau kennen. Die folgenschwerste Fehleinschätzung, die dem Durchschnitt unterläuft, besteht in der Annahme, ein Telefonanruf könne das persönliche Gespräch mit dem potentiellen Kunden ersetzen. Der Champion hingegen weiß, daß eine fremde Stimme, die durch die Leitung kommt, niemals dieselbe Wirkung erzielen kann wie ein persönliches Zusammentreffen. Es folgt der erste Merksatz von mehreren, die Sie sich rot anstreichen sollten.

> **Ich muß alle vorqualifizierten interessierten Anrufer persönlich treffen.**

Dieses Ziel müssen Sie sich immer vor Augen halten, wenn Sie von einem potentiellen Kunden angerufen werden, der Interesse an Ihrem Angebot hat und Ihnen den Eindruck macht, er qualifiziere sich als Käufer.

Die Unternehmen investieren riesige Summen in Programme, die dazu dienen, diese Art von Anrufen anzulocken: Anzeigen in Massenmedien und Branchenverzeichnissen, Werbung, Mailings, Fachmessen und andere Promotionsaktivitäten. Aber all dieses Geld und all die Anzeigen, die das Telefon zum Klingen bringen sollen, sind verschwendet, falls es nicht gelingt, ein Treffen mit dem Anrufer zu vereinbaren.

Manche Verkäufer meinen, ihnen entstehe kein Schaden, wenn ein Teil des Werbebudgets ihrer Firma ins Leere geht. Es gibt keinen größeren Irrtum. Es ist unmöglich, jeden Anruf in einen Abschluß zu verwandeln, aber wenn Sie nicht alles daransetzen, daß jeder Anruf, der Ihre Firma erreicht, sich für Ihre Firma und für Sie selbst auszahlt, schwächen Sie sowohl Ihre Firma als auch sich selbst. In unserer schnellebigen Welt ändert sich ständig alles. Alles wächst ständig – oder es geht unter. Sie können nicht einmal die letzte Woche zurückholen – geschweige denn die letzten fünf Jahre. Nutzen Sie Ihre Zeit, solange Sie es können. Und das ist nur jetzt und in Zukunft möglich.

Es gibt immer mehr Anzeigen mit der Aufgabe, Menschen dazu zu bewegen, sich telefonisch zu informieren – und damit den ersten Schritt zum Kauf zu tun. Wenn Sie wissen, wie man mit dem Telefon umgeht, können Sie solche Anrufe leicht zu Abschlüssen machen.

Betrachten wir den Prozeß einmal von Anfang an:

1. Welches ist der richtige Zeitpunkt, um den Hörer abzuheben? Sie werden lachen, aber es gibt einen perfekten Zeitpunkt für das Abheben des Hörers. Wenn Sie sofort abheben, bevor noch das erste Läuten verklungen ist, versetzen Sie manche Leute in Schrecken und geben anderen das Gefühl, daß Sie sich wie ein hungriger Geier auf sie stürzen. Wenn Sie es zwischen sechs- und sechzehnmal läuten lassen, denkt sich der Kunde, daß Sie nicht bei der Arbeit sind. Der perfekte Zeitpunkt, der professionelle Zeitpunkt, ist das dritte Läuten.

2. Welchen Eindruck erweckt Ihre Stimme? Wenn Ihr Tonfall beim Abheben des Hörers den Eindruck erweckt, Sie litten an einer unheilbaren Krankheit, wird niemand große Lust verspüren, Sie zu treffen. Deshalb spricht der Champion beim Abheben des Hörers mit Schwung, in heiterem Tonfall und mit einer gewissen Begeisterung. Ganz gleich, welche Katastrophe gerade über Sie hereingebrochen ist, denken Sie daran, daß immer jemand am anderen Ende der Leitung sein könnte, der von Ihrem Angebot profitieren möchte. Wenn Sie über die nötige Reife und Selbstkontrolle verfügen, wenn Sie kompetent sind, dann wird es Ihnen gelingen, Ihre augenblicklichen Sorgen hintanzustellen und in vergnügtem Tonfall mit dem Anrufer zu sprechen.

Das ist einer der Gründe dafür, daß man beim dritten Läuten abhebt. Unterbrechen Sie beim ersten Läuten das, was Sie gerade tun, gewinnen Sie einen klaren Kopf, und geben Sie sich einen Ruck. Es gibt da einen ganz einfachen Trick. Sie brauchen ihn nur zu kennen und ein bißchen zu üben. Wählen Sie ein Bild, das Ihnen angenehm ist – einen Wunschtraum, ein bestimmtes Ziel, eine Leistung, auf die Sie stolz sind –, oder einfach ein gutes Gefühl, das Sie prompt in sich abrufen können. Blenden Sie, sobald Sie das Telefon läuten hören, das aus, was Sie im Augenblick tun, und rufen Sie sich dieses Bild ins Bewußtsein. Verwenden Sie dieses Bild, um einen anderen Gang einzulegen, so daß Sie mit frischem und schwungvollem Tonfall erklären können, daß Sie das beste Produkt oder die exklusivste Dienstleistung auf dem Markt vertreten und daß Sie sich darauf freuen, jemanden kennenzulernen, der daran interessiert ist. Mit ein wenig Übung werden Sie erkennen, daß Sie sich Ihr inspirierendes Bild nur einen kurzen Augenblick lang vor Augen halten müssen, um seine wunderbare Wirkung zu spüren.

3. Gehen Sie auf das Interesse des Anrufers ein. Geben Sie Ihrem Anrufer Gelegenheit zu erklären, warum er anruft. Er bezieht sich vielleicht auf eine Anzeige oder möchte sich über einen bestimmten Artikel informieren. Sie könnten etwa so antworten:

»Ja, Herr Meier, wir erhalten viele telefonische Anfragen zu unserem neuen Gerät. Wir sind auch ganz begeistert davon.«

Dann gehen Sie weiter zur nächsten Stufe.

4. Lassen Sie den Anrufer kurz warten. Aber tun Sie das nur, wenn es auch paßt. Der Profi sucht nach einer Möglichkeit, den Kunden warten zu lassen, damit er in der Zwischenzeit seine Gedanken sammeln kann. Es ist, als sagte er bei sich: »Hoppla, hier habe ich einen tollen Fisch an der Angel. Welche Strategie eignet sich in diesem Fall wohl am besten?«

Lassen Sie also den Anrufer, wenn Sie können, zu einem frühen Zeitpunkt des Gesprächs warten. Achten Sie aber unbedingt auf folgendes: Die Pause darf nie mehr als siebzehn Sekunden betragen.

Was geschieht, wenn Sie den Kunden eine Minute oder länger warten lassen? Wenn Sie wieder am Apparat sind, hat er aufgelegt. Ist der potentielle Kunde noch am anderen Ende, so hat sich seine Stimme völlig verändert. Der Wutanfall, der Ihnen entgegenschlägt, ist kaum die Ouvertüre zu einer schönen Verkaufssymphonie. Eine lange Pause ist gleichbedeutend mit einem entgangenen Abschluß.

5. Fragen Sie nach dem Namen, wenn ihn der Anrufer nicht nennt. Ein Champion tut sein Möglichstes, um den Namen des Anrufers herauszufinden. Dafür gibt es viele Gründe. Einer davon ist, daß es viel leichter ist, eine Beziehung zum Anrufer herzustellen, wenn Sie ihn beim Namen nennen. Wenn Sie seinen Namen nicht verstanden haben, scheuen Sie sich nicht zu fragen:

»Darf ich fragen, mit wem ich spreche?«

Auf diese Weise erfahren Sie immer den Namen, sofern der Kunde Sie und Ihr Produkt wirklich in Erwägung zieht. Voraussetzung dafür ist allerdings, daß Sie den richtigen herzlichen Tonfall treffen.

6. Beantworten Sie Fragen grundsätzlich mit Gegenfragen, und führen Sie den Kunden zur Vereinbarung eines persönlichen Gesprächstermins hin. Sollte es Ihnen gelingen, einen Termin zu vereinbaren, müssen Sie, wenn es sich um einen Privat- oder Familienverkauf handelt, zum Kunden nach Hause gehen; vielleicht kommt der Kunde aber auch selbst in Ihr Geschäft, um sich das von Ihrer Firma beworbene Produkt anzusehen. Oder Sie besuchen den Anrufer in seinem Büro, wenn es sich um einen Firmeneinkäufer handelt. Wie dem auch sei, Sie müssen immer auf einen persönlichen Gesprächstermin dringen. Welche Technik verwenden Sie, wenn Sie eine Frage mit einer Gegenfrage beantworten?

Die Stachelschweintechnik.

Wenn zum Beispiel ein Mann anruft und fragt: »Haben Sie immer noch die Sonderaktion für Kopierer? Gibt es die Geräte noch?«

Dann würde ein Champion auf diese Frage nicht mit Ja oder Nein antworten. Statt dessen würde er sagen: »Suchen Sie diese Art von Kopiergeräten?«

»Ja, das tue ich.«

»Wunderbar. Ich hätte heute oder morgen Zeit, um Sie näher zu informieren. Möchten Sie mich in meinem Ausstellungsraum besuchen, oder soll ich zu Ihnen kommen?«

Das ist ein Stachelschwein, aber auch ein Alternativvorstoß, nicht wahr? So verdoppeln wir unsere Durchschlagskraft.

7. Bestätigen Sie bei der Vereinbarung des Termins nochmals alle Einzelheiten. Ich muß Sie vor etwas warnen. Studien haben ergeben, daß nur ein kleiner Prozentsatz von Menschen einer Anweisung folgt, wenn sie nur einmal gegeben wird. Was bedeutet dies für uns, wenn wir einen Termin vereinbaren? Entweder vergißt Sie der Kunde, oder er weiß nicht genau, wo er Sie findet. Vielleicht vergißt er den vereinbarten Zeitpunkt, oder er kann sich nicht an Ihren Namen erinnern. Aus diesem Grund läßt sich ein Profi alles nochmals bestätigen. Machen Sie sich eine Notiz darüber, daß Sie den Kunden auffordern müssen, sich alle wichtigen Details aufzuschreiben.

Ein Champion würde folgendes sagen:

>Haben Sie einen Kugelschreiber zur Hand? Ich möchte Sie bitten, sich einige wichtige Details aufzuschreiben.«

Raten Sie, welches diese wichtigen Details sind. Richtig, erraten: der Name des Verkäufers, sein Bürostandort, die Adresse, der Zeitpunkt des Treffens und alles andere, das der Anrufer wissen muß, um wieder mit Ihnen in Verbindung treten zu können.

8. Nach Vereinbarung und Bestätigung des Termins wirft der Champion einen zweiten Anker. Dieser abschließende Schritt ist besonders wichtig, wenn Sie in Ihrer Ausstellung oder in einem für beide Seiten bequem erreichbaren Café auf Ihren Kunden warten. Weitere zehn Prozent der Leute halten den Termin ein, wenn sie wissen, daß Sie sie anrufen werden, wenn sie nicht erscheinen. Und es ist natürlich immer möglich, daß ihnen wirklich etwas dazwischenkommt und es ihnen unmöglich macht, den Termin einzuhalten. Also sagen Sie, nachdem Sie alle Details bestätigt haben:

>Wenn etwas Unvorhergesehenes geschieht und ich Sie bitten müßte, unseren Termin zu verschieben, wo könnte ich Sie erreichen?«

Ob Sie nun ein Produkt oder eine Dienstleistung verkaufen, es besteht eine zumindest fünfzigprozentige Chance, daß Sie Anrufe machen müssen, um neue potentielle Kunden zu finden. Tatsächlich weiß ein wahrer Champion unabhängig von dem, was er verkauft, daß das Telefon sein Verkaufsvolumen enorm erhöhen kann. Also hängt er in jeder Sekunde, in der er sich freimachen kann, an die Strippe, um neue potentielle Kunden anzurufen.

Sprechen wir nun also über diese Art von Anrufen.

Am Telefon Kunden suchen

Fast alle Leute heben den Hörer ab, wenn das Telefon klingelt. Selbst Verkäufer, die Angst davor haben, selbst anzurufen, nehmen hereinkommende Anrufe entgegen. Tatsächlich sind sie oft so gierig auf Anrufe, daß es schon bedauernswert ist.

Warum krümmen sich manche Verkäufer bei dem Gedanken, telefonisch auf Kundensuche zu gehen, stürzen sich aber auf jede Gelegenheit, genau mit derselben Art von Personen zu sprechen, wenn der Anruf nicht von ihnen selbst ausgeht? Wenn Sie einen Augenblick lang darüber nachdenken, dann werden Sie merken, daß hier etwas Seltsames vor sich geht. Dieses Etwas wird sogar noch seltsamer, wenn Sie ein wenig tiefer graben.

Schließlich sitzen diese Verkäufer dort, um Geld zu verdienen. Sie wissen, daß Sie Geld verdienen können, indem sie neue Käufer finden. Sie wissen auch, daß sie mehr Käufer finden, wenn sie mit dem Telefon arbeiten. Die Kundensuche ist nichts weiter als das: Sie hängen sich ans Telefon und rufen so lange potentielle Käufer an, bis Sie jemanden gefunden haben, der sich für ein persönliches Verkaufsgespräch eignet. Dann treffen Sie sich mit dieser Person und vereinbaren mit ihr, daß sie Ihrer Firma Geld bezahlt. Ein Teil dieses Geldes wird dann an Sie bezahlt. Das ist die Quintessenz des Verkaufens, nicht wahr? Alles steht und fällt mit der Kundensuche.

Und trotzdem gibt es Verkäufer, die keine neuen Kunden suchen wollen. Es kann nicht sein, daß sie Angst vor dem Telefon haben, da sie ja damit aufgewachsen sind. Sie begegnen ihm auf Schritt und Tritt und sind daran gewöhnt. Sie wissen, daß es weder beißt, explodiert noch zu stinken beginnt, wenn man es berührt. Aber das Ding hat die irritierende Eigenschaft, ein lautes Geräusch zu machen. Wer kann sich gemütlich in einem Bürostuhl räkeln, wenn plötzlich dieser schrille Lärm erschallt? Noch schlimmer: Wenn man nicht abhebt und herausfindet, wer einen stört, zieht man mit Sicherheit ärgerliche Blicke und gemurmelte Verwünschungen von den Leuten in der näheren Umgebung auf sich. Bestenfalls. Es kann auch schlimmer kommen, und man wird angebrüllt. Andererseits besteht immer die Chance, daß der hereinkommende Anruf gar nichts mit der Arbeit zu tun hat, also kein Unheil bringt. Vielleicht ist jemand falsch verbunden und läßt sich leicht abschütteln, oder ein Freund ruft an, um ein wenig zu plaudern. Die meisten von uns haben im großen und ganzen schon länger ihren Frieden mit dem vermaledeiten Ding gemacht. Sie wissen, daß es besser ist, den Hörer abzunehmen, wenn es läutet.

Von sich aus anzurufen ist etwas anderes. Es ist sinnlos, so zu tun, als wäre es das nicht. Erstens sind Sie nicht der Gestörte, sondern der Störenfried, wenn Sie anrufen. Sie können nicht sagen oder sich denken: »Warum stören Sie mich?«, wenn Sie selbst der Anrufer sind.

Vielleicht denken Sie, daß das der Grund dafür ist, daß Sie nicht per Telefon neue Kunden suchen. Es ist nicht der Grund. Oh, natürlich, es gibt da dieses vage, flaue Gefühl, das wir alle verspüren, wenn wir uns das erste Mal ans Telefon hängen, um neue Kunden zu suchen. Es ist harte Arbeit, kein Spaziergang, es ist ein Vorstoß nach außen, kein Rückzug nach innen. Aber auf diese Weise werden Berge bezwungen und Vermögen verdient.

Werten Sie sich nicht selbst ab, indem Sie sich sagen, daß Sie einfach nicht über jene dickhäutige Aggressivität verfügen, die man braucht, um telefonisch auf Kundensuche zu gehen. Es sind nicht Aggressivität oder Dickfelligkeit, die Ihnen fehlen. Außerdem braucht man gar nicht viel davon, um diese Technik effektiv zu benutzen. Was man braucht, ist Wissen. Wenn Sie Angst vor der telefonischen Kundensuche haben, dann deshalb, weil Sie nicht wissen, wie sie funktioniert.

Halten Sie sich zunächst vor Augen, daß Sie immer noch sagen können: »Tut mir leid, daß ich Sie gestört habe. Auf Wiedersehen.« Sorgen Sie dafür, daß die Angelegenheit damit für Sie erledigt ist.

Schließlich haben Sie nichts weiter getan, als jemanden anzurufen. Sie haben kein Leben ruiniert.

Als zweites sollten Sie daran denken, daß Sie sich bei der Kundensuche immer ein *Erfolgs*ziel und *kein Leistungs*ziel stecken sollten. Lassen Sie mich das erklären. Wenn Sie sich folgendes Ziel setzen: »Ich möchte morgen um neun Uhr mit der telefonischen Kundensuche beginnen und fünfzehn Anrufe machen«, kann es sein, daß Sie diese fünfzehn Anrufe zwar machen, aber nichts in der Tasche haben.

Stecken Sie sich Erfolgsziele. »Morgen um neun will ich mit der telefonischen Kundensuche beginnen, und ich werde so lange nicht aufhören, bis ich drei Termine habe, bei denen ich mein Produkt Leuten vorführen kann, von denen ich annehme, daß sie es kaufen können und sollten.« Achten Sie darauf, daß Ihr Erfolgsziel vernünftig ist, und dann verwirklichen Sie es. Legen Sie Pausen für Mahlzeiten ein, aber setzen Sie die Kundensuche so lange fort, bis Sie Ihr Erfolgsziel erreicht haben.

Als drittes sollten Sie daran denken, daß Sie sich, bevor Sie mit den Anrufen beginnen, eine effektive Gesprächsformel und eine gute Liste mit Namen und Telefonnummern zurechtlegen müssen. Ihre Erfolgsaussichten sind nur so gut wie Ihre Formel und Ihre Liste. Wenn Sie nach zehn Anrufen keine ermutigende Erfahrung gemacht haben, machen Sie eine Pause, sehen Sie sich Ihre Liste und Ihre Formel an, und überlegen Sie, ob Änderungen angebracht sind. Mit ermutigenden Erfahrungen meine ich, daß es Ihnen gelingt, Termine zu vereinbaren, daß Sie gebeten werden, später noch einmal anzurufen, oder daß Sie Namen von Personen bekommen, die interessiert sein könnten. Lassen Sie sich von ein paar im Sand verlaufenen Anrufen nicht entmutigen. Das heißt, lassen Sie es nicht zu, daß Sie von ein paar Fremden – mißmutigen Griesgramen, die Sie nicht einmal kennen – von der Straße des Erfolgs abgebracht werden. Akzeptieren Sie, daß Sie auf ein paar Leute treffen werden, die nicht gerade entzückt darüber sein werden, von Ihnen angerufen zu werden. Seien Sie ein Profi bei der Kundensuche. Das bedeutet, daß Sie 1. ein wirklich interessantes Angebot haben, über das Sie gut informiert sind, 2. nur zu vernünftigen

Zeiten anrufen, 3. immer höflich bleiben, 4. alle unangenehmen Anrufe rasch und höflich beendigen und 5. jedes unproduktive Gespräch aus Ihren Gedanken streichen, um sofort den nächsten Anruf zu machen.

Der letzte Punkt ist entscheidend. Wenn Sie sich Ihren Plan für die Kundensuche zurechtlegen, richten Sie sich darauf ein, negative Anrufe rasch beiseite zu wischen. Lassen Sie sich von solchen Gesprächen Ihre Begeisterung nicht nehmen. Lassen Sie nach einer Schimpftirade nicht den Kopf hängen, sondern schütteln Sie sich einmal kurz, und rufen Sie sofort einen neuen potentiellen Kunden an. Wenn Sie das tun, werden Sie bald erkennen, wie leicht Ihnen die Kundensuche fällt und wie wirkungsvoll Sie darin sind. Sie werden auch erstaunt sein, wie rasch die Zeit dabei vergeht.

Ich habe hier eine kleine Herausforderung für Sie, die in Wirklichkeit eine aufregende Chance ist. Sie werden nun Ihre eigene Marktstudie erstellen. Vielleicht geht es schneller und Sie erhalten eine qualitativ bessere Marktstudie, wenn Sie sich mit zwei oder drei Gleichgesinnten in Ihrer Verkaufsorganisation zusammentun und gemeinsam eine Marktstudie erstellen, die Sie alle als gemeinsame Grundlage für die Kundensuche verwenden. Beginnen Sie mit dem folgenden Basisformat, und stimmen Sie es auf Ihr Produkt oder Ihre Dienstleistung, auf Ihren Verkaufsbereich und auf die Stärken und Verkaufsmethoden Ihrer Firma ab. Während Sie an Ihrer Marktstudie arbeiten, sollten Sie genau auf die Reihenfolge achten, in der Sie die Fragen beantworten. Ab dem dritten Schritt könnte sich für Ihr spezielles Angebot eine andere Reihenfolge als die hier angegebene anbieten.

1. Verwenden Sie sofort den Namen Ihres Gesprächspartners. Das ist entscheidend. Wenn Sie den Namen Ihres Gesprächspartners bald und oft verwenden, hört er Ihrer Botschaft aufmerksamer zu.

»Guten Morgen. Ist Herr Hammersmith zu sprechen?«

2. Stellen Sie sich selbst und Ihre Firma vor. Sobald Sie die richtige Person am Apparat haben, stellen Sie sich in einem warmen und freundlichen Tonfall vor.

»Herr Hammersmith, hier spricht Tom Hopkins von Champions Unlimited.«

Dann gehen Sie sofort zu Ihrer Marktstudie über.

3. Sagen Sie, weshalb Sie anrufen, und stellen Sie die erste Frage der Studie. Machen Sie keine Pause, nachdem Sie den Zweck Ihres Anrufs erklärt haben. Sprechen Sie in einem angenehmen Tonfall, der zu einem Gespräch einlädt. Ihre erste Marktstudienfrage sollte zur Klärung der Frage beitragen, ob Ihr Gesprächspartner an Ihrem Angebot interessiert ist oder nicht.

»Ich mache eine Marktstudie. Es dauert nur einen Augenblick. Würde es Ihnen etwas ausmachen, mir zu sagen, ob Sie derzeit ein Boot besitzen?«

4. Wenn die Antwort »nein« lautet. Bei vielen Produkten und Dienstleistungen ist es ein gutes Zeichen, wenn man an diesem Punkt ein »nein« zu hören bekommt. Bei anderen bedeutet es, daß Sie das Gespräch freundlich beenden und den nächsten Kandidaten anrufen sollten. Wenn Sie an dieser Stelle ein »Nein« hören möchten, studieren Sie sorgfältig ein, wie Sie darauf reagieren werden. Formulieren Sie die nächsten Fragen, die Sie stellen werden, um Ihrem Gesprächspartner eine Antwort zu entlocken, die Ihnen wichtige Informationen liefert und dabei hilft, eine Beziehung zu ihm herzustellen.

»Möchten Sie irgendwann in Zukunft ein Boot besitzen, und, wenn ja, würden Sie ein Ruderboot, ein Motorboot oder ein Segelboot vorziehen?«

Jedesmal, wenn Sie jemanden am Apparat haben, der sich nach den Gesichtspunkten von Gefühl und Logik nicht als Kandidat für Ihr Angebot erweist, sollten Sie ihn um eine Empfehlung bitten. Wenn Sie eine gute Liste führen, hat Ihr Gesprächspartner mit großer Wahrscheinlichkeit einen oder zwei Freunde, die genau jene potentiellen Kunden sind, die Sie suchen. Verwenden Sie das Prinzip des Kartenempfehlungssystems, um den Leuten dabei zu helfen, aus der Vielzahl ihrer Bekannten ein paar Gesichter herauszufiltern. Wenn Sie zum Beispiel über eine Liste von Klubmitgliedern verfügen, fragen Sie Ihren Gesprächspartner, ob einer seiner Freunde im Klub daran interessiert sein könnte, einen Prospekt über Ihr Angebot zugeschickt zu bekommen.

5. Wenn die Antwort »ja« lautet. »Ja, wir haben ein Boot.« »Oh, wunderbar. Darf ich fragen, welchen Typ und von welchem Hersteller?«

Nach diesem Schritt kann Ihr Kundensuchgespräch in verschiedene Richtungen gehen. Wie unser Champion hier jeweils vorgehen würde, braucht uns an dieser Stelle nicht zu interessieren. Wichtig ist, daß Sie darüber nachdenken, welche Antworten Sie wahrscheinlich zu hören bekommen, und sich überlegen, wie Sie darauf reagieren werden. Legen Sie sich Ihre Erwiderungen auf die verschiedenen Antworten zurecht, mit denen Sie einen persönlichen Gesprächstermin vereinbaren oder die Erlaubnis erhalten, Ihrem Gesprächspartner einen Prospekt zuzusenden. Überlegen Sie sich auch, wie Sie das Gespräch freundlich beenden, wenn Sie erkennen, daß Sie sich hier keine Sporen verdienen werden.

6. Fragen Sie, wie lange Ihr Gesprächspartner Ihr Angebot bereits besitzt. Finden Sie heraus, an welcher Stelle des Juckzyklus sich Ihr Gesprächspartner befindet. Wie wichtig dieser Schritt ist, liegt auf der Hand.

7. Finden Sie heraus, was dem Kunden an seinem derzeitigen Produkt gefällt. Es folgen einige Fragen, die Sie stellen können, wenn Ihr Gesprächspartner ein Produkt oder eine Dienstleistung verwendet, das oder die Ihrem Angebot ähnelt:

»Sind Sie mit der Genauigkeit und Geschwindigkeit Ihres Lohnverrechnungssystems zufrieden?«
»Leistet Ihr Intercom-System alles, was Sie von ihm erwarten?«
»Was gefällt Ihnen an Ihrem derzeitigen Gerät am besten?«

Finden Sie heraus, welche Einstellung Ihr Gesprächspartner zu dem Produkt hat, das er derzeit verwendet – was ihm daran gefällt und was er gerne anders hätte. Wenn Sie das erfahren, wissen Sie, wie gut Ihre Chancen sind, ihn zu einem glücklichen Besitzer der neuesten Version dieses unverzichtbaren Produkts Ihrer Firma zu machen. Und Sie erkennen, wie Sie vorgehen müssen, um ihn zu einem Abschluß zu bringen, denn Sie wissen jetzt, was ihm wichtig ist.

Sie müssen diese Frage positiv formulieren: »Was gefällt Ihnen am meisten an ...«

Warum ist die positive Formulierung hier wichtig? Aus drei Gründen: 1. Wenn Sie die Leute fragen, was ihnen gefällt, fühlen sie sich weniger bedroht, als wenn Sie sie fragen, was sie nicht mögen; 2. sie sind gesprächiger und sagen Ihnen eher, was sie nicht mögen, als wenn Sie sie direkt danach fragen; 3. und Sie müssen sehr vorsichtig sein, daß Sie ihre Markentreue nicht angreifen – es sei denn, Sie verkaufen die Marke, der sie treu sind. Dazu später mehr.

Überlegen Sie sich, worin Ihr Produkt mehr leistet als jenes, das der Kunde derzeit verwendet. Wenn der Kunde ein Geschwindigkeitsfreak ist und Ihr letztes Modell schneller ist als das, welches er derzeit besitzt, haben Sie einen starken Gefühlshebel gefunden, mit dem sie ihn zum Kauf bewegen können. Wenn Sie in einem Kundensuchgespräch einen dieser Gefühlshebel betätigen, sollten Sie den Hasen nicht verscheuchen, indem Sie zu früh abdrücken. Vereinbaren Sie einen Vorführungstermin. Sprechen Sie nicht über den Kauf, sprechen Sie über das Gefühl der Geschwindigkeit – oder drücken Sie einen anderen Hebel. Sie wollen den Kunden dazu bringen, daß er Ihr Produkt sieht, fühlt, berührt und benutzt. Mehr wollen Sie zu diesem Zeitpunkt nicht. Mehr wollen Sie erst dann, wenn er den Ledergeruch geschnuppert und den Motor aufheulen gehört hat. Dann können Sie getrost das Wort besitzen einfließen lassen.

8. Bringen Sie vorsichtig die negativen Gefühle des Kunden ans Tageslicht. Wenn der Kunde keine negativen Gefühle hegt, rennen Sie gegen eine derart feste Markentreue an, daß ein vorsichtiges Vorgehen erforderlich ist. Bringen Sie sich nie in eine

Situation, in der Sie das angreifen, was der Kunde derzeit besitzt, denn damit greifen Sie seine Urteilsfähigkeit an. Der schnellste Weg, sich um alle Verkaufschancen zu bringen, besteht darin, den Kunden wissen zu lassen, daß Sie ihn für einen Dummkopf halten, weil er bereits in das falsche Produkt oder in die falsche Dienstleistung investiert hat. Fragen Sie in positiver Form nach der entscheidenden negativen Information. So zwingen Sie den Kunden nicht dazu, eine frühere Entscheidung rechtfertigen zu müssen.

»Welche Änderungen im Krankenversicherungssystem Ihrer Firma würden Sie begrüßen?«

»Legen Sie auf irgend etwas Wert, was Ihr derzeitiges Fördersystem nicht kann?«

»Welche Verbesserungen würden Ihre derzeitige Maschine im Betrieb effizienter machen?«

Die Marktstudie hilft Ihnen, nicht befriedigte Bedürfnisse zu erkunden. Sie versuchen, ein Erfordernis zu finden, das Ihr Angebot besser erfüllt als das derzeitige Produkt oder die derzeitige Dienstleistung des potentiellen Kunden. Natürlich muß der Kunde dort mehr wollen, wo Sie ihm auch mehr bieten können.

Wenn Sie ihm also mehr von dem geben können, was er will, muß diese Fähigkeit Ihres Produkts 1. in einem Zusatz oder einer Verbesserung bestehen, die seit dem Erwerb des letzten Produkts entwickelt wurde, oder 2. in etwas, das Ihr Produkt von vornherein besser konnte als das Ihres potentiellen Kunden. Entweder wußte er nichts davon, oder er schätzte den betreffenden Faktor nicht richtig ein, als er die damalige Entscheidung traf und ein Produkt der Konkurrenz kaufte.

Im ersten Fall – es kam etwas hinzu oder wurde verbessert – überbringen Sie dem potentiellen Kunden eine gute Nachricht. Sie können nun ein Problem für ihn lösen, das Sie nicht lösen konnten, als er sein bestehendes Produkt kaufte. Sie können das, was er derzeit besitzt, als exzellente Wahl zum damaligen Zeitpunkt loben. Aber jetzt haben sich die Zeiten geändert. Im zweiten Fall – Ihr Produkt war von vornherein das bessere – müssen Sie eine Situation bewältigen, die bestenfalls heikel und schlimmstenfalls brandgefährlich ist. Hier ist kein Platz für Direktheit oder achtlose Kommentare. Jedes Jahr stürzen solche Situationen Tausende allzu selbstsicherer Verkäufer ins Verderben, welche die Vernunft auf ihrer Seite haben und daher die Emotionen vergessen. Dann können Sie keinen Abschluß erreichen und wissen nicht, warum. Dabei ist der Grund ganz einfach: Der potentielle Kunde flieht vor der emotionalen Belastung, die mit dem Eingeständnis eines Fehlers verbunden ist. In solchen Dingen sind die Menschen sehr sensibel – und ebenso dickköpfig. In vielen Fällen besteht die einzige Möglichkeit, das Produkt oder die Dienstleistung der Konkurrenz durch das/die eigene zu ersetzten, darin, hier eine überzeugende Aussage wie etwa die folgende zu machen: Sie finden, der Kunde handelte klug, als er das kaufte, was er derzeit besitzt. In Anbetracht der damaligen Umstände tat er das Richtige, aber unter den veränderten Umständen besteht die richtige Entscheidung darin, auf Ihr besseres Angebot umzusatteln.

Überraschenderweise gibt es viele Verkäufer, denen es lieber ist, einen Abschluß zu verlieren, als ihren Kunden zu helfen, das Gesicht zu wahren. Aber es macht mehr Spaß, in diesem Punkt nachzugeben und den Abschluß zu erreichen.

9. Weisen Sie auf die Stärken Ihres Angebots hin. Wir alle lieben es, wesentliche Wettbewerbsvorteile zu verkaufen – wenn wir sie haben. Es gibt aber sehr herausfordernde und lohnende Verkaufspositionen, bei denen sich die Überlegenheit Ihres Produkts oder Ihrer Dienstleistung gegenüber der Konkurrenz nicht so leicht feststellen und beschreiben läßt. Wenn Sie einen wesentlichen Wettbewerbsvorteil haben, dann ist nun der geeignete Zeitpunkt in Ihrer Marktstudie gekommen, um ihn Ihrem Kunden gegenüber dezent zu erwähnen:

»Kommen Ihre Lkws mit 12 Liter auf 100 km aus?«
»Bekommen Sie den Lkw Ihrer derzeitigen Marke schon am nächsten Morgen ausgeliefert?«

10. Die Terminvereinbarung am Ende des Telefongesprächs.
Wenn Sie Ihre telefonische Marktstudie beendet haben, danken Sie Ihrem potentiellen Kunden für seine Mitarbeit. Fragen Sie dann: »Darf ich Ihnen eine Information über unser neuestes Modell zusenden?«

Wenn der Kunde ja sagt, muß er Ihnen natürlich seine Adresse geben, wenn Sie sie noch nicht haben, oder sie korrigieren, wenn Sie eine alte Adresse haben. Nach der Qualifikationsarbeit, die Sie bisher geleistet haben, kommen Sie vielleicht zu dem Schluß, daß dieser Kontakt zu wertvoll ist, als daß Sie Ihren Schwung in der Post verpuffen lassen dürften. Benutzen Sie das Argument der raschen Zustellung der Broschüre, um den Kunden zu einem Treffen zu veranlassen.

»Nachdem ich mit Ihnen gesprochen habe, Mr. Hammersmith, habe ich das Gefühl, daß Sie mehr Informationen über diese neue aufregende Entwicklung brauchen. Damit Sie nicht auf die Post zu warten brauchen, werde ich Ihnen die Broschüre heute nachmittag vorbeibringen, wenn Ihnen das recht ist. Dann können Sie sie gleich durchsehen – und da ich weiß, wie wertvoll Ihre Zeit ist, kann ich eventuelle Fragen Ihrerseits gleich an Ort und Stelle beantworten. Wäre es Ihnen um zwei oder drei Uhr recht?«

Vielleicht können Sie bei dem Treffen sofort zu Ihrer Standardpräsentation oder -demonstration übergehen und den Kunden mit emotionalen Argumenten zum Abschluß führen.

Wie man seine Liste mit guten Namen füllt

Woher bekommen Sie Adressen potentieller Kunden? Hier sind einige Quellen:

1. **Adreßverzeichnisse:** Wenn Sie Glück haben, finden Sie welche, die nach Straßen geordnet sind – Sie können daraus auf die Kaufkraft schließen.
2. **Listen von Unternehmen, Branchenadreßbücher und Listen von Klubmitgliedern:** Mitunter schwer erhältlich. Aber Kopier-

geräte gibt es überall. Ein bißchen Hartnäckigkeit und Erfindungsgeist – vielleicht eine Einladung zum Mittagessen oder ein Mitbringsel zur rechten Zeit – können Sie zum stolzen Besitzer des von Ihnen gewünschten Verzeichnisses machen.

3. Bibliotheken
4. Mailinglisten von Direktwerbefirmen
5. Zeitungen und Zeitschriften
6. Ihre Freunde und Bekannten

Tips für erfolgreiches Telefonieren

Lassen Sie mich Ihnen ein paar grundlegende Tips geben, wie Sie sich durch Telefonieren Einnahmen statt Ärger sichern.

1. Seien Sie immer höflich. Sie schulden es Ihrer Würde, Ihrem Selbstwertgefühl und Ihrer Firma, höflich zu bleiben, ganz gleich, wie schlecht Sie sich fühlen. Sie schulden es auch Ihren Kollegen im Verkauf, denn wir alle tragen Verantwortung für den Ruf unseres Gewerbes.

Wenn die Leute böse auf Sie sind, sind sie auch böse auf Ihre Firma. Ihr Arbeitgeber hat nicht nur ein Recht auf Ihre Loyalität, sondern er hat auch Anspruch darauf, daß Sie das Image der Firma verbessern, anstatt es zu schädigen. Behandeln Sie Ihre Kunden mit Respekt. Das ist eine wichtige Voraussetzung dafür, daß man sich selbst mit Respekt behandeln kann. Verlieren Sie nie die Beherrschung, denn das tun nur Verlierer. Ein Champion läßt es nicht zu, daß jemand anderer über seine Stimmung entscheidet.

2. Tun Sie alles, um Ihren Kunden entgegenzukommen. Manche Leute rufen an und wollen Ihnen nicht die geringste Information geben. Alles, was sie wollen, sind Antworten. Die Anrufer können ganz schön beharrlich sein, aber wenn Sie ihnen alle Informationen am Telefon geben, brauchen die Leute Sie nicht persönlich zu treffen. Und wenn Sie sie nicht treffen, werden Sie ihnen nichts verkaufen. So einfach ist das. Ich weiß, wie frustrierend es sein kann, mit Leuten zu sprechen, die alle Fakten und Zahlen wissen wollen und dabei signalisieren: »Bleib mir vom Leib, Verkäufer.«

Aber wissen Sie was? Oft sind gerade die Leute, die am heftigsten versuchen, einem persönlichen Treffen auszuweichen, auch die, die man am leichtesten zu einem Abschluß bewegen kann, wenn man es schafft, diese Barriere zu überschreiten. Deshalb muß Ihr Ziel darin bestehen, den potentiellen Kunden zu einem persönlichen Treffen zu bewegen.

Als meine Karriere als Immobilienverkäufer eben ins Rollen kam, nahm ich an einem internen Wettbewerb teil, bei dem es einen tollen Preis zu gewinnen gab. Ich arbeitete damals in einer Firma, in der die Konkurrenz unter den Vekäufern groß war. Zum Schluß war ich nur noch um Haaresbreite vom Sieg entfernt. Ich brauchte nur noch einen einzigen Abschluß, um zu gewinnen.

Das Telefon läutete. Der Anrufer war nicht bereit, mir seinen Namen oder seine Telefonnummer zu nennen. Ich war schon ganz verzweifelt. »Bitte«, sagte ich. »Kann ich nicht einen Augenblick bei Ihnen vorbeikommen und persönlich mit Ihnen sprechen?«

»Kommt nicht in Frage.«

»Kann ich Sie zurückrufen?«

Er antwortete: »Wozu, ich stehe in einer Telefonzelle.«

»Oh, tut mir leid, Sir. Das wußte ich nicht. Kennen Sie den Namen der Straße, in der die Telefonzelle steht?« Ich klammerte mich an jeden Strohhalm.

»Warten Sie – ich glaube, Ecke Chance und Main. Ja, so heißt sie.«

Die Kreuzung Chance/Main war nur zwei Blocks von meinem Büro entfernt. Ich rannte hinaus, sprang ins Auto, flog hinüber, hielt mit quietschenden Reifen neben der Telefonzelle – und da stand er. Geduldig wartend. Ich stieg aus dem Wagen, klopfte an die Scheibe und gestikulierte: »Ich bin's.«

Er kam heraus und sagte: »Ich kann es nicht glauben.«

Aber sehr bald begann er, mir zu glauben, denn ich wußte, was ich tat. Also band ich ihn zu seiner Zufriedenheit an die wunderbare Chance, die da heißt: Werden Sie Hausbesitzer. Es gelang mir rechtzeitig, und ich gewann den Wettbewerb. Liebe Leserin, lieber

Leser, tun Sie alles, was fair und legitim ist, um jeden Anrufer, der etwas über Ihr Produkt oder Ihre Dienstleistung wissen will, persönlich zu treffen. Der Interessent weiß schon, daß er das, was Sie anbieten, will und braucht. Wenn Sie ihn persönlich treffen, können Sie es ihm verkaufen.

3. Nehmen Sie gute Nachrichten für Ihre Kollegen entgegen. Das ist die einzige Methode, wie Sie Ihre Kollegen dazu bringen können, dasselbe für Sie zu tun.

Das ist einer meiner Lieblingstricks. Es gibt Hunderte von Büros, in denen sich die Mitarbeiter weigern, gute Nachrichten für andere entgegenzunehmen. Das ist schlecht für jeden einzelnen, der dort beschäftigt ist. Achten Sie darauf, daß Namen und Telefonnummer stimmen – checken Sie diese Dinge nochmals mit dem Anrufer –, und halten Sie die Uhrzeit des Anrufs fest. Seien Sie ein Profi.

Als ich früher in mein Büro kam, fand ich oft abgerissene Zettel mit unleserlichen Namen und, wenn ich Glück hatte, einer leserlichen Telefonnummer. Also rief ich an und versuchte mein Glück. »Schönen guten Tag, Herr Urpsschni ...« Dann gibt es diese Zettel, auf denen nur fünf Nummern stehen, und Sie wissen nicht, ob es sich um die vorderen oder die hinteren fünf handelt. Das ist verschwendete Zeit.

Wenn Sie in einem Büro arbeiten, in dem dieses Problem nicht unter Kontrolle ist, arbeiten Sie mit einem Anrufdienst. Lassen Sie die Nummer auf Ihre Geschäftskarte drucken, und geben Sie sie allen potentiellen und vorhandenen Kunden.

9 Kaufen ist kein Zuschauersport

Lassen Sie den Käufer mitspielen

Es gibt Verkäufer, die mit aberwitziger Geschwindigkeit sprechen und großartige Vorführungen auf die Bühne bringen. Sie ziehen Hebel, drücken Knöpfe und jonglieren mit Material. Und die Maschinen, die sie vorführen, spucken eine Flut perfekter Teile, Daten, Kopien aus. Aber diese wunderbare Vorführung bringt ihnen kaum Abschlüsse.

Wie kommt das?

Weil sich überall dort, wo der Kunde nicht mit einbezogen wird, Apathie breitmacht. Kaufen ist Aktion. Ein Kauf setzt eine Entscheidung voraus, und Entscheidungen erfordern ungeteilte Aufmerksamkeit. Wer nur *zusieht*, anstatt *mitzuspielen*, wird teilnahmslos. Je länger Ihre Kunden im Abseits stehen, desto schwieriger ist es, sie wieder mit einzubeziehen, wenn es am Ende der Präsentation darum geht, die Kaufverträge zu unterschreiben.

Der Champion vermeidet es, seine Kunden draußen vor der Tür stehenzulassen. Er ermutigt sie, die Daten selbst einzugeben, den Faden einzulegen oder die Teile zuzuführen. Natürlich kann der Kunde das nicht so schnell wie ein geübter Verkäufer, aber wenn er es selbst tut, anstatt nur dabei zuzusehen, denkt er über Ihr Produkt nach, anstatt zu Überlegungen darüber abzuschweifen, warum er Zahnweh hat oder warum das Pferd, auf das er gewettet hatte, als letztes ins Ziel gegangen ist. Tatsächlich tut er mehr, als nur über Ihr Produkt nachzudenken – er setzt sich damit auseinander. Das bedeutet, daß er gefühlsmäßig an das gebunden wird, was Sie verkaufen.

Gleichgültig, wie weitreichend oder eingeschränkt seine emotionale Einbindung auch sein mag – sie ist in jedem Fall größer, wenn er selbst aktiv wird, als wenn er nur dasitzt, während Sie Ihre Präsentation abwickeln. Besitz ist eine sehr enge Form von Bindung, nicht wahr? Folgt daraus nicht, daß der Kauf, welcher die Vorbedingung für den Besitz ist, nur dann zustande kommt, wenn vorher eine Einbindung des Kunden gelungen ist?

Wenn Sie das akzeptieren, werden Sie die verschiedensten gangbaren und erfolgversprechenden Wege finden, um Ihren potentiellen Kunden an Ihr Produkt zu binden. Die Technik der Kundeneinbindung ist eine der wirksamsten, die ich kenne. Wenn Sie bisher mit Vorführungen nach dem Motto »Ich bin der Star« über Ihren potentiellen Kunden hinweggebraust sind, müssen Sie Ihre gesamte Demonstration neu konzipieren und sie – sowie sich selbst – auf die Methode der Kundeneinbindung umstellen. Sie werden erkennen, daß der Verzicht auf die Präsentationsmethode »Ich bin der Star« etwa so schwer fällt, wie das Rauchen aufzugeben: Sie schaffen es nur, wenn Sie es wirklich wollen. Durchschauen Sie sich selbst. Viele von uns (darunter auch ich) brauchen ein hohes Maß an Zustimmung und Anerkennung. Wir stehen gerne im Rampenlicht. Daran ist nichts auszusetzen, es sei denn, diese Eigenschaft verleite uns zu schlechten Geschäftsentscheidungen wie jener, an »Ich bin der Star«-Präsentationen festzuhalten, obwohl man damit nichts verkauft.

Wenn Sie den Kunden in Ihre Demonstration einbinden, werden Sie gleich zweimal zum Star werden: das erste Mal, wenn es Ihnen gelingt, ihn zu seiner Zufriedenheit einzubinden, das zweite Mal, wenn Sie den Auftrag in der Tasche haben.

Der Unterschied ist klein, aber entscheidend. Sie entlocken Ihrem Kunden »Ahs« und »Ohs«, indem Sie ihm zeigen, wie er mit Ihrem Produkt die erstaunlichsten Dinge tun kann, und nicht, indem Sie diese Dinge selbst tun. Um den Funken seines Interesses zu einem Feuer zu entfachen, das stark genug ist, um seinen tief verwurzelten Widerstand gegen den Verkauf dahinschmelzen zu lassen, müssen Sie ihn dazu bringen, mit Ihrem Gerät Rost abzulösen, Probleme zu lösen oder Wasser zu kochen. Das macht dem potentiellen Kunden mehr Spaß, als Ihnen dabei zuzusehen. Bei einem guten Produkt baut Vertrautheit Vertrauen auf und zerstreut Ängste. Und das Vergnügen ist ein besserer Verkäufer als die Frustration. Denken Sie daran, daß Ihr Kunde mit der Funktionsweise Ihres Produktes nicht vertraut ist. Sorgen Sie also dafür, daß die Bedienungsschritte einfach sind, und ermutigen und unterstützen Sie den Kunden bei allen Handgriffen.

So können Sie aus der Technik der Kundeneinbindung in Demonstrationen ein wirkungsvolles Verkaufswerkzeug machen:

1. Listen Sie alle Schritte auf, die der Unbeteiligte durchgehen muß, um zu verstehen, wie dringend er die Funktionen Ihres Produktes benötigt. Dann suchen Sie für die einzelnen Funktionen möglichst einfache Vorführungsbeispiele aus. Gestalten Sie die einzelnen Beispiele unterschiedlich, und geben Sie ihnen Namen, die man sich leicht merken kann. Gestalten Sie das Ganze so bunt und abwechslungsreich wie möglich.

2. Listen Sie alle Fragen und Einwände auf, mit denen Sie im Zuge der Demonstration konfrontiert werden könnten.

3. Verbinden Sie die technische Demonstration und die Antworten auf Fragen und Einwände zu einer homogenen Einheit.

4. Testen Sie Ihre neue Technik an allen Menschen aus, deren Sie habhaft werden können. Gehen Sie Ihr Konzept immer wieder durch: eliminieren Sie jene Bestandteile, die sich nicht bewähren, und fügen Sie neue hinzu. Die erfolgreiche Demonstration mit Kundeneinbindung besteht aus einfachen Schritten, die ineinander übergehen. Trotzdem fühlt sich der Kunde ständig gefordert und wird immer enthusiastischer. Halten Sie das Tempo. Streifen Sie unwesentliche Details nur kurz. Und die Devise lautet: den Kunden ermutigen, ermutigen und wieder ermutigen.

»Großartig. Sie haben es ungewöhnlich schnell begriffen.«
»Sie sind eine Zauberin mit diesem Gerät, Mrs. Lopez.«
»Sie lernen etwa doppelt so schnell wie ich, mit der Tastatur umzugehen, Mr. Leach.«

»Das scheint nur am Anfang schwierig, weil es neu ist. Sie werden begeistert sein, wie leicht sich diese Maschine bedienen läßt, wenn Sie sie erst einmal kennengelernt haben.«

»Sie lernen rasch, Miss Ellison. Ich habe es bestimmt zehnmal versucht, bevor ich es so gut schaffte wie Sie eben.«

»Nein, wirklich! Das gibt's doch nicht. An dieser Stelle hat sonst jeder Probleme.«

»Ja, genau! Weiter so! Wir verschaffen uns jetzt nur schnell die Übersicht. Später sehen wir uns alles im Detail an.«

»Das passiert allen am Anfang. Machen Sie sich darüber nur keine Sorgen. Das ist eine robuste kleine Maschine.«

Ersetzen Sie Frustration und Druck durch Vergnügen und Entspannung, und Sie werden mit der Demonstration mit Kundeneinbindung erfolgreich sein. Wenn Sie mit Ihrer neuen Technik vertraut sind, gehen Sie hinaus und binden Sie zwei-, drei- oder viermal so viele Leute wie zuvor zu deren Zufriedenheit ein. Tun Sie das, und Sie werden automatisch in den Genuß zweier weiterer Vorteile kommen.

1. Sie werden für die einzelnen Abschlüsse weniger Zeit benötigen, weil Sie die Frage, wie der Kunde an Ihr Angebot gebunden werden kann, beantwortet haben.

2. Sie erhalten mehr Hinweise auf potentielle Interessenten, weil Ihre Beziehung zu Ihren Kunden enger wird.

Und wenn es nichts zu spielen gibt?

Aber was tun Sie, wenn Sie kein Produkt vorzuführen haben? Vielleicht verkaufen Sie etwas, was man erst bestellen muß, vielleicht verkaufen Sie eine Dienstleistung. Können Sie diese ausgefeilte Demonstrationstechnik trotzdem verwenden? Und können Sie dadurch die Zahl Ihrer Abschlüsse erhöhen?

Ja! Je weniger greifbar Ihr Angebot ist, desto intensiver müssen Sie Ihren Kunden einbinden, damit ihm klar wird, welche Vorteile er daraus ziehen kann – und desto mehr müssen Sie Ihre Phantasie arbeiten lassen, damit Ihnen das gelingt.

Dies ist die große Chance für alle, die etwas verkaufen, was weder sichtbar noch greifbar ist. Allerdings verlangt das von Ihnen Entschlußkraft und den Willen zu wachsen. Stellen Sie sich dieser Herausforderung, und Sie werden die Belohnungen ernten, die sich nur die verdienen, die besser sind als die Konkurrenz.

Natürlich kann ich Ihnen nicht genau sagen, wie Sie bei Ihrem besonderen Angebot vorgehen müssen, weil mir Ihre detaillierte Sachkenntnis fehlt. Aber das Prinzip ist einfach und läßt sich leicht auf jede Verkaufssituation anwenden – handle es sich nun um Dienstleistungen oder Produkte.

Nehmen wir an, Sie verkaufen Lebensversicherungen an Selbständige. Wenn Sie nun einen Kunden besuchen, können Sie sich einfach hinsetzen und ihm steuer- und versicherungstechnische Details vorkauen, bis ihm der Schädel brummt und er es nicht mehr erwarten kann, Sie loszuwerden. Sie können auf seinem Schreibtisch Stapel von Tabellen und visuellen Verkaufshilfen aufbauen, mit denen Sie herumfuchteln und sich wichtigmachen. Sie können fürchterlich aktiv sein, während er nur dasitzt und Ihnen zusieht. Visuelle Hilfen sind zwar wichtig, dürfen aber nicht zum Selbstzweck, zum Kern Ihrer Präsentation werden.

Wenn Sie Ihren Kunden aber einbinden und ihm zeigen, wie er die angebotenen Erträge selbst berechnen kann, wird ihm klar, warum er in Ihr Programm und in Ihre Versicherung investieren sollte. Hingegen werden Sie die Kontrolle über die Situation verlieren, wenn Sie ihm den Wert Ihres Angebots zu vermitteln versuchen, indem Sie sprechen, während der Kunde vor dem weißen Blatt Papier sitzt und sich alles allein ausrechnen muß.

Nehmen Sie dem Vorgang nicht mit zu vielen Details den Schwung. Nach der Sozialversicherungsnummer können Sie auch während des Abschlusses oder danach fragen. Beschränken Sie sich einstweilen auf die wichtigsten Grundlagen, und fordern Sie den Kunden auf, Zahlen zu schätzen und abzurunden.

Während Ihr Kunde die Vorteilsmappe durchgeht, die Sie ihm überreicht haben, sollten Sie ein Exemplar vor sich liegen haben, damit Sie ihn besser führen können. Worauf wollen Sie hinaus? Auf den Abschluß. Und Ihr Kunde ist bereit, eine positive Entscheidung zu treffen, weil er weiß, was er für sein Geld bekommt; und er ist dankbar, daß Sie das System verständlich dargestellt und ihm das Gefühl gegeben haben, ein kluger Kerl zu sein.

Weiter vorne in diesem Kapitel sprachen wir über Verkäufer, die versuchen, ihre Kunden mit verblüffenden Demonstrationen zu beeindrucken. Aber die Kunden langweilen sich nur. Sie sind von Ihrer Demonstration kein bißchen verblüfft. Sie sind nämlich nicht zu passiv, sondern im Gegenteil zu aktiv. Die Leute stoßen Sie beiseite, um an die Maschine heranzukommen, traktieren Sie mit Fragen und verlangen umgehende Antworten. Ihre Vorführungen erinnern an einen Schwarm Möwen, der sich um einen einzigen Fisch balgt. Sofern es Ihnen gelingt, Gelassenheit zu bewahren, verkaufen Sie gerade so viel, daß Sie so recht und schlecht durchkommen.

Drei Formen von Verkaufsgesprächen

Beim Verkaufen kommunizieren Sie nicht in einer Einbahnstraße. Hier geht es nicht darum, daß ein Sender etwas einem Empfänger sendet, ein Prediger den Sündern ins Gewissen redet, ein Politiker Stimmen gewinnt. Das Verkaufen ist wie ein Tennismatch, bei dem einer der Spieler (der Verkäufer) versucht, dem anderen Spieler (dem Käufer) den Ball zuzuspielen, anstatt auf seiner Seite des Netzes damit herumzuspielen. Dieser Gesichtspunkt ist im ersten der drei häufigsten Formen für Verkaufsgespräche verlorengegangen. Bei der Beschäftigung mit diesen Methoden sollten Sie sich vor Augen halten, daß fast alles, was ich über die Präsentation von Produkten sage, auch für die Präsentation von Dienstleistungen gilt.

Monolog:

Hier geht es darum, den Kunden mit einem raschen **Redeschwall** zu überwältigen. In früheren Zeiten, als die Handlungsreisenden noch von Hof zu Hof zogen, funktionierte diese Methode recht gut. Heute ist das anders. Die Bauerntölpel sterben langsam aus.

Nachlaufen:

Die populäre Bezeichnung für dieses System lautet »Vorgehen nach Gehör«. In Wirklichkeit ist es nichts anderes als **schlechte Vorbereitung des Verkäufers.** Sie gehen mit offenem Ohr und einem strahlenden Lächeln auf den Lippen an die Sache heran. Als erstes überlassen Sie dem Kunden die Kontrolle, indem Sie ihm zeigen, daß Sie keinerlei Konzept für das Verkaufsgespräch haben. Wo immer er sich auch hinwendet, Sie laufen ihm nach: Wenn er über den tanzenden Bären spricht, den er am Vorabend im Fernsehen gesehen hat, sprechen Sie über die tanzenden Bären, die Sie bisher gesehen haben.

Wenn er nicht sofort erkennt, daß er das Gespräch in der Hand hat, sollten Sie ihm sagen, daß Sie noch keine Zeit hatten, sich mit dem aktuellsten Katalog, der letzten Preisliste oder der neuesten Police Ihrer Firma vertraut zu machen. Ist Ihrem Kunden noch immer nicht klar, daß er ein Buch aufschlagen muß, wenn er im Lauf dieses Gesprächs irgend etwas in Erfahrung bringen will, so stoßen Sie noch einmal nach: Sagen Sie ihm, daß das neue Produkt, von dem Ihre Firma so viel Aufhebens macht, ein Rohrkrepierer ist. Möglicherweise beharrt der Kunde darauf, daß es sich um den Durchbruch des Jahrzehnts handelt, aber Sie hängen an dem alten Kasten, den er vor neun Jahren von Ihrer Firma gekauft hat. Über dieses bewährte Modell können Sie ihm alles erzählen, was er wissen will.

Natürlich kennen viele Verkäufer, die auf die Technik des Nachlaufens vertrauen, ihr Produkt oder ihre Dienstleistung sehr gut. Aber sie kennen ihre Kunden nicht gut genug, um sie genau zu dem Produkt zu führen, das diese kaufen sollen. Das bedeutet, daß ihre Kundensuch- und Qualifikationstechniken ihre Produktkenntnis wertlos machen und sie daran hindern, dieses Wissen so oft und so wirkungsvoll einzusetzen, wie sie könnten – und müssten, um ein hohes Einkommen zu verdienen.

Da die Technik des Nachlaufens (Vorgehen nach Gehör) nicht viel Planung, Vorbereitung und Überlegung erfordert, ist sie die Lieblingstechnik jener Verkäufer, die Durchschnitt bleiben wollen. Es ist eine Methode, die niemanden zum Kauf bewegt; das einzige, was man ihr zugute halten kann, ist, daß sie von vornherein festentschlossene Käufer nicht daran hindert, ihren Entschluß auch umzusetzen. Das heißt, daß Sie mit dieser Methode das Potential Ihres Verkaufsgebietes, Ihres Angebots und Ihrer Fähigkeiten minimieren. Aber einfach ist diese Methode, das stimmt. Wenden wir uns nun also einer Form zu, die zwar Planung, Vorbereitung und Denkarbeit erfordert, dafür aber auch eine sensationelle Verkaufstechnik ist.

Das geordnete Einbindungsgespräch:

Beginnen Sie Ihre Vorführung etwa so: »Um die verfügbare Zeit bestmöglich zu nutzen, habe ich meine Demonstration so geplant, daß die Fragen, die mir im Verlauf der Vorführung über diese Maschine am häufigsten gestellt werden, in der Reihenfolge beantwortet werden, in der sie normalerweise gestellt werden. Wenn ich über etwas nicht spreche, was Sie interessiert, dann ist es wahrscheinlich, daß ich ein paar Minuten später darauf zu sprechen komme.

Meine Erfahrung hat gezeigt, daß es meinen Kunden viel Zeit erspart, wenn ich zuerst einen Überblick über den gesamten Vorgang gebe und die detaillierteren Fragen später beantworte. Ist Ihnen das recht? So, Mr. Marzano, würden Sie wohl so nett sein und hier ein weiteres leeres Blatt einlegen, so wie ich es tue?«

Beziehen Sie den Kunden immer mit ein. Zeigen Sie ihm, was er tun soll, und lassen Sie es ihn tun. Seien Sie dabei sehr taktvoll und höflich, denn möglicherweise ist der Kunde ein bißchen unsicher und tolpatschig, weil er mit Ihrer Maschine nicht vertraut ist. Ist Ihnen schon einmal bewußt geworden, wie sehr man sich konzentrieren muß, wenn man zum ersten Mal ein Auto einer anderen Marke fährt? All die kleinen Dinge, die man in seinem eigenen Auto automatisch tut, erfordern nun Aufmerksamkeit, und vielleicht klappt es am Anfang nicht ganz reibungslos. Wenn man hingegen in demselben Auto nur Beifahrer ist, läßt man sich einfach in den Sitz fallen und denkt an etwas anderes, während der Fahrer das Nötige tut, um den Wagen in Gang zu bringen. Lassen Sie Ihre Kunden selbst fahren, anstatt ihnen bei der Vorführung nur die Beifahrerrolle zu überlassen.

Ihr einleitender Satz vermittelt dem Kunden die Gewißheit, daß Sie nach einem Konzept vorgehen und daß seine Zeit nicht verschwendet wird. Sobald Sie den Satz beendet haben, lassen Sie ihn das Gerät anschließen und die Knöpfe drücken, und die Demonstration ist in vollem Gang.

Sie haben die Kontrolle über die Situation; Sie führen Ihren Kunden dezent durch den geplanten Ablauf und versuchen nicht, ihn so lange zu beherrschen, bis er rebelliert.

Es ist ganz einfach, diese Kontrolle aufrechtzuerhalten: Sorgen Sie für einen ständigen Wechsel zwischen Verkaufsstatements, Fragen und Einbindungsdemonstration, so daß Ihr Kunde andauernd mit Ihrer Maschine und mit dem Gedanken befaßt ist, sie zu besitzen.

Natürlich beobachten Sie genau, ob der Kunde Anzeichen von Langeweile zeigt. Dazu kann es kommen, wenn sich bestimmte Abläufe ständig wiederholen oder wenn die Person, welche die Kaufentscheidung trifft, in der Hierarchie einige Stufen über dem zukünftigen Benutzer rangiert. Suchen Sie nach Möglichkeiten, Ihren Kunden während der gesamten Vorführung geistig wie körperlich einzubinden. Lassen Sie Ihre Phantasie Einbindungsstrategien finden, die den unterschiedlichen Persönlichkeiten und Positionen Ihrer Kunden gerecht werden. Nehmen wir an, Sie führen dem Besitzer einer kleinen Entrostungsfirma ein revolutionäres neues Sandstrahlgebläse vor. Mit Hilfe der Einbindungstechnik bringen Sie ihn dazu, die Ausrüstung für einige Arbeiten zu verwenden, die in seiner Werkstatt anfallen. Wenn Sie aber dasselbe Sandstrahlgebläse einem leitenden Angestellten einer größeren Firma vorführen, muß Ihr Plan diesen Positionsunterschied berücksichtigen.

Drücken Sie dem leitenden Angestellten eine Stoppuhr in die Hand. Lassen Sie ihn mitstoppen, wie lange der Ablauf nach der bisherigen Methode dauert und wieviel schneller Ihr neues System ist. Dieses Beispiel ist ein Extrem. Bei Ihrem Produkt sind die Abstufungen vielleicht subtiler, Sie müssen sie aber dennoch ins Kalkül ziehen. Die optimale Einbindungsstrategie stellt in jeder gegebenen Situation eine harmonische Beziehung zwischen der Einstellung und den Umständen des Käufers einerseits und den Produkteigenschaften andererseits her.

Der erste Schritt bei der Vorbereitung des geordneten Einbeziehungsgesprächs besteht darin, daß Sie Ihre derzeitige Vorführungsmethode genau durchgehen und alles auflisten, was der Kunde dabei tun könnte. Denken Sie daran, daß die Wahrscheinlichkeit, daß Ihr Produkt in unmittelbarer Zukunft in den Besitz Ihres Kunden übergeht, um so größer wird, je öfter er es in die Hand nimmt und je öfter er es betätigt oder sich damit beschäftigt.

Zweitens: Listen Sie die Fragen und Einwände auf, die Ihnen während eines Verkaufsgesprächs am häufigsten gestellt werden.

Drittens: Listen Sie alle starken Verkaufsargumente für Ihr Produkt auf.

Viertens: Nehmen Sie sich diese drei Listen vor, und entwerfen Sie eine Vorführungsmethode, die alle diese Punkte in flüssiger, geschlossener Abfolge abhandelt.

Fünftens: Nehmen Sie dieses Buch zur Hand, und gehen Sie Ihren Entwurf durch. Bauen Sie möglichst viele der hier vorgestellten Techniken in Ihre Verkaufsmethode ein. Vergessen Sie dabei nicht, daß Sie während der Demonstration immer höfliche Flexibilität wahren sollten. Stellen Sie sich darauf ein, das Tempo zu erhöhen, wenn Sie es mit einem ungeduldigen Kunden zu tun haben, zu drosseln, wenn der Kunde sehr detailbewußt ist – und bereiten Sie sich darauf vor, mit einem sprunghaften Kunden umzugehen. Dabei dürfen Sie nie die Kontrolle über das Verkaufsgespräch verlieren.

Sechstens: Üben Sie Ihre neue Verkaufsmethode so lange, bis Sie so fest in Ihnen verankert ist, daß Sie sie im Schlaf hersagen können.

Siebtens: Gehen Sie los und verdienen Sie viel, viel Geld.

10 Präsentieren und demonstrieren Sie mit der Power eines Champions

Demonstrieren Sie nicht auf der falschen Bühne

Nun endlich sind wir bei dem angelangt, was Ihnen wahrscheinlich am meisten liegt: dem direkten Verkaufsgespräch. Wenn ich nicht irre, sind Sie gut darin – und Sie verwenden *zuviel* Zeit darauf.

Unsere Untersuchungen legen den Schluß nahe, daß die meisten Verkäufer zwischen achtzig und neunzig Prozent ihrer Zeit auf Präsentationen und Vorführungen verwenden; für andere Dinge bleiben nur zehn bis zwanzig Prozent der Zeit. Der Champion hingegen investiert nur vierzig Prozent seiner Zeit in Präsentationen und Demonstrationen, nicht mehr als zehn Prozent in die Kundensuche (manche Champions haben überhaupt keine Zeit für die Kundensuche, weil sie so gut mit Hinweisen eingedeckt sind) und rund fünfzig Prozent in die unverzichtbaren Bereiche der Kundenqualifizierung und Planung. Diese Prozentzahlen beziehen sich auf die reine Verkaufszeit, das heißt auf die gesamte Arbeitszeit, die nach dem Besuch von Fachmessen und Firmenmeetings, nach der Erledigung der Papierarbeit und der Betreuung der alten Kunden verbleibt.

Wenn wir bei Champions Unlimited von einem Champion sprechen, dann meinen wir damit jemanden, der in seiner Verkaufsorganisation gemessen an Einkommen und Produktivität zu den obersten zehn Prozent gehört und unsere Erfahrungen und Techniken zu einem wichtigen Bestandteil seiner erfolgreichen Arbeit gemacht hat.

Lassen Sie uns noch einmal auf die oben angeführten Zahlen zurückkommen. Der Champion verbringt nur halb soviel Zeit mit

Demonstrationen und Präsentationen wie der Durchschnittsverkäufer und kommt dennoch auf das doppelte Volumen. Tatsächlich sind die meisten Champions noch weit erfolgreicher: sie machen zwischen vier- und zehnmal so viel Geschäfte wie der durchschnittliche Verkäufer. Es ist nicht ungewöhnlich, daß ein einzelner Champion das Verkaufsergebnis der gesamten unteren Hälfte der Verkäuferschaft übertrifft – und das Monat für Monat und Jahr für Jahr. Das treibt die Verkaufsleiter zum Wahnsinn. Könnten sie jeden Verkäufer in der unteren Hälfte dazu bringen, nur ein Drittel dessen zu verkaufen, was der Champion leistet, so würde das Gesamtvolumen ihrer Verkaufscrew sensationelle Ausmaße annehmen.

Offensichtlich schafft es der Champion, einen sehr viel höheren Prozentsatz jener Leute, denen er sein Produkt vorführt, zum Abschluß zu bewegen als der Nicht-Champion.

Nur ein Viertel dieser Differenz beruht darauf, daß der Champion bei Demonstrationen oder Präsentationen größere Fähigkeiten oder größeres Selbstvertrauen an den Tag legt. Der bei weitem größte Teil des Unterschieds zwischen Champion und Durchschnittsverkäufer liegt in dem Maß an Aufmerksamkeit und Sorgfalt, das der Champion in die Verkaufsplanung, in die Auswahl und Vorqualifizierung der Kunden, in die Entkräftung von Einwänden, in den Abschluß und in die Bitte um Empfehlungen investiert.

Die Techniken, die Ihnen dabei helfen, sich in diesen Bereichen zu verbessern, werden an anderer Stelle beschrieben. Sie sind allesamt unverzichtbar. Bevor Sie ihr ganzes Potential ausschöpfen und ein Champion werden können, müssen Sie in allen wichtigen Verkaufsbereichen kompetent sein. Während wir die Präsentationsund Demonstrationstechniken behandeln, sollten Sie sich also vor Augen halten, daß dieser Teil der Verkaufsarbeit, so wichtig er auch sein mag (und er ist sehr wichtig), vergebens ist, wenn Sie mit den falschen Kunden arbeiten, weil Sie sie nicht vorqualifiziert haben. Wenn Sie mit den richtigen Leuten arbeiten, ihre Einwände jedoch nicht parieren können, weil Sie sich nicht richtig vorbereitet haben, ist alle Arbeit umsonst. Und sie ist es auch, wenn Sie nicht wissen, wie man abschließt. Wenn Sie nicht abschließen können, wird der nächste zufällig vorbeikommende Konkurrent die Früchte Ihrer Arbeit ernten, weil Sie zwar die Vorbereitungsarbeit leisteten, aber es nicht schafften, den letzten, entscheidenden Schritt zu tun. Sie müssen stark in Präsentation oder Demonstration sein, um stark verkaufen zu können. Auch müssen Sie gut in der Vorqualifizierung Ihrer Kunden sein, Sie müssen gut mit Einwänden umgehen und gut abschließen können.

Präsentation: das Grundkonzept

Bevor wir uns mit der Frage beschäftigen, wie ein Champion seine Dienstleistung präsentiert oder sein Produkt vorführt, möchte ich Ihnen das Grundkonzept anhand einer Analogie verdeutlichen. Wenn Sie eine halbstündige Rede halten wollen, sollten Sie eine zehnminütige Rede schreiben. Ich werde Ihnen erklären, warum. Um Ihren Zuhörern Ihre Botschaft vermitteln zu können, müssen Sie folgende Schritte befolgen:

1. Erzählen Sie ihnen, was Sie ihnen erzählen werden.
   Das ist Ihre Einleitung.

2. Erzählen Sie ihnen, was Sie ihnen damit sagen wollen.
   Das ist Ihre Präsentation.

3. Erzählen Sie ihnen, was Sie ihnen gerade erzählt haben.
   Das ist Ihre Zusammenfassung.

Das ist das Gerüst jeder erfolgreichen Rede, Präsentation und Demonstration. Mit anderen Worten: Wir bedienen uns der *Wiederholung*. Natürlich ist es nicht so, daß wir dreimal genau dasselbe sagen. In den ersten zehn Minuten stellen wir unsere neuen Ideen vor. In den zweiten zehn Minuten gehen wir ins Detail und stellen eine Verbindung zu den Interessen und Bedürfnissen unserer Zuhörer her. In den letzten zehn Minuten ziehen wir die Schlüsse aus unserer Argumentation und machen Vorschläge für die weitere Vorgehensweise.

Die Wiederholung ist die Mutter allen Lernens. Aber der durchschnittliche Verkäufer ist kein Freund der Wiederholung. Zum einen hat er sein Material schon so oft verwendet, daß es ihm abgeschmackt erscheint. Das geht so weit, daß häufig die Vorstellung von ihm Besitz ergreift, jeder sei dumm, der nicht auf Anhieb versteht, was er sagt. Und oft genug ist der Nicht-Champion mehr als gelangweilt von seiner eigenen Präsentation und hält sie im Grunde für überflüssig. Ein Champion hingegen wird einer Formulierung, die erfolgreich ist, einer Masche, die zieht, eines Arguments, das seinen Kunden einleuchtet und ihm Geld bringt, niemals überdrüssig. Ein Champion streicht etwas erst dann aus seiner Präsentation, wenn es nicht mehr wirkt. Und ein Champion vergißt niemals, daß er es mit Leuten zu tun hat, die sein Fachgebiet nicht so gut kennen wie er: er setzt sein überlegenes Wissen in seinem eng begrenzten Fachgebiet stets behutsam ein. So gelingt es dem Champion, einen Text, den er Tausende Male aufgesagt hat, immer wieder mit Schwung und Begeisterung zu wiederholen. Er variiert ständig Formulierung und Timing und erhöht so die Wirksamkeit seines Vortrags. Er genießt es, seinen Text so gut zu kennen, daß er ihn im Schlaf aufsagen kann. Denn dadurch wird es ihm möglich, sich voll und ganz auf seinen Kunden zu konzentrieren und sich der jeweiligen Situation anzupassen. Fraglos ist der Grund für seine größere Präsentations- oder Demonstrationsfertigkeit darin zu suchen, daß er fähig oder bereit ist, zur Verstärkung seiner Verkaufsargumente jederzeit auf die Wiederholung zurückzugreifen. Es macht ihm nichts aus, die Verkaufsargumente zu wiederholen, denn er weiß, daß dieses Vorgehen ihm die Wiederholung des Verkaufserfolgs bei der gleichen Art von Kundschaft ermöglichen wird.

Vergessen Sie also nicht: Es gilt zu erzählen, erzählen, erzählen. Streichen Sie sich bitte den folgenden Grundsatz an:

Die Wiederholung ist die Wurzel des Verkaufserfolgs.

Wenn Sie sich auf eine Präsentation oder Demonstration vorbereiten, sollten Sie sich vor allem einen Punkt vor Augen halten. Ich schlage vor, daß Sie auch diesen Grundsatz unterstreichen:

Die Präsentation (Demonstration) ist nichts anderes als die Vorbereitung des Abschlusses

Eine durchschlagskräftige Präsentation oder eine geschickte Demonstration darf nie zum Selbstzweck werden – es geht nicht darum, einen Preis zu gewinnen, sondern darum, einen Verkaufsabschluß zu erreichen. Der einzige Zweck einer Präsentation oder Demonstration besteht darin, den potentiellen Käufer auf die Kaufentscheidung vorzubereiten. Abgesehen von einem gewissen Trainingswert hat es nicht den geringsten Sinn, eine perfekte Demonstration zu geben, wenn diese nicht zu einem Abschluß führt.

Es gibt keinen wesentlichen Unterschied zwischen einer *Präsentation* und einer *Demonstration.* Bei beiden handelt es sich um Vorgänge, in deren Verlauf Sie beweisen, daß Ihr Produkt den vom potentiellen Käufer gesuchten Kundennutzen wirklich bietet. In der Präsentation erbringen Sie diesen Beweis mit Graphiken, Zahlen und Worten; in der Demonstration tun Sie es mit Tests, Mustern und Betriebsvorführungen. Das Ergebnis muß in beiden Fällen dasselbe sein: in das Bewußtsein des Kunden die Überzeugung einzupflanzen, daß Sie die beste Quelle für den von ihm gesuchten Kundennutzen sind.

Sehen wir uns die Taktik oder Methode von Präsentation und Demonstration an:

1. Sie lenken den Kunden ständig mit Fragen. Diese Techniken haben wir in Kapitel 3 im Detail behandelt.

2. Sie geben sich durch Einwände nicht geschlagen, sondern Sie gewinnen, indem Sie mit den vorgebrachten Einwänden richtig umgehen. Bei den meisten Produkten und Dienstleistungen wird jeder aktive Verkäufer innerhalb eines Monats herausfinden, welche Einwände in sein Angebot »eingebaut« sind. Ein eingebauter Einwand ist ein Einwand, den der potentielle Käufer fast immer erheben wird. Nach wenigen Monaten im Geschäft sagen alle Verkäufer: »Um diesen Einwand komme ich nie herum.«

Wenn Sie das denken, dann haben Sie Glück! »Ich habe Glück, denn ich weiß im voraus, welche Einwände sicher kommen werden. Das gibt mir die Möglichkeit, mich auf den Umgang mit diesen Einwänden vorzubereiten.«

Einer unserer Champions erzählte mir eine Geschichte, die diesen Punkt sehr schön illustriert. Scott Sparks war ein Überflieger im Immobilienverkauf. Ein ihm bekannter Bauherr bemühte sich vergebens, die letzten Häuser einer großen Siedlung an den Mann zu bringen. Dabei hatten sich alle anderen Häuser in kürzester Zeit verkauft – einige sogar schon vor Baubeginn. Daher hatte sich der Bauunternehmer über jene achtzehn Häuser, die hinten gegen die Eisenbahngleise lagen, keine großen Sorgen gemacht. Dann aber vergingen einige Wochen, ohne daß sich für eines dieser Häuser ein Interessent gefunden hätte. Schließlich erkannte der Bauherr, daß er diese Häuser nicht loswerden konnte. Er gab Anzeigen auf. Er senkte den Gesamtpreis und die Anzahlung; dann bot er als Draufgabe eine besondere Gartengestaltung. Es half alles nichts. Die Leute kamen, sahen die Eisenbahngleise und gingen wieder.

Als Scott Sparks davon hörte, daß es da achtzehn Häuser gab, die sich nicht verkaufen ließen, fuhr er sofort hin, um sie sich anzusehen. Dann besuchte er den Bauunternehmer und erklärte ihm: »Wenn Sie diese Häuser innerhalb von dreißig Tagen verkaufen wollen, geben Sie mir eine Exklusivvertretung, und ich werde es für Sie erledigen.«

»Ich kann den Preis nicht weiter senken«, sagte der Bauherr. »Die Häuser sind bereits ein Verlustgeschäft für mich.«

»Senken Sie den Preis nicht«, antwortete Scotty. »Heben Sie ihn um den Preis eines Farbfernsehgeräts an, und ich schlage die Häuser im Nu los.«

Der Bauunternehmer glaubte ihm nicht wirklich. Aber Scott war der erste Makler seit Wochen, der sich zutraute, diese Häuser zu verkaufen. Also gab ihm der Bauherr kurzentschlossen grünes Licht.

Am nächsten Tag stand ein Schild vor dem Musterhaus: »Besichtigung nur um 14, 16 und 18 Uhr.« Was hatte Scott vor? Dies waren genau die Zeiten, zu denen die Züge durchfuhren.

Vor jeder Besichtigung versammelte Scott Sparks alle Kunden und erklärte ihnen: »Diese Häuser haben einen Vorteil, den Sie bei den wenigsten Häusern finden werden, und den möchte ich Ihnen nun zeigen.« Er führte die Leute ins Wohnzimmer, schaltete den Fernsehapparat ein und sagte: »Zu jedem dieser achtzehn Häuser gehört solch ein schönes TV-Set. Wissen Sie, warum? Mit diesem Fernsehgerät möchten wir ein mögliches Problem für Sie beseitigen. Ich möchte Sie nun bitten, einen Blick aus dem Fenster zu werfen.«

Die Leute sahen hinaus und erblickten die Eisenbahngleise. Scotty fuhr fort: »Ihre Kinder werden die Möglichkeit bekommen, das berühmte ›eiserne Pferd‹ aus der Nähe zu sehen. Würde ihnen das nicht gefallen? Einige von Ihnen würden sich allerdings durch das Geräusch der Züge gestört fühlen. Nun möchte ich Sie bitten, mir einen kleinen Gefallen zu tun. Lassen Sie uns alle ganz still sein und horchen, denn in einigen Minuten wird hier ein Zug durchfahren.«

Scott Parks hatte die Sache so geplant, daß bis zur Durchfahrt des Zuges vier oder fünf Minuten verstrichen. Natürlich lief der Fernseher – zwar nicht sehr laut, aber laut genug, um gehört zu werden. Es dauerte nicht lange, und die Leute schauten auf den Bildschirm. Die Unterhaltung flaute ab, und der Zug nahte.

Der Zug kam und rauschte vorüber, und die meisten Kunden hoben kurz den Blick, um sich gleich wieder dem Fernsehgerät zuzuwenden. Dann sagte Scotty: »Sehen Sie? 38 Sekunden Geräusch, und das war's auch schon. Wir wollten, daß Sie das hören, damit Sie wissen, welchen Preis Sie für den Farbfernseher zahlen. Was meinen Sie – ist er das wert?«

Scott Parks verkaufte die Häuser innerhalb von dreißig Tagen. Haben Sie begriffen, warum? Er versuchte nicht, den Einwand zu umgehen, in der Hoffnung, die Leute würden die Gleise nicht sehen – statt dessen gab er mit dem Problem an.

Es gibt kein Produkt (und keine Dienstleistung) auf dem Markt, das nicht einige eingebaute Einwände und einige Probleme aufwiese. Sie glauben an Ihr Produkt oder an Ihre Dienstleistung. Dann sollten Sie auch an die darin eingebauten kleinen Probleme und Einwände glauben. Heben Sie sie positiv hervor. Und Sie werden merken, daß ein Problem in den Augen Ihres Kunden stets sehr viel schwerer wiegt, wenn er selbst darauf kommt, ohne von Ihnen darauf hingewiesen worden zu sein. In vielen Fällen dürfte es Ihnen möglich sein, Probleme und Einwände in Vorteile zu verwandeln, wenn Sie sich nur die Mühe machen, geeignete Wege zu finden, sie zu betonen.

Damit will ich nicht sagen, Sie sollten sich zu Ihren potentiellen Kunden hinüberbeugen, um im Tonfall eines Leichenbestatters zu sagen: »Sie werden großen Ärger mit unserem Produkt haben.« Das war es nicht, was Scotty Sparks tat. Was er tat, war folgendes: Er legte das Problem auf den Tisch, machte deutlich, daß es gar nicht so gravierend war – und zeigte dann, daß der angebotene Vorteil den Nachteil überwog. Wenn Sie sorgfältig planen, wie Sie den gravierendsten Einwand zur Sprache bringen können, bevor Ihr Kunde Sie damit auf dem falschen Fuß erwischt, werden Sie im allgemeinen in der Lage sein, den Einwand rasch zu entkräften.

3. Sie sagen es mit den Worten, die der Kunde hören will. Wir alle sind mit einer Art Filter ausgestattet – wir haben die Fähigkeit, unerwünschte Töne herauszufiltern. Dieser Filter ist unerläßlich; er gestattet es uns, ungestört unseren Gedanken nachzuhängen, während jemand unsere Ohren mit etwas belagert, das weniger interessant ist als das, was in unserem Kopf vorgeht.

Jeder Mensch, dem Sie etwas verkaufen wollen, hat seit seiner Kindheit einen solchen wirkungsvollen Filter. Dieser Mechanismus läßt sich jederzeit einschalten. Was bedeutet das nun für den Verkäufer? Er muß lernen zu verhindern, daß dieser Filter eingeschaltet wird. Anderenfalls werden sich die meisten Ihrer sorgfältig zurechtgelegten Verkaufsargumente hinter tauben Ohren in ausgeschalteten Gehirnen totlaufen. Sie können kein Geld verdienen, indem Sie zu sich selbst sprechen.

Das Grundproblem ist, daß sich die meisten Verkäufer vollkommen gleich anhören. Dieselben Gedanken. Dieselben Worte. Leere, abgenutzte, langweilige Worte.

Wie in allem ist der Champion auch hierin anders. Die Vorstellung des Champions von der Welt verändert sich mit jedem Tag, und er vermittelt seine neuen Gedanken mit frischen, unverbrauchten Worten. Er versteht und respektiert den Wert der Worte, und er hat ein waches Interesse an ihnen. Er hat stets ein Ohr für die Schönheit, die Kraft und die unerschöpfliche Vielfalt der Sprache. Er verwendet unentwegt neue Sätze, Anspielungen und Worte, um den Wirkungsgrad seines Wortschatzes zu erweitern. Er hat Vergnügen an sprachlicher Gewandtheit und klarer Ausdrucksweise.

Betörende Worte

Der Champion betrachtet sich selbst als Künstler, der aus der gewöhnlichen Sprache exquisite Sprachkristalle gewinnt. Er vermeidet die abgenutzten Superlative, die Gemeinplätze, die geistlosen Beschreibungen, welche die Präsentationen des Durchschnittsverkäufers in Monotonie und Mittelmäßigkeit ersticken. Statt dessen verleiht er seiner Sprache Leben, indem er schillernde und ungewöhnliche Worte verwendet, die im Geist seiner Käufer aufregende neue Visionen entstehen lassen. Sie können nicht anders, als ihm zuzuhören, denn er fesselt ihre Aufmerksamkeit.

Was macht ein Wort aufregend? Es ist so frisch, daß es den Geist anregt, gleichzeitig jedoch so gebräuchlich, daß es von den Zuhörern verstanden wird. Die zweite Eigenschaft ist unverzichtbar. Wenn Sie mit geistreichen Worten um sich werfen, die jedoch nur von den Anhängern der Dichtkunst verstanden werden, dürften Ihre Zuhörer sehr schnell ihre Filter einschalten.

Es ist jedoch besser, sie ein wenig zu fordern, als sie zu langweilen. Es gefällt den Leuten, ein bißchen herausgefordert zu werden – und es mißfällt ihnen, wenn man herablassend mit ihnen spricht oder sie gar langweilt.

Denken Sie immer daran, daß die meisten Leute in der Lage sind, Sie anzusehen und im richtigen Moment zu nicken, obwohl sie in Gedanken kilometerweit entfernt sind. Der Zuhörer denkt über ein Problem nach, das überhaupt nichts mit Ihnen zu tun hat, oder über irgend etwas, was er zu tun hat, wenn Sie gegangen sind. Wenn Sie weiter Ihren Sermon vortragen, werden Sie ihm nichts verkaufen, sondern sich von ihm verabschieden – und zwar sehr bald, mit leeren Händen und für immer.

Suchen Sie nach den betörenden Worten, die wir alle verstehen, jedoch selten hören. Der Champion tut alles, was in seiner Macht steht, um sich die emotionale und körperliche Gegenwart seiner potentiellen Käufer und Klienten zu sichern und dafür zu sorgen, daß sie zuhören, wenn er sie zu überzeugen versucht.

Ich werde Ihnen keine Liste von betörenden Worten anbieten, da das, was in der einen Situation betörend wirkt, in der nächsten billig sein kann. Suchen Sie nach Worten, die schmeichelhaft, beredt, pittoresk, aufregend, kreativ sind. Geben Sie Ihrem Vortrag Pep, indem Sie übliche Ausdrücke in unerwarteten, neuen Zusammenhängen verwenden.

Worte, die Sie ersetzen sollten

Achten Sie von nun an jedesmal, wenn Sie einem ermüdenden Redner zuhören müssen, genau darauf, an welchen Worten, an welchen Redewendungen und welcher Art zu sprechen es liegt, daß er ermüdend wirkt. Machen Sie sich jedesmal, wenn Ihnen ein Ausdruck auffällt, im Geist eine Notiz, um dieses Wort aus Ihrem Wortschatz zu streichen. Denken Sie jedoch daran, daß Sie den Ausdruck durch einen anderen, interessanteren ersetzen müssen. Möglicherweise müssen Sie ein wenig nachdenken, bevor Ihnen ein passendes Wort einfällt. Wenn Sie nie bewußt an Ihrem Wortschatz gearbeitet haben, wird diese Übung Ihnen anfangs vielleicht einige Schwierigkeiten bereiten. Es gibt einen Trick, welcher der Sache ihren Schrecken nimmt. Fertigen Sie einfach auf einem Stück Papier eine Liste jener Worte an, die Sie eliminieren wollen, und gehen Sie diese Liste täglich durch. Das wird Ihnen helfen, sich auf die Verbesserung Ihres Vokabulars zu konzentrieren. Sie werden sehen, daß Sie von allein beginnen, beim Lesen, im Gespräch mit anderen Leuten und beim Fernsehen neue Worte aufzuschnappen, mit denen Sie Ihre Sprache verschönern können.*

Umgangssprachliche Ausdrücke können anfangs erfrischend und lustig wirken, aber oft verlieren sie rasch ihre Wirkung. Die meisten von uns verwenden sie zu lange. Auch ein Jargon kann erfrischend und lustig sein, aber bei Menschen, die nie in diesen Jargon eingeweiht wurden, stößt er zumeist auf Unverständnis. Staatsbürokratie und Computerindustrie haben riesige, unverständliche Wortgebilde errichtet, die nur dazu dienen, die Wahrheit zu verschleiern und die Kommunikation zu behindern. Auf diese Art und Weise lassen sich keine Entscheidungen erreichen. Verwenden Sie in Ihrer Sprache möglichst viele kurze, schlagkräftige Worte. Je mehr solche Ausdrücke Sie benutzen, desto wirkungsvoller werden dank des Kontrasts die weniger üblichen langen Worte sein.

Seien Sie kühn in Ihrer Sprachwahl. Riskieren Sie etwas mit Ihren Worten. Machen Sie einige deutliche Aussagen, welche die Aufmerksamkeit Ihrer Zuhörer wecken.

Vermeiden Sie umständliche und unverständliche Fremdwörter, die Ihr Kunde nicht versteht, und wiederholen Sie gelegentlich einen Gedanken in anderer Formulierung. Wenn die Kunden Sie etwas fragen, bedeutet das, daß sie Ihnen zuhören. Und wenn Ihnen die Kunden zuhören, können Sie gewinnen. Auf keinen Fall können Sie gewinnen, wenn Ihre potentiellen Käufer Ihnen nicht zuhören.

Lernen Sie viele verschiedene Jargons

Wußten Sie, daß die großen Champions eine Vielzahl verschiedener Sprachen sprechen? Damit meine ich nicht, daß sie Französisch, Spanisch und Kisuaheli sprechen, sondern daß sie die verschiedenen Sprachen ihrer Kunden sprechen. Ein Champion

---

* Für die deutsche Sprache existieren viele Synonymen-Lexika, die verwandte Begriffe und Worte auflisten. Fragen Sie in Ihrer Buchhandlung danach, und schaffen Sie sich eines davon an.

spricht mit dem Klempner in der Sprache des Klempners und mit dem Arzt in der Sprache des Arztes. Dazu bedarf es keines aufwendigen Trainings. Sie wollen ja nicht den Klempner glauben machen, Sie hätten eine Installationsfirma, oder den Arzt, Sie seien ein Chirurg. Vielmehr ist es Ihr Ziel, beiden das Gefühl zu geben, daß Sie ihre Probleme, Standpunkte und Möglichkeiten verstehen. Jede Tätigkeit und jedes Hobby hat einen eigenen Fachjargon, eine eigene Sprache.

Der Champion lernt viele dieser Fachsprachen, weil dies die wirkungsvollste Methode ist, um Beziehungen zu vielen verschiedenen Gruppen von Menschen herzustellen. Beziehungen gedeihen auf einem gemeinsamen fruchtbaren Boden; auf dem kargen Fels der Verschiedenheit hingegen können sie keine Wurzeln schlagen. Wir identifizieren uns mit Menschen, die Dinge und Interessen mit uns teilen; instinktiv hegen wir ihnen gegenüber geringere Furcht und größeres Vertrauen. Wir können nicht jedesmal, wenn wir einem neuen Kunden gefallen wollen, eine andere Schule besucht haben oder in einem anderen Staat geboren sein. Aber Sie können lernen, seinen Fachjargon teilweise zu verstehen und zu verwenden – wenn schon nicht die Fachsprache seines Spezialgebiets, so doch zumindest die seiner allgemeinen Beschäftigung. Wenn Sie ein wenig Baujargon beherrschen, können Sie überzeugender mit Zimmerleuten, Dachdeckern und Handwerkern in zahlreichen anderen Spezialbereichen sprechen; wenn Sie die Fachausdrücke eines Fließbandarbeiters verstehen, können Sie im Gespräch mit jedem Fabrikarbeiter überzeugender wirken.

Aus eben diesem Grund konzentrieren die Spitzenverkäufer ihre Verkaufsbemühungen häufig auf eine bestimmte Gruppe, und zwar auch dann, wenn sie mit Produkten handeln, die viele verschiedene Leute kaufen (z. B. Versicherungen). Da sie dieselbe (Fach-)Sprache sprechen, vertraut ihnen diese Gruppe, und sie verkaufen viel und leicht.

Viele Verkäufer, die nie über durchschnittliche Leistungen hinauskommen, lesen täglich eine Stunde lang die Sportseiten der Zeitung und rechtfertigen das mit der Behauptung, sie brauchten etwas, über das sie mit ihren Kunden plaudern könnten. Sofern das, was sie verkaufen, nicht direkt mit Sport zu tun hat, sind sie im Irrtum. Lange Diskussionen über irgend etwas, das nichts mit dem Geschäft zu tun hat, sind vergeudete Zeit. Die Beziehung zum Kunden kann ohne Zeitverlust aufgebaut werden, indem man während der Präsentation die Sprache des Kunden spricht. Und diese Fachsprachen kann man in den Stunden lernen, die man einspart, indem man die Sportseite überspringt.

Aber wie erlernt man nun diese Jargons?

Fachzeitschriften sind eine der besten Quellen für Fachsprachen. Heute gibt es für fast jedes erdenkliche Spezialgebiet eine Fachzeitschrift. Achten Sie besonders auf Leitartikel, Leserbriefe und ähnliches, weil Sie dadurch einen authentischen Einblick in das erhalten, was die mit diesem Fachgebiet beschäftigten Leute denken. Lesen Sie diese Zeitschriften mit einem Notizblock und einem Stift in der Hand. Machen Sie sich Notizen über jedes neue Wort und jede Aussage, die Sie nicht verstehen, und bitten Sie dann jemanden, der in dem betreffenden Gebiet tätig ist, sie Ihnen zu erklären.

Die beste Art, eine Sprache zu erlernen, ist die Art der Kinder – Versuch und Irrtum und ständige Anwendung. Sie werden Ihr Wissen über Fachsprachen allein dadurch, daß Sie jede Gelegenheit zu ihrer Verwendung wahrnehmen, enorm vergrößern. An der Theke beim Mittagessen, beim Warten auf den Autoservice, überall, wo Sie sich mit Menschen unterhalten können, können Sie herausfinden, was die Leute tun, und dann ihre spezielle Wortwahl und ihre Auffassungen ergründen. Ihr Geschäft sind die Menschen; also nutzen Sie jede Gelegenheit, mehr über die Menschen zu lernen.

Beziehen Sie den Kunden geistig ein

Wie macht man das? Indem wir Fragen stellen, die ihn einbeziehen und ihn darüber nachdenken lassen, wie er das angebotene Produkt verwenden wird, wenn er es einmal besitzt. Achten Sie auf seine Antworten; es gibt nichts Verheerenderes für den Kontakt, als dieselbe Frage zweimal zu stellen.

Beziehen Sie den Kunden körperlich ein

Lassen Sie ihn einfache Dinge tun. Lassen Sie ihn etwas herausfinden oder das Gerät bedienen, dessen Funktionsweise Sie vorführen. Bringen Sie den Kunden dazu, Ihnen etwas abzunehmen. Fragen Sie nicht: »Könnten Sie das hier bitte halten?«, denn der Kunde sagt möglicherweise, daß er nicht will. Sagen Sie nur ein Wort: »Hier.« Der Kunde wird in einem automatischen Reflex nehmen, was immer Sie ihm in die Hand drücken, und damit haben Sie ihn einbezogen. Sind Sie sich dieses Reflexes erst einmal sicher, so werden Sie sehr viel Spaß daran haben, ihn einzusetzen, um die Kontrolle zu erlangen. Übertreiben Sie es jedoch nicht, denn damit verwirren Sie den Kunden, und er scheut zurück. Wenn Sie jedoch warm lächeln und dieses eine Wort aussprechen, wird Ihr Gegenüber die unglaublichsten Dinge akzeptieren. Ihr Auftragsbuch beispielsweise. Ich brachte Leute dazu, es zu nehmen und den Auftrag zu bestätigen, weil ich den richtigen Moment wählte, um warm zu lächeln und zu sagen: »Hier.«

Hält Ihr Gegenüber es einmal in Händen (die Fernbedienung für das Gerät, das Sie vorführen, eine Kopie Ihres Angebots, das Benutzerhandbuch – was immer Ihnen nützlich ist), ist der Anfang zur emotionalen Bindung an Ihr Angebot gemacht, weil der Kunde bereits physisch einbezogen ist.

Lassen Sie sich von Unterbrechungen nicht aus der Ruhe bringen

Sie können sicher sein, daß auch Ihre schönste Präsentation oder Demonstration unterbrochen wird. Das Telefon klingelt. Irgendein dringendes Problem wird die Aufmerksamkeit des Managers (oder des Elternteils), mit dem Sie es zu tun haben, in Anspruch nehmen. Türen werden sich unvermittelt öffnen und unbekannte Gesichter auftauchen. Hunde bellen, Sirenen heulen los, Kinder werden schreien.

Bleiben Sie ruhig sitzen. Gleichgültig, wie oft Sie unterbrochen werden, lassen Sie keinerlei Irritation erkennen. Nutzen Sie die

Unterbrechung, um sich zu vergewissern, wo Sie stehengeblieben sind und in welche Richtung Sie weitergehen wollen, und achten Sie darauf, daß Sie nicht irgendeinen für den Abschluß entscheidenden Punkt übersehen haben.

Wenn die Unterbrechung länger als einen Augenblick dauert, sollten Sie kurz jene Punkte zusammenfassen, die Ihr Kunde bereits akzeptiert hat. Das ist wichtig. Denken Sie stets daran, daß jede physische Unterbrechung auch ein gewisses Maß an emotionaler Unterbrechung mit sich bringt. Das heißt, daß sich die emotionale Situation Ihres Kunden ändert, wenn irgend jemand den Raum betritt, wenn der Kunde den Raum verläßt oder ein Telefongespräch entgegennimmt. Es muß gar nicht so weit kommen, daß er rot vor Wut wird oder jemanden anbrüllt; jede Unterbrechung genügt, um seine Emotionen zu verändern. Bevor Sie also fortfahren, sollten Sie den Kunden wieder zu jener emotionalen und mentalen Einstellung zurückführen, die er vor der Unterbrechung hatte.

Wickeln Sie Ihre gesamte Präsentation in weniger als siebzehn Minuten ab

Das entlockt Ihnen möglicherweise nur ein ungläubiges Lächeln, aber hören Sie mir zu. Nehmen wir an, Sie verkaufen Firmenflugzeuge an Spitzenmanager, und ihr potentieller Käufer braucht eine Stunde, um zum Rollfeld zu gelangen. Sie haben alles sorgfältig vorbereitet, so daß es von dem Augenblick, da er eintrifft, bis zu dem Zeitpunkt, da Sie den Tower um die Starterlaubnis bitten können, nur fünf Minuten dauert. Weitere fünf Minuten vergehen, bis Sie vom Boden abheben. All das zählt nicht. Ihr potentieller Käufer ist aufgeregt: die Zeit vergeht wie im Flug.

Aber wenn Sie zwei Stunden später wieder in seinem Büro sind und die Präsentation für den Verkauf dieses schönen Flugzeuges machen, sollten Sie den ganzen Vorgang auf weniger als 17 Minuten beschränken, wenn Sie vermeiden wollen, daß seine Fähigkeit zur Entscheidungsfindung nachläßt.

Unabhängig davon, was Sie verkaufen – Sie sollten, wenn es ums Ganze geht, dieses Zeitlimit unbedingt unterschreiten. Das ist möglich, wenn Sie unnötige Einzelheiten rigoros streichen, wenn Sie Ihre Botschaft auf das Wesentliche beschränken, wenn Sie alles eliminieren, was nicht ganz sicher von Vorteil für den Abschluß ist.

Um ein Champion zu werden, müssen Sie alle Kanten Ihres Vortrags abschleifen und ihn bei laufender Uhr so lange üben, bis Sie im entscheidenden Kundengespräch eine wirkungsvolle Präsentation oder Demonstration innerhalb des 17-Minuten-Rahmens durchziehen können. Das mag eine schwierige Herausforderung sein, aber wenn es gelingt, wird sich Ihre Abschlußquote erheblich verbessern.

Die Durchschlagskraft geplanter Präsentationen

Ich kann diese verblüffend wirkungsvolle Technik nicht überzeugender beschreiben als mit einem Bericht über Robert Burns, einen unserer Champions. Er hat diese Technik vervollkommnet. Über diesen jungen Mann habe ich in meinen Seminaren oft gesprochen, und in Briefen aus dem ganzen Land werde ich gefragt, wie es möglich ist, daß ein 23jähriger als Verkäufer eine halbe Million Dollar im Jahr verdienen kann.

Ich kann Ihnen ein Beispiel dafür geben, wie Robert das macht, ein Beispiel, das alle Konzepte verdeutlicht, die wir in diesem Kapitel besprechen werden. Aber lassen Sie mich zuerst auf den Tag zurückkommen, an dem ich ihm zum ersten Mal begegnete. Robert nahm an unserer Schulung teil, um seine Fähigkeiten als Immobilienverkäufer zu verbessern. Als er den Kurs beendet hatte, kam er zu mir und erklärte mit Bestimmtheit: »Ich habe es mir zum Ziel gemacht, sämtliche Immobilienverkäufer zu übertreffen, die Sie je geschult haben.«

Ich lächelte. »Das ist wunderbar, aber haben Sie Ihr Ziel auch schriftlich festgehalten?«

Er antwortete: »Ich dachte, daß Sie mich danach fragen würden. Ja, das habe ich getan. Hier.«

Er reichte mir ein Stück Papier. Ich sah es mir an und pfiff unwillkürlich durch die Zähne. »Nun, Sie haben sich die Latte ohne

Zweifel hoch gelegt, Robert. Ich bin glücklich, daß Sie sich die Schulung so zu Herzen genommen haben. Nicht viele Leute ringen sich zur schriftlichen Fixierung ihrer Ziele durch; damit haben Sie bereits etwas Außergewöhnliches getan. Aber der Entschluß ist nur der erste Schritt, die wirkliche Herausforderung besteht darin, sein Bekenntnis auch in die Tat umzusetzen. Gehen Sie los und tun Sie das, und ich werde sehr stolz auf Sie sein.«

Robert hielt mich über seine Fortschritte auf dem laufenden. Sehr bald gewann er erste Auszeichnungen, und in verblüffend kurzer Zeit erreichte er sein Ziel, alle Verkäufer zu überflügeln, die wir bis dahin in seinem Gebiet geschult hatten. Einer der wesentlichen Gründe dafür, daß er den Gipfel des Verkaufserfolgs erstürmt hat, besteht darin, daß er jedes Wort und jeden Kunstgriff genau plant, bevor er sie einsetzt.

Das lebhafteste Beispiel für die Wirkung gut geplanter Präsentationen habe ich selber erlebt. Er platzte eines Tages herein, zu einem Zeitpunkt, als ich nicht im entferntesten daran dachte, in Grundeigentum zu investieren. Innerhalb weniger Stunden hatte er mich zu einer Investition im Wert von 240 000 Dollar bewegt. Ja, so war es – was mich anbelangt, war das Ganze eine Sache von wenigen Stunden. Er allerdings hatte in der Vorbereitung Schwerstarbeit geleistet. Unser Gespräch war eine erstaunliche Demonstration von Verkaufsfertigkeiten und Durchsetzungsvermögen – und es gibt keinen Grund dafür, daß Sie die von ihm verwendeten Methoden nicht auch anwenden könnten.

Robert betrat mein Büro kurz vor Weihnachten. Er trug einen eleganten maßgeschneiderten Anzug und stellte zwei dicke Aktenmappen aus Leder neben meinem Schreibtisch auf den Boden. Er lächelte und sagte: »Ich bin froh, Sie erwischt zu haben, Tom – ich versuche schon seit einem Monat, mit Ihnen zu sprechen. Wie geht es Ihnen?«

»Mir geht es gut, Robert. Wie läuft es bei Ihnen?«

»Unglaublich. Es geschehen phantastische Dinge. Und Tom, ich bin ganz aufgeregt wegen der Chance, die ich Ihnen bieten kann.«

Ich hielt den Atem an und sah ihn einen Augenblick an. Bedenken Sie: Ich wußte, daß ihm gelungen war, was er mir angekündigt hatte. Er hatte sämtliche Immobilienverkäufer, die ich je geschult hatte, in den Schatten gestellt. Also riß ich mich zusammen und begann darüber nachzudenken, wie ich ihm entschlüpfen könnte – denn mittlerweile war mir klargeworden, daß er nicht gekommen war, um mit mir über die alten Zeiten zu plaudern. Er war da, um mich zur Kasse zu bitten.

Robert sah mir kurz in die Augen und fuhr fort: »Ich habe drei Jahre lang auf den großen Wurf gewartet ...«

»Wovon reden Sie, Robert?«

»Tom, ich möchte Ihnen eine Frage stellen: Haben Sie dieses Jahr schon alle möglichen Steuerbegünstigungen ausgeschöpft?«

Ich fühlte Erleichterung – und Bedauern für ihn. »Robert, wir haben es versucht, aber alles haben wir nicht geschafft. Und jetzt ist es natürlich zu spät, weil ich mit dem Kalenderjahr abrechne: es bleiben nur noch elf Tage. Dann sind da noch die Feiertage ...« Ich zuckte mit den Schultern, um zu signalisieren, daß nichts mehr zu machen sei.

Er sagte: »Keine Sorge. Ich werde das schon machen.«

Ich sah ihn an. »Entschuldigen Sie bitte: Wovon reden Sie?«

Er beugte sich vor, griff nach den Ledermappen und reichte mir eine davon herüber. »Ich möchte Ihnen etwas zeigen, Tom.« Ich sah mir die Mappe an. Sie trug einen goldenen Aufdruck: *Eigentumsanalyse, speziell ausgearbeitet für Mr. Tom Hopkins.*

Ich starrte die Aufschrift einen Augenblick lang an und murmelte dann: »Robert, das ist eine Immobilienanalyse.«

»Richtig, Tom. Und ich habe lange darauf gewartet, etwas Derartiges für Sie zu finden. Aber sagen Sie nichts – lassen Sie mich Ihnen kurz etwas zeigen.«

Ich bin genau wie Sie: Ich sträube mich stets dagegen, daß man mir etwas verkauft. Aber ich war tatsächlich neugierig. Mittlerweile hatte es nichts mehr damit zu tun, daß Robert ein Schüler von mir gewesen war, bevor er erfolgreich wurde. Mittlerweile wußte ich, daß er ein gewiegter Profi war, der mit aller Macht auf ein gutes Geschäft zusteuerte. Ich war also bereit, mir die Sache anzusehen – aber eine Stimme in meinem Hinterkopf sagte mir: »Du mußt irgendwie aus dieser Sache herauskommen.«

Er stand auf, rollte eine riesige Luftaufnahme aus und pinnte sie an die Wand. »Das ist es, Tom.«

»Das ist was?«

»Alles, was Sie brauchen, um heute noch eine kluge Entscheidung zu fällen, finden Sie auf dieser Luftaufnahme oder in Ihrer Aktenmappe.«

Die Mappe war etwa 5 Zentimeter dick. Ich hatte nicht wirklich vor, sie zu öffnen. Aber ich war fasziniert von der Tatsache, daß er die Frechheit hatte, unangemeldet bei mir hereinzuplatzen und zu versuchen, mir ein 240 000-Dollar-Investment zu verkaufen. »Erzählen Sie mir mehr darüber.«

Das tat er. Die Vergleichsdaten jedes Stückchen Landes rund um das 12 Hektar große Grundstück, das ihm für mich vorschwebte, waren auf der Luftaufnahme in Farbe festgehalten.

Nachdem er mir in Stichworten einige Informationen gegeben hatte, sagte er: »Wahrscheinlich möchten Sie sich nicht nur anhand des Fotos orientieren; wenn Sie also bitte Seite 11 des Prospekts aufschlagen, werden Sie eine Zusammenfassung aller Vergleichspreise finden.«

Während ich das tat, schlug er seine Kopie auf, und wir gingen die Verkaufs- und Maklerinformationen durch, die den Preis der fraglichen Parzelle rechtfertigten.

Schließlich sagte ich: »Das sieht gut aus, Robert. Aber wissen Sie, im Augenblick interessieren mich eher die mit dem Kauf verbundenen Steuervorteile als die Frage, ob das Grundstück den verlangten Preis wert ist.«

»Ich wußte, daß dies Ihre Überlegung sein würde, Tom. Blättern Sie bitte weiter zur Seite 16.«

Auf der entsprechenden Seite waren in einer Tabelle die steuerlichen Auswirkungen aller mit dem Grundstück zusammenhängenden Absetzposten angeführt, bezogen auf meine Einkommensklasse: Brunnen, Bewässerungsgräben und Gebäude. Ich studierte die Angaben einige Minuten und sagte dann: »Damit haben Sie sich eine Menge Arbeit gemacht.«

»Ja. Im Wert von sechs Monaten.« Damit meinte er natürlich, daß er seit sechs Monaten an dem Projekt dran war – er mußte

Informationen sammeln, die Luftaufnahme machen lassen, dieses perfekte Paket schnüren. Ich bin sicher, daß er derartige Arbeiten anfangs bis ins kleinste Detail selbst machte. Ebenso sicher bin ich, daß er mittlerweile Büroangestellte und Techniker beschäftigt, um genügend Zeit für die direkte Beschäftigung mit den richtigen Kunden und für die Planung seiner nächsten Schachzüge zu haben.

Ich war beeindruckt, aber ich sah mich immer noch veranlaßt zu sagen: »Robert, ich will offen zu Ihnen sein. Ich kann nicht erkennen, wie ich diese Investition zum gegenwärtigen Zeitpunkt in Einklang mit meinen Plänen bringen sollte. Aber möglicherweise können Sie es mir erklären. Die Steuervorteile sind erfreulich, aber seien wir ehrlich: Sie sind nicht groß genug, um für sich allein eine solche Investition zu rechtfertigen. Was sollte ich mit dem Grundstück machen? Ich würde es nicht auf Dauer behalten wollen, und ich brauche keine weiteren Dinge, die meine Zeit in Anspruch nehmen.«

»Ich weiß, Tom. Schlagen Sie bitte Seite 33 auf.«

Wir taten es gemeinsam. Auf dieser Seite fand ich eine kurze Zusammenfassung seines Plans, das Grundstück in drei Parzellen zu unterteilen, das Land an der Straßenfront zu verkaufen und eine unbelastete acht Hektar große Parzelle zu behalten.

Ich dachte einen Augenblick nach und bemerkte, daß es mir nicht länger für ihn leid tat, weil er zu spät gekommen war – ich begann mir selbst leid zu tun. »Robert, ich rechne mit dem Kalenderjahr ab. Es ist unmöglich, diese Transaktion bis zum 31. Dezember abzuschließen. Daher sollte ich derzeit nicht in dieses Geschäft einsteigen, denn ich habe einige andere Dinge für nächstes Jahr in Arbeit.«

Er lächelte und sagte: »Ich verstehe, was Sie meinen, Tom. Wenn Sie die Gelegenheit noch in diesem Jahr wahrnehmen könnten, wären Sie interessiert, habe ich recht?«

Ich dachte: »Das kann er unmöglich schaffen – die Formalitäten kann er so schnell nicht bewältigen.« Daher sagte ich: »Sicher, Robert. Wären Sie ein Zauberer, so wäre ich durchaus interessiert.« Ich lachte. »Aber da ist nichts zu machen. Nicht innerhalb von elf Tagen in der Weihnachtszeit.«

Er sagte: »Tommy, es ist schon alles erledigt. Ich brauche nur Ihre Zustimmung.«

Ich war sprachlos. Für einige Sekunden herrschte Stille im Raum. Dann sagte ich leicht angeschlagen: »Was meinen Sie damit: Es ist alles erledigt?«

»Tom, vor Jahren brachten Sie mir etwas bei: Wenn das Produkt gut für die Käufer ist, wenn sie qualifiziert sind und es brauchen, dann muß ich ihnen helfen, es zu bekommen. Und Sie brauchen es doch, nicht wahr?«

Ich rutschte auf meinem Sessel umher. »Ohne es überhaupt gesehen zu haben?«

»Nein, da haben Sie recht. Ich habe alles mit Ihrer Sekretärin geklärt, es steht ein Flugzeug bereit. Wir können hinüberfliegen und vor Ende der Mittagspause zurücksein. Und ich weiß, Sie werden begeistert von dieser Investition sein, wenn Sie das Grundstück gesehen haben.«

Was konnte ich tun? Ich ging, ich sah, ich kaufte. Und natürlich hat es sich mittlerweile als phantastische Investition erwiesen. Robert hatte sich nicht all diese Arbeit umsonst angetan. Es gelang ihm, den Abschluß rechtzeitig über die Bühne zu bringen, so daß ich noch die Steuervorteile erhielt, die ich für dieses Jahr brauchte. Und am 3. Januar – ich werde es nie vergessen – klopfte dieser großartige junge Mann, dieser wahre Champion, an meine Wohnungstür. »Tommy, zum Dank dafür, daß ich Sie zu meinen Klienten zählen darf, möchte ich Ihnen das hier überreichen.« Mit diesen Worten gab er mir ein wunderschönes silbernes Teeservice. Bedenken Sie, er hatte damit, daß er mir geholfen hatte, 24 000 Dollar verdient – wenn das nicht aufregend ist!

»Ich danke Ihnen, Robert.« Eine Vielzahl von Gedanken schwirrte mir durch den Kopf, und ich empfand Stolz angesichts der Tatsache, daß ich meinen Teil zu seinem Aufstieg zum Gipfel des Erfolgs beigetragen hatte.

Er fuhr fort: »Ich habe mir selbst eine Kleinigkeit dafür gegönnt, daß ich Sie erfolgreich betreut habe. Schauen Sie einmal hinaus.« In der Auffahrt stand sein neuer Wagen, ein wunderschöner silbergrauer Rolls-Royce. Wenn man mehr als eine halbe Million Dollar im Jahr verdient, kommt man um solche Werkzeuge – und Spielzeuge – nicht herum, nicht wahr? Selbstverständlich genügte sein Maklerhonorar für meine Investition nicht, um den Rolls-Royce ganz zu bezahlen, aber es dürfte einen Beitrag dazu geleistet haben.

So zahlt sich perfekte Planung beim Verkaufen aus. Erfolgreiches Verkaufen ohne genaue Zielvorstellung gibt es nicht. Erfolgreiche Verkäufer sitzen nicht passiv herum, in der Hoffnung, daß jemand hereinkommen oder anrufen wird, um etwas zu kaufen. Die erfolgreichen Verkäufer, die Profis, die wahren Champions warten nicht darauf, daß etwas geschieht: sie sorgen dafür, daß es geschieht. Sie sind erfolgreich, weil sie ihre Suche nach potentiellen Kunden, ihre Präsentationen, ihre Abschlüsse und ihre Kundenbetreuung sorgfältig planen. Sie planen ihren Erfolg. Unterstreichen Sie folgenden grundlegenden, unverzichtbaren Grundsatz:

Ein Champion plant jede Präsentation schriftlich.

Sie glauben mir das nicht und denken: »Jede Präsentation schriftlich planen? Tom nimmt mich auf den Arm. Niemand tut das. Ich wüßte nicht einmal, wo ich anfangen, geschweige denn die Zeit dafür hernehmen sollte.«

Machen Sie sich keine Sorgen – ich werde Ihnen zeigen, wie Sie jeden Schritt planen und jedes Problem vorwegnehmen. Das wird natürlich einige Zeit dauern – vor allem am Anfang, wenn Sie die Technik erst lernen müssen. Aber wenn Ihnen diese Übung erst einmal zur zweiten Natur geworden ist, werden Sie weniger Zeit mit der Planung Ihrer Präsentationen verbringen als der lethargische Durchschnittsverkäufer zwischen den Besuchen bei potentiellen Kunden mit Nichtstun totschlägt. Sie werden in Ihre Präsentationen oder Demonstrationen gehen und genau wissen, was Ihr Gegenüber sich anhören, wozu er seine Zustimmung geben und was er brauchen wird. Sie finden hier die einzelnen Schritte einer Präsentation und eine Anleitung zu ihrer Planung. Dies sind seit vielen Jahren zwei der wertvollsten Instrumente, die Eingang in den Verkaufsberuf gefunden haben. Passen Sie sie Ihrem Angebot an, setzen Sie sie ein, und Sie werden begeistert sein, wie sehr geplante Präsentationen Ihre Einkünfte in die Höhe treiben werden.

Wie man eine Präsentation schriftlich plant

Lassen Sie uns zunächst darüber sprechen, wo Sie die für die schriftliche Planung Ihrer Präsentation erforderliche Information herbekommen.

Handel und Industrie: In einschlägigen Verzeichnissen finden Sie umfangreiche Informationen. Einige dieser Verzeichnisse sind nur im Abonnement erhältlich, viele finden sich jedoch auch in den öffentlichen Bibliotheken. Im allgemeinen werden Sie die für Ihre Zwecke am besten geeigneten Bibliotheken in wirtschaftlich starken und wohlhabenden Städten finden. Versuchen Sie es in einer solchen Bibliothek, bevor Sie diese Quelle ausschließen; in manch einer Bücherei findet sich überraschend nützliches Material: Firmenverzeichnisse, Branchenadreßbücher, Verzeichnisse von Aufsichtsratsmitgliedern, Verzeichnisse über die Kreditwürdigkeit von Unternehmen usw.

Staatliche Stellen: Produkte und Dienstleistungen, die für die kommerzielle und industrielle Nutzung bestimmt sind, finden häufig auch in der Arbeit staatlicher Stellen Verwendung. Zahlreiche Unternehmen tragen dem Rechnung, indem sie einen Teil ihrer Verkäufer ausschließlich für den Verkauf an staatliche Stellen bestimmen. Andere Firmen überlassen diesen Markt ihren lokalen Niederlassungen und Verkaufsmanagern.

Bildungswesen: Schulen und Hochschulen kaufen riesige Mengen an Ausrüstung, Zubehör und Dienstleistungen. Die Schulbehörden veröffentlichen ebenso wie einige religiöse und private Organisationen Verzeichnisse. Wenn Sie mit dem Bildungsmarkt nicht vertraut sind, aber den Eindruck haben, dort bestünden Chancen für Sie, so rufen Sie einige Schulen an und fragen Sie, in welchen Verzeichnissen sie angeführt sind. Fragen Sie auch, an welchen Konferenzen (Fachmessen) sie teilnehmen. Der Bildungsbereich ist gut organisiert und leicht zu erreichen.

Einzelkunden und Familien: Wenn Sie einen Hinweis auf eine Privatperson erhalten, sollten Sie sich von dem Kunden, von dem der Hinweis stammt, so viel Information wie möglich geben lassen. Wenn Sie mit einem Waisen arbeiten wollen, können Sie in den Verkaufsaufzeichnungen Ihres Büros wertvolle Daten finden. Ist die betreffende Person sehr erfolgreich, so ist sie möglicherweise im »Who's Who« eingetragen, das Sie in Ihrer öffentlichen Bücherei finden.

Bei den meisten potentiellen Kunden im persönlichen Verkauf ist die betreffende Person selbst die beste Informationsquelle. Leiten Sie, nachdem Sie einen Termin vereinbart haben, zu einigen Fragen über: »Darf ich Sie, um bei unserem Treffen Zeit zu sparen und Sie besser betreuen zu können, kurz fragen …«

Nach einigen Fragen ist es günstig zu bemerken: »Denken Sie bitte nicht, dies sei reine Neugierde. Es wird uns beiden wirklich Zeit ersparen, wenn ich mir eine ungefähre Vorstellung von Ihrer Situation machen kann.«

Die Arbeit mit dem Planungsformular

Es gibt zwei Versionen des Planungsformulars: die erste ist für Einzelverkäufe von Produkten und Dienstleistungen an Privatpersonen oder Familien gedacht; die zweite hilft Ihnen bei der Vorbereitung erfolgreicher Verkaufsgespräche mit Entscheidungsträgern in jeder Art von Organisation: Gesellschaften und andere Handels- und Industrieunternehmen, staatliche Behörden, religiöse, Bildungs- und Kulturorganisationen.

Manche Verkäufer arbeiten ausschließlich mit Einzelpersonen und Familien und erklimmen auf diese Art den Gipfel des Erfolgs.

Andere Verkäufer trauen sich einfach nicht aus diesem Bereich heraus oder beschränken sich auf kleine Fische im Geschäftsverkauf, weil sie der Überzeugung sind, daß der Verkauf an Organisationen eine Nummer zu groß für sie ist. Doch das Geschäft ist im wesentlichen dasselbe: Auch in Organisationen hat man es mit Menschen zu tun. Ich begann meine Karriere mit sechzehn Jahren als Verkäufer in einem Schuhgeschäft. Bald ging ich zu anderen Dingen und anderen Verkaufsarten über, und schließlich begann ich, Produkte und Dienstleistungen an Unternehmen zu verkaufen. Die grundlegenden Prinzipien bleiben stets dieselben. Man gewinnt einfach mehr Erfahrung im Umgang mit Menschen – und beginnt, sich sorgfältiger vorzubereiten und genauer zu planen.

Halten Sie auf beiden Formularen die Quellen fest, aus denen Ihre Informationen stammen. Die Kenntnis der Quelle ermöglicht Ihnen eine bessere Einschätzung ihrer Verläßlichkeit und hilft Ihnen dabei, unzuverlässige Quellen auszuschließen.

Der größte Teil des Formulars läßt sich problemlos ausfüllen. Was der Kunde derzeit hat und wie lang er es hat, sagt Ihnen, an welchem Punkt des Juckzyklus er sich befindet. Die Information über seine Wahl beim letzten Verkauf sagt Ihnen einiges darüber, wie seine nächste Wahl ausfallen wird.

Wenn Sie die Namen der Familienmitglieder aufgelistet haben, vergessen Sie nicht, jene Person, die Sie für den Entscheidungsträger halten, mit einem Sternchen zu markieren. Dies ist die Person, die Sie überzeugen und zum Abschluß bewegen müssen – ohne eine negative Einflußnahme seitens der anderen Familienmitglieder zuzulassen.

Wenn Sie ein kostspieliges Produkt verkaufen, das die ganze Familie verwenden und an dessen Bezahlung sie beteiligt sein wird – beispielsweise eine Yacht –, sind die Kinder möglicherweise in einem Alter, in dem sie ein eigenes Einkommen haben, das wichtig für das Zustandekommen des Geschäfts sein kann. Wenn das zutrifft, notieren Sie ihr ungefähres Alter sowie Quelle und Höhe ihres Einkommens.

Finden Sie heraus, wo Ehemann und Ehefrau arbeiten und was sie tun. Wenn Sie diese Fakten kennen, wissen Sie schon sehr viel mehr über die Leute, nicht wahr? Wir sind uns wohl darüber einig, daß es einen erheblichen Unterschied macht, ob die Person, für die man eine Präsentation durchführt, ihren Lebensunterhalt damit verdient, daß sie Bäume mit einer Axt oder Leute mit Pillen behandelt.

Der Zweck dieser Informationssammlung besteht darin, größere Klarheit darüber zu gewinnen, was die potentiellen Käufer wollen und was sie sich leisten können.

Der Kunde im Konflikt zwischen wollen und müssen: Das ist wichtig. Sie werden häufig gezwungen sein, in eine Verabredung mit einem potentiellen Kunden zu gehen, ohne aus seinem eigenen Mund gehört zu haben, welchen Produktnutzen er wirklich anstrebt. Wenn Sie diese Information bei der Terminvereinbarung bekommen können – gut. Aber denken Sie immer daran, daß der potentielle Kunde häufig nicht die Wahrheit über seine wirklichen Wünsche sagen wird, weil er in einem Konflikt steckt. Jemand in der Familie oder seine Vernunft oder das, was »die Leute denken werden«, drängt ihn dazu, etwas zu kaufen, was er in Wirklichkeit nicht will. Mit anderen Worten: Er kann seine Wünsche und seine Bedürfnisse nicht unter einen Hut bringen. Wenn Sie mit ihm in Kontakt kommen, bevor er diesen Konflikt gelöst hat, wird sein Problem zu Ihrem Problem – aber auch zu Ihrer Chance. Lösen Sie das Problem, so werden Sie ihm etwas verkaufen. Lösen Sie es nicht, so werden Sie ihn verlieren. Solche Chancen ergeben sich laufend, ob Sie nun am Telefon nach neuen Kunden suchen oder mit Direktbesuchen arbeiten.

Fragen Sie Otto Familienvater, wonach er sucht, und er wird sagen: »Ich brauche einen kleinen Kombi in Mindestausstattung, der mit einer Tankfüllung eine Million Kilometer läuft.« Aber wenn Otto in einem Autosalon vor den kleinen Kombis in Grundausstattung steht, wird er brummeln und schlucken und gehen, ohne etwas gekauft zu haben. Schließlich stolpert er über den Verkäufer Ronnie Realist. Ronnie wird ihm zuhören und auch auf das achten, was Otto zwischen den Zeilen sagt. Schließlich führt Ronnie Otto hinüber zum neuesten Modell eines schnittigen, mit

Verkaufsplan Einzelpersonen / Familien

Name der Einzelperson / der Familie _____

Information	**Info-Quelle:**

Name des Entscheidungsträgers:

Falls Einzelperson _____

Falls Familie

Vater _____

Mutter _____

Kinder _____

_____

_____

Einkommen:

Ehemann – beschäftigt bei _____

Stellung _____

Geschätztes Einkommen _____

Ehefrau – beschäftigt bei _____

Stellung _____

Geschätztes Einkommen _____

Sonstiges _____

Derzeit im Haushalt vorhandene vergleichbare

Produkte oder Dienstleistungen: _____

_____

_____

Seit wann: _____

Vom Hinweisgeber anerkannte Nutzen: _____

_____

_____

_____

Andere Nutzen, die vielleicht anerkannt werden:

_____

_____

Sonstige Information: Wohnung, Einrichtung, Auto,

Hobbies, Gruppenzugehörigkeit usw. _____

_____

_____

_____

Ablaufplan

Kundenvorteile, die angesprochen werden können, um telefonische Verabredung zu bekommen _____
_____

Kundenvorteile, die bei Qualifizierungsfragen verwendet werden können _____
_____
_____

Für Präsentation / Demonstration eingeplante Kundennutzen _____
_____
_____
_____
_____

Vorweggenommener vorrangiger Einwand _____
_____

Geplante vergleichende Frage zur Beseitigung des vorrangigen Einwandes: »Ist es nicht so, daß ...« _____
_____

Ausrüstung und Material für die Verwendung in Demonstrationen und Präsentationen
_____
_____
_____

Zu verwendende Geschichten über ähnliche Situationen _____
_____
_____
_____

Angestrebte körperliche Einbindung _____
_____
_____

Bezugnahme auf Konkurrenz – Bezugnahme auf gegenwärtige Marktstellung, um Erfordernis oder Wunsch zu verstärken _____
_____
_____

Verkaufsplan Unternehmen

Name des Unternehmens _____

Bezugsperson und Titel _____

Ist diese Person Entscheidungsträger? _____

Wenn nein – Name der betreffenden Person mit Titel _____

Art des Unternehmens _____

Produkt oder Dienstleistung _____

Geschätzter Bruttoabsatz _____

Information

Relevante Personen mit Titel _____

_____

_____

_____

_____

_____

Welches ist das größte Problem? Warum? _____

_____

_____

Finanzielle Einstufung _____

_____

Vorteile, die der Hinweisgeber akzeptiert hat ____

_____

_____

_____

_____

Andere Vorteile, die möglicherweise akzeptiert werden _____

_____

_____

Sonstige Information: Konkurrenten, Gegenwärtige Marktstellung, Mitgliedschaft in Organisationen usw. _____

_____

_____

_____

_____

Info-Quelle:

Extras gespickten Wagens, unter dessen Motorhaube ein Tiger schlummert.

Otto wird bleich. Die Einwände sprudeln nur so aus ihm heraus. Aber er geht nicht. Nun schlägt Ronnie eine Probefahrt vor. Sie lassen den Tiger in allen fünf Gängen brüllen und jagen ihn durch ein paar enge Kurven. Dann erklärt Ronnie, daß es nur vernünftig ist, wenn Otto dieses Auto fährt, bevor er zu alt dafür wird. Und er erklärt ihm, wie er es sich leisten kann. Otto kauft es.

Hätte sich Ronnie Realist von dem leiten lassen, was Otto über kleine, praktische Kombis sagte, so wäre er ein weiterer Autoverkäufer gewesen, dem Otto Familienvater keinen Wagen abgekauft hätte. Glauben Sie dem potentiellen Käufer nicht vorschnell, wenn er erklärt, was er will.

Produktnutzen, die der Hinweisgeber anerkannt hat: Eine sehr viel solidere Ausgangsbasis bilden häufig jene Nutzen, die der Hinweisgeber bereits akzeptiert und gekauft hat. Sie stehen für echte Beweggründe, die durch die Tat bestätigt wurden, nicht für unbedeutendes Gerede, das möglicherweise nur der herrschenden Mode folgt. Die Menschen werden wesentlich von ihren Freunden beeinflußt, und sie verhalten sich in dem, was für Ihr Geschäft wichtig ist, ähnlich wie ihre Freunde. Daher sind die Nutzen, für die der Hinweisgeber bezahlt hat, oft der zuverlässigste Hinweis auf das, wofür der potentielle Interessent, an den der Hinweisgeber Sie verwiesen hat, zu zahlen bereit sein wird. Wenn es irgendeine Möglichkeit gibt, diese Information vom Hinweisgeber zu erhalten – und das dürfte zumeist kein Problem sein –, so sollten Sie sie für Ihre Präsentation nutzen.

Nutzen, die Sie einsetzen, um eine telefonische Verabredung zu erreichen: Was werden Sie dem potentiellen Kunden am Telefon sagen, um den Wunsch in ihm zu wecken, Sie zu treffen?

Denken Sie daran, daß alles, was Sie an diesem Punkt wollen, eine Terminvereinbarung ist. Wenn Sie sämtliche Asse aus dem Ärmel holen, um den Termin zu bekommen, könnte der Höhepunkt der Spannung im eigentlichen Gespräch von Angesicht zu

Angesicht bereits überschritten sein. Setzen Sie also die leichtesten Waffen ein, mit deren Hilfe Sie den Termin bekommen können, und heben Sie sich die schwere Artillerie für den Moment auf, in dem Sie auf den Abschluß drängen.

Nutzen, die in den Qualifizierungsfragen angesprochen werden sollten: Verwenden Sie die in Kapitel 12 angeführten Qualifizierungsschritte.

Für die Präsentation / Demonstration einzuplanende Nutzen: Notieren Sie sich hier jeden Kundennutzen, den der potentielle Käufer als wertvoll anerkennen wird. Hier müssen Sie Ihr schweres Geschütz auffahren. Aber lassen Sie nie die Möglichkeit außer acht, daß etwas, das bei einem potentiellen Käufer einen Volltreffer bedeutet, bei einem anderen möglicherweise am Ziel vorbeischießt. Und gehen Sie nie davon aus, daß jenes Merkmal, welches Sie für das wichtigste in Ihrem Angebot halten, auch für Ihren nächsten Kunden die größte Bedeutung haben wird.

Vorweggenommener vorrangiger Einwand: Daß es Robert Burns gelang, mit diesem Problemfeld wie ein Champion umzugehen, war entscheidend für seinen Erfolg bei dem oben geschilderten Versuch, mir die Grundstücksinvestition zu verkaufen. An diesem Punkt seiner Planung sagte er sich ungefähr folgendes: »Ich weiß, was Tom Hopkins macht. Ich habe eine ungefähre Vorstellung von seinem Einkommen. Ich kann mir in etwa vorstellen, welches seine Bedenken sein werden, und ich weiß, daß er mir einige Einwände entgegenhalten wird. Auf der Suche nach einem Ausweg wird er wahrscheinlich sagen: ›Eigentlich interessiert mich nur, wie ich das Grundstück loswerde, nachdem ich die Steuervergünstigungen in Anspruch genommen habe.‹ Wenn ich ihm also diese Investition nahebringen möchte, muß ich zunächst herausfinden, wie er mit Gewinn aussteigen kann.«

Nachdem ich mich für die Investition entschieden hatte, erzählte Robert mir, daß er zur Planung seiner Präsentationen ein Formular benutzt, das dem hier vorgestellten sehr ähnlich sieht. Er sagte: »Dank dieses Formulars weiß ich im voraus recht genau, was der Kunde sagen wird.«

Wüßten Sie nicht auch gerne, was Ihr Gegenüber sagen wird, bevor Sie das Kopiergerät durch die Drehtür schieben, bevor Sie die Details einer neuen Produktionsanlage zu erläutern beginnen, bevor Sie eintreten, um Ihre für den Kunden maßgeschneiderte Dienstleistung vorzustellen?

Wenn Sie Ihre gesamte Zeit damit verbringen, vierfarbige Diagramme zu entwerfen, um das Problem des Kunden zu lösen, anstatt sich in Ruhe auf seine Einwände vorzubereiten, dann werden Sie zahlreiche Abschlüsse einbüßen, die Ihnen ansonsten sicher wären. Sie sprechen nur den Verstand Ihres Kunden an, wenn Sie ihm vorführen, wie die Maschine das Zeug ausspuckt, oder wenn Sie erklären, wie die Schraube in die Mutter paßt. Einwände haben auch eine logische Grundlage, aber im wesentlichen beruhen sie auf Emotionen – und das bedeutet, daß sie größeren Einfluß auf die Kaufentscheidung haben als die logischen Argumente Ihrer Demonstration. Achten Sie darauf, daß Sie auf die Vorwegnahme von Einwänden und auf die Planung ihrer Ausräumung genügend Zeit und Mühe verwenden. Dies können Sie tun, indem Sie folgendes verwenden:

Geplante Vergleichsfragen zur Beseitigung vorrangiger Einwände: Eine Vergleichsfrage entkräftet den vorrangigen Einwand, indem sie die Aufmerksamkeit des potentiellen Käufers auf die Beantwortung einer untergeordneten Frage lenkt. Ich beginne alle meine Vergleichsfragen mit den Worten: *»Ist es nicht so, daß ...«*

Ein Beispiel aus dem Versicherungsverkauf wird das Konzept der Vergleichsfrage verdeutlichen:

Der vorrangige Einwand, den ich hier vorwegnehme, ist das Geld – die Höhe der Prämie. Wenn dieser Einwand erhoben wird, sage ich: *»Ist es nicht so, daß* die Ausbildung Ihrer Kinder wichtiger ist als die Höhe der Prämie?«

Was wird der Kunde wohl antworten? Eines der wichtigsten Dinge für die durchschnittlichen Eltern ist die Ausbildung und das Wohlergehen ihrer Kinder.

Betrachtet man das Gesamtbild, ist der vorrangige Einwand, den die Leute in den meisten Verkaufsgesprächen erheben, in Wirklichkeit nicht ihre größte Sorge. Es ist unsere Aufgabe, diesen vorrangigen Einwand in die richtige Perspektive zu rücken und seine negative Kraft mit Hilfe positiver Emotionen abzuschwächen.

Ausrüstung und Material für Demonstrationen und Präsentationen: Wenn Sie die Vergleichsfragen niedergeschrieben haben, sollten Sie die Werkzeuge auflisten, die Sie in diesem speziellen Verkaufsgespräch für besonders wirksam halten. Die meisten Champions nehmen nicht alles zu jedem Kunden mit; ihre Werkzeugtasche wäre so groß, daß sie durch keine Tür gehen würde. Dazu kommen praktische Schwierigkeiten bezüglich Zeit und verfügbarem Raum. Noch einmal, das Tempo ist wichtig. Sie wollen Ihre Grundpräsentation innerhalb von 17 Minuten über die Bühne bringen und dann zum Abschluß übergehen. Möglicherweise müssen Sie dem Kunden einen detaillierten Prospekt aushändigen, aber beschränken Sie Ihre Erläuterungen auf die Behandlung der wesentlichen Frage.

Geschichten über ähnliche Situationen: Damit werden wir uns in Kapitel 15 eingehend beschäftigen. Es ist sehr hilfreich, Geschichten über vergleichbare Situationen im Repertoire zu haben; noch wirkungsvoller ist es, wenn Sie eine solche Geschichte niedergeschrieben und in Ihrer Präsentationsmappe zurechtgelegt haben; die beste Präsentationstechnik besteht jedoch darin, dem potentiellen Käufer die Worte zufriedener Kunden auf Band vorzuspielen.

Die letzten beiden Punkte im Ablaufplan für das persönliche Verkaufsgespräch bedürfen keiner eingehenden Erläuterung. Gelingt es Ihnen, den Kunden körperlich in die Präsentation einzubinden, indem Sie ihn dazu bringen, Ihren Taschenrechner zu benutzen oder die Maschine zu bedienen, die Sie vorführen? Entwickeln Sie für jede Präsentation oder Demonstration irgendeine Form der körperlichen Einbindung.

Jeder Verkäufer wird die Notwendigkeit einer gemeinsamen Basis verstehen und versuchen, ein gemeinsames Interesse herauszuarbeiten. Aber manche von uns tun nichts anderes als zu improvisieren – wir denken erst dann über die Sache nach, wenn wir in das Büro eines potentiellen Kunden hineinspazieren. Wie aber findet man einen Gesprächsstoff, der beide interessiert, wenn man die betreffende Person nicht kennt?

Über die Interessen von Kunden, auf die Sie verwiesen werden, kann Sie der Hinweisgeber aufklären. Wenn nicht, so fragen Sie nach ihren Interessen, wenn Sie einen Termin mit ihnen vereinbaren.

Die Planung von Verkaufsgesprächen in Unternehmen

Am Ende des Formblattes ›Verkaufsplanung Unternehmen‹ werden Sie eine Abweichung von der Version für Verkäufe an Einzelpersonen bemerkt haben. Es geht um die Frage, wo das Unternehmen des potentiellen Käufers im Wettbewerb steht.

Diese Information verwenden wir wie folgt: Nehmen wir an, Sie haben gerade einen neuen Markt für Ihr Produkt oder Ihre Dienstleistung entdeckt. Sie haben einen Hersteller von Klimaanlagen als Kunden gewonnen. Die Person, mit der Sie das Geschäft abschließen, erklärt Ihnen, das Unternehmen sei das größte seiner Art in der Stadt. Bringen Sie Ihr Gegenüber nicht aus der Ruhe, indem Sie fragen, wer die Nummer zwei ist, sondern schlagen Sie in Ihrem Büro die Gelben Seiten im Telefonbuch auf, und listen Sie jene Klimaanlagenhersteller auf, welche die größten Inserate geschaltet haben.

Beginnen Sie damit, diese Klimaanlagenhersteller anzurufen. Die Nummer sieben würde gerne zur Nummer sechs aufsteigen, die Nummer sechs wäre gerne die Nummer fünf usw. Die meisten dieser Firmen wollen letztlich an die erste Stelle vorrücken. Und jedes dieser Unternehmen beobachtet mit Adleraugen die Entwicklung der Konkurrenten, denn es will unbedingt vermeiden, um einen

Platz abzurutschen. Sie können darauf wetten, daß all diese Unternehmen Interesse an dem haben, was die Nummer eins tut. Nun, die Nummer eins verwendet Ihr Produkt beziehungsweise Ihre Dienstleistung. Das bedeutet, daß sich die anderen fragen, ob das, was Sie der Nummer eins liefern, deren Wettbewerbsvorsprung vergrößert. Dann sollten sie wohl besser nachziehen. Aus diesem Grund will der Champion wissen, welche Stellung jeder Kunde im Wettbewerb einnimmt.

Wann plant man?

Am Abend vor dem Termin. Achten Sie darauf, die Vorderseite des Formblatts unmittelbar nach Vereinbarung des Termins auszufüllen, bevor Sie viele entscheidende Details vergessen haben. Formulieren Sie Ihre Fragen und planen Sie den Ablauf des Verkaufsgesprächs am Abend vor dem vereinbarten Termin. So geht auch der Profi vor.

Alle Champions, die ich kenne, planen alles am Abend vor dem Verkaufsgespräch. Und zwar tun sie es schriftlich, denn nur so sind sie sicher, daß sie ihren Plan wirklich in ihrem Bewußtsein verankert haben. Und sie können ihn vor dem Termin schnell noch einmal überfliegen. Bitte, hören Sie auf zu improvisieren. Hören Sie auf, zu Verkaufsgesprächen zu gehen, ohne zu wissen, was Sie sagen oder tun werden. Wenn Sie ohne einen ausgearbeiteten Plan losgehen, zerhacken Sie Ihre potentielle Effektivität in drei Teile – und mit dem kleinsten davon müssen Sie sich zufriedengeben.

Warum das? Weil Tatenlosigkeit in einem Verkaufsgespräch immer gegen Sie arbeiten wird. Das leichteste für den Käufer ist es, überhaupt nichts zu tun. Vielleicht kommt morgen ein besseres Angebot herein. Die Kunst des Verkaufens besteht darin, etwas geschehen zu machen, das nicht geschehen muß. Eine klare Antwort erreicht man durch eine klare Planung. Verinnerlichen Sie also bitte den folgenden Gedanken:

> **Ich mache für jede Präsentation einen schriftlichen Plan.**

Wenn Sie vor sich selbst, vor Ihrer Familie und Ihrer Firma ein Bekenntnis zur Planung ablegen, werden Sie erstaunliche Erfolge feiern. Wenn Sie einmal mit der schriftlichen Planung vertraut sind, wenn Sie die aufregende Durchschlagskraft dieser Methode kennengelernt haben, dann werden Sie auch in der Lage sein, die in jeder Präsentation auf Sie wartenden Fallen und Chancen klarer zu erkennen. Sie werden das Bedürfnis spüren, sich noch sorgfältiger vorzubereiten, so daß Sie mit noch größerem Selbstvertrauen in jede Präsentation gehen können. Und Sie werden die Erfahrung machen, daß Ihre Erfolgsquote in die Höhe schnellen wird.

Ja. Machen Sie schriftliche Pläne. Ihre Verkaufsergebnisse werden explodieren.

Visuelle Hilfsmittel

Wenn Sie für ein großes Unternehmen verkaufen, ist es wahrscheinlich, a) daß man Sie mit einer Vielzahl aufwendiger farbiger Verkaufsunterlagen ausstattet und b) daß Sie diese Hilfsmittel kaum einsetzen.

Auch hier verhält es sich wieder so, daß die leistungsstärksten Verkäufer auch diejenigen sind, welche die vom Unternehmen bereitgestellten visuellen Hilfsmittel am intensivsten einsetzen. Die Verkäufer, die kaum Gebrauch von diesen Hilfsmitteln machen, sind die Nachzügler des Verkaufsteams, diejenigen, die nie auf eine ordentliche Quote kommen und laufend die Jobs wechseln.

Wenn Sie zu jenen gehören, die keinen Gebrauch von visuellen Hilfsmitteln machen und nicht zum oberen Drittel Ihrer Vertriebsorganisation gehören, so müssen Sie sich nicht schuldig fühlen. Sie sind in guter Gesellschaft. Aber Sie lesen dieses Buch, um sich von der Masse abzuheben, nicht wahr? Also fangen Sie an, die Werkzeuge zu verwenden, mit denen der Erfolg geschmiedet wird. Zu diesen Werkzeugen gehören die visuellen Hilfsmittel.

Die von uns ausgebildeten Champions tragen einer grundlegenden Erkenntnis Rechnung: Niemand kann den ganzen Abend dasitzen und Sie ständig ansehen und Ihnen zuhören. Das ist einer der Gründe dafür, daß die Spitzenverkäufer immer nach neuen Methoden und nach Verbesserungen der alten Methoden suchen, um ihre potentiellen Käufer nicht nur akustisch in die Präsentationen einzubeziehen.

Als wir Großunternehmen über die Möglichkeiten zur Verbesserung der Leistungen ihrer Vertriebsorganisationen berieten, führten wir eine Reihe von Studien zu spezifischen Fragen durch. Dabei stießen wir immer wieder auf eine grundlegende Tatsache: Die Topverkäufer haben eigentlich nur zwei einfache Tricks auf Lager: 1. Sie nutzen ihre Zeit effektiv. 2. Sie konzentrieren sich auf das, was getan werden muß, und lassen Unwesentliches beiseite.

Improvisation ist wirkungslos. Sicher, sie kann Ihnen eine Stunde Vorbereitung für ein Verkaufsgespräch ersparen, das Sie eine Stunde Anfahrtszeit, eine Stunde für die Präsentation und eine Stunde für die Rückfahrt kostet. Improvisation ohne visuelle Hilfsmittel und ohne angemessene Vorbereitung garantiert praktisch den Fehlschlag.

Wir haben eine weitere Tatsache entdeckt: Visuelle Hilfsmittel verringern die Vorbereitungszeit.

Und noch eine Tatsache: Wenn Sie bei der Planung einer Demonstration über zukünftige Anwendungen nachdenken, werden Sie im Lauf der Zeit immer weniger Zeit für die Vorbereitung benötigen und immer besser vorbereitet sein.

Ich gebe Ihnen ein Beispiel: Nehmen wir die prospektartige Präsentationsmappe, in der Sie eine Menge von Fakten für Ihre Kunden zusammenstellen. Wenn Sie das zum ersten Mal machen, erscheint Ihnen diese Aufgabe schier unlösbar. Aber wenn Sie bei dieser Arbeit die Entwicklung eines Musters im Auge haben, das Sie wieder und wieder verwenden können, wird die Vorbereitung des zweiten Prospekts nicht halb soviel Zeit kosten wie die des ersten, und jeder folgende wird Ihnen noch leichter von der Hand gehen.

Ihre Inhaltsseite müssen Sie möglicherweise überhaupt nicht verändern. Sie werden entdecken, daß der Inhalt einer Reihe von Seiten für verschiedene Präsentationen gleichbleiben kann. Denken Sie voraus, so wie es die Champions tun. Standardisieren Sie alles, was standardisiert werden kann. Wenden Sie sich dann den

Seiten zu, auf denen die Informationen zu finden sind, die sich von Präsentation zu Präsentation unterscheiden. Genau das tat Robert Burns, bevor er mich in meinem Büro besuchte, um mich mit Daten über die Immobilieninvestition zu überschütten, so daß ich praktisch kaufen mußte, als er fertig war. Drei Viertel der Seiten in der dicken Mappe, die er mir auf den Tisch legte, stellten – durchaus notwendiges – Material dar, das er ständig verwendete; aber er war so gut organisiert, daß er nicht vor jeder Präsentation das ganze Paket neu schnüren mußte.

Wenn Sie immer wieder dieselben Produkte oder Dienstleistungen verkaufen, um so besser. Sie können Ihre Fertigkeiten durch die Verwendung visueller Hilfsmittel und organisierter Präsentationen, die auf wiederverwendbarem Material beruhen, vervollkommnen.

Sie haben nur siebzehn Minuten

Nach 17 Minuten verlieren die Leute langsam das Interesse. Langeweile macht sich breit; sie beginnen an andere Dinge zu denken, die sie tun könnten oder sollten; sie hören nicht mehr aufmerksam zu. Sobald die Aufmerksamkeit Ihres Kunden sinkt, sinken auch Ihre Chancen, ihm etwas zu verkaufen.

Also müssen Sie in diesem Zeitraum, in dem Ihre Chance auf einen K.-o.-Sieg am größten ist, mehr Schlagkraft entwickeln. Wie können Sie das bewerkstelligen? Nicht, indem Sie schneller sprechen, sondern indem Sie besser präsentieren – das heißt, indem Sie visuelle Hilfsmittel einsetzen.

Warum sind visuelle Hilfsmittel so wichtig, und warum werden sie dennoch gerade von den Leuten, die am meisten von ihnen profitieren könnten, so schmählich vernachlässigt? Ich glaube, das hat mit dem Ego des Verkäufers zu tun. Wir sprechen gerne, und wir gefallen uns in der Vorstellung, wir seien besonders begabt dafür, andere zu überzeugen. Das sind wir ja auch – insbesondere wenn es darum geht, uns selber zu überzeugen. Also reden wir uns ein, daß unser Gegenüber gebannt zuhören wird. Wir wollen unsere eigenen Formulierungen hören und nicht etwas herunterbeten, was von jemand anderem stammt. Dies bilden wir uns ein, aber nur, wenn wir keine Champions sind. Dem Champion ist es gleichgültig, von wem das Material stammt – solange er es verwenden kann, um Geld damit zu verdienen. Der Champion bezieht seinen Stolz aus Verkaufsabschlüssen. Wollte er ein Künstler sein, so würde er sich eine Staffelei kaufen und ein Atelier mieten.

Ihr Unternehmen engagierte zahlreiche begabte Leute, um die Ihnen zur Verfügung gestellten visuellen Hilfsmittel zu gestalten. Benutzen Sie, was man Ihnen in die Hand gibt. Nutzen Sie Ihre Kreativität, um nach neuen und wirkungsvolleren Methoden zu suchen, mit den visuellen Hilfsmitteln Ihrer Firma Verkaufserfolge zu erzielen.

Wie man Nutzen aus visuellen Hilfsmitteln zieht

Visuelle Hilfsmittel sorgen für Kontrolle und Geschwindigkeit. Ohne Kontrolle ist keine Geschwindigkeit möglich, und ohne Geschwindigkeit kann man keine Kontrolle aufrechterhalten. Wenn uns der Kunde nicht folgen kann, können wir langsamer vorgehen oder etwas wiederholen. Wenn wir aber einmal zu langsam sind, haben wir keine Chance mehr, die Geschwindigkeit wieder zu erhöhen und die Aufmerksamkeit eines Gegenübers zurückzugewinnen, der bereits ausgestiegen ist und ungeduldig wird.

Wenn Sie den Ablauf der Präsentation nicht unter Kontrolle haben, können Sie nicht verkaufen – Sie werden nur von jenen Aufträge bekommen, die in jedem Fall zum Kauf entschlossen sind. Viele Verkäufer verlieren die Kontrolle gleich zu Beginn eines Verkaufsgesprächs – und haben keine Chance mehr. Warum haben sie die Kontrolle verloren?

Das liegt daran, daß Sie es unterlassen haben, für die richtige Sitzordnung zu sorgen.

Damit Sie nicht glauben, dies sei eine Übertreibung, gebe ich Ihnen folgendes Beispiel: Sie haben einen Hausbesuch vereinbart und sitzen nun im Wohnzimmer dem Ehepaar gegenüber. Wenn nun die Sitzposition des Paares Sie dazu zwingt, Ihren Kopf ständig von der Ehefrau weg hin zum Ehemann und wieder zurück und wieder hin ... zu wenden, wenn Sie dabei auch noch sprechen müssen und sich auf den Knien Notizen machen wollen – dann haben Sie Ihren Abschluß verloren. Der Vorgang läuft quälend langsam ab. Es dauert nicht lange, und das Paar beginnt, jene beredten Blicke auszutauschen, die für Eheleute typisch sind. Ohne ein Wort miteinander zu sprechen, werden sie sich einig, daß sie diesen Vertreter so schnell wie möglich loswerden wollen.

Die visuellen Hilfsmittel nun geben Ihnen die Möglichkeit, die Sitzordnung so zu gestalten, daß Sie den beiden unmittelbar gegenübersitzen und daß diese so nahe zueinander rücken müssen, daß sie Ihre Unterlagen gleichzeitig lesen können.

Warum ist das derart wichtig? Weil es Sie in die *Position der größtmöglichen Verkaufskraft* bringt. In einer solchen Position befinden Sie sich, wenn Sie:

a) in der Lage sind, mit beiden Personen Augenkontakt zu halten – indem Sie einfach den Blick hin- und herspringen lassen –, ohne daß Sie andauernd Ihren Hals verrenken müssen. Das ist deshalb wichtig, weil es Sie schnell macht.

b) beide Personen zugleich sehen können.

c) sich Notizen machen können, während sich die Kunden mit dem visuellen Hilfsmittel beschäftigen. Das ist notwendig, weil die Aufmerksamkeit Ihrer Zuhörer abschweifen wird, wenn sie warten müssen, während Sie etwas auf ein Blatt kritzeln.

d) schnell genug arbeiten können, um Ihre Präsentation innerhalb der 17 Minuten abzuschließen – denn nur in diesem Zeitraum haben Sie üblicherweise die volle Aufmerksamkeit Ihrer Zuhörer.

Sie müssen jedes Blatt Ihres visuellen Unterstützungsmaterials in- und auswendig kennen. Aber selbst wenn Sie den Inhalt jeder Seite im Schlaf aufsagen können, müssen Sie noch den Blick darauf richten. Warum das? Der Grund dafür ist eine instinktive Reaktion, die jeder Mensch zeigt: Wenn ich Sie ansehe, werden Sie mich, geradezu aus Selbstverteidigung, ebenso ansehen. Lassen Sie deshalb nicht Ihren Blick auf dem Kunden ruhen, während er das Material anschaut. Er wird dann nämlich entweder aufhören, das visuelle

Hilfsmittel zu betrachten, und zurückstarren, oder er fühlt sich bedroht und hat Schwierigkeiten, sich zu konzentrieren.

Vermeiden Sie das, indem Sie Ihre Präsentation so arrangieren, daß Sie das visuelle Hilfsmittel im Blick haben, eine oder zwei Bemerkungen machen und dann aufblicken, um den Augenkontakt mit Ihrem Gegenüber kurz wiederaufzunehmen. Machen Sie in der Folge am Schluß Ihrer Bemerkungen jeweils eine kurze Pause, um Ihrem Gesprächspartner zu signalisieren, daß Sie ihn ansehen werden. Unbewußt wird er einen für ihn angenehmen Rhythmus annehmen und seinen Blick abwechselnd dem visuellen Hilfsmittel und Ihnen zuwenden.

Möglicherweise fragen Sie sich: »Was, wenn ich mir nicht alles merken kann?«

Machen Sie sich Notizen auf der Rückseite jedes Blattes Ihres visuellen Hilfsmittels. Eine Flip Chart oder eine übersichtliche Mappe wird es Ihnen erleichtern, Ihre Präsentation in der wirkungsvollsten Abfolge durchzuführen. Sie beginnen mit a), gehen flüssig und überzeugend zu b) und c) über und haken dann alle anderen Punkte der Reihe nach ab. Sie handeln alles in der Reihenfolge ab, die Sie für die vorteilhafteste halten. So geht nichts Wichtiges verloren.

Eine Warnung: Manche Verkäufer verwenden für jede Präsentation abgenutzte alte Mappen. Anstatt flüssig voranzukommen, verbringen sie die Hälfte ihrer Zeit damit, Seiten zu überschlagen und undeutliches Zeug vor sich hin zu murmeln, etwa:

»Das ist nicht interessant für Sie.«
»Dieses Modell haben wir nicht mehr, es war ein Wartungsalptraum.«
»Verflixt, wo ist bloß diese Seitenansicht, die ich Ihnen zeigen wollte?«

Die Irritation des potentiellen Kunden steigt. Und er verliert rasch das Vertrauen in Sie und Ihre Firma. Was wohl auf diesen Seiten steht, die Sie so hektisch überspringen? Vielleicht etwas, was ihn davon abhalten könnte, Ihr Produkt zu kaufen? Im besten Fall wirken Sie desorganisiert, im schlimmsten Fall wie ein Schwindler.

Sie könnten sagen: »Ich habe eben so viele Produkte, ich muß dieselbe Mappe für alle meine Präsentationen verwenden.«

Quatsch.

Sie können sich durchaus für jedes wichtige Produkt ein eigenes visuelles Hilfsmittel vorbereiten – oder einfach die für die einzelne Präsentation benötigten Seiten aus einer Sammelakte heraussuchen und in eine eigene Mappe einordnen.

Wenn Sie verkaufen, das heißt, wenn Sie nicht einfach Bestellungen aus einem Katalog entgegennehmen, den Sie mit sich herumtragen, dann sollten Sie eine flotte Präsentation mit einer Mappe vorbereiten, die keine überflüssigen Blätter enthält. Sehen Sie sich die Präsentationsmappen an, die von den schwächsten Mitgliedern eines Verkaufsteams herumgeschleppt werden, und Sie werden Mappen sehen, die zum Bersten gefüllt sind mit überholten Unterlagen voller Eselsohren, mit Material, das alles andere ist als eine Einladung zum Kauf. Dieses armselige Zeug liegt nur deshalb in der Mappe, weil der Verkäufer, dem es gehört, lieber die Sportseite liest, als seine Mappe zu entrümpeln, wenn er eine Kaffeepause einlegt, die er sich in keiner Weise verdient hat.

Einer der besten Versicherungsvertreter, die wir geschult haben – er macht Millionenumsätze –, hat einfach für alles eigene visuelle Hilfsmittel. Für jede Form von Lebensversicherungen hat er eine eigene Präsentationsmappe, die alle Einzelheiten des Themas abdeckt, ohne daß er Seiten überspringen oder Auslassungen kommentieren müßte.

Wenn Sie sich bei der Planung ein wenig Mühe geben, können Sie für jede wichtige Produktlinie oder für jedes Produkt ein eigenes visuelles Hilfsmittel vorbereiten. Und Sie können eine Übersicht erstellen, die Ihnen hilft, rasch auf jene Details zu sprechen zu kommen, die auf den individuellen Kunden zugeschnitten sind – und ihn am meisten interessieren. Um in bestimmten Verkaufssituationen größtmögliche Wirkung zu erzielen, müssen Sie die jeweiligen Einzelheiten zur Hand haben, bevor Sie sich mit den Kunden treffen; in anderen Verkaufssituationen können Sie diese Einzelheiten nur anhand von Informationen entwickeln, die Sie während der Präsentation erhalten. In beiden Fällen bedarf es einer ausgesprochen ausgefeilten, flexiblen Methode zur Abdeckung sämtlicher Punkte, über die der Kunde informiert werden muß, bevor er seine Entscheidung fällen kann.

Gute visuelle Hilfsmittel bedienen sich auch psychologischer Methoden, um potentielle Kunden sowohl auf emotionaler als auch auf intellektueller Ebene davon zu überzeugen, daß sie Ihnen und Ihrem Unternehmen etwas abkaufen sollten. Diese Hilfsmittel sprechen drei wichtige Bereiche an:

1. Visuelle Hilfsmittel sagen dem Kunden, wer Sie und Ihr Unternehmen sind. Viele Leute sind der Meinung, alle Unternehmen seien ungefähr gleich. Ein prägnantes visuelles Hilfsmittel ermöglicht es Ihnen, Ihr Unternehmen ins Rampenlicht zu rücken, ohne angeberisch zu wirken. Sie sollten stolz auf Ihr großartiges Unternehmen sein, und dies ist der richtige Zeitpunkt, um das zu zeigen.

2. Visuelle Hilfsmittel sagen dem Kunden, was Sie bisher getan haben. Die Leute stützen ihre Entscheidungen für die Zukunft häufig auf die Erfahrungen der Vergangenheit, weil sie kaum eine zuverlässigere Orientierungshilfe als die Vergangenheit haben. Wenn Sie selbst bisher nicht allzu viel Erfahrung vorzuweisen haben, dann erzählen Sie dem Kunden mehr über das, was Ihr Unternehmen bisher geleistet hat.

3. Visuelle Hilfsmittel sagen dem Kunden, was Sie für ihn tun werden. Das visuelle Hilfsmittel zeigt dem Kunden graphisch, welchen Nutzen er vom Besitz Ihres Produkts oder Ihrer Dienstleistung haben wird. Ein Bild sagt mehr als tausend Worte, wenn es gilt, emotionale Wirkung zu erzielen.

Briefe zufriedener Kunden

Briefe von zufriedenen Kunden, die Sie betreut haben, sind ein durchschlagskräftiges Mittel zum Aufbau von Vertrauen. Solche Briefe zu bekommen ist schwer. Zunächst müssen Sie Ihren Kunden so gute Dienste leisten, daß diese sich fast verpflichtet fühlen, Ihnen etwas zurückzugeben. Es ist aber eine Tatsache, daß sich nicht sehr viele Leute von allein hinsetzen werden, um einen Dankesbrief an Sie zu schreiben. Die Kunden werden Ihnen am Telefon sagen, wie dankbar sie Ihnen für Ihre außergewöhnlichen Bemühungen sind und wie sehr sie von Ihrer Sachkenntnis profitiert haben. Aber in ihrem Alltagsstreß werden sie sich kaum die Mühe machen, einen begeisterten Brief zu schreiben.

Carl Slane verkauft Hochtechnologiegeräte, und er ist einer unserer größten Champions. Als Carl in den Verkauf einstieg, erkannte er bald, daß Dankesbriefe eine große Hilfe sind. Aber obwohl viele seiner Kunden erklärten, von seinem Produkt und seinem Service begeistert zu sein, bekam er nicht viele Briefe. Seine Kunden waren einfach zu beschäftigt. Dann stieß Carl auf eine einfache Methode, um solche Briefe zu bekommen, und innerhalb kürzester Zeit hatte er so viele davon, daß er ein beeindruckendes Schaubild gestalten konnte. Er kam auf die folgende Art und Weise zu seinen Briefen:

Wenn ein zufriedener Kunde am Telefon war, machte Carl sich Notizen über das Gespräch, und sobald es vorüber war, entwarf er einen Brief an sich selbst, der in den Worten des Klienten geschrieben war. Carl achtete sorgfältig darauf, kein Lob und keine Kommentare hinzuzufügen, die nicht aus dem Mund des Klienten stammten; ebenso achtete er darauf, jegliche Seitenhiebe auf die Konkurrenz wegzulassen, die schwarz auf weiß kaum sehr vorteilhaft gewirkt hätten. Er ließ den Entwurf tippen und verabredete sich mit dem Klienten zum Mittagessen.

Bevor er gemeinsam mit seinem Klienten zum Essen aufbrach, zeigte Carl ihm den Entwurf und sagte dazu: »Ich habe das, was Sie mir freundlicherweise am Telefon gesagt haben, in einem Brief festgehalten. Wenn Sie noch immer so zufrieden sind, möchte ich Sie fragen, ob es Ihnen etwas ausmacht, diesen Brief von Ihrer Sekretärin auf Firmenpapier schreiben zu lassen, während wir zum Essen gehen. Sie würden mir damit einen großen Gefallen tun.« Die Leute stimmten immer zu. Die Kunden freuen sich, Verkäufern zu helfen, die ihnen außerordentliche Dienste geleistet haben.

Wie man gedruckte Unterlagen verwendet

Verwenden Sie Broschüren und Kataloge genauso wie visuelle Hilfsmittel. Halten Sie die Broschüre in der Hand, richten Sie den Blick darauf, während Sie sprechen, und sehen Sie immer wieder Ihren Kunden an, um den Augenkontakt wiederherzustellen. Kennzeichnen Sie die wichtigen Punkte in der Broschüre, über die Sie mit dem Kunden sprechen. Wenn Sie ihm dann die Broschüre überlassen, wird er sie noch einmal durchblättern und sich an das erinnern, was Sie gesagt haben.

Modelle

Modelle sind eindrucksvolle visuelle Hilfen, insbesondere, wenn sie bewegliche Teile haben und nicht allzu kostspielig sind, so daß sie potentiellen Käufern überlassen werden können. Einige unserer Champions, die teure Industrieausrüstung verkaufen, haben die Erfahrung gemacht, daß jemand, der großen Gefallen an dem Modell findet, fast immer auch das entsprechende Produkt kauft. Der potentielle Käufer wird das Modell mit nach Hause nehmen, um Frau und Kindern zu zeigen, wie es funktioniert. Während er es anderen vorführt, wird die Vorstellung von dem Produkt zunehmend Besitz von ihm ergreifen. Das führt dazu, daß er sich selbst gefühlsmäßig davon überzeugt, daß seine Firma die Version im Original besitzen sollte.

Videoausrüstung

Richtig durchgeführt, können Film- oder Videopräsentationen sehr wirkungsvoll sein. Denken Sie daran, daß auch dies visuelle Hilfsmittel sind – sie sind zwar sehr ausgefeilt, funktionieren jedoch nach demselben Schema. Stellen Sie den Bildschirm so auf, daß Sie die Situation kontrollieren können. Auch wenn der Film keinen Ton hat, müssen Sie darauf achten, nicht die ganze Zeit zu plappern. Ist es ein Tonfilm, so ist es sogar noch wichtiger, still zu sein. Ein Verkäufer stört nur, wenn er in eine Erläuterung hineinredet, die der Kunde für interessanter und informativer hält als die Worte des Vertreters. Wenn Sie etwas sagen müssen, so unterbrechen Sie den Film; erlaubt Ihr Abspielgerät keine Pausen, so verhalten Sie sich still, bis der Film zu Ende ist.

Anstatt zu sprechen, sollten Sie sich besser irgendwo hinsetzen, wo Sie unaufdringlich die Reaktionen Ihres potentiellen Käufers beobachten können. Aus Gesichtsausdruck und Bewegungen des Kunden können Sie ablesen, was ihn interessiert und was nicht. Ehepartner werden einander hin und wieder vielsagende Blicke zuwerfen oder einander anstupsen. Ein Ausschußmitglied wird Zustimmung oder Ablehnung murmeln. Es gibt stets kleine, aber aufschlußreiche Mitteilungen in der Körpersprache zu beobachten: ein Nicken, ein Kopfschütteln, eine Grimasse. Machen Sie sich im Geist eine Notiz über derartige emotionale Mitteilungen, und Sie werden viel über den richtigen Weg zum Abschluß erfahren.

Hat Ihr Projektor einen Schalter zur Unterbrechung, so verwenden Sie diesen – sparsam –, um den Film zu stoppen, wenn großes Interesse an einer bestimmten Szene besteht und Sie Einzelheiten hinzufügen oder hervorheben können. Wenn Ihr Gerät das Zurückspulen erlaubt, wiederholen Sie jene Teile der Vorführung, die Aahs! und Oohs! hervorrufen.

Das alles kann man mit den kleineren kombinierten Geräten (Projektor und Schirm in einem) machen. Diese Geräte sind oft auch leichter zu bedienen. Setzen Sie sich an den Rand, und bedienen Sie Ihr Gerät mit der Fernbedienung, so daß Sie Ihre Aufmerksamkeit dem Kunden widmen können. Sie selbst kennen Ihren Film viel zu gut, als daß er noch interessant für Sie sein könnte. Achten Sie deshalb darauf, keine Langeweile zu zeigen. Für einen Champion ist dies kein Problem. Er ringt nicht mit der Langeweile, sondern er ist vollauf damit beschäftigt, die Reaktionen seiner potentiellen Käufer zu registrieren und seinen nächsten Schachzug zu planen – wie er die Situation kontrollieren und am Ende des Films seine Abschlußsequenz einleiten kann.

Hier einige einfache, aber wichtige Tips für die Arbeit mit Projektoren:

1. Nehmen Sie immer ein Verlängerungskabel mit, damit Sie die Ausrüstung an dem Platz aufstellen können, der sich am besten für die Präsentation eignet, anstatt gezwungen zu sein, sie dort aufzustellen, wo das Kabel hinreicht.

2. Nehmen Sie eine dicke Unterlage mit. Sie sollten den Projektor nicht auf den schönen Kaffeetisch oder den polierten Schreibtisch des Kunden knallen, sondern eine weiche Unterlage oder Tischdecke unterlegen.

3. Bitten Sie immer um Erlaubnis, bevor Sie beginnen, die Geräte aufzustellen. Diese Erlaubnis werden Sie eher erhalten, wenn Sie zuerst die Unterlage auspacken.

4. Nehmen Sie Angebote zur Hilfe beim Aufstellen an. Unsere Champions berichten, daß Kunden, die bei der Vorbereitung der Vorführung helfen, mit größerem Interesse zusehen. Hier machen Verkäufer häufig einen Fehler, den Verkäuferinnen selten machen. Männer bestehen oft darauf, alle Aufbauarbeiten selbst zu erledigen, während ihre Kunden dasitzen und ihnen ungeduldig zuschauen. Frauen nehmen Hilfe gerne an. So können sie rascher mit der Präsentation beginnen und ihr Produkt einem Kunden zeigen, der bereits eingebunden ist, weil er geholfen hat, alles aufzubauen.

5. Bauen Sie Ihre Leinwand oder andere visuelle Hilfen niemals ab, bevor sie die gesamte Präsentation erledigt und die gesamte Abschlußsequenz hinter sich gebracht haben.

Das ist besonders wichtig. Wenn Sie damit beginnen, die Projektionsleinwand einzurollen und das Verlängerungskabel aufzuwickeln, denkt der Kunde: »Gut, das war's. Machen wir weiter. Wen muß ich als nächstes anrufen?«

Sie können nicht einfach einpacken, sich hinsetzen und zur Abschlußsequenz übergehen. In der Zwischenzeit wird sich die Stimmung völlig verändert haben, die Wirkung der Vorführung wird verflogen sein. Warten Sie ab, selbst wenn Ihr Kunde das Telefon abhebt. Wenn Sie in diesem Moment beginnen, einzupacken, sparen Sie nicht fünf Minuten, sondern verlieren die ganze Zeit, die Sie gebraucht haben, um hinzufahren und Ihr Programm herunterzuspulen.

Noch ein letzter Hinweis: ***Achten Sie auf das Aussehen Ihrer Ausrüstung und Ihres Materials.*** Verwenden Sie nur saubere, neu aussehende visuelle Hilfsmittel, Broschüren und Kataloge. Was soll Ihr Gegenüber denken, wenn Ihre visuellen Hilfsmittel abgenutzt, verdreckt, verknickt und zerkratzt sind? Wahrscheinlich wird er folgendes denken: »Wenn der mit seinem eigenen Zeug so schlampig umgeht, wird er wahrscheinlich auch schlampig mit dem umgehen, was er mir liefert.« Lagern Sie Ihre Verkaufsunterlagen und visuellen Hilfsmittel in Ihrem Auto schonend, und überprüfen Sie das Material einmal im Monat, um sicherzugehen, daß alles in sauberem, ansprechendem und gebrauchsfähigem Zustand ist.

11 Die Feinabstimmung des ersten Verkaufsgesprächs

Wie Bob Süßholz Kunden verjagt

An jedem Geschäftstag wiederholt sich in den Geschäften und Schauräumen überall in diesem Land tausende Male folgende Szene: Ein Ehepaar betritt ein Geschäft, nachdem es sich die Ware im Schaufenster angesehen hat. Augenblicklich springt ein Verkäufer von seinem Aussichtsposten auf und stürzt sich auf sie wie ein Geier, der ein sterbendes Kaninchen erspäht hat. Er macht sich über sie her.

»Hallo, ich bin Bob Süßholz, stehe zu Ihren Diensten. Es freut mich, daß Sie unser Geschäft gewählt haben. Ich bin sicher, daß Sie sich richtig entschieden haben. Wir haben die günstigsten Preise in der Stadt, und wir haben Sonderangebote, die Sie nicht für möglich halten würden.«

»Wir wollen uns nur umsehen«, sagt die Frau.

»Ganz recht, und ich weiß auch, wonach Sie suchen – nach einem guten Geschäft. Nun, da haben Sie sich den richtigen Ort und den richtigen Mann ausgesucht. Bob Süßholz wird dafür sorgen, daß Sie gut betreut werden.«

»Laß uns gehen«, sagt der Mann – und schon sind sie wieder draußen. Der gute Bob zuckt mit den Schultern und murmelt etwas vor sich hin wie: »Manche Leute wollen einfach keinen guten Service, der ihnen Geld spart. Was für Dummköpfe. Aber es schwimmen ja noch mehr Fische im Meer.«

Was ist da passiert? Warum steht der gute Bob da und japst nach Luft? Er hat die Leute nicht schlecht behandelt. Er ist sofort lächelnd zur Stelle gewesen und hat sich vorgestellt. Er hat ihnen dafür gedankt, daß sie hereingekommen sind. Er hat ihnen seine Hilfe angeboten. Er war so nett – und sie sind einfach davongerannt. Warum? – Weil er geradezu hinausgeschrien hat: »Euch Hühnern werde ich etwas andrehen!«

Das hat eine riesige psychologische Mauer zwischen Bob Süßholz und seinen potentiellen Kunden aufgerichtet. Sie wußten vom ersten Augenblick an, daß er ihnen, egal was sie tun würden, mit Schmeichelei und Lobhudelei in den Ohren liegen würde, nur um zu verkaufen, zu verkaufen, zu verkaufen. Und sie wollten nicht, daß man ihnen etwas verkaufte. Aber sie wollten etwas aus diesem Laden haben, sonst wären sie ja nicht hineingegangen. Der Laden hatte nie eine Chance, weil der gute Bob die Leute innerhalb von zehn Sekunden vertrieben hatte.

Der erste Eindruck kann leicht alles zerstören. Aus diesem Grund wollen wir Ihnen in diesem Kapitel zeigen, wie der erste Kontakt mit einem möglichen Käufer gestaltet werden sollte.

Das erste Prinzip für die Annäherung an einen potentiellen Kunden lautet, behutsam auf ihn zuzugehen, damit er so entspannt ist, daß das Gefühl des Wunsches nach Ihrem Produkt stärker werden kann als das Gefühl der Angst. Sie wollen ja, daß der Kunde daran denkt, wie sehr er das Produkt will, und nicht, daß er denkt: »Achtung. Dieser Kerl will mir unbedingt etwas verkaufen.« Also sagt er: »Ich sehe mich nur um.« Wenn Sie ihn nun in die Defensivposition drängen, wird er mit großer Wahrscheinlichkeit seine Aussage in die Tat umsetzen und den Laden mit leeren Händen verlassen.

Dasselbe geschieht bei einer Verabredung im Büro des Kunden oder bei ihm zu Hause. Der einzige Unterschied ist, daß Sie dort statt einer Fluchtreaktion Feindseligkeit auslösen. In beiden Fällen wird der mögliche Kunde die einfachste Entscheidung fällen: Er wird aus Ihrem Geschäft fliehen oder Sie aus seinem Haus werfen.

Wie können wir also vermeiden, daß die Leute uns bekämpfen oder uns ausweichen? Indem wir dieses Prinzip verinnerlichen und befolgen:

> **In der ersten Begegnung mit einem potentiellen Kunden müssen wir ihm vor allem die Angst nehmen und ihm die Möglichkeit zur Entspannung geben.**

Wenn das Bewußtsein des Kunden von Angst beherrscht ist – Angst davor, daß Sie ihn drängen werden, daß Sie versuchen werden, ihm etwas anzudrehen, und daß Ihnen das gelingen könnte –, ist er ganz einfach nicht in der Lage, jene Art von positiver Entscheidung zu fällen, die Sie anstreben. Er wird nicht einmal dem kleinsten Verkauf zustimmen, wenn er von Angst beherrscht ist. Daher müssen Sie immer zuerst dafür sorgen, daß sich der potentielle Käufer entspannt.

Manchmal muß ich für meine Arbeit so viel fliegen, daß es mir scheint, ich würde im Flugzeug leben. Ich muß deshalb oft im Flugzeug arbeiten. Sicher, ich mag Menschen, und es gefällt mir, mit ihnen Geschichten und Gedanken auszutauschen, wenn ich dazu Zeit habe. Aber wenn jemand neben mir sitzt und tratschen möchte, wenn ich zu arbeiten habe, warte ich einfach ab. Sehr bald kommt die Frage: »Was machen Sie beruflich?«

Dann lächle ich und sage: »Ich verdiene mein Geld als Verkäufer, und ich danke dem Himmel, daß er Sie hier auf den Platz neben mich geschickt hat.«

Raten Sie, was dann geschieht. Die Leute entschuldigen sich, gehen auf die Toilette und kehren nie mehr zurück.

Wir alle haben eine angeborene Furcht davor, daß uns jemand etwas verkaufen möchte. Aus diesem Grund ist es so besonders wichtig, bei der ersten Begegnung Vertrauen und nicht Furcht zu erwecken.

Wie der Champion beim Erstgespräch vorgeht

Beschäftigen wir uns nun damit, wie man beim ersten Gespräch mit einem potentiellen Kunden richtig vorgeht.

1. Legen Sie ein Lächeln auf. Manche Leute haben vergessen, wie man lächelt, weil sie es nicht häufig tun. Verkäufer sollten ihr Lächeln üben. Trainieren Sie Ihre entsprechenden Muskeln jedesmal, wenn Sie die Tür zum Büro-WC hinter sich verriegeln. Dort haben Sie alles, was Sie brauchen: einen Spiegel, Ruhe und Ihr Gesicht. Das ist mein Ernst. Ein Champion läßt bei der Entwicklung seiner Fähigkeiten keinen Stein auf dem anderen. Die Fähigkeit, freundlich zu lächeln – gleich, ob Ihnen danach ist oder nicht –, ist eine wichtige Verkaufsfertigkeit.

Ein Lächeln strahlt Wärme aus. Um Herzlichkeit zu vermitteln, lächeln Sie fast strahlend, wenn Sie mit Menschen in Kontakt kommen. In bestimmten Situationen wirkt das natürlich übertrieben, aber im allgemeinen ist ein freundliches, warmes Lächeln ein unerläßlicher erster Schritt zu einem erfolgreichen Abschluß.

Manchen Leuten fällt es aus einem anderen Grund schwer, ein Lächeln aufzusetzen, wenn es nötig ist: Sie können sich nicht von alten Problemen und Empfindungen lösen, bevor sie sich einem neuen Kunden zuwenden. Auf zwei Dinge können Sie wetten: Ihr neuer Kunde ist weder für Ihren Ärger verantwortlich, noch interessiert er sich dafür; und Sie werden Ihre Probleme nicht lösen, indem Sie den Kunden mit Ihrer mürrischen Haltung vertreiben. Ringen Sie sich dazu durch, Ihre Probleme und negativen Gefühle jedesmal, wenn Sie einem neuen potentiellen Kunden oder einem anderen Kunden gegenüberstehen, hintanzustellen. Wenn es nicht anders geht, können Sie später auf Ihren Ärger zurückkommen – nachdem Sie sich das Leben leichter gemacht haben, indem Sie den Kunden gut behandelten.

2. Sehen Sie dem Kunden in die Augen. Dies scheint Ihnen so offensichtlich, daß man es nicht erwähnen muß? Tatsache ist, daß sich viele Verkäufer die Chance auf einen Abschluß zerstören, weil sie bei der ersten Begegnung den Augenkontakt meiden. Sie blicken zu Boden oder an ihrem Gegenüber vorbei. Beide Angewohnheiten sind enervierend. Menschen mit unstetem Blick wecken in uns den Verdacht, daß sie uns ausweichen wollen oder etwas zu verbergen haben.

3. Begrüßen Sie Ihr Gegenüber richtig. Überprüfen Sie Ihre Standardbegrüßung. Wenn Sie nur eine einzige Begrüßung verwenden, ist es wahrscheinlich, daß Sie damit bei vielen potentiellen Kunden Mißfallen auslösen werden. Studieren Sie zumindest drei verschiedene Begrüßungen ein. Für den Anfang brauchen Sie wahrscheinlich folgende Varianten: eine formale, respektvolle, eine freundliche und eine joviale Begrüßung. Später werden Sie es möglicherweise zweckmäßig finden, weitere Varianten zu verwenden. Studieren Sie jede Person einen Augenblick lang, und wählen Sie dann jene Begrüßung, die Ihnen für ihre Persönlichkeit am besten geeignet erscheint. Das ist eine ausgezeichnete Möglichkeit, sich auf die Individualität jedes Kunden einzustellen und zu überlegen, wie Sie mit dieser speziellen Person am besten arbeiten können.

4. Schütteln oder nicht schütteln, das ist die Frage. Viele Durchschnittsverkäufer suchen den körperlichen Kontakt zum Kunden. In ihrem tiefsten Inneren sind sie davon überzeugt, ihren Gesprächspartner schon in der Tasche zu haben, wenn sie ihn dazu bringen können, ihre Hand zu schütteln. Das ist schon fast ein Aberglaube. Aber der Verkäufer ist im Irrtum, denn er geht von seinen eigenen Gefühlen aus, nicht von denen des Kunden. Viele potentielle Kunden wollen nicht von Fremden berührt werden. Was geschieht also? Der Verkäufer ist versessen darauf, seinem potentiellen Kunden die Hand zu schütteln; da viele Leute das nicht wollen, wird er häufig zurückgewiesen – was ihn nur noch versessener auf das Händeschütteln macht. Daher versteift er sich zunehmend auf diese Begrüßung. Die zusätzliche Spannung wird den Kunden vermittelt, die sich nun noch mehr dagegen sträuben, diesem verkrampften, schwitzenden Verkäufer die Hand zu schütteln. Der Teufelskreis schließt sich.

Denken Sie nicht, daß ich übertreibe. Ein Freund von mir besitzt eine Kette von Reinigungsanstalten. Er erklärte mir einmal: »Tommy, ich kann dir sofort sagen, welche meiner Kunden Verkäufer sind. Da ist immer diese aufschlußreiche Stelle, an der sie ständig ihre schwitzenden Hände abreiben, bevor sie jemandem die Hand schütteln.«

Dem Durchschnittsverkäufer geht diese kurze Wischbewegung zur Beseitigung des kalten Schweißes in Fleisch und Blut über, gemeinsam mit dem »Guten Tag, mein Name ist ...«.

Im heutigen Verkaufswettbewerb haben wir ein unverrückbares Ziel: die Zuneigung und das Vertrauen der Menschen zu gewinnen. Aus diesem Grund denkt der Champion, der jemanden trifft: »Dieser Mensch wird mich mögen und mir vertrauen, weil ich eine sehr sympathische und vertrauenswürdige Person bin.«

Ist es nicht schön, sich so etwas die ganze Zeit vorzusagen? »Er wird mich mögen …« Hören Sie auf, zu sich zu sagen: »Ich muß diesen Menschen dazu bringen, mich zu mögen und mir zu trauen, oder ich werde Schiffbruch erleiden.« Jedesmal, wenn Sie zu sich selbst sagen: »Ich muß das tun«, verkrampfen Sie sich und verzweifeln vielleicht sogar ein wenig. Wenn Sie entspannt und zuversichtlich sind, vermitteln Sie dem Kunden Entspanntheit und Zuversicht; sind Sie gespannt und unsicher, strahlen Sie Angst aus – und auch das wird der Kunde spüren.

Ich habe eine einfache Methode, um diese Schwierigkeit zu beseitigen: Wenn Sie einen potentiellen Kunden begrüßen, an den Sie nicht verwiesen wurden (üblicherweise ist das jemand, der Ihr Büro, Ihr Geschäft oder Ihren Schauraum betritt), so gehen Sie nicht davon aus, daß es zu einem Händeschütteln kommt. Wenn natürlich der Kunde seine Hand ausstreckt, ergreifen Sie sie. Aber das geschieht selten. Wenn es sich um eine wiederholte Begegnung oder um einen vermittelten Kontakt handelt, können Sie die Hand des Kunden schütteln oder nicht – überlassen Sie die Wahl einfach ihm. Wichtig ist, daß Sie sich von der Vorstellung befreien, Sie müßten Ihr Gegenüber berühren.

Sehen wir uns nun die beiden grundlegenden Begrüßungssituationen im einzelnen an.

Der empfohlene Interessent

Nehmen wir an, ich treffe ein Ehepaar, dessen Namen ich bereits kenne, zum ersten Mal. Wir haben uns beispielsweise in meinem Büro verabredet, und ich sehe die beiden hereinkommen. Ich gehe auf sie zu, mein Arm schwingt im natürlichen Rhythmus meiner Schritte, und ich beginne zu lächeln, weil ich mich aufrichtig freue, sie zu treffen.

Ich werde mich ihnen vorstellen. Das ist sinnvoll, weil sie mich nie zuvor gesehen haben, und ich möchte, daß sie sich entspannen, indem ich ihnen bestätige, daß sie zur richtigen Zeit am richtigen Ort sind und mit der richtigen Person sprechen. Also sage ich: »Guten Tag, Mr. Meisner, Mrs. Meisner. Ich bin Tom Hopkins von Champions Unlimited.« Wenn ich Mr. Meisner sage, sehe ich ihm in die Augen; dann, wenn ich Mrs. Meisner sage, wende ich mich ihr zu. Mein Blick wandert wieder zu Mr. Meisner zurück, wenn ich mich vorstelle. Wäre ich eine Frau, so würde ich meinen Blick wahrscheinlich auf die Gattin richten, während ich meinen Namen sage.

Um festzustellen, ob mir ein Besucher seine Hand entgegenstreckt, darf ich nicht hinunter auf seine Hände blicken. Das ist auch gar nicht nötig, denn wir alle können auch aus den Augenwinkeln schauen. Mit diesem peripheren Blick können wir Dinge außerhalb unseres engeren Blickfeldes erkennen, ohne den Blick direkt auf sie zu richten. Wir kommen so zu Informationen, während wir anderswohin blicken. Zur Verdeutlichung: Stellen Sie sich etwa fünfzehn Meter von einem Baum entfernt hin, wenn gerade eine leichte Brise weht. Richten Sie Ihren Blick auf den Stamm, und zwar an der Stelle, wo er aus dem Boden wächst. Nehmen Sie Ihre Augen nicht von diesem Punkt des Baumstamms, und registrieren Sie, wieviel Bewegung Sie in den Zweigen und Blättern erkennen können. Sie können dasselbe tun, indem Sie sich auf die Eingangstür eines vielstöckigen Gebäudes konzentrieren; während Sie Ihren Blick fest auf die Tür gerichtet halten, können Sie die Fenster im zweiten Stock sehen. Üben Sie, Informationen über Fenster, Mauern und Dach des Gebäudes zu sammeln, ohne den Blick von der Tür zu nehmen. Sie können verblüffend viel sehen, ohne direkt hinzusehen. Das ist etwas, was Sie überall in Augenblicken der Muße üben können, um Ihr Bewußtsein für eine Vielzahl von Eindrücken zu schärfen. Zu den Dingen, die Sie erfassen können, gehören Arm- oder Handbewegungen, die darauf hinweisen, daß Ihr Gegenüber Ihnen die Hand schütteln möchte. Sie erkennen diese Bewegung, ohne hinabzublicken, während Sie den direkten Blickkontakt aufrechterhalten, der Vertrauen und Zuversicht weckt.

Trainieren Sie Ihren peripheren Blick. Prägen Sie sich ein, daß Sie Ihre potentiellen Kunden nicht berühren müssen. So werden Sie damit aufhören, Ihre rechte Handfläche abzuwischen, denn Sie werden nicht länger schwitzen. Sie werden wirklich entspannt sein, weil Sie die Gezwungenheit der Gesprächssituation beseitigt haben. Mehr Menschen werden Sie mögen und Ihnen vertrauen, weil Sie nicht länger Angespanntheit, sondern Wärme und Zuversicht ausstrahlen.

Als Sie auf Mr. und Mrs. Meisner zugingen, lächelten Sie ungezwungen, und Ihr rechter Arm schwang natürlich im Rhythmus Ihres Schritts. Streckt Mr. Meisner Ihnen seine Hand entgegen, so nehmen Sie sie leicht, schütteln sie kurz, lösen den Händedruck sofort wieder und lassen Ihren Arm wieder herabsinken, während Sie sich Mrs. Meisner zuwenden. Wenn Sie mit dem Ehemann einen Händedruck austauschen, wird es wahrscheinlicher, daß die Frau dieselbe Geste machen wird. Haben Sie den Blickkontakt zu ihr hergestellt, so achten Sie darauf, ob sie irgendwie andeutet, ebenfalls Ihre Hand schütteln zu wollen. Wenn nicht, werden die Bewegung in die Richtung von Mrs. Meisner und das Sinkenlassen Ihres Arms fließend in eine leichte Verbeugung oder in ein Nicken übergehen.

Situation ohne Hinweis

Ein Paar betritt Ihr Geschäft oder Ihren Schauraum. Sie wissen nicht, wie die Leute heißen. An diesem Punkt ist es schlicht aufdringlich, den Besuchern Ihren Namen zu nennen. Übernervöse Verkäufer berauben sich oft in den ersten Momenten der Begegnung jeder Chance, für die erforderliche Entspannung zu sorgen, indem sie den Leuten die Hand entgegenstrecken und sich vorstellen. Die Kunden sind überrascht und unangenehm berührt, weil sie von einer derartigen Aufmerksamkeit und soviel Engagement völlig unvorbereitet getroffen werden.

So schlägt die Situation häufig in Peinlichkeit um. Der Verkäufer bemerkt, daß er zu weit gegangen ist, und zieht seine Hand in dem Augenblick zurück, da der Kunde die seine gerade widerwillig hebt. Der potentielle Käufer zieht seine Hand rasch zurück, aber der Verkäufer hat seine schon wieder gehoben – um sich eine zweite Abfuhr zu holen. Mittlerweile sind beide Seiten peinlich berührt, und die Kunden versuchen, so schnell wie möglich wieder da wegzukommen, um nie wiederzukehren.

Es gibt Möglichkeiten, so etwas zu verhindern. Ein Paar betritt das Geschäft. Sie wissen nicht, wie die Leute heißen, und haben keinen Grund anzunehmen, daß sie Ihre Bekanntschaft machen wollen. Bleiben Sie, wenn Sie auf das Paar zugehen, einige Schritte von den beiden entfernt stehen, um ihr »Revier« nicht zu verletzen, und sagen Sie ungefähr folgendes:

> »Guten Tag. Wir freuen uns über Ihren Besuch. Warum sehen Sie sich nicht einfach ein wenig um? Wenn Sie irgendwelche Fragen haben, wenden Sie sich ruhig an mich.«

> »Guten Tag. Wir freuen uns über Ihren Besuch. Sehen Sie sich bitte alles an, was Sie interessiert. Ich gebe Ihnen gerne jede Information, zögern Sie bitte nicht, mich zu fragen.«

> »Guten Tag. Willkommen bei … (nennen Sie Ihr Geschäft). Ich hoffe, unser Angebot gefällt Ihnen. Wenn Sie irgendwelche Fragen haben, stehe ich Ihnen gerne zur Verfügung.«

Wenn Sie die Leute auf diese Weise begrüßt haben, ziehen Sie sich zurück. Natürlich dürfen Sie nicht kehrtmachen und wegrennen. Entfernen Sie sich langsam. Wenn Sie dort sind, wo Sie sein sollten, können die Kunden Ihnen leicht eine Frage stellen, wenn sie das Bedürfnis haben.

Viele Leute streben der Tür zu, wenn man sich ihnen aufdrängt, stellen jedoch von sich aus Fragen, wenn man sie zurückhaltend anspricht und sich dann zurückzieht. Indem Sie zeigen, daß Sie die Privatsphäre der Kunden respektieren, geben Sie ihnen das Gefühl, ungezwungen nach dem fragen zu können, was sie wollen.

Oft werden die Kunden nicht viel sagen – insbesondere dort, wo teure Waren verkauft werden. Entfernen Sie sich. Sie können jetzt nur warten, bis diese Leute den nächsten Schritt tun.

Viele von ihnen werden nur durch Ihr Geschäft schlendern, ohne irgendwo länger als ein paar Sekunden stehenzubleiben, und dann wieder gehen. Diese Leute vertreiben sich meist nur die Zeit, haben gar nicht das Geld für die angebotenen Waren oder sehen sich tatsächlich nur um, um sich über ihre eigentlichen Bedürfnisse oder ihren Kaufwunsch klarzuwerden. Wenn dem so ist, erreichen Sie am meisten, indem Sie den Leuten die Möglichkeit geben, zu schnuppern und wieder zu gehen. Sind die Leute dann wirklich kaufbereit, so kommen sie sehr viel eher wieder, wenn sie bei ihrem ersten Besuch nicht unter Druck gesetzt wurden. Und für Sie hat es den Vorteil, daß Sie Ihre Energie und Ihren Enthusiasmus nicht an hoffnungslose Fälle verschwendet haben.

Wenn die Leute keine Frage stellen oder wieder gehen, können Sie nur hoffen, daß sie zurückkehren werden.

5. Lassen Sie die Kunden zur Ruhe kommen. Wenn Sie die Leute nach der Begrüßung allein lassen, werden sie Ihr Produkt von allein ansteuern, wenn sie ein echtes Interesse daran haben und es sich leisten können. Sie müssen nichts weiter tun, als die Leute zur Ruhe kommen zu lassen.

Sehen Sie den Leuten zu, ohne sie anzustarren. Mit dem peripheren Blick können Sie sie im Auge behalten, während Sie woandershin schauen. Wenn die Kunden eine ganze Minute bei einem Produkt stehenblieben, sind sie zur Ruhe gekommen und dort angelangt, wo sie hinwollten. Jetzt ist der Zeitpunkt gekommen, da Sie hinüberschlendern und wie zufällig zum nächsten Punkt übergehen.

6. Stellen Sie eine einbindende Eröffnungsfrage. Eine solche Einbindungsfrage kann jede positive Frage über den Nutzen des von Ihnen verkauften Produkts sein, welche sich die Leute selbst stellen würden. Eine Eröffnungsfrage zur Herstellung einer Bindung kann sich an der Frage orientieren, die Sie einem Paar stellen könnten, das nun seit ein oder zwei Minuten vor ein und demselben Fernsehgerät steht. Aber natürlich wissen Sie noch immer nicht ihre Namen, und es ist noch zu früh, um danach zu fragen.

Gehen Sie hinüber, und sagen Sie: »Wäre das Gerät als Ersatz für Ihr altes Gerät gedacht, oder soll es ein Zusatzgerät sein?«

Mit leichten Abwandlungen in der Wortwahl können Sie diese Eröffnungsfrage zur Bindung auf fast jedes Produkt und jede Dienstleistung anwenden. Haben Sie die Leute erst einmal dazu gebracht, darüber zu sprechen, warum sie das Produkt wollen, das Sie verkaufen, so wissen Sie, wie Sie zur Qualifizierung und zu den untergeordneten Abschlußsequenzen übergehen können. Sie wissen nun, wie Sie die Kunden schließlich zu ihrer Zufriedenheit in einen Abschluß einbinden können.

12 Die Vorqualifizierung: der Schlüssel zu rekordverdächtigen Erfolgsraten

Ihre Chance liegt in der Qualifikation

Viele Verkäufer qualifizieren ihre Kunden nie, bevor sie zur Präsentation oder Demonstration schreiten. Manche von ihnen wissen nicht, wie man das macht, andere sind nicht gut genug organisiert. Wieder andere fürchten sich davor, den Tatsachen ins Auge zu sehen. Die Verkäufer, die keine Qualifizierung vornehmen, sind meist auch jene, die unter mangelhaften Verkaufserfolgen leiden. Sie kommen zum Schluß, es sei nicht möglich, einem Eskimo ein warmes Essen zu verkaufen, obwohl sie in Wirklichkeit recht gut im Abschließen sind. Ihr Problem ist nicht der Abschluß an sich; ihr Problem besteht darin, daß sie zu oft und zu verbissen versuchen, Abschlüsse bei den falschen Leuten zu erreichen.

Mit anderen Worten: Ihr Manko liegt nicht im Abschluß, sondern in der Qualifikation. Ich bin fest davon überzeugt, daß die meisten Fulltime-Verkäufer sich sehr schwer tun, die Kunden zu qualifizieren, bevor sie ihre Verkaufssequenz abspulen.

Ich habe mehrfach betont, daß es in der Verkaufsarbeit vor allem darum geht, die Zeit effektiv zu nutzen. Aus irgendeinem Grund meinen viele Verkäufer, sie müßten nur mit möglichst glatten Formulierungen und vielem Schnickschnack das Produkt vorführen oder die Dienstleistung vorstellen. Und wenn sie dem Kunden alles über ihr Produkt oder ihre Dienstleistung erzählt hätten, würde er sagen: »Ja, das nehme ich.«

Champions wissen es besser. Sie wissen, daß der Schlüssel zu außerordentlichem Verkaufserfolg in der Qualifizierung liegt. Und da sie die Notwendigkeit der Qualifizierung verstehen und ihre Methoden kennen, wissen sie auch den Wert von Qualifizierungstechniken wie Hinweiskartensystemen, Austauschmeetings und die Suche nach Waisen zu schätzen.

Wenn Sie diese Techniken einsetzen, ist der Kunde, an den Sie verwiesen wurden, qualifiziert, bevor Sie ihn treffen. Sie können sicher sein, daß er das, was Sie verkaufen, braucht und es sich leisten kann – und das heißt, daß Sie in fünfzig Prozent der Fälle den Abschluß in der Tasche haben, wenn Sie sich verabschieden. Auf jeden Kunden, der Sie abblitzen läßt, kommt einer, der Ihnen etwas abkauft. Haben Sie die Hinweise nicht qualifiziert, so kommt ein Abschluß auf neun erfolglose Versuche. Als Faustregel kann man davon ausgehen, daß die Bearbeitung von zehn nichtquali-fizierten Hinweisen ebenso viel Zeit kostet wie die Beschäftigung mit zehn qualifizierten Hinweisen. Der große Unterschied besteht allerdings darin, daß Sie um 500 Prozent mehr verkaufen, wenn Sie Ihre Hinweise qualifizieren. Diese Zahl sollte Sie nachdenklich machen, wenn Sie Ihre Hinweise bisher nicht effektiv qualifiziert haben. Jedes System, das Ihr Verkaufsvolumen um das Fünffache erhöhen kann, schreit doch geradezu nach Ihrer Aufmerksamkeit, oder?

Vielleicht stimmen Sie mir auch zu, wenn ich Ihnen sage, daß Sie diese Fähigkeit unbedingt entwickeln müssen, egal wie schwie-rig dies sein mag. Sie müssen mir einfach zustimmen. Zum Glück ist der Vorgang nicht schwierig. Sie müssen nur die nächsten Absätze lesen, und schon werden Sie über eine ausgezeichnete Qualifizierungsstrategie verfügen.

Die Strategie zur Qualifizierung der Kunden

Diese Strategie gestattet Ihnen eine Qualifizierung Ihres Kunden noch während der ersten Begegnung. Ist der Kunde nicht geeignet, können Sie höflich Abstand davon nehmen, Zeit mit ihm zu ver-schwenden. In vielen Fällen wird es Ihnen auch möglich sein, den Kunden am Telefon zu qualifizieren, noch bevor Sie ihn überhaupt treffen. Wie oft haben Sie einen halben Tag damit zugebracht, einen potentiellen Käufer aufzusuchen, Ihr Produkt vorzuführen und wieder ins Büro zurückzukehren, nur um zu entdecken, daß er sich Ihr Angebot nicht leisten kann, daß er sich nicht zum Kauf entschließen oder mit dem Produkt nichts anfangen kann? Das Wertvollste, was ein Verkäufer hat, ist seine Zeit. In der Zeit, die man vergeudet, um eine Demonstration für Nicht-Käufer durchzuführen, hätte man einen Abschluß bei Käufern erreichen oder potentielle Käufer auskundschaften können. Zu qualifizieren bedeutet, daß man harte Arbeit auf Leute verwendet, die etwas kaufen werden, anstatt genauso harte Arbeit auf Leute zu verwenden, die nichts kaufen werden. So einfach ist das.

Hier sind die Qualifizierungsschritte, anhand derer Sie Ihr Verkaufspotential um 500 Prozent erhöhen können:

1. Finden Sie heraus, was der Kunde derzeit hat. Wenn ich weiß, wie er gegenwärtig sein Bedürfnis nach dem Kundennutzen befriedigt, den ich ihm anbieten kann, weiß ich auch, was für eine Person er bisher gewesen ist. Was er bisher gewesen ist, sagt mir eine Menge darüber, was er werden will. Wenn ich weiß, wonach er strebt, weiß ich auch, wie ich ihm das verkaufen kann, was er braucht, um dorthin zu gelangen. Manchmal haben Menschen das Bedürfnis, zu erzählen, was sie derzeit haben. Bei manchen Produkten und Dienstleistungen werden sie nicht das geringste Bedürfnis haben, einem diese Information zu geben. In diesem Fall muß man in der Lage sein, indirekte Fragemethoden zu entwickeln, um die Fakten zutage zu fördern, die man braucht. Denken Sie gründlich darüber nach, und üben Sie diese Fragen sorgfältig. Die Qualifizierung ist so wichtig, daß Sie nicht zulassen dürfen, daß irgendeine Schwierigkeit in diesem Bereich zum Stolperstein wird.

2. Finden Sie heraus, was dem Kunden an seinem jetzigen Produkt oder seiner Dienstleistung am meisten gefällt. Das ist unerläßlich. Wenn Sie wissen, wie der Kunde über das denkt, was er derzeit hat, wissen Sie auch ganz genau, in welche Richtung Sie gehen müssen, um den Abschluß zu erreichen – oder, was genauso wichtig ist: Sie werden gewarnt, daß Sie mit dem Versuch, diesem Kunden etwas zu verkaufen, Ihre Zeit verschwenden. Jedes

Produkt und jede Dienstleistung hat Grenzen; der Versuch, außerhalb dieser Grenzen zu verkaufen, ist eine völlige Vergeudung unwiederbringlicher Zeit.

Ich möchte diesen Punkt verdeutlichen, indem ich noch einmal auf Champion Marine Sales zurückkomme. Ich bin am Telefon mit Mr. Ivey verbunden, den es juckt, sein speziell für ihn angefertigtes Boot, das er nun seit drei Jahren besitzt, gegen ein anderes einzutauschen.

»Tom, warum kommen Sie nicht kurz herüber und sagen mir Ihre Meinung darüber, wieviel ich derzeit auf dem Wiederverkaufsmarkt für mein Boot bekommen kann. Sie könnten das Ganze in zwei Stunden erledigen.«

»Sehr gerne, Mr. Ivey. Sagen Sie mir: Was gefällt Ihnen am besten an Ihrem Boot?«

»Nun, ich denke, seine Seetüchtigkeit. Es ist ein langsamer alter Kasten, aber ich hätte keine Angst, wenn ich damit in einen Hurrikan geriete.«

»Ein schnelles Boot kann Sie allerdings in einen sicheren Hafen zurückbringen, bevor das Wetter wirklich schlecht wird.«

»Ja – wenn der Motor nicht aussetzt. Mein Boot ist fast ein Motorsegler – sein Notsegel bringt mich im Nu nach Hause, wenn der Motor aussetzt.«

Damit habe ich herausgefunden, was ich wissen wollte, bevor ich mich auf die zweistündige Reise mache. Champion Marine verkauft die besten Hochgeschwindigkeitsboote – und keine anderen. Die Segelboote, die wir verkaufen, sind also genau die Sorte, die Mr. Ivey nie kaufen würde. Nachdem ich einige Augenblicke darauf verwendet habe, präzise Fragen zu stellen, streiche ich Mr. Ivey als potentiellen Kunden für mein Produkt. Er mag ein begeisterter Segler sein, er mag in Geld schwimmen, aber er wird keinen meiner Flitzer kaufen.

»Mr. Ivey, ich bin Ihnen sehr dankbar für Ihren Anruf, aber wir sind nicht die richtigen Leute, um Ihre Wünsche zu erfüllen. Ein guter Freund von mir ist der führende Experte in der Gegend für robuste Langstreckensegler. Ich werde Ihnen seine Nummer geben.«

Alles, was ich jetzt zu tun habe, ist, schnell jemanden anzurufen, der jene Art von Booten verkauft, die Mr. Ivey mag. Damit wird sich dieser Yachthändler verpflichtet fühlen, mir Leute zu schicken, die das wollen, was ich zu verkaufen habe.

Achten Sie darauf, daß ich Mr. Ivey nicht bitte, meinem Freund auszurichten, daß ich ihn geschickt habe. Denn es ist sehr unwahrscheinlich, daß er sich daran erinnern wird. Statt dessen nehme ich selbst die Gelegenheit wahr, meine Beziehung zu diesem Branchenkollegen zu vertiefen, der kein Konkurrent von mir ist. Sicher, das kostet mich drei Minuten – aber diese drei Minuten können mir qualifizierte Käufer einbringen.

In der Zeit, die ich gespart habe, indem ich auf die Besichtigung von Mr. Iveys Boot verzichtete, führe ich weitere Telefongespräche. Eine Stunde später bin ich mit Max Schnell verbunden.

»Was gefällt Ihnen am meisten an Ihrem derzeitigen Boot, Mr. Schnell?«

»Es ist ein Flitzer, Tom. Es fliegt mit den Möwen um die Wette.«

»Ihr Boot läuft etwa dreißig Knoten schnell, richtig?«

»Dreißig Knoten? Unmöglich. Aber mit einem Meter Wind im Rücken schafft es gute zweiundzwanzig.«

»Unser Speedy II läuft vor demselben Wind gute dreißig Knoten. Und das ist die Normalgeschwindigkeit – ohne Renntrimmung.«

»Wow. Mir müssen über ein Geschäft reden, Tom. Wann können wir uns einmal treffen?«

»Wann immer es Ihnen paßt, Max. Ich würde gerne eine Probefahrt mit Ihnen machen. Könnten Sie bis drei Uhr hier sein? Oder würde Ihnen fünf Uhr besser passen?«

»Großartig. Wir sehen uns um fünf.«

Wäre ich hinausgefahren, um mir Mr. Iveys »langsamen alten Kasten« anzusehen, so hätte ich Mr. Schnells Anruf verpaßt. Jemand anderer im Büro hätte die Probefahrt mit ihm gemacht – und mir das Geschäft weggeschnappt. Vergeuden Sie nicht Ihre Zeit mit Leuten, die etwas wollen, was Sie nicht haben. Wenn Sie Ihre Zeit auf diese Art verbringen, werden Sie das »Pech« haben, immer dann außer Haus zu sein, wenn ein Geschäft hereinkommt.

Wenn Sie sich hingegen an diese Schritte halten und auf die Arbeit mit den Leuten konzentrieren, denen Sie dabei helfen können, in den Genuß der von ihnen gesuchten Vorteile zu kommen, dann werden Sie mit Käufern arbeiten, die sich schon im voraus für das entschieden haben, was Sie verkaufen. Diese Leute haben gekauft, buchstäblich bevor Sie ihnen Ihr Produkt noch vorgeführt haben. Tatsächlich wird Ihre Demonstration die Kunden lediglich darin bestärken, daß sie Ihr Produkt haben müssen. Spüren Sie, wie aufgeregt und glücklich Sie sein werden, wenn Sie in solchen Situationen Abschlüsse machen? Die richtige Verkaufsmethode ist nicht nur die Methode, mit der Sie Geld machen – sie ist auch die einfachste Methode, wenn Sie erst einmal gelernt haben, damit umzugehen.

3. »Welche Änderungen oder Verbesserungen an Ihrem neuen ... (Name des Produkts oder der Dienstleistung) würden Sie gerne sehen?« Ein Champion findet anhand der Antworten auf diese Frage heraus, welche Qualitäten er hervorheben muß, um zu einem Abschluß zu kommen.

Nehmen wir an, ich verkaufe Fabrikeinrichtungen. Paul Flinn gibt folgende Antwort auf die Frage:

»Ich würde mich über eine Methode zur Verkürzung der Maschineneinstellungszeit freuen. Die Produktionsrate unserer gegenwärtigen Maschine ist gut, aber wir verlieren zuviel Zeit, wenn wir sie für einen neuen Job einrichten müssen. In diesem Geschäft hat man ständig andere Aufträge von kleinem Umfang zu erledigen.«

Ich werde diese wesentliche Information in meinem Gedächtnis speichern. Wenn ich ein paar Tage später meine Demonstration durchführe, werde ich etwa folgendes sagen:

»Mr. Flinn, wir von Champion Machinery sind uns der hohen Kosten der Maschineneinrichtung bewußt. Nicht nur, daß die Einrichtungsarbeit sehr teuer ist. Lange Einrichtungszeiten verschlingen die Gewinne, weil sie die Produktion länger unterbrechen. Daher hat unser Unternehmen riesige Summen in das Engineering schnellerer Abbau- und Aufstellungsabläufe gesteckt.

Ich werde Ihnen zeigen, was wir getan haben, um dafür zu sorgen, daß unsere neue Maschine die Teile nur so ausspuckt ...«

Gestalten Sie Ihre Demonstration oder Präsentation rund um die Veränderungen oder Verbesserungen, die der Kunde sich an dem Produkt wünscht, das er jetzt hat. Reagieren Sie auf die Wünsche, die der Kunde Ihnen mitgeteilt hat, und er wird nicht umhinkönnen, Ihnen zuzustimmen.

4. »Wer außer Ihnen wird an der endgültigen Entscheidung beteiligt sein?« Ich verstehe gut, daß Leute, die keine Entscheidungen fällen dürfen, bis zuletzt den Eindruck erwecken wollen, sie könnten es. Denn nur so haben sie das Gefühl, wichtig zu sein. Mit dieser Frage müssen Sie also vorsichtig umgehen. Auch hier müssen Sie Ihr Vorgehen auf Ihr eigenes Angebot abstimmen. Je zeitaufwendiger Ihre Demonstration oder Präsentation, desto wichtiger ist es, daß alle Entscheidungsträger anwesend sind. Es gibt nichts Schlimmeres, als einen Test für jemanden zu organisieren und dann zu hören zu bekommen: »Das war toll. Aber ich kann Ihnen wirklich kein grünes Licht geben, solange ich nicht mit Mr. Snodgrass gesprochen habe. Meine Güte, das muß Sie wirklich ungeheuer viel Arbeit gekostet haben; ich wünschte, er wäre dabeigewesen. Können Sie nächste Woche noch einmal kommen und das Ganze wiederholen?«

5. »Wenn wir heute das Glück hätten, das richtige ... (Name Ihres Produkts oder Ihrer Dienstleistung) zu finden, wären Sie dann in der Lage, eine Zusage zu geben?« Ich platze nicht heraus: »Sehen Sie, ich werde mir sicher nicht die ganze Demonstration antun, wenn ich nicht weiß, daß Sie das verdammte Ding auch wirklich kaufen, wenn es Ihre Ansprüche erfüllt.«

Wenn Sie sagen: »Wenn wir heute das Glück hätten ...«, müssen Sie mit den Schultern zucken, als sei das nicht sehr wahrscheinlich. Das nimmt den Druck von Ihrem potentiellen Kunden, denn Sie haben damit angedeutet, daß Sie ohnehin nicht glauben, heute ins Schwarze zu treffen. Daher wird der Kunde eher aufrichtig sagen, ob er heute noch eine Zusage machen kann oder nicht.

»O nein, das wird nicht gehen. Bevor wir den nächsten Schritt tun können, müssen wir erst noch die Zustimmung des Vorstands einholen.«

Das wollte ich eigentlich nicht hören, aber ich weiß, daß eine unangenehme Wahrheit nicht einfach verschwindet, weil man sie ignoriert. Ich habe herausgefunden, daß es sinnlos ist, die volle Abschlußsequenz zu durchlaufen, solange ich nicht den richtigen Leuten gegenüberstehe. Nun weiß ich also, wie ich in diesem Fall mit meinen Verkaufsbemühungen vorankomme.

6. Eingrenzen von Produkt oder Dienstleistung: Geben Sie dem Kunden eine Wahl zwischen drei Möglichkeiten. Als Beispiel für den Umgang mit dieser Technik verwende ich Bürokopierer, aber selbstverständlich müssen Sie die Methode Ihrem eigenen Angebot anpassen.

Zunächst bedarf es einer eingehenden Kenntnis Ihrer Produktlinie. Nehmen wir an, Ihre Produktlinie umfaßt acht verschiedene Kopiergeräte. Anstatt zu versuchen, die acht Möglichkeiten durchzugehen, bis Sie jenes Gerät finden, das sich für den jeweiligen Kunden eignet, sollten Sie die Wahl zunächst auf die drei wahrscheinlichsten Varianten eingrenzen, um dann in einem zweiten Schritt jenes Gerät auszusondern, daß sich am besten für die betreffende Anwendung eignet.

»Mary, unsere Kopierer haben drei Basisfunktionen: Kopieren, Trennen und Sortieren. Welche dieser drei Funktionen ist für Sie am wichtigsten?«

»Das Sortieren. Unser nächstes Gerät muß dazu imstande sein.«

Da ich meine Produktlinie kenne, weiß ich sofort, daß wir drei Geräte ausschließen können. Damit hat Mary noch die Wahl zwischen fünf Geräten.

Farbe und Größe sind oft wichtige Kaufüberlegungen. Nun muß ich feststellen, ob der Platz, den sie dem Kopierer einzuräumen gedenkt, für unser größtes, schnellstes und vielseitigstes Gerät ausreicht. Wenn nicht, haben wir auch eine mittelgroße und eine kleine Version. Ich erläutere ihr die Optionen bezüglich der Größe und frage sie, welche Variante ihren Erfordernissen am besten entspricht.

»Das mittelgroße Gerät«, sagt Mary. Das überrascht mich nicht. Die meisten Leute wählen die mittlere Größe.

»Alle unsere Geräte sind in drei Farben lieferbar: Hellbeige würde schön zu Ihrer Tapete passen. Dann haben wir noch ein glänzendes Schwarz, das sehr distinguiert wirkt, und diesen ausgefallenen Rotton. Welche dieser Farben wird sich in Ihrem Büro wohl am besten machen?«

»Eindeutig Beige«, antwortet Mary.

Nun wissen wir, daß das Gerät mittelgroß und beigefarben sein und kopieren, trennen und sortieren können muß. Das Problem ist nun nicht, das Gerät auszuwählen, sondern festzustellen, ob Marys Firma bereit ist, das auszulegen, was dieses Gerät kostet. Mein nächster Schritt besteht darin, Mary dazu zu bringen, ihre Firma zu dieser Ausgabe zu bewegen.

7. Zum richtigen Preis hinaufschalten. Dies ist eine sehr schöne Strategie, um die in vielen Fällen kniffligste Frage zu lösen. Der durchschnittliche Verkäufer kommt an dieser Stelle häufig ins Stolpern, weil er über kein System verfügt, um diesen heiklen Engpaß zu meistern. Also sagt er geradeheraus den Preis, wobei er häufig zu erkennen gibt, daß er selbst denkt, er sei unverschämt hoch. So kommt man nicht zu einem Abschluß.

Anstatt unvermittelt auf den Preis zu kommen, sollten Sie sich der folgenden durchschlagskräftigen Methode bedienen. Halten Sie sich bei der Verwendung dieser Technik so eng wie möglich an den exakten Wortlaut, denn alle Elemente sind wichtig. Hier der genaue Ablauf:

»Die meisten Leute, die daran interessiert sind, diese Maschine mit allen Funktionen zu erwerben, sind bereit, 12 000 Dollar dafür auszugeben. Einige Glückliche können zwischen 15 000 und 20 000 Dollar investieren. Dann gibt es diejenigen, deren Budget beschränkt ist und die – bei den hohen Preisen, die heute für alles zu bezahlen sind – nicht mehr als 10 000 ausgeben können. Darf ich fragen, Mary, in welche dieser Kategorien Ihre Firma am ehesten gehört?«

»Wir hatten vor, etwa 12 000 Dollar auszugeben.«

Warum hat sie das gesagt? Tatsächlich schwebte Mary wahrscheinlich kein genauer Preis vor. Aber zur untersten Kategorie will sie nicht gehören, also entscheidet sie sich für die mittlere Preisklasse.

Ich habe die Zahlen so gewählt, daß ich an diesem Punkt sagen kann: »Das zu hören freut mich sehr, denn das Gerät, das alle Ihre Erfordernisse erfüllt, kostet nur 10 000 Dollar, also deutlich weniger, als Sie auszugeben bereit waren.« Was bleibt Mary jetzt noch anderes übrig, als ein Auftragsformular auszufüllen?

Ich hätte auch kein Problem, wenn Mary ihre Firma in die unterste Kategorie eingestuft hätte. Sie sehen, wie die Technik funktioniert. Gestalten Sie die Technik so, daß Sie einen Erfolg erzielen, gleich welche Zahl der Kunde wählt.

Hier ist die Formel, die Technik der »dreifachen Preisauswahl«, die Ihnen die Möglichkeit gibt, zum gewünschten Preis hinaufzuschalten:

1. Beginnen Sie, indem Sie einen Preis nennen, der den tatsächlichen um zwanzig Prozent übersteigt. (»Die meisten Leute ... sind bereit, 12 000 Dollar auszugeben ...«)
2. Fahren Sie fort, indem Sie eine Spanne von fünfzig bis hundert Prozent über Ihrem Preis angeben. (»Einige wenige Glückliche können zwischen 15 000 und 20 000 Dollar investieren.«)
3. Nennen Sie den tatsächlichen Preis zuletzt. (»Und dann gibt es diejenigen, deren Budget beschränkt ist ... die nicht mehr als 10 000 Dollar ausgeben können.«)
4. Dann fragen Sie: »Zu welcher Kategorie gehören Sie (Ihr Unternehmen, Ihre Familie, Ihre Organisation) am ehesten?«
5. Unabhängig davon, welche Kategorie der Kunde nennt, Ihre Antwort lautet stets: »Das zu hören, freut mich sehr, denn das Gerät, das alle Ihre Erfordernisse erfüllt (genau das, was Sie wollen), kostet nur ...«

Wählt der Kunde die niedrigste Kategorie, so schließen Sie mit: »... also genau das, was Sie auszugeben bereit sind.«

Rechnet er sich der mittleren Kategorie zu, so schließen Sie mit: »... also deutlich weniger, als Sie auszugeben bereit waren.«

Bevor Sie sich mit der Absicht, die Technik der dreifachen Preisauswahl einzusetzen, an Ihre nächste Präsentation machen, müssen Sie sich darüber klarwerden, daß diese Technik nicht funktioniert, solange Sie Ihre Zahlen nicht hundertprozentig im Kopf haben. Wenn Sie versuchen zu improvisieren, und Ihre Zahlen durcheinanderbringen, werden Sie eine Bruchlandung bauen. Denken Sie daran:

> **Um die Technik der dreifachen Preisauswahl gekonnt einzusetzen, müssen Sie Ihre Verkaufspreise so lange einstudieren, bis Sie sie im Schlaf können.**

Selbstverständlich können Sie diese Technik in jeder Präsentation nur einmal einsetzen.

Häufig wird keine Gesamtinvestition, sondern eine monatliche Ratenzahlung verlangt. Wenn Sie auf diese Art verkaufen, können Sie die dreifache Preisauswahl leicht an Ihre Verkaufssequenz anpassen, indem Sie sagen:

»Viele Leute, die Interesse an dieser Dienstleistung haben, sind bereit, monatlich 120 Dollar zu investieren, um in ihren Genuß zu kommen. Einige wenige Glückliche können zwischen 150 und 200 Dollar im Monat aufbringen. Und dann ist da noch eine Minderheit mit einem beschränkten Budget, die sich nicht in der Lage sieht, mehr als 100 Dollar im Monat aufzubringen. Zu welcher dieser Kategorien würden Sie sich zählen?«

Monatliche Ratenzahler wählen üblicherweise den mittleren Betrag. Wenn sie das getan haben, teilen Sie ihnen die erfreuliche Nachricht mit: Sie können genau das bekommen, was sie sich wünschen, ohne jedoch investieren zu müssen, was sie erwartet hatten. Der erforderliche Betrag ist sehr viel niedriger. An diesem Punkt werde ich oft von Klienten gefragt: »Tom, was soll ich sagen?«

Ich lächle und antworte: »Ich weiß. Ist es nicht schön, wenn eine gute Entscheidung so leicht fällt? Jetzt brauchen Sie nur noch hier zu bestätigen.«

Die Antitechnik mit dem »Ähhäm-Preis«

Manch einer von uns redet um den heißen Brei herum, um den schrecklichen Augenblick hinauszuzögern, in dem er über das Geld sprechen muß. Die Folge ist, daß wir dem Kunden einen »Ähhäm-Preis« nennen.

»Was kostet es?« fragt der Kunde.

»Ja, dieses hier kostet – ähhäm – ungefähr – lassen Sie mich nachsehen, mit Steuern und Versand und der kleinen Installationsgebühr, die wir verrechnen müssen – ich fürchte – ähhäm – es wird Sie fast – na ja, vielleicht ein bißchen weniger als zehntausend – ähhäm, ja, so in etwa.«

»Was? Ich habe den Preis nicht richtig verstanden.«

»Zehntausend.«

»Dollar?«

»Ja, zehntausend Dollar, etwas mehr oder weniger.«

»Was nun – mehr oder weniger? Es sollte eher sehr viel weniger sein, wenn Sie wollen, daß ich es kaufe.«

»Ähhäm, lassen Sie mich die Zahlen noch einmal durchrechnen.«

Während der arme Verkäufer in Panik addiert und subtrahiert, lehnt sich der Käufer zurück und plant ganz ruhig seinen nächsten Schachzug, um den Druck auf den Verkäufer aufrechtzuerhalten und ein besseres Geschäft zu machen.

Schlittern Sie nie in einen Ähhäm-Preis hinein. Behalten Sie die Geldfrage unter Kontrolle, indem Sie sich deutlich und entschlossen damit auseinandersetzen. Die Technik der dreifachen Preisauswahl gibt Ihnen die Möglichkeit, jeden möglichen Preis zu erzielen. Verwenden Sie diese Technik. Sie ist ein zuverlässiges Arbeitspferd – wenn Sie Ihre Zahlen kennen, passen Sie die Sätze an Ihr Angebot an. Und studieren Sie sie sorgfältig ein.

13 Der Umgang mit Einwänden

Machen Sie Einwände zu einem festen Bestandteil Ihres Verkaufsgesprächs

Erst wenn Sie gelernt haben, mit Einwänden umzugehen, werden Sie imstande sein, Ihr Potential als Verkäufer wirklich auszuschöpfen. Ein Verkaufschampion gewinnt selbst dem bohrendsten Einwand etwas Positives ab. Denn dieser Einwand ist etwas Konkretes. Wenn der Champion den ersten Einwand hört, weiß er, daß er den Klondike erreicht hat und beginnen kann, nach Gold zu graben. Sorgen macht sich der Verkaufsprofi erst dann, wenn er keine Einwände hört.

Vor Jahren hatte ich über Monate hinweg einen wiederkehrenden Traum. In diesem Traum suchte ich ein Ehepaar auf, um ihm mein Produkt zu verkaufen – und die Leute waren derart hilfreich! Sie waren mit allem einverstanden. Sie hatten keine Einwände. Sie halfen mir sogar, die Auftragsformulare auszufüllen. Das Geschäft ging schnell und reibungslos über die Bühne. Nicht das geringste Problem mit der ganzen Geschichte.

Das war ein Traum. So etwas geschieht einem Verkäufer nur in seinem Unterbewußtsein. Dieser Traum kehrte so lange wieder, bis ich erkannte, daß Einwände keine Totengräber, sondern Geburtshelfer des Verkaufs sind. Leute, die keine Einwände haben, sind nicht wirklich engagiert. Sie werden nichts kaufen, denn sie sind nicht einmal interessiert genug, um sich Gedanken über den Preis zu machen, Beweise für die Qualität des Produkts zu verlangen oder Zweifel zu äußern, ob sie das Angebot brauchen.

Ich hoffe, Sie werden die folgende leistungsorientierte Aussage unterstreichen:

Einwände sind die Sprossen der Leiter zum Verkaufserfolg.

Am oberen Ende der Leiter steht der Abschluß. Aber es gibt nur einen Weg dorthin: Sie müssen Einwände aufgreifen und ausräumen. Nur wenn Sie in der Lage sind, unermüdlich Sprosse um Sprosse weiterzuklettern und sich voranzukämpfen, können Sie ein Champion werden. Wenn Sie sich entschließen, anhand der Anleitungen in diesem Buch zu lernen, wie man Einwände ausräumt, werden Sie lernen, Einwände zu lieben – denn sie sind die Signale für eine Kaufabsicht und weisen den Weg zum Abschluß.

Einwände lieben?

Sie denken vielleicht: »Ich soll Einwände lieben? Von Einwänden bekomme ich bloß Magengeschwüre.«

Bisher mögen Einwände für Sie eine Qual gewesen sein. Aber das liegt nur daran, daß Sie bisher nicht verstanden haben, was ein Einwand ist, und daß Sie nicht gelernt haben, wie man damit umgeht.

Was ist ein Einwand?

Mit einem Einwand teilt Ihr potentieller Kunde Ihnen mit, daß er mehr wissen möchte. Es stimmt schon: Üblicherweise hört sich ein Einwand nicht wie eine höfliche Bitte um weitere Information an. Die Leute haben kein Interesse daran, es Ihnen derart leicht zu machen. Im allgemeinen sind die Einwände der potentiellen Käufer durchaus ernst gemeint – die Kunden wissen nicht, daß sie damit eigentlich nur um mehr Information bitten. Das zu wissen ist Ihr Job. Und Sie müssen wissen, wie Sie damit umzugehen haben.

Es gibt zwei Arten von Einwänden: untergeordnete und gravierende. Prägen Sie sich bitte folgendes ein:

Untergeordnete Einwände sind Verteidigungsmechanismen.

Die Leute bedienen sich ihrer, um das Tempo zu drosseln. Sie wollen damit nicht ausdrücken, daß sie nicht kaufen wollen. Sie wollen die Dinge lediglich verarbeiten, bevor sie einen Entschluß fassen.

Wenn Sie häufig an Ehepaare verkaufen, kennen Sie folgenden Ablauf: Ein Partner folgt Ihrer Vorführung aufgeschlossen, als der andere plötzlich beginnt, Einwände zu erheben und Ihnen Widerstand entgegenzusetzen. Manchmal ist jener Ehepartner, der Ihnen widerspruchslos folgt, überraschter als Sie. Der kämpfende Ehepartner will möglicherweise nur Atem schöpfen oder sich vergewissern, daß Sie die untergeordneten Einwände problemlos beantworten können, bevor es ans Eingemachte geht.

Selbstverständlich kann man nicht alle Probleme als Einwände bezeichnen, die ausgeräumt werden können und sollten. Oft werden Sie mit Hindernissen konfrontiert werden, die einen Verkauf unmöglich machen. Zu solchen *Hindernissen* gehört beispielsweise, daß die Leute bei großen Aufwendungen häufig nicht das nötige Geld haben oder keinen Kredit bekommen.

Was ist ein Hindernis?

Ein Hindernis ist ein ernstzunehmender Grund, nicht fortzufahren. Hierbei handelt es sich nicht um einen Einwand, der ausgeräumt werden könnte, sondern um ein Verkaufshindernis, das Sie akzeptieren müssen. Ein Champion erkennt Hindernisse sehr rasch. Das wichtigste Ziel der Qualifizierung besteht darin festzustellen, ob es irgendwelche Hindernisse gibt, die einen Verkauf unmöglich und weitere Versuche sinnlos machen. Da der Champion ein Experte für die Qualifizierung ist, versucht er nie, Hindernisse zu überwinden, die nicht zu überwinden sind.

Aber selbst ein fähiger Qualifizierer stößt gelegentlich erst mitten in seiner Verkaufssequenz auf etwas, das wie ein Hindernis aussieht. In diesem Fall sollten Sie es wie einen Einwand behandeln. Das heißt, Sie sollten versuchen, es aus dem Weg zu räumen. Läßt es sich nicht beseitigen, so ist es ein Hindernis; für diesen Fall sollten Sie die Fähigkeit entwickeln, kurz zu schlucken und sich schnell und höflich von dem potentiellen Käufer zu trennen, der, wie Sie erkannt haben, gar nicht kaufen kann. Einigen von uns fällt das ungemein schwer. Wenn wir Zeit mit jemandem verbringen und ihn durch unsere Verkaufssequenz führen, sind wir so stark engagiert, daß wir unsere Fähigkeit verlieren, zwischen einem überwindbaren Einwand und einem unüberwindlichen Hindernis zu unterscheiden. Was das betrifft, ist Verkaufen wie Pokern. Professionelle Pokerspieler sind in der Lage, ein schlechtes Blatt rasch hinzuwerfen, gleichgültig, wieviel sie bereits darauf gesetzt haben. Durchschnittsspieler bleiben im Spiel und erhöhen den Einsatz mit Karten, deren schlechte Chancen ihnen bewußt sind. Anstatt einen Verlust hinzunehmen und auszusteigen, bleiben sie im Spiel – und erleiden einen noch größeren Verlust. Reinhold Niebuhr sagte es so: »Mögen wir die Gelassenheit haben, hinzunehmen, was nicht zu ändern ist, den Mut, zu ändern, was geändert werden sollte, und die Klugheit, das eine vom anderen zu unterscheiden.« Seien Sie so klug – und manchmal auch so mutig –, sich aus aussichtslosen Situationen dezent und schnell zurückzuziehen.

Lassen Sie mich noch einmal wiederholen, was ein Einwand ist. Ein Einwand ist eine Forderung nach mehr Information. Glauben Sie mir, ich werde meine Zeit nicht mit Einwänden gegen Kleinigkeiten vergeuden, wenn ich nicht erwäge, das Produkt oder die Dienstleistung zu erwerben – in diesem Punkt bin ich genau gleich wie die meisten Käufer. Doch Sie müssen folgendes einsehen: Der potentielle Käufer, der Einwände erhebt, kann wirklich nicht erkennen, inwieweit Ihr Angebot seinen Bedürfnissen entspricht. Ihre Aufgabe ist es, Ihr überlegenes Wissen über Ihr Produkt zu nutzen, um ihm zu zeigen, wie er seine Bedürfnisse befriedigen kann. Nehmen Sie einen hellen Textmarker zur Hand, und unterstreichen Sie folgenden Punkt:

> **Sind keine Hindernisse vorhanden und der Kunde kauft trotzdem nicht, so liegt der Fehler bei mir.**

Es ist wichtig, daß Sie diesen Gedanken verstehen und ihm zustimmen. Sie vertreten ein gutes Qualitätsprodukt oder eine Dienstleistung, die integer und sachkundig ausgeführt wird. Wenn die Leute Ihr Produkt oder Ihre Dienstleistung erwerben, haben sie einen Nutzen davon. Verhelfen Sie ihnen dazu. Machen Sie Ihre Arbeit. Helfen Sie diesen Menschen, in den Genuß der nur von Ihnen angebotenen Vorteile zu kommen. Ist Ihnen klar, wie viele Verkäufer ihre potentiellen Kunden nicht in den Genuß des von ihnen angebotenen Produkts kommen lassen? Diese Verkäufer üben, planen und leisten nicht genug, um ihren potentiellen Käufern die Chance zu geben, sich anzueignen, was sie verkaufen.

Ich liebe den Beruf des Verkäufers. Er ist mein Leben. Ich weiß, welch wichtige Rolle er bei der Aufrechterhaltung unseres Wohlstands und unseres Lebensstils spielt. Aber ich finde es traurig, daß so viele Verkäufer unseren Beruf schädigen, weil sie zu Kreuze kriechen, wenn sie einen Einwand hören. Diese Dummköpfe erkennen nicht, daß sie durch ihre Unfähigkeit, Einwände auszuräumen, nicht nur sich selbst und ihren Familien, sondern auch ihren Unternehmen, der Gemeinschaft und der Zukunft unseres Landes schaden. Der potentielle Kunde wandte sich an Sie, weil er das Produkt oder die Dienstleistung brauchte – oder Sie erkannten, daß er Ihr Angebot brauchte. Und wenn er Ihr Angebot nicht bekommt, wird er um eine Chance gebracht. Und die Gemeinschaft verliert mit ihm.

Während ich das Land bereise, spreche ich mit Leuten, die nichts mit dem Verkaufsberuf zu tun haben. Wenn ich ihnen erkläre, daß ich Verkäufer ausbilde, sehen mich einige von ihnen so an, als täte ich etwas Verbotenes. Ich dulde nicht, daß sich diese Einstellung breitmacht. Wir üben den ehrbarsten Beruf aus, den es gibt. Zu verkaufen bedeutet, den Leuten dabei zu helfen, Nutzen aus etwas zu ziehen und sich zu entwickeln. Aber der Durchschnittsverkäufer sitzt nur da und wartet. Sitzt er schließlich einem Kunden gegenüber, wirft ihn der leichteste Hauch eines Einwands um – und der Kunde verabschiedet sich, ohne in den Besitz der Vorteile gekommen zu sein, die er eigentlich braucht.

Ich hoffe, Sie werden sich jetzt sofort entschließen, bei einem Einwand nicht länger in sich zusammenzusinken und sich vom nächsten umpusten zu lassen. Entscheiden Sie sich noch heute dazu, sich den Inhalt dieses Buches anzueignen und sich mit aller Kraft zu bemühen, das Material zu lernen und für Ihre Erfordernisse nutzbar zu machen und anzuwenden. Wenn Sie das getan haben, werden Sie Einwände ebensosehr lieben wie ich, denn dann werden Sie verinnerlicht haben, daß die Überwindung von Einwänden der einzige Weg ist, um jemals das ersehnte Ja zu bekommen. Sie werden lernen, in der Hoffnung in das Kundengespräch zu gehen, die Nein zu hören, die Sie einfach hören müssen, um Ihre Fähigkeiten einsetzen und das Ja bekommen zu können. Wollen Sie sich als potentieller Champion nicht jetzt gleich meiner Überzeugung anschließen?

Zwei Tabus und ein »Muß«, an die sich jeder Champion hält

Hier sind zwei Dinge, die ein Champion niemals tut, und eine Sache, die jeder Champion ständig tut. Unterstreichen Sie bitte die folgenden drei Überschriften, und kommen Sie immer wieder darauf zurück.

1. Diskutieren Sie nicht. Wissen Sie, wie viele Verkäufer sich auf Diskussionen mit potentiellen Käufern einlassen? Der Kunde äußert einen Einwand, verlangt also mehr Information – und was bekommt er? Eine Diskussion. Der Verkäufer versucht verärgert oder sarkastisch, den Kunden niederzuzwingen oder auf andere für einen Verkauf tödliche Art Druck auf ihn auszuüben. Oft behält der Verkäufer in der Diskussion die Oberhand – und büßt jede Chance ein, einen Abschluß zu erreichen. Warum? Weil der einzige Weg für den Kunden, sich für seine Niederlage schadlos zu halten, nun darin besteht, bei jemand anderem einzukaufen.

2. Greifen Sie den Kunden nicht an, wenn Sie seine Einwände ausräumen. Unterscheiden Sie zwischen Ihrem potentiellen Kunden und seinen Einwänden. Damit meine ich, daß Sie Ihr Gegenüber so sorgfältig von seinen Einwänden trennen müssen, daß Sie sicher sein können, nicht den Kunden an einem wunden Punkt zu treffen, während Sie auf seine Einwände schießen. Entwickeln Sie ein Gespür dafür, wie sich Ihr potentieller Kunde fühlt, wenn er seine Einwände äußert. Es ist unmöglich, einen Einwand als unintelligent und unvernünftig zurückzuweisen, ohne gleichzeitig das Selbstwertgefühl des Kunden zu verletzen. Sorgen Sie dafür, daß Ihr Kunde sein Gesicht wahren kann, anstatt zu versuchen, ihm seinen Irrtum zu beweisen. Lassen Sie es nie dazu kommen, daß Ihr potentieller Käufer das Gefühl bekommt, Sie wollten ihm beweisen, daß er unrecht hat. Wenn Sie die Gefühle Ihres Gegenübers verletzen, werden stets seine negativen Emotionen die Oberhand behalten. Sie können nichts verkaufen, wenn Sie für Siege in intellektuellen Gefechten Niederlagen in emotionalen Schlachten in Kauf nehmen. Die Einwände des Kunden verraten Ihnen, wo seine Interessen liegen: das heißt, sie sagen Ihnen, was Sie betonen, streichen oder verändern müssen, damit der Kunde Ihnen etwas abkauft. Einwände sind also das Feedback, das Sie unbedingt brauchen, wenn Sie jemandem etwas verkaufen wollen.

3. Bringen Sie den Kunden dazu, seine Einwände selbst zu beantworten. Ein Champion versucht stets, den Kunden so zu lenken, daß er seine Einwände selbst beantwortet – denn wenn der Kunde etwas selbst sagt, dann glaubt er es auch. Der Durchschnittsverkäufer hat keine Ahnung, daß dies möglich ist, und versucht es erst gar nicht; der Champion hingegen weiß, daß es fast immer möglich ist, und perfektioniert seine Fertigkeiten in dieser Methode. Wissen Sie, daß die meisten potentiellen Kunden ihre eigenen Einwände beantworten, wenn Sie ihnen nur Zeit geben und sie dann behutsam dazu bewegen? Schließlich will der Kunde selbst im Grunde ja auch vorankommen – Sie müssen ihm nur zeigen, wie er das schaffen kann, und seine unsicheren Schritte lenken. Er würde nicht länger mit Ihnen sprechen, wenn er Ihr Produkt oder Ihre Dienstleistung nicht wollte.

Die meisten Käufer haben bestimmte Reflexe, deren sie sich nicht bewußt sind und die sich als Einwände äußern. Wenn die Sekretärin sagt: »Vertreter empfangen wir nur am Donnerstag«

oder wenn jemand beim Betreten eines Geschäfts sagt: »Wir sehen uns nur um«, dann sind dies Reflexeinwände. Lesen Sie nun, wie diese und andere Einwände zu überwinden sind.

Das System zur Behandlung und Überwindung von Einwänden

1. Lassen Sie den Kunden ausreden. Viel zu viele Verkäufer stürzen sich auf einen Einwand, bevor ihr Gegenüber eine Chance hat, ihn vollständig zu äußern. Der Kunde hat kaum fünf Worte herausgebracht, und schon braust der Verkäufer über ihn hinweg, als müßte er den Funken des Einwands im Keim ersticken, bevor er sich zu einem Großbrand entwickelt. »Ich muß ihm rasch das Gegenteil beweisen, oder er wird mir das Produkt nicht abkaufen« ist die panische Reaktion auf jede zarte Andeutung eines Einwands.

Nicht nur, daß der Kunde durch die Unterbrechung irritiert wird, sondern er fühlt sich auch unter Druck gesetzt. Und er hat ein schlechtes Gefühl. »Warum reagiert der plötzlich so aggressiv auf diesen Punkt?« wird sich Ihr Kunde fragen. Er schöpft Verdacht.

Und was, wenn Sie, während er eigentlich nach Norden wollte, nach Süden loslaufen und auf den falschen Einwand antworten? Wenn Sie gar einen Einwand zur Sprache bringen, an den er gar nicht gedacht hätte? Wie peinlich.

2. Spielen Sie ihm den Einwand wieder zurück. Dies ist eine der besten Techniken, um die Leute dazu zu bringen, ihre Einwände selbst zu entkräften. Diese Technik funktioniert besonders gut bei Ehepaaren. Ich spiele den Ball häufig an den Ehemann zurück, worauf er sich zurücklehnt, während seine Frau den Einwand aufgreift und ihren Mann an meiner Stelle zum Abschluß bewegt.

3. Fragen Sie nach. Fordern Sie den Kunden auf, seinen Einwand näher zu erklären. Seien Sie dabei ernst. Vermeiden Sie jeden Anflug von Sarkasmus, Ungeduld oder Verärgerung. Wenn Sie den Kunden dazu bewegen, sich über seinen Einwand wirklich klarzuwerden, wird er ein starkes Bedürfnis entwickeln, ihn selbst aus dem Weg zu räumen. Aber auch wenn das nicht geschieht, ist diese Technik von Vorteil für Sie: Während der potentielle Kunde seinen Einwand genauer erklärt, haben Sie Zeit, sich zu überlegen, wie Sie am besten damit umgehen können.

4. Antworten Sie auf den Einwand. Möglicherweise denken Sie: »Großartig – und wie soll ich das machen?« Keine Sorge – ich werde es Ihnen erklären. Haben Sie erst einmal den gesamten Stoff gelernt und verinnerlicht, so werden Sie sich nicht mehr verkrampfen oder in sich zusammensacken, wenn ein Kunde Sie mit Einwänden bombardiert. Statt dessen werden Sie innerlich lächeln und vor-wärtsschreiten, voller Zuversicht, daß Sie die Einwände ausräumen werden.

Haben Sie schon einmal in der Nacht dagelegen, an die Decke gestarrt und über all die Einwände nachgedacht, die Ihnen Ihre Kunden entgegenschleudern könnten? Manchmal hat es den An-schein, als ob die Kunden ihr eigenes Schulungsprogramm hätten, in dem sie jeden erdenklichen Einwand erlernen. Manche Verkäu-fer hören immer wieder einen Einwand, den sie nicht ausräumen können, und bekommen seinetwegen Alpträume. Von da an spukt es ständig in ihrem Gehirn herum, so daß Sie bald in jedem Kundengespräch nur darauf warten, diesen furchtbarsten aller Ein-wände zu hören.

Und wissen Sie was? Bald bekommen sie ihn tatsächlich ständig zu hören.

Das Ganze funktioniert so: Wenn der Verkäufer in ein Verkaufs-gespräch geht, denkt er unausweichlich an den furchtbarsten aller Einwände. Er weiß nicht, wann dieser alles zerstörende Einwand kommen wird – oder ob er überhaupt kommen wird –, aber er kann sich nicht von dem Gedanken daran befreien. Die Spannung wächst, bis sie zu groß wird. Ohne sich darüber klarzuwerden, be-ginnt er, kleine Hinweise zu geben, die den potentiellen Käufer dazu bewegen, den vom Verkäufer so sehr gefürchteten Einwand ins Feld zu führen.

Gibt es auch nur ein Produkt, das nicht ein paar Schwachstellen hätte, in denen es nicht ganz so gut ist wie andere Produkte? Wenn es ein solches Produkt (oder eine solche Dienstleistung) gibt, dann bin ich ihm (oder ihr) noch nie begegnet.

Ich kann Ihnen mit Sicherheit sagen, daß alles, was Sie im Lauf Ihrer Karriere verkaufen werden, einige Merkmale oder Schwachstellen aufweisen wird, die Ihnen Schwierigkeiten machen werden. Es wird immer etwas geben, das sich in einen gefährlichen Einwand verwandeln kann – wenn Sie zulassen, daß es von Ihren Gedanken Besitz ergreift.

Champions studieren die Schwachpunkte ihres Angebots und lernen, damit umzugehen. Oft tun sie dies, indem sie den Nachteil eingestehen und ihm sofort einen Vorteil entgegensetzen: »Ja, unsere Matrizenplattform läßt nur eine horizontale Schwenkung von 40 Grad zu, aber sie ermöglicht eine um 15 Prozent größere vertikale Schwenkung als jede andere. Der Grund dafür ist, daß unsere technischen Untersuchungen gezeigt haben, daß ...«

5. Bestätigen Sie die Antwort. Antworten Sie nicht auf den Einwand, um ihn dann im Raum stehenzulassen. Der Kunde hat Sie möglicherweise nicht verstanden. Oder er hat aufgehört, zuzuhören, bevor Sie den Punkt endgültig abgehandelt hatten, weil er an etwas anderes dachte. Denken Sie immer daran, daß sich Menschen, die kurz vor einer Entscheidung stehen, ein wenig seltsam verhalten. Nachdem Sie den Einwand so beantwortet haben, daß Sie glauben, ihn ausgeräumt zu haben, müssen Sie sicherstellen, daß Ihnen das auch wirklich gelungen ist. Stellen Sie Fragen wie die folgenden:

»Damit ist dieser Punkt zufriedenstellend geklärt, meinen Sie nicht auch?«

»Damit ist Ihre Frage beantwortet, nicht wahr?«

»Nachdem wir diese Frage geklärt haben, können wir fortfahren, nicht wahr?«

»Stimmen Sie mir zu, daß wir die von Ihnen aufgeworfene Frage beantwortet und einen Weg gefunden haben, das Problem zu bewältigen?«

»Das wäre geklärt, nicht wahr?«

»Sind Ihre Bedenken bezüglich ... damit ausgeräumt?«

6. Schalten Sie einen Gang hinauf, und gehen Sie sofort zum nächsten Schritt Ihrer Verkaufssequenz über. Haben Sie die Beseitigung eines Einwands einmal bestätigt, so gehen Sie sofort weiter.

Um zu signalisieren, daß der letzte Schritt abgeschlossen ist und daß Sie nun zum nächsten übergehen, setzen Sie die Körpersprache ein. Machen Sie eine entsprechende Geste, tun Sie einen Schritt, oder werfen Sie einen Blick in eine andere Richtung, blättern Sie die Seite in Ihren Angebotsunterlagen um, rücken Sie Ihren Sessel zurecht – machen Sie irgendeine kleine oder große Bewegung. Leiten Sie, während Sie das tun, den nächsten Schritt mit einer Frage wie »Übrigens ...« ein.

Sehen wir uns die sechs Schritte zur Behandlung von Einwänden noch einmal im Zusammenhang an: 1. Hören Sie sich den Einwand an, 2. spielen Sie ihn zurück, 3. hinterfragen Sie ihn, 4. beantworten Sie ihn, 5. stellen Sie sicher, daß die Antwort akzeptiert wurde, und 6. fahren Sie mit einer Geste und einem »Übrigens ...« fort.

Machen Sie daraus die Standardmethode zur Ausräumung von Einwänden. Studieren Sie sie ein, und Sie werden mehr für Ihren ruhigen Schlaf tun als mit den besten Schlaftabletten, die Sie kaufen können – das Mittel ist rezeptfrei, die Nebenwirkungen sind wunderbar, und Sie werden tief schlafen, weil Sie nicht fürchten müssen, was die Nächte des Durchschnittsverkäufers zur Hölle macht: Einwände.

Vergessen Sie jedoch nicht: Wenn ich sage, Sie müssen den Stoff lernen, meine ich, daß Sie ihn Ihrer eigenen Persönlichkeit, Ihrem Angebot und Ihrem Arbeitsgebiet anpassen müssen und daß Sie ihn so gut beherrschen müssen wie das Einmaleins.

Das ist die Methode. Nun möchte ich Ihnen vier Techniken vorstellen, die Ihnen erlauben, spezifische Barrieren zu durchbrechen.

Füllen Sie mit diesen Techniken Ihr Waffenarsenal zur Sprengung von Einwänden auf, und zwar so, daß Sie auf Ihre eigene Situation abgestimmte Fragen und Antworten niederschreiben.

Vier Schockbehandlungen für Einwände

1. Ziehen Sie dem Kunden den Schuh an. Mit Hilfe dieser Technik können Sie Probleme meistern, die direkt auf der bisherigen Erfahrung des Kunden mit Ihrem Unternehmen beruhen. Die Technik funktioniert folgendermaßen: Nehmen wir zum Beispiel an, Sie arbeiten für die Dimm Company, die hochentwickelte Bürokopierer verkauft. Sie haben sich gerade mit Jack Rinehart getroffen; den Hinweis auf ihn haben Sie in einem Austauschmeeting erhalten. Sie geraten sofort in Schwierigkeiten, denn Mr. Rinehart sagt: »Wir hatten vor zwei Jahren schon einmal einen Dimm-Kopierer und mußten uns wieder davon trennen. Zu langsam. Ihr Gerät hat uns viel wertvolle Arbeitszeit gekostet.«

In dieser Situation beginnt der Durchschnittsverkäufer eine Diskussion darüber, ob die Kopierer von Dimm mittlerweile so schnell sind wie die Konkurrenzgeräte. Solche Diskussionen gehen selten gut aus. Bald sagt Mr. Rinehart: »Ich verstehe, was Sie sagen wollen, aber ich will keinen Dimm-Kopierer mehr in meinem Büro. Danke für Ihren Besuch. Auf Wiedersehen.«

Der Champion geht anders vor. Er zieht dem Kunden den Schuh an, indem er sagt: »Mr. Rinehart, stellen Sie sich bitte für einen Moment vor, Sie wären der Präsident der Dimm Company und hätten gerade von dem Problem mit der Kopiergeschwindigkeit unserer Geräte erfahren. Was würden Sie tun?«

Mr. Rinehart wird etwa folgendes sagen: »Ich würde meine Entwicklungsabteilung darauf ansetzen und sie antreiben, das Problem ganz schnell zu lösen.« Indem Sie ihm den Schuh Ihres Unternehmensleiters anziehen, stellen Sie ihm eine Frage, auf die er die logische Antwort finden wird. Das schmeichelt seinem Ego.

Dann lächeln sie warm und sagen: »Genau das hat auch der Präsident von Dimm getan.«

Was kann Mr. Rinehart jetzt noch anderes tun, als Ihrer Präsentation bis zum Ende zu folgen?

Ein Verkäufer muß häufig, insbesondere wenn er einen neuen Job annimmt, ein bestehendes Verkaufsgebiet übernehmen. Nehmen wir an, Sie tun das gerade.

Es dauert nicht lange, und Sie finden heraus, daß die Person, die Sie ersetzen, nicht gerade für ausgezeichnete Arbeit berühmt war. Ihr Vorgänger hat das Verkaufsgebiet heruntergewirtschaftet. Und Sie müssen jetzt die Scherben aufsammeln.

Sie fahren in Ihrem neuen Gebiet umher, um die Kunden kennenzulernen, und stoßen dabei auf viele unzufriedene Leute. Die meisten von ihnen kaufen Ihr Produkt oder Ihre Dienstleistung mittlerweile von der Konkurrenz. Wenn Sie hereinkommen, um sich vorzustellen und den Leuten mitzuteilen, daß Sie von nun an ihr Unternehmen betreuen werden, sagen die Kunden etwa folgendes:

»Hören Sie, wir werden nicht länger mit Ihrer Firma zusammenarbeiten. Ihr Vorgänger war ein echter Versager. Machte unzählige Versprechen, die er nicht halten konnte, und rief uns dann nie wieder an. Ich habe die Nase voll. Ein Unternehmen, das so einen Kerl in den Außendienst steckt, kommt für uns nicht mehr in Frage.«

Lächeln Sie und sagen Sie: »Es tut mir leid, was geschehen ist, bevor ich in die Firma eintrat.«

»Nichts gegen Sie persönlich, aber mir reicht es.«

»Ich verstehe Sie. Aber darf ich Sie bitten, mir eine Frage zu beantworten? Wenn Sie der Präsident unserer Firma wären und entdecken würden, daß einer Ihrer Vertreter Ihre Kunden so schlecht betreute wie dieser Mitarbeiter – was würden Sie tun?«

»Rauswerfen würde ich ihn.«

Sie lächeln und sagen: »Genau das haben wir getan – deshalb bin ich da.«

Aber was, wenn Ihr Vorgänger jetzt Ihr Manager oder Vorgesetzter ist oder in einer anderen Funktion weiterhin für das Unternehmen arbeitet?

Sie lächeln und sagen: »... Wenn Sie der Präsident unserer Firma wären und entdecken würden, daß einer Ihrer Vertreter bei der

Nachbetreuung selbst der wichtigsten Geschäfte eine richtige Null ist, wenn Sie allerdings auch wüßten, daß diese Person großes Talent für Bereiche hat, in denen Not am Mann ist – wie würden Sie in dieser Situation vorgehen?«

Sie haben ihm die Antwort praktisch in den Mund gelegt.

Also wird er Ihnen etwa folgendes antworten: »Nun, wenn er wirklich die Begabung hätte, die ich brauche, würde ich ihn wahrscheinlich so einsetzen, daß diese Talente zur Geltung kämen, und dabei ein Auge auf ihn haben.«

Was immer der Kunde über eine Versetzung der fraglichen Person sagt, Sie antworten: »Genau das haben wir getan.« Lassen Sie sich nicht auf lange Erklärungen ein. Beenden Sie das Gespräch über die vergangenen Mißstände an diesem Punkt, und beginnen Sie mit der Präsentation der neuen und aufregenden Errungenschaften, die Ihre Firma jetzt anzubieten hat.

2. Verändern Sie die Entscheidungsgrundlage des Kunden.
Stellen Sie eine Frage, die wichtige Vorteile unterstreicht und zugleich untergeordnete Einwände erstickt.

Hier ein Beispiel aus dem Immobilienverkauf: Sie haben den Kunden das ganze Haus gezeigt, und sie mögen es. Aber nachdem sie die drei Schlafzimmer besichtigt haben, beginnt der Ehemann plötzlich, sich zu wehren: »Das letzte Schlafzimmer ist zu klein«.

Indem Sie ihm den Einwand zurückspielen, verstärken Sie ihn, um zu sehen, ob es vielleicht eher ein Hindernis als ein Einwand ist: »Das dritte Schlafzimmer ist zu klein für ein Gästezimmer. Es wäre für Sie also so, als hätten Sie überhaupt kein Gästezimmer. Ist es das, was Sie meinen?«

»Nun, nicht genau. Aber es ist wirklich sehr klein.«

Wenn die Ehefrau nicht einspringt und den Einwand für Sie ausräumt, müssen Sie seine Entscheidungsgrundlage verändern. »Sagen Sie mir, Mr. Bjornstad – und das ist eine wichtige Frage, weil dieses Haus aufgrund Ihrer Antwort möglicherweise nicht mehr für Sie in Frage kommt –, worauf werden Sie Ihre Entscheidung stützen: auf die Wärme und Behaglichkeit des gesamten Hauses oder auf einige Quadratzentimeter im Gästezimmer?«

Natürlich wird er die Wärme und Behaglichkeit des gesamten Hauses wählen. Tut er es nicht, so vergessen Sie dieses Haus für diese Leute und suchen eines, das sie kaufen werden.

Sie sitzen mit einer Kundin zusammen, die sich für Ihre Krankenversicherung interessiert. Sie sagt: »Mr. Hopkins, mir geht es vor allem darum, daß die Versicherungsgesellschaft den Arzt und das Krankenhaus direkt bezahlt und mir den ganzen Papierkram erspart.«

Ihre Gesellschaft tut das nicht. Also fragen Sie in herzlichem Ton: »Mrs. Wimmer, worauf werden Sie Ihre Entscheidung stützen – auf die Zahlungsart oder die Qualität des Versicherungsschutzes für Sie und Ihre Familie?«

Sie wird sagen: »Auf die Qualität des Versicherungsschutzes.«

Sodann räumen Sie den Einwand aus, indem Sie sagen: »Lassen Sie uns zuerst über die Qualität des Versicherungsschutzes für Ihre Familie sprechen, in Ordnung?«

3. Fragen Sie sich bis zum Kern vor. Die Kunden betreten Ihr Geschäft und bleiben vor einer Stereoanlage stehen. Wenn sie beginnen, Fragen zu stellen, führen Sie ihnen das Gerät vor, wobei Sie zwei Dinge erfahren: Die Interessenten heißen Mr. und Mrs. Tellgren, und sie wollen dieses Gerät. Sie versuchen mehrfach erfolglos, zum Abschluß zu kommen. Dann sagt Mr. Tellgren: »Danke für die Beratung. Wir werden darüber nachdenken und dann wiederkommen.«

Was bedeutet »Wir werden dann wiederkommen« in solchen Fällen wirklich?

Es bedeutet: »Nun habe ich gefunden, was ich suchte. Ich werde mich umsehen und herausfinden, ob ich es irgendwo billiger bekommen kann.« Denken Sie an die Regel. Bringen Sie den Kunden stets dazu, seine Einwände selbst zu beantworten.

»Wir werden uns umsehen und dann wiederkommen.«

»Schön. Das ist eine kluge Entscheidung. Ich würde Sie gerne noch etwas fragen, Mr. Tellgren. Waren Sie mit der Tonqualität dieses Geräts zufrieden?«

»O ja.«

»Hat das Gehäuse die Größe, die Sie suchen?«

»Schon, ja, etwa so sollte es sein.«

»Sie haben erwähnt, daß Sie ausreichende Steuerfunktionen möchten, allerdings nichts Übertriebenes. Stellt dieses Modell Sie zufrieden, was das anbelangt?«

Ich zähle freundlich alles auf, was den Leuten gefallen hat. Indem ich das tue, flechte ich – in Stichworten – alles ein, was unsere Firma kann: Wir machen den Kundendienst für alles, was wir verkaufen, Zustellung und Installation sind kostenlos, die Kreditbedingungen sind günstig usw. In manchen Fällen gelingt es, den Kunden zum Abschluß zu bewegen, indem man mit einer der Serviceleistungen, die man anbieten kann, eine empfindliche Stelle trifft. Wenn nicht, so werden Sie imstande sein, zum ausschlaggebenden Einwand vorzudringen, der in neun von zehn Fällen das Geld ist. Wenn Sie die Leute dazu bringen, einzugestehen, daß sie sich aufgrund des Preises nicht sofort zum Kauf entschließen wollen, haben Sie das Problem herausgearbeitet. Die Techniken zur Bewältigung dieses Problems werden in den Kapiteln 12 und 15 beschrieben.

4. Arbeiten Sie die Geschichte des Kunden heraus. Diese Technik ist dann besonders wirkungsvoll, wenn Ihr Produkt oder Ihre Dienstleistung etwas ist, was regelmäßig von Organisationen gekauft wird. Sie verkaufen Rohmaterial für industrielle Fertigung, Verarbeitungsdienste, Zubehörteile. Der Kauf dieser Produkte und Dienstleistungen wird häufig zur Gewohnheit: es ist leichter, dasselbe Produkt immer aus derselben Quelle zu beziehen, als eine Veränderung durchzuführen. Viele Lieferanten geben sich keine große Mühe mit ihren langjährigen Kunden. Normalerweise ist es ihnen wichtiger, neue Kunden zu gewinnen, als die alten bei der Stange zu halten, obwohl die Kosten für das Akquirieren neuer Kunden jene für die Pflege alter fast immer deutlich übersteigen. Und selbstverständlich wiegen sich viele erfolgreiche Lieferanten selbstgefällig in Sicherheit und werden unachtsam. Wenn Sie aufhören, ihren alten Kunden neue Ideen zu bringen, und den persönlichen Kontakt nicht pflegen, entsteht eine Lücke zwischen dem, was Sie leisten, und dem, was sie leisten könnten. Das bedeutet, daß Sie als Lieferant Ihrem Kunden nicht länger helfen, auf der Höhe der Veränderung zu bleiben – Sie helfen ihm nur noch, den aussichtslosen Kampf gegen die Veränderung zu führen. Der Kunde fällt zurück und büßt Gewinne ein. Je größer die Lücke wird, desto wahrscheinlicher wird es, daß irgendein Konkurrent hellhörig wird. Schließlich wird er in die Lücke vorstoßen und das Geschäft mit diesem Kunden an sich reißen.

Wenn Sie Langzeitkunden haben, halten Sie engen persönlichen Kontakt mit ihnen, sorgen Sie dafür, daß Sie über alle neuen Entwicklungen in Ihrer Branche auf dem laufenden sind, und behalten Sie stets ihr Wohl im Auge. Wenn Sie kurz versuchen wollen, Ihrer Konkurrenz Kunden abspenstig zu machen, kann ich Ihnen eine wirkungsvolle Methode anbieten, um den Widerstand der Kunden gegen die Veränderung zu überwinden.

Sie verkaufen eine Dienstleistung – Werbespots für das Radio, um genau zu sein. Ihr Sender heißt K-WHEE. Red Eye Soap, ein größeres Unternehmen, das im Radio Werbung macht, läßt alle seine Spots beim Konkurrenzsender K-TOO laufen. Sie wollen das Geschäft an sich ziehen und verabreden sich mit Jane Mota, der Werbeleiterin von Red Eye. (Bei vielen Produkten und Dienstleistungen müßten Sie fragen, was der Kunde derzeit verwendet. In diesem Fall wissen Sie es, weil Sie regelmäßig die Konkurrenzsender hören, um herauszufinden, wer dort Werbung schaltet.)

»Sind Sie zufrieden mit K-TOO, Mrs. Mota?«

»Durchaus, ja. Sie leisten sehr gute Arbeit für uns.«

Sie will Sie entmutigen, um Sie leichter loszuwerden. Aber Sie haben einen Plan und bleiben am Ball.

»Seit wann arbeiten Sie mit K-TOO?«

»Seit etwa drei Jahren.«

»Hat Ihre Firma irgendwelche Radiowerbung gemacht, bevor Sie zu K-TOO gingen?«

»Red Eye begann Ende der Sechziger bei K-ONE, soviel ich weiß.«

»Darf ich fragen, wie lange Sie die Werbechefin von Red Eye sind, Mrs. Mota?«

»Ich bin seit fünf Jahren hier.«

»Dann gehe ich wohl recht in der Annahme, daß es Ihnen viel Mühe gemacht hat, von K-ONE zu K-TOO zu wechseln?«

»Allerdings.«

»Und Sie empfahlen – oder vollzogen – diesen Wechsel aufgrund eingehender Nachforschungen und Analysen, nicht wahr?«

»Ja, die Sache kostete umfangreiche Untersuchungen. Wir führten eine detaillierte Marktanalyse von zehn Sendern durch. Unsere Nachforschungen ergaben, daß wir mit unserem Radiobudget auf K-TOO mehr potentielle Käufer ansprechen konnten als auf jedem anderen Sender.«

»Mit Ihrer Marktstudie vor drei Jahren wollten Sie Ihr Verkaufspotential erhöhen.«

»Natürlich.«

»Und die Ergebnisse entsprechen Ihren Erwartungen?«

»Ja, durchaus. Wir sind sehr zufrieden.«

»Sagen Sie mir bitte: Wenn Sie sich durch einen Wechsel des Senders vor drei Jahren ein größeres Verkaufspotential erhofften und dieses dann auch tatsächlich erschlossen, warum sollten Sie dann auf eine Wiederholung dieses Erfolgs verzichten? Damals führten Ihre Marktstudien zu größeren Gewinnen für Red Eye und brachten Ihnen berufliches Prestige. Sie haben es einmal getan, also können Sie es auch ein zweites Mal tun, richtig?«

»Ja, da muß ich Ihnen recht geben; das ist eine Möglichkeit.«

»Wunderbar. Ich brauche nur einige Augenblicke, um Ihnen diese Möglichkeit darzulegen ...«

Sie hat Ihnen erlaubt, Ihre gesamte Präsentation durchzuführen. Die letzte Veränderung hat sich als vorteilhaft erwiesen, und sie will gegenüber dem Management gut dastehen. Damit hat sie jetzt vernunftmäßige und gefühlsmäßige Grunde, eine weitere Veränderung in Betracht zu ziehen.

Ist diese Technik nicht wunderschön? Sie müssen sie nur auf Ihr eigenes Angebot abstimmen und dann eine Reihe von Varianten einstudieren, damit Sie sie reibungslos abspulen können. Anstatt zu Ihrem Chef zurückzukommen und zu sagen: »Red Eye ist zufrieden mit K-TOO und wollte überhaupt nicht mit mir sprechen«, kehren Sie mit fetter Beute in die Firma zurück. Machen Sie sich mit dem Muster vertraut, halten Sie Ihre Vorgehensweise schriftlich fest, und studieren Sie sie ein. Und wenn das nächste Mal jemand zu Ihnen sagt: »Wir sind zufrieden mit dem, was wir derzeit kaufen«, werden Sie sich still und leise sagen: »Jetzt mögen Sie damit zufrieden sein, aber in einer Stunde werden Sie zu Ihrer Zufriedenheit an mich gebunden sein.«

Aufgabe des Champions ist es, zu erkennen, daß er das beste Produkt oder die beste Dienstleistung weit und breit vertritt, und dann dafür zu sorgen, daß jeder, der einen Nutzen davon hat, sein Angebot annimmt. Wenn Sie Mrs. Mota und Red Eye dazu gebracht haben, zu K-WHEE zu wechseln, wenn Sie die Nachbetreuung und den Kundendienst gut erledigen, dann werden alle glücklich darüber sein, daß sie sich zum Wechsel entschlossen haben. Und Sie haben es bewerkstelligt! Es wäre nie geschehen, wenn Sie nicht die vier Schockbehandlungen erlernt und angewandt hätten: dem Kunden den Schuh anziehen, sich bis zum Kern durchfragen, seine Entscheidungsgrundlage verändern und seine Geschichte herausarbeiten. Adaptieren, lernen und verwenden Sie diese Techniken, und Sie werden bald auf dem besten Weg zur Nummer eins unter den Verkäufern Ihrer Firma sein. Wenn das keine aufregende Aussicht ist!

14 Der süße Geschmack
des erfolgreichen Abschlusses

Die wunderbare Welt des Abschlusses

Der Abschluß ist das Endergebnis, die Bilanz, der Sinn des Spiels, die Wendemarke, das, worum sich alles dreht. Ich habe Ihnen eine Vielzahl von Techniken vorgestellt für die Suche nach Interessenten, für die Herstellung von Kontakten, für die Akquirierung von Hinweisen, für die Qualifizierung, für Präsentation und Demonstration, für die Entkräftung von Einwänden. All diese Techniken sind wichtig. Aber solange Sie nicht in der Lage sind, abzuschließen, sind Sie wie eine Fußballmannschaft, die über die gesamte Spielzeit hinweg feldüberlegen ist, aber den Ball nicht ins Tor bringt.

Daher möchte ich Sie in die wunderbare Welt des Abschlusses einführen. Wenn Sie das Abschließen bisher nicht geliebt haben, sollten Sie jetzt damit anfangen, denn mit dem Abschluß wird das Geld gemacht. Täuschen Sie sich nicht: das Geld liegt nirgendwo anders. Wenn Sie lernen, mit all diesen Abschlußvarianten umzugehen, werden Sie die herrlichsten Ergebnisse erzielen. Sie werden in der Lage sein, sehr viel mehr Leute als je zuvor zu ihrer Zufriedenheit an Ihr Angebot zu binden.

Ein Champion erreicht meistens einen Abschluß. Er versucht ständig Probeabschlüsse, und er geht sofort, wenn er den süßen Duft des Erfolgs schnuppert, zu seiner finalen Abschlußsequenz über. Viele Verkäufer sind so fest in ihrer Verkaufspräsentation gefangen, daß Sie einem Kunden, der sich frühzeitig für den Kauf entschließt, den Abschluß praktisch verweigern. Manchen Leuten kann man schnell etwas verkaufen. Wenn man weiterredet, anstatt den Abschluß unter Dach und Fach zu bringen, bewegt man sie genauso schnell dazu, ihre Kaufabsicht wieder aufzugeben. Schließlich kann der Kunde heute nur einmal kaufen; warum also versuchen, es ihm zweimal zu verkaufen? Ich habe gesehen, wie so etwas geschah. Manche Verkäufer reden sich so in Begeisterung, daß sie es nicht erkennen können, wenn der Kunde ihnen ein Zeichen seiner Kaufbereitschaft gibt. Bezwingen Sie Ihren Drang, alles zu erzählen. Werden Sie nicht einer von denen, die immer noch pflügen, wenn es bereits an der Zeit ist zu ernten. Ich habe Verkäufer gesehen, die buchstäblich die Zähne fletschten, als wollten sie sagen: »Sie wissen noch nicht alles, und so wahr ich hier stehe, Sie werden sich alles anhören, bevor ich Ihren Auftrag entgegennehme.«

Ein längerer Vortrag ruft nur mehr Einwände hervor. Ist der Kunde bereit, Ihr Angebot anzunehmen, so halten Sie den Mund und beginnen Sie, das Auftragsformular auszufüllen.

Später werde ich Ihnen drei Probeabschlüsse und zwölf Endabschlüsse vorschlagen. Lassen Sie uns jedoch zunächst einige spezielle Tips für den Abschluß ansehen:

1. Tragen Sie Ihre Abschlußunterlagen immer bei sich. Seien Sie immer und überall darauf vorbereitet, einen Abschluß zu machen. Wir alle haben schon von den unzähligen Verkäufen gehört, die auf dem Golfplatz abgeschlossen werden. Auch auf dem Tennisplatz, im Thermalbad und auf Segelturns, beim Joggen und auf dem Sportplatz – überall, wo Menschen arbeiten, spielen, trainieren oder sich erholen, werden Geschäfte gemacht. Aber viele der Geschäfte, die außerhalb der Büros und Schauräume gemacht werden, werden nie Realität. Warum? Weil der Verkäufer nach dem Okay bei einer Flasche Bier mehrere Tage braucht, um mit seinen Unterlagen den Kunden für den Abschluß zu erwischen. In der Zwischenzeit bläst ein anderer Wind, und der Kunde hat anderes im Sinn. Mit einem Wort: Der Verkauf wird rückgängig gemacht. Der Verkäufer muß ganz von vorne anfangen – wenn er die Chance dazu bekommt. Denn bei der zweiten Begegnung stehen die Chancen gefühlsmäßig gegen ihn.

Wenn ich sage, Sie sollten Ihre Abschlußunterlagen immer bei sich haben, meine ich damit nicht, Sie sollten sie beim neunten

Loch aus der Hosentasche hervorzaubern können. Auf dem Golf-platz oder in eleganten Restaurants Geschäfte zu machen erfordert Diskretion. Die Leute hassen es, wenn ihr Essen kalt wird, weil Sie ihnen am Tisch Papiere zur Unterschrift zuschieben. Wenn Sie bei gesellschaftlichen Zusammenkünften verkaufen, kann es ein kniff-liges Unterfangen sein, den richtigen Augenblick zu wählen; seien Sie also jederzeit bereit, die günstigste Gelegenheit beim Schopf zu packen. Sie sollten ständig einen Vorrat an Abschlußunterlagen im Aktenkoffer, im Garderobenkästchen im Club, in der Reisetasche und im Kofferraum Ihres Wagens haben – und vergessen Sie nicht Ihren Schreibtisch im Büro. Bewahren Sie an jedem Ort, den Sie regelmäßig aufsuchen, einen Stapel Auftragsformulare auf.

2. Wann zückt man das Formular? Überlegen Sie sich genau, wie und wann Sie Ihre Abschlußunterlagen zur Hand nehmen. Wenn Sie Ihre gesamte Präsentation und die Verkaufssequenz abwickeln und dann in Ihre Aktentasche greifen, um die Kaufvereinbarung oder das Auftragsbuch herauszuholen, dann sieht Ihr Kunde dies, hält die Luft an und verkrampft sich. Während Sie nach dem rich-tigen Formular kramen, denkt er über einen Fluchtweg nach. Um die Formulare ausfüllen zu können, müssen Sie sie jedoch aus der Aktentasche nehmen. Da es dem emotionalen Klima wahrschein-lich nicht sehr zuträglich ist, dies in einer entscheidenden Phase des Abschlusses zu tun, sollten Sie die Formulare schon zu einem früheren Zeitpunkt hervorholen. Sie müssen die Unterlagen ja nicht in der Luft schwenken und trällern: »Aufgepaßt, Leute – dies ist mein Auftragsbuch!« Sie brauchen nicht das ganze Auftrags-buch. Sie müssen lediglich ein Formular in Ihrer Präsentations-mappe bereithalten.

3. Achten Sie auf ein sauberes Erscheinungsbild. Verwenden Sie frische Formulare, nicht solche, an denen schon Ihr Hund geknabbert hat. Wenn Sie ein Formular hervorholen, das aussieht wie ein gebrauchtes Babylätzchen, so wird Ihr Kunde glauben, Sie hätten seit sechs Monaten nichts mehr verkauft – und er möchte nicht derjenige sein, der Ihre Pechsträhne beendet.

4. Gehen Sie beim Rechnen professionell vor. Der Champion von heute erledigt seine Verkaufsabrechnungen mit einem Taschenrechner oder einem Laptop, nicht mit einem Kugelschreiber. Warum? Weil der Käufer dem Taschenrechner glaubt; er denkt, daß die Zahlen, die das Gerät ausspuckt, stimmen müssen. Wenn Sie Kalkulationen noch immer von Hand erstellen, dann ist es Zeit für eine Veränderung. Gewiß, die Zahlen mit einem Kugelschreiber auf ein Blatt Papier zu kritzeln wirkt natürlicher und menschlicher, aber Ihre Kunden könnten auf die Idee kommen, daß Ihnen dabei ein sehr menschlicher Fehler unterläuft.

Ein starkes Abschlußwerkzeug: das Tonbandinterview

An anderer Stelle haben wir über den Nutzen von Dankschreiben gesprochen. Sie sind durchschlagskräftige Instrumente zur Einbindung der Kunden. Hierbei müssen Sie vor allem daran denken, daß die wertvollsten Briefe von jenen Leuten stammen, die Ihren potentiellen Käufern persönlich bekannt sind. An zweiter Stelle kommen Briefe von Leuten, die in der Nähe leben und daher vom potentiellen Kunden leicht zwecks Rückfragen kontaktiert werden können.

Wenn Ihnen ein zufriedener Kunde einen Dankesbrief geschrieben hat, ist er vielleicht auch bereit, Sie mit einer noch besseren Verkaufswaffe auszurüsten. Ich meine das Tonbandinterview, das man in strategisch entscheidenden Augenblicken abspielen kann. Mit der Erfindung des Kassettenrekorders wurde die Aufnahme von Tonbändern zu einer leichteren Sache als das Kaffeekochen. Ein tragbares Gerät kostet weniger als eine Tankfüllung Benzin und wird Sie tausendmal weiter bringen. Mit einem Kassettenrekorder können Sie »Bücher lesen«, während Sie sich die Zähne putzen, zu Ihrem nächsten Termin fahren oder sonst irgend etwas tun, das nicht Ihre ganze Aufmerksamkeit in Anspruch nimmt. Der Kassettenrekorder ist eine der wenigen Erfindungen unseres Jahrhunderts, die uns wirklich helfen, unsere Zeit sinnvoller zu nutzen. Der wahre Champion hat fast immer einen Kassettenrekorder bei sich. Er hört sich gutes Schulungs- und Motivationsmaterial an, um sein positives Denken zu stärken, seine vorhandenen Techniken weiterzuentwickeln und neue zu erlernen. Ich höre jeden Morgen ein Kassettenprogramm, weil mir das hilft, den Tag mit einer positiven Einstellung zu beginnen. Wenn ich im Auto sitze, höre ich Kassetten, um mir neues Wissen anzueignen. Warum Zeit damit vergeuden, einfach nur Musik zu hören? Füllen Sie Ihren Geist mit der Kraft des Wissens, und Sie werden reich belohnt werden.

Besorgen Sie sich einen Kassettenrekorder, um sich Ausbildungsprogramme anzuhören, und verwenden Sie die Aufnahmefunktion zur Entwicklung einer Waffe, die Sie mit umwerfendem Erfolg einsetzen können – zur Aufzeichnung von Interviews.

Nehmen wir an, Sie verkaufen Versicherungen. Einer Ihrer besten Kunden ist Dave Barkdale, der sein eigenes Unternehmen besitzt. Dave ist Funktionär örtlicher Wohltätigkeitsvereine; er setzt sich in Komitees für die Belange der Gemeinde ein; sein Ansehen in der Stadt ist groß.

Sie kommen gut mit ihm zurecht, und er hat Ihnen mit Vergnügen einen Dankesbrief geschrieben. Gehen Sie im Zuge der Kundenbetreuung mit einem Tonband bewaffnet in seine Firma, und sprechen Sie mit einigen seiner Manager, die von der von Dave abgeschlossenen Versicherung für Schlüsselpersonen begünstigt werden. Nachdem Sie sie auf dem Band vorgestellt haben, fragen Sie sie, was eine zusätzliche Lebensversicherung für ihre Familien bedeutet. Wenn Sie einige Stellungnahmen gesammelt haben, treffen Sie sich mit Dave und erzählen ihm, mit welcher Begeisterung die Manager von dem Plan gesprochen haben.

»Dave, es liegt auf der Hand, daß Ihr Versicherungsprogramm den Gemeinschaftsgeist der versicherten Manager sehr gestärkt hat. Glauben Sie, daß sich diese Gefühle auf den Gewinn Ihrer Firma auswirken werden?«

»Ich glaube, die Resultate sind bereits zu sehen. Die Höhe des Gewinns hängt selbstverständlich von vielen Faktoren ab, aber das Arbeitsklima hat sich eindeutig verbessert, und das führe ich direkt auf die Einführung dieses Versicherungsprogramms zurück.«

»Ich möchte Sie um einen Gefallen bitten, Dave. Viele Unternehmen nehmen die Vorteile der Versicherung von leitenden Mitarbeitern nicht wahr, und ich bin überzeugt, daß in diesem Managementbereich einige entscheidende Verbesserungen notwendig sind. Daher würde ich Ihnen gerne ein paar Fragen zu Ihrer Erfahrung mit unserer Versicherung und der Betreuung Ihres Unternehmens stellen und die Antworten auf Band aufnehmen. Bevor ich Sie darum bitte, möchte ich Ihnen etwas versprechen.«

Sie müssen einige Versprechen abgeben. Im allgemeinen werden die folgenden Vorschläge genügen.

»Zuerst einmal möchte ich Ihnen versprechen, daß dieses Material in meinem alleinigen Besitz bleibt und nicht kopiert wird. Zweitens werde ich das Band nur Führungskräften von Unternehmen vorspielen, die sich etwa auf dem Niveau Ihrer Firma befinden. Das verspreche ich Ihnen.«

Wenn er eingewilligt hat, schalten Sie das Gerät ein, stellen Sie Ihre Fragen und lassen Sie ihn sprechen. Sie können zuvor sagen: »Ich werde zunächst ein wenig Johnny Carson [berühmter amerikanischer TV-Interviewer] spielen.«

Was löst diese Bemerkung in seinem Geist aus?

Daß er sich in einer entspannten, warmen und persönlichen Interviewsituation befindet. Ihr Aufnahmegerät sollte einen Pausenschalter haben, damit Sie Denkpausen und Unterbrechungen auslassen können. Und wenn das Interview nicht so verläuft, wie Sie es sich vorstellen, drücken Sie einfach den Pausenschalter und sagen zu ihm: »Schön, sehr schön. Aber lassen Sie uns nun von einer anderen Seite an das Problem herangehen.« Ermutigen Sie Ihren Gesprächspartner. Machen Sie es ihm leicht. Wenn Sie ihn in Bewegung halten, werden Sie verblüfft sein, was für ein eindrucksvolles Interview entsteht.

Nun ein entscheidender Punkt: Beenden Sie das Interview mit einem starken Abschluß. »Übrigens, was Sie über unsern Spezialservice für Ihre Firma gesagt haben, bringt mich auf einen Gedanken. Es bedeutet, daß ich Ihnen und Ihrem Unternehmen – und allen meinen Klienten – weiterhin eine ganz besondere Betreuung angedeihen lassen muß. Aber das ist gut so. Genau so sieht meine

Geschäftsphilosophie aus. Danke, daß Sie mir Ihre Zeit geschenkt haben, Dave.«

Der Schneeballeffekt von Tonbandinterviews ist überwältigend. Wenn Sie mit einem anderen Unternehmensleiter sprechen, dem die Entscheidung schwerfällt, sagen Sie: »Kennen Sie Dave Barkdale? Er war in einer ähnlichen Situation wie Sie. Ich möchte, daß Sie sich anhören, was er über unsere Lösung zu sagen hat.«

Dann spielen Sie ihm die Kassette vor. Ihr zufriedener Kunde erzählt, was für eine großartige Arbeit Sie geleistet haben, wie glücklich seine Firma damit ist, wie sie davon profitiert hat und wie ihre Gewinne gestiegen sind.

Und was wird Ihr neuer Klient tun wollen, wenn er einmal zu seiner Zufriedenheit an Ihr Produkt oder Ihre Dienstleistung gebunden ist?

Er wird auch eine Aufnahme für Sie machen wollen. Das ist ein Ego-Trip. Und er wird wollen, daß seine Aufnahme besser ist als die, die er gehört hat; also wird er sich bemühen und möglicherweise mehrere Versuche unternehmen, bis die Aufnahme perfekt ist. Der Schneeball rollt den Hang hinunter. Wenn Sie bei Ihrem vierten Klienten angelangt sind, werden Sie Interviews von epischer Qualität und größter Wirksamkeit auf Kassette haben.

Manche Verkäufer sträuben sich gegen diese Technik, weil sie sich davor fürchten, nach einem Interview zu fragen. Aber seien Sie versichert: Unter Ihren Kunden befinden sich mit Sicherheit einige geborene Schauspieler, die von der Idee begeistert sein werden. Wenn Sie nie einen Kassettenrekorder verwendet haben, sollten Sie mit einem neu gekauften Gerät natürlich nicht gleich am ersten Tag losgehen, um ein Kundeninterview zu machen. Probieren Sie das Gerät erst einmal aus. Nehmen Sie ein paar Interviews mit Ihren Freunden auf. Finden Sie selbst heraus, wie einfach die Technik ist und wie gut die Aufnahmen sind, die man mit diesen kleinen Apparaten machen kann. Beginnen Sie, sich Notizen für Fragen zu machen, die Ihre Kundeninterviews in Gang bringen werden. Sie werden sehen, daß viele Ihrer Kunden hocherfreut sein werden, mit jemandem zusammenarbeiten zu können, der ihre Bedürfnisse zu ihrer vollen Zufriedenheit erfüllt hat.

Probeabschlüsse

Probeabschlüsse sind spezielle Fragen, die dazu dienen, die Kaufbereitschaft des Kunden zu testen. Wenn sie der Kunde beantwortet, so ist klar, daß sein Interesse ein hohes Niveau erreicht hat, daß er zufrieden ist und auf Ihren nächsten Schritt wartet. Mit einer Probefrage strebt man eine Antwort an, die als positiver Stimulus wirkt. Hier sind drei Probeabschlüsse:

1. Der Alternativvorstoß. »Mr. Shealy, welchen Liefertermin würden Sie bevorzugen: den ersten oder den fünfzehnten?«

Wenn er sagt: »Ich brauche es bis zum Monatsersten in meinem Geschäft« – was ist dann geschehen? Er hat praktisch gekauft. Fahren Sie mit Ihrer Abschlußsequenz fort, und die Sache ist geritzt.

2. Falsche Annahme. Ein Champion achtet während seiner gesamten Präsentation auf alles, was der Kunde sagt, um es später für den Probeabschluß »Falsche Annahme« zu verwenden. Nehmen wir an, Sie sind in einem Privathaus und versuchen, irgendwelche Einrichtungsgegenstände zu verkaufen. Während Ihrer Präsentation sagt die Frau zu ihrem Mann: »Liebling, deine Mutter kommt am Zehnten zu Besuch. Wenn wir heute finden, was wir suchen, sollten wir es bis dahin haben.«

Viele Verkäufer würden diese Bemerkung ignorieren oder als Unterbrechung betrachten. Der Champion jedoch registriert sie und erinnert sich an sie.

Später wird er die Frau anlächeln und sagen: »Ich sehe, daß dieses Design Ihnen sehr gefällt. Nun, Ihre Schwiegermutter kommt am Fünften, nicht wahr?«

Sie wird sagen: »Nein, am Zehnten.«

»Das beste Lieferdatum wäre also um den 8. August?«

»Ja.«

»Lassen Sie mich das notieren.« Halten Sie es auf dem Auftragsformular fest.

Sie können den Testabschluß mit der falschen Annahme auf fast alles anwenden – auf Farbe, Größe oder Zahl. Nehmen wir an, die

Frau sagt: »Ich glaube, zu unserer nußfarbenen Tapete würde Elfenbein am besten passen.«

Darauf greifen Sie später zurück: »Sehen wir mal – Sie mochten Bronze mit dem Nußton der Tapete ...«

Wenn Sie sagt: »Nein, mir gefiel der Elfenbeinton«, antworten Sie mit: »Lassen Sie mich das notieren.« Halten Sie die Information in Ihrem Auftragsbuch fest. Wenn Sie einen Fehler machen und der Kunde Sie korrigiert, so schreiben Sie es auf, und er hat es gekauft. Das ist ganz leicht – und es macht Spaß.

3. Das Stachelschwein. Diese Technik kennen Sie bereits aus den vorhergehenden Kapiteln. Sie ist ein hervorragender Testabschluß.

Der potentielle Käufer sagt: »Befindet sich bei diesem System die Multiplex-Einheit auf der Seite?«

Sie antworten: »Wollen Sie die Multiplex-Einheit auf der Seite?«

Sagt der Kunde ja, so hat er schon gekauft.

Noch ein Beispiel aus dem Bereich Autoverkauf. Eine Dame schlendert über Ihren Verkaufsplatz und sieht sich die Farben der Autos an. Plötzlich bleibt sie stehen und zeigt auf einen Wagen. »Haben Sie den Wagen mit Allradantrieb, der mich interessiert, in diesem Blauton hier?«

Die Situation wiederholt sich unzählige Male am Tag. Der durchschnittliche Löwe im Autosalon sagt: »Wenn wir ihn nicht in Himmelblau haben, kann ich herumtelefonieren und Ihnen in kürzester Zeit einen besorgen.« Und was hat er in der Tasche? Nichts.

Sie hingegen antworten: »Bernice, wollen Sie ihn in Himmelblau?«

Was wird Sie wohl sagen? Bernice hat Ihnen bereits gesagt, daß sie sich für den Wagen mit Allradantrieb interessiert, und sie will diese Farbe.

Wenn sie ja sagt, drücken Sie ihr die Schlüssel in die Hand.

Wie man sich sicher durch die gefährlichste Phase des Abschlusses manövriert

Wann kommt die gefährlichste Zeit beim Abschluß?

Dann, wenn Sie damit beschäftigt sind, das Geschäft durchzurechnen oder das Auftragsformular auszufüllen. In der Stille, die in dieser Phase herrscht, treten die Ängste des Käufers zutage. Während Sie sich auf Ihr Gekritzel konzentrieren, hat der Käufer nichts, womit er sich beschäftigen könnte – außer seiner Angst. Aus diesem Grund kennt der Champion seine Formulare so gut, daß er sie in Windeseile ausfüllen kann, während er sich immer wieder an den Kunden wendet und ihn beschäftigt. Die Papierarbeit muß Ihnen so in Fleisch und Blut übergehen, daß sie nicht Ihre volle Aufmerksamkeit beansprucht.

Die meisten Verkäufer, die neu im Geschäft sind, verlieren die ersten zwei oder drei Aufträge aus einem einfachen Grund: Es mangelt ihnen an Kenntnis und Übung, um ihr Auftragsformular schnell genug auszufüllen. Das ist mein Ernst. Das habe ich im Verkaufsmanagement gelernt. Nachdem ich diese Erfahrung gemacht hatte, zwang ich jeden neu eingestellten Verkäufer, einen ganzen Nachmittag mit dem Ausfüllen seiner Formulare zu verbringen. Danach mußte er dabei fast nicht mehr überlegen – jedenfalls brauchte er sich nicht mehr voll und ganz auf das Ausfüllen zu konzentrieren, und er brauchte nicht mehr zuzusehen, wie seine Kunden kalte Füße bekamen.

Der Selbstvernichtungs-Abschluß

Sprechen Sie immer im selben Tonfall, wenn Sie das in diesem Buch vorgestellte Material auf Ihr Produkt oder Ihre Dienstleistung abstimmen. Lassen Sie mich dies anhand eines Beispiels verdeutlichen, das an den Stachelschwein-Abschluß angelehnt ist. Hier die Version des Könners:

Kunde: Haben Sie es in Blau?
Champion: Wollen Sie es in Blau?

| Kunde: | Ja. |
| Champion: | Lassen Sie mich das notieren. (Hält die Information auf dem Auftragsformular fest.) |

Wenn Mr. Durchschnittsnichtsverkäufer diesen Abschluß auf sein Produkt oder seine Dienstleistung anwendet, kommt folgendes heraus:

Kunde:	Haben Sie es in Blau?
Nichtsverkäufer:	Wenn ich es in Blau für Sie bekomme, werden Sie es dann kaufen?
Kunde:	Nein, ich glaube nicht. Ähm, ich bin ein wenig in Eile. Lassen Sie mir einfach Ihre Broschüre da, ich kann Sie ja anrufen, wenn ich mehr Zeit habe. Danke für Ihren Besuch.

Mr. Nichtsverkäufer ging mit diesem Abschluß so um wie eine Abrißbirne mit einer Hauswand. Der Satz »Wenn ich es in Blau für Sie bekomme, werden Sie es dann kaufen?« ist eine nach einem Nein bettelnde Frage, die einen kräftigen positiven Antrieb geradezu umkehrt. Und heraus kommt eine Variante des traurigen alten Selbstvernichtungs-Abschlusses. Dieser Abschluß wird Sie schneller auf die Straße befördern, als Sie einen Kaugummi ausspucken können.

Auf dem Weg zum endgültigen Abschluß

Wenn ein Testabschluß funktioniert, beginnen Sie sofort, vorsichtig auf einen endgültigen Abschluß hinzuarbeiten. Die meisten Leute wollen sofort kaufen, wenn sie sich einmal entschlossen haben. Über Alternativen zu sprechen, wenn der Kunde sich für eine Variante entschlossen hat, bedeutet, mit Dynamit zu spielen. Hüten Sie sich davor, oder viele Abschlüsse werden in die Luft gehen, wenn Sie sie schon fast in der Tasche haben.

Wie der eigentliche Abschluß aussieht

Viele Leute, die derzeit (aber nicht unbedingt auch in Zukunft) in unserem Beruf tätig sind, wissen nicht, was ein Abschluß ist. Noch größer ist die Zahl jener Kollegen, die in diesem Punkt verwirrt sind und meinen, ihre Anfälle von Ungeduld seien Abschlüsse. Allerdings kennen sie selten mehr als zwei dieser »Abschlüsse«. Der erste geht etwa so:

»Nun, was denken Sie?«

Wenn diese kunstvolle Wendung den potentiellen Käufer nicht in einen Kaufrausch versetzt, warten sie auf eine günstige Gelegenheit, ihn mit folgender Frage zu überfallen:

»Wie ist es, kann ich Sie dafür vormerken?«

Nun frage ich Sie: Kann man das als Abschluß bezeichnen? Solche Fragen eignen sich wohl eher dazu, sich die Tür selbst vor der Nase zuzuschlagen.

Sehen wir uns einmal genau an, wie eine effektive Abschlußtechnik wirklich aussieht. Wenn Sie wirklich entschlossen sind, Ihr Potential restlos auszuschöpfen, müssen Sie stets das erste Prinzip vor Augen haben:

> **Der Abschluß ist jener Prozeß, in dessen Verlauf man den Menschen dabei hilft, Entscheidungen zu fällen, die gut für sie sind.**

Wenn Ihr Vorgehen nicht auf der Einsicht beruht, daß Sie nur dann einen Abschluß erzielen, wenn es gut für den Kunden ist, dann bauen Sie Ihren Erfolg auf falschen Annahmen auf. Eher früher als später werden diese falschen Annahmen alles zerstören, was Sie aufgebaut haben.

Die Fähigkeit, stark abzuschließen, ist gut für Sie und Ihre Familie, weil Sie dadurch die Möglichkeit erhalten, ein hohes Einkommen zu verdienen. Und die Fähigkeit, gekonnt abzuschließen, hat noch einen weiteren, ebenso wichtigen Vorteil: Abschlußprofis sind stets gefragt. Wenn Sie diese Techniken kennen, müssen Sie sie nie einsetzen, um Leute zum Kauf schlechter Produkte zu bewegen, denn Sie werden immer in der Lage sein, gute Produkte zu finden. Tatsächlich werden Sie aufgrund einer solchen Fähigkeit dazu neigen, gute Angebote zu finden und die Zusammenarbeit mit Firmen zu vermeiden, die mit Ramsch hausieren gehen.

Es heißt: Noblesse oblige. Wenn Sie ein Champion sind, sind Sie nobel im wahrsten Sinn des Wortes. Da Sie sich über das Gewöhnliche erheben, sind Sie zu höherer Ethik verpflichtet. Andernfalls vergiftet der Erfolg Ihren Geist und höhlt Ihre Befriedigung aus.

Es gibt fähige Verkäufer, welche die Leute bewußt dazu bringen, falsche Entscheidungen zu treffen. Die besten Verkäufer dieser Sorte, diejenigen, die in der Lage sind, viele Menschen in verheerende Entscheidungen hineinzumanövrieren, sind Gauner. Sie gehören hinter Schloß und Riegel. Ein Gauner wird allen alles verkaufen, und es ist ihm gleichgültig, was nachher mit seinen Opfern geschieht. Gauner sind selbstverständlich Kriminelle, und leider laufen allzu viele von ihnen frei herum. Ein Champion, ein wirklich professioneller Verkäufer, kann kein Gauner sein, denn er verlangt mehr vom Leben als bloß Geld. Der Champion strebt die Befriedigung an, mit seiner Tätigkeit etwas Positives zu bewirken, und er kann nichts verkaufen, von dem er weiß, daß es nicht gut für den Käufer ist.

Es gibt viele Menschen, die wirklich glauben, daß sie schneller vorankommen werden, wenn sie rücksichtslos gegenüber ihren Mitmenschen sind. Unglücklicherweise sind einige dieser Leute Verkäufer und schaden dem Ruf unserer Zunft. Dies hat allerdings auch seinen Vorteil: Im Kontrast zu übermäßig gierigen Verkäufern machen Sie als Ehrenmann einen ausgezeichneten Eindruck. Die Sorge um das Wohlergehen Ihrer Käufer ist geadelter Eigennutzen. Aber zahlt sich diese Sorge wirklich aus?

Und ob sie das tut. Dauerhafter Erfolg kann nur auf der Grundlage persönlicher Integrität aufgebaut werden, die den Glauben und das Vertrauen anderer in Sie stärken wird.

Zeigen Sie beim Abschluß Einfühlungsvermögen

Wenn ich sage, Sie sollen beim Abschluß Einfühlungsvermögen zeigen, dann meine ich damit nicht, daß Sie am Abschluß zweifeln sollten, wenn dieser zum Nutzen des Kunden ist. Denn wenn Sie unfähig sind, eine positive Entscheidung anzustreben und auch zu bekommen, ist es zum Nachteil aller. Es ist zum Nachteil Ihrer Familie. Es ist zum Nachteil Ihrer Firma. Es ist zum Nachteil der Volkswirtschaft. Vor allem aber ist es zum Nachteil des Kunden, der nicht in den Genuß der angebotenen Vorteile kam, weil Sie keinen Abschluß fertigbrachten.

Wenn Sie nicht imstande sind, eine vorteilhafte Entscheidung anzustreben und auch zu erreichen, werden Sie wahrscheinlich als Verkäufer scheitern. Bestenfalls werden Sie in der Lage sein, sich als Auftragsempfänger durchzuschlagen. Das bedeutet jedoch, daß Sie nur das Gehalt eines Auftragsempfängers verdienen werden. Wenn Sie das Einkommen eines professionellen Verkäufers verdienen wollen, müssen Sie sich augenblicklich dafür entscheiden zu lernen, wie man vorteilhafte Entscheidungen anstrebt und erreicht.

Mit Ausnahme der regelmäßigen Alltagseinkäufe kann der Durchschnittsmensch keine Investitionsentscheidungen ohne Hilfe fällen. Der Grund dafür, daß so viele Menschen Hilfe bei der Entscheidungsfindung benötigen, liegt darin, daß sie Angst haben, falsche Entscheidungen zu fällen. Die Unentschlossenheit ist eine der destruktivsten Kräfte überhaupt. Sie treibt manche Menschen zum Wahnsinn und zehrt an der Energie der meisten. Allen großen Menschen ist die Fähigkeit gemeinsam, Entscheidungen zu fällen. Und ich beobachte bei allen großen Menschen, die ich kenne, eine weitere Qualität: Sie haben es nicht nötig, sich immer richtig zu entscheiden. Sie wissen, daß sie nur in einigen wenigen Fällen das Richtige tun müssen, um erfolgreich zu sein. Es gelingt ihnen sehr schnell, die Folgen falscher Entscheidungen wegzustecken.

Unsicherheit führt zu Zögern und Zögern zu Unentschlossenheit. Zu zögern bedeutet, im Gestern zu leben, dem Heute auszuweichen und das Morgen zu zerstören. Wenn Sie dieses Kapitel zu Ende gelesen haben, zukünftiger Champion, werden Sie hoffentlich folgende Überzeugung mit mir teilen:

Am liebsten kaufen die Leute das, was sie bereits besitzen.

Unentschlossen und unsicher sind sie nur vor dem Kauf; mit dem Kauf ist auch das Zögern zu Ende. Aus diesem Grund eignet sich der Champion die Fähigkeit an, den Leuten das Gefühl zu geben, sie besäßen sein Angebot schon.

Vorlieben und Abneigungen

Vielen Verkäufern bereiten ihre Vorlieben und Abneigungen Schwierigkeiten. Diese Verkäufer verkaufen nur Dinge, die sie mögen, an Leute, die sie mögen – und erzielen auf diese Art nur einen Bruchteil des Einkommens, das ihnen möglich wäre. Widmen Sie sich Ihren eigenen Vorlieben in Ihrer Freizeit. In der Arbeitszeit haben Sie mit Begeisterung das zu verkaufen, was der Kunde mag, und nicht das, was Sie mögen; arbeiten Sie mit Begeisterung mit allen Menschen, die sich für den Kauf Ihres Produkts oder Ihrer Dienstleistung eignen. Damit meine ich nicht, daß Sie mit bösartigen oder destruktiven Menschen arbeiten sollen. Ich will damit nur sagen, daß Sie, um Ihr Potential vollkommen ausschöpfen zu können, den Ihnen angenehmen Arbeitsbereich so weit ausdehnen müssen, daß Sie effektiv mit Leuten arbeiten können, deren Einstellungen und Lebensgewohnheiten sich grundlegend von den Ihrigen unterscheiden. Wenn Sie mit jemandem nicht arbeiten können, weil Sie geistig nicht flexibel genug sind, dann werden Sie verlieren. Der potentielle Kunde verliert nicht. Er wird jemand anderen finden, der seine Bedürfnisse befriedigen und das Geld verdienen wird.

Betrachten Sie den Abschluß mit den Augen des Kunden

Vor einigen Jahren war ich bei einem riesigen Bankett für Immobilienmakler eingeladen. Bevor ich meine Rede hielt, stellte der Redner jemanden aus der Zuhörerschaft vor und sagte: »Dieser Mann hat im letzten Jahr mit Immobilienverkäufen das Doppelte des landesweiten Durchschnitts verdient ...«

Die Ausdrucksweise des Redners legte den Schluß nahe, daß dies eine große Leistung sei. Aber die Summe war nicht besonders beeindruckend, weshalb alle Anwesenden den Mann etwas befremdet ansahen.

»... und er ist vollkommen blind.« Applaus brandete auf. Als er sich gelegt hatte, fuhr der Redner fort: »Ich bin überzeugt, daß sich viele von uns fragen, wie es Ihnen gelungen ist, mit dieser Behinderung in das Drittel der erfolgreichsten Makler vorzustoßen.«

»Augenblick mal«, erwiderte der blinde Makler über ein tragbares Mikrophon, »ich habe keine Behinderung. Ich habe einen Vorteil gegenüber den anderen Verkäufern in diesem Bereich. Ich habe noch keines der Grundstücke gesehen, die ich verkauft habe. Daher muß ich den Abschluß durch die Augen meiner Käufer erreichen. Was ich tun muß, das können auch Sie tun – und Sie würden Ihren Kunden damit besser dienen und mehr Geld verdienen.«

Für kurze Zeit herrschte Stille im Saal, denn alle dachten über das nach, was der Blinde gesagt hatte. Dann brandete erneut spontaner Beifall für diesen mutigen Mann auf, der blind verkaufen und obendrein allen anderen einen weisen Rat geben konnte.

Es geht um folgendes: Sie müssen den Nutzen, die Eigenschaften und die Grenzen Ihres Produkts oder Ihrer Dienstleistung vom Standpunkt des potentiellen Käufers aus betrachten; Sie müssen die Vor- und Nachteile anhand seiner Wertmaßstäbe, nicht anhand Ihrer eigenen, einschätzen und den Abschluß aufgrund jener Vorteile anstreben, die für den Kunden von Wert sind.

Und Sie müssen die Überzeugung ausstrahlen, daß Sie mit Ihrem Angebot seine Bedürfnisse befriedigen können. Nachdem Sie ihn qualifiziert und seine wirklichen Motive ergründet haben, müssen Sie die Gewißheit ausstrahlen, seinen Bedürfnissen gerecht werden zu können. Wenn Sie hingegen einen tiefsitzenden Zweifel bezüglich Ihrer Fähigkeit ausstrahlen, seine Wünsche zu erfüllen, wozu braucht der Kunde Sie dann? Der Käufer braucht ein Gefühl der Sicherheit, um die Entscheidung, die er wirklich fällen möchte, auch sich selbst gegenüber begründen zu können.

Als Sie das letzte Mal ein Auto kauften – gaben Sie da mehr aus, als Sie eigentlich wollten? Wenn es ein neues Auto war: Betraten Sie den Ausstellungsraum mit dem festen Willen, keine Extras zu kaufen – und fuhren Sie mit einem Wagen los, der von Extras nur so strotzte? Wenn ja, dann waren Sie einem professionellen Verkäufer begegnet, der Ihnen half, die Entscheidung, die Sie wirklich fällen wollten, sich selbst gegenüber zu begründen.

Sind Sie nicht glücklich, wenn Sie den Sessel zurückschieben können, wenn Sie den rechten Außenspiegel von innen einstellen, den Klang des Stereoradios genießen und sich dank der Klimaanlage bei brütender Hitze in Ihrem kühlen Wagen entspannen können? Natürlich sind Sie glücklich – und an die geringen Mehrkosten bei den monatlichen Raten denken Sie schon nicht mehr.

Wann schließt man ab?

Wenn der Kunde bereit ist, ist die Luft wie geladen. Das ist der Moment für den Abschluß. Leiten Sie Ihre Abschlußsequenz ein:

- wenn der Kunde Ihnen mit einer bestimmten Geschwindigkeit gefolgt ist und plötzlich das Tempo verringert.

- wenn er das Tempo plötzlich erhöht.

- wenn der Kunde die meiste Zeit zugehört hat und plötzlich beginnt, zahlreiche Fragen zu stellen.

- wenn der Kunde Ihnen im richtigen Augenblick einen positiven Stimulus gibt. Manche Leute betreten ein Geschäft und beginnen, Fragen über die Lieferbedingungen und die Höhe der Anzahlung zu stellen, bevor sie sich für ein bestimmtes Modell entschieden haben. Diese Leute fühlen sich sicher, weil sie wissen, daß Sie ihnen nicht den ganzen Laden verkaufen können. Etwas später werden Ihnen diese Kunden sagen, was sie wollen, und noch später stellen sie Ihnen dieselben Fragen wie am Anfang. Diesmal geben Ihnen dieselben Fragen einen positiven Stimulus. Dasselbe gilt für Fragen über Garantiebedingungen und Stornierungsoptionen. Machen Sie einen Testabschluß, nachdem Sie einen positiven Stimulus erhalten haben.

- wenn der Kunde auf Ihren Testabschluß wohlwollend reagiert.

Wo schließt man ab?

Wenn Sie sicher sind, daß der Kunde bereit ist, beharren Sie nicht auf einer förmlichen Zeremonie. Schließen Sie dort ab, wo Sie gerade stehen. Vielleicht denken Sie, Sie müßten den Kunden die Treppen hinauf und quer durch die Halle zu Ihrem Büro zerren. Das müssen Sie nicht. Unterstreichen Sie folgendes, damit es zu einem Teil Ihres Glaubensbekenntnisses wird:

> **Ich bin bereit, zu jeder Zeit und überall abzuschließen.**

Die meisten Abschlüsse werden auf Autodächern, in Restaurants, auf dem Schreibtisch des Kunden, vor Auslagen, auf Küchentischen und an unzähligen anderen Orten gemacht, die eigentlich nicht dafür gedacht sind, Geschäfte zu besiegeln. Für die meisten Menschen ist es besonders aufregend, eine Entscheidung augenblicklich umzusetzen. Den meisten von uns macht es Freude, die geistige Anspannung hinter uns zu haben; wir sehen nur noch das Vergnügen des Besitzens vor uns. Verderben Sie Ihren Kunden dieses Gefühl nicht, indem Sie darauf bestehen, sich in Ihrem bevorzugten Schreibtischsessel niederzulassen, bevor Sie die Kaufvereinbarung abfassen. Sie würden mit einem solchen Verhalten auch riskieren, daß die Begeisterung des Kunden abkühlt.

Aber bleiben Sie im Einklang mit den Gefühlen Ihres Kunden. Manche Leute fühlen sich überfordert beim Gedanken, sie müßten die Papiere unterwegs unterschreiben. Wenn Sie Druck auf sie ausüben, werden sie sich zurückziehen in der Angst, hinter Ihrer Eile könnten sich unlautere Beweggründe verstecken. Schließen Sie den Verkauf also dort ab, wo der Kunde abschließen möchte, nicht dort, wo Sie zu diesem Zweck hinzugehen pflegen.

Die Anatomie des Abschlusses

Lassen Sie uns den Abschluß in seine Einzelteile zerlegen und betrachten, wie diese sich ineinanderfügen.

1. Erforschen Sie, was der Kunde will und braucht

a) Qualifizieren Sie ihn gründlich. Stellen Sie seine emotionalen Wünsche und seine Zahlungsfähigkeit fest.

b) Verstehen Sie die Beweggründe des Käufers. Wenn Ihnen der Käufer sagt: »Das kann ich einfach nicht ausstehen«, so ergründen Sie seine Gefühle. Sagen Sie nicht einfach: »Ich mag es selbst auch nicht besonders«, um dann fortzufahren. Finden Sie heraus, warum er dieses Merkmal haßt, damit Sie verstehen können, aus welchen Motiven er eine Sache will und eine andere ablehnt.

2. Erkennen Sie Kaufsignale

Daß er Ihr Angebot will, signalisiert Ihnen ein Kunde häufig nicht, indem er es geradeheraus sagt, sondern indem er Ihnen Zeichen gibt. Der Champion achtet auf zwei Arten von Zeichen:

a) Verbale Zeichen. Der Kunde stellt mehr Fragen. Er verlangt mehr technische Informationen. Er spricht darüber, was geschehen würde, wenn er Ihr Produkt oder Ihre Dienstleistung besäße. Manchmal geben die Leute einfach plötzlich zustimmende Laute von sich.

b) Visuelle Zeichen. Ein Lächeln kann ein bedeutsames Kaufsignal sein. Die Augen können sich erhellen oder zu zwinkern beginnen. Handelt es sich bei Ihren Käufern um ein Ehepaar, so zeigen sie vielleicht mehr Zuneigung und Aufmerksamkeit füreinander, nachdem sie das richtige Haus oder Auto, die richtige Einrichtung oder Versicherungspolice gefunden haben. Der Wunsch, etwas noch einmal zu sehen, ist eines der deutlichsten Kaufsignale. Wenn der Kunde sagt: »Können Sie das noch einmal erklären?«, ist der Kauf fast immer besiegelt.

3. Fällen Sie die Entscheidung

Entscheiden Sie, daß es das Beste für den Kunden ist, das Produkt zu kaufen. Geleiten Sie ihn dann durch diese Entscheidung, indem Sie die Dinge herausarbeiten, die ihm gefallen und die er für wichtig hält. Was Sie selbst an Ihrem Angebot anspricht, ist unerheblich – wichtig ist nur, was dem Kunden daran wichtig ist.

4. Schließen Sie den Kauf wie selbstverständlich ab

Sie haben Fragen gestellt und den Kunden zum Abschluß hingeführt. Nun beginnen Sie ganz selbstverständlich, den Auftrag zu schreiben. Sie werden überrascht sein, wie oft das genügt. Sofern der Kunde Sie nicht aufhält, hat er gekauft. Wenn Ihre Taktiken gut geplant sind und Ihr Timing stimmt, wird er Sie nicht aufhalten.

5. Ändern Sie nie Ihr Verhalten, wenn Sie mit dem Abschluß beginnen

Sprechen Sie während des Abschlusses in warmem Tonfall, und verwenden Sie betörende Worte. Aber ändern Sie nie Ihren Tonfall, Ihre Art zu sprechen oder Ihre Sprechgeschwindigkeit, wenn Sie zur Abschlußsequenz übergehen. Achten Sie sorgsam auf Ihr Verhalten. Viele Verkäufer treten so lange großartig auf, bis sie sehen, daß ihre Käufer bereit sind. Dann verändern sie sich plötzlich. Der warmherzige, freundliche Stil, der dem Kunden mittlerweile vertraut ist, verschwindet mit einem Mal, um einem angespannten Verhalten Platz zu machen.

Und jedesmal, wenn ein potentieller Kunde aufgrund dieser unvermittelten Veränderung abkühlt und sich verabschiedet, ohne etwas gekauft zu haben, steigt die Wahrscheinlichkeit, daß der Verkäufer denselben Fehler in der nächsten Abschlußsituation wiederholt. Wenn Sie sich beim Übergang zur Abschlußsequenz verkrampfen und Ihr Auftreten ändern, wird der Kunde das merken und Ihnen die kalte Schulter zeigen. Halten Sie sich deshalb immer folgende Regel vor Augen:

> **Studieren Sie Ihre Abschlüsse so gut ein, daß Sie
> sie jederzeit ungezwungen und zugleich aufmerksam
> einsetzen können.**

6. Setzen Sie die geplante Pause ein

Champions verwenden eine ganz einfache Technik: Wenn sie
erreichen wollen, daß der Kunde wirklich zuhört, machen sie eine
Pause und sehen ihr Gegenüber so lange intensiv an, bis sie seine
ganze Aufmerksamkeit haben.

Die zwei wichtigsten Sätze
in der Kunst des Abschließens

Als nächstes werde ich Ihnen einen unbezahlbaren Schatz zugäng-
lich machen. Er besteht aus den beiden durchschlagskräftigsten
Sätzen, die je über die komplexe, anspruchsvolle und außergewöhnlich gut bezahlte Kunst des Abschließens gesagt wurden.
Verankern Sie diese Worte bitte tief in Ihrem Gedächtnis, und vergessen Sie sie niemals. Wenn Sie das Buch bis hierher überflogen
haben, ohne sich etwas anzustreichen, so holen Sie Ihren Textmarker jetzt hervor. Hier die beiden Sätze:

> **Halten Sie nach jeder Abschlußfrage den Mund.
> Der erste, der ein Wort sagt, hat verloren.**

Die wesentlichen Worte sind »Halten Sie den Mund«. Deshalb
pflegt J. Douglas Edwards sie in sein Publikum zu brüllen. Als ich
die beiden Sätze zum ersten Mal hörte, saß ich in der ersten Reihe
in seinem Seminar, völlig überdreht von seinem aufregenden Programm, von den schlaflosen Lernnächten, von den ungezählten
Tassen Kaffee, die ich in mich hineingeschüttet hatte. Als Doug

schrie: »*Halten Sie den Mund!*«, ging ich in Deckung. Meine Papiere flatterten durch die Gegend. Der Augenblick ist in mein Gedächtnis eingebrannt. Die beiden Sätze waren eines jener Elemente, die entscheidend dazu beitrugen, aus meiner bis dahin katastrophalen Verkaufslaufbahn innert kürzester Zeit eine beispielhafte Erfolgsgeschichte zu machen.

Stellen Sie Ihre Abschlußfrage – und halten Sie den Mund. Das klingt einfach. Aber glauben Sie mir, das ist es nicht. Ich habe es am eigenen Leib erfahren. Zu jener Zeit hatte ich in diesem Bereich ein echtes Problem. Und das Schlimmste war, daß ich nicht die geringste Ahnung hatte, was ich eigentlich falsch machte – bis zu dem Augenblick, als ich J. Douglas Edwards jene fabelhaften 19 Worte sagen hörte.

Als ich zum ersten Mal versuchte, eine Abschlußfrage zu stellen und dann den Mund zu halten, war ich auf die Reaktion meines Gegenübers vorbereitet. Ich erwartete, daß er still bleiben würde. Nicht vorbereitet war ich hingegen auf die Intensität meiner eigenen Reaktion: Die Stille traf mich wie ein Keulenschlag. Doug Edwards hatte mir gesagt, daß ich den Druck dieses Schweigens deutlich spüren würde, aber ich dachte nicht, daß mich die Situation wirklich quälen würde. Doch ich litt Höllenqualen. Ich saß da, innerlich aufgewühlt, und biß mir auf die Lippen. Endlich sagte der Kunde etwas. Er kaufte dann – und ich hatte nie wieder so sehr zu leiden, um diese schreckliche Stille nach einer Abschlußfrage zu überstehen.

Aber warum ist es so wichtig, den Mund zu halten? Wenn man als erster spricht, befreit man den potentiellen Käufer von dem Druck, die Abschlußfrage zu beantworten und sich zum Kauf zu verpflichten. Wenn Sie die Abschlußfrage annähernd zum richtigen Zeitpunkt stellen, muß der Kunde den nächsten Schritt tun – oder zugeben, daß er Sie dazu gebracht hat, einem Phantom nachzujagen.

Die Technik funktioniert folgendermaßen: Sie haben ein Verkaufsgespräch mit Maggie Thrush, der Einkaufsbeauftragten eines mittelständischen Unternehmens, geführt, und Sie haben den Eindruck, daß Sie für den Abschluß bereit ist. Also sagen Sie: »Mrs.

Thrush, damit dürften wir alles geklärt haben. Welchen Liefertermin würden Sie vorziehen, den Ersten oder den Fünfzehnten des kommenden Monats?«

Der durchschnittliche Verkäufer kann nicht länger als zehn Sekunden warten, nachdem er eine solche Abschlußfrage gestellt hat. Wenn Mrs. Thrush bis dahin nicht geantwortet hat, wird er etwa folgendes sagen: »Nun, darüber können wir später sprechen.« Dann wird er fortfahren, ohne zu wissen, daß er gerade das Geschäft verloren hat.

Und er hat nicht nur diesen einen Abschluß verloren. Alle folgenden Anläufe – wenn sich überhaupt weitere Chancen ergeben –, sind zum Scheitern verurteilt. Mrs. Thrush kann nicht zum Abschluß bewegt werden, denn nun weiß sie, wie sie diesem Verkäufer entkommt. Sie muß lediglich ein paar Sekunden lang Stille bewahren, und er wird unter dem Druck zusammenbrechen. Mrs. Thrush kann immer für einige Sekunden schweigen – fast alle unentschlossenen Käufer können das. Wenn Sie aus dem Holz geschnitzt sind, aus dem die Champions sind, können Sie den ganzen Nachmittag stumm dasitzen, sollte es nötig sein. Aber Sie werden sich selten länger als dreißig Sekunden beherrschen müssen. Das ist etwas, was man üben kann. Es erfordert Konzentration, denn wenn Sie das kleinste Wort sagen oder auch nur eine Geste machen, nehmen Sie den Druck von Ihrem Gegenüber und vergeben Ihre Chancen auf einen Abschluß.

Die Fertigkeit, den Mut und die Konzentration zu haben, um stillzusitzen und eine Minute lang zu schweigen, ist die wichtigste Fähigkeit des Verkäufers und ganz einfach zu erlernen – aber nur die wenigsten Leute bringen das fertig. Um diese Technik erfolgreich einsetzen zu können, müssen Sie sich an einem Ort hinsetzen, an dem ein Abschluß durchaus vorstellbar wäre, und sich darauf konzentrieren, dreißig Sekunden lang nichts zu tun und zu sagen. Ich meine es ernst, wenn ich Ihnen sage, Sie sollten diese Technik üben, wenn Sie allein sind. So wird es nicht derart nervenaufreibend sein, in einer realen Abschlußsituation dazusitzen und zu wissen, daß das mögliche Riesengeschäft davon abhängt, wie ruhig und still Sie sein können.

Sie sind der Matador

Einmal sah ich einen Stierkampf im Fernsehen. Nach etwa drei Minuten erkannte ich die Parallelen zwischen einem Stierkampf und einem Verkaufsgespräch.

Der Stier wiegt mehr als ein Dutzend Matadore und ist mit der Wut des gereizten Tieres und zwei spitzen Hörnern bewaffnet. Der Torero hat nichts als sein rotes Tuch, seinen Mut und seine Kampftechnik. Ist das nicht ein gutes Bild für die übliche Verkaufssituation? Es liegt allein in der Macht des Kunden, ob er Ihnen etwas abkauft oder nicht; Sie haben nichts als Ihre Technik und Ihren Mut. Oder Ihre Angst, denn dazu haben Sie allen Grund.

Nach jenem Seminar bei Dougs Edwards traf ich die bewußte und sehr emotionale Entscheidung, meine Ängste über Bord zu werfen und mich der Sache mit Haut und Haaren zu verschreiben. Danach war mein Herz von Zuversicht und meine Seele von Entschlossenheit erfüllt. Etwa zwei Monate lang wandte ich alles an, was ich gelernt hatte. Vor dem Kurs hatte ich nicht einmal genug Geld für das Benzin verdient; nach dem Kurs begann ich, mir meinen Lebensunterhalt zu verdienen. Das war eine enorme prozentuelle Verbesserung. Aber ich war nicht damit zufrieden, einfach nur durchzukommen – ich wollte ein Überflieger werden.

Eines Abends setzte ich mich mit den Notizen aus Dougs Seminar hin und ging sie Wort für Wort durch. Was für eine verblüffende Erfahrung das war! Es war unglaublich, wieviel ich übersehen und nicht verstanden hatte – und wieviel ich nach nur sechzig Tagen vergessen hatte. Erst damals erkannte ich, daß ich nur bruchstückhaft herausgefunden hatte, welchen Nutzen dieses Material für mich haben konnte. Ich hatte einige wertvolle Tricks gelernt, aber die gesamte Bandbreite an Techniken beherrschte ich noch nicht. Und meine Anwendung des Materials auf mein Produkt, meine Persönlichkeit und mein Gebiet war nicht annähernd so gut, wie sie hätte sein können.

Aber ich spürte diese Kraft.

Also begann ich erneut, meine Notizhefte durchzuarbeiten und mir dieses Material einzuprägen. Ich verinnerlichte sämtliche Konzepte, adaptierte alle Techniken und übte jede Fertigkeit so lange ein, bis mir all das in Fleisch und Blut übergegangen war. Mit einem Mal war das alles ich – und ich war das alles. Und dann begann mein Einkommen in die Höhe zu klettern. Es verdoppelte sich, verdoppelte sich ein weiteres Mal – und wuchs immer weiter. Bald steckte ich mir das Ziel, 100 000 Dollar im Jahr zu verdienen – etwas, woran ich wenige Monate zuvor nicht im Traum gedacht hatte. In jenen Tagen galt diese Summe als ein monumentales Einkommen für einen Verkäufer.

Und nun, viele Jahre später, nachdem ich Tausende Champions ausgebildet habe, habe ich die Gelegenheit erhalten, eine Reihe großer Verkäufer zu fragen, wie sie abschließen.

Eine Frage habe ich immer wieder gestellt: Wie viele Abschlüsse versuchen Sie, bevor Sie Erfolg haben?

Die großen Verkäufer benötigen im Durchschnitt fünf Versuche für einen Abschluß. Anhand dieser sehr wichtigen kleinen Information können Sie sofort sehen, daß Sie mit zwei Versuchen, oder gar einem einzigen, nicht weit kommen werden, wenn die großen Verkäufer fünf benötigen, um erfolgreich zu sein. Hat der Kunde mehr Gründe für den Ausstieg, als Sie Techniken haben, um ihm beim Weitergehen zu helfen, so wird er nicht weitergehen. So einfach ist das.

Lernen Sie die Konzepte dieser Abschlüsse. Danach studieren Sie sie Wort für Wort ein. Passen Sie sie Ihren Erfordernissen an. Lernen Sie dann die angepaßten Versionen Wort für Wort. Sie werden sich wahrscheinlich dagegen sträuben, sich diese immense Arbeit anzutun. Ich kenne das. Auch ich habe mich zuerst dagegen gewehrt. Doch denken Sie daran, daß es zum Lernen nur eine Alternative gibt: Sie können versuchen, einfach so zu bleiben, wie Sie sind. Dann wünsche ich Ihnen viel Glück – aber um Sie herum verändert sich die Welt mit großer Geschwindigkeit.

15 Zwölf Power-Abschlüsse für angehende Champions

Mit jeder neuen Abschlußtechnik werden Sie Ihr Verkaufsergebnis um mindestens 10 Prozent verbessern. Möglicherweise verdoppeln Sie Ihre Umsätze auch mit jedem Abschluß, den Sie beherrschen. Oder Sie werden noch bessere Ergebnisse erzielen.

Die eine oder andere dieser Techniken ist vielleicht für Ihre Tätigkeit nicht geeignet. Die meisten jedoch werden es sein. Passen Sie jede dieser Techniken, die sich in irgendeiner Weise eignet, Ihren Erfordernissen an. Studieren Sie die entsprechende Anpassung so lange ein, bis Sie sie mit Überzeugung, Wärme und Schwung vortragen und gleichzeitig im Hinterkopf den nächsten Schritt planen können.

Nehmen wir an, Sie können nur zehn dieser Abschlüsse verwenden. Jeder erhöht Ihren Verkaufsumsatz um durchschnittlich nur zehn Prozent. Das bedeutet, daß Sie Ihren Umsatz und wahrscheinlich auch Ihren Nettoverdienst mehr als verdoppeln. Wenn Ihnen das nicht gelingt, beherrschen Sie diese Abschlüsse nicht wirklich.

Sehen wir sie uns im einzelnen an:

1. Der mündliche Basis-Abschluß

Er wird vorrangig für Verkäufe an Industrie, Handel und staatliche Behörden verwendet. Nachdem Sie die Bedürfnisse definiert haben, die Sie erfüllen können, stellen Sie diese Frage:

»Übrigens, welche Auftragsnummer wird dieser Bestellung bei Ihnen zugeteilt werden?«

Wenn Ihr Gegenüber sagt, er wisse es nicht, lächeln Sie und sagen: »Warum finden wir es nicht heraus?«

In den meisten dieser Situationen – Verkäufe an Industrie, Handel und staatliche Stellen – haben Sie den Abschluß nicht in der Tasche, solange Sie keine Auftragsnummer haben. Gehen Sie daher im ersten geeigneten Augenblick auf die Jagd nach dieser Nummer.

2. Der schriftliche Basis-Abschluß (»Lassen-Sie-mich-das-notieren-Abschluß«)

Wenn Sie ein Auftragsformular verwenden, ist dies ist ein wirkungsvoller Abschluß. Bringen Sie zum Verkaufsgespräch eine Ledermappe in der Größe eines Briefes oder eines linierten Blocks mit. Halten Sie in dieser Mappe unter einer Papp-Trennseite ein Auftragsformular bereit. Das gibt Ihnen die Möglichkeit, zum richtigen Zeitpunkt sehr schnell das Formular hervorzuziehen. Meine bevorzugte Methode zum Umgang mit diesem Abschluß besteht darin, eine Frage des Kunden mit einer Gegenfrage zu beantworten.

Kundin: »Gibt es das in Haselnußbraun?«
Champion: »Würde es Ihnen in Haselnußbraun gefallen?«
Kundin: »Ja, diese Farbe wäre mir am liebsten.«
Champion: »Lassen Sie mich das notieren.«

Diese Information tragen Sie dann in Ihr Auftragsformular ein.

Kundin: »Was machen Sie da? Ich habe Ihnen noch keinen Auftrag erteilt.«
Champion: »Mrs. Palmer, ich ordne meine Gedanken und behalte alles im richtigen Blickwinkel. Ich tue das schriftlich, damit ich nichts vergesse.« (Wenn es zu Ihrem Produkt oder Ihrer Dienstleistung paßt, sagen Sie: »Vor allem nichts, was Sie Zeit oder Geld kosten könnte.«)

Gehen Sie dann zum nächsten Abschluß über. Steigen Sie in jede Abschlußsequenz ein, indem Sie eine Reflexfrage stellen. Eine Reflexfrage ist jede Frage, die Ihr Gegenüber beantworten kann, ohne nachdenken zu müssen.

Champion: »Mary, mit welchem Buchstaben beginnt Ihr zweiter Vorname?«

Kunde: »Mit einem ›H‹.«

Eine ausgezeichnete Reflexfrage für einen leitenden Manager ist die nach dem kompletten Firmennamen und der richtigen Adresse. Wenn der Manager Ihnen seine Karte gibt und Sie diese Information auf dem Auftragsformular festhalten läßt, hat er Ihnen abgekauft, was Sie verkaufen.

Lassen Sie uns diesen Abschluß in einer entsprechenden Situation durchspielen. Sie verkaufen Maschinenausrüstung, Ihr Kunde ist Mr. Zale.

Mr. Zale: »Ja, wir würden ein Hochleistungsgetriebe brauchen.«

Champion: »Lassen Sie mich das notieren.«

Mr. Zale: »Tragen Sie das in Ihr Auftragsformular ein? Sie gehen zu weit. Ich habe noch nicht entschieden, es zu kaufen.«

Ich wiederhole die zwanzig Worte, die der Champion als nächstes sagt, weil sie das Herzstück dieses Abschlusses sind. Lesen Sie sie noch einmal. Unterstreichen Sie sie. Prägen Sie sie sich ein. Und benutzen Sie sie, um den Abschluß voranzutreiben.

Champion: »Mr. Zale, ich ordne meine Gedanken und behalte alles im richtigen Blickwinkel. Ich tue das schriftlich, damit ich nichts vergesse.«

Mr. Zale: »Sie verschwenden wahrscheinlich Ihre Zeit. Im Moment stehen die Chancen schlecht, daß ich bei Ihrer Firma kaufen werde.«

Champion: »Oh, das weiß ich schon. Aber ich möchte einfach nicht riskieren, irgend etwas zu vergessen – insbesondere etwas, das Sie Zeit oder Geld kosten könnte.«

Mr. Zale: »Nun, dagegen kann ich wohl nichts sagen.«

Vielleicht denken Sie, es wäre besser gewesen, sich die Notizen auf dem Block zu machen und sich den Ärger zu ersparen. Wenn Sie diesen Weg wählen, fällen Sie die Entscheidung, sich von einem

Verkäufer zu einem Auftragsempfänger degradieren zu lassen. Es ist in Ordnung, wenn Ihr Kunde Sie stoppt. Es ist hilfreich, nicht schädlich, wenn er merkt, daß Sie ein starker Verkäufer sind, der da ist, um seine Arbeit zu machen, und kein Bleistiftkauer, der nicht weiß, wie er die Dinge voranbringen soll.

Lassen Sie nicht davon ab, dieses Auftragsformular auszufüllen. Wenn Sie Ihre gesamte Präsentation hinter sich gebracht haben, wird es fast völlig ausgefüllt sein. Häufig wird die vorwärtsgerichtete Dynamik, die Sie damit erzeugt haben, bereits ausreichen, um eine Unterschrift zu bekommen. Es wird das Leichteste für den Kunden, seine Einwilligung zu geben. Setzt Ihr Kugelschreiber einmal auf dem Papier des Formulars auf, befinden Sie sich schon in der Schlußrunde. Wenn der Kunde sich daran gewöhnt hat, daß Sie Notizen auf Ihrem Auftragsformular machen, haben Sie die Hälfte des Weges hinter sich. Wenn es Ihnen gelingt, eine Eintragung über das genaue Modell zu machen, das der Kunde möchte, haben Sie das letzte Hindernis genommen. Das Problem bei den meisten Verkäufern ist, daß sie während des Verkaufsgesprächs nicht schreiben. Sie verlassen sich ganz auf ihre Stimmbänder.

3. Der Benjamin-Franklin-Abschluß

Am letzten Tag jenes ungemein intensiven fünftägigen Seminars von J. Douglas Edwards hatten wir eine Prüfung in Form eines Wettbewerbs. Ich wollte diesen Wettbewerb gewinnen. Also setzte ich mich hin, lernte bis spät in die Nacht und gab mich mit zwei Stunden Schlaf zufrieden. Den Sieg bei dem Wettbewerb verdankte ich dem »Benjamin-Franklin«-Abschluß.

Häufig erzählen mir Verkäufer, daß sie von diesem Abschluß gehört haben. Ich frage dann: »Verwenden Sie ihn?«

Fast immer antworten sie mit Nein. Das verblüfft mich immer von neuem, denn ich habe meinen Wohlstand darauf aufgebaut. Dieser Abschluß gehört zu den großartigsten, die je entwickelt wurden. Möglicherweise sollte ich vom Verhalten der Kollegen nicht überrascht sein, denn auch ich lehnte diesen Abschluß anfangs ab.

Aber ich versuchte es damit. Und ich versuchte es nicht nur, sondern ich brachte ihn zum Funktionieren und verwende ihn immer noch. Lassen Sie mich über meine erste Erfahrung berichten.

Der Käufer sah mich an und sagte: »Ich kann die Entscheidung jetzt einfach nicht treffen.«

Ich dachte: »Ich habe gerade eine fünftägige Schulung in Verkaufstechniken hinter mir. Der Benjamin Franklin scheint in dieser Situation der Beste zu sein – also versuche ich ihn. Ich sehe keine andere Möglichkeit, ihn zum Abschluß zu bringen.«

Ich entschuldigte mich, verließ den Raum, holte mein Arbeitsbuch, sammelte mich und ging zurück ins Zimmer. Dann ging ich den Ben Franklin Schritt für Schritt durch – und der Kunde willigte ein. Das war einer meiner ersten großen Erfolge mit dem Material, und von diesem Tag an setzte ich den Ben-Franklin-Abschluß bei jeder Gelegenheit ein. Ich könnte nicht einmal annäherungsweise sagen, wieviel Geld ich damit verdient habe.

Vielleicht haben Sie die Sorge, manche Kunden könnten den Ben Franklin schon kennen. Seien Sie unbesorgt. Ich werde Ihnen zeigen, wie Sie sich blitzschnell an eine solche Situation anpassen können. Bedenken Sie immer folgendes: Wenn Sie den Kunden qualifiziert haben, wenn er Ihr Angebot braucht, wenn Sie wissen, was Sie verkaufen, und wenn Sie taktisch richtig vorgehen, kann Ihr Gesprächspartner zwar kämpfen, aber nicht siegen. Sie werden siegen – und er wird kaufen.

Übrigens verlasse ich mich selbst auf diese Technik, was viele Entscheidungen in meinem Privat- und Berufsleben anbelangt. Das gilt für viele Leute. Sie können jederzeit auf einen Kunden stoßen, der in seinen eigenen Entscheidungsprozessen regelmäßig Gebrauch davon macht. Hier ist der Ben-Franklin-Abschluß:

a) Werten Sie die Kaufentscheidung mit dem guten alten Ben auf. Jeder Amerikaner lernt in der Schule Benjamin Franklins Leben und seine großen Taten auswendig. Auf seinem Weg zu ewigem Ruhm traf er Tausende weiser Entscheidungen. Diese Abschlußtechnik beruht tatsächlich auf der Methode, die Franklin verwendete, um zu Entscheidungen zu gelangen. Für jeden Amerikaner gewinnt dieser Abschluß aufgrund des Respekts für seinen Namen an Überzeugungskraft. Leiten Sie den Abschluß durch eine Anspielung auf den Namen ein.

b) Lernen Sie den genauen Wortlaut. Haben Sie das getan, so geben Sie den Text in Ihrer Adaptation auf natürliche Weise wieder. Hier der Wortlaut.

»Wie Sie wissen, betrachten die Amerikaner Benjamin Franklin seit langem als einen ihrer weisesten Männer. Immer wenn der alte Ben Franklin sich in einer ähnlichen Situation wie Sie heute befand, war ihm etwa so zumute wie Ihnen jetzt. Wenn es das Richtige war, wollte er sichergehen, daß es richtig war, und es dann tun. Wenn es das Falsche war, wollte er sichergehen, daß es falsch war, und es vermeiden. Geht es Ihnen auch etwa so?

Ben Franklin tat in einer solchen Lage folgendes: Er nahm ein Blatt Papier und zog in der Mitte mit einer Feder eine senkrechte Linie. In der linken Hälfte schrieb er das Wort Ja, unter dem er alle Gründe auflistete, die für die Entscheidung sprachen. Rechts notierte er ein Nein und listete darunter alles auf, was dagegen sprach. Als er damit fertig war, zählte er einfach die Argumente zusammen und fällte die Entscheidung, für die mehr sprach.

Warum versuchen wir nicht dasselbe und sehen, was dabei herauskommt? Lassen Sie uns sehen, wie viele Gründe für eine Kaufentscheidung wir finden.«

Nehmen Sie ein Blatt Papier, und beginnen Sie, alle Vorteile aufzulisten, von denen Sie wissen, daß sie den Kunden ansprechen, das heißt alle Punkte, auf die Sie und der Kunde sich einigen konnten. Wenn Sie gemeinsam mit ihm alle Jas hingeschrieben haben, sagen Sie folgendes:

»Sehen wir uns nun an, wie viele Gründe dagegen Ihnen einfallen.« Und das lassen Sie den Kunden allein erledigen. Es ist nicht Ihre Sache, ihm dabei zu helfen, Minuspunkte zu finden. Wenn das beendet ist, fahren Sie fort:

»Nun wollen wir sie zählen.« (Zählen Sie laut.) »Eins, zwei, drei, … vierundzwanzig. Das sind vierundzwanzig auf der Ja-Seite. Und auf der Nein-Seite haben wir eins, zwei, drei, vier, fünf. Vierundzwanzig Jas und fünf Neins. Nun, die kluge Entscheidung liegt recht klar auf der Hand, nicht wahr?«

Zögern Sie an dieser Stelle höchstens den Bruchteil einer Sekunde. Gehen Sie sofort zu einer Reflexfrage über:

»Übrigens, wie lautet Ihr vollständiger Name?«

Wenn er ihn Ihnen jetzt nennt, hat er Ihr Produkt oder Ihre Dienstleistung gekauft.

Nun zeige ich Ihnen, wie der Ben-Franklin-Abschluß im Büro eines leitenden Firmenmanagers funktioniert:

»… daher denke ich, es wäre eine kluge Entscheidung, Ihre Anlage mit einem JLG-Hebesystem auszustatten.«

Frank antwortet: »Nun, Tom, das ist eine ziemlich hohe Investition. Ich weiß nicht – nicht, daß es mir schwerfiele, Entscheidungen zu fällen …«

»Sicher nicht. Es ist klar, daß Sie täglich Entscheidungen auf diesem Niveau fällen.«

Frank murmelt ein abwesendes Ja.

Ich erkenne, daß er nicht wirklich bereit ist, die Kröte zu schlucken. Das JLG-Hebesystem interessiert ihn. Er braucht es. Die Zahlen sprechen dafür. Er weiß, daß sein Unternehmen sehr von diesem Hebesystem profitieren wird – aber er sucht einen Weg, um sich der Verantwortung für die Entscheidung zu entziehen. Mit anderen Worten: Er verhält sich wie ein typischer Käufer. Also zücke ich meine Ben-Franklin-Waffe:

»Könnte es möglicherweise sein, Frank, daß das Problem darin besteht, daß Sie keine Möglichkeit hatten, die Fakten abzuwägen?«

»Ja«, sagt Frank. »Ich glaube, ich bin mir über die Sache noch nicht völlig klar.«

»Nun, eine Entscheidung ist nur so gut wie die Tatsachen, die für sie sprechen, nicht wahr?«

»Da haben Sie wohl recht«, sagt Frank.

»Wissen Sie, vor einer Weile mußte ich an einen Mann denken, den wir Amerikaner seit langem als einen unserer weisesten Männer betrachten: an Benjamin Franklin.«

»Oh, Tommy – Sie werden doch nicht den alten Ben-Franklin-

Abschluß bei mir versuchen, oder?« Frank lacht laut auf. »Ich war früher im Versicherungsgeschäft. Ich habe vor langer Zeit in einem Seminar davon gehört.«

Das bringt mich nicht aus der Fassung, denn ich weiß, daß das hin und wieder vorkommt. Ich bleibe am Ball. »Wissen Sie, was verblüffend ist?«

»Was?« sagt Frank, immer noch kichernd.

»Als ich zum ersten Mal von dieser Technik hörte, dachte ich: ›Ich weiß nicht.‹ Darf ich Sie fragen: Haben Sie es schon einmal damit versucht? Haben Sie sie verwendet, als Sie Versicherungen verkauften?«

»O nein«, sagt Frank. »Ich habe sie nie benutzt.« (Tatsächlich ist es unerheblich, ob er es getan hat oder nicht. Mein Ziel in diesem Augenblick ist es, die Spannung zu lösen und ihn dann zum Abschluß zu führen. Wenn er über Erfahrungen mit dieser Technik berichten kann, schön. Wenn nicht, auch schön. In jedem Fall werde ich mich weiterbewegen.)

»Es ist eigenartig«, sage ich zu Frank. »Ich entschloß mich, das Franklin-System nicht nur im Geschäftsleben, sondern auch bei persönlichen Fragen zu verwenden – und sehr bald hatte ich meine ganze Familie dazu gebracht, es bei der Lösung der verschiedensten Probleme heranzuziehen. Es war verblüffend. Unsere Entscheidungen wurden besser. Erinnern Sie sich daran, wie es funktioniert?«

»Ich weiß schon – man zieht eine Linie und listet die Pro in der einen und die Kontra in der anderen Spalte auf.«

»Richtig. Auf dieser Seite listen Sie alle Gründe auf, die für die Entscheidung sprechen, auf der anderen alle, die dagegen sprechen.«

»Genau, so war's«, sagt Frank.

Wichtig ist hier, daß man den Gesprächsfluß aufrechterhält, anstatt unflexibel an einer Wortwahl zu kleben, die man wie ein Papagei auswendig gelernt hat. Wenn man den Stoff beherrscht, kann man auf beiden Seiten des Weges gehen und die richtige Richtung beibehalten.

Ich fahre fort: »Ben Franklin wollte genau wissen, ob eine Entscheidung richtig oder falsch sei. Ist das nicht genau das, was auch wir hier tun: die Entscheidung analysieren und den springenden Punkt finden, wie es so schön heißt?«

Frank zuckt mit den Schultern. »Ja, darauf läuft es wohl hinaus.«

»Also werden Sie alle Gründe für die Entscheidung auf der einen und alle dagegen auf der anderen Seite auflisten. Dann werden Sie es machen wie der alte Ben Franklin: die Argumente zusammenzählen – und die Entscheidung ist gefällt.«

»Na ja, ich glaube, meine Analysemethode ist nicht ganz so einfach.«

»Ich bin überzeugt davon. Aber wenn die Gründe pro und kontra eindeutig sind, erhält man einen Hinweis auf die richtige Entscheidung, wenn man sie gegeneinander aufrechnet, denken Sie nicht?«

»Ich nehme es an.«

»Wir beide kennen die Ben-Franklin-Methode. Sie ist logisch. Sie ist einfach. An diesem Punkt würde ich gefühlsmäßig sagen, wir sollten es ausprobieren. Sollen wir?«

»Nun ja …« Frank gibt auf.

»Genug Zeit haben wir ja, nicht wahr? Ein paar Minuten …«

»Gut. In Ordnung.«

»Lassen Sie uns gleich anfangen. Denken wir über die Gründe nach, die für die Entscheidung sprechen. Wir waren uns ursprünglich darüber einig, daß Sie sich einen Großteil der Arbeitskosten ersparen würden, wenn eine einzige Person im Fahrkorb das gesamte Vehikel bedienen könnte und eine zweite Bedienungsperson überflüssig wäre. Das ist doch richtig so, oder?«

»Ja«, sagt Frank.

»Und Sie werden sich erinnern, daß ich einen Mann hinausgeschickt habe, dessen einzige Aufgabe darin bestand, alle Ihre Türen auszumessen. Wir wissen jetzt, daß der JLG jeden Teil Ihrer Anlage erreichen kann.«

»Richtig – er paßt durch alle unsere Türen«, sagt Frank.

»Ich habe mich bei jeder einzelnen vergewissert.«

»Sehr richtig – das ist ein wichtiger Punkt.«

»Das größte Problem bei vielen hydraulischen Einrichtungen – ich weiß, daß Ihnen das am Herzen liegt – sind die Dichtungen. Die

Hydraulikdichtungen. Aus diesem Grund hat der JLG die besten Dichtungen, die man bekommen kann.«

»Keinerlei undichte Stellen?« fragt Frank.

»Nein, keine.«

»In Ordnung.«

»Der JLG ist der beweglichste von allen. Er kann kleinere Räume erreichen und die Arbeit erledigen.«

»Okay.«

»Und er hat einen kleineren Wenderadius.«

»Ja, richtig, das ist ein Faktor. Wir haben ein paar enge Stellen an den Enden der Gänge.«

»Jede Menge Anwendungen im Wartungsbereich«, lautet mein nächster Pluspunkt. »Für wie viele Anwendungen brauchen Sie ihn? Ein 80-Fuß- oder ein 20-Fuß-Ausleger – der JLG ist unglaublich vielseitig, finden Sie nicht?«

»Richtig. Schreiben Sie es auf.«

»Ein lokaler Kundendienst steht zur Verfügung. Damit ersparen Sie sich lange Stillstandzeiten. Sie wissen ja selbst, wieviel es kostet, wenn eine Maschine stillsteht, weil man auf die Ersatzteile warten muß.«

»Das ist wahr«, sagt Frank.

»Wir haben uns die Steuervorteile angesehen. Wir sind zu dem Schluß gekommen, daß Leasing wegen der Steuerersparnis dem Kauf vorzuziehen ist und natürlich weil dadurch der Cash-flow nicht belastet wird ...«

»In Ordnung.«

»Wenn Sie sich entschließen, das Lager zu bauen, Frank, haben Sie die Gewißheit, über das beste Hebesystem zu verfügen. Wir haben es. Es ist nicht so, daß wir Ihnen das Ding einfach in die Hand geben und ›Auf Wiedersehen‹ sagen. Im Gegenteil. Wir bleiben an Ihrer Seite. Lassen Sie mich nachdenken – fallen Ihnen noch irgendwelche Pro ein, Frank?«

»Nun, Ihr Hebesystem hat eine höhere maximale Ladekapazität als die anderen.«

»Gut, das halten wir fest. Und wie viele Argumente finden Sie jetzt auf der Negativseite, Frank?«

Frank denkt einen Augenblick nach und sagt dann: »Nun ... na gut, da wäre zunächst einmal, daß wir es in unserem gegenwärtigen Budget nicht eingeplant haben. Und was ist mit unserem derzeitigen System? Ich muß etwas damit tun, denn ich weiß, wie die Burschen im Werk sind. Wenn der JLG besetzt ist, werden sie einfach auf ihn warten, anstatt den alten Karren zu benutzen, den wir jetzt haben. Also müßte ich ihn loswerden – ihn verkaufen oder eintauschen.«

»Beide Einwände sind gerechtfertigt, Frank. Wo Sie recht haben, haben Sie recht. In Ordnung, ich habe sie aufgeschrieben. Sonst noch etwas?«

Frank macht eine Pause, und es wird klar, daß ihm keine Einwände mehr einfallen. Wie Sie sehen, geht es bei beiden Kontra ums Geld. Darauf will ich in diesem Augenblick nicht eingehen, also sage ich: »Warum zählen wir sie nicht einfach zusammen?«

Ich zähle sie ihm laut vor und verkünde das Ergebnis: neun Jas gegenüber zwei Neins.

»Frank, was meinen Sie – ist die Antwort nicht recht eindeutig?«

Ich bin darauf gefaßt, jetzt eine lange Stille aushalten zu müssen. Der entscheidende Gedanke lautet hier, meinen Mund zu halten. Frank enttäuscht mich nicht. Eine Weile herrscht absolute Stille im Raum, während Frank über die Sache nachdenkt. Schließlich sagt er: »Ich werde Ihnen etwas sagen, Tom. Ich gehöre zu der Art von Menschen, die einfach erst einmal über die Dinge nachdenken müssen.«

Haben diese kalten bedruckten Seiten Ihnen zeigen können, wie nett und warm diese Technik umgesetzt werden kann? Genau so sollten alle Techniken gehandhabt werden: in einer entspannten und aufgeweckten, freundlichen und respektvollen, zuversichtlichen und sachkundigen Art und Weise.

4. Der Bumerang-Abschluß

Hier wird die Effektivität der Stachelschwein-Technik noch erhöht. Eine Frage wird nicht wie beim Standard-Stachelschwein einfach mit einer Gegenfrage beantwortet. Statt dessen stellt man eine Gegenfrage, die, wenn sie so beantwortet wird, wie die ursprüngliche Frage des Kunden vermuten läßt, ein erfreuliches Ergebnis hat: Der Kunde hat gekauft.

Im folgenden Beispiel für die Bumerang-Technik führen wir immer noch Mr. Zale zum Kauf eines Hochleistungsgetriebes.

Mr. Zale: »Würden wir uns für Ihr Produkt entscheiden, so müßten Sie es bis zum 15. Juni liefern. Können Sie das schaffen?« (Die meisten Verkäufer wären versucht, anzubeißen, ja zu sagen – und mit leeren Händen dazustehen. Sehen Sie sich an, wie sich ein Profi diese Gelegenheit zunutze macht.)

Champion: »Wenn ich eine Lieferung bis 15. Juni garantieren könnte, wären Sie dann in der Lage, die Formalitäten heute zu erledigen?«

Natürlich schweigt der Champion jetzt so lange, bis Mr. Zale antwortet.

Um den »Bumerang« einzusetzen, müssen Sie den Kunden erst dazu bringen, eine Forderung zu erheben oder einen Wunsch zu äußern, den Sie erfüllen können. Solche Forderungen gibt es genug: gute Kreditbedingungen, Montageunterstützung, Farbwahl oder zu bestellen, bevor Preiserhöhungen in Kraft treten. Fast jeder Vorteil, den die Leute wollen, kann zu einem »Bumerang« gemacht werden.

Die Bumerang-Technik hat zwei Angelpunkte: a) Sie müssen wissen, welche Kundennutzen Sie liefern können, und b) Sie müssen in der Lage sein, das Gold aus dieser Information herauszusieben. Wir haben Ihnen schon gezeigt, wie man b) bewerkstelligt. Sprechen wir nun über a). Die Verwendung der Information ist der einfache Teil; viel schwieriger und aufwendiger ist es, sie zu bekommen. Diesen Punkt möchte ich betonen:

> **Ein Champion holt sich alle Informationen, die er zu einem Bumerang machen kann. Er weiß, daß sie entscheidend zum Abschluß beitragen können.**

Einer der Gründe dafür, daß Champions fünfmal mehr verkaufen als durchschnittliche Verkäufer (wobei die Differenz noch größer sein kann), besteht darin, daß sie fünfmal mehr darüber wissen, was und wann Ihr Unternehmen liefert.

Wie kommen die Champions an diese Informationen?

Die Antwort hängt selbstverständlich vom Produkt und vom Unternehmen ab. Verlierer in der Verkaufsabteilung machen sich häufig Feinde in der Produktion oder im Versand. Der Champion macht sich in beiden Abteilungen Freunde. Er weiß, daß sich die Leute dort nach Anerkennung sehnen wie alle andern Menschen auch. Der Champion ist sich nicht zu schade, Mitteilungen des Dankes an Leute in der Organisation zu schicken, die ihn in der normalen Geschäftätigkeit unterstützen. Auch ist er nicht blind dafür, daß die Leute in Produktion und Versand feste Gehälter beziehen, daß viele von ihnen sich über ein gelegentliches gemeinsames Essen oder ein Bier nach der Arbeit freuen. Vermeiden Sie Wichtigtuerei. Man macht sich keine Freunde, indem man den großen Max spielt.

Der Champion richtet sein Informationsnetzwerk an den in seiner Firma üblichen Lieferterminen aus. Er bekämpft das System nicht, sondern er trägt dazu bei, daß es effektiv funktioniert, indem er mit ihm arbeitet und es zusätzlich aus seinen eigenen Verbindungen und Quellen unterstützt und erweitert.

5. Der Sekundärfragen-Abschluß

Wenn dieser Abschluß zum richtigen Zeitpunkt bei den richtigen Leuten angewendet wird, schnappt er so fest zu wie eine Bärenfalle.

Hier die Technik: Zielen Sie mit einer Frage auf die Hauptentscheidung, und fügen Sie, ohne eine Pause zu machen, eine weitere

Frage hinzu, die eine Einbindungsfrage mit Alternativvorstoß ist. Das klingt ein bißchen verwirrend, daher werde ich Ihnen zur Verdeutlichung ein Beispiel geben. Sie gehen mit dem Vorarbeiter durch die Fertigungsanlage von Frankly Better Products. Frank überlegt, ob er ein JLG-Hebesystem von Ihnen kaufen soll. Als Sie spüren, daß der geeignete Augenblick für den Sekundärfragenabschluß gekommen ist, sagen Sie:

»So wie ich es sehe, Frank, geht es hier nur um die Entscheidung darüber, wie bald Sie die höheren Gewinne genießen werden, die das JLG-Hebesystem für Sie einfahren wird – übrigens, werden Sie es in der Hauptanlage oder in Ihrem neuen Lager einsetzen?«

Lassen Sie uns die Sekundärfragentechnik an einer Dienstleistung ausprobieren.

»So wie ich es sehe, Frank, geht es hier nur um die Frage, wie bald Sie sich über die höheren Gewinne freuen können, die eine zufriedenere Belegschaft für Sie erzielen wird – übrigens, werden Sie die Musik nur in Ihren Büros und im Lager spielen oder in der gesamten Anlage?«

Sie können diese Grundversion leicht auf jegliche Produkte oder Dienstleistungen anwenden. Die Hauptentscheidung wird mit folgenden Worten eingeleitet:

»So wie ich es sehe, stehen wir heute nur vor der Entscheidung, wie bald ...«

Auf die Frage nach der Hauptentscheidung folgt dann, ohne daß eine Sprechpause eingelegt wird, die untergeordnete Frage, die Sie mit folgenden Worten einleiten:

»Übrigens ...«

Um den Abschluß der untergeordneten Frage erfolgreich einzusetzen, müssen Sie sich an folgende Schritte halten:

a) Halten Sie die Hauptentscheidung als Vorteil für den Kunden fest: »Die einzige Entscheidung ... ist, wie bald Sie beginnen werden, (den Vorteil) zu nutzen.«

Formulieren Sie die Hauptentscheidung nie negativ: »... wie bald Sie damit aufhören werden, Geld zu verlieren ...« Oder, was noch schlimmer ist, mit kaum von Humor verschleierter Aggression: »... wie bald Sie auf einen grünen Zweig kommen und beginnen werden, Geld zu sparen, indem Sie bei mir bestellen.«

b) Vermeiden Sie jegliche Pause zwischen der Formulierung der Hauptentscheidung und der untergeordneten Frage.

c) Stellen Sie die untergeordnete Frage in Form einer Einbindungsfrage mit Alternativvorstoß. Lassen Sie uns noch einmal darauf zurückkommen. Ein Alternativvorstoß ist jede Frage, die eine Wahl zwischen zwei Antworten ermöglicht. Beide Antworten bringen den Kunden der Kaufentscheidung näher. Eine Einbindungsfrage ist eine Frage, die vom potentiellen Käufer verlangt, Besitzentscheidungen zu fällen.

In Wahrheit ist es Ihnen nicht besonders wichtig, ob Frank Ihr JLG-System in der Fabrik oder im Lagerhaus verwendet, nicht wahr? Aber wenn er darüber nachdenkt, wo er es einsetzen wird, denkt er über einige der Möglichkeiten nach, die er haben wird, wenn er Ihr Produkt besitzt. Damit ist dieser eine Satz gleichzeitig ein Alternativvorstoß und eine Einbindungsfrage und erhält die doppelte Durchschlagskraft.

d) Bereiten Sie Ihren gesamten Abschluß gründlich vor. Es erfordert einige Mühe, eine untergeordnete Frage für Ihr Angebot zu entwickeln, die soviel Durchschlagskraft in so wenige Worte packt wie das oben genannte Beispiel. Aber diese Mühe wird vielfach belohnt werden. Ich glaube kaum, daß es irgendeine Verkaufsaktivität gibt, mit der Sie in kürzerer Zeit mehr Geld verdienen als mit einem wirkungsvollen Sekundärabschluß. Wenn Sie Ihren gesamten Abschluß ausgearbeitet haben, prägen Sie sich die Worte so lange ein, bis Sie sie mühelos abspulen können. Verlierer improvisieren, Gewinner bereiten sich vor.

e) Verwenden Sie das hier angebotene Muster. Die einleitenden Sätze verankern sich so in Ihrem Gedächtnis, daß Sie keine Schwierigkeiten haben, den Abschluß den von einem Kundengespräch zum anderen sich ändernden Bedingungen anzupassen. Sie helfen Ihnen auch, den Abschluß ordentlich zu präsentieren. Die Präsentation des Abschlusses ist so wichtig, daß ich sie hervorheben möchte:

f) Präsentieren Sie den Abschluß entspannt und aufmerksam. Studieren Sie diesen Abschluß so lange ein, bis Sie ihn klar und ungezwungen vortragen können. Denn sonst wird offenkundig, daß es sich um einen gewollten Kunstgriff handelt, und das wird die Erfolgschance wesentlich mindern.

Zweck der ganzen Übung ist es selbstverständlich, Frank dazu zu bewegen, etwas wie das Folgende zu antworten: »Nun, ich denke, wir werden es besser im neuen Lager installieren, denn dort wird es laufend benutzt. In der Hauptanlage würden wir es nur ein- oder zweimal pro Schicht einsetzen.« Wenn Frank das sagt, hat er gekauft.

Das ungezwungene Vorgehen ist wesentlich für den Verkaufserfolg. Mit ungezwungen meine ich nicht achtlos. Sie müssen eine aufmerksame, dabei jedoch lockere Art kultivieren, die den Leuten angenehm ist. Lernen Sie, entspannt zu sein, ohne lässig oder träge zu wirken; lernen Sie, aufmerksam zu sein, ohne dabei aufdringlich oder übereifrig zu erscheinen. Mit einem Wort: Seien Sie kompetent.

Der Fernsehdetektiv Colombo ist ein gutes Beispiel für das, wonach ein professioneller Verkäufer streben sollte. Colombo bedroht niemanden. Er fährt ein klappriges altes Auto, er trägt einen zerknitterten alten Regenmantel. Wenn er erscheint, denkt der Verdächtige: »Dieser Clown soll mich in die Falle locken? Unmöglich.« So wird der Verdächtige zunehmend leichtsinnig, denn er glaubt nicht, daß er sich über irgend etwas Sorgen machen müßte. Dann beginnt Colombo, die richtigen Fragen zu stellen, und der Verdächtige spürt, wie ihm ein leichter Schauer in den Nacken fährt. Colombo spürt seine Verkrampfung und wechselt das Thema. Colombo ist ein großer Unterbrecher. »Übrigens«, sagt er und greift einen anderen Faden auf. Sobald sich die Spannung ein wenig gelöst hat, kommt er sofort wieder auf den Punkt zurück. Sie haben wahrscheinlich schon gesehen, wie er sich sechsmal von einem Verdächtigen verabschiedet. Jedesmal denkt der Verdächtige, es sei vorüber. Da kommt Colombo zurück. Das ist Professionalität.

Beim Verkaufen gehen wir sehr ähnlich vor. Wir stellen Fragen nicht, um zu bedrohen, sondern um die nächste Information zu erhalten. Wir stellen die Fragen in einem warmen und freundlichen Tonfall. Wenn wir spüren, daß sich unser Gegenüber bedroht fühlt oder daß sich eine Spannung aufbaut, ziehen wir uns zurück. Wenn der Druck sinkt, nehmen wir einen neuerlichen Anlauf.

Sie müssen viele Abschlüsse lernen, denn Sie müssen mehr Methoden kennen, mit denen Sie ein Ja erhalten, als der potentielle Kunde Methoden kennt, um nein zu sagen. Wenn Sie hier nicht besser schießen als er, sind Sie tot. Dieses Buch wäre für Sie eine Million Dollar wert, wenn ich Ihnen einen Abschluß anbieten könnte, der jedesmal funktioniert. Einen solchen Abschluß gibt es nicht. Würde ein Abschluß auch nur in einem Viertel der Fälle den Erfolg garantieren, so würden sich derart viele Verkäufer auf ihn stürzen, daß die übermäßige Verwendung ihn innerhalb weniger Tage wertlos machen würde.

Alle Champions arbeiten mit einer Vielzahl von Abschlüssen*. Für die unambitionierte Mehrheit der Verkäufer ist das mühevolle Erlernen mehrerer Abschlüsse schon ein viel zu hoher Preis für eine Verkaufskarriere und finanziellen Erfolg. Aber man muß nicht mit einem brillanten Intellekt gesegnet sein, um ein »Multi-Abschließer« zu werden. Alles was man braucht, ist die Entschlossenheit, sich seine Zeit so einzuteilen, daß man in der Lage ist, verschiedene Abschlüsse gründlich zu erlernen. Das ist wirklich von grundlegender Bedeutung. Es verblüfft mich immer wieder zu sehen, wie wenige Verkäufer bereit sind, diesen – im Vergleich zu anderen Berufen lächerlich geringen – Preis zu zahlen, um sich ausreichende Fähigkeiten anzueignen, die ihnen das Einkommen eines Profis

---

* Unzählige Abschlußvarianten bietet das brillante Buch des Amerikaners Zig Ziglar: *Der totale Verkaufserfolg.* Die Geheimnisse des erfolgreichen Geschäftsabschlusses (Oesch Verlag, Zürich).

garantieren. Vielleicht liegt der Grund darin, daß sie niemand dazu bringt, es zu tun. Und weil das niemand tut, neigen sie fatalerweise dazu, die Tatsache zu übersehen, daß die Inkompetenten im Verkauf von den scharfen Sensen des Wettbewerbs niedergemäht werden. In unserem Beruf herrscht Freiheit. Das heißt, wir haben die Freiheit, erfolgreich zu sein, und wir haben die Freiheit zu scheitern. Wenn Sie den Beruf ergreifen und der Welt mitteilen, daß Sie ein Berufsverkäufer sind, müssen Sie sich der Beherrschung Ihrer Kunst widmen. Investieren Sie Zeit und Mühe und:

> **Lernen Sie massenhaft Abschlüsse.**

Nehmen wir an, ich habe gerade den Ben-Franklin-Abschluß angewendet, und der Kunde läßt mich abblitzen: »Ich werde darüber nachdenken.«

Wenn ich darauf nicht angemessen reagieren kann, habe ich ein ernsthaftes Problem – an diesem Tag werde ich den Verkauf nicht unter Dach und Fach bringen. Aber jetzt ist immer sicherer als später. Sie müssen deshalb lernen, nach einem mißlungenen Abschluß einen neuen Versuch zu wagen. Die Technik, mit der Sie auf einen neuen Versuch zusteuern, heißt *Überbrücken*. Sie wird am Anfang von Kapitel 16 beschrieben.

6. Der Abschluß mit der höheren Autorität

Diese Technik ist durchschlagend – wenn Sie sie wirklich kennen und richtig einzusetzen verstehen. Ich werde Ihnen auch hier ein Beispiel geben, um Ihnen die genaue Funktionsweise der Technik zu zeigen. Ob Sie nun einen Teppichreinigungsservice an Hausfrauen, Gruppenversicherungen an Unternehmen oder Kunstgegenstände an Sammler verkaufen – was immer Sie anzubieten haben, es kommen die Prinzipien dieses Beispiels zur Anwendung. Sie müssen den Wortlaut nur Ihrem eigenen Produkt oder Ihrer Dienstleistung anpassen.

Die höhere Autorität muß genau das sein, was das Wort besagt – eine Person, die dem potentiellen Käufer bekannt ist und von ihm respektiert wird. Er muß Ihre höhere Autorität nicht persönlich kennen; wichtig ist nur, daß der Kunde über ihre Existenz und Stellung Bescheid weiß. Wenn Sie Landmaschinen verkaufen, wird das ein bekannter Landwirt sein; wenn Sie Einrichtungsgegenstände oder Haushaltsdienste verkaufen, wird es eine führende Persönlichkeit aus dem politischen oder gesellschaftlichen Leben Ihrer Gemeinde sein; wenn Sie Industrieausrüstung verkaufen, wird Ihre höhere Autorität ein Entscheidungsträger in einem großen und wachsenden Unternehmen sein.

Hier eine schrittweise Anleitung zum Einsatz dieses Abschlusses:

a) Wählen Sie Ihre Autoritätsfigur aus. Sie sollten ständig auf der Suche nach mehreren Autoritätsfiguren sein. Lassen Sie uns für den Augenblick davon ausgehen, daß Sie nur eine Person verwenden. In unserem Beispiel sind Sie der Rekordverkäufer der Brawnybead Welding Equipment Corporation, eines Schweißmaschinenherstellers.

Der zweitgrößte Stahlerzeuger in Ihrem Gebiet, Finekrax Inc., ist ein zufriedener Kunde von Ihnen. Ihre Bezugsperson ist der Produktionsleiter Mark Cade. Sie haben erstklassigen Service geboten, Dankschreiben erhalten, alles, was dazugehört – und natürlich leisten Ihre Brawnybead-Maschinen bei Finekrax ausgezeichnete Arbeit.

Mark Cade bietet sich als ideale höhere Autorität für alle kleineren Stahlproduzenten in Ihrem Verkaufsgebiet an.

b) Spannen Sie Ihre Autoritätsfigur für sich ein. Nachdem Finekrax ein Dutzend Ihrer Brawnybead-Maschinen lange genug in Betrieb hat, um über ausreichende Erfahrungswerte zu verfügen, fragen Sie Mark Cade im Rahmen eines Ihrer Besuche, ob er bereit wäre, sein Wissen über Ihre Maschinen an andere Stahlproduzenten weiterzugeben. Mark willigt ein, das für Sie zu tun, denn Sie haben mit einem guten Produkt gute Verkaufs- und Servicearbeit für Ihn geleistet, und Sie haben ihm zugesichert, daß Sie sich nur an ihn wenden werden, wenn Sie Hilfe bei potentiellen Kunden brauchen, die etwa auf dem Niveau seines Unternehmens arbeiten. Mit anderen Worten: Sie versprechen, ihn nicht zu behelligen, wenn Sie versuchen, eine kleine Schweißmaschine an eine Reparaturwerkstätte zu verkaufen.

c) Bereiten Sie Ihre Autoritätsfigur auf die spezifische Verkaufssituation vor. Sie sind darauf aus, alle veralteten Schweißmaschinen bei Slagfild Iron Works durch Ihre neuen Hochgeschwindigkeits-Brawnybeads zu ersetzen. Slagfild ist die Nummer vier in Ihrem Territorium, und Tony Alioto ist dort der Entscheidungsverantwortliche. Bei der Planung Ihres Gesprächs mit Tony kommen Sie zu dem Schluß, daß Sie die Unterstützung Ihrer Autoritätsperson benötigen werden. Also rufen Sie Mark Cade an und vereinbaren mit ihm, daß er Ihnen während Ihres Termins bei Tony Alioto für ein Telefongespräch zur Verfügung stehen wird. Nachdem Mark vorbereitet ist, schließen Sie Ihre Planung für eine durchschlagskräftige Präsentation bei Slagfild ab.

d) Bereiten Sie Ihren Kunden auf den Autoritätsabschluß vor. Sie wissen, daß Tony dieselben Bedenken bezüglich der Zuverlässigkeit Ihrer Brawnybead-Schweißmaschinen haben wird, die früher auch Mark Cade hatte.

Werden die Innovationen, welche für die Überlegenheit von Brawnybead sorgen, unter den realen Arbeitsbedingungen in der Fabrikhalle bestehen? Ist Ihre Serviceabteilung wirklich so gut, wie Sie behaupten?

In der Planung Ihrer Präsentation gehen Sie davon aus, daß Tony spezifische technische Fragen haben wird. Eine einfache Demonstration ist sinnlos; Tony weiß ohnehin, daß Ihre Maschine zwei Metallteile miteinander verbindet.

Damit ist Ihnen klar, daß das vorrangige Ziel des Verkaufsgesprächs mit Tony Alioto darin besteht, die spezifischen technischen und anderen Vorbehalte herauszuarbeiten, die er bezüglich Ihrer Maschinen und Ihrer Firma haben dürfte. Halten Sie die Vorbehalte auf einem Blatt Papier fest. Bitten Sie Tony darum, Ihnen eindeutig zu bestätigen, daß die Liste sämtliche Gründe für seine Skepsis enthält. Jetzt sind Sie soweit, daß Sie ihn mit dem Abschluß konfrontieren können. Sie greifen nach dem Telefon auf Tonys Schreibtisch.

»Sie kennen doch Mark Cade, nicht wahr?«

»Leitet er nicht die Fabrik von Finekrax?«

»Genau. Er ist einer unserer Kunden.« Dann rufen Sie an.

Wenn sich Mark Cade meldet, sagen Sie zu ihm: »Ich bin hier bei Slagfild mit Tony Alioto, und er hat ein paar Fragen über den Brawny-Schweißer.« Dann reichen Sie den Telefonhörer an Tony weiter, und lassen Sie ihn seine Informationen bei der Autoritäts-figur einholen. Die Liste der Fragen liegt vor ihm, also kann nichts übersehen werden.

e) Machen Sie nach dem Anruf den Abschluß. Hat Mark Cade einmal die technischen Einzelheiten mit Tony besprochen und ihm versichert, daß der Brawnybead in seiner größeren Fabrik gut arbeitet, sind Tonys Einwände ausgelöscht. Wenn er den Hörer auf-legt, sind Sie in der richtigen Position, um die Frage zu stellen: »Übrigens, welcher Liefertermin kommt Ihnen eher entgegen, der Erste oder der Fünfzehnte?«

Wenn irgend etwas dazwischenkommt und Mark Cade nicht zu er-reichen ist, obwohl Sie es mit ihm verabredet hatten – schließlich geht seine Arbeit vor –, so werden Sie wahrscheinlich nicht in der Lage sein, den Verkauf an diesem Tag abzuschließen. Verabreden Sie sich für einen weiteren Besuch an einem spezifischen Termin, und hinterlassen Sie Tony die Telefonnummer der Autoritätsper-son, so daß er Mark von sich aus anrufen kann. Nehmen Sie sich eine Liste von Tonys Einwänden mit, damit Sie bei Ihrem Wieder-holungstreffen gleich dort beginnen können, wo Sie beim letzten Mal aufgehört haben.

Manche Verkäufer lehnen den Autoritätsfigur-Abschluß ab, weil sie der Ansicht sind, daß sich alle Konkurrenten untereinander hassen und nicht zur Mitarbeit bereit sein werden. Abgesehen von Ausnahmen ist es jedoch im allgemeinen so, daß Leute aus ver-schiedenen Unternehmen, die im selben Bereich tätig sind, einander freundlich gegenüberstehen. Sie respektieren einander und haben zahlreiche Gründe dafür, zusammenzuarbeiten. Schließlich besteht auch die Möglichkeit, daß sie sich eines Tages nach einem Job bei einem anderen Unternehmen in ihrer Branche umsehen werden. Wenn Ihnen tatsächlich einer jener wenigen Fälle begegnet, in denen böses Blut zwischen Konkurrenten herrscht, so ziehen Sie sich einfach zurück – Sie brauchen nicht anzunehmen, daß Ihnen deshalb Ärger droht. Die Wahrheit ist, daß die meisten Leute viel zu beschäftigt sind, um ihre Energie damit zu vergeuden, die Konkurrenz zu hassen. Und es ist eine Wohltat für das Ego, als Autoritätsfigur angesprochen zu werden.

Dieser Abschluß ist wirklich wertvoll. Ich weiß das, weil die Verkaufsrepräsentanten von Tom Hopkins / Champions Unlimited diese Technik von unseren Verkaufsschulungsvideos übernommen und zur Vervielfachung ihrer Verkaufserfolge genutzt haben. (Sie verwenden natürlich auch alle anderen Abschlüsse – mit phantastischen Ergebnissen.) Unsere Leute in der Verkaufsorganisation von Champions Unlimited sind stets auf der Suche nach höheren Autoritäten, die sie in ihrer eigenen Verkauftätigkeit verwenden könnten. Geben Sie sich nicht mit einer Person zufrieden, denn man kann jede Autoritätsfigur durch übermäßige Verwendung abnutzen. Jeder zufriedene Kunde ist eine potentielle Autoritätsfigur für bestimmte andere Kunden. Bedenken Sie dies bei der Arbeit mit Ihren Klienten – es ist ein weiterer Ansporn, sie mit einem Lächeln noch ein wenig besser zu betreuen.

Der Ansatz der Patientengeschichte

Ärzte führen laufend Aufzeichnungen über den Gesundheitszustand ihrer Patienten. Warum? Weil sie Profis sind und wissen, daß sie nicht sämtliche wichtigen Details über jeden einzelnen Patienten im Gedächtnis behalten können.

Auch Sie können sich nicht sämtliche wichtigen Details über jeden einzelnen Kunden merken. Führen Sie daher eine Kundengeschichte, und fassen Sie sie in einem kurzen Memo zusammen, welches Ihnen Aufschluß darüber gibt, welche Vorteile der Kunde gekauft hat, welche vorrangigen Einwände er erhoben hat und wie Sie diese ausgeräumt haben. Halten Sie darin auch die spezifischen Umstände oder Probleme fest, auf die Sie gestoßen sind und die Ihnen bei einem anderen Kunden erneut begegnen können.

Halten Sie Ihre an sich selbst gerichteten Memos kurz. Wählen Sie eine einfache Form in Stichpunkten. Machen Sie es sich sodann zur Gewohnheit, Ihr wachsendes Archiv an Kundengeschichten und Berichten über erfolgreiche Abschlüsse einmal wöchentlich zu studieren.

Sie werden sehr bald herausfinden, daß Ihr Kundengeschichten-Archiv sein Gewicht in Gold wert ist. Die Niederschrift und Zusammenfassung dieser Daten wird Ihre Aufmerksamkeit auf jene Schlüsselelemente lenken, die über den Erfolg Ihrer Abschlüsse entscheiden. Auf diese Art werden Sie sich schneller über Ihre Stärken und Schwächen klar und erhalten die Möglichkeit, die erstgenannten zu erweitern und die zweiten zu korrigieren. Es wird Ihnen helfen, kaum merkliche Entwicklungstrends früher zu erkennen. Es wird Ihnen zeigen, wo sich Ihre Suche nach potentiellen Kunden am meisten auszahlt.

7. Der Ähnliche-Situation-Abschluß

Wenn Sie mit einem potentiellen Käufer arbeiten, der Einwände oder Probleme hat, die Sie bereits einmal bei einem anderen Kunden überwunden haben, so können Sie Ihrem neuen potentiellen Kunden von dieser Situation erzählen. So verhielte sich der Durchschnittsverkäufer.

Der Champion hat die Fakten in seiner Kundengeschichte dokumentiert. Wenn er aus seiner Aktentasche ein Memo zieht, das zeigt, wie ein anderes Unternehmen dasselbe Problem gelöst hat, ist der potentielle Kunde beeindruckt – und überzeugt.

Nehmen wir an, Sie arbeiten mit der Zap Corporation, und Sie wissen, daß dieses Unternehmen seine Gewinne erhöhen kann, indem es das von Ihnen verkaufte JLG-Hebesystem einsetzt. Die Investition ist jedoch nicht im Budget vorgesehen, und man vertröstet Sie auf das nächste Jahr. In Ihrer Kundengeschichte haben Sie Aufzeichnungen über die Yip Company, welche den Kauf des JLG-Systems um ein Jahr verschob und 14 Prozent mehr dafür bezahlte. Aber nicht nur das: die Yip Company verlor durch die Verschiebung des Ankaufs 36000 Dollar an Gewinnen in jenem Jahr. Sie haben die Zahlen, und diese werden sich als Dynamit erweisen, mit dem Sie die Budgettür der Zap Corporation aufsprengen.

Beim Ähnliche-Situation-Abschluß können Ihnen auch saisonbedingte Verzögerungen helfen. Wup Industries bestellte das JLG-System auf dem Höhepunkt Ihrer Verkaufssaison und mußte vier Monate auf die Lieferung warten. In Ihrer Kundengeschichte ist alles festgehalten. Jetzt, im November, können Sie der Zap Corporation eine Lieferfrist von drei Wochen anbieten – aber die Zeit wird bereits knapp. Sie können den Verkauf mit dem Argument abschließen, daß der Kunde jetzt handeln muß, um eine rasche Lieferung zu erhalten.

8. Der Abschluß mit der lieben alten Mutter

Dieser hier ist sehr hübsch. In der richtigen Situation eingesetzt, wird er die Äpfel vom Baum schütteln. Um ihn anwenden zu können, müssen Sie mit einer Mutter sprechen – wenn möglich mit Ihrer eigenen, sonst mit einer anderen (in diesem Fall sagen Sie: »Eine liebe alte Mutter, die mir sehr viel bedeutet …«).

Zuerst bitten Sie Ihre Mutter, Ihnen einen Ratschlag zu wiederholen, den Sie Ihnen vor Jahren wahrscheinlich gegeben hat, den Sie jedoch vergessen haben. Fragen Sie sie: »Mama, würdest du mir Wort für Wort sagen, daß Schweigen Zustimmung bedeutet?« Merken Sie sich, was sie gesagt hat. (Es ist absolut unerläßlich, daß Sie Ihrer – oder einer anderen – Mutter diese Worte entlocken, bevor Sie diese Technik anwenden. Wenn Sie nicht ehrlich sind, können Sie kein überzeugendes Bild der Integrität vermitteln.)

Lassen Sie uns jetzt auf die Aussage von J. Douglas Edwards zurückkommen: »Wann immer Sie eine Abschlußfrage gestellt haben, halten Sie den Mund. Der erste, der spricht, hat verloren.«

Das ist ein sehr vernünftiger Rat. In 90 bis 99 Prozent der Fälle, in denen Sie dagegen verstoßen, werden Sie verlieren. Halten Sie sich also so lange daran, bis Sie sich weit über den Durchschnitt erhoben haben und sich an die verbleibenden fünf oder zehn Prozent wagen können. Halten Sie sich so lange daran, bis Sie fähig sind zu erkennen, wann die Spannung dem Verkauf schadet, anstatt ihn voranzutreiben, und bis Sie fähig sind, die Spannung zu lösen und trotzdem abzuschließen. An diesem Punkt kommt die liebe Mutter ins Spiel. Diese Technik kann Ihre Rettung sein, wenn Sie von einem betretenen Schweigen ins nächste schlittern.

Mit einer geschickten Methode, die Spannung zu lösen, verwandelt sich Druck in Humor, manchmal sogar in ein explodierendes Lachen. Viele Leute können dem Druck widerstehen, aber das Lachen wird ihre Verteidigung niederreißen.

Wenn also nach Ihrem letzten Abschluß einige Sekunden lang der Druck steigt und die Spannung im Raum unerträglich zu werden droht, sollten Sie folgendes tun: Grinsen Sie plötzlich über das ganze Gesicht, und sagen Sie: »Meine liebe Mutter pflegte zu sagen: ›Schweigen bedeutet Zustimmung.‹ Hat sie damit recht gehabt?«

Im allgemeinen wird Ihr Gegenüber lachen, und Lachen ist wie Sprechen – es bedeutet, daß Sie gewonnen haben. Sie werden abschließen. Dies ist eine untergeordnete Technik, die sich nur für bestimmte Situationen eignet. Ihre Intuition muß Ihnen sagen, wann der richtige Zeitpunkt für diese Methode gekommen ist. Dann löst diese Technik die Spannung und führt zum Erfolg.

Aber setzen Sie sie erst ein, wenn Sie mit Ihrer Mutter gesprochen haben.

9. Der Ich-werde-darüber-nachdenken-Abschluß

Es muß da irgendeinen Kerl geben, der durch die Lande zieht und Seminare abhält, in denen er den Leuten erklärt, wie man Kaufentscheidungen hinausschiebt; denn alle Käufer kennen diese Technik.

»Ich werde darüber nachdenken.«

»Wir wollen darüber schlafen.«

»Wir übereilen nichts.«

»Lassen Sie uns das Ganze erst einmal verdauen.«

»Lassen Sie Ihre Sachen da, wir werden es überprüfen.«

»Warum kommen Sie nicht morgen (nächste Woche, nach den Ferien) noch einmal. Bis dahin haben wir uns entschieden.«

Nachdem Sie diesen Abschluß gelernt haben, werden Sie, wenn Sie derartiges zu hören bekommen, die Gewißheit haben: »Den hab' ich im Sack.« Der Kunde erwartet, daß Sie danke sagen und gehen, denn das ist genau das, was der Durchschnittsverkäufer tut. Aber wird der Kunde auch wirklich über den Kauf nachdenken, wie er es Ihnen versprochen hat?

Natürlich nicht. Sobald Sie zur Tür hinaus sind, bekommt Ihr Käufer es mit neuen Problemen zu tun. Und vergißt Ihr Angebot.

Dann ist es plötzlich morgen, nächste Woche, nach den Ferien. Sie schauen noch einmal herein und fragen: »Haben Sie Ihren Denkapparat mit meinem Angebot gefüttert, wie Sie gesagt haben?«

Die Wahrheit will er Ihnen nicht gestehen, denn die würde sich etwa so anhören: »Nein, ich hatte nicht genug Zeit, um noch einmal darüber nachzudenken. Wir sind keinen Schritt weiter als bei Ihrem letzten Besuch.« Wenn er das sagt, hört es sich so an, als hätte er die Dinge nicht im Griff. Was also sagt er?

»Ja, wir haben uns eingehend mit Ihrem Vorschlag beschäftigt, und es tut mir leid, Ihnen sagen zu müssen, daß wir derzeit kein Interesse daran haben. Aber wir werden Ihr Angebot weiterhin diskutieren, und wenn sich etwas ändert, rufe ich Sie an.«

Was können Sie jetzt noch tun? Nichts. Sie sind tot – Sie haben sich selbst erschossen. Nun zeige ich Ihnen, was der Champion tut, wenn der Kunde die alte »Ich-werd's-mir-überlegen-Nummer« hervorholt:

a) Stimmen Sie ihm zu. »Das freut mich, Harry. Sie würden sich ja nicht die Zeit nehmen, um darüber nachzudenken, wenn Sie nicht ernsthaft interessiert wären, nicht wahr?«

Was wird er antworten? »Ja natürlich, wir sind interessiert. Da können Sie sicher sein. Wir werden darüber nachdenken.«

Lächeln Sie bei dieser Frage den Kunden tapfer an und geben Sie sich scheinbar geschlagen, wie wenn Sie für sich denken würden: »Na gut, er hat gewonnen. Was kann ich sagen?«

b) Halten Sie die Tatsache fest, daß er darüber nachdenken wird. »Darf ich, da Sie interessiert sind, annehmen, daß Sie meinen Vorschlag sehr sorgfältig prüfen werden?« Sprechen Sie die letzten drei Worte langsam, mit einer ganz leichten Betonung aus.

Was wird er antworten? Da Sie den Anschein erwecken, als wollten Sie gehen, als würden Sie sich geschlagen geben, wird er ja sagen.

c) Nehmen Sie Ihn in die Zange. »Harry, Sie erzählen mir das doch nicht nur, um mich loszuwerden, oder?« An diesem Punkt müssen Sie sich so verhalten, als wären Sie geschlagen.

Er wird etwa folgendes antworten: »O nein. Sie machen das großartig. Und das Modell – ich finde es toll. Meine Kinder finden es auch toll.«

d) Sorgen Sie für Klarstellungen, und ziehen Sie die Schlinge enger. »Nur um es klarzustellen: Worüber wollen Sie nachdenken über die Vertrauenswürdigkeit meiner Firma?« Bitte beachten Sie, wie ich diese beiden getrennten Sätze miteinander verbinde. Dazu später mehr.

Was wird er sagen? »Nein, Ihre Firma ist ausgezeichnet.«

»Ist es meine persönliche Vertrauenswürdigkeit?«

»Um Gottes willen, nein. Sie leisten ausgezeichnete Arbeit.«

»Genügt die Ladekapazität unseres Hebesystems Ihren Erfordernissen nicht?«

»Nein, nein. In diesem Punkt waren wir uns einig. Es hat genug Kapazität.«

»Ist es nicht beweglich genug?«

»Nein, die Beweglichkeit ist ausreichend.«

Mit jedem Nein sagt er Ihnen im Grunde ja.

Diese Technik ermöglicht es Ihnen, die Vorteile, die Sie anzubieten haben, zusammenzufassen, und zwar indirekt und mit viel Feingefühl. Diskutieren Sie nicht. Behaupten Sie nichts. Fragen Sie.

Wonach fragen Sie den Kunden?

Sie fragen ihn nach jedem einzelnen Kundennutzen und jedem Merkmal, das er wünscht und das Sie anbieten können.

»Ist es die Geschwindigkeit?« fragen Sie.

»Nein. Tatsächlich halte ich die Geschwindigkeit Ihres Systems für ein echtes Plus.«

Stellen Sie Fragen, die ihn dazu bringen, zu sagen, wie gut Ihr Produkt oder Ihre Dienstleistung ist. Es gibt keinen besseren Weg, ihn von den Vorzügen Ihres Angebots zu überzeugen.

Was wird ein Kunde tun, wenn Sie diese Technik wirkungsvoll bei ihm anwenden? Er wird sich sagen, er durchschaue Sie, und wird nach einem Einwand greifen.

Wenn er Ihnen bis hierher gefolgt ist, mit welchem Einwand können Sie dann noch aufwarten?

Mit dem Geld.

»Sind es die Kosten, die mit dem Kauf des JLG-Systems verbunden sind?«

Wie lautet die übliche Antwort darauf? »Nun, wir geben nicht soviel Geld aus, ohne wirklich gründlich darüber nachzudenken.«

»Das eigentliche Problem ist also das Geld, richtig?«

»Ja, so ist es.«

Was haben Sie also erreicht? Eine ganze Menge. Sie haben die Regel durchbrochen, die da lautet: »Ich werde darüber nachdenken und es vergessen.« Nun sind Sie zum wirklichen Einwand vorgedrungen – dem Geld.

Geld ist der wichtigste Einwand in jedem oder zumindest fast jedem Verkaufsgespräch.

Das Problem beim »Ich werde darüber nachdenken« ist, daß es ein übermächtiger, nicht greifbarer Einwand ist. Diese Ausflucht ist ein Aufmarsch ungezählter Geister, deren man nicht habhaft werden kann. Räuchern Sie diese Geister aus, wie wir es oben getan haben, dringen Sie zum entscheidenden Einwand vor, und Sie werden die Möglichkeit erhalten, sich der an anderer Stelle (siehe oben Seiten 356–360) erläuterten sechs Schritte des Abschlusses mit einem entscheidenden Einwand zu bedienen.

Seien Sie jedoch vorsichtig, wenn der Kunde Ihnen mit dem altbekannten »Ich werde darüber nachdenken« kommt. Sie dürfen nicht denken: »Gut, jetzt geht's ans Geld« und Ihren gesamten Einsatz auf eine Karte setzen, indem Sie direkt auf die Frage »Ist es das Geld?« kommen.

Warum dürfen Sie das nicht tun?

Wenn dies die erste Frage ist, die Sie dem Kunden stellen, wird er sagen: »Nein, es ist nicht das Geld; wir wollen einfach über das gesamte Angebot nachdenken.«

Diese Antwort versetzt Ihnen den Todesstoß. Wohin können Sie Ihr Gegenüber von diesem Punkt aus noch führen? Wenn er nun noch zugeben soll, daß das Geld das Problem ist, müssen Sie ihn schon dazu bringen, einzugestehen, daß er gelogen hat. Da Sie fast sicher sind, daß das Geld in Wirklichkeit der entscheidende Einwand ist, bleibt Ihnen jetzt nichts anderes mehr übrig, als sich zu verabschieden – oder noch eine Weile dazubleiben und sich mit sinnlosen »Ist es …?«-Fragen im Kreis zu bewegen. Ihre einzige Hoffnung besteht darin, ihn wieder zum Geld zurückzubringen und dann anhand dieses entscheidenden Einwands abzuschließen. In dieser Situation ist fast ein Wunder nötig, damit das geschehen kann.

Dieser Abschluß funktioniert wie die anderen nur dann, wenn Sie die Schritte genau befolgen und ihn richtig einsetzen.

In diesem Abschluß gibt es einen entscheidenden Augenblick. Dieser kommt, wenn Sie sagen: »Nur um es klarzustellen: Worüber möchten Sie nachdenken über die Vertrauenswürdigkeit meiner Firma?« Denken Sie daran, daß sich eine Pause zwischen nachdenken und über verheerend auswirken kann. Machen Sie aus diesem wichtigsten Element des Abschlusses keinesfalls zwei Sätze: »… Worüber möchten Sie nachdenken? Über die Vertrauenswürdigkeit meiner Firma?« Machen Sie keine Pause; heben Sie nicht einmal den Ton, denn das würde auf eine Frage nach dem Wort nachdenken hinweisen.

Warum ist das so wichtig? Wenn Sie eine Pause machen, wird

der Kunde sagen: »Ich möchte über das Angebot als Ganzes nachdenken.« Diese Welle bringt Ihr Boot zum Kentern – und Ihnen bleibt nichts mehr übrig, als sich ans Land zu retten.

e) Vergewissern Sie sich, daß es das Geld ist. Sie müssen sicherstellen, daß Sie nicht länger mit Phantomen tanzen. Es hat keinen Sinn zu versuchen, anhand der Geldfrage abzuschließen, wenn der Kunde nicht einmal dann, wenn es ein gutes Geschäft für ihn wäre, zum Kauf entschlossen ist. Warum sollte er sich um den Preis scheren, wenn er das Produkt gar nicht will?

Wenn es den Anschein hat, als könne das Geld als entscheidendes Hindernis ausgemacht werden, sind Sie sehr nah am Tresor, wenn Sie es richtig angehen – also gehen Sie es richtig an. Fragen Sie den Kunden, ob es neben dem Geld noch etwas anderes gibt, über das er sich noch nicht sicher ist. Vergewissern Sie sich, daß Sie vor dem letzten Hindernis stehen, bevor Sie es mit unserem nächsten Abschluß durchbrechen.

10. Die Reduktion auf den lächerlichen Bruchteil

Haben Sie je den Satz »Das ist mehr, als wir ausgeben wollten« gehört? Ich habe ihn gehört – etwa neun Millionen Mal. Und ich wurde erst ein erfolgreicher Verkäufer, als ich gelernt hatte, wie man diesen Einwand in seinen verschiedenen Formen überwindet.

Wir Verkäufer neigen dazu, die Gesamtinvestition zu sehen, wenn wir mit dem »Es kostet zu viel«-Einwand konfrontiert werden. Das ist ein großer Fehler. Statt dessen sollten wir uns auf die Differenz konzentrieren. Ein Beispiel: Nehmen wir an, Sie verkaufen Hochgeschwindigkeitskopierer für den Büroeinsatz. Die erforderliche Gesamtinvestition beträgt 10 000 Dollar.

Der erste Schritt besteht nun darin, herauszufinden, um wieviel das zuviel ist. Äußert der Kunde den Gedanken, das Gerät koste zu viel, so sagen Sie in angenehmem Tonfall: »Heutzutage scheinen die meisten Dinge zuviel zu kosten. Können Sie mir sagen, wieviel zu viel es Ihrer Meinung nach kostet?«

Nehmen wir an, der Kunde sagt, er habe nur ein Budget von 8000 Dollar für die Anschaffung eines Kopierers. Das Geldproblem sind also nicht die 10000 Dollar. Der Kunde hat nie erwartet, Ihr Produkt gratis zu bekommen. Nein, das Geldproblem sind in diesem Fall nur 2000 Dollar. Dies ist Ihr Ausgangspunkt: die Differenz, der kleinere Betrag. Haben Sie erst einmal festgestellt, wie hoch die Differenz ist, so müssen Sie aufhören, über die Gesamtinvestition zu sprechen. Damit hat der potentielle Kunde ja in Wirklichkeit kein Problem, nicht wahr?

Bleiben wir bei unserem Beispiel mit den Hochgeschwindigkeitskopierern. Ihre Kundin ist Ruby Wellman. Sie ist an dem Modell interessiert, dessen Gesamtpreis sich auf 10000 Dollar beläuft. Ruby hat nur ein Budget von 8000 Dollar für die Anschaffung. Los geht's.

»Also sprechen wir eigentlich über 2000 Dollar, richtig, Ruby? In Ordnung. Ich denke, wir sollten uns bemühen, dies in die richtige Perspektive zu rücken. Hier.«

Reichen Sie ihr Ihren Taschenrechner. »Nehmen wir einmal, rein hypothetisch, an, daß Sie den Superpow-Kopierer haben. Wie lange werden Sie ihn behalten – fünf Jahre?«

»Das dürfte etwa hinkommen«, sagt Ruby.

»Gut, teilen Sie 2000 Dollar durch fünf Jahre, dann kommen Sie auf 400 Dollar im Jahr, wenn ich nicht irre. Ihre Firma würde den Superpow etwa 50 Wochen im Jahr nutzen, richtig? Wenn wir die 400 Dollar durch 50 dividieren, kommen wir auf 8 Dollar.«

Selbstverständlich werden die Zahlen, mit denen Sie in Wirklichkeit zu arbeiten haben, kaum so schöne runde Beträge ergeben – aus diesem Grund fordern Sie den potentiellen Kunden auf, sie auf Ihrem Taschenrechner zu überprüfen. Und bedenken Sie, daß Sie, indem Sie den Kunden dazu bewegen, Ihren Taschenrechner zu verwenden, ihn auch physisch einbinden.

Wir fahren fort: »Ich stelle mir vor, daß in diesem Büro sehr viel Wochenendarbeit geleistet wird, daß sehr viele Überstunden anfallen. Daher kann man wohl davon ausgehen, daß der Kopierer 7

Tage in der Woche in Betrieb wäre. Kann man das sagen? Würden Sie bitte 8 durch 7 dividieren? Was kommt heraus?«

»1 Dollar und 14 Cent«, sagt Ruby.

Sie lächeln und sagen: »Was meinen Sie – sollten wir 1,14 Dollar am Tag zwischen Ihrer Firma und den Gewinnen, dem Produktivitätszuwachs und den größeren Möglichkeiten stehenlassen, die der Superpow Ihnen eröffnen wird?«

»Nun, ich weiß nicht.«

»Ruby, darf ich fragen, welches der am schlechtesten bezahlte Einstiegsjob in diesem Büro ist und wieviel das Gehalt für diese Arbeit etwa ausmacht?«

»Der Botenjunge bekommt rund 3,50 Dollar. Das dürfte das niedrigste Gehalt in diesem Büro sein.«

»Rund 3,50 Dollar. Mit den 1,14, die wir gerade errechnet haben, können also zwanzig Minuten der Arbeitszeit Ihrer am schlechtesten bezahlten Hilfskraft finanziert werden.«

»Nun, wenn Sie es so sehen, ja.«

»Ruby, lassen Sie mich Ihnen noch eine Frage stellen. Dürfte dieses Hochgeschwindigkeitsgerät mit all seinen ausgefeilten Leistungsmerkmalen und seiner Zeitersparnis – mit all den Vorteilen, über die wir gesprochen haben – an einem ganzen Tag nicht mehr Gewinn für Ihr Unternehmen einfahren als Ihr Botenjunge in zwanzig Minuten?«

»Ich denke schon, ja.«

»Dann sind wir uns einig, nicht wahr? Übrigens, welches Lieferdatum wäre günstiger für Sie – der Erste oder der Fünfzehnte?«

Vielleicht denken Sie so etwas wie: »Meine Güte, das könnte ich nie.«

Warum sollten Sie das nicht können?

Ich kann mit ruhigem Gewissen sagen, daß das Geld ein Einwand ist, den Sie immer wieder hören werden, solange Sie im Verkaufsgeschäft sind. Wie können Sie Ihr Potential vollkommen ausschöpfen, wenn Sie nicht lernen, mit diesem Einwand umzugehen?

Sie können es natürlich nicht. Stimmen Sie diese Technik also auf Ihr Angebot ab, feilen Sie mit einem Freund die Kanten ab, und wenden Sie die Technik an. Ihre Verkaufsergebnisse werden eine verblüffende Veränderung zeigen.

Sollten Sie mit einer dieser Abschlußtechniken wirklich Schiffbruch erleiden, müssen Sie dies akzeptieren. Sie dürfen jedoch daraus nicht den Schluß ziehen, Sie könnten sich davor drücken, diese Abschlüsse zu lernen. Setzen Sie sich vielmehr das Ziel, jede dieser Techniken zehnmal zu verwenden und dabei Ihr Bestes zu geben. Wenn Sie das nicht versuchen, werden Sie vollkommen versagen, werden Sie nichts erreichen. Aber wenn Sie jeden dieser Abschlüsse zehnmal versuchen, sind Ihnen einige Erfolge sicher. Versuchen Sie jeden Abschluß weitere zehn Male, und Sie werden großen Erfolg haben. Versuchen Sie sie ein drittes Mal, und Sie werden ein Überflieger werden, Hummer essen und Maßanzüge tragen.

Wenn Sie den Kunden qualifiziert haben und wenn er die von Ihnen angebotenen Vorteile braucht, dann haben Sie das Recht, seinen letzten Einwand ins Lächerliche zu ziehen, nicht wahr? Ist es nicht lächerlich, sich wegen einer solch unerheblichen Summe vom Genuß des Nutzens abhalten zu lassen? Und wäre es nicht ebenso lächerlich, wenn Sie darauf verzichten würden, dem Kunden mit dieser durchschlagskräftigen Technik zu helfen, das zu bekommen, was er braucht?

Wenn Sie in eine Präsentation gehen, wissen Sie wahrscheinlich nicht, wie hoch bei dem betreffenden Kunden die Differenz sein wird, die Sie auf einen lächerlichen Bruchteil reduzieren werden. Aber Sie kennen den relevanten Zeitraum. Wenn Sie Büromaschinen verkaufen, werden Sie fünf Jahre anpeilen; wenn Sie Aufzüge an Hotels verkaufen, vierzig Jahre.

Nehmen Sie eine Kennzahl als Gedächtnisstütze. Als Vertreter für Superpow-Kopierer müssen Sie sich nur 57 Cent merken, denn das ist der Betrag, auf den 1000 Dollar über einen Zeitraum von fünf Jahren reduziert werden.

Wenn der Kunde Sie mit einer Differenz von 2000 Dollar konfrontiert, verdoppeln Sie einfach die 57 Cent. Bevor der Kunde zu rechnen beginnt, wissen Sie, daß die Summe 1,14 Dollar beträgt. Und wenn er einen Fehler gemacht hat, können Sie ihn feinfühlig zum richtigen Ergebnis hinführen, so daß keine Verwirrung entsteht.

Nehmen wir an, der Kunde hält Ihnen eine Differenz von nur 300 Dollar entgegen, und die einzige Zahl, die Sie sich eingeprägt haben, ist eben jene 57. Es gibt einen schnellen und einfachen Weg, auf das richtige Ergebnis zu kommen. Runden Sie die 57 Cent auf 60 auf. Da 100 ein Zehntel von 1000 ist, entspricht ein Zehntel von 60 Cent der Reduktion auf 100 Dollar. Das sind 6 Cent. Multiplizieren Sie 6 Cent mit 3, und Sie erhalten 18 Cent. Der Kauf wird das Budget des Kunden um nicht mehr als 18 Cent pro Tag überschreiten.

Lassen Sie uns jetzt annehmen, daß Sie Aufzüge verkaufen, bei denen Sie mit einem Zeitraum von 40 Jahren rechnen. Eine Differenz von 1000 Dollar beläuft sich auf lediglich 7 Cent pro Tag. Wirklich beeindruckend ist die Tatsache, daß eine Differenz von einer Million Dollar den Kunden über 40 Jahre hinweg weniger als 72 Dollar täglich kostet. (Fügen Sie der Zahl in der 10 000-Dollar-Spalte einfach zwei Dezimalstellen hinzu, und Sie erhalten die gerundete Zahl für 1 000 000 Dollar.)

Seien Sie mit Ihren Zahlen vertraut. Sie sind phantastisch. Mit einem Taschenrechner können Sie problemlos eine Tabelle für Ihr Produkt oder Ihre Dienstleistung erstellen.

Tabelle der auf einen lächerlichen Bruchteil reduzierten Beträge (Kosten pro Tag, beruhend auf 50-Wochen-Jahr, 7-Tage-Woche)

Zeitraum	Reduzierter Betrag		
	100 DM	1000 DM	10 000 DM
3 Jahre	10 Pfennig	95 Pfennig	9,52 DM
5 Jahre	6 Pfennig	57 Pfennig	5,71 DM
10 Jahre	3 Pfennig	29 Pfennig	2,86 DM
25 Jahre	1 Pfennig	11 Pfennig	1,14 DM
40 Jahre	–	7 Pfennig	71 Pfennig

11. Der negative Abschluß

Das Konzept des negativen Abschlusses ist ganz einfach: Wenn Sie an der Handlungsfähigkeit Ihres Kunden Zweifel äußern, wird er dazu neigen, das Gegenteil zu tun, nur um zu beweisen, daß Sie im Irrtum sind.

Diese durchschlagskräftige Technik kann zum Verkauf von praktisch allem verwendet werden. Am besten funktioniert sie dann, wenn der Kunde sich provoziert fühlt zu beweisen, daß er über genügend Mittel zur Finanzierung Ihres Angebots verfügt. Leiten Sie diesen Abschluß ein, indem Sie Zweifel daran äußern, daß er in der Lage sein wird, Ihr Angebot zu bezahlen. Wie in den meisten Bereichen der Verkaufstätigkeit ist auch hier ein gutes Timing unerläßlich. Wollen Sie den Kunden nicht verlieren, warten Sie mit Ihrem Zweifel die Erfüllung folgender Bedingungen ab:

a) Ihr Kunde muß sich mit dem von Ihnen angebotenen Produkt oder der Dienstleistung angefreundet haben.
b) Ihr Kunde muß Sie als Person wahrnehmen.

Wenn nichts von dem, was Sie ihm anbieten können, sein Interesse weckt, wird er sich in dem Augenblick, da Sie Zweifel äußern, einfach zurückziehen. Und wenn Sie für ihn nichts als ein gesichtsloser Allerweltstyp sind, wird er Ihre Zweifel gar nicht bemerken. Wie lange es dauert, bis Sie eine solche Reaktion hervorgerufen haben, schwankt von Fall zu Fall erheblich. Verkäufer, die sich geschmackvoll konservativ kleiden, erreichen diesen Effekt häufig sofort ...

Wenn Ihr Käufer sich mit Ihrem Angebot angefreundet hat, können Sie mit dem Abschluß beginnen. Dabei sagen Sie folgendes:

»Wie Sie wissen, ist eines der größten Probleme bei der Bereitstellung von (Name Ihres Produkts oder Ihrer Dienstleistung) die Qualifizierung der Kunden. Da passieren uns unglaubliche Dinge. Vor kurzem erst hatte ich jemanden mit einem Einkommen von (nennen Sie einen jährlichen Betrag, der für das betreffende Angebot qualifiziert), und diese Person sah absolut passabel aus. Aber als es um die Finanzierung ging, kam von der Bank eine Absage. Meine

Leute waren entsetzt. Der Kunde hatte mir erzählt, er sei kredit-würdig, aber das war völlig aus der Luft gegriffen. Man stolpert da hin und wieder in ziemlich wirre Geschichten hinein.«

Fahren Sie, nachdem Sie den Kunden derart vorbereitet haben, so lange mit Ihrer Präsentation fort, bis Sie zum Abschluß bereit sind. Der Kunde sollte sich unterdessen einigermaßen mit dem Produkt angefreundet haben. Er hat zwar noch nicht gesagt: »Ich nehme es«, aber Sie wissen, daß er es will. Wie die meisten Käufer kann er sich ohne Hilfe nicht entscheiden. Ihr nächster Schritt besteht darin zu sagen:

»Und wenn Sie dieses Produkt haben wollen – sind Sie sicher, daß Sie für den Kauf in Frage kommen? Vielleicht ist es besser, wenn Sie sich im Moment nicht zu sehr dafür interessieren. Auch Ihre Frau sollte sich keine allzu großen Hoffnungen machen. Bevor wir weitergehen, sollten wir diese Frage nochmals gründlich abklären.«

Was wird ihm jetzt durch den Kopf gehen? Er wird Ihnen beweisen wollen, daß er für den Kauf in Frage kommt. Nun zeige ich Ihnen, wie Sie diesen Fisch endgültig an Land ziehen.

»Ich sage Ihnen, was wir tun werden. Füllen wir den Antrag aus. Wenn wir das Formular erst einmal ausgefüllt haben, kann ich Ihnen sehr genau sagen, inwieweit Sie für den Kauf in Frage kommen.«

Nun füllen Sie das Formular aus, das Sie zur Beantragung von Kundenkrediten verwenden. Wenn Sie wissen, wie man qualifiziert, werden Sie keine fünf Fragen stellen müssen, um herauszufinden, ob die Sache läuft oder nicht. Trotzdem füllen Sie das Formular vollständig aus – wenn der Käufer die Qualifizierung besteht. Wenn Sie das erledigt haben, bleiben Sie einen Moment stumm sitzen, den Blick fest auf die Unterlagen gerichtet. Dann nehmen Sie einen Kugelschreiber zur Hand und beginnen, Zahlen auf dem Formular zu notieren. Arbeiten Sie absolut schweigend. Sehen Sie nicht ein einziges Mal zum Käufer auf. Nachdem mindestens drei Minuten verstrichen sind, in denen man nur Ihren hektischen Kugelschreiber über das Papier eilen hörte, lehnen Sie sich zurück und sagen: »Ja, ich denke, das läßt sich machen.« Dann wenden Sie das Formular und fordern ihn auf, »hier das Okay zu geben«.

Erleichtert darüber, daß er kaufen darf, wird er es tun. Wenn er es tut, haben Sie das Geschäft abgeschlossen.

Die Taktik, die Finanzkraft des Kunden in Frage zu stellen, kann auch eine wirksame letzte Zuflucht in Situationen sein, in denen keine Qualifizierung vorgenommen wird. Nehmen wir beispielsweise an, Sie verkaufen einer steuerbegünstigten Organisation oder einem Großunternehmen. Sie äußern Zweifel, ob die Person, mit der Sie sprechen, die Befugnis hat, einen Auftrag zu erteilen. Gehen Sie sehr vorsichtig mit dieser Technik um, weil Sie sonst statt eines Käufers einen Feind gewinnen, insbesondere dann, wenn Ihr Gegenüber wirklich nicht sehr viel Macht hat. Aber wenn alles andere fehlschlägt und Sie nichts mehr zu verlieren haben, können Sie beginnen, Fragen über Ausschüsse und Gremien zu stellen. Sprechen Sie darüber, daß niemand mehr eine selbständige Entscheidung fällen kann, weil die Bürokratie alles erstickt. Tun Sie dies mit Leidenschaft – und Sie werden oft genug mit einem Auftrag nach Hause gehen, mit dem Sie nicht mehr gerechnet hatten.

Der dritte Bereich, in dem der negative Abschluß oft und gut funktioniert, sind streitbare Barkäufer, die immer darauf aus sind, sich zu beweisen. Viele von ihnen trennen sich sehr ungern von ihrem Geld, es sei denn, sie können damit einem Verkäufer zeigen, wie wichtig sie sind. Machen Sie ihnen das Vergnügen – sie sind bereit, dafür zu bezahlen.

12. Der Hundewelpen-Abschluß

Dieser Abschluß wird Ihnen zu einem Platz an der Sonne verhelfen. Der Hundewelpen-Abschluß ist paradox, weil er für viele Produkte und Dienstleistungen die durchschlagskräftigste Abschlußsequenz ist und gleichzeitig den Abschluß unnötig macht. Damit widerspricht er allem, was ich Ihnen über die Kunst des Abschließens gesagt habe. Aber machen Sie sich keine Gedanken darüber. Der Hundewelpen-Abschluß funktioniert. Denn die Käufer schließen das Geschäft selbst ab. Alles, was Sie zu tun haben, ist, sicherzugehen, daß Sie den Abschluß bei den richtigen Leuten anwenden. Und Sie müssen ein Produkt oder eine Dienstleistung von Spitzenqualität verkaufen. Wenn diese Voraussetzungen gegeben sind, können Sie sich zurücklehnen und das Geld einsammeln.

Man braucht allerdings gute Nerven, um mit dem Hundewelpen arbeiten zu können. Sie erinnern sich, daß wir in Kapitel 5 darüber gesprochen haben, daß man aufgeben muß, was man hat, um zu bekommen, was man will. Dafür gibt es keinen besseren Einstieg als den Hundewelpen. Wenn Sie neu im Büro sind, müssen Sie vielleicht eine Weile warten, bis das Management Ihnen erlaubt loszulegen. Finden Sie den Zeitpunkt, da das Management genügend Vertrauen zu Ihnen hat, und offerieren Sie ihm Ihre Bürgschaft für den Kredit. Preschen Sie dabei nicht zu schnell los. Sichern Sie sich zuerst mit den andern Abschlüssen einen Platz im oberen Drittel der Verkäufer Ihres Büros. Das wird Ihnen zur Einwilligung des Managements in den Welpenabschluß verhelfen. Dann brauchen Sie ihn nur noch richtig einzusetzen, und er wird Sie unter die besten fünf Prozent katapultieren, dorthin, wo das große Geld gemacht wird.

Hier die Funktionsweise dieses Abschlusses: Sie verkaufen Ihr Produkt oder Ihre Dienstleistung ganz so, als wäre sie ein Hundewelpe. Wie verkauft man ein niedliches kleines Hundebaby?

Sie lassen den Kunden das Hundebaby mit nach Hause nehmen. Was geschieht dann? Das Hundebaby gibt dem Kunden mit seiner kalten Schnauze Küßchen auf die Wange. Es sieht ihn mit seinen sanften großen Augen an. Es wimmert, wenn er es allein läßt. Die Kinder sind verrückt nach ihm – und unversehens ist es nicht mehr möglich, den Leuten den Welpen wieder wegzunehmen. So einfach ist das mit Qualitätsprodukten und -dienstleistungen, die von Firmen geliefert werden, denen die Zufriedenheit ihrer Kunden am Herzen liegt.

Zwischen dem Verkauf von Maschinen und dem Verkauf von Welpen liegen Welten, werden Sie sagen. Wirklich? Bevor Sie diese Frage beantworten, möchte ich Ihnen von jemandem erzählen, der Spezialteile aus Metall herstellt. Eines Tages wurde dieser Freund von einem Vertreter für eine sehr teure Metallbearbeitungsmaschine besucht. Die Maschine war groß, daher hatte der Verkäufer sie natürlich nicht bei sich. Er hatte Broschüren, Spezifikationen, Muster von Arbeiten, die die Maschine machte – und er hatte eine gute Idee, wie er sie verkaufen konnte.

Die von diesem Verkäufer angebotene Maschine war schneller und vielseitiger und konnte mit kleineren Toleranzen arbeiten als jede Maschine, die mein Freund je gehabt hatte. Sie war aber auch zehnmal teurer. Daher hatte er kein Interesse am Kauf der Maschine. Mein Freund gehörte zu jenen Managern, die ausschließlich gebrauchte Maschinen kauften. Er hatte genügend Arbeitsvorräte, um den Kauf dieser neuen Maschine zu rechtfertigen, und er konnte sie auch mit ein wenig Anstrengung bezahlen. Das bedeutete, daß er es sich eigentlich gar nicht leisten konnte, diese Maschine nicht zu haben, nicht wahr? Aber mein Freund sah das anders. Später erzählte er mir, er habe damals keinen Augenblick ernsthaft in Erwägung gezogen, die Maschine zu kaufen. Egal wie gut sie war oder wie profitabel ihr Einsatz sein würde, der Preis war ihm einfach zu hoch – nicht in finanzieller Hinsicht, sondern gefühlsmäßig. Käufer sind nun einmal häufig Gefangene ihrer Gefühle.

Der Maschinenvertreter sagte: »Ich werde Ihnen etwas sagen: Ich will nicht, daß Sie diese Maschine kaufen, bevor wir beide sicher sind, daß sie das richtige für Ihre Fabrik ist. Wenn Sie Platz dafür haben, werde ich Ihnen eine hinstellen. Probieren Sie sie eine Zeitlang aus. Es kostet Sie keinen Cent.«

»Wie lange kann ich sie behalten?« fragte mein Freund, der bereits über ein paar Produktionsläufe nachdachte, mit denen er die neue Maschine ausprobieren würde. Wenn sie tatsächlich all das konnte, was der Vertreter von ihr behauptete, würde er einiges an Arbeitskosten einsparen.

»Nun«, sagte der Verkäufer, »Sie dürften zwei oder drei Wochen brauchen, um wirklich zu sehen, was die Maschine leistet. Wäre es Ihnen recht, wenn ich sie Ihnen für einen Monat überlasse?«

Als die Maschine eintraf, nahm sie mein Freund sofort in Betrieb. Innerhalb von vier Tagen hatte sie alle Produktionsvorgänge erledigt, die fällig waren. Die Qualität war gestiegen, die Kosten waren gesunken. Aber nun stand die glänzende neue Maschine still.

Mein Freund betrachtete sie und kam zu dem Schluß, daß er ohne sie würde auskommen müssen. Das Ding war einfach zu teuer. Dann rief der Vertreter an.

»Arbeitet die Maschine gut?«

»Ja, ausgezeichnet.«

»Haben Sie irgendwelche Fragen, oder brauchen Sie weitere Hinweise für den Einsatz?«

»Nein«, sagte mein Freund und sammelte Kraft, um sich gegen den Abschluß zur Wehr zu setzen. Aber er bekam keinen. Der Vertreter sagte, er sei glücklich darüber, daß alles so gut liefe, und legte den Hörer auf.

Am nächsten Tag ging mein Freund in die Fabrikhalle hinunter und bemerkte, daß die neue Maschine Teile ausspuckte. Der Vorarbeiter erledigte einen kleinen Job, für den mein Freund die Maschine nicht vorgesehen hatte. Er ging hinüber und sah sich die Sache an. In der folgenden Woche konnte er beobachten, daß die neue Maschine immer wieder benutzt wurde. Wie der Vertreter gesagt hatte: Sie war schnell und vielseitig.

Die Fabrik meines Freundes ist ein lauter Ort. Die Arbeiter müssen einen Ohrenschutz tragen. In der Fabrikhalle ist es immer schmutzig und meist auch heiß. Kein Ort, an dem man erwarten würde, daß die Leute sich in ein Hundebaby in Form einer großen, lärmenden Maschine verlieben, die Metall ausspuckt. Aber genau das geschah. Als mein Freund erwähnte, daß die neue Maschine bald wieder abgeholt würde, begann sein Vorarbeiter, ihm eine nicht enden wollende Liste von Gründen dafür aufzuzählen, daß sie die Maschine behalten mußten. Die anderen Arbeiter unterstützten ihn, und nach kurzer Zeit hörte mein Freund sich selbst sagen: »Nun, ich werde darüber nachdenken.«

Als der Verkäufer nach einem Monat vorbeikam, hatte mein Freund bereits einen Kaufauftrag für die Maschine vorbereitet. Er wollte unbedingt verhindern, daß man das Hundebaby in seiner Halle wieder abholen würde.

Fünf weitere Power-Abschlüsse finden Sie in Kapitel 16.

16 Fünf zusätzliche Power-Abschlüsse für angehende Champions

Überbrücken

Was haben alle Käufer gemeinsam? Das Gefühl, nein sagen zu müssen. Wenn Sie Ihre Fähigkeiten weiter vervollkommnen und sich zu einem überdurchschnittlichen Verkäufer entwickeln wollen, werden Sie auf keinen Fall darum herumkommen, die folgenden beiden Feststellungen zu akzeptieren:

> **Alle Käufer haben zunächst das Gefühl, nein sagen zu müssen. Sie sind mit wenigen Ausnahmen zu Beginn des Kontakts mit Ihnen fest entschlossen, alles zurückzuweisen, was Sie ihnen anbieten könnten.**

Wenn Sie ein Champion werden wollen, müssen Sie diese beiden Feststellungen verstehen und anerkennen. Machen Sie sich nichts vor: alle Champions akzeptieren diese beiden Tatsachen voll und ganz. Sie wissen, daß die Nein-Attitüde ihrer Kunden die einzige Gewißheit in ihrem Beruf ist. Und sie wissen, daß diese Grundhaltung die einzige Garantie dafür ist, daß für erfolgreiche Verkaufsarbeit immer große Belohnungen winken werden. Wenn Sie ein Champion sein wollen, müssen Sie sich mit diesen beiden Tatsachen abfinden.

Anders ausgedrückt: Das »Nein«, das Ihnen Ihre potentiellen Kunden so erbarmungslos entgegenschmettern, ist das Rohmaterial Ihres Gewerbes. Gäbe es dieses Nein nicht, wären Sie durch Broschüren und Videos zu ersetzen. Ein Nein sollte deshalb für Sie ein Rohdiamant sein, der geschliffen werden will. Um aus diesen rohen Steinen wertvolle Schmuckstücke zu machen – das heißt, um das Nein Ihres potentiellen Kunden in einen möglichst gewinnträchtigen Abschluß zu verwandeln –, müssen Sie mit der Präzision eines Diamantenschleifers vorgehen.

Nun sind Sie vorgewarnt. Nun wissen Sie, daß Sie es an jedem Tag Ihres Lebens als Verkäufer mit dem brutalen »Nein« Ihrer Kunden zu tun haben werden. Nun kennen Sie den enormen Wert, den dieses Nein für Sie hat. Lernen Sie daher schnell, diese vorhersagbare Ablehnung in eine ebenso gewisse Zustimmung zu verwandeln. In diesem Buch – und in Ihrer Verkäuferkarriere – geht es letzten Endes um nichts anderes als darum, Ablehnung in Zustimmung zu verwandeln.

Eine weitere wichtige Wahrheit verbirgt sich in den folgenden Prozentsätzen: 50 Prozent Ihrer Umsätze sind das Ergebnis von Abschlüssen, bei denen wichtige Einwände im Spiel waren; 40 Prozent verdanken Sie Ihrer Fähigkeit, Verzögerungstaktiken Ihrer Kunden zu überwinden, und 10 Prozent beruhen darauf, daß es Ihnen gelingt, offene Zurückweisung in ihr Gegenteil zu verkehren. Ihre genauen Prozentsätze mögen ein wenig von diesen groben Schätzungen abweichen, aber sie dürften trotzdem die Notwendigkeit verschiedener Abschlußtechniken aufzeigen. Bitte halten Sie sich diese Tatsache bei der Vorbereitung von Verkaufsgesprächen und während dieser Gespräche ständig vor Augen: die höchstbezahlten Verkäufer der Welt kommen zumeist beim fünften Versuch eines Hauptabschlusses zum Erfolg.

Beim Scheitern des ersten Versuchs gehen sie geschickt zu einer Überleitungssequenz über. Sie nehmen sich so viel Zeit wie nötig, um das Ziel ein zweites Mal sorgfältig anzuvisieren. Dann versuchen sie es mit dem zweiten Abschlußtyp. Auch dieser Versuch scheitert. Ohne jeden Anflug von Frustration und mit ungebrochener Begeisterung leiten sie locker zu einer anderen sorgfältig geübten Überbrückungssequenz über. Wenn der richtige Zeitpunkt gekommen ist, starten die höchstbezahlten Verkäufer der Welt ihren dritten Abschlußversuch, der ebenso schnell im Sand verläuft wie die beiden ersten. Also gehen sie sofort und in freundlichem Ton zu einer völlig anderen Ausdrucksart über, um ihren nächsten Abschlußversuch starten zu können.

Kurze Zeit später, wenn sie eine neue Abschlußchance wittern, folgt die nächste Attacke. Auch diese mißlingt, und wieder folgen einige Überleitungssätze, um den Weg für einen weiteren Versuch zu bereiten. Selbst vier fehlgeschlagene Versuche sind nicht imstande, sie zu entmutigen, sie verkrampfen oder verzweifeln zu lassen. Im nächsten günstigen Moment feuern sie ihren fünften Abschlußpfeil ab – und dieses Mal treffen sie ins Schwarze. Sie schließen mit ihrem fünften Versuch ab, wie sie es erwartet haben.

Bedenken Sie, daß wir hier von vorqualifizierten Kunden sprechen, die das fragliche Produkt brauchen und es sich leisten können. Geben die höchstbezahlten Verkäufer der Welt auf, wenn auch der fünfte Abschlußversuch gescheitert ist?

Sie kennen die Antwort, nicht wahr? Ein Superchampion hat mehr Abschlüsse im Ärmel als ein Hund Flöhe im Fell. Die höchstbezahlten Verkäufer der Welt hören nie auf zu üben, sich zu verbessern und neue Abschlußarten zu erlernen. Sie halten auch eine Vielzahl von gut einstudierten Überleitungssequenzen bereit, so daß ihr Abschlußzug durch ein paar entmutigende Worte nicht zum Entgleisen zu bringen ist, sondern unbeirrbar von einem Abschluß zum nächsten rollt. Nichts wirkt sich positiver auf ihre Verkaufsleistung aus als ein Arsenal bewährter Abschlüsse, die sie so lange geübt haben, bis sie sie im Schlaf aufsagen können.

Überleitungssequenzen

a) Entschuldigen Sie sich. Insbesondere dann, wenn Sie das Gefühl haben, ein wenig zu hart auf den Abschluß gedrängt zu haben, sollten Sie sich mit einer schnellen Entschuldigung zurückziehen. Ich pflegte immer zu sagen: »Es tut mir leid. Ich bin zu weit vorgeprescht. Ich wollte nicht so schnell vorgehen.« In Wirklichkeit entschuldigen Sie sich nur bei sich selbst dafür, daß Ihnen der Abschluß nicht gelungen ist. Machen Sie sich keine Gedanken deswegen. Sie haben damit die Chance bekommen, einen anderen Abschluß anzuwenden.

Einer unserer Champions sagt in dieser Situation: »Ich wollte Sie nicht drängen.« Sein Bedauern ist aufrichtig, denn ein Champion drängt nicht – er treibt die Sache voran. Er treibt sie voran, indem er den Kunden mit Fragen führt.

b) Fassen Sie die Vorteile zusammen, die der Kunde bereits anerkannt hat. Verwenden Sie Festnagler. Gehen Sie auf Nummer Sicher. Streben Sie an diesem Punkt nur Zustimmung zu untergeordneten Fragen an.

> »Ich weiß, daß für Sie immer noch eine Reihe von Fragen offen sind, aber dieses Modell hat die Größe, die Sie wollten, richtig?«
> »Ich wäre nicht hier, wenn Sie nichts brauchten, nicht wahr?«
> »Sie hätten mich nicht in Ihr Büro gelassen, wenn Sie nicht interessiert wären, oder?«
> »Alles, was ich sagen möchte, ist, daß das JLG-System Ihren Erfordernissen entspricht.«

c) Stellen Sie eine Übergangsfrage. Beschließen Sie Ihren Brückenschlag zur nächsten Abschlußsequenz, indem Sie eine Übergangsfrage stellen. Ich pflegte das so zu machen: »Ich weiß, ich habe das eher schnell abgehandelt, aber dies sind die Dinge, die wir bisher besprochen haben, und darauf haben wir uns bisher geeinigt, richtig?«

Nun sind Sie in der richtigen Startposition für den nächsten Abschluß. Wenn Sie diese Technik zur Überleitung zu Ihrem nächsten Abschluß konsequent anwenden, wird der potentielle Kunde schließlich Eigentümer des von Ihnen angebotenen Produkts sein.

Warum?

Weil er nicht so viele Einwände auf Lager hat wie Sie Abschlüsse.

Üben Sie diese Überleitungssequenzen so lange, bis Sie ganz automatisch in sie hineinfinden, wenn Ihnen bei einem Abschlußversuch ein Nein an den Kopf geworfen wird. Ein Top-Verkäufer widmet den Überleitungssequenzen jenes Maß an Aufmerksamkeit und Vorbereitung, das sie verdienen, weil er weiß, daß der nächste Abschlußversuch nicht besser ist als die Überleitungssequenz, die ihn vorbereitet.

Eine Überleitungssequenz ist dann gut, wenn Sie sich mit ihr wohl fühlen, wenn sie Ihnen ganz natürlich von den Lippen kommt. Sie müssen sorgfältig über sie nachdenken und sie gründlich proben. Viele gute Überleitungssequenzen beginnen mit der Anerkennung dessen, was der Kunde soeben gesagt hat. Eine schnelle Entschuldigung für zu großen Druck reinigt oft die Luft. Manche ausgezeichneten Überleitungssequenzen dienen zur raschen Veränderung des emotionalen Klimas. Andere streichen nochmals einen Vorteil heraus, auf dessen Bedeutung für den potentiellen Kunden Sie bereits hingewiesen hatten. Sie können aber auch den Kunden bitten, die wichtigsten Vorteile zu wiederholen, die er in Ihrem Angebot sieht.

Vermeiden Sie beim Brückenschlagen Themen, die mit dem betreffenden Geschäft nichts zu tun haben. Durchschnittliche Verkäufer reagieren auf ein »Nein« des potentiellen Kunden oft mit einem Themenwechsel und ermöglichen dem Kunden damit die Flucht. Manchmal sprechen sie über ein Tagesthema oder erzählen einen Witz oder eine Anekdote. Wenn Sie das mit einem vielbeschäftigten Kunden machen, werden Sie bald erkennen müssen, daß Sie zwar eine Brücke geschlagen haben, aber eine, die an die frische Luft führt. Üben, studieren und wiederholen Sie, wie Sie das »Nein« Ihres Kunden überwinden und wie Sie es vermeiden können, sich selbst außer Gefecht zu setzen. Lockeres Geplauder gibt nur dann eine gute Brücke ab, wenn Ihr Treffen in einer Situation stattfindet, in der ein abruptes Ende unmöglich ist – beispielsweise, wenn Sie Ihrem Kunden Ihr Produkt während eines Mittagessens vorstellen oder darüber sprechen, während Sie gemeinsam im Wagen zu einer Vorführung fahren.

Fünf weitere wirkungsvolle Abschlüsse

Sprechen wir nun über einige weitere wirkungsvolle Abschlüsse, die Sie ans Ziel führen werden. Sie können gar nicht genug davon kennen. Es werden ständig neue Abschlüsse entwickelt, und Sie werden auf Ihrem Weg zum Top-Verkäufer Ihre eigenen erarbeiten. Nach den zwölf Power-Abschlüssen aus Kapitel 15 sollten Sie Ihr Waffenarsenal um diese fünf zusätzlichen Geschosse erweitern. Jedes von ihnen kann sich als die Kugel erweisen, die das Rhinozeros, das Sie morgen jagen werden, zu Fall bringen wird.

1. Der Nein-Abschluß

Hatten Sie jemals mit einem Kunden zu tun, der Ihnen ein glattes »Nein« entgegenschleuderte, ohne es irgendwie zu relativieren oder abzuschwächen? Wenn nicht, werden Sie früher oder später in diese Situation kommen. Kalkulieren Sie sie von vornherein ein, damit das harte »Nein« Sie nicht völlig lähmt, wenn es Sie mit voller Wucht trifft. Häufiger wird es vorkommen, daß das »Nein« abgeschwächt wird, etwa indem der Kunde sagt: »Das sieht alles gut aus, und es stimmt, daß wir Ihr Produkt (oder Ihre Dienstleistung) brauchen, aber ich muß einfach nein sagen.« Für solche Gelegenheiten hält der Super-Profi eine richtige Wunderwaffe bereit. Damit Sie sie bestmöglich nutzen können, sollten Sie den Text Wort für Wort auswendig lernen.

»Mr. Billings, es gibt viele Verkäufer, die eine Vielzahl von Produkten vertreten, und sie alle können gute und überzeugende Gründe dafür nennen, daß Sie in ihre Produkte oder Dienstleistungen investieren sollten, nicht wahr?

Und Sie, Mr. Billings, können ihnen allen nein sagen, habe ich nicht recht? Meine Position als Repräsentant von (nennen Sie Ihr Produkt oder Ihre Dienstleistung) ist eine ganz andere. Sehen Sie, meine Erfahrung als Vertreter von (Name Ihrer Firma) hat mich eine unbestreitbare Wahrheit gelehrt: Niemand kann zu mir nein sagen – die Leute können nur zu sich selbst oder zu ihrer Firma nein sagen.

Wie kann ich diese Art von Nein akzeptieren? Sagen Sie mir, Mr. Billings: Wenn Sie an meiner Stelle wären, würden Sie es zulassen, daß Mr. Billings zu etwas so Wichtigem wie ... ... nein sagt?« Beenden Sie diesen Satz mit dem Wort oder der Formulierung zur Beschreibung jener Vorteile, welche die stärksten Emotionen beim Kunden auslösen. Verwenden Sie Worte wie: Leben, Gesundheit, Glück, nahestehende Personen, Familie, Sicherheit, zukünftiger Gewinn, Geschäft, Erfolg, Überleben im Wettbewerb, finanzielle Verbesserung, Karriereentwicklung, persönliche Ziele.

2. Der Unser-Budget-gestattet-es-nicht-Abschluß

Dieser Abschluß darf im Repertoire keines Verkäufers fehlen, der in Zeiten wie diesen, in denen das Geld knapp ist, mit Unternehmen, Institutionen oder staatlichen Stellen zu tun hat. Er bietet sich an, wenn Sie mit dem Präsidenten oder Besitzer eines Geschäfts oder mit einem leitenden Angestellten eines großen Unternehmens oder einer großen Institution arbeiten. Wenn man Ihnen sagt, das Budget gestatte die Anschaffung Ihres Produktes oder Ihrer Dienstleistung nicht, antworten Sie in herzlichem Tonfall etwa folgendes:

»Natürlich nicht. Deshalb habe ich Sie ja gerade kontaktiert.«

Legen Sie an dieser Stelle keine Pause ein. Wie Sie weiter vorgehen, hängt jedoch davon ab, ob Sie an ein gewinnorientiertes Unternehmen oder eine Non-Profit-Organisation verkaufen. Werfen wir zunächst einen Blick auf die Variante für Business und Industrie.

Fortsetzung dieses Abschlusses für Unternehmen: »Ich weiß sehr gut, daß jedes gut geführte Unternehmen ein sorgfältig geplantes Budget hat, das eingehalten werden muß. Gehe ich auch recht in der Annahme, daß der Unternehmensleiter eines produktiven Trendsetter-Unternehmens wie des Ihren das Budget als Richtlinie und nicht als starre, vorgegebene Größe betrachtet?

Das heißt, daß Sie, der Chef, sich das Recht vorbehalten, das Budget im Interesse einer wettbewerbssicheren Zukunft Ihres Unternehmens zu dehnen, nicht wahr?

Das System, über das wir hier gesprochen haben, wird (nennen Sie den Namen der Firma des Käufers) einen unmittelbaren und längerfristigen Wettbewerbsvorteil sichern. Sagen Sie mir, Mr. Chamberlain – ist Ihr Budget unter diesen Umständen flexibel, oder ist es ein starrer Rahmen?«

Fortsetzung dieses Abschlusses für Institutionen und staatliche Stellen: »Ich bin mir vollkommen darüber im klaren, daß jede gut geführte Institution ein sorgfältig geplantes Budget hat, das eingehalten werden muß. Ich weiß auch sehr gut, daß sich Ihr Büro (Agentur, Institution, Bezirk) sehr rasch auf die sich verändernden Bedürfnisse der Öffentlichkeit einstellen muß. Sie stehen doch in dem Ruf, das zu tun, nicht wahr?«

Nach der Antwort fahren Sie wie folgt fort: »Das bedeutet, daß Sie als leitender Angestellter einer solchen effektiven Organisation das Budget nicht so sehr als starren Rahmen, sondern eher als Ausgabenrichtlinie betrachten müssen. Wie sonst sollte die Öffentlichkeit schnell in den Genuß neuer Technologien und neuer Entwicklungen kommen?

Das heißt, daß Sie, der Chef, sich das Recht vorbehalten, das Budget flexibel zu handhaben, damit Ihre Organisation ihre Aufgaben so effizient wie möglich erfüllen kann, nicht wahr?

Das System, über das wir hier gesprochen haben, bringt unmittelbare und längerfristige Kosteneinsparungen (Auslastungsverbesserungen, Steigerungen der Besuchersicherheit oder des Komforts) mit sich. Sagen Sie mir, Mrs. Spencer – ist Ihr Budget unter diesen Umständen flexibel, oder ist es ein starrer Rahmen?«

3. Der Inflationsabschluß (mit einer Privatperson)

Das größte Problem, mit dem wir heutzutage alle konfrontiert sind, ist das der Inflation. Die Inflation ist aber auch unsere größte Chance. Sie wurde als »Robin Hood der neunziger Jahre« bezeichnet – allerdings ist es so, daß sie den gut Informierten gibt und von den Unwissenden nimmt. Als Superchampion werden Sie erkennen, daß die Inflation in den Entscheidungsfindungsprozessen von heute als Motivator verwendet werden muß. Wenn Sie im persönlichen Verkauf tätig sind, sollten Sie diesen Abschluß erlernen und ihn verwenden.

»Die wichtigsten Entscheidungen, die wir heute zu treffen haben, sind finanzielle Entscheidungen, nicht wahr? Wir können uns nicht länger den Luxus leisten, uns zwischen drei Möglichkeiten zu entscheiden – sparen, ausgeben oder investieren. Heute läßt uns die Inflation nicht mehr die Möglichkeit, unser Geld einfach zu sparen. Sie wissen sicher, was ich meine, nicht wahr?«

(Warten Sie auf die Antwort.)

»Ja, genau! Durch den starken Druck der ökonomischen Faktoren ist jeder gesparte Dollar bald weniger wert als zu dem Zeitpunkt, da wir ihn verdienten, habe ich nicht recht?«

(Warten Sie auf die Antwort.)

»Heute müssen wir dafür sorgen, daß jeder Dollar, der uns nach unseren täglichen Ausgaben übrigbleibt, für uns arbeitet. Und stimmt es nicht, daß wir nur zwei Wahlmöglichkeiten haben? Wir können eine Investition suchen, die uns einen Ertrag bietet, der über der Inflationsrate liegt. Das ist ziemlich schwierig, wenn wir nicht reich sind, nicht wahr? Oder wir können das Geld dazu verwenden, unseren Lebensstandard zu verbessern.

Nun sind wir zu dem Ergebnis gekommen, daß Sie mein Angebot (nennen Sie Ihr Produkt oder Ihre Dienstleistung) wirklich wollen. Meinen Sie nicht auch, daß Sie eine Belohnung für all Ihre harte Arbeit verdient haben?«

(Warten Sie auf die Antwort.)

»Eben. Die nächste Frage ist: Beanspruchen Sie diese Belohnung für sich, oder werfen Sie sie der Inflation in den Rachen?«

Anmerkung des Verlags: Derzeit durchlaufen wir in Europa eine Phase von niedriger Inflation und tiefen Zinsen. Der obgenannte Abschluß kann mit ein bißchen Phantasie problemlos der heutigen Situation angepaßt werden: Es lohnt derzeit nicht, zu sparen, weil die Zinsen so niedrig sind. Umgekehrt lohnen Investitionen, weil wir für das benötigte Geld die niedrigsten Zinsen seit langem bezahlen müssen.

4. Der Inflationsabschluß (mit einem Geschäft)

Wenn Sie im kommerziellen oder im industriellen Verkauf tätig sind, sollten Sie Ihr Trouble-Shooting-Arsenal um die folgende Wunderwaffe erweitern.

»Neben der Bürokratie, mit der uns der Staat quält, ist die Inflation eine unserer größten Sorgen, nicht wahr?«

(Warten Sie auf die Antwort.)

»Sagen Sie mir also: Ist das ein Problem, unter dem nur Ihr Unternehmen leidet?«

(Warten Sie auf die Antwort.)

»Dann liege ich also richtig, wenn ich davon ausgehe, daß Ihre gesamte Konkurrenz mit demselben Inflationsproblem zu kämpfen hat?«

(Warten Sie auf die Antwort.)

»Sagen Sie mir, ob folgende Aussage zutrifft: Zwar ringt Ihre ganze Branche mit demselben Problem, aber einige Unternehmen werden besser damit fertig als andere.«

(Warten Sie auf die Antwort.)

»Richtig! Nun – ich habe nichts anderes versucht, als Ihnen eine Methode zu zeigen, wie Sie einen Wettbewerbsvorsprung erlangen können. Und Vorsprünge zu erlangen, egal, ob groß oder klein, ist die einzige Methode, um sicherzustellen, daß Ihr Unternehmen besser dasteht als die Mitbewerber Ihrer Branche, nicht wahr?«

Anmerkung des Verlags: Auch für dieses Beispiel gilt: Ersetzen Sie das Wort Inflation einfach durch Rezession und Stagnation.

5. Der Zustand-der-Wirtschaft-Abschluß

Viele Leute leben heute in einem ständigen Zustand der Besorgnis. Tatsächlich sind das Schüren dieser Angst einerseits und ihre Bekämpfung andererseits eine der am schnellsten wachsenden Branchen unserer Zeit. Manche Leute sind entschlossene Optimisten, andere sind ebenso entschlossene Pessimisten, aber der Großteil der Menschen ist zwischen beiden Extremen hin- und hergerissen. Ohne Zweifel hat die unheilverkündende Einstellung der Medien die Entscheidungskraft Tausender einflußreicher Menschen weitgehend gelähmt.

Bei der überwältigenden Mehrheit der Menschen, die stündlich – oder sogar minütlich – zwischen Furcht und Begeisterung hin- und herpendeln, läßt sich diese Entscheidungskraft freisetzen. Der Abschluß, den ich Ihnen hier präsentiere, kann das bewirken. Einen eingefleischten Pessimisten wird er allerdings nicht ins Wanken bringen. Diese Leute sind jedoch in der Minderheit. Ihnen können Sie ohnehin nichts anderes verkaufen als Munition und schlechte Nachrichten.

Hier ist der Abschluß für alle, die irgendwie in der Mitte angesiedelt sind (für überzeugte Optimisten eignet er sich ebenfalls):

»Ja, ich weiß, daß die Medien in dieser Zeit der Rezession und der zunehmenden Umweltprobleme nur Angst verbreiten. Diese Angst verstärkt die Probleme nur noch, finden Sie nicht auch?

Sagen Sie mir, ob Ihnen die Medien jemals folgendes erklärt haben: Ein hoher Prozentsatz der heutigen Unternehmen, der heutigen Top-Händler und Spitzenverkäufer schaffte seinen Aufstieg in Zeiten wirtschaftlicher Unsicherheit. Der Schwung, den sie in diesen Zeiten brauchten, um voranzukommen, machte sie groß. Ja, während andere zu allem nein sagten, machten sich diese Großen das Ja zur Gewohnheit. Ist Ihnen das schon einmal bewußt geworden?«

(Warten Sie auf die Antwort.)

»Letzten Endes läuft es doch darauf hinaus: Nein beginnt mit demselben Buchstaben wie nichts. Mir gefällt nicht, was mit den Worten nein und nichts verbunden ist. Gehe ich recht in der Annahme, daß es Ihnen auch so geht?«

17 Ein Sack voller Geldmacher

Das Produkt oder die Dienstleistung, die Sie verkaufen, und der Ort, an dem Sie arbeiten, sind weniger wichtig als Ihre Techniken, Ihre Zeitplanung und Ihre Entschlossenheit, in jedem Augenblick so produktiv wie möglich zu sein, wenn es gilt, zu organisieren, zu planen, Vorbereitungen zu treffen, neue Techniken zu lernen und zu üben – und all das in die Tat umzusetzen. Eignen Sie sich die Gewohnheiten eines Champions an, und Sie werden selbst ein Champion werden. Sie werden das Ansehen, das Geld, die Anerkennung und das Selbstwertgefühl des Champions erlangen. Viele von uns suchen nach Gründen dafür, daß sie dazu nicht in der Lage sind. Wenn wir von einem Verkäufer hören, der eine sechsstellige Summe verdient, neigen wir dazu zu sagen: »Ich wette, er verkauft Produkte, die Millionen kosten.«

In Wahrheit ist das allerdings selten der Fall. Es gibt einfach nicht genug Käufer für Millionen-Dollar-Produkte. Die meisten Großverdiener unter den Verkäufern verkaufen alltägliche Dinge: Versicherungen, Autos, Wohnhäuser und ungezählte andere Produkte und Dienstleistungen, die nicht außergewöhnlich kostspielig sind. Aber sie verkaufen natürlich auch kein Eis oder Bonbons auf der Straße.

Gleichgültig, wieviel Ihr Produkt kostet, Sie können sich in jedem Fall die Geheimnisse der Superchampions zunutze machen. Jetzt spreche ich von den ganz großen, die in einer guten Woche soviel verdienen wie der Durchschnittsverdiener im ganzen Jahr. Ich möchte Ihnen nun acht Systeme vorstellen, auf die sich die großen Verkäufer stützen, um aus kleinem Geld große Scheine zu machen.

Die Superchampions und die Mehrzahl der produktivsten Verkäufer kombinieren alle in diesem Buch beschriebenen Techniken, um sich eine Basis von Hinweisen zu schaffen und darauf einen laufenden Betrieb aufzubauen, der sich beständig selbst speist. Der Durchschnittsverkäufer tut sich schwer, von den Leuten, denen er etwas verkauft, Hinweise auf potentielle Interessenten zu bekommen; der Superchamp erhält nach einem kurzen Telefongespräch häufig Hinweise von Leuten, die er noch nie gesehen hat. Der Superchampion hat sein Opfer gebracht, um seine Fertigkeiten zu erwerben, und er hat genug Selbstvertrauen, um sie vollkommen auszuschöpfen. »Nichts macht so erfolgreich wie der Erfolg«, schrieb Alexandre Dumas vor mehr als hundert Jahren, und seine Worte waren nie treffender als heute. Um erfolgreich zu sein, müssen Sie sich die erforderlichen Fertigkeiten und Kenntnisse aneignen. Und dann müssen Sie sie einsetzen.

Wenn Sie das getan haben, sind Sie bereit für die acht Systeme, die den Wert Ihrer Arbeit vervielfachen werden.

Acht Systeme zur Geldbeschaffung

Geldbeschaffungssystem Nr. 1

Multiplizierung des Geldes. Jede Person, die Sie an Ihr Produkt binden, ist von anderen Leuten umgeben, welche dieselben Bestrebungen, Interessen und finanziellen Möglichkeiten haben. Jeder Kunde, dem Sie etwas verkaufen, kann mit der Zahl seiner Bekannten multipliziert werden, die potentielle Kunden für Ihr Angebot sind.

Die Durchschnittsfamilie hat zweieinhalb Autos, aber der durchschnittliche Verkäufer schlägt dieses Kapitel zu, wenn er ihr *ein* Auto verkauft hat. Warum? Weil er darauf eingestellt ist, nur mit den Leuten zu arbeiten, die in seinen Schauraum kommen. Die Vorstellung, daß jeder Käufer ein potentieller Hinweisgeber für weitere Geschäfte ist, ist ihm unbekannt. Der Champion hingegen arbeitet mit einem Käufer und multipliziert diesen einen Verkauf während eines bestimmten Zeitraumes mit dem Faktor 2, 3, 5, manchmal sogar 10 oder mehr.

Das Leasing ist ein weiteres Geschäft mit einem enormen Potential für Multiplikationseffekte. Aus dem einen Auto, das Sie an einen Kunden verleasen, machen Sie eine ganze Reihe von Autos, die Sie an Bekannte dieses Kunden verleasen; und dann gehen Sie weiter zu den Freunden der Bekannten. Zwischendurch schließen Sie immer wieder einen Vertrag für einen ganzen Fahrzeugpark ab, weil Sie Service anbieten, im großen Rahmen denken und die richtigen Fragen stellen. Unterstreichen Sie diesen Grundsatz:

> **Nimmt der Kunde etwas, werden er oder seine Freunde noch mehr davon nehmen.**

Selbstverständlich müssen Sie Ihre Arbeit ordentlich machen. Sie müssen mit den Kunden arbeiten, sicherstellen, daß sie mit Ihrem Service zufrieden sind, und sämtliche Probleme schnell ausräumen. Heben Sie daher auch den folgenden Grundsatz hervor:

> **Arbeiten Sie mit jedem Käufer so, als hätte er Ihnen tausend Hinweise zu bieten.**

Lassen Sie uns einen Augenblick lang darüber nachdenken. Nehmen wir an, daß Ihnen in dieser Woche nur ein kleiner Abschluß gelingt. Dennoch betreuen Sie den Käufer gut und erhalten von ihm vier vorqualifizierte Hinweise.

In Woche 2 arbeiten Sie mit diesen vier vorqualifizierten Hinweisen und kommen, ganz entsprechend dem statistischen Mittel, in fünfzig Prozent der Fälle zu einem Abschluß. Damit haben Sie an zwei der Interessenten, an die Sie verwiesen wurden, etwas verkauft. Auch von jedem der neuen Käufer bekommen Sie vier Hinweise. In der dritten Woche arbeiten Sie mit den acht potentiellen Kunden, an die Sie verwiesen wurden, und kommen bei der Hälfte von ihnen zu einem Abschluß.

Nehmen Sie bitte einen Kugelschreiber und ein Blatt Papier zur

Hand, und halten Sie das selbst schriftlich fest, denn das, was wir jetzt besprechen werden, ist für Sie von überragender Bedeutung.

Nehmen wir an, Sie arbeiten in einem Geschäft für Haushaltsgeräte. Es ist gerade ein phantastisches neues Produkt auf den Markt gekommen, ein Mixer zum Preis von 79,95 Dollar. Sie verdienen an jedem verkauften Mixer 10 Prozent, also 8 Dollar. An diesem Mixer ist etwas dran, was Sie dazu bewegt, Ihre Verkaufsanstrengungen auf ihn zu konzentrieren.

Ihr Ergebnis nach drei Wochen sieht so aus:

Woche	Abschlüsse	Hinweise	Einnahmen
1	1	0	8 Dollar
2	2	4	16 Dollar
3	4	8	32 Dollar

Nicht unbedingt berauschend, nicht wahr? Sie haben diesen verdammten Mixer drei Wochen lang unermüdlich gepusht – und alles, was dabei herausgeschaut hat, sind kümmerliche 56 Dollar.

Ich möchte Sie nun bitten, folgendes zu tun: Nehmen Sie Ihren Kugelschreiber zur Hand, und rechnen Sie aus, was geschieht, wenn Sie Ihren Umsatz mit diesem Mixer zehn Wochen lang verdoppeln. Mit anderen Worten: Verlängern Sie die obenstehende Tabelle um zehn Wochen. Für die Berechnung brauchen Sie nicht länger als eine Minute.

Wahrscheinlich werden Sie zu Ihrem Taschenrechner greifen, um das Ergebnis zu überprüfen. Denn es ist wirklich überraschend. Anstatt Ihnen hier alle Antworten vorzukauen und Ihnen den Spaß zu verderben, werde ich Ihnen nur eines sagen: Wenn Sie tatsächlich in der Lage sind, das Geschäft mit dem Mixer zehn Wochen lang so weiterzuführen und Ihre Verkaufserfolge dann ein ganzes Jahr lang auf diesem Niveau zu stabilisieren, so wird sich Ihr Einkommen auf ein Fünftel von einer Million Dollar belaufen. (200 704, um genau zu sein, unter Einbeziehung eines Urlaubs von drei Wochen.)

Ist das nicht aufregend?

Natürlich ist es nicht realistisch, in der Planung vom Verkauf derart vieler Einheiten desselben Gerätes in einem einzigen Einzelgeschäft auszugehen. Aber Sie können sehr wohl auf einen grünen Zweig kommen, wenn Sie Ihre Rechnung auf mehrere Geräte ausdehnen, einschließlich einiger, die zehnmal soviel kosten wie unser Mixer.

Dieses Beispiel illustriert den enormen Multiplikationseffekt eines Hinweises. Nutzen Sie dieses Konzept. Warum sich damit zufriedengeben, einen Käufer – und seine tausend möglichen Verbindungen – mit nur einem einzigen Produkt aus dem Geschäft gehen zu lassen? Fühlen Sie ihm ein wenig auf den Zahn. Unter seinen Freunden, Verwandten und Arbeitskollegen sind sicher einige Leute, welche die Vorteile brauchen, die Sie anzubieten haben.

Als ich vor meiner Ausbilderkarriere in meinem letzten Jahr im Verkauf aktiv war, beruhte mein Geschäft zu 99 Prozent auf Hinweisen. Ich suchte nur ein einziges Mal nach potentiellen Käufern – und das war, als ich anderen Leuten zeigte, wie man das macht. Und was hatte ich davon, daß mein Geschäft auf Hinweisen aufbaute? Ich konnte jeden Augenblick meiner Verkaufszeit darauf verwenden, mit Leuten zu arbeiten, die mir vertrauten. Ich tat fast nichts anderes mehr, als zu qualifizieren und abzuschließen.

Selbstverständlich können Sie Ihre Arbeit nicht sofort auf Hinweise stützen, wenn Sie neu im Geschäft sind. Sie müssen warten, bis Sie Ihren ersten Verkauf abgeschlossen haben. Die meisten Verkaufsanfänger sind so mit ihren Abschlüssen beschäftigt, daß Sie blind werden für die ungezählten Möglichkeiten, die ein einziger Verkauf ihnen eröffnen kann.

Geldbeschaffungssystem Nr. 2

Erweitern. Das zweite System zur Ausdehnung des Verkaufsvolumens verlangt von Ihnen, daß Sie Ihre Vorstellungskraft einsetzen. Denken Sie laufend über Wege nach, das betreffende Produkt um ergänzende Produkte zu erweitern, und suchen Sie nach verschiedenen Anwendungen für Ihr Produkt oder Ihre Dienstleistung beim selben Kunden. Halten Sie sich stets folgende Frage vor Augen:

Wie kann ich das, was mein Kunde schon hat, durch mein Angebot erweitern?

Wenn Sie an Unternehmen verkaufen und eines Ihrer Produkte in der Versandabteilung einer Firma unterbringen – sind Sie dann zufrieden? Oder werden Sie diese Versandabteilung weiter betreuen und mit ihr zusammenarbeiten, um eine Empfehlung an die Buchhaltung oder an die Produktion zu erhalten? Selbstverständlich hängt das auch von Ihrem Produkt bzw. Ihrer Dienstleistung ab, aber ich höre immer wieder von Verkäufern, die eine Firma mit einem Produkt besuchen, das viele verschiedene Abteilungen gebrauchen könnten. Sie verkaufen es nur einer Abteilung und vergessen die übrige Firma.

Für den Verkauf durch Erweitern gibt es eine Grundregel. Ich empfehle Ihnen, sie sich einzuprägen:

Streben Sie nie einen Erweiterungsverkauf an, solange Sie nicht das ursprüngliche Geschäft abgeschlossen haben.

Wenn ich Ihre Haushaltgerätehandlung auf der Suche nach einem Staubsauger betrete, will ich nicht über den phantastischen neuen Mixer sprechen, von dem Sie so begeistert sind, solange ich nicht mein Bedürfnis, den Schmutz zu beseitigen, befriedigt habe. Ist das einmal erledigt, haben Sie eine Chance, meine Mix-Bedürfnisse zu wecken. Aber Sie dürfen den Mixer nicht einmal erwähnen, solange ich nicht den besten Staubsauger in Händen halte, den Sie mir verkaufen können.

Der Versicherungsvertreter, der mich betreut, ist einer der besten Verkäufer im ganzen Land. Er erwähnt mit keinem Wort, was er für mich plant, solange er nicht das beendet hat, was er im Augenblick für mich tut. Dann, Augenblicke nach dem Abschluß, beginnt er mich auf das vorzubereiten, womit er mich in Zukunft beglücken will.

Es ist ein erfreuliches und aufregendes Erlebnis, daß man das tun kann, wenn die Leute einen mögen und einem vertrauen. Das letzte Mal, als mein Versicherungsvertreter meinen Versicherungsschutz erfolgreich erweitert hatte, lächelte er mich an und sagte: »Wir sehen uns bald wieder.«

Die Tinte auf meinem – fetten – Scheck war noch nicht trocken. Ich starrte ihn eine Sekunde lang an und antwortete: »Ich will Sie nicht so bald wiedersehen.«

Er lachte und sagte: »Was, Sie hören auf zu wachsen?«

Ich mußte mitlachen, denn natürlich habe ich vor, weiterhin hart zu arbeiten, zu wachsen – und zusätzlichen Schutz durch seine Versicherung in Anspruch zu nehmen. Indem ich meine Expansionsziele erreiche und mir neue setze, helfe ich ihm, seine gegenwärtigen Ziele zu erreichen – und sich neue und höhere zu setzen. Wollen Sie nicht auch eine solche Aufwärtsspirale mit Ihren Kunden entwickeln? Sie können das tun, indem Sie zusätzliche Angebote finden, die Sie entfalten, nachdem Sie das bestehende Problem eines Kunden gelöst haben.

J. Douglas Edwards und ich waren enge Freunde und Hausnachbarn in Scottsdale. Wir tauschten häufig Geschichten aus, die uns die Leute in unseren Seminaren erzählt hatten. Einmal kam Doug von einer Vortragsreise durch Kanada zurück und erzählte mir: »Ein junger Mann in Toronto sagte zu mir: ›Ich bin Multimillionär geworden, nachdem ich Ihr Programm absolviert habe, und der Grund dafür ist ein einziger Satz in Ihrer Rede.‹«

So etwas ist für einen Redner erhebend. Es war die Hoffnung, aufregende Erfolgsgeschichten zu hören – obwohl diese selten so spektakulär sind wie diese hier –, die Doug dazu bewegte und mich immer noch dazu bewegt, Flugzeuge zu besteigen. »Ein einziger Satz?« fragte ich begierig. »Welcher Satz?« Dougs Antwort ist die Bezeichnung des nächsten Systems. Es ist mein Lieblingssystem, wenn es um die Verwandlung von Kleingeld in große Scheine geht:

Geldbeschaffungssystem Nr. 3

»Verkaufe es ihnen in Bündeln, wie Bananen.« Der junge Mann namens Ed Dardon ging mit dem Konzept, das er in Toronto bei Dougs Seminar entdeckt hatte, folgendermaßen vor: Ein paar Wochen nach dem Seminar besuchte er einen potentiellen Kunden, an den er verwiesen worden war. Der Mann hatte ein Problem. Er war Mitglied eines Immobilienkonsortiums, das einen großartigen Apartmentkomplex gebaut hatte. Das Problem kam ans Licht, nachdem sie das Projekt fertiggestellt hatten und die Mieten festlegten, um ihre Investition wieder hereinzuholen. Ihre Preise waren so hoch, daß sie keine Chance am Markt hatten; ihr Projekt war einfach zu großartig. So blieben die Apartments leer. Es liefen Steuern und Betriebskosten auf, aber es kamen keine Einnahmen herein, mit denen diese Kosten und die Hypotheken bezahlt werden konnten.

Ed Dardon machte sich Gedanken und arbeitete einen Plan aus. Dann traf er sich mit den leitenden Vertretern des Konsortiums und skizzierte sein Programm. Heutzutage sind Eigentumswohnungen populär, damals jedoch waren sie in Amerika nicht sehr verbreitet. Ed überzeugte das Konsortium davon, daß der einzige Weg, mit Gewinn aus seiner mißlichen Lage herauszukommen, darin bestand, die Apartments in Eigentumswohnungen umzuwandeln und zu verkaufen.

Entscheidend war die Geschwindigkeit. Ed schulte ein kleines Team von fähigen Verkäufern in das Konzept ein, die Wohnungen im Bündel zu verkaufen, wie Bananen. Er schnürte Pakete aus drei, vier, fünf Eigentumswohnungen – und oft verkauften sie zwei oder drei dieser »Bündel« an einen einzigen Investor. Die Leute, die die Wohnungen kauften, waren aufgrund der Steuervorteile nicht auf unmittelbaren Cash-flow angewiesen.

Gleichzeitig mit seiner Verkaufsorganisation gründete Ed auch eine Managementgesellschaft, um die Mietangelegenheiten für die neuen Besitzer zu regeln. Beide Unternehmen waren profitabel und wuchsen rasant. Eds erfolgreicher Versuch, ein finanzielles Fiasko in eine profitable Unternehmung für die ursprünglichen Bauträger zu verwandeln, verschaffte ihm eine Vielzahl neuer Möglichkeiten. Nicht nur, daß ihm der Ruf vorauseilte, ein besonderer Verkäufer zu sein, auch lobten die Fachzeitschriften in ganz Kanada seine Leistungen. In weniger Zeit, als er in der High-School verbracht hatte, war Ed Dardon Multimillionär.

Suchen Sie stets nach Gelegenheiten, den Kunden Ihr Produkt in Bündeln zu verkaufen, wie Bananen.

Und halten Sie sich stets folgendes in Erinnerung:

Geldbeschaffungssystem Nr. 4

Graben Sie sich jedesmal, wenn Sie auf ein Goldkörnchen stoßen, durch den ganzen Berg. Machen Sie sich Gedanken darüber, wie eine umfassende Vorbereitung für einen einzigen Kunden rentieren soll? Keine Sorge. Beginnen Sie zu planen, wie Sie das neue Wissen, das Sie sich aneignen werden, verwenden können. Verkaufen Sie jedermann, der demselben Geschäft oder derselben Interessengruppe angehört. Verkaufen Sie einer Bank, und Sie wissen, wie man allen Banken verkauft. Mit anderen Worten: Betrachten Sie jeden potentiellen Käufer so, als wäre er ein Mitglied einer Gruppe, der Sie in Zukunft verkaufen werden – denn genau das ist er.

Wenn Sie Ihre Produkte im Bündel an Bündel von Leuten verkaufen – was werden Sie dann bloß mit all dem Geld anfangen, das sie verdienen werden?

Geldbeschaffungssystem Nr. 5

Verwenden Sie Ihre Visitenkarten, um Leute zu erreichen, denen Sie nie begegnet sind. Wenn wir neu im Geschäft sind, verteilen viele von uns Tausende von Visitenkarten. Mit der Zeit hören wir damit auf, weil wir genug Kundschaft haben, um gut durchs Leben zu kommen. Dabei haben wir keine Ahnung, wie viel von diesem Geschäft wir den Karten zu verdanken haben.

Als ich im Immobiliengeschäft arbeitete, schickte ich jedesmal, wenn ich eine Rechnung bezahlte, eine meiner Visitenkarten mit.

Irgend jemand mußte all diese Briefumschläge ja öffnen, dachte ich. Eines Tages rief mich eine Dame an und sagte: »Mr. Hopkins, Sie kennen mich nicht, aber mein Mann und ich suchen ein größeres Haus, und wir würden gerne mit Ihnen darüber reden.«

Nachdem ich ihr gesagt hatte, ich wäre hocherfreut, mit ihnen zusammenzuarbeiten, fragte ich: »Woher haben Sie meinen Namen?«

»Ich betreue Ihr Konto beim Gaswerk«, sagte sie, »und ich habe etwa zwei Dutzend Ihrer Karten in meiner Schreibtischschublade.«

Mit dem Betrag, den ich dafür erhielt, daß ich den Wunsch dieser Frau nach einem Haus erfüllte, könnte ich die nächsten hundert Jahre Visitenkarten verschicken – und dies war nicht der einzige Fall, in dem sich die Karten rentierten. Sofern Sie nicht spezielle Dinge an ganz bestimmte Gruppen verkaufen, sollten Sie keine Gelegenheit versäumen, Ihre Visitenkarten jedem in die Hand zu drücken, dem Sie begegnen, gleich wie entfernt oder flüchtig dieser Kontakt auch sein mag.

Geldbeschaffungssystem Nr. 6

Seien Sie ein wandelndes Werbeplakat für sich selbst. Wenden Sie System 6 immer dann an, wenn Sie während des Arbeitstages auf die Straße gehen. Tun Sie das mit Klasse – tragen Sie eine Arbeitsmappe bei sich, auf der eine auffällige Botschaft aufgedruckt ist. Das nächste Mal, wenn Sie mittags in einem Restaurant auf einen Tisch warten, sehen Sie sich die Leute an, die gemeinsam mit Ihnen warten. Wie viele dieser Leute brauchen das, was Sie verkaufen?

Anstatt in einer solchen Situation zappelig herumzustehen, sollten Sie von nun an entspannt sein, freundlich lächeln und Ihre Mappe ganz beiläufig so halten, daß sie gut zu sehen ist. Lassen Sie einen reißerischen Slogan wie *Wir machen Geld* aufdrucken. Ihr Firmenname kann zu Ihrem wirkungsvollsten Mappenaufdruck werden, wenn er bekannt ist oder verrät, was Sie verkaufen.

Ein Champion weiß, daß viele Leute, die seine Werbung auf der Mappe lesen, ein Gespräch beginnen werden. Oft sagen sie etwas wie: »Ach, Sie sind bei …«, wenn sie den Firmennamen lesen.

Jedesmal, wenn das geschieht, lächelt der Champion, gibt der Person eine Karte und sagt: »Ja, das ist richtig, und offensichtlich hätten Sie nicht gefragt, wenn Sie nicht irgend etwas brauchten.« Der Champion weiß auch, daß diese zufälligen Begegnungen häufig zu einträglichen Geschäftsbeziehungen führen, die ihm ansonsten entgangen wären.

Geldbeschaffungssystem Nr. 7

Lernen Sie, beim Wiederholungskontakt wieder ins Geschäft zu kommen. Ob es uns gefällt oder nicht – Wiederholungskontakte sind ein wesentlicher Bestandteil vieler Verkaufsgespräche. Ein Wiederholungskontakt wird notwendig, wenn der Kunde sich nach Ihrer Vorführung nicht entscheiden konnte. In vielen Fällen sind die Einwände des Kunden berechtigt und können nicht ausgeräumt werden. Er bittet Sie, Ihre Zahlen und Broschüren dazulassen, um sie sich in Ruhe anzusehen und Ihnen dann Bescheid zu geben. In Abschluß 9 aus Kapitel 15 zeige ich Ihnen eine Technik, mit der sich solche Verzögerungsgründe ausräumen lassen, aber Sie werden immer wieder in Situationen kommen, in denen die einzige Lösung eine wiederholte Kontaktaufnahme zu einem späteren Zeitpunkt ist. Wenn Sie es häufig mit solchen Wiederholungskontakten zu tun haben, sollten Sie untersuchen, wie Sie Ihre diesbezügliche Abschlußquote verbessern können. Ich habe diesen Vorgang in mehrere Schritte unterteilt.

1. Ebnen Sie den Weg im vorhergehenden Treffen. Bringen Sie sich nicht um jede Chance einer weiteren Zusammenarbeit mit dem Kunden, indem Sie versuchen, ihn durch starken Druck zum Kauf zu bewegen. Versprechen Sie ihm nicht, Sie würden ihn wegen einer weiteren Terminvereinbarung wieder anrufen; es ist zu leicht für den Kunden, Ihnen von seiner Sekretärin ausrichten zu lassen, Sie möchten nächstes Jahr wieder anrufen. In den meisten Fällen können Sie den potentiellen Kunden bei einem Wiederholungskontakt einfach aufsuchen, auch wenn Sie für das erste Gespräch noch einen Termin vereinbaren mußten.

2. Wie man den Wiederholungskontakt herstellt. Lächeln Sie, begrüßen Sie den Kunden, wiederholen Sie Ihren Namen und den Ihrer Firma, wenn er Sie vergessen hat – und noch einmal: Drängen Sie, solange Ihr Gegenüber keine Bewegung macht, nicht auf einen Händedruck.

3. Beginnen Sie mit einer Zusammenfassung der Vorteile. Der Durchschnittsverkäufer tut dies nicht. Statt dessen legt er mit einer Frage los, die ein Nein herausfordert und den Abschluß augenblicklich tötet. Seine restliche Zeit verbringt er mit verzweifelten Versuchen, dem toten Körper wieder Leben einzuhauchen. Wie tötet er den Abschluß?

Indem er eine Frage wie diese stellt: »Nun, haben Sie sich entschieden?« Sie produzieren fast mit Garantie einen Fehlschlag, wenn Sie direkt auf die Entscheidung vorstoßen, ohne zuerst zu versuchen, dem Kunden in Erinnerung zu rufen, über welche Punkte sie beim letzten Treffen Einigung erzielten.

Der Profi stellt niemals eine Nein-Frage; er wählt einen vollkommen anderen Ansatz. Nehmen wir an, ich habe vor einer Woche Mrs. Kellens ein Piano vorgeführt. Wie gewöhnlich hätte ich gerne sowohl die Ehefrau als auch den Gatten bei der Vorführung dabeigehabt, aber in diesem Fall war klar, daß Mr. Kellens nicht anwesend sein konnte. Also führte ich das Gespräch nur mit der Frau weiter. Nun bin ich beim Wiederholungskontakt, und das erste, was ich tue, ist, zu dem Punkt zurückzukehren, an dem wir beim letzten Mal aufgehört haben.

»Mrs. Kellens, ich habe mir gedacht, wir sollten uns in Erinnerung rufen, worüber wir bereits gesprochen haben. Wir waren uns darüber einig, daß das Piano, das Ihnen am besten gefiel, das Singsweet, sehr gut in diese Ecke dort passen würde, richtig?

Und wir waren uns auch darin einig, daß der Ton und die Qualität des Singsweet, auch wenn es nicht unser größtes oder kostspieligstes Piano ist, Ihren Bedürfnissen entspricht, nicht wahr?« Mrs. Kellens stimmt beiden Feststellungen zu, weil wir uns bereits in unserem vorangegangenen Gespräch darauf geeinigt haben. Ich fahre fort.

»Und wir waren uns darüber einig, daß der Besitz dieses Klaviers den großen Vorteil hätte, daß Ihre Kinder die fünf Jahre Klavierunterricht nutzen könnten, in die Sie und Ihr Gatte investiert haben.«

Ich gebe ihr eine Chance, etwas Positives dazu zu sagen, und fahre dann fort: »Und wir dachten auch, daß die Kinder häufiger ihre Freunde nach Hause mitbringen würden, wenn Sie ein Piano hätten. Sie sagten, Sie hätten Ihre Kinder gern öfter um sich, nicht wahr?«

Sie muß all dem zustimmen, weil sie es mir selbst erzählte. Als sie das tat, erkannte ich selbstverständlich die entscheidende Bedeutung dieser emotionalen Kaufauslöser und versuchte, sie mir fest einzuprägen. Viele Champions trauen ihrer Erinnerung nicht. Wenn sie einen Wiederholungskontakt brauchen, notieren sie sich sofort nach Ende des ersten Gesprächs alle Gründe, die der potentielle Kunde für den Kauf haben kann. Die Aufzeichnungen können sie sich vor dem Wiederholungsgespräch ansehen, um sicherzugehen, daß sie nichts übersehen.

Erst wenn ich jeglichen Kundennutzen noch einmal durchgegangen bin, den sich Mrs. Kellens vom Kauf des Pianos erwartet, erst wenn ich alle Emotionen wieder wachgerufen habe, komme ich auf das zu sprechen, was den Kauf beim letzten Mal aufgehalten hat. Aber ich verlange auch jetzt noch keine Entscheidung. Vielmehr konzentriere ich mich auf die emotionale Schwelle.

»Ich denke, das einzige, worüber wir nicht ausreichend gesprochen haben, war die Frage, ob Ihr Mann ebenso große Freude an dieser Investition in Ihre Kinder haben würde wie Sie, nicht wahr?«

Was habe ich jetzt getan? Ich habe sie wieder in den Gefühlszustand versetzt, in dem sie sich nach der Vorführung befand. Hätten sie sich in der Zwischenzeit definitiv für den Kauf entschieden, so hätte Mrs. Kellens mich in unserem zweiten Gespräch unterbrochen, um mir das zu sagen. Mrs. Kellens erwartete, daß ich etwas sagte wie: »Hallo, da bin ich wieder. Haben Sie mit Mr. Kellens gesprochen? Was hat er über das Singsweet gesagt?« Darauf hätte sie geantwortet:

»Es tut mir leid, aber er hat nein gesagt. Es tut mir leid – ich habe es wirklich versucht –, aber ich glaube, wir werden uns noch ein Jahr gedulden müssen.«

Mrs. Kellens und die Kinder wollen und brauchen mein Singsweet. Sie können es sich leisten. Es ist nicht mein Job, ihr dabei zu helfen, mich loszuwerden, sondern ich habe die Aufgabe, ihr dabei zu helfen, dieses Piano zu bekommen. Anstatt sie also zu einem »Tut mir leid, auf Wiedersehen« zu führen, führe ich sie zurück zu den emotionalen Beweggründen, aus denen sie das Piano will. Wenn ich sie dazu bringen kann, über das Piano zu sprechen, und die Gefühle in ihr wachrufen kann, die sie hat, wenn sie daran denkt, wie ihre Kinder und deren Freunde im Haus sind, wird sie beginnen, über einen Weg nachzudenken, wie sie das Piano bekommen kann. Sagen Sie zu sich selbst: »Ich bin nicht in dieser Welt, um negative Gefühle zu wecken; meine Aufgabe ist es, Leuten dabei zu helfen, sich Vorteile anzueignen.«

Hier ist ein Satz, der bei Verkäufern sehr beliebt ist, die keinen großen Erfolg beim Verkauf an Unternehmen haben: »Nun, da bin ich wieder. Haben Sie über meinen Vorschlag nachgedacht?« Welche Antwort erhält man fast immer auf diese brillante Frage?

»Ja. Nein.« (»Ja, wir haben darüber nachgedacht. Nein, wir wollen Ihr Angebot nicht.«) Mit einem Hieb ist der Verkäufer tot. Aber er hat darum gebeten, erschlagen zu werden …

Ob Sie nun an Firmen oder an Privatpersonen verkaufen: Sie müssen bei einem Wiederholungskontakt die Kundennutzen zusammenfassen, über die Sie sich bereits geeinigt hatten. Sie müssen das Klima des letzten Gesprächs wiederherstellen, jenes Klima, in dem die potentiellen Käufer sich des angebotenen Kundennutzens bewußt waren. Sind Wiederholungskontakte eher die Regel als die Ausnahme, so spielt der Champion das Spiel mit einem As im Ärmel. Er läßt in seiner ersten Präsentation bewußt einen Kundennutzen aus, so daß er beim Wiederholungskontakt nach Zusammenfassung der Kundennutzen etwa folgendes sagen kann:

»Mr. Selvan, als wir das letzte Mal zusammensaßen, sprachen wir darüber, welchen Nutzen Ihre Gesellschaft aus der höheren Produktionsrate unseres Superpro ziehen würde. Ich glaube, ich habe damals vergessen, etwas zu erwähnen, was für Ihre Entscheidung wichtig sein dürfte. Ich weiß, daß wir mit unserem aktuellen Angebot Ihre Budgetvorgaben überschreiten, aber ich möchte Sie bitten, an folgendes zu denken: Mit dem Superpro haben Sie auch mit dieser hohen Produktionsrate den Plafond noch nicht erreicht. Wir können Ihnen ein Roboterzuführungsmodul liefern, das die Produktion noch einmal um bis zu 80 Prozent steigert.«

Nachdem Sie diese Bombe haben platzen lassen, gehen Sie zu Ihrer Abschlußsequenz über.

Geldbeschaffungssystem Nr. 8

Bedanken Sie sich. Dieses System wirkt unglaublich gut, kostet fast nichts und wird kaum verwendet. Und dennoch ist es einer der größten Geldmacher, die es gibt. Ich kenne keine durchschlagskräftigere Methode als System 8, wenn es gilt, die Leute dazu zu bringen, Ihre Umsätze in lichte Höhen zu treiben. Aus irgendeinem Grund, den ich nie verstanden habe, wenden nur wenige Verkäufer diese Technik an. Vielleicht sollte ich darüber nicht erstaunt sein. Schließlich bedienen sich nur rund fünf Prozent von uns aller Techniken, mit denen man mehr Geld verdienen und seine Arbeit besser machen kann. Und nur rund fünf Prozent der Verkäufer wenden diese einfache Technik regelmäßig an. Vielleicht ist sie nicht direkt genug – oder vielleicht liegt es einfach daran, daß sie Aufmerksamkeit und ein wenig Mühe erfordert.

Welches sind die drei wichtigsten Worte des Verkäufers? Nicht: Geld her, Geld her, sondern: Ich danke Ihnen. Sie haben richtig gelesen, ich danke Ihnen. Das fand ich heraus, als ich vor Jahren begann, Dankesschreiben an meine Kunden zu verschicken. Die Ergebnisse waren verblüffend. Lassen Sie mich Ihnen ein Beispiel geben. Als ich meinen ersten größeren Scheck für einen Verkauf eingelöst hatte, ging ich sofort los und kaufte einen Anzug, denn ich mußte mich dringend ordentlich anziehen. In den folgenden Tagen wurde er ziemlich stark beansprucht. Dann kam ihm ein voller Ölkanister in die Quere. Ich brachte den Anzug in die Reinigung, und der Besitzer des Geschäfts ließ ihn unverzüglich reinigen, damit ich ihn bei meinem nächsten Termin tragen konnte.

Also schrieb ich ihm ein kleines Dankeschön-Kärtchen, das er zusammen mit meiner Visitenkarte mit Klebeband auf der Vorderseite seiner Kasse befestigte. Drei Tage später erhielt ich einen Anruf von einem seiner Kunden, der mein Kärtchen gesehen hatte. Der Anruf mündete in einen großen Abschluß. Nicht nur, daß ich einen Batzen Geld in meine Tasche stecken konnte, dieses Geschehnis lehrte mich auch etwas.

Danken Sie den Leuten. Tun Sie es schriftlich. Und tun Sie es sofort.

Ein mündliches Dankeschön ist nett, es ist eine notwendige Höflichkeit, und manchmal ist es die einzige Möglichkeit, jemandem seine Dankbarkeit auszudrücken. Aber mündliche Dankesbezeugungen bringen selten Hinweise ein. Dafür müssen Sie schon ein Dankeschön-Kärtchen oder einen kleinen Brief schreiben.

Denken Sie nicht, daß mein Dank an die Trockenreinigung das einzige Mal gewesen ist, daß diese Technik funktioniert hat. Ich bekomme immer wieder Briefe von Champions, die meinen Rat beherzigen und Dankesschreiben zu einem festen Bestandteil ihrer Verkaufssequenz gemacht haben. Einer unserer Trainees, offensichtlich ein Champion, schrieb mir: »Tom, im Supermarkt fragte mich die Frau an der Kasse: ›Sind Sie nicht im Immobiliengeschäft?‹ Ich bestätigte es, wir plauderten ein wenig, und ich gab ihr meine Karte. Dann begann ich über die Sache nachzudenken, fand ihre Adresse heraus und schickte ihr einen Dankesbrief dafür, daß sie meine Karte genommen hatte. Zwei Wochen später rief sie mich an. Ihre Schwester und deren Mann suchten ein Haus. Weil ich ihr einen Dankesbrief geschrieben hatte, war ich in der Lage, aus diesem Ehepaar zufriedene Hausbesitzer zu machen.«

Was für ein nützliches Werkzeug. Warum verwenden Sie es nicht jeden Tag?

Ihre Antwort auf diese Frage lautet möglicherweise, daß Ihnen niemand einfällt, dem Sie danken könnten – jeder, mit dem Sie Geschäfte machen, tut nur, was notwendig ist, und es bieten sich keine Dankesbezeugungen an.

Danken Sie den Leuten trotzdem. Wenn Sie gerade erst anfangen und noch keinen Kundenstamm haben, schicken Sie einen

Dankesbrief an praktisch jedermann, dem Sie begegnen. Senden Sie zahlreiche Botschaften aus, und einige davon werden durchdringen. Suchen Sie sich die richtigen Ziele. Wenn Sie Versicherungen oder Immobilien verkaufen und fast jeder ein potentieller Klient ist, schicken Sie Dankesschreiben an den Manager der Eisdiele in der Nachbarschaft und an jeden, der Ihnen auch nur das kleinste bißchen Aufmerksamkeit zuteil werden läßt. Wenn Ihr Produkt Diesel-Lkw sind, müssen Sie natürlich selektiver vorgehen. Unabhängig davon, was Sie verkaufen, tragen Sie immer einen Stapel von Geschäftskarten (7 x 13 cm) bei sich, die nur dazu dienen, Ihre Dankesbrief-Maschine in Gang zu halten. Nehmen wir an, Sie sind auf Kundensuche und machen unangemeldete Firmenbesuche in Bürohäusern. Während Sie in einem der Büros darauf warten, daß jemand Sie empfängt, treffen Sie einen Spitzenmanager aus einem anderen Unternehmen und führen ein kurzes, aber herzliches Gespräch.

Wenn er wieder in seinem Büro ist, wird er sich über die Begegnung mit Ihnen keine großen Gedanken mehr machen, und in wenigen Tagen wird er Sie vollkommen vergessen haben. Wie aber wäre es, wenn Sie ihm noch am selben Tag einen Dankesbrief schicken würden? Wofür sollten Sie ihm danken, werden Sie fragen. Für das angenehme Gespräch, das Sie miteinander hatten. Wenn es Ihnen gelingt, bei Ihrer zufälligen Begegnung seinen Namen und den seiner Firma zu erkunden, können Sie die detaillierte Adresse später herausfinden.

Was wird seine Sekretärin ihm am nächsten Tag als erstes auf den Tisch legen? Ihren Dankesbrief. Sind Sie sich darüber klar, wie wenige solcher Schreiben er bekommt? Die Sekretärin wird in sein Büro kommen und sagen: »Wir haben heute einen wirklich netten Dankesbrief erhalten. War der Herr je hier? Ich kann mich nicht an ihn erinnern.«

»O ja, ich erinnere mich an ihn. Netter Kerl. Ich habe ihn gestern erst kennengelernt.« Wie Sie von diesem Punkt an vorgehen, hängt von der Situation ab. Auch wenn die Firma, für die dieser Manager arbeitet, Ihr Produkt oder Ihre Dienstleistung nicht verwendet, ist es sehr wahrscheinlich, daß diese Führungskraft mit vielen Managern von Unternehmen bekannt ist, die potentielle Interessenten sind. Das Verkaufen ist keine isolierte Tätigkeit, die in einem Vakuum stattfindet – sie ist das Garn, aus dem der Stoff unserer Wirtschaft gewoben ist. Keiner von uns versteht all die komplexen Beziehungen innerhalb einer Gemeinschaft, von denen es abhängt, wer von wem kauft. Aber wir können sicher sein, daß wir sehr viel mehr Erfolg beim Verkaufen haben, wenn uns mehr Leute mögen und uns vertrauen.

Was für eine durchschlagskräftige Technik Dankesschreiben doch sind. Setzen Sie sie laufend und intensiv ein, um die Liste jener Leute, die Sie kennen, mögen und Ihnen vertrauen, stetig zu verlängern – die Liste jener Leute, die Ihnen immer, wenn sie können, etwas abkaufen oder Ihnen Hinweise auf andere Kunden geben werden.

Hier einige der Gelegenheiten, bei denen Sie es nie versäumen sollten, Dankesschreiben zu schicken:

Kontakte

Jedesmal, wenn Sie jemanden treffen und ein Gespräch über Ihr Produkt oder Ihre Dienstleistung mit ihm führen, sollten Sie sich schriftlich bei ihm für das Interesse bedanken.

Wiederholungskontakt. Schicken Sie den Kunden nach jedem Besuch eine Dankesmitteilung.

Kunde nach Präsentation. Jedesmal, wenn einer Ihrer bestehenden Kunden Ihnen die Möglichkeit gibt, etwas Neues zu präsentieren, sollten Sie ihm eine Dankesmitteilung zukommen lassen.

Kunde nach Kauf. »Nur ein kleiner Brief, um Ihnen noch einmal zu danken ... und um Ihnen zu versichern, daß ich Ihnen jederzeit zur Verfügung stehe, wenn ich Ihnen irgendwie zu Diensten sein kann.« Im allgemeinen vermeidet man es besser, die Möglichkeit anzusprechen, daß der Kunde Probleme haben könnte, aber machen Sie stets deutlich, daß Sie bereitstehen, wenn Sie gebraucht werden. Und Sie müssen natürlich schnell und engagiert sein, wenn es gilt, Probleme zu lösen. Kurzsichtige Verkäufer machen sich rar, wenn ihre Kunden Probleme haben. Dies ist die Art von Leuten, die ständig die Firma wechseln, weil sie nie in der Lage sind, sich einen Kundenstamm aufzubauen. Der Champion hat eine völlig andere Einstellung zu Problemen mit seinem Produkt oder seiner Dienstleistung. Er weiß, daß der Kunde ihn bald vergessen haben wird, wenn alles wie geschmiert läuft. Er kommt herein, verkauft, geht, und das war's. Taucht jedoch ein Problem auf und wird dieses Problem rasch und zur Zufriedenheit des Kunden gelöst, so behält der Kunde dies in Erinnerung. Die beste Quelle für Hinweise auf potentielle Interessenten ist ein Kunde, für den man ein Problem gelöst hat.

Kunde, der einen Hinweis gegeben hat. Ob Sie nun zum Abschluß kommen oder nicht, ein schriftliches Dankeschön an jemanden, der Sie an potentielle Interessenten verwiesen hat, ist unverzichtbar. Sie können mit dem Betreffenden essen gehen, ihn zu einem Drink einladen oder ihm eine Kleinigkeit schicken, von der Sie wissen, daß sie ihm Spaß macht.

Für Bemühungen, die das übliche Maß überschreiten. Merken Sie sich alle Leute in den verschiedensten Branchen, die schon einmal etwas Nettes für Sie getan haben. Ein Beispiel: Laden Sie Ihre Kunden manchmal zum Essen ein? Würde es Ihnen gefallen, vom Oberkellner mit spezieller Aufmerksamkeit behandelt zu werden, wenn Sie das Restaurant mit Kunden betreten? Dann sollten Sie ihm ein Dankesbriefchen schicken. Teilen Sie ihm mit, wie zufrieden Sie mit dem Service waren und daß Sie sich darauf freuen, sein Restaurant mit Bekannten wieder einmal zu besuchen. Von da an wird man sie besonders liebenswürdig behandeln, wenn Sie einen Tisch reservieren und das Lokal betreten.

Wie würde es Ihnen gefallen, als einziger Mensch in der Werkstatt nie auf sein Auto zu warten? Das nächste Mal, wenn Sie Ihren Wagen hinbringen, schreiben Sie dem Servicechef hinterher ein Briefchen: »Lieber Jim, herzlichen Dank dafür, daß Sie mein Auto gestern so schnell fertig hatten. Ich bin Ihnen sehr verbunden dafür. Ich werde Ihre Werkstätte jedermann weiterempfehlen. Mit herzlichen Grüßen ...« Schicken Sie auch eine Kopie des Schreibens an den Inhaber der Werkstatt.

An Leute, denen Sie nichts verkauft haben. Warum sollte man ihnen nicht auch eine Dankesmitteilung schicken? Schließlich waren sie so freundlich, sich Ihre Präsentation anzuhören. Nun werden sie gefragt werden, wie ihnen das neue Produkt gefällt, das sie bei der Konkurrenz gekauft haben. Was, wenn sie nicht zufrieden sind oder wenn die Konkurrenz beim Service und in der Nachbetreuung keine gute Arbeit geleistet hat? Möglicherweise bedauern die Leute ihre Entscheidung und sagen ihren Freunden, sie sollten sich erst einmal bei Ihnen erkundigen, bevor sie sich zum Kauf entschließen. Das nennt man einen Hinweis, und zwar einen von der besten Sorte: von jemandem, der das letzte Modell der Konkurrenz besitzt und nun sagt, Ihr Produkt sei besser. Ja, schicken Sie Dankesbriefe an die Leute, die Ihnen nichts abgekauft haben. Und bleiben Sie in Kontakt mit ihnen. Es ist sehr wahrscheinlich, daß der Verkäufer, der den Abschluß bei ihnen gemacht hat, das nicht tut – oder daß er den Job wechselt und eine Waise zurückläßt, die in der Unordnung beim Konkurrenzunternehmen verlorengeht. Halten Sie diese Waise über Neuentwicklungen auf dem laufenden – und wenn der Juckzyklus auf seinem Zenit steht, sind Sie in einer perfekten Ausgangsposition, um das Geschäft zu machen. Bis dahin werden sich die Preis- und Leistungsfaktoren, aufgrund deren sich diese Kunden für die Konkurrenz entschieden, wahrscheinlich geändert haben.

Die Dankesmitteilung, die diesen ganzen Prozeß ins Rollen bringt, sieht etwa folgendermaßen aus: »Ich möchte mich bei Ihnen dafür bedanken, daß Sie mir die Gelegenheit gegeben haben, Ihnen ... zu zeigen. Es war mir ein Vergnügen, mich mit Ihnen zu unterhalten, und ich freue mich, daß Sie mein Angebot in Erwägung gezogen haben. Wir konnten diesmal keinen Weg finden, Ihre Bedürfnisse zu erfüllen, aber ich hoffe, daß Sie sich bei künftigen Gelegenheiten an mich erinnern werden.

Lassen Sie mich bitte wissen, wenn ich Ihnen irgendwie zu Diensten sein kann. Mit herzlichen Grüßen.«

Ich habe heute – wie schon seit Jahren – stets 7 x 13 cm große Karten bei mir, und ich habe auf Reisen immer das Material mit, das ich für Dankesschreiben benötige. Ich schicke durchschnittlich fünf bis zehn Dankesbriefe pro *Tag* an die Champions, denen ich begegne, an die Leute, die unsere Seminare besuchen, an Geschäftsinhaber, die in unsere Video-Schulungsunterlagen investieren – und an zahlreiche andere Leute.

Beginnen Sie sofort damit. Gehen Sie in den nächsten Laden für Bürobedarf, und kaufen Sie, was Sie brauchen. Dieses Konzept kann zu Ergebnissen führen, die Ihnen die Sprache verschlagen werden.

Zehn Dankesschreiben pro Tag bedeuten 3650 im Jahr und 36 500 in einem Jahrzehnt. Manche Champions erzählen mir, daß hundert Dankesschreiben zehn Abschlüsse nach sich ziehen. Mit Sicherheit jedoch werden hundert Schreiben mehr als einen Abschluß für Sie wert sein. Multiplizieren Sie Ihr Durchschnittseinkommen pro Abschluß mit sechsunddreißig, um das Zusatzeinkommen zu errechnen, das diese Technik Ihnen im schlechtesten Fall in den nächsten zwölf Monaten verschaffen wird. Ich glaube, Sie werden zu dem Schluß kommen, daß diese Technik ein Winner ist, mit dem Sie ein echtes Netzwerk* aufbauen werden.

Alles, was Sie brauchen, sind drei Minuten und eine Briefmarke für jedes Schreiben. Nutzen Sie die Zeit, die Sie sonst damit verbringen würden, die Wand anzustarren, während Sie auf einen Gesprächstermin warten. Beginnen Sie noch heute damit, denn die Resultate werden sich nicht über Nacht einstellen. Und wie bei allen erfolgreichen Methoden zur Nutzung der Chancen, die das Leben bereithält, kommt es auch hier auf Beharrlichkeit an. Zehn Dankesschreiben pro Tag macht dreihundert im Monat. Das genügt, um Ihre Verkaufszahlen in einer einzigen Saison explodieren zu lassen.

* Viele weitere, sofort umsetzbare Tips, ein echtes Netzwerk aufzubauen, bietet das unterhaltsame Buch von Susan RoAne: *Natürlich zum Erfolg*. Savvy Networking – der smarte Weg, ein dichtes Kommunikations- und Beziehungsnetz zu knüpfen (erscheint 1996 im Oesch Verlag, Zürich).

18 Bürodienst und Papierkram: Wie Sie weniger dabei schwitzen und mehr davon haben

Für die meisten Verkäufer ist der Papierkram* das, was das Öl für die Araber ist: Das Zeug macht Mühe und viel Ärger, aber wenn man sich nicht darum kümmert, kommt kein Geld mehr herein. Fragen Sie irgendeinen Verkaufsleiter nach der Büroarbeit ihrer Verkäufer. Obwohl das obere Drittel seiner Verkäuferschaft ein Vielfaches des Umsatzes des unteren Drittels hereinbringt, wird er Ihnen sagen, daß er mit dem Papierkram des schlechteren Drittels mehr Ärger hat. Warum? Weil die Leute an der Spitze viel zu beschäftigt sind, um sich mit Problemen bei ihrer Büroarbeit herumzuschlagen, die sie vermeiden könnten. Daher machen sie diese Arbeit gleich beim ersten Mal richtig.

Es gibt keine Qualität, die den Champion so deutlich vom Durchschnittsverkäufer trennt wie die Fähigkeit, die Dinge gleich beim ersten Mal richtig zu machen. Wie ein verärgerter Verkaufsleiter einmal sagte: »Warum haben die Verkäufer immer genug Zeit, um den schlecht erledigten Papierkram zu überarbeiten, aber nie genug Zeit, um ihn von vornherein richtig zu machen?«

Die Überarbeitungszeit geht auf Kosten jener Zeit, die genutzt werden könnte, um zusätzliche Geschäfte zu machen. Weder im Verkauf noch in einem anderen Bereich des Lebens gibt es so etwas wie nutzlose Zeit; es gibt nur Zeit, die genutzt wird, und solche, die verschwendet wird. Und durch nichts wird mehr Zeit verschwendet als dadurch, daß man Aufträge hereinbringt, die den für die Bearbeitung zuständigen Leuten Rätsel aufgeben.

* Organisatorische Arbeit wird hier als Papierkram bezeichnet. Natürlich lassen sich alle diese Arbeiten ebenso gut oder besser auf dem Computer ausführen. (Anm. des Verlages)

Die erste Regel für die schnelle Abwicklung der Papierarbeit lautet: Achten Sie auf Klarheit. Lernen Sie, schnell und deutlich in Blockschrift zu schreiben oder zu tippen. Der Champion vermeidet es, seine Kunden mit kostspieligen Verzögerungen oder Fehlern zu verärgern, die durch achtlos geschriebene Aufträge verursacht wurden; er überprüft alles doppelt, und das wirkt sich auf die Genauigkeit und Klarheit der Aufträge aus.

Drei Kategorien von Papierarbeit

Lösen wir uns jedoch einmal von der eigentlichen Auftragsbearbeitung. Ihre Firma verwendet die Papierunterlagen, um:

1. Sie zu kontrollieren;
2. Informationen bereitzustellen, die von staatlichen Stellen verlangt werden;
3. Informationen für Produktions- und Marketingentscheidungen zu sammeln.

Lassen Sie uns über diese drei Kategorien von Papierarbeit sprechen.

1. Informationen, mit denen Sie kontrolliert werden

Die meisten Verkäufer in den meisten Vertriebsorganisationen sind durchschnittlich. Das bedeutet, daß fast alle Verkaufsabteilungen bei der Gestaltung ihrer Papierunterlagen vom durchschnittlichen Verkäufer ausgehen. Mit anderen Worten: Der Durchschnittsverkäufer motiviert sich nicht selbst, also ist das Unternehmen gezwungen, ihn zu motivieren.

Denken Sie darüber nach. Von seltenen Ausnahmen abgesehen, müssen alle Verkaufsleiter folgenden beiden Tatsachen Rechnung tragen:

a) Weniger als 20 Prozent der Verkäufer erarbeiten mehr als 60 Prozent des Gesamtvolumens – und bei dieser Gruppe ist kaum Druck nötig, damit sie ihre Arbeit macht.

470

b) Mehr als 80 Prozent der Verkäufer bilden jene Gruppe, die weniger als 40 Prozent des Gesamtvolumens erarbeitet – wenn beharrlicher Druck ausgeübt wird. Läßt der Druck nach, so sinkt die Produktivität dieser Gruppe noch weiter ab.

Wollen Sie ganz schnell eine Menge schikanöser Papierarbeit loswerden, so beweisen Sie Ihrem Verkaufsleiter, daß Sie sich rasch in die A-Gruppe hinaufarbeiten und die Arbeit von sich aus erledigen können. Er wird Sie dafür lieben.

2. Vom Staat verlangte Informationen

Der Champion sammelt diese Art von Informationen automatisch. Er weiß, daß die Firma sie braucht (oder er glaubt, daß sie sie braucht, was auf dasselbe hinausläuft), und er weiß auch, daß es weniger Zeit kostet, die unangenehme Aufgabe gleich zu erledigen, als nach wiederholten Erinnerungen nicht mehr darum herumzukommen, das Material mühevoll zusammenzutragen.

3. Informationen, die Ihre Firma benötigt

Auch hier kooperiert der Champion bereitwillig. Er ist sich darüber im klaren, daß die Zukunft seiner Firma davon abhängt, wie gut ihre Marketing- und Produktionsentscheidungen sind; und diese beruhen zum Teil auf dem, was er berichtet. In den meisten Unternehmen kommen den Vertriebsorganisationen zwei wichtige Funktionen zu: Verkauf und Informationssammlung. Beide Funktionen sind von zentraler Bedeutung; daher ist jedes Unternehmen nur so stark wie seine Vertriebsorganisation.

Der Weg in den Ruin ist mit guten Vorsätzen gepflastert. Erinnern Sie sich, wie man Ihnen in der Schule dreißig Tage für die Erledigung einer Hausaufgabe gab, von der Sie wußten, daß sie mit entschlossenem Einsatz innerhalb weniger Stunden zu bewältigen war? Brachten Sie die Sache gleich hinter sich, um den Kopf für andere Dinge frei zu haben? Natürlich nicht. Wenn Sie nach drei Tagen überhaupt noch daran dachten, so schloß die angenehme

Gewißheit, daß Sie noch immer 27 Tage Zeit hatten, jeden Gedanken daran aus, daß Sie der Aufgabe jetzt auch nur eine lächerliche Stunde opfern könnten. Im Nu waren zwei Wochen verstrichen, und Sie gerieten langsam ein wenig unter Zeitdruck. Über Ihrem Kopf hing schon ein großes »Ungenügend«. Ein Tag nach dem anderen ging verloren. Das Ungenügend machte sich drohend in Ihrem Bewußtsein breit. Furcht und Nervosität ergriffen Besitz von Ihnen. Zwei Tage vor dem Abgabetermin – oder in der letzten Nacht – setzten Sie sich schließlich auf Ihre vier Buchstaben und hudelten die Aufgabe hin. Und Sie empfanden große Erleichterung. Wahrscheinlich sagten Sie sich: »Warum habe ich mir nicht all diesen Angstschweiß erspart und die Sache vor einem Monat hinter mich gebracht?«

Der Champion zieht den warmen Schweiß der Arbeit dem kalten Schweiß der Angst vor – so daß er binnen kurzem nur noch das angenehme Schwitzen kennt, das mit harter Arbeit verbunden ist, nachdem man sein Leben, seinen Beruf und seine Ziele in den Griff bekommen hat und sich über ein fettes Bankkonto freuen darf.

Pünktlichkeit ist eine Gewohnheit. Dasselbe gilt für die Unpünktlichkeit. Sie können Ihre geistige Uhr auf Pünktlichkeit stellen – oder auf eine Verspätung von zehn Minuten. Sie können Ihre Papierarbeitsuhr auf Pünktlichkeit stellen – oder auf eine Verzögerung von drei Mahnungen. Sie können jede derartige Gewohnheit ändern, wenn Sie es nur wollen. Sie müssen es lediglich fertigbringen, Ihre neue Gewohnheit 21 Tage lang durchzuhalten.

Das heißt, daß Sie 21 Tage lang ohne die geringste Abweichung bei Ihrer neuen Gewohnheit aushalten müssen. Wenn Sie auch nur ein einziges Mal in den alten Trott zurückfallen, müssen Sie von vorne beginnen. Wenn Sie die neue Gewohnheit wirklich annehmen wollen – und Ihre Bemühung nicht mit kleinen Stimmen boykottieren, die in Ihrem Hinterkopf daran herumnörgeln –, können Sie sich jede Gewohnheit, für die Sie sich entscheiden, innerhalb von nur drei Wochen aneignen.

Gute Organisation ist das halbe Leben

Hier einige Regeln für die schnelle Erledigung der Papierarbeit:

1. **Wenn klar ist, daß etwas irgendwann getan werden muß, dann tun Sie es jetzt.** Am schnellsten werden Sie ein Papier los, indem Sie es erledigen, wenn Sie es zum ersten Mal sehen.
2. **Wenn etwas nicht bearbeitet werden muß, werfen Sie es sofort weg.**
3. **Wenden Sie bei der Papierarbeit zwei verschiedene Standards an.** Geht es um viel Geld, so gehen Sie (bei Auftragsformular und Kaufvereinbarung) sehr sorgfältig vor. Geht es um wenig Geld, so peilen Sie über den Daumen, wieviel Aufmerksamkeit Sie dem betreffenden Papier widmen wollen.

Ein Champion ist sich darüber im klaren, daß er wie ein unabhängiges Unternehmen handeln muß. Es liegt in der Natur des Verkäuferberufs, daß man immer seine eigenen Geschäfte macht. Tatsächlich ist es so, daß viele Verkäufer größere Freiheit haben als die meisten Inhaber kleiner Firmen. Aber gerade weil wir Verkäufer den Spielraum haben, die Dinge zu tun, wann, wo und wie wir wollen, haben viele von uns keine Disziplin. Sie können doppelt so viel Geld in der halben Zeit verdienen, wenn Sie sich nur dazu durchringen, sich Ihrem Job mit ganzer Kraft zu widmen, an die Spitze vorzustoßen – und dort zu bleiben. Wenn Ihnen das gelingen soll, müssen Sie sich dazu zwingen, Ihr Leben zu organisieren. Darum kommen Sie in keinem Fall herum.

Warum ist Organisation so wichtig?

Sie hilft uns, Zeit zu sparen, und Zeit ist unser wichtigster Besitz. Organisation verhindert Probleme in der Zukunft. Sie ist die Grundlage für den Aufbau eines Systems von Hinweisen auf potentielle Käufer. Wenn Sie organisiert sind, werden Sie die Details nicht vergessen, die zu regeln Sie dem Kunden versprachen. Wenn Sie sagen: »Natürlich, Mr. Boehm, wenn wir ausliefern, werde ich dabeisein, um dafür zu sorgen, daß bei der Installation alles klappt«, dann sollten Sie gut organisiert sein. Denn andernfalls werden Sie nicht dort sein. Dann wird Mr. Boehm damit beginnen, nach kleinen Fehlern zu suchen und Ihnen Ärger zu machen. Und all diese Dinge hätten Sie leicht bereinigen können, wenn Sie getan hätten, was Sie versprochen hatten. Um den Auftrag zu bekommen, machten Sie Versprechungen, die Sie hätten halten können. Aber Sie taten es nicht. Also will der Kunde sich schadlos halten. Und nun wird Mr. Boehm nichts mehr von dem glauben, was Sie ihm erzählen. Warum sollte er auch? Sie haben ja schon gezeigt, was Ihr Wort wert ist.

Ihre Firma mag Sie mit einem perfekt durchorganisierten Follow-up-System oder einer Terminablage ausstatten. Das sind großartige Dinge, weil sie genau auf das zugeschnitten sind, was Sie tun. Aber Sie müssen einen Preis für die Benutzung dieser Systeme zahlen, indem Sie die Papierarbeit erledigen, die erforderlich ist, um ihr reibungsloses Funktionieren zu gewährleisten. Sie können die Zeit, in der Ihre Verkaufsarbeit weniger hektisch ist, kaum besser nutzen als dadurch, daß Sie Ihr Follow-up-System und Ihre Terminablage auf den letzten Stand bringen. Auf diese Art werden Sie immer darauf aufmerksam gemacht, daß der richtige Zeitpunkt gekommen ist, um mit einem bestimmten Kunden in Kontakt zu treten.

Arbeiten Sie mit Karteien

Ich mag einfache Organisationsinstrumente. Preiswerte Karteien mit Karten im Format 7 x 13 cm eignen sich hervorragend für diesen Zweck. Sie brauchen verschiedene Karteien:

1. Kunden/Käufer-Kartei

Untergliedern Sie diese Kartei in drei Abschnitte:

a) Heiß. Dies sind die Leute, die Ihr Angebot benötigen, für den Kauf qualifiziert und ernsthaft gewillt sind, bald eine Entscheidung zu fällen.

Wenn Käufer ernsthaft interessiert sind, werden sie innerhalb von sieben Tagen eine Entscheidung fällen. Das bedeutet noch nicht, daß sie innerhalb von sieben Tagen Ihr Produkt kaufen werden; aber sie werden innerhalb von sieben Tagen ein Produkt kaufen. Ein Champion versucht, zu jedem Zeitpunkt drei bis fünf hochmotivierte Käufer zu betreuen. Manche Verkäufer haben einen riesigen Stapel von Hinweisen auf potentielle Interessenten – und rufen keinen von ihnen an. Der Durchschnittsverkäufer hat seine potentiellen Kunden in einer Schachtel verstaut. Und die holt er natürlich nicht vom Schrank herunter, wenn er in schlechter Verfassung ist.

Wenn er sich dann langsam wieder erholt, beginnt er, all die Leute anzurufen. Und was ist in der Zwischenzeit wohl geschehen? Sie haben bereits woanders gekauft – und sein neu erwachter Enthusiasmus platzt wie eine Seifenblase.

b) Lauwarm. In die zweite Abteilung Ihrer Kunden/Käufer-Kartei nehmen Sie jene Leute auf, die offensichtlich qualifiziert sind und Ihr Angebot benötigen, jedoch noch nicht hochmotiviert sind.

Vielleicht warten diese Leute darauf, daß irgendein kommendes Ereignis ihre lauwarmen Wünsche und Bedürfnisse in heiße verwandelt. Denken Sie zurück an den Juckzyklus. Wenn Sie mit einem 30-Monats-Zyklus arbeiten, ist ein Käufer ein Jahr nach einem Kauf lauwarm, zwei Jahre nach dem Kauf sehr warm, und wenn sein altes Produkt zwei Jahre und vier Monate alt ist, ist er heiß.

c) Kalt. In der dritten Abteilung Ihrer Kunden/Käufer-Kartei legen Sie alle Hinweise auf potentielle Interessenten ab, die Sie nicht unmittelbar als heiß oder lauwarm klassifizieren können.

Zu den kalten Kunden gehören auch jene Leute, die sich nur umsehen oder als Reaktion auf Werbung oder Firmenplakate anrufen und anscheinend ein geringfügiges oder vages Bedürfnis nach dem haben, was Sie verkaufen. Bedenken Sie aber, daß die meisten Leute nur dann auf Werbung reagieren oder ein Geschäft betreten, wenn sie ein eindeutiges Interesse an dem angebotenen Produkt oder der Dienstleistung haben. Die wenigsten Leute verbringen ihre Tage damit, umherzuwandern und sich Produkte anzusehen oder Dienstleistungen erklären zu lassen, nach denen sie kein Bedürfnis haben oder die sie sich nicht leisten können. Der Durchschnittsverkäufer ist viel zu schnell bereit, sich von diesen Kunden zu trennen.

Ein Champion geht seine Kunden/Käufer-Kartei alle drei Tage durch und pickt sich die besten Chancen heraus, die Glut seiner diversen potentiellen Kunden ein bißchen anzufachen. Jedesmal, wenn sich einer seiner heißen Kunden zum Kauf entschließt, findet er einen lauwarmen Kunden, der für die Vorwärmstufe reif ist.

Und das ganze Jahr über bleibt er in Kontakt mit allen Kunden in der kalten Abteilung. Je nach dem betroffenen Personenkreis und dem Juckzyklus des Produktes, das er verkauft, nimmt er einmal alle drei Monate, einmal monatlich oder einmal in der Woche Kontakt mit ihnen auf – in jedem Fall häufig genug, um dafür zu sorgen, daß er in dem Augenblick, wo der Juckreiz unerträglich zu werden beginnt, zur Stelle ist, um sie zu kratzen.

Die meisten Leute wollen alles, was neu ist – aber der Durchschnittsverkäufer ist nicht genügend organisiert, um sich diese Tatsache zunutze zu machen. Der Champion weiß genau, was er zu tun hat, wenn seine Firma etwas Neues auf den Markt bringt. Er nimmt der Reihe nach Kontakt mit allen lauwarmen Käufern auf und erzählt ihnen von dem neuen Produkt oder Konzept, denn er weiß, daß dadurch aus einigen dieser lauwarmen Käufer heiße werden. Und dann geht er die »kalte« Ablage durch und verwandelt einige dieser kalten Kunden in lauwarme.

2. Kartei für Austauschmeetings

Hinweise aus dieser Quelle sollten in einer eigenen Kartei abgelegt werden, weil sie jeden Augenblick heiß werden können. Auch sollten Sie Ihre Verkaufsaktivitäten bezüglich dieser Leute mit anderen Mitgliedern Ihres Austauschmeetings koordinieren und dem Kollegen, der Ihnen den jeweiligen Hinweis gab, über Ihre Fortschritte bei der empfohlenen Person berichten.

3. Juckzyklus-Kartei

In jedem Bürobedarfsgeschäft finden Sie Sets mit 12-Monats-Ablagen für Karten 7 x 13 cm. Füllen Sie eine Karte für jeden Kunden aus, und zwar in dem Moment, da er Ihnen etwas abkauft oder da Sie bei Ihrer Suche nach Waisen auf ihn stoßen. Ordnen Sie diese Karte in der entsprechenden Monatssektion ein. Am Ersten jedes Monats holen Sie alle Karten für diesen Monat heraus, und Sie halten eine Handvoll heißer Käufer in Händen, mit denen Sie arbeiten können.

4. Hinweis-Kartei

In dieser Kartei legen Sie die Namen ab, die Sie von Ihren Käufern mit Hilfe des Kartenhinweissystems erhalten (siehe Kapitel 7). Nehmen Sie mit jedem der empfohlenen Interessenten so schnell wie möglich Kontakt auf, und stufen Sie ihn als heißen, lauwarmen oder kalten potentiellen Kunden ein.

Zusätzlich zu den oben erwähnten Karteien benötigen Sie ein einfaches System für Aufzeichnungen über Steuerabsetzbeträge und Aufwendungen. Der Staat verlangt von Ihnen, daß Sie tagebuchartige Aufzeichnungen führen – also tun Sie es. Das ist einfach eine Frage der Gewohnheit, und es wird Ihnen sehr viel Streß ersparen, wenn der Termin für die Steuererklärung näherrückt. Außerdem sparen Sie damit Geld, denn fehlende Quittungen und nicht aufgezeichnete Ausgaben sind hinausgeworfenes Geld.

Der durchschnittliche Neueinsteiger denkt: »Ich habe keine Zeit, um jetzt Aufzeichnungen zu führen. Ich werde warten, bis ich ein gewisses Verkaufseinkommen habe, und mir dann über die Absetzbeträge Gedanken machen.« Wenn er das nächste Mal darüber nachdenkt, überkommt ihn ein sehr schlechtes Gefühl, denn mittlerweile hat er viel Geld verdient, Quittungen für Hunderte Dollar an absetzbaren Ausgaben verloren – und Uncle Sam hält seine Hand auf. Legen Sie Ihre Quittungen laufend ab, notieren Sie Ihre Ausgaben immer sofort, und nutzen Sie alle legalen Steuertricks, die Ihnen möglich sind. Steuerkompetenz ist ein Teil der Verkaufskompetenz. Arbeiten Sie wie ein Unternehmen, denn Sie sind ein Unternehmen für sich.

Noch ein letztes Wort zur Papierarbeit. Wenn Sie mit der Firma wachsen wollen, für die Sie derzeit arbeiten, so dürfen Sie sich nicht gegen ihre Bürokratie sträuben. Passen Sie sich den Bedingungen an, oder Sie werden Ihre Chance in der Bürokratie begraben. Das Geschäftsleben steht und fällt mit der Papierarbeit; wer nicht in der Lage ist, seinen Anteil daran zu bewältigen, wird es nicht weit bringen.

Oft höre ich Leute sagen: »Ich hätte befördert werden müssen. Ich war als nächster an der Reihe.«

Dann frage ich: »Arbeiten Sie wie ein Unternehmer? Wissen Ihre Vorgesetzten, daß Sie das tun? Haben Sie ihnen gezeigt, daß Ihre Fähigkeiten die Grenzen Ihres derzeitigen Jobs zu sprengen beginnen?«

Bei Beförderungen hat das Dienstalter kein großes Gewicht. Zum Glück. Die meisten Manager werden, wenn sie eine wirkliche Wahl haben, nicht zögern, der Kompetenz den Vorzug vor dem Dienstalter zu geben. Und was ist Kompetenz?

Kompetenz bedeutet vor allem, daß Sie Ihre Arbeit und Ihre Ressourcen unter Kontrolle haben – daß Sie organisiert sind –, so daß Sie mit größtmöglicher Effektivität arbeiten können. Damit Sie das tun können, müssen Sie Ihre Zeit so gut wie möglich nutzen. Damit sind wir beim Thema des nächsten Kapitels.

19 Der Aufbau Ihres Vermögens beginnt mit guter Zeitplanung

Verkäufer, die sich mit durchschnittlichen Ergebnissen zufriedengeben, planen selten ihren Zeiteinsatz – ganz im Gegensatz zu den Champions. Um Ihren Umsatz und Ihr Einkommen zu steigern, müssen Sie sich also Gedanken darüber machen, wie Sie mit Ihrer Zeit umgehen wollen.

Ich glaube, Sie werden dieser Feststellung zustimmen. Aber werden Sie auch tatsächlich beginnen, Ihren Zeiteinsatz zu planen?

Wahrscheinlicher ist, daß Sie es nicht tun werden, weil Sie die seltsame Vorstellung haben, daß Zeitplanung eine schwierige und komplexe Aufgabe sei.

Das ist sie nicht. In Wirklichkeit ist Zeitplanung kinderleicht, und sie zahlt sich sofort aus. Um einen Anfang zu machen, müssen Sie nur ein Blatt Papier zur Hand nehmen und eine Liste der Dinge erstellen, die Sie morgen zu tun haben, und diese Dinge dann ihrer Bedeutung nach reihen. Wenn Sie sich angewöhnen, dieser Übung jeden Abend einen Platz in Ihrem Alltagsablauf einzuräumen, werden Sie Ihre Effizienz und Ihr Einkommen um mindestens 20 Prozent erhöhen. Möglicherweise genügt diese einfache Übung sogar, um Ihre Effizienz zu verdoppeln. Allzu viele von uns verbringen den ganzen Tag damit, der nächsten Aufgabe hinterherzuhetzen, die unsere Aufmerksamkeit auf sich zieht. Wir sind ständig so beschäftigt, daß wir die wichtigsten Gelegenheiten zum Geldverdienen übersehen.

Wenn Sie Ihren Zeiteinsatz nie geplant haben, sollten Sie mit dieser einfachen, aber überaus wirksamen Methode beginnen. Machen Sie es sich zur festen Gewohnheit, sich jeden Abend zur selben Zeit für einige Minuten hinzusetzen und alles aufzulisten, was Sie morgen tun müssen, um das Beste aus diesem Tag zu machen. Numerieren Sie diese Dinge dann in der Reihenfolge ihrer Wichtigkeit. Viele sehr erfolgreiche Menschen verwenden dieses – und nur dieses – System, um ihre Zeit zu kontrollieren.

Meine nächste Empfehlung können Sie ebenfalls sofort in die Tat umsetzen: Machen Sie sich daran, Ihr Leben zu organisieren. Setzen Sie sich hin und listen Sie alle Dinge auf, die Sie tun und lernen können, um an Effektivität zu gewinnen. Arbeiten Sie einen Zeitplan aus, um diese Dinge in kürzestmöglicher Zeit zu erledigen oder zu lernen. Schließlich wird Ihr Einkommen um so früher steigen, je früher Sie diese Liste abgehakt haben. Warten Sie also nicht. Beginnen Sie noch heute abend damit.

Kein Spitzenverkäufer geht zu Bett, ohne die wichtigsten Dinge aufgeschrieben zu haben, die er am nächsten Tag erledigen muß. Mag der Abend noch so schön sein, er notiert sich erst einmal in seinem Zeitplaner, was er am nächsten Tag zu tun hat, um sicherzustellen, daß seine großartigen Einkünfte weiter fließen. Ich werde Ihnen sagen, was geschehen wird, wenn Sie beginnen, sich jeden Abend die wichtigsten Dinge aufzuschreiben, die Sie am nächsten Tag zu erledigen haben.

Ihr Unterbewußtsein wird sich die ganze Nacht mit Ihrer Liste beschäftigen, ohne Ihren Schlaf zu stören, weil es Ihnen helfen will, Ihre Probleme zu lösen und Ihre Ziele zu erreichen. Aber Ihr Unterbewußtsein kann Ihnen nicht helfen, solange Sie ihm nicht mitteilen, was als nächstes zu geschehen hat. Das ist der Sinn dieser Liste; sie ist der Klöppel, der die Glocke Ihres Unterbewußtseins zum Klingen bringt. Die beste Zeit, um das Unterbewußtsein zur Arbeit anzuregen, ist die Zeit kurz vor dem Schlafengehen. Wenn der Tag anbricht, werden Sie erkennen, daß Ihr Gehirn in der Nacht einige sehr gezielte Schüsse abgefeuert hat und daß neue Ideen für einen besseren Umgang mit den Aufgaben Ihrer Prioritätenliste in Ihr Bewußtsein vorgedrungen sind.

Geben Sie sich ein paar Tage Zeit, um diesen Prozeß in Gang zu bringen. Nichts ist dabei hilfreicher, als sich in einen ruhigen Raum zurückzuziehen, die Liste durchzugehen und sich mit dem schwierigsten Teil jeder Aufgabe zu beschäftigen, die Sie auf Ihrer Liste haben. Ebenso wichtig ist es, am nächsten Tag die Tatsache ganz bewußt zu genießen, daß Sie jedes Ihrer Ziele erreicht haben. Achten Sie darauf, diesen Teil nie auszulassen. Diese Sitzungen sollten kurz und unterhaltsam sein. Konzentrieren Sie sich nicht auf Angst und Schrecken vor etwas, was Sie morgen tun müssen. Wenn Sie die Sache so angehen, löst Ihr Unterbewußtsein die Probleme möglicherweise so, daß es sich Möglichkeiten vorstellt, Sie zu bewegen, diese unangenehmen Erfahrungen zu vergessen oder auf andere Art zu vermeiden. Setzen Sie den primitiven, mächtigen, nie ruhenden unterbewußten Teil Ihres Gehirns dafür ein, Ihnen beim Erreichen Ihrer Ziele zu helfen, indem Sie sich vorstellen, wie Sie voller Zuversicht gelegentliche Rückschläge verdauen und in den meisten Fällen erfolgreich sind.

Was Ihr Arbeitsplan enthalten muß

Es gibt viele ausgezeichnete Zeitplaner auf dem Markt, die vom Jahresplan über den Monatsplan und den Wochenplan bis zu einem täglichen Plan hinunterreichen. Diese Hilfsmittel können einen Großteil der Organisationsarbeit für Sie erledigen.

Hier sind einige Dinge, die in Ihrem täglichen Arbeitsplan, in Ihrer Liste der am nächsten Tag zu erledigenden Dinge, enthalten sein sollten:

1. Verlassen des Büros

Wie viele Spiele kann ein Fußballteam gewinnen, das nie die Umkleidekabine verläßt? Es gibt viel zu viele Verkäufer, die sehr viele Spiele verlieren, weil sie nicht oft genug aus der Umkleidekabine kommen. Das Geschäft finden Sie nur außerhalb der vier Wände Ihres Büros. Gehen Sie hinaus. Gehen Sie oft hinaus. Und gehen Sie früh hinaus.

2. Terminvereinbarungen

Zu dem Zeitpunkt, da Sie einen Termin vereinbaren, halten Sie es wahrscheinlich nicht für möglich, daß Sie ihn jemals vergessen könnten. Aber sobald Sie einmal besser im Geschäft sind, werden Sie mit der Zeit beginnen, Verabredungen zu versäumen, es sei denn, Sie halten sämtliche Termine in einem Notizbuch fest, das Sie immer bei sich tragen.

3. Grundlagenarbeit

Die Welt verändert sich laufend; das Geschäft verändert sich laufend. Immer wenn ein neues Produkt eingeführt oder Ihre Dienstleistung weiterentwickelt wird, müssen Sie sich hinsetzen und diese Neuentwicklung studieren, ihre Wirkung analysieren und Ihre Kompetenz erweitern, um potentiellen Käufern das neue Angebot angemessen erläutern zu können.

4. Familie

Viele von uns Verkäufern kümmern sich um jedermanns Wohlergehen, nur nicht um das jener Menschen, die am wichtigsten für uns sind: unsere Familien. Achten Sie darauf, nicht zu verlieren, was Sie besitzen, während Sie die Erfolgsleiter hinaufklettern. Wenn Sie etwas mit Ihrer Familie unternehmen sollten, so halten Sie dies in Ihrem Zeitplaner fest und setzen Sie es auf die Liste der wichtigen Dinge, die Sie am nächsten Tag zu erledigen haben.

5. Körperliche Gesundheit

Der Champion hält sich aus drei Gründen in Form:

a) Er will nicht der reichste Mensch im Krankenhaus sein.
b) Er weiß, daß er effektiver ist, wenn er auf sein Wohlbefinden achtet.
c) Für den Champion dreht sich im Grunde alles nur darum, mehr aus seinem Leben zu machen, und das wird ihm, gleichgültig wieviel Geld er verdient, nicht gelingen, wenn er dabei seine Gesundheit einbüßt. Planen Sie also gleichzeitig mit Ihren Geschäftsterminen auch ein Trainingsprogramm. Das Training

gehört eindeutig zu den wichtigsten täglichen (oder dreimal wöchentlichen) Aktivitäten. Sie müssen kein Fitnessfreak werden. Aber eine untrainierte Pflaume, deren vernachlässigter Körper ihr alle Energie, Begeisterung und Lebensfreude raubt, sollten Sie auch nicht werden. Entsprechend Ihren Interessen sollten Sie irgendwo in der Mitte zwischen diesen beiden Extremen Ihren Platz finden.

6. Emotionale Gesundheit

Planen Sie persönliche Belohnungen ein; und wenn Sie sich eine Belohnung verdient haben, sollten Sie nie vergessen, sie sich auch zu gönnen. Versuchen Sie nicht, sich diesbezüglich selbst zu betrügen. Die persönliche Belohnung ist unverzichtbar, wenn man seine Zielstrebigkeit aufrechterhalten will. Ohne Zielstrebigkeit können Sie nicht entschlossen auf Erfolge drängen. Ihre persönlichen Belohnungen können verschiedene Formen annehmen: Erholung, Kauf von exquisiten Dingen, sozialer Aufstieg, wohltätige oder spirituelle Aktivitäten – oder das genaue Gegenteil davon. Sie können aus einer Vielzahl erstrebenswerter persönlicher Belohnungen auswählen, die Sie für all die Mühe belohnen werden. Planen Sie häufige Erholungsaktivitäten ein, um sich zu belohnen. Verzichten Sie nur aus wirklich zwingenden Gründen darauf, und entschädigen Sie sich selbst für den Verzicht. Wenn Sie sich nicht angemessen belohnen, wird das gesamte Konzept der persönlichen Belohnung seinen Sinn für Sie verlieren – mit verheerenden Auswirkungen auf Ihren Willen zu gewinnen.

Und planen Sie einen Teil Ihrer Zeit, Ihres Geldes und Ihrer Energie für etwas ein, das über Ihre persönlichen Bestrebungen hinausreicht, um so Ihr Gefühl der Stärke und des persönlichen Wertes zu steigern. Nichts spornt uns mehr zu großen Leistungen an als unsere Bereitschaft, die Welt durch unser Wirken zu einem besseren Ort zu machen.

7. Kundensuche

Wenn Sie die Kundensuche nicht planen, wenn Sie es unterlassen, genau festzuhalten, an welchen Tagen und zu welchen Zeiten Sie sich auf die Suche nach potentiellen Käufern begeben wollen, dann werden Sie mit einiger Wahrscheinlichkeit auch keine Kunden suchen.

Und woran liegt es in erster Linie, wenn Ihr Verkaufsumsatz ins Bodenlose sinkt?

Daran, daß Sie die Kundensuche vernachlässigt haben.

Sorgen Sie dafür, daß Ihr Einkommen steigt; planen Sie täglich eine bestimmte Zeit für die Kundensuche ein.

Zeitplan für wirkungsvolle Verkaufsarbeit

Vorbereitung auf die Kundensuche. Verbringen Sie nur 5 Prozent Ihrer Zeit mit der Vorbereitung auf die Kundensuche, dafür 95 Prozent der für diese Tätigkeit vorgesehenen Zeit am Telefon. (Viele Anfänger verbringen die Hälfte ihrer Zeit damit, sich auf das Kommende einzustellen, und einige benötigen dafür sogar ihre gesamte Zeit.) Bereiten Sie Ihre Formulierungen am Vorabend vor, und üben Sie sie. Denken Sie immer daran: Es gibt keinen Ersatz für das praktische Training, und der einzige Weg, diese Erfahrung zu sammeln, besteht darin, eine Nummer zu wählen und mit einem möglichen Käufer zu sprechen.

Kundensuche. Wenn Sie neu im Geschäft sind und 75 Prozent Ihrer Zeit mit der Kundensuche verbringen, werden Sie in der Verkaufsorganisation Ihrer Firma bald in die Spitzengruppe vorstoßen.

Vorbereitung auf Termine. Sie sollten so gut organisiert sein, daß Sie nur 8 Prozent Ihrer Zeit damit zubringen müssen, sich auf Präsentationen oder Demonstrationen von Spitzenqualität vorzubereiten.

Präsentation. Zwischen 5 und 10 Prozent Ihrer Zeit sollten Sie in den direkten Kontakt mit Ihren Kunden investieren. Hängen Sie nicht herum. Gehen Sie in die Präsentation, erledigen Sie Ihre Sache, und verabschieden Sie sich wieder. Ihre Kunden werden mehr

Respekt vor Ihnen gewinnen, wenn Sie die Dinge vorantreiben. Mit besserer Organisation, reicherer Erfahrung und vor allem mit einer zunehmenden Zahl von Hinweiskunden werden Sie mehr Zeit für den eigentlichen Verkauf haben. Die Spitzenleute in unserem Beruf verfügen über ein Sekretariat, Bürokräfte und technische Unterstützung, die ihnen die Möglichkeit geben, fast ihre gesamte Zeit der Planung und Präsentation zu widmen.

Merchandising und Service. 5 Prozent. Bedenken Sie, daß diese anfänglichen Prozentzahlen sich verändern werden, wenn sich Ihre Verkaufstätigkeit entwickelt. Ihre anfängliche Kundensuche wird Ihnen bald heiße Tips, dann Verkäufe und schließlich Hinweise auf potentielle Interessenten bringen. Sie werden beginnen, Geld zu machen – und Sie werden die Kundensuche einschränken, weil Sie zunehmend mit Hinweisen arbeiten werden.

Setzen Sie sich am Ersten jedes Monats hin, und schreiben Sie alles in Ihr Planungs-Termin-Buch, was Sie in diesem Monat tun wollen. Halten Sie jedes Familienereignis oder jeden gesellschaftlichen Termin fest, an dem Sie teilnehmen müssen oder wollen.

Notieren Sie sich alle Meetings in der Firma, bei denen Sie anwesend sein sollten. Seien Sie bei den Meetings pünktlich. Entwickeln Sie Reife, Verantwortungsbewußtsein und Realismus. Nur wenn Sie Ihre Firma unterstützen, kann Ihre Firma Sie unterstützen. Beweisen Sie Teamgeist. Seien Sie ein Teil der Lösung, nicht des Problems.

Nehmen Sie an allen Ausbildungsprogrammen teil, die Sie betreffen.

Suchen Sie dann aus Ihren Unterlagen über die Juckzyklen jene Kunden heraus, die es in diesem Monat bereits heftig juckt, rufen Sie sie alle an, und planen Sie die Termine ein. Als nächstes gehen Sie Ihre anderen Karteien mit Hinweisen durch und planen weitere Termine ein.

Sobald Sie diese Arbeit abgeschlossen haben, können Sie sehen, wieviel Zeit Ihnen in diesem Monat zur Verfügung steht. Arbeiten Sie einen Zeitplan für die Kundensuche aus, der Ihnen so viele zusätzliche Termine sichern wird, wie Sie bewältigen können, und machen Sie sich an die Arbeit. Ist doch ganz einfach, oder?

Erlauben Sie sich nie zu denken, die Planung Ihrer Stunden, Tage und Monate sei eine verwirrende, frustrierende und undurchführbare Aufgabe. Tun Sie einen Schritt nach dem anderen, und Ihr Geschäft wird laufen wie geschmiert. Ich möchte Ihnen anhand einer Geschichte verdeutlichen, warum ich mir dessen so sicher bin. Als ich gerade begonnen hatte, einige Erfolge im Verkauf zu erzielen, kam mir ein Gedanke. Warum holte ich mir nicht ein paar Anregungen von Leuten, die erfolgreicher waren als ich? Ich begann, eine Vielzahl von Seminaren zu besuchen. In einem von ihnen hörte ich einen Mann, dessen Vorstellung mich mehr beeindruckte als seine Rede. Er verdiente 400 000 Dollar im Jahr als Präsident eines großen Konzerns.

Ich kam zu dem Schluß, ich könne von diesem Mann etwas sehr Wertvolles lernen. Also bemühte ich mich um eine Verabredung zum Mittagessen. Es dauerte zwei Monate, bis ich es geschafft hatte. Als ich ihm endlich gegenübersaß, sagte ich: »Ich bin hier aus einem ganz einfachen Grund. Ich möchte, daß Sie mir erzählen, wie Sie so erfolgreich geworden sind.« Ich war damals 21 Jahre alt.

Er lachte auf und begann zu sprechen. Ich glaube, nach etwa zehn Minuten bemerkte er, daß es wirklich mein Ernst war. »Sagen Sie mir, was ich zu tun habe.«

Hier ist seine Antwort. »Tom, seit ich erwachsen bin, habe ich nach einer Devise gelebt, und diese Devise hat mein Leben verändert. Wenn Sie sich auch daran halten, wüßte ich keinen Grund, warum Sie nicht sehr erfolgreich werden sollten.«

Das war eine einigermaßen verblüffende Aussage. Ich holte einen Kugelschreiber heraus und wartete auf die Pointe.

Er fuhr fort: »Wenn ich sie Ihnen verrate und Sie wirklich danach leben, wird es Tage geben, an denen Sie mich hassen werden.«

»Das ist in Ordnung. Verraten Sie sie mir.«

Er tat es, und ich schrieb mir folgende Worte auf:

> **Ich muß in jedem Augenblick das Produktivste tun, das mir jeweils möglich ist.**

Jahrelang hingen diese Worte über meinem Tisch. Heute kann ich sagen, daß auch ich seit Beginn meiner Selbständigkeit nach dieser Devise gelebt habe, und sie hat Entscheidendes bewirkt. Und ich kann Ihnen auch sagen, daß ich mir, wenn Sie diese Anweisung befolgen, nicht vorstellen kann, daß nicht auch Sie ausgesprochen erfolgreich sein werden. Lassen Sie mich dieselbe Vorsichtsmaßregel hinzufügen, die mir der Präsident jenes Konzerns damals ins Stammbuch schrieb: »Wenn Sie diese Anweisung wirklich befolgen, wird es Tage geben, an denen Sie mich hassen werden. Aber ich weiß auch, daß es bald Zeiten geben wird, in denen Sie mir für diese Devise dankbar sein werden – sofern Sie sie befolgen.«

Ist es produktiv, im Büro zu sitzen und mit den anderen Verkäufern zu tratschen? Natürlich nicht. Wenn Sie beginnen, in jedem gegebenen Augenblick das Produktivste zu tun, das Ihnen möglich ist, werden Sie nicht nur ein Champion werden und ein hohes Einkommen genießen – Sie werden auch ein besserer, glücklicherer Mensch werden. Damit wir uns richtig verstehen: Das Produktivste, das Sie in irgendeinem gegebenen Augenblick tun können, ist nicht immer etwas, was direkt dem Geldverdienen dient. Zu vielen Zeiten ist das Produktivste, das Sie tun können, z. B. mit Ihrer Familie zusammenzusein, sich zu entspannen, zu spielen und Ihren Dynamo wieder aufzuladen. Ruhe und Erholung sind unverzichtbare Bestandteile des Produktivitätsrhythmus. Es ist nicht produktiv, eine Maschine so lange laufen zu lassen, bis sie überhitzt und zusammenbricht. Das ist einfach dumm. Dasselbe gilt für unser Gehirn, unseren Körper und unsere Antriebe. Ebenso dumm ist es, sich vom An-die-Decke-Starren erholen oder Urlaub vom Nichtstun nehmen zu wollen.

20 Wie wir Durchhänger vermeiden

Gehen wir einmal davon aus, daß Sie die Techniken aus den vorhergehenden Kapiteln gelernt haben, daß Sie sie in die Tat umgesetzt und schon etwas Geld damit verdient haben – und daß Sie jetzt einen Durchhänger haben.

Worin besteht das größte Hindernis, wenn man versucht, aus einer Talsohle herauszukommen?

Darin, daß man nicht weiß, warum man eigentlich hineingeraten ist.

Wie findet man heraus, warum man hineingeraten ist?

Indem man sich die folgende Frage stellt: Bin ich glücklich?

Jede ehrliche Antwort auf diese Frage wird, auf das Wesentliche reduziert, in eine der drei folgenden Kategorien fallen:

- »Es geht mir die ganze Zeit über miserabel.«
- »Ich bin die ganze Zeit über glücklich.«
- »Es geht mir manchmal miserabel, manchmal bin ich glücklich.«

Viele Menschen wollen sich dieser Frage nicht stellen. Sie versuchen, darum herumzukommen, indem sie sagen: »Es geht mir nicht miserabel, und ich bin auch nicht das, was man glücklich nennen würde. Es geht mir eben die meiste Zeit so lala.«

Das kaufe ich niemandem ab. Wenn das Ihre Antwort ist, dann tun Sie, was die meisten Leute tun: Sie belügen sich selbst, verkriechen sich in der Mittelmäßigkeit, drücken sich um die Realität. Wenn Sie Ihr Leben nicht genießen, wenn Sie Ihre Ziele und Chancen nicht mit Freude verfolgen, wenn Sie nicht nach immer mehr all jener schönen Dinge greifen, die Sie erreichen können, sind Sie nicht bloß unglücklich – es geht Ihnen miserabel. Das Gegenteil von glücklich ist unglücklich, aber ich spreche von miserabel, weil mir dieser Gedanke so wichtig ist, daß ich ihn so deutlich wie möglich betonen möchte. Jeder Mensch, der nicht sagen kann, daß er glücklich ist, verpaßt das Schönste, was das Leben zu bieten hat – und führt damit ein wirklich miserables Leben.

Sie werden über Durchhänger in Ihrer Verkaufskarriere nicht hinwegkommen, wenn Sie nicht über Ihre Probleme mit der Misere hinwegkommen. Warum? Weil die Misere jedesmal, wenn Sie gerade in Schwung kommen, wieder von Ihnen Besitz ergreift und Sie auf den Boden zurückholt. Die Misere wird dies so lange tun, bis Sie lernen, sie zu besiegen.

Menschen, die zeitweise Erfolg haben, sind zahlreicher als die, welche die ganze Zeit über erfolgreich sind. Durchschnittsleistungen kommen häufig dadurch zustande, daß gute und schlechte Monate einander abwechseln. Wenn Sie für dieses Auf und Ab das Verhalten des Marktes, den Stand der Sterne, Ihr Schicksal oder sonst irgend etwas verantwortlich machen, verstecken Sie sich vor der Wirklichkeit. Wenn Sie im Augenblick einen Durchhänger haben, bedeutet das logischerweise, daß Ihre Erfolgsquote zu anderen Zeiten höher ist. Sie haben also bewiesen, daß Sie gut verkaufen können. Und beweist das nicht in Wirklichkeit, daß Ihr Problem mit den Durchhängern auf Ihrer Einstellung beruht?

Sagen Sie ja. Erst wenn Sie sich selbst eingestehen, daß Ihre Einstellung für den Durchhänger verantwortlich ist, sind Sie reif für dauerhaften Erfolg.

Wir alle sind Teil der großen Gemeinschaft der Menschheit, und wir alle brauchen laufend Hilfe, um unser Potential vollkommen auszuschöpfen. Aber es gibt eine grundlegende Tatsache, die Sie akzeptieren und stets berücksichtigen müssen, damit die Hilfe von außen auf Dauer etwas in Ihrem Leben bewirken kann: Sie müssen die Energie, die Entschlossenheit und die Disziplin aufbringen, dieses Wissen anderer zu verinnerlichen, und dann müssen Sie Ihre neuen Fähigkeiten und Kenntnisse mit Energie, Entschlossenheit und Disziplin in die Tat umsetzen. Ob Sie diese Hilfe von außen nun in einem Buch, einem Seminar, auf einer Tonbandkassette oder in einem persönlichen Gespräch erhalten – die Aufgabe bleibt stets dieselbe: Wenn Sie das Gelernte nicht umsetzen, besitzt es keinen Wert.

Sind Sie glücklich?

Sind Sie bereit, Gelerntes umzusetzen?

Großartig. Lassen Sie uns damit beginnen, daß wir unsere Antwort auf die Frage, ob wir glücklich seien, untersuchen:

»Es geht mir die ganze Zeit über miserabel.«

Wenn dies Ihre Antwort ist, fühle ich mit Ihnen. Ich habe das auch durchgemacht. Und zwar zweimal. Ich weiß, daß Sie Hilfe brauchen, so wie ich damals Hilfe brauchte. Nur mit Hilfe können Sie sich aus der Misere befreien, Durchschlagskraft entwickeln und Großes in Angriff nehmen.

Meine erste andauernde Misere durchlebte ich vor vielen Jahren, als ich im Außendienst begann und völlig erfolglos war, weil ich keine Ahnung vom Verkaufen hatte. Der einzige Weg zur Befreiung aus einer derartigen Misere besteht darin zu lernen, wie wir das tun, was wir tun müssen, um erfolgreich zu sein – und uns dann vom Hosenboden erheben und es auch wirklich tun. Ich tat es. Meine Misere, meine Erfolglosigkeit verschwand. An ihre Stelle trat eine andere Form von Seelenqual.

Als ich mein erstes erfolgreiches Jahr hinter mir hatte, ergriff mich das Gefühl, es ginge mir miserabler als je zuvor. Das war mein zweiter Kampf mit der ständigen Misere. Er war natürlich anders als jene Qual, die man angesichts einer ständig leeren Brieftasche empfindet. Mittlerweile hatte meine Familie, was sie brauchte. Ich konnte mir kaufen, was ich wollte. Aber Geld kann kein Glück kaufen – es kann einem nur die Möglichkeit geben, das Glück zu finden. Meine neue Misere, die mich unter großen Druck setzte, beruhte darauf, daß ich sehr viele Geschäfte machte, ohne jedoch die richtige Einstellung dazu zu haben. Nachdem ich einige Monate unter meinen neuen Qualen und Ängsten gelitten hatte, wurde ich mir über etwas klar, was meinem Leben eine entscheidende Wendung gab:

> **Sich miserabel zu fühlen ist eine Gewohnheit; glücklich zu sein ist eine Gewohnheit; die Wahl liegt bei Ihnen.**

»Ich bin die ganze Zeit glücklich.«

Manche Menschen sind wirklich so. Nichts bringt sie aus dem Gleichgewicht – nicht einmal jene Dinge, die sie eigentlich aus dem Gleichgewicht bringen sollten. Wenn dieses unerschütterliche Glück extreme Formen annimmt, handelt es sich auch bei diesen Leuten um gefährdete Personen. Wenn sich vor unseren Augen eine Tragödie abspielt, sollten wir Kummer empfinden. Wir sollten diesen Kummer ausdrücken, um damit ins reine zu kommen und wieder unser gesamtes Potential auszuschöpfen. Ein Mensch, der dazu nicht in der Lage ist, sollte sich von einem Fachmann helfen lassen.

Auch bei anderen Gelegenheiten sollten wir uns unglücklich fühlen – jedenfalls für einige Minuten. Wenn das Schicksal eine besonders schlechte Karte für uns im Ärmel hat, wenn etwas, das wir hätten verhindern können, einen Verkauf zunichte macht, wenn ein genau zurechtgelegter Plan aus Gründen, die sich unserem Einfluß entziehen, scheitert, sollten wir angesichts der Katastrophe natürlich nicht glücklich sein. Allerdings sollten wir auch nicht niedergeschlagen sein. Aber derartige Dinge können Sie höchstens ein paar Minuten aus dem Gleichgewicht bringen, nicht wahr? Denn Sie haben ja die fünf Einstellungen des Champions zu Zurückweisung und Mißerfolg verinnerlicht, nicht wahr?

Ihre Gedanken sind wahrscheinlich bereits bei der letzten Antwort auf die Frage nach dem Glücklichsein.

»Es geht mir manchmal miserabel, und manchmal bin ich glücklich.«

Dies ist die beste aller drei Antworten, aber sie ist nicht gut genug für Sie. Ein Champion sagt: »Ich weiß, daß mir im Leben immer wieder Ärger und Kummer begegnen werden, daher geht es mir verständlicherweise kurzfristig miserabel; aber die übrige Zeit bin ich glücklich.«

Werden Sie sich darüber klar, daß Sie Ihre Probleme selbst in Angriff nehmen und aus dem Weg räumen müssen, und handeln Sie danach. Sie müssen nicht unbedingt mit Ihren Problemen allein sein, aber Sie müssen Sie selbst und aus eigener Kraft lösen. Nehmen Sie jede Hilfe an, solange diese Sie Ihren Zielen näherbringt. Haben Sie stets ein wachsames Auge auf jede Neigung Ihrerseits, die Gewohnheit anzunehmen, sich miserabel zu fühlen.

Mit anderen Worten: Seien Sie kein Neggie.

Was ist ein Neggie?

Ein Neggie ist ein negativer Mensch, einer, der gewinnt, indem er verliert. Er lebt von Ärger, Krankheit und Angst. Wenn gerade nichts geschieht, was die Misere rechtfertigt, die zu brauchen er sich angewöhnt hat, erfindet er etwas – oder ruft sich irgendeine Misere aus der Vergangenheit in Erinnerung.

Was ist das Gegenteil eines Neggies?

Ein erfolgreicher, glücklicher und wachsender Mensch.

Sie können zum Gegenteil eines Neggies werden, indem Sie es sich zur Gewohnheit machen, glücklich zu sein – ausgenommen zu den Zeiten, da es einen eindeutigen Grund für Sie gibt, für eine gewisse Zeit traurig zu sein. Dann können Sie traurig sein. Lassen Sie Ihrem Kummer freien Lauf. Haben Sie keine Scheu zu weinen. Wenn es Ihnen Ihre Hemmungen nicht gestatten, in der Öffentlichkeit zu weinen, weinen Sie, wenn Sie allein sind. Drücken Sie Ihr Leid aus, und lösen Sie sich auf diese Weise davon. Ob es sich nun um tiefe Trauer angesichts einer persönlichen Tragödie handelt oder um oberflächliche, aber deutlich empfundene Reue angesichts einer nicht richtig gehandhabten Geschäftsangelegenheit: Sie müssen Ihrer Trauer oder Ihrer Enttäuschung Luft machen. Und dann kehren Sie entschlossen in Ihren üblichen Glückszustand zurück.

Dies ist eine der wertvollsten Gewohnheiten, die Sie pflegen können: *Ändern Sie, was Sie ändern wollen. Akzeptieren Sie, was nicht zu ändern ist. Halten Sie, nachdem Sie sich von Ihren negativen Gefühlen gelöst haben, stur an Ihrem Glück fest, was immer da kommen mag.*

Als mir der Durchbruch gelang und ich begann, im großen Rahmen Immobiliengeschäfte abzuwickeln, nahm die Zahl meiner Probleme mit furchterregender Geschwindigkeit zu. Für die meisten Leute ist der Kauf oder Verkauf ihres Hauses die größte Transaktion in ihrem Leben. Das erzeugt Druck. Alle ihre Eigenheiten treten stärker zutage. Ein Anfall von Geldgier kann sie völlig benebeln und für ihren eigenen Vorteil blind machen. Da die meisten Immobiliengeschäfte erst nach Wochen oder Monaten über die Bühne gehen, kann sich im Lauf der Zeit einiges verändern oder schiefgehen. Bei dem Volumen, das ich zu bewältigen hatte, stürzten jedesmal, wenn ich meine Nase ins Büro steckte, ganze Berge von Problemen über mich herein. Oft wäre ich am liebsten am Büro vorbeigefahren und hätte mich irgendwo verkrochen. Die Spitzenverkäufer in den meisten Bereichen machen ähnliche Erfahrungen.

Als mein Fluchtinstinkt mich zu überwältigen drohte, ging ich hinaus in einen öffentlichen Park und verbrachte ein paar Minuten damit, das Grün zu betrachten. Dann führte ich ein ruhiges Selbstgespräch. Champions sind überzeugt vom Nutzen des Selbstgesprächs. Sie führen diese jedoch nicht in Bars, sondern an ruhigen Orten, an denen sie niemand ablenkt – oder zu ihrer Unzufriedenheit einbindet.

Nachdem ich meine Emotionen unter Kontrolle gebracht hatte, fuhr ich ins Büro. Unterdessen hatten meine Mitarbeiterinnen und Mitarbeiter für mich Nachrichten von Kunden entgegengenommen, die vor Wut oder Sorge kochten. Im Büro begann ich, gute Laune zu versprühen. Ich schlenderte den Gang zwischen den Tischen entlang, lächelte nach allen Seiten und sagte: »Guten Morgen. Wie geht's? Ein wunderbarer Tag zum Verkaufen, nicht wahr?«

Die eingefleischten Neggies senkten die Köpfe und taten so, als wären sie zu beschäftigt, um mich zu bemerken. Die halbnegativen Typen zogen eine gequälte Grimasse in dem Bemühen zu lächeln. Ich konnte geradezu hören, wie sie dachten: »Da stolziert er herein. Steckt bis zum Hals in Problemen – und hat die Unverfrorenheit, zu grinsen. Ich hasse ihn!«

Tun Sie sich selbst einen Gefallen, wenn Sie ein persönliches oder berufliches Problem haben, wenn Sie sich unwohl fühlen oder eine der schmerzhaften Lektionen des Lebens gelernt haben: *Verraten Sie es niemandem.* Zwanzig Prozent der Leute scheren sich nicht darum, und die anderen achtzig Prozent freuen sich darüber.

Gönnen Sie ihnen diese Genugtuung nicht. Das einzige Vergnügen, das Sie an Ihren Schwierigkeiten haben können, besteht darin, sie für sich zu behalten. Zumindest wissen Sie etwas, was im Büro niemand sonst weiß. Wenn irgend etwas über Ihr Problem durchsickert, spielen Sie es herunter. Und gehen Sie so schnell wie möglich zu etwas Positivem über. Humor ist immer positiv. Jedes geschäftliche Problem bietet die Chance zu einer humorvollen Reaktion. Wischen Sie das Unglück mit einem Lachen weg. Das hilft. Das Unglück ist gern in unglücklicher Gesellschaft, und Verlierer lieben Verlierer. Wenn Sie niedergeschlagen sind, brauchen Sie keine Sympathie, Sie brauchen Erfolg. Das Glück ist gern in glücklicher Gesellschaft, und Gewinner lieben Gewinner.

Noch etwas über die Verlierer: Sie sprechen furchtbar gern über das Verlieren, über Probleme, darüber, warum alles schiefgeht. Wenn das nächste Mal jemand in Ihrem Büro eine Katastrophe erlebt, beobachten Sie einmal, wie die Leute darauf reagieren. Die Verlierer werden zu seinem Tisch hinübereilen, um die ganze Geschichte in allen traurigen Details zu hören. Dann werden sie selbst einige traurige Geschichten aus eigener Erfahrung zum besten geben, und bevor man sich's versieht, ist eine Vollversammlung über schlechte Erfahrungen in vollem Gange.

Gewinner gehen anders mit den Schwierigkeiten anderer um. Sie schweigen. Oder sie richten den Pechvogel mit einigen Worten der Ermutigung auf. Die liebevolle Analyse der Katastrophe, in der die Verlierer schwelgen, ist ihnen vollkommen fremd.

Wenn jemand einen großen Erfolg feiert, zeigt sich dieselbe Kluft zwischen Gewinnern und Verlierern. Diesmal sind es die Gewinner, die sich um den Schreibtisch des Glücklichen scharen, begierig, jede Einzelheit zu erfahren – um dann vielleicht eine oder zwei ihrer eigenen Erfolgsgeschichten beizusteuern. Jetzt sind es die Verlierer, die zu beschäftigt sind, um sich die Neuigkeiten anzuhören.

Haben Sie je einen emotionalen Durchhänger gehabt? Einen finanziellen Durchhänger? Einen Leistungsdurchhänger? Natürlich haben Sie das. Durchhänger sind normal für jedermann, der nicht darauf trainiert ist, sie zu verhindern. Ich verbrachte drei Monate damit, ein Gegenmittel gegen Durchhänger zu finden, und ich bin davon überzeugt, daß es nur einen Weg gibt, sie zu verhindern. Dabei handelt es sich um eine alte Idee, die unter vielen Namen läuft. Dies ist die Bezeichnung, die mir am besten gefällt.

Die EDVDH-Formel

Die Anwendung dieser Formel ist ganz einfach – sie sieht nur anfangs schwierig aus. Hier die gesamte Formel:

> **EDVDH**
> **Erheb dich von deinem Hinterteil;**
> **geh hinaus, stürz dich ins Getümmel,**
> **und mach dich an die Arbeit.**

Mehr ist wirklich nicht dran. Sie müssen die Formel nur noch in die Tat umsetzen. Das kann allerdings schwer sein, wenn Sie am Boden zerstört sind und sich schon überlegen, alles hinzuwerfen. Aber das Unglaubliche ist, daß es wirklich ganz einfach ist, sich von seinem Hinterteil zu erheben. Das einzige, was Sie tun müssen, ist folgendes: Sie müssen einen Anfang machen, einen ersten kleinen Schritt wagen – und von da an geht alles wie von selbst. Wenn es Ihnen gelingt, den ersten Schritt zu tun, wird alles gut werden.

Bisher habe ich so geredet, als hätte ich stets genau gewußt, wie man Durchhänger vermeidet. Aber dem ist nicht so. Ich begann meine Laufbahn im Immobilienverkauf mit der naiven Vorstellung, alle meine Schwierigkeiten hätten ein Ende, wenn ich nur ein paar Geschäfte unter Dach und Fach brächte. Einige der alten Hasen – keine Neggies, sondern Realisten – hatten mir gesagt, mit dem Verkaufsabschluß sei erst die halbe Schlacht geschlagen, denn die Abwicklung der Transaktion sei oft die frustrierendere und schwierigere Aufgabe.

Ich glaubte ihnen nicht – bis ich plötzlich sechs zur Hälfte geschlagene Schlachten gleichzeitig zu führen hatte, von denen keine sich zu meinen Gunsten wenden wollte. Zu jener Zeit hatte ich einen Verkaufsmanager, der mich fast ständig zur Weißglut brachte, weil es ihn nicht interessierte, warum ich die Transaktionen nicht erledigen konnte. Ich haßte ihn dafür, daß er mich so hart arbeiten ließ – bis ich am Jahresende sah, zu welch hohem Verdienst er mich getrieben hatte.

Eines Tages platzten drei meiner Abschlüsse – paff, paff, paff. Andere Geschäfte standen auf der Kippe. Als wäre das nicht genug gewesen, wurden einige meiner Klienten ungehalten, weil ihre Häuser noch nicht verkauft worden waren. Ich stampfte ins Büro meines Managers, der Pegelstand in meiner Gefahrenzone deutete auf eine unmittelbare Explosion hin.

Er sah auf und fragte: »Was läuft schief?«

»Was läuft gut?« fragte ich zurück. »Der Verkauf ist für die Katz. Alle Käufer, mit denen ich es zu tun bekomme, sind Lügner. Die Verkäufer ziehen mir das letzte Hemd aus, ohne mir auch nur die Krawatte abzunehmen. Dann rufen sie mich an, beschweren sich und beschimpfen meine Familie. Ich habe genug davon. Nehmen Sie dieses Geschäft, und stecken Sie es sich an den Hut.«

Murphy lächelte und sagte: »Tom, es hört sich so an, als seien Sie niedergeschlagen.«

»Was sind Sie, ein Seelendoktor? Natürlich bin ich niedergeschlagen. Für mich bleibt in diesem Geschäft nichts übrig außer dem, was jemand anderer ausgespuckt hat.«

»Wissen Sie, was Sie wirklich brauchen?« fragte mein Chef. »Sie müssen einmal hinauskommen.«

Das ist das erste, was wir stets tun wollen, wenn wir in Schwierigkeiten geraten, nicht wahr? Ich hatte nicht von ihm erwartet, daß er das sagen würde. Ich dachte, er würde mir raten, mich wieder ins Getümmel zu werfen und mich meinen Problemen zu stellen. Also sagte ich: »Ich glaube, Sie haben recht. Ich muß einmal hinaus.«

»Lassen Sie uns eine Spazierfahrt machen«, sagte er.

»Gute Idee.« Tom Murphy hatte ein schönes Auto mit einer wunderbaren Stereoanlage und ohne Telefon. Ich dachte, die Spazierfahrt mit meinem Manager würde mir Spaß machen. Wir sprangen in sein Auto und fuhren los. Nach etwa drei Meilen fuhr Murphy plötzlich an den Straßenrand und hielt den Wagen an. Er sah mich an und sagte: »Steigen Sie aus.«

»Was?«

»Ihre Einstellung ist schlecht, und es gibt nur einen Weg, da wieder herauszukommen. EDVDH. Steigen Sie aus meinem Wagen, und putzen Sie auf Ihrem Fußmarsch zurück ins Büro ein paar Klinken.«

Das letzte, was man tun möchte, wenn man am Boden ist, ist genau das, was man tun muß, um wieder auf die Beine zu kommen: EDVDH. Es ist sehr befriedigend, hinauszugehen und Leute zu treffen. Aber damals wußte ich das nicht. Nachdem ich alle Schimpfworte losgeworden war, die mir einfielen, stieg ich aus und machte mich auf den Fußmarsch zurück ins Büro. Als ich an einigen Häusern vorbeigekommen war, entschloß ich mich, an eine oder zwei Türen zu klopfen, um Murphy beweisen zu können, daß sein System nicht funktionierte.

Aber als sich die erste Tür öffnete, konnte ich meinen Ärger natürlich nicht an der Dame auslassen, die mir gegenüberstand. Ich mußte meine Rolle spielen. Wir unterhielten uns, und als ich mich von ihr verabschiedete, fühlte ich mich schon ein wenig besser. Als ich wieder im Büro eintraf, hatte ich drei sehr gute Hinweise auf mögliche Interessenten erhalten und fühlte mich wohl. Ich hatte mich an meinen eigenen Haaren aus dem Schlamassel gezogen.

Wenn man abstürzt, so liegt das daran, daß man die Grundlagen aus den Augen verloren hat. Man hat aufgehört zu tun, was man tun sollte. Es ist seltsam, wie leicht sich Verkäufer in eine bloße Verwaltungstätigkeit zurückziehen. Ein guter Monat genügt – aber bald werden sie von der Realität in Form eines Verkaufsdurchhängers eingeholt. Sie beginnen, sich schuldig zu fühlen. Das läßt sie verkrampfen. Die Verkrampfung führt dazu, daß sie sich über Dinge aufregen, die keine oder nur geringe Bedeutung haben. Das einzige Problem ist, daß sie nicht arbeiten, sondern sich einfach treiben lassen. Und selbstverständlich wollen sie dieser Tatsache nicht ins Auge sehen.

Wenn Sie sich selbst aus dem Schlamassel ziehen wollen, erheben Sie sich von Ihrem Hinterteil, wenden Sie sich wieder den Grundlagen zu, und tun Sie, was Sie tun sollten. Das funktioniert immer. Sobald Sie das zu tun beginnen, befinden Sie sich wieder auf dem Weg nach oben. Sie sehen, wie das Geld hereinfließt. Sie können kleinere Ärgernisse wieder wegstecken und fühlen sich wieder wohl in Ihrer Haut.

Aber unabhängig davon, wie gut Ihre Einstellung ist oder wie entschlossen Sie Ihre Schwierigkeiten in Angriff nehmen: Es wird Tage geben, an denen die Dinge nicht richtig laufen. An solchen Tagen springt Sie das zweite Problem an, noch bevor Sie das erste aus dem Weg geräumt haben. Und dann wird Ihnen ein drittes Problem auf den Kopf fallen. Und dann noch eines. Schließlich wird es so aussehen, als würden die Probleme überhaupt nie ein Ende nehmen.

Rechnen Sie damit, daß es in Ihrer Verkaufskarriere einige harte Tage geben wird. Dann werden Sie nicht enttäuscht sein. Während Sie einen solchen Tag durchmachen, müssen Sie einfach nur daran denken, daß die schwere Zeit vorübergehen und die guten Tage zurückkehren werden, wenn Sie nur unverdrossen weiterarbeiten.

Sind Sie eine »Sorgenmaschine«? Manche Leute denken ständig: »Werde ich es schaffen? Kann ich meine Rechnungen bezahlen?«

Hören Sie auf, sich Sorgen zu machen. Machen Sie mit sich aus, daß Sie sich keine Sorgen mehr machen werden. Wenn Sie Ihre Planung abgeschlossen haben, denken Sie an etwas Angenehmes. Denken Sie stets daran, daß Planung zum Erfolg führt, Sorgen hingegen den Erfolg kaputtmachen und ihn verhindern. Verbringen Sie Ihre Sorgenzeit damit, sich zu entspannen. Wenn Sie sich nicht entspannen können, dann verbringen Sie diese Zeit damit, Ihre Kompetenz weiterzuentwickeln. Wenn Sie dazu neigen, sich in der Arbeitszeit Sorgen zu machen, hören Sie damit auf, reißen Sie sich am Riemen und fragen Sie sich, welches die produktivste Arbeit ist, die Sie im Moment tun können. Und dann führen Sie sie aus. Wenn Sie sich an diese Regeln halten, werden Sie bald keinen Grund mehr haben, sich Sorgen über das Geld zu machen, weil Sie mehr verdienen werden als je zuvor. Quälen Sie sich nicht mit Ihren Sorgen selbst aus dem Geschäft, sondern arbeiten Sie sich in eine erfolgreiche Karriere hinein.

»Was ist, wenn …?« Wenn Sie Angst haben, es könnte irgend etwas Schreckliches geschehen, so setzen Sie sich hin und akzeptieren Sie, daß es geschehen wird. Als nächstes denken Sie darüber nach, was Sie tun können, um zu verhindern, daß es geschieht. Listen Sie diese Dinge in der Reihenfolge ihrer Bedeutung auf, und machen Sie sich daran, sie zu erledigen. Wenn Sie sich an diese Methode halten, wird keiner Ihrer bevorzugten Alpträume jemals wahr werden.

Wenn Sie neu im Verkauf sind, wird Ihnen Ihre Arbeit sehr bald Freude machen. Ob Sie nun Arzt oder Verkäufer sind – der selbstbewußte Einsatz der eigenen Fähigkeiten macht Spaß. Aus diesem Grund beginnen wir unser EDVDH-System zur Vermeidung von Durchhängern mit der Förderung unserer beruflichen Kompetenz:

1. Eignen Sie sich besondere berufliche Fähigkeiten an. Wenn Ihr Wissen und Ihre Fähigkeiten noch nicht das höchste Niveau erreicht haben, das im Rahmen Ihrer Möglichkeiten liegt, wie können Sie dann überhaupt einen Durchhänger haben? In diesem Fall brauchen Sie keinen Durchhänger zu überwinden. Sie müssen nur lernen und üben. Erheben Sie sich über die Masse der schlecht ausgebildeten Verkäufer, und gesellen Sie sich zu der ausgezeichnet ausgebildeten Elite, die keine Durchhänger kennt.

2. Lassen Sie die Vergangenheit täglich hinter sich. Wir alle neigen dazu, in der Vergangenheit zu wühlen und unsere enttäuschten Hoffnungen aufzulisten: »Wenn ich doch nur ...« Jedesmal, wenn Sie diese Verlockung spüren, sagen Sie zu sich selbst: »Diese Haltung ist tot, ich habe sie begraben. Ich kann es nicht ändern, daher werde ich mich nun etwas zuwenden, das ich zu meinem Vorteil verändern kann.« Wenn Sie sich das zur Gewohnheit machen, werden Sie beginnen, Ihre Zukunft zu gestalten und Ihren Zielen näher zu kommen. Sie werden jene besondere Freude spüren, die wir nur dann kennenlernen, wenn wir unser Leben im Griff haben.

3. Leben Sie im Augenblick. Sie können nicht im Gestern leben. Sie können nicht im Morgen leben. Wenn Sie eines von beiden versuchen, werden Sie nur eines bewerkstelligen: Sie werden Ihr Jetzt zerstören. Vergessen Sie nie, daß das Leben immer im Bewußtsein dieser einen Minute liegt. Ob Sie nun zehn oder hundert Jahre alt sind, heute könnte Ihr letzter Tag sein. Ihre Lebensuhr könnte in der nächsten Nacht ablaufen. Warum sich also übermäßige Sorgen über die Zukunft machen? Genießen Sie den Augenblick. Sie werden nie mehr als einen Augenblick auf einmal genießen können.

4. Planen Sie Ihre Zukunft, anstatt sich Sorgen darüber zu machen. Haben Sie einmal Ihren Plan gemacht, so stürzen Sie sich jeden Tag mit ganzer Kraft ins Getümmel – und dann genießen Sie Ihre freie Zeit. Wenn Sie nicht bereit sind, Ihren Erfolg und Ihr Glück zu planen, welches Recht haben Sie dann, sich über Mißerfolg und Unglücklichsein Sorgen zu machen? Wenn Sie nicht planen, was Sie erreichen wollen – wie können Sie sich dann darüber Sorgen machen, daß Sie nirgendwo angelangt sind? Die größten Verschwender der eigenen Ressourcen sind jene Menschen, die nicht wissen, wer sie sein oder in welche Richtung sie gehen wollen. Finden Sie heraus, welche Entwicklung Ihnen für Ihr Leben vorschwebt. Dann planen Sie, wie Sie das alles verwirklichen werden. Planen Sie, wieviel Zeit Sie investieren wollen, um das aufzubauen, was für Sie Erfolg bedeutet, und planen Sie auch die Zeit, die Sie darauf verwenden wollen, Ihre Energie zu erneuern, sich zu belohnen und Ihr Selbstwertgefühl zu steigern. Lassen Sie niemals zu, daß Ihre Momente der Erholung, Belohnung und Persönlichkeitsbereicherung durch Sorgen getrübt werden.

5. Fordern Sie vom Leben keine Fairneß. »Das ist nicht fair« ist eine der idiotischsten Ausreden, die es gibt.

»Der Manager greift ihm ständig unter die Arme – das ist nicht fair.«

»Die Leute haben mich nicht zurückgerufen – das ist unfair.«

»Er hat den Auftrag bekommen, weil sie das College gemeinsam besucht haben – das ist nicht fair.«

Vergessen Sie die Fairneß. In dieser Welt geht es nicht fair zu und her. Wenn Sie Fairneß verlangen und mangelnde Fairneß als Ausrede benutzen, um einen Mangel an Antrieb zu rechtfertigen, wird es Ihnen miserabel gehen. Sie müssen in einer Welt überleben, in der es in jeder Lebenssituation ständig Leute geben wird, die über Ihnen stehen, und Leute, die unter Ihnen stehen.

Einer unserer Champions, auf den ich besonders stolz bin, ist Chuck Hill. Chuck wird sein Leben lang an Krücken gehen, denn er erkrankte als Zweijähriger an Kinderlähmung. Das ist nicht fair. Aber Chuck sitzt nicht da und beklagt sich, wie unfair die Kinderlähmung ist; er verbringt seine Zeit damit, über alles nachzudenken, was er tun kann, und es dann zu tun. Und es stellt sich heraus, daß er eine ganze Menge tun kann. Er ist einer der führenden Verkäufer in seinem Büro, ein wahrer Champion, der das Einkommen eines Champions verdient und die guten Dinge genießt, die er sich damit kaufen kann. Mindestens einmal in der Woche ist Chuck auf der Straße und wirbt Kunden – auf Krücken. Was haben Sie für eine Entschuldigung dafür, daß Sie die Kundensuche vernachlässigen? Erzählen Sie sie Chuck!

Ich lernte Chuck in einem meiner Immobilienseminare kennen. Als wir zur Kundensuche von Tür zu Tür kamen, fragte ich mich, ob er dazu fähig war. Er schaffte es. Chuck Hill ließ sich einfach nicht unterkriegen.

Hin und wieder sollten wir innehalten und dankbar sein für das, wovon wir verschont blieben. Manche Leute leisten Großartiges, obwohl sie eine schwerere Bürde zu tragen haben als Sie. Natürlich gibt es auch Leute, deren Bürde leichter zu tragen ist als Ihre, und manche haben aus ihrem Leben ein einziges, langes Jammertal gemacht. Das ist das Traurigste überhaupt. Verglichen mit dem Leben dieser Leute ist Chuck Hills Geschichte eine Wohltat. Und mit ihm zusammenzusein ist eine größere Freude als die Begegnung mit jedem Jammerer. Die Menschen sind seltsam. Fast jeder von uns ist überzeugt, daß seine Probleme größer sind als die jedes anderen Menschen. Das sind sie nicht – es sei denn, Sie sind der Mann an der Herz-Lungen-Maschine, der nur seine Augenbrauen bewegen kann. Hören Sie also auf, Fairneß einzufordern; und hören Sie auf, unter Ihren Grenzen zu leiden. Finden Sie sich mit dem ab, was Sie haben, und holen Sie sich das, was Sie sich wünschen. Wenn Sie den Preis für den Erfolg nicht zahlen wollen, dann seien Sie ohne Erfolg glücklich. Sie wurden geboren, um glücklich zu sein, aber niemand anderer kann Sie auf Dauer glücklich machen. Das können nur Sie selbst. Glücklich zu sein ist eine persönliche Pflicht, die man niemandem übertragen kann. Der einzige Weg, glücklich zu sein, besteht darin, diese Realität zu akzeptieren.

6. Fühlen Sie sich nicht schuldig. Wenn Sie drauf und dran sind, etwas zu tun, was Schuldgefühle in Ihnen wecken wird: Tun Sie es nicht. Wenn Sie es trotzdem tun, dann genießen Sie es, und vergessen Sie die Schuld. Sie müssen in diesem Punkt sehr entschieden sein. Und trennen Sie sich von all den Leuten, die Ihnen Schuldgefühle aufladen möchten.

7. Bekennen Sie sich zu Höchstleistungen, und tragen Sie die Konsequenzen dieser Entscheidung. Sie können nicht überall zur selben Zeit sein, und Sie werden lernen müssen, nein zu sagen. Die beste Methode dazu besteht darin, es geradeheraus in freundlichem Ton zu sagen: »Nein, es tut mir leid, aber das bringe ich nicht mehr unter. Aber trotzdem danke.«*

---

* »Wir müssen wissen, wofür wir Zeit haben wollen und wofür nicht«, sagt Emil Oesch in seinem wertvollen Leitfaden *Die Kunst, Zeit zu haben* (Oesch Verlag, Zürich).

Wenn Sie sich zu Höchstleistungen bekennen, müssen Sie von sich auch den höchsten Zeit- und Energieaufwand fordern. Wir alle haben Mühe, unserer Familie, unseren Kunden, unserem Chef, unseren Freunden und Bekannten einen Wunsch abzuschlagen. Das hat zur Folge, daß wir die einzige Person sind, der wir nein sagen. Wenn Sie schließlich überhaupt keine Zeit mehr für sich selbst haben, befinden Sie sich auf dem besten Weg in eine Willenskrise. Wenn der kritische Punkt erreicht ist, werden Sie einem Übermaß an Forderungen gegenüberstehen. Sie werden nicht mehr die Willenskraft haben, diese Forderungen zu erfüllen, weil Sie keinen Sinn darin sehen, das erforderliche Höchstmaß an Einsatz zu erbringen. Sorgen Sie für die Nummer eins, für sich selbst, oder Sie werden zuletzt für niemanden mehr sorgen können.

8. Arbeiten Sie an der Überwindung des Zögerns. Beachten Sie, daß ich »arbeiten Sie daran« gesagt habe. Sie werden das Zögern nie vollkommen überwinden, weil es zur menschlichen Natur gehört, von Zeit zu Zeit einige Dinge schleifen zu lassen. Und wenn es vorsichtig eingesetzt wird, kann das Zögern durchaus eine nützliche Taktik sein (es wird dann zur Verzögerung). Viele Dinge entwickeln sich am besten, wenn man sie vollkommen in Ruhe läßt, und viele knifflige Probleme verschwinden einfach, wenn wir sie ignorieren.

Ich leide gelegentlich am Verzögerungssyndrom. Manchmal fliege ich eine halbe Nacht zu meinem nächsten Seminar, und am Morgen habe ich keine Lust, das Programm zu lernen, das ich vortragen will. Aber dann halte ich mich an drei Worte:

> **Tue es jetzt.**

Versuchen Sie es 21 Tage lang, und es werden sich Ihnen ungeahnte Möglichkeiten eröffnen.

9. Entwickeln Sie Ihren Sinn für Humor. Unsere Welt ist ein einziges Reservoir von komischen Situationen. Sie können es sich zur

Gewohnheit machen, überall etwas Lustiges zu finden und jeder erdenklichen Situation etwas Komisches abzugewinnen. Oder Sie können es sich zur Gewohnheit machen, den ganzen Tag mit den Zähnen zu knirschen und sie nur zu öffnen, um sich angesichts schlechter Nachrichten die Lippen zu lecken. Leute, die leicht lachen, gelangen schneller und leichter ans Ziel, da sie auf dem Weg mehr Hilfe erhalten. Manche Menschen haben Schwierigkeiten, ihren Sinn für Humor zu entwickeln, weil sie schlechte Erfahrungen aus ihrer Kindheit mit sich herumschleppen. Dies ist eines der am leichtesten zu lösenden Persönlichkeitsprobleme, aber auch an ihm muß man arbeiten. Versäumen Sie nie einen lustigen Film. Wählen Sie Fernsehprogramme aus, die den Humor betonen. Lesen Sie Dinge, die Sie zum Lachen bringen. Buchhandlungen und Bibliotheken enthalten einen großen Schatz an Witzen und komischen Geschichten. Prägen Sie sich jeden Tag eine Episode ein. Freunden Sie sich mit Leuten an, die gerne lachen, hören Sie sich deren Geschichten an, und erzählen Sie selbst ein paar. Wenn Sie ein verbissener Typ sind, werden Sie sich nicht über Nacht ändern können – aber Sie können heute abend einen Anfang machen. Sagen Sie sich jeden Morgen und jeden Abend, daß Sie sehr viel Sinn für Humor haben und daß er immer größer wird. Sagen Sie sich auch, daß Sie es lieben zu lachen. Versuchen Sie das drei Wochen lang, und Sie werden sich eine wundervolle neue Gewohnheit angeeignet haben, die Ihnen das Tor zu finanziellem Erfolg und größerem Glück öffnen wird.

10. Lernen Sie, das Wachstum, die Veränderung und das Leben zu lieben. Die wirklich erfolgreiche Person weiß, daß Wachstum, Veränderung und Leben miteinander verwoben sind. Leser, Freund, zukünftiger Champion, die in diesem Buch dargestellten Methoden eröffnen Ihnen jede Zukunft, die Ihnen gefällt. Akzeptieren Sie diese Idee. Haben Sie volles Vertrauen in sie. Und, was am wichtigsten ist, handeln Sie danach. EDVDH!

21 Die wichtigste aller Fähigkeiten

»Mr. Hopkins, wie haben Sie das gemacht?«

Seit Jahren werde ich laufend gefragt: »Wie haben Sie das alles geschafft?«

Ich glaube nicht, daß die Leute nur deshalb fragen, weil sie neugierig sind. Ich denke, daß sie denselben Grund haben wie ich, als ich im Alter von 21 Jahren einem außergewöhnlich erfolgreichen Top-Manager dieselbe Frage stellte. Damals war ich von einem einzigen Wunsch beherrscht: Ich wollte erfahren, wie ich meine Träume verwirklichen konnte.

Jeder durchschnittlich begabte Mensch hat die Fähigkeit, nahezu alles zu erreichen. Ein Mangel an Fähigkeiten ist nur selten das Problem. Wir alle haben ein Kräftereservoir, das wir kaum ausschöpfen. Unser Problem besteht fast immer darin herauszufinden, was wir eigentlich wollen. (Unter »wollen« verstehe ich nicht bloße Wünsche, sondern Sehnsüchte, die uns beherrschen.)

Vielleicht denken Sie, Sie hätten keine beherrschenden Sehnsüchte. Wenn Sie das meinen, liegen Sie falsch. Diese Sehnsüchte schlummern in Ihnen. Aber sie ruhen tief verborgen in Ihrem Inneren, so tief, daß Sie selbst sie nicht finden. Ihre frühen Erfahrungen und Ihre Erziehung führten dazu, daß Sie Ihre Sehnsüchte fest in einem Gefäß verschlossen halten. Da liegen sie nun gefangen und erzeugen Druck – bis zum nächsten Ausbruch von Neid und Rachsucht. Vielleicht drücken sie sich aus als blinder Widerstand gegen Veränderung, als eigensinnige Weigerung, sich mehr anzustrengen, oder als starrsinnige Überzeugung, alle Ihre Probleme seien von anderen Leuten verursacht. Lernen Sie, Ihre wahren Wünsche zu verstehen, und versuchen Sie nicht, sie fest in ein

Gefäß zu schließen. Haben Sie Ihre Wünsche einmal verstanden, werden Sie erkennen, wie Sie die ungeheure Kraft dieser Sehnsüchte am besten für Ihr Streben nach Höherem nutzbar machen können. Ihr Antrieb muß aus dieser Quelle kommen: jede andere wird nicht auf Dauer sprudeln.

Oft ist es die Angst vor dem Versagen, die uns dazu bringt, unsere Wünsche fest in uns zu verschließen. Aber Versagen ist nicht das Schlimmste, das uns widerfahren kann. Das Schlimmste ist, gar nicht erst zu versuchen, unsere Wünsche zu befriedigen. Wenn Sie es versuchen, haben Sie in jedem Fall die Chance auf Erfolg. Wenn Sie es nicht versuchen, haben Sie bereits versagt.

Viele von uns sind gern bereit, Fehlschläge in Kauf zu nehmen, aber sie sind nicht bereit, alles zu geben. Sie sehen nicht ein, warum sie das tun sollten. Sie glauben, der Erfolg würde sie weder erfüllen noch besonders erregen. Wenn das Ihr Problem ist, sollten Sie sehr aufmerksam in sich hineinhorchen. Die Antwort erfordert einige Denkarbeit. Erweitern Sie Ihren Horizont, suchen Sie sich neue Freunde und Aktivitäten, und begeben Sie sich auf die Suche nach Belohnungen, die Sie sich nie hätten träumen lassen. Dann wird Ihnen der Erfolg bald seinen Preis wert sein. Entscheidend ist, daß Sie herausfinden, welche Motivation für Sie – für Ihre einzigartige Persönlichkeit – die wirkungsvollste ist. Viele von uns lassen sich so sehr von dem beeinflussen, was wir nach Meinung der Gesellschaft und anderer Leute wollen sollten, daß wir nicht mehr in der Lage sind, unsere eigenen Hilfeschreie zu hören. Unsere erste Priorität muß also darin bestehen, eine Beziehung zu unserem ureigenen, wahren Selbst herzustellen.

Formulieren Sie Ihre Ziele

Wenn Sie etwas wirklich wollen, dann wird dieser Wunsch Ihr Leben verändern. Sie werden alles daransetzen, diesen Wunsch zu befriedigen. Sie werden Vergnügungen dafür opfern. Sie werden sogar bereit sein, sich um dieses Wunsches willen zu verändern und persönlich zu wachsen. Aber vage Wünsche reichen nicht aus, um das zu erreichen. Deshalb müssen Sie Ihre Gedanken zu Papier bringen. Nur wenn Sie Ihre Ziele schwarz auf weiß vor sich sehen, bekennen Sie sich wirklich zu ihnen. Aber damit sind Sie noch nicht am Ziel. Es bringt nichts, irgendwo seitenweise Ziele aufzuschreiben und dann wieder zur gewohnten Routine überzugehen, als ob nichts geschehen wäre.

Sehen Sie sich Ihre Ziele jeden Tag an. Fragen Sie sich, ob Sie tun, was getan werden muß, und ob Sie den Preis bezahlen, der bezahlt werden muß. In diesem Stadium spielt es keine Rolle, ob Sie all die Fähigkeiten und Ressourcen, die Sie für die Erreichung eines Ziels brauchen, bereits besitzen oder nicht. Auf dem Weg zu Ihren Zielen können Sie sich dieses Wissen immer noch aneignen. Aber wenn Sie diesen brennenden Wunsch nicht verspüren, werden Sie gar nie zu der Reise aufbrechen. Der erste Schritt besteht also darin, das Ziel *schriftlich* niederzulegen. Die meisten Menschen tun nicht einmal diesen einfachen, grundlegenden Schritt. Und aus diesem Grund werden sie auch nie den letzten Schritt tun, mit dem sie erreichen würden, wonach sie sich sehnen. Apathie verhindert mehr Karrieren, als Unfähigkeit es je vermöchte.

In letzter Zeit hört man oft von Menschen, die Schwierigkeiten haben, sich selbst zu finden. Identitätsprobleme halten Millionen von Menschen davon ab, ihr Potential auszuschöpfen. Immerhin sichert das den Therapeuten das Überleben. Manche Menschen brauchen in diesem Bereich tatsächlich professionelle Hilfe. Die meisten von uns wären aber besser beraten, wenn sie die Vergangenheit ruhen ließen und sich auf die Suche nach jenen Dingen begeben würden, die Sie sich von der Zukunft erwarten.

Da Sie Ihre Kreativität erst dann freisetzen und Ihr Wachstum erst dann vorantreiben können, wenn Sie sich einem Ziel verschrieben haben, ist jedes positive Ziel besser als gar kein Ziel. Vielleicht riskieren Sie ein paar Fehlstarts, bevor Sie erkennen, was für Sie wirklich wichtig ist. Lassen Sie sich davon nicht beirren. Solange Sie sich Ihren schriftlich festgehaltenen Zielen verpflichtet fühlen, werden Sie sich mit großer Geschwindigkeit weiterentwickeln. Sie machen viele Erfahrungen. Indem Sie sich ins Kampfgetümmel stürzen, werden Sie ein Vielfaches dessen lernen, was der apathische Stubenhocker hinter seinem warmen Ofen lernt. Das größte Verbrechen besteht darin, uns zu gestatten, in Apathie zu verfallen – und genau dieses Verbrechen begehen wir, wenn wir keine Ziele verfolgen, die uns wichtig sind.

Sie können fast jedes Ziel erreichen, das sich zu setzen Sie den Mut haben. Manchmal müssen Sie dabei jedoch schmerzliche Erfahrungen in Kauf nehmen.

Ich weiß, wovon ich spreche. Als ich siebzehn war, brach ich meinem Vater fast das Herz. Er hatte sich von seinem bescheidenen Einkommen das Geld abgespart, um mich aufs College zu schicken. Ich sollte Anwalt werden. Nach drei Monaten kam ich nach Hause und erklärte ihm, ich hätte das College aufgegeben. An diesem Tag sah ich meinen Vater zum ersten Mal weinen. Mit Tränen in den Augen sagte er zu mir: »Mein Sohn, ich werde dich immer lieben, auch wenn aus dir nie etwas werden wird.«

Das war die erste Motivierungsrede, die ich zu hören bekam.

Als ich das Zimmer verließ, brannte etwas in mir, das ich bis dahin noch nie gefühlt hatte. Ich wollte nicht einfach erfolgreich sein – ich mußte es sein.

Aber ich sah keine Möglichkeit, das zu erreichen. Ich wurde Brückenbauarbeiter und schleppte achtzehn Monate lang Stahlträger. Während der ganzen Zeit nagten die Worte meines Vaters an mir. Ich hatte einen bezahlten Job, der mich lediglich ins Alter führte.

Also ging ich in den Verkauf, und ich bekam keinen Lohn mehr. Ich verdiente nichts, weil ich nichts über meinen Beruf wußte. Dann, als ich Gefahr lief, zum dritten Mal Schiffbruch zu erleiden, traf ich jenen Mann, der mir die Teilnahme am Verkaufsseminar von Doug Edwards schmackhaft machte. Ich besuchte den Kurs und lernte die verschiedenen Abschlüsse und Verkaufstechniken. Und ich begann sofort, sie in der Praxis anzuwenden. Und bald konnte ich von den süßen Früchten des Erfolgs kosten.

Einige Zeit später teilte ich dem Management meiner damaligen Firma mit, daß ich Doug Edwards persönlich kennenlernen wolle. Das Treffen wurde arrangiert. Als der große Tag gekommen war und ich ihm gegenüberstand, sagte ich zu ihm: »Mr. Edwards, ich möchte eines Tages an Ihre Stelle treten und Verkäufer so gut ausbilden, wie Sie mich ausgebildet haben.«

All diese Dinge geschahen, weil ich mir Ziele gesteckt hatte. Daß ich mich meinen Zielen verpflichtet fühlte, war das wesentliche Element. Sie können sich nur dann über den Durchschnitt erheben, wenn Sie sich Ziele setzen, die große Anstrengungen von Ihnen verlangen.

Setzen Sie sich für den Anfang kurzfristige Ziele. Mein erstes Ziel bestand im Kauf eines neuen Wagens. Autos geben für den Anfang tolle Ziele ab, aber bedauerlicherweise sind sie oft nicht nur das erste, sondern gleichzeitig auch das letzte Ziel. Es gibt mehr im Leben, als in einem teuren Schlitten durch die Stadt zu rollen. Viele Durchschnittsverkäufer setzen sich durchschnittliche Ziele. Sobald sie sie erreicht haben, versinken sie in einen Zustand satter Apathie. Wie Bären im Winter reduzieren sie ihre Lebensfunktionen auf ein Minimum und zehren von der über den Sommer angelegten Fettschicht. Ein wahrer Champion setzt sich ein neues Ziel, sobald er eines erreicht hat. Erreichte Ziele sind wie die Zeitung vom Vortag: Sie taugen nur noch als Bodenbelag für den Vogelkäfig.

Regeln zur Zielsetzung

Für die wichtigste aller Fähigkeiten, die Fähigkeit zur Zielsetzung, gibt es einige Regeln, die Sie unbedingt einhalten müssen, wenn das System funktionieren soll. Hier sind sie:

1. Ein Ziel muß schriftlich festgehalten werden. Ein nicht schriftlich fixiertes Ziel ist ein bloßer Wunsch, ein Traum, der sich nie erfüllen wird. An dem Tag, an dem Sie Ihr Ziel schriftlich niederlegen, wird es zu einer Verpflichtung, die Ihr Leben verändern wird.

2. Ein Ziel muß spezifisch sein. Wie ich beim Schleppen von Stahlträgern erkannte, haben allgemeine Wünsche und vage Ziele keine Wirkung. Einfach jemand sein zu wollen oder sich vorzunehmen, das große Geld zu machen, ist nicht genug. Solange Sie nicht beginnen, Ihre vagen Wünsche in konkrete Ziele und Pläne zu übersetzen, werden Sie keine großen Fortschritte machen.

3. Ziele müssen glaubwürdig sein. Das ist ein Zitat von Doug Edwards über eines der wichtigsten Elemente wirkungsvoller Festlegung von Zielen. Wenn Sie selbst nicht wirklich daran glauben, daß Sie Ihr Ziel erreichen können, werden Sie auch nicht bereit sein, den Preis dafür zu bezahlen.

4. Ein wirkliches Ziel ist eine spannende Herausforderung. Wenn Ihr Ziel Sie nicht weiterbringt – wenn es Ihnen nicht Ihr Bestes und noch ein wenig mehr abverlangt, wird es Sie nicht verändern und Ihren Lebensstandard nicht heben.

5. Ziele müssen auf neue Informationen abgestimmt werden. Setzen Sie sich Ihre Ziele rasch. Sie können sie später anpassen, wenn sie zu hoch oder zu niedrig angesetzt waren. Die Ziele, die wir uns für die Reise durch unbekanntes Terrain setzen, sind oft jene, welche die positivsten Auswirkungen auf unser Leben haben. Während wir mehr über die Erfordernisse lernen, revidieren wir unsere Ziele nach unten, wenn sie zu hoch gegriffen waren, oder wir stecken sie höher, wenn sie keine Herausforderung mehr darstellen, weil sie zu leicht erreichbar sind. Aber wir schieben das Festlegen der Ziele nicht nur deshalb auf, weil wir noch keine erschöpfenden Informationen besitzen.

6. Dynamische Ziele leiten unsere Entscheidungen. Wir leben in einer Welt, die uns ständig vor Alternativen stellt und uns damit überfordert. Wenn Sie etwas stark genug wollen, werden Sie fähig sein auszuwählen. Wenn Sie sich die richtigen Ziele gesteckt haben, werden Sie bei den meisten Entscheidungen rasch wissen, was zu tun ist.

7. Geben Sie sich für das Erreichen kurzfristiger Ziele höchstens neunzig Tage Zeit. Nachdem Sie ein halbes Jahr mit kurzfristigen Zielen experimentiert haben, werden Sie vielleicht zu der Erkenntnis gelangen, daß Sie mit längeren oder kürzeren Zeiträumen besser zurechtkommen. Für mich sind neunzig Tage der optimale Zeitraum. Wenn ich mir ein kurzfristiges Ziel setze, für dessen Erreichung ich länger als neunzig Tage brauche, verliere ich meistens das Interesse daran.

8. Sorgen Sie für ein Gleichgewicht zwischen lang- und kurzfristigen Zielen. Ihre Wünsche nach Dingen wie Bekleidung, Sparguthaben oder Urlaub sind wunderbare kurzfristige Ziele, die Ihnen in absehbarer Zeit Belohnung versprechen. Wenn Sie sich nur langfristige Ziele vornehmen, werden Sie Schwierigkeiten haben, Ihre Leistungen auf einem hohen Niveau zu halten, weil Ihre Belohnungen allesamt im Nebel der Zukunft verborgen sind.

9. Schließen Sie nahestehende Personen in Ihre Ziele ein. Sie werden staunen, wie hart Sie arbeiten können, wenn Ihre Kinder wissen, daß sie einen Bissen vom größeren Kuchen abbekommen, wenn Sie Ihr Ziel erreichen. Wenn ihre Ziele eng mit den Ihren verflochten sind, werden sie Sie anfeuern, wenn Sie Ermutigung brauchen.

10. Setzen Sie sich Ziele in allen Bereichen Ihres Lebens. Ziele müssen nicht immer finanzieller Natur sein. Setzen Sie sich Ziele in den Bereichen Gesundheit, Bewegung, Sport, persönliches Leben, Familie und Spiritualität. Das ist ein erstaunlich wirkungsvolles System. Voraussetzung ist jedoch, daß es umgesetzt wird.

11. Ihre Ziele müssen miteinander harmonieren. Wenn sie miteinander im Konflikt stehen, sind Sie der Verlierer. Setzen Sie bei jedem Konflikt Prioritäten, und der Konflikt wird sich auflösen. Verwenden Sie Ihr Zielprogramm, um sich von Frustrationen zu befreien, und nicht, um sie zu schaffen.

12. Revidieren Sie regelmäßig Ihre Ziele. Denken Sie daran, daß Sie nur dann ein langfristiges Ziel erreichen, wenn es die Krönung

Ihrer kurzfristigen Ziele darstellt. Aus alten, bereits realisierten Zielen ergeben sich neue Ziele. In Zukunft werden Sie sich kurzfristige Ziele setzen, die weit jenseits Ihrer derzeitigen Möglichkeiten liegen – und Sie werden sie dank jener Fähigkeiten, jenes Selbstvertrauens und jener Ressourcen verwirklichen, die Sie durch die Realisierung Ihrer alten Ziele gewonnen haben.

13. Setzen Sie sich lebendige Ziele. Spannung ist das grundlegende Element erfolgreicher Zielsetzung. Für die Banalitäten des Lebens werden Sie sich kaum anstrengen, nicht wahr?

Als ich zum ersten Mal flog, mußte ich von Kalifornien nach Arizona, um einen meiner frühen Vorträge zu halten. Seit damals bin ich Hunderte Male geflogen, an die ich mich nicht mehr erinnern kann, aber diesen ersten Flug werde ich nie vergessen. Vielleicht können auch Sie sich an Ihren ersten Flug erinnern. Waren Sie aufgeregt? Ich schon.

Kurz vor dem Start blickte ich aus dem Fenster. Auf dem benachbarten Runway stand ein hübsches kleines Flugzeug. Ich fragte meinen Sitznachbarn danach.

»Das ist ein Firmenflugzeug«, sagte er.

»Was für ein hübsches kleines Ding«, sagte ich. Dann nahm ich das Notizbuch aus der Tasche, in dem ich mir meine Ziele notierte, und schrieb: »Zehn-Jahres-Ziel: Jet.«

Zehn Jahre später: Ich hatte eben in Baton Rouge einen Kurs abgehalten. Ich eilte zum Flugplatz, um mein hübsches kleines Flugzeug landen zu sehen. Der Kapitän begrüßte mich, und los ging's. »Das ist es«, dachte ich. »Zehn Jahre, und ich bin am Ziel.«

Es ist überraschend, ja verblüffend, welche Wirkung Ziele haben, wenn man sie schriftlich niederlegt und sich jeden Morgen oder Abend ein paar Minuten lang darauf konzentriert

14. Meißeln Sie Ihre Ziele nicht in Granit. Viele Mensch schieben das Festsetzen von Zielen immer vor sich her, weil sie Angst davor haben. Bedenken Sie, daß Sie keinen heiligen Eid schwören und daß Ihnen nicht die Ohren abfallen werden, wenn Sie sich zu einem späteren Zeitpunkt entscheiden, ein Ziel zu verändern. Ich werde nie den Augenblick vergessen, als wir unseren Jet zum ersten Mal auftanken mußten. Der Pilot kam zu mir und überreichte mir eine Rechnung über 882 Dollar.

Ich fragte: »Ist das für einen Monat?«

Das war es nicht.

Mein langfristiges Ziel hatte sich als 30 000-Dollar-Investition erwiesen – und das monatlich! So kam es, daß wir den Jet nur sechzig Tage lang besaßen. Was einst ein faszinierendes Ziel gewesen war, erwies sich nach seiner Verwirklichung als Spielzeug, und zwar als absurd teures. Es hatte keinen Platz in meinen neuen Ambitionen. Es gibt Zeiten, in denen wir unsere Ziele auf unser immer konkreter werdendes Bewußtsein dessen abstimmen müssen, was uns im Leben wirklich wichtig ist. Ihr Programm zur Festlegung und Verwirklichung von Zielen ist ein lebenslanges Bekenntnis zu persönlichem Wachstum. Dieses Wachstum wird unerwartete Wendungen nehmen, und Ihre Zukunft hält Erfolge bereit, die Sie sich nie hätten träumen lassen.

15. Reichen Sie der Zukunft die Hand. Bei der Festlegung von Zielen geht es darum, daß Sie Ihr Leben planen; darum, daß Sie sich nicht treiben lassen, sich nicht durchwursteln und die Dinge einfach nehmen, wie sie kommen. Beginnen Sie, indem Sie sich ein Zwanzig-Jahres-Ziel setzen.

Listen Sie zunächst die persönlichen Erfolge auf, die Sie erreichen wollen. Wer und was wollen Sie in zwanzig Jahren sein? Was wollen Sie besitzen? Wo und in welcher Art von Haus oder Wohnung wollen Sie leben? Auch hier arbeiten Sie wieder mit Zielen, die sich ändern lassen. Welches sind die Statussymbole, von denen Sie schon immer geträumt haben? Was wollen Sie für Ihre Familie erreichen? Wenn Sie nicht wissen, was Sie wollen, wie können Sie es dann erreichen?

Beginnen Sie nachzudenken, wieviel Geld Sie in zwanzig Jahren auf der hohen Kante haben möchten. Kümmern Sie sich schon jetzt um Ihre Vermögenslage, und bereiten Sie sich auf die Zukunft vor. Sie können Ihre Ziele nur erreichen, wenn Sie sie schriftlich festlegen, mit ihnen arbeiten und vorausdenken. Sehen Sie sich die

Zukunft und sich selbst genau an. Sagen Sie: »Das ist die Person, die ich in zwanzig Jahren sein möchte, und ich bin willens und bereit, den Preis zu bezahlen, den es kostet, diese Person zu werden.«

Sobald Sie Ihre Zwanzig-Jahres-Ziele skizziert haben, schneiden Sie sie in der Mitte durch, und Sie haben Ihre Zehn-Jahres-Ziele.

Halbieren Sie sie wieder, und Sie haben Ihre Fünf-Jahres-Ziele. Wiederholen Sie das nochmals, und Sie haben Ihre Dreißig-Monats-Ziele vor Augen.

Dann setzen Sie sich Ihre Ziele für die nächsten zwölf Monate. Gehen Sie hier sorgfältig vor. Als nächstes unterteilen Sie Ihren Ein-Jahres-Plan in Monate, Wochen und schließlich in Ziele für morgen und für jeden einzelnen Tag der kommenden Woche.

16. Setzen Sie sich Ziele für jeden einzelnen Tag, und gehen Sie diese Ziele jeden Abend durch. Vielleicht denken Sie: »Das wird lange dauern. Lohnt das überhaupt den Aufwand?«

Seien wir ehrlich: Es ist nicht der Aufwand, der Ihnen Kopfzerbrechen bereitet. Es ist die Vorstellung, sich irgendeiner Art von Disziplin beugen zu müssen, selbst wenn es sich um eine selbstauferlegte Disziplin handelt. Denken Sie darüber nach, bevor Sie sich von dieser Idee abwenden. Denn wenn Sie nicht zu einem disziplinierten Leben bereit sind, werden Sie nicht einmal zwei Prozent dessen erreichen, was Ihnen möglich wäre, und Sie werden auf achtundneunzig Prozent der Annehmlichkeiten verzichten müssen, die Sie genießen könnten.

17. Trainieren Sie sich darauf, sich wirklich nach Ihren Zielen zu sehnen. Nutzen Sie die Zeit, in der Sie im Auto sitzen oder auf jemanden warten, um sich eine Situation auszumalen, in der Sie das besitzen, was Sie sich gewünscht haben. Je brennender der Wunsch, desto bereitwilliger werden Sie den Preis zahlen, der notwendig ist, um ihn zu verwirklichen.

18. Setzen Sie sich Aktivitäts- und keine Produktivitätsziele. Wie viele Leute werden Sie heute treffen? Wie viele Vorführungen werden Sie machen? Wie viele Zurückweisungen erwarten Sie?

Wenn Sie sich ausschließlich Produktivitätsziele setzen, ist die Niederlage schon vorprogrammiert. Ein paar verlorene Abschlüsse, eine Änderung der Wettbewerbssituation, und schon sind Sie rettungslos im Hintertreffen, fühlen sich schuldig und wollen über das Ganze nicht einmal mehr nachdenken. Wenn Sie Ihre täglichen und wöchentlichen Ziele jedoch auf Aktivitäten ausrichten (wie beispielsweise auf die Zahl der durchzuführenden Kundensuchanrufe, die Zahl der zu haltenden Präsentationen etc.), können Sie Ihr Soll auch in problematischen Zeiten einhalten. Da Sie aktiv sind, können Sie sich schneller auf die neuen Gegebenheiten einstellen und sich am eigenen Schopf aus dem Sumpf ziehen, bevor Sie in die Tiefe gerissen werden.

19. Erkennen Sie das Glück*, und lassen Sie es für sich arbeiten. Wissen Sie, daß die wirklich erfolgreichen Leute, die großen Gewinner, allesamt davon überzeugt sind, sie wüßten, was Glück ist? Dahin zu gelangen ist ganz einfach. Sie beginnen, indem Sie immer nur positive Dinge erwarten. Sie hoffen nicht auf das Glück, sondern gehen davon aus, daß es eintreffen wird. Sie bereiten sich sorgfältig darauf vor, verfolgen viele parallele Aktivitäten und haben ein offenes Ohr für das Flüstern der Glücksfee. Sie gehen davon aus, daß alles problemlos ablaufen wird, und wenn trotzdem Probleme auftreten, verfügen Sie über einen Plan, um mit ihnen fertig zu werden. Haben Sie gewußt, daß manche Leute nachweislich stärker unfallgefährdet sind als andere? Wie kommt das? Sie verbringen so viel Zeit damit, sich Sorgen zu machen, daß ihr Unterbewußtsein geradezu auf Unfälle programmiert wird und sie zu einem Verhalten veranlaßt, das eben jene Situationen provoziert, die sie befürchten.

Der Gewinner versteht, daß Glück etwas ist, was sich herstellen läßt. Also erwartet er, daß er Glück haben wird, und stellt sich in seinem Unterbewußtsein darauf ein. Lassen Sie ab jetzt Ihr Unterbewußtsein immer für Sie arbeiten.

---

* Das beste Buch, das ich über Selbstmotivation und positives Denken kenne, ist der Weltbestseller *Die Kraft positiven Denkens* von Norman Vincent Peale (die deutschsprachige Ausgabe ist im Oesch Verlag, Zürich, lieferbar).

20. Beginnen Sie jetzt. Nehmen Sie sich heute zwei Stunden Zeit, um konzentriert an der Festlegung Ihrer Ziele zu arbeiten. In den nächsten drei Wochen sollten Sie sich täglich zehn Minuten Zeit nehmen, um Ihre Ziele noch einmal durchzugehen und gegebenenfalls zu revidieren. Danach reichen zwei Minuten täglich und eine zusätzliche Stunde wöchentlich aus, um Sie auf der Reise in jene größere und reichere Zukunft auf Kurs zu halten. Packen Sie's an. Sie haben ein phantastisches Jahr mit 365 Tagen vor sich, und an jedem Tag können Sie Ihr Tagesziel erreichen. Und das ist erst der Anfang. Auf das phantastische Jahr wird ein weiteres folgen. Was für aufregende Aussichten! Das alles kann für Sie Wirklichkeit werden, wenn Sie jetzt damit beginnen, Ihre Ziele festzulegen.

22 Wie Sie die für Sie wichtigsten Menschen in Ihre Erfolgsstrategie einbinden

Veränderungen Ihres Privatlebens

Nun, da Sie sich mit großer Geschwindigkeit in einen professionellen Verkäufer verwandeln, der auch ein entsprechendes Einkommen verdient, verändert sich nicht nur Ihr äußeres Erscheinungsbild, sondern auch Ihr Innenleben. Sie werden in vielen Bereichen Ihres Lebens Anpassungen vornehmen müssen. Vielleicht werden Sie dabei feststellen, daß Sie im Familien- oder Freundeskreis um so weniger erreichen, je mehr Erfolge Sie außerhalb Ihrer Privatsphäre vorweisen können. Der Grund dafür mag darin liegen, daß Sie Ihre neuen Verkaufsfähigkeiten noch nicht voll einsetzen. Denn diese eignen sich nicht nur für das Berufsleben. Lassen Sie sie nicht im Büro zurück, wenn Sie nach Hause gehen, sondern nehmen Sie sie mit in Ihr Privatleben.

Vielleicht sind Sie in diesem Stadium Ihres Lebens Single. Vielleicht leben Sie an einem Ort, an dem Sie kaum Verwandte oder Freunde haben. Wenn Sie mit Ihrer sozialen Situation nicht zufrieden sind, benutzen Sie Ihre Verkaufstechniken, um sie zu verbessern. Mit ein bißchen Kopfarbeit und Erfindungsgeist lassen sich die meisten der in den vorhergehenden Kapiteln vorgestellten Techniken auf das Privatleben übertragen. Dort können sie wahre Wunder wirken und Ihnen helfen, Ihre privaten Zielsetzungen zu erreichen.

Um in der Kunst des Verkaufens Meisterschaft zu erlangen, müssen Sie imstande sein, an die wichtigsten Menschen in Ihrem Leben zu verkaufen – an Ihre Freunde und Ihre Familie.

Aber was sollen Sie ihnen verkaufen?

Was immer Ihrer Meinung nach das Beste für sie ist. Ihre eigenen Ziele. Ein glückliches, erfülltes Leben. Die Fähigkeit, mit Ihnen Schritt zu halten. Oder sich selbst so zu akzeptieren und zu respektieren, wie sie sind.

Vielleicht denken Sie, es reiche aus, das Einkommen eines Profis nach Hause zu bringen. Vielleicht denken Sie, Ihre Aufgabe sei mit einem langen und anstrengenden Arbeitstag erledigt. Wenn Sie alleine leben, mag das so sein. Haben Sie hingegen eine Familie, gehen Ihre Verpflichtungen auch abends weiter. Wenn Ihnen Ihre steile Karriere weniger Zeit für Familie oder Freunde läßt, als Sie möchten, nutzen Sie jede Minute, die Sie mit ihnen verbringen. Die Devise *Ich muß in jedem Augenblick meines Lebens das Produktivste tun* gilt besonders für Ihr Privatleben. Das Produktivste kann in einem Augenblick darin bestehen, daß Sie Ihr kleines Kind im Arm halten und ihm zeigen, wie man Angst überwindet, in einem anderen Augenblick darin, daß Sie zu einem besonderen Menschen sagen: »Ich werde dich immer lieben.« Es gibt unendlich viele Gründe dafür, daß ich dieses letzte Kapitel der Frage widme, wie sich die Prinzipien dieses Buches auf die Verbesserung unseres Privatlebens anwenden lassen.

Zunächst sollten wir klären, wovon wir eigentlich sprechen. Nachdem Sie die in den vorhergehenden Kapiteln beschriebenen Einstellungen und Techniken verinnerlicht haben, werden Sie sie im Zusammenleben mit den Ihnen nahestehenden Personen dann und wann ganz automatisch anwenden. Aber es ist eine Sache, im hektischen Alltagsleben darauf zurückzugreifen, und eine andere, sie zum Teil eines Plans zur Bewältigung bestimmter familiärer Probleme und zur Erreichung familiärer Ziele zu machen. Wir beschäftigen uns hier mit der bewußten Anwendung Ihrer neuerworbenen Verkaufsfähigkeiten auf diesen wichtigsten Bereich Ihres Lebens.

In der Zeit, in der Sie sich beruflich und persönlich rasant weiterentwickelten, bewegte sich Ihr Partner möglicherweise weiterhin in seinem alten, gewohnten Trott. Vielleicht macht Ihnen das nichts aus. Wenn es Sie aber stört, beginnen Sie jetzt, die Kluft zu überbrücken, die sich zwischen Ihnen und Ihrem Partner aufzutun beginnt. Morgen kann es zu spät sein.

Es gibt im Grunde genommen drei Methoden, um eine solche Situation erfolgreich zu bewältigen: 1. Sie drosseln Ihr Tempo. 2. Ihr Partner legt Tempo zu. 3. Sie akzeptieren beide, daß Sie sich mit verschiedener Geschwindigkeit entwickeln, und beschließen, daß Sie mit dieser Situation zufrieden sind. Nur bei der ersten Alternative liegt die Kontrolle völlig in Ihrer Hand; diese Möglichkeit dürfte Ihnen aber auch am wenigsten zusagen. Die beiden anderen funktionieren nur bei entsprechender Bereitschaft Ihres Partners. Sie erfordern große Verkaufsfertigkeiten Ihrerseits – Erkundungsfragen, untergeordnete Abschlüsse, Führungsfragen, ausgefeilte Techniken zur Entkräftung von Einwänden, Hauptabschlüsse –, gar nicht zu reden von der Ermutigung und Anerkennung für Ihren Partner.

Wenn Ihr Partner sich durch die neue Person, in die Sie sich zu verwandeln beginnen, bedroht fühlt, zeigen Sie Einfühlungsvermögen. Seien Sie geduldig. Bedenken Sie, daß Sie die Gefühle Ihrer Partnerin nicht diktieren können. Hingegen können Sie die Ängste Ihrer Partnerin über die Gedanken zerstreuen, die Sie sich über sie machen.

Am Anfang dieses Buches haben wir darüber gesprochen, wie wichtig es ist, die Wünsche Ihrer potentiellen Käufer zu erkunden, bevor Sie versuchen, ihnen ein bestimmtes Produkt oder eine bestimmte Dienstleistung zu verkaufen. Das müssen Sie auch tun, um eine Atmosphäre zu schaffen, in der jedes Mitglied Ihrer Familie in Sicherheit und voller Selbstvertrauen wachsen kann. Wie Sie in diesem Buch gelernt haben, sind Ihrem persönlichen Wachstum und Ihrer Entwicklung keine Grenzen gesetzt außer jenen, die Sie sich selbst auferlegen. Diese Grenzen entsprechen den Grenzen Ihrer Bereitschaft, den Preis für die Erreichung eines bestimmten Ziels zu bezahlen. Wollen Sie Ihren Kindern zusätzliche Grenzen auferlegen, indem Sie ihnen diktieren, welche Leistungen sie anstreben sollten?

Vergessen Sie nie die folgenden Grundsätze: Sie können nicht das Leben anderer führen; Sie können nicht die Emotionen anderer beherrschen; Sie können nicht den Preis bezahlen, den die andern für die Erreichung ihrer Ziele zu bezahlen haben. Sosehr wir unsere Kinder und Freunde auch lieben, so ist doch jeder von ihnen eine eigene Person mit eigenen Zielen, Präferenzen, Grenzen und Chancen, die nicht mit Ihren übereinstimmen müssen. Mein Vater wollte stets, daß ich Anwalt würde. Aber wir erkannten beide, daß der Erfolg viele Gesichter hat. Ihre Kinder können nicht Ihre Ziele für Sie erreichen. Und Sie können nicht an deren Stelle die Ziele Ihrer Freunde erreichen. Ebensowenig können Ihre Freunde das für Sie tun. Sie können den Menschen, die Ihnen wichtig sind, nur dabei helfen, ihre eigenen Ziele zu verwirklichen.

Die vorhergehenden Kapitel enthalten eine Fülle von Techniken und Konzepten, die Ihnen helfen können, Ihre Familie zu den Zielen zu führen, die Sie gemeinsam anstreben. Lassen Sie mich einige davon kurz zusammenfassen:

Festnagler. Verwenden Sie sie in Gesprächen mit Ihrer Familie, um die positiven Dinge zu verstärken und die negativen auszuschalten. Menschen zu führen heißt im wesentlichen, sie zur Erkenntnis und zum Eingeständnis zu bringen, daß das, was man ihnen vorschlägt, das Beste für sie ist.

Alternativvorstoß. Diese Technik wirkt zu Hause wahre Wunder. Vergleichen Sie die folgenden zwei Möglichkeiten des Umgangs mit einer Situation:

1. Frau: »Liebling, willst du heute abend zum Essen ausgehen?«
   Mann: »Nein. Ich möchte hier essen.«
   Frau: »Du führst mich nie aus. Ich arbeite auch – oder hast du das vergessen?« Und schon hat sie mit einer Nein-Frage den schönsten Streit vom Zaun gebrochen.

2. Frau: »Liebling, möchtest du im Blue Bucket zu Abend essen, oder möchtest du lieber zu Smokey Joe?«
   Mann: »Gehen wir ins Blue Bucket.« Wenn ein Alternativvorstoß Sie ans Ziel bringt, warum sollten Sie dann eine Nein-Frage stellen?

Stachelschwein. Diese Technik hat sich beim Schlichten familiärer Streitigkeiten und beim Verhindern unkluger Familienentscheidungen oft bewährt. Sehr oft besteht die beste Antwort auf eine Frage, die man Ihnen zu Hause stellt, in einer Gegenfrage, die gleichzeitig ein Alternativvorstoß zu dem ist, was Sie erreichen wollen.

Einbindungsfragen. Wenn Sie Ihre Zeit und Ihr Geld in etwas investieren wollen, das für Sie und für Ihre Partnerin gut ist, sollten Sie ihr Interesse durch Einbindungsfragen fördern. Wenn Sie Ihre Kinder zu besseren Leistungen ermutigen wollen, stellen Sie ihnen Einbindungsfragen zu dem Ziel, um das es geht.

Erkundungs- und Führungsfragen. Intensives Zuhören ist der Schlüssel zur Erkundung dessen, was Ihre potentiellen Kunden wirklich wollen. Nahestehenden Personen zuzuhören ist genauso wichtig, wenn Ihnen die Beziehung wirklich am Herzen liegt. In vielen Fällen möchte ein widerborstiges Kind nur erreichen, daß seine Frustration, seine Wut oder seine Enttäuschung von seinen Eltern verstanden werden. Oft können eine kluge Mutter oder ein kluger Vater nichts weiter tun, als anerkennen, daß ihr Kind traurig ist, ihm Erleichterung verschaffen und ihm helfen, sein inneres Gleichgewicht wiederzugewinnen. Vielleicht reicht auch das nicht aus. Aber wie können Sie es wissen, wenn Sie keine Erkundungsfragen stellen und den Antworten nicht aufmerksam zuhören? Sobald Sie erkannt haben, wo das Problem liegt – und nicht vorher –, sind Sie in der Lage, Ihr Kind in die von Ihnen gewünschte Richtung zu führen.

Die einfachste und wirkungsvollste Methode, um die Ihnen nahestehenden Personen langfristig positiv zu beeinflussen, ist wohl die Ermutigung dazu, daß sie den notwendigen Preis für die von ihnen ins Auge gefaßten Ziele bezahlen. Die ersten Schritte, die über das reine Wünschen hinausgehen, sind die schwierigsten. Sie sollten keine Gelegenheit versäumen, Ihre Lieben zu ermutigen, zu handeln, anstatt nur danebenzustehen. Je mehr sie heute erledigen, desto mehr können und werden sie morgen erreichen.

Viele von uns haben gelernt, unser Verhalten immer nach der Vernunft zu richten und unsere Gefühle als etwas irgendwie Unzuverlässiges zu betrachten. Wir glauben, daß wir Entscheidungen nur auf der Grundlage logischer Überlegungen und sorgfältiger Analysen treffen können; Intuition und Gefühle ignorieren wir. Diese destruktive Vorstellung läßt die Realität außer acht. In der wirklichen Welt liegen uns selten sämtliche Fakten vor, wenn wir eine Entscheidung treffen müssen. Wir sind gezwungen, uns auf unsere Gefühle und unsere Intuition zu verlassen. Das beunruhigt uns und löst Schuldgefühle in uns aus. Das muß aber nicht so sein. Leiten Sie Ihre Kinder dazu an, ihre Entscheidungen sowohl nach logischen als auch nach emotionalen Gesichtspunkten zu treffen.

Die Zwillinge der Untätigkeit – Apathie und Müßiggang – gedeihen prächtig, wenn wir unsere Emotionen aus dem Spiel lassen. Wenn wir von der Gefährlichkeit der Emotionen überzeugt sind, erzeugen wir in unseren Kindern Frustration, die sich oft lähmend auswirkt. Wenn Ihre Kinder etwas Positives erreichen wollen, sollten Sie sie ermutigen, soweit Ihnen das möglich ist. Finden Sie heraus, mit welchen Belohnungen sie sich motivieren lassen, und stellen Sie ihnen die besten in Aussicht, die Sie sich leisten können. Wecken Sie ihre Emotionen, um ihnen bei der Erreichung ihrer Ziele zu helfen, und lehren Sie sie, ihre Gefühle zur Selbstmotivierung einzusetzen. Erfolg ist eine Gewohnheit. Eine bessere Gewohnheit können Sie Ihren Kindern nicht weitergeben.

Arbeiten Sie in Ihrer Familie mit Aufmunterung anstelle vor Zurückweisung. Wenn es Ihnen gelingt, die Kommunikation in Ihrer Familie positiv zu gestalten, werden Sie auch die Worte der Zurückweisung erkennen, die Ihren Partner und Ihre Kinder verletzen und entmutigen. Suchen Sie jedesmal, wenn Sie auf eines dieser entmutigenden Worte stoßen, ein Aufmunterungswort als Ersatz, und verwenden Sie es sofort. Dies wird Ihr Privatleben viel glücklicher machen. Die ganze Familie wird lernen, besser mit Problemen fertig zu werden, Ziele zu erreichen und glücklich zu sein. Sie bekommen den Bonus dafür. Außerdem ist es ein wunderbares Training für Ihre berufliche Tätigkeit. Sie können nur profitieren, denn Sie werden sensibler für die Gefühle und Bedürfnisse anderer.

Ich habe hier nicht alle Konzepte und Techniken dieses Buches rekapituliert, die Ihnen zu einem reicheren und erfüllteren Familienleben verhelfen können. Lesen Sie sich die entsprechenden Kapitel mit diesem Hintergedanken nochmals durch, und Sie werden jedesmal, wenn Sie das tun, neue Erkenntnisse erlangen. Sie werden ein Champion im Verkauf werden, ein Champion als Elternteil oder Freund und ein Champion in der Partnerschaft. Alles liegt an Ihnen. Sie brauchen nichts weiter zu tun, als den geforderten Preis zu bezahlen, und Sie werden Ihre exklusivsten Ziele erreichen.

Dank

»Einfach verkaufen« verdankt seine Existenz der Tatsache, daß sich Tausende Teilnehmer meiner Verkaufsseminare zu Starverkäufern entwickelt haben. Die Erfolge meiner Schüler haben mich dazu angeregt, die in diesen Seminaren gelehrten Verkaufsmethoden in Buchform vorzulegen.

Mein Verkaufswissen verdanke ich Hunderten von Menschen. Ihnen allen gilt meine Dankbarkeit, obwohl ich an dieser Stelle nur einige von ihnen nennen kann. Tom G. Murphy ist mein engster Freund und Berater. Die Edwards-Familie – Doug, Jerry und ihr Sohn Jay – war eine ständige Quelle der Unterstützung und der Ermutigung. Danielle Kennedy, selbst eine der hochkarätigsten Verkaufstrainerinnen des Landes, hat mir bewiesen, daß man jedes Opfer bringen und jeden Preis zahlen sollte, um seine Träume zu verwirklichen. Art Mortell bin ich für seine Grundlagenarbeit dankbar, die in die Kapitel 5 und 6 eingeflossen ist.

Mein Dank für positive Beiträge gilt auch jedem einzelnen meiner Mitarbeiter. Ihre Energie, ihre Kompetenz und ihre Loyalität haben das Wachstum unserer Firma und die Entstehung dieses Buches möglich gemacht.